Peter Tepe / Jürgen Rauter / Tanja Semlow

Interpretationskonflikte am Beispiel von
E.T.A. Hoffmanns *Der Sandmann*

Studienbuch Literaturwissenschaft 1

Peter Tepe / Jürgen Rauter / Tanja Semlow

Interpretationskonflikte am Beispiel von E.T.A. Hoffmanns *Der Sandmann*
Kognitive Hermeneutik in der praktischen Anwendung

Mit Ergänzungen auf CD

Königshausen & Neumann

Bibliografische Information Der Deutschen Bibliothek

Die Deutsche Bibliothek verzeichnet diese Publikation in der Deutschen Nationalbibliographie; detaillierte bibliographische Daten sind im Internet über <http://dnb.ddb.de> abrufbar.

© Verlag Königshausen & Neumann GmbH, Würzburg 2009
Gedruckt auf säurefreiem, alterungsbeständigem Papier
Umschlagkonzept: Tanja Semlow, Düsseldorf
Satz und Layout: Tanja Semlow
Lektorat: Tanja Semlow
Bindung: Buchbinderei Diehl+Co. GmbH, Wiesbaden
Alle Rechte vorbehalten
Dieses Werk, einschließlich aller seiner Teile, ist urheberrechtlich geschützt. Jede Verwertung außerhalb der engen Grenzen des Urheberrechtsgesetzes ist ohne Zustimmung des Verlages unzulässig und strafbar. Das gilt insbesondere für Vervielfältigungen, Übersetzungen, Mikroverfilmungen und die Einspeicherung und Verarbeitung in elektronischen Systemen.
Printed in Germany

ISBN 978-3-8260-4094-8

www.koenigshausen-neumann.de
www.buchhandel.de
www.buchkatalog.de

Inhalt

Vorwort 9

1. **Kurze Einführung in die kognitive Hermeneutik** 20
   1.1 Abriss der Theorie 20
   1.2 Regeln und Empfehlungen für die kognitive Textarbeit 38
   1.3 Verbindungen zwischen der aneignenden und der kognitiven Perspektive 44
   1.4 Zum Begriff und zu den Arten aneignender Interpretation 46

Teil I Basis-Analyse und Basis-Interpretation

2. **Basis-Analyse** 50
   2.1 Textzusammenfassung 50
   2.2 Charakterisierung der Textwelt 57

3. **Basis-Interpretation und Optionenkonkurrenz** 60
   3.1 Zu den fünf Deutungsoptionen 60
   3.2 Wie lässt sich ein fairer Wettkampf der Deutungsoptionen inszenieren? 71
   3.3 Argumente für den dämonologischen Ansatz 80
   3.4 Ausbau von Option 2 89
   3.5 Hypothesen über die textprägenden Instanzen 99
   3.6 Zur Attraktivität der Gegenpositionen 102

4. **Vollständige systematische Interpretation** 106
   4.1 Erster Brief: Nathanael an Lothar 109
   4.2 Zweiter Brief: Clara an Nathanael 126
   4.3 Dritter Brief: Nathanael an Lothar 134
   4.4 Erste Leseranrede des Erzählers 139
   4.5 Nathanaels Besuch daheim 144
   4.6 Nathanael zurück in G. 156
   4.7 Coppola besucht Nathanael erneut 157
   4.8 Spalanzanis Fest 161
   4.9 Nathanaels Gespräch mit Siegmund 166
   4.10 Nathanaels verhinderter Heiratsantrag und Olimpias Ende 171
   4.11 Zweite Leseranrede des Erzählers 175
   4.12 Nathanaels Tod 177

4.13 Resümee und Kritik an Option 3b 182
4.14 Weitere Regeln für die Basis-Interpretation 186

Teil II Kritische Analyse der Sekundärliteratur

5. Konzept der Untersuchung 188
   5.1 Die Vorgehensweise im Einzelnen 189
   5.2 Das Programm der moderaten Optimierung 191
   5.3 Von der traditionellen zur erfahrungswissenschaftlich orientierten Textwissenschaft 194

6. Psychologische Ansätze (Option 1) 196
   6.1 Kommentarzusammenfassungen (Hoffmann, Schmidt, Kremer) 197
   6.2 Varianten von Option 1 209
   6.3 Methodologischer Kommentar zu Option 1 212

7. Dämonologische Ansätze (Option 2) 218
   7.1 Kommentarzusammenfassungen (Wührl, Hartung) 218
   7.2 Varianten von Option 2 229
   7.3 Methodologischer Kommentar zu Option 2 231

8. Unentscheidbarkeitsansätze (Option 3) 232
   8.1 Kommentarzusammenfassungen (Preisendanz, Walter) 233
   8.2 Varianten von Option 3 242
   8.3 Methodologischer Kommentar zu Option 3 244

9. Allegorische Ansätze (Option 4) 246
   9.1 Fortsetzung des Optionenwettkampfs 248
   9.2 Kommentarzusammenfassungen (Freud, Hayes, Kittler, Rohrwasser, Rosner) 251
   9.3 Varianten von Option 4 278
   9.4 Methodologischer Kommentar zu Option 4 283

10. Kombinationen mehrerer Deutungsansätze und der radikale Interpretationspluralismus (Option 5) 286
   10.1 Kommentarzusammenfassungen (Drux, Bönnighausen, Schmitz-Emans) 287
   10.2 Varianten der Synthesekonzepte 298
   10.3 Methodologischer Kommentar zu den Synthesekonzepten 300

11. Aspektinterpretationen ... 307
    11.1 Kommentarzusammenfassung (Elling) ... 307
    11.2 Varianten bei Aspektinterpretationen ... 310
    11.3 Methodologischer Kommentar zu den Aspektinterpretationen ... 311

12. Überwiegend deskriptiv-feststellende Textarbeit ... 314
    12.1 Kommentarzusammenfassung (Lohr) ... 314
    12.2 Varianten bei der deskriptiv-feststellenden Textarbeit ... 319
    12.3 Methodologischer Kommentar zur deskriptiv-feststellenden Textarbeit ... 319

13. Formen der Aufbauarbeit 1: Erforschung der Textgenese und der verschiedenen Textfassungen ... 321
    13.1 Kommentarzusammenfassung (Hohoff) ... 322
    13.2 Varianten bei der Erforschung der Textgenese und der verschiedenen Textfassungen ... 326
    13.3 Methodologischer Kommentar zur Erforschung der Textgenese und der verschiedenen Textfassungen ... 327

14. Formen der Aufbauarbeit 2: Der Text im Kontext anderer Werke desselben Autors ... 328
    14.1 Kommentarzusammenfassung (Nehring) ... 328
    14.2 Varianten bei der Untersuchung des Textes im Kontext anderer Werke desselben Autors ... 334
    14.3 Methodologischer Kommentar zur Untersuchung des Textes im Kontext anderer Werke desselben Autors ... 334

15. Formen der Aufbauarbeit 3: Biographisch-psychologische Forschung ... 335
    15.1 Kommentarzusammenfassung (Werner) ... 335
    15.2 Varianten der biographisch-psychologischen Forschung ... 338
    15.3 Methodologischer Kommentar zur biographisch-psychologischen Forschung ... 338

16. Formen der Aufbauarbeit 4: Vergleich des Textes mit Werken anderer Autoren ... 339
    16.1 Kommentarzusammenfassung (Küpper) ... 339
    16.2 Varianten beim Vergleich des Textes mit Werken anderer Autoren ... 347
    16.3 Methodologischer Kommentar zum Vergleich des Textes mit Werken anderer Autoren ... 347

17. Formen der Aufbauarbeit 5: Einbettung des Textes in einen historischen Kontext 349
  17.1 Kommentarzusammenfassung (Auhuber) 349
  17.2 Varianten bei der Einbettung des Textes in einen historischen Kontext 355
  17.3 Methodologischer Kommentar zur Einbettung des Textes in einen historischen Kontext 356
  17.4 Abgrenzung von der Einbettung des Textes in den Kontext der vom *Interpreten* vertretenen Theorie 356

18. Formen der Aufbauarbeit 6: Erforschung der Rezeption des Textes 358
  18.1 Kommentarzusammenfassung (Drux) 358
  18.2 Varianten bei der Erforschung der Rezeption eines Textes 359
  18.3 Methodologischer Kommentar zur Erforschung der Rezeption eines Textes 359

19. Nutzen der Kommentare für die Weiterentwicklung der Basis-Analyse und Basis-Interpretation 360

20. Zur Krise der Textwissenschaft und der Möglichkeit ihrer Überwindung 362

21. Die *Sandmann*-Forschung aus informationswissenschaftlicher Sicht 368
  21.1 Zum Konzept der zitationsanalytischen Studie 368
  21.2 Ergebnisse der zitationsanalytischen Studie 370
  21.3 Umakzentuierungen aus der Sicht der kognitiven Hermeneutik 376

Literatur 382

Verzeichnis der Ergänzungen 392

Vorwort

Literarische Texte werden auf sehr unterschiedliche Weise untersucht und interpretiert. Besonders deutlich wird das, wenn man die Sekundärliteratur zu denjenigen Texten ins Auge fasst, die sehr viele Deutungen[1] erfahren haben, wie z. B. Goethes *Faust* oder Kafkas *Der Prozeß*. Hier wird ein kritischer Betrachter[2] in noch höherem Maß als in anderen Fällen Fragen wie die folgenden aufwerfen: Gibt es Kriterien, mit deren Hilfe sich entscheiden lässt, ob eine bestimmte Interpretation zutreffend oder unzutreffend ist? Kann man auf diese Weise die Spreu vom Weizen sondern, oder ist davon auszugehen, dass alle oder fast alle vorliegenden Interpretationen dieselbe Berechtigung besitzen? Unser Buch beschäftigt sich mit diesen und weiteren Fragen, die als *Grundlagenprobleme* der Textwissenschaft angesehen werden können. Besonders interessieren uns *Interpretationskonflikte*, d. h. Konstellationen, in denen mehrere nicht miteinander vereinbare Deutungen konkurrieren.

Wir wollen eine exemplarische kritische Studie vorlegen, deren Ergebnisse zu einem erheblichen Teil auf andere Sekundärliteraturkomplexe übertragbar sind. Nach einigen Vorstudien entschieden wir uns dafür, Interpretationskonflikte am Beispiel von E. T. A. Hoffmanns *Der Sandmann* zu analysieren. Dass dieser Text für solche Zwecke besonders geeignet ist, geht aus einem Blick auf die Forschungslage hervor:

> Es gibt kaum eine literaturwissenschaftliche Schule, die sich die Deutung des *Sandmann* hätte entgehen lassen. Wichtige Fragen, die Hoffmanns „Nachtstück" aufwirft [...], wurden von unterschiedlichen methodischen Positionen aus zu beantworten gesucht. Da so Werkanalysen auf der Basis textimmanenter Phänomenologie mit solchen, die von einer poststrukturalen Texttheorie ausgehen, miteinander konkurrieren, geistes-, sozial- und kulturgeschichtliche Betrachtungen nebeneinanderstehen, tiefenpsychologische Ansätze mit rezeptionsästhetischen konfrontiert werden und ein auf Einzelheiten konzentrierter philologischer Positivismus von neohistoristischen Abschweifungen in die Vielfalt der Diskurse verdrängt wird, bietet die exemplarische Dokumentation der wissenschaftlichen Auseinandersetzung mit Hoffmanns Text zugleich einen Überblick über die methodologischen Möglichkeiten für seine Interpretation [...].[3]

---

[1] Die Ausdrücke „Interpretation", „Deutung" und „Auslegung" verwenden wir, Tendenzen der Alltagssprache folgend, synonym. Unterschieden werden dann aber mehrere Formen der Textinterpretation oder -deutung.

[2] Mitzudenken sind stets die Betrachterinnen. Das gilt auch für alle vergleichbaren Formulierungen.

[3] R. DRUX: *Erläuterungen und Dokumente: E.T.A. Hoffmann – Der Sandmann*. Stuttgart ²2003, S. 78 f. – *Anmerkung zur Zitierweise:* Bei Zitaten haben wir generell aus Gründen der Vereinfachung und der Ästhetik die Anführungszeichen vereinheitlicht sowie Hervorhebungen auf *Kursivschrift* reduziert, d. h. Sperrungen, Fettdruck usw. entsprechend verändert; etwaige Fehler wurden unkommentiert übernommen.

Zu Hoffmanns Erzählung – wie zu einigen anderen literarischen Texten, die wir auch hätten auswählen können – gibt es also erstens sehr viele Deutungsangebote, die zweitens inhaltlich außerordentlich vielfältig ausfallen und die drittens den unterschiedlichsten Literaturtheorien[4] sowie den zugehörigen Methoden der Textarbeit verpflichtet sind. In der Tat gibt es „kaum eine literaturwissenschaftliche Schule, die sich die Deutung des *Sandmann* hätte entgehen lassen"[5]; alle oder nahezu alle methodischen Positionen sind auf diesen Text angewandt worden. Der Hauptgrund für unsere Entscheidung, unter mehreren geeigneten Kandidaten den *Sandmann* auszuwählen, war, dass sich gerade die neueren literaturtheoretischen und methodologischen Ansätze, die in Abgrenzung zur nach dem Ende des Zweiten Weltkriegs lange Zeit dominierenden werkimmanenten Schule entwickelt worden sind, besonders eifrig mit dieser Erzählung beschäftigt haben. Das ist bei anderen infragekommenden literarischen Texten nicht in vergleichbarem Maß der Fall. Dieser Sekundärliteraturkomplex hat daher gegenüber einigen anderen den Vorteil, dass die kritische Auseinandersetzung mit ihm es ermöglicht, die wissenschaftliche Leistungsfähigkeit sowohl der älteren als auch der neueren und neuesten Forschungsansätze im Bereich der Textarbeit zu beurteilen. Wir begreifen unsere Arbeit als Pilotprojekt und würden es begrüßen, wenn in Zukunft vergleichbare Studien zu weiteren Sekundärliteraturkomplexen unternommen würden.

Wir fahren fort mit der Erläuterung der Zielsetzung des Projekts, indem wir uns dem Untertitel *Kognitive Hermeneutik in der praktischen Anwendung* zuwenden. Die kognitive Hermeneutik[6] ist eine von Peter Tepe entwickelte neuartige literaturwissenschaftliche Interpretationstheorie, die aber auch viele Elemente aus traditionellen Hermeneutiken integriert. Sie organisiert die Interpretation literarischer Texte (und letztlich die Interpretation generell) nach allgemeinen erfahrungswissenschaftlichen Prinzipien und begreift sie als besondere Form wissenschaftlicher *Erklärung*. Ihre Methode der Basis-Interpretation fordert, den jeweiligen Textbestand auf die textprägenden Autorinstanzen Textkonzept, Literaturprogramm und Überzeugungssystem zurückzuführen. Autorbezogene Formen der Textarbeit werden somit grundsätzlich rehabilitiert.

---

[4] Unter einer Literaturtheorie verstehen wir eine Theorie, die sich bemüht, die besondere Beschaffenheit literarischer Texte zu erhellen. Eine Literaturtheorie ist häufig mit einer Methodologie verbunden, die eine bestimmte Methode des Umgangs mit literarischen Texten empfiehlt.

[5] Wir verwenden in unseren Überlegungen häufiger Elemente eines zuvor angeführten Zitats. In diesen Fällen verzichten wir auf einen erneuten Nachweis.

[6] P. TEPE: *Kognitive Hermeneutik. Textinterpretation ist als Erfahrungswissenschaft möglich. Mit einem Ergänzungsband auf CD.* Würzburg 2007.

Eine zentrale Rolle spielt die Unterscheidung zwischen einem wissenschaftlichen (kognitiven), einem nichtwissenschaftlichen (aneignenden) und einem pseudowissenschaftlichen (projektiv-aneignenden) Textzugang, woraus sich vielfältige kritische Konsequenzen ergeben. Dieser theoretische Ansatz steht in Konflikt mit den vorherrschenden Literaturtheorien und Methoden der Textarbeit, insbesondere mit der subjektivistischen Hermeneutik, der szientifischen und der poststrukturalistischen Antihermeneutik. Das Buch *Kognitive Hermeneutik* leistet nicht nur eine systematische Entfaltung dieser Theorie, sondern setzt sich auch ausführlich mit den konkurrierenden Literaturtheorien auseinander – sowohl auf allgemeine theoretische Weise als auch in Form von kritischen Kommentaren zu repräsentativen Grundlagentexten.

Zum Stichwort „praktische Anwendung": Während sich *Kognitive Hermeneutik* vorrangig den grundsätzlichen literaturtheoretischen und methodologischen Problemen und Debatten widmet, konzentriert sich das vorliegende Buch auf praktische, anwendungsbezogene Fragen. In Teil II machen wir das Kritikpotenzial der kognitiven Hermeneutik für die Analyse der Sekundärliteratur zum *Sandmann* nutzbar. Geht es in *Kognitive Hermeneutik* darum, die Unterscheidung zwischen einem wissenschaftlichen, einem nichtwissenschaftlichen und einem pseudowissenschaftlichen Textumgang zu etablieren und daraus theoretische Konsequenzen zu ziehen, so ist es uns in *Interpretationskonflikte* hauptsächlich darum zu tun, eine Fülle von Sekundärtexten zu einem ausgewählten literarischen Text auf ihre konkreten wissenschaftlichen Leistungen hin zu sichten und dabei auch alle wichtigeren kognitiven Defizite zu identifizieren; diese stellen Ausformungen der Grundfehler dar, die in *Kognitive Hermeneutik* prinzipiell kritisiert werden.

Wir weisen kurz auf einige Hauptpunkte des in Kapitel 5 genauer dargestellten kritischen Analyseverfahrens hin. Erstens wird die jeweilige Interpretationsstrategie einer allgemeinen kritischen Prüfung unterzogen, und zweitens soll der kognitive Wert der einzelnen Argumentationsschritte sowie der zugehörigen Thesen bestimmt werden. Dazu ist es erforderlich, auf die Sekundärtexte sehr viel ausführlicher und intensiver einzugehen als gemeinhin üblich. Bei der kritischen Prüfung eines Deutungsansatzes und einzelner Thesen stellen wir unter anderm folgende Fragen: Werden die vom Interpreten akzeptierten ästhetischen Wertungskriterien unmittelbar zur Geltung gebracht? Vermengt er Beschreibung, Erklärung und Wertung? Werden zentrale Begriffe geklärt und Mehrdeutigkeiten vermieden? Unterstellt der Textwissenschaftler seine individuelle Reaktion auf einen literarischen Text als allgemein gültig? Werden die Interpretationsideen und -thesen argumentativ gestützt oder begnügt man sich mit bloßen Behauptungen? Ist im jeweiligen Sekundärtext ein dogmatischer Denkstil erkennbar?

Unser Projekt beschränkt sich jedoch nicht darauf, Sekundärliteratur nach einem bestimmten Verfahren kritisch zu analysieren; in Teil I wird darüber hinaus die im Rahmen der kognitiven Hermeneutik entwickelte neue Methode der Basis-Interpretation beispielhaft auf Hoffmanns Erzählung angewandt. Dadurch gewinnt die Untersuchung einen besonderen Akzent: Wir setzen uns nicht nur kritisch mit vorliegenden Interpretationen auseinander, sondern legen selbst eine Deutung vor, die mit dem Anspruch auftritt, der Konkurrenz überlegen zu sein. Wir zeigen also nicht nur auf, welche Fehler andere begehen, sondern demonstrieren auch, wie man es besser machen kann.

Diese Verbindung der kritischen Analyse mit einem eigenen Interpretationsvorschlag hat Konsequenzen für die Einschätzung unserer Arbeit. Es kann nicht a priori ausgeschlossen werden, dass sich unsere in Teil I vorgelegte Interpretation entkräften bzw. widerlegen lässt. Sollte dieser Fall eintreten – womit wir allerdings nicht rechnen –, so wären davon nur diejenigen Teile unserer kritischen Analyse in Teil II betroffen, welche auf der Annahme beruhen, dass die von uns vertretene Deutungsoption den konkurrierenden überlegen ist – nicht aber die anderen Partien. Selbst wenn unsere eigene *Sandmann*-Interpretation sich nicht aufrechterhalten ließe, bliebe die von dieser Interpretation unabhängige Feststellung der kognitiven Defizite in der Sekundärliteratur davon unberührt. Natürlich ist unsere Deutung für uns von erheblicher Wichtigkeit; noch wichtiger ist uns aber, die Leser exemplarisch auf die zum Teil gravierenden kognitiven Mängel in der Sekundärliteratur aufmerksam zu machen. Damit wollen wir sie von der verbreiteten Haltung abbringen, die darin aufgestellten Thesen ohne genaue Überprüfung am jeweiligen Text einfach als *gültig* zu betrachten und sich in der eigenen Argumentation vorbehaltlos darauf zu stützen. Viele Studierende, aber auch etablierte Wissenschaftler denken in diesen Dingen nach dem Motto „Das hört sich plausibel an und ist in sich stimmig, außerdem steht es mit meinen eigenen Überzeugungen im Einklang, daher wird es schon richtig sein". Ein Hauptziel unserer Untersuchung besteht darin zu zeigen, dass diese verbreitete Auffassung den Status eines unbegründeten Vorurteils bzw. Fehlurteils hat. Die kritische, an strikt kognitiven Standards orientierte Überprüfung von Aussagen über ein literarisches Werk am Text selbst kann durch nichts anderes ersetzt werden. Wir werden an sehr vielen Beispielen zeigen, dass Thesen und Argumentationen, die erstens eine Anfangsplausibilität besitzen, zweitens eine interne Stimmigkeit aufweisen und drittens zu den vom Interpreten akzeptierten Annahmen passen, dennoch völlig verfehlt sein können.

Aus der erläuterten Zielsetzung ergibt sich der Aufbau unseres Buches: Kapitel 1 führt in die kognitive Hermeneutik ein, in den Kapiteln 2–4 wenden wir deren Verfahren der Basis-Analyse und Basis-Interpretation auf den *Sandmann* an. Zur kognitiven Textarbeit gehören die Ermittlung der grundsätzlichen Deutungsoptionen, mit denen bei einem bestimmten literarischen Text zu rechnen ist, und die Durchführung eines Optionenvergleichs, aus dem sich ergibt, welche Option in wissenschaftlicher Hinsicht als überlegen zu betrachten ist. In Kapitel 3 werden diese Optionen herausgearbeitet. Wir unterscheiden fünf Möglichkeiten, die im Vorwort nur ansatzweise charakterisiert werden sollen:

Option 1: Clara sieht die Dinge, zumindest im Prinzip,[7] richtig – Nathanael sieht sie falsch, er ist Wahnvorstellungen verfallen. Diese Annahme führt zu einer *psychologischen* Deutung der Erzählung.

Option 2: Nathanael sieht die Dinge, zumindest im Prinzip, richtig – Clara sieht sie falsch. Dieser Ansatz führt zu einer Deutung, die Eingriffe einer dämonischen Macht annimmt; wir sprechen hier von einer *dämonologischen* Deutung.

Option 3: Es wird offengelassen und ist somit unentscheidbar, ob die Perspektive Claras oder die Nathanaels richtig ist. Dieser *Unentscheidbarkeitsansatz* behauptet eine Erzählstrategie des konsequenten Offenhaltens von Deutungsmöglichkeiten.[8]

Während sich die Optionen 1–3 direkt auf den konkreten Text beziehen, ergeben sich die folgenden Optionen 4 und 5 aus allgemeineren literaturtheoretischen Erwägungen.

Option 4: Es wird angenommen, dass zumindest einige literarische Texte auf einer tieferen Ebene einen *versteckten zusätzlichen* Sinn enthalten; Versuche, diese verborgene zusätzliche Sinnebene zu erschließen, sind als *allegorische* Deutungsstrategien zu bezeichnen. Der versteckte zusätzliche wird häufig als der *eigentliche* Sinn gedacht, was jedoch nicht immer der Fall sein muss. Im Speziellen wird nun behauptet, dass *Der Sandmann* eine solche versteckte Sinnebene aufweist. Die allegorische Deutungsoption lässt sich auf unterschiedliche Weise realisieren, z. B. mit psychoanalytischen Mitteln, aber auch unter Rückgriff auf soziologische, philosophische und andere Theorien.

Option 5: Hier wird die Position des *radikalen Interpretationspluralismus* vertreten. Angenommen wird, dass literaturwissenschaftliche Interpretationen von sehr unterschiedlichen Fragestellungen ausgehen, die alle (oder fast alle) wissenschaftlich legitim sind. Die unterschiedlichen Deutungen haben somit alle ihre Berechtigung. Diese Auffassung lässt sich nach dem *Aspektschema* genauer explizieren: Jede dieser Interpretationen folgt einer bestimmten Fragestellung, die auf einen speziellen Aspekt zugeschnitten ist, den der Text tatsächlich aufweist; in diesem Sinn ist jede dieser Deutungen im Text angelegt. Die als Aspektinterpretationen gedachten unterschiedlichen Deutungen stehen daher *gleichberechtigt* nebeneinander. Werden nun

---

[7] Vertreter von Option 1 teilen Claras Ansicht, dass Nathanael einem Wahn erlegen ist; die konkrete psychologische Deutung muss ihr aber nicht in allen Punkten folgen, sondern kann andere Akzente setzen.
[8] Weitere Varianten von Option 3 werden erst später unterschieden.

aus diesem Ansatz Konsequenzen speziell für die *Sandmann*-Deutung gezogen, so erscheinen eben die den Optionen 1–4 folgenden Interpretationen als gleichermaßen berechtigt. Für Option 5 ist es demnach zwar auch wichtig, eine einzelne Deutungsstrategie konsequent umzusetzen, das zentrale Ziel besteht aber darin, die legitimen Deutungen in einer *Synthese* zu verbinden.

In Kapitel 3 veranstalten wir einen Wettkampf der grundsätzlichen Deutungsmöglichkeiten, der sich auf für den Optionenkonflikt wesentliche Textelemente konzentriert. Dieser Wettkampf wird dann nach kognitiven Kriterien auch entschieden. Derjenige Ansatz, der die höchste Textkonformität und die größte Erklärungskraft für die Texttatsachen aufweist, wird in Kapitel 4 zu einer systematischen Interpretation ausgebaut, die auf alle relevanten Textelemente und Deutungsprobleme eingeht.

So viel zu Teil I dieses Buches; Teil II befasst sich mit der Sekundärliteratur zum *Sandmann*. Zunächst entfalten wir in Kapitel 5 das aus dem Ansatz der kognitiven Hermeneutik abgeleitete Analysemodell. Bei der kritischen Prüfung der vorliegenden Sekundärliteratur geht es aber nicht nur darum, Fehler aufzudecken, sondern auch darum, kognitive Leistungen zu würdigen. Positive Ergebnisse, die mit unserem Ansatz vereinbar sind, werden aufgenommen und in das Deutungskonzept eingefügt. Im Prozess der Aufarbeitung und der kritischen Prüfung der Forschungsliteratur werden so die anfängliche Basis-Analyse und die Basis-Interpretation immer weiter vervollständigt. Bei Ansätzen und Thesen, die sich als kognitiv geringwertig erweisen, besteht ein Anfangsverdacht, dass eine projektiv-aneignende Deutung vorliegen könnte, deren Funktion es ist, das Überzeugungssystem des Interpreten – und darüber hinaus das seiner Bezugsgruppe – zu bestärken. In diesen Fällen wird untersucht, ob sich dieser Verdacht erhärten lässt.

Wir haben mehr als 80 Sekundärtexte zum *Sandmann* untersucht; die ausführlichen kritischen Kommentare befinden sich allesamt als Ergänzungen auf der beiliegenden CD. Das im Buch enthaltene Verzeichnis der Ergänzungen listet diese Arbeiten auf; darüber hinaus gibt es aber noch viele andere Interpretationen.[9] Die Zählung der Ergänzungen entspricht der Kapitelgliederung des Buches. So werden z.B. in Kapitel 6 die psychologischen Ansätze, die Option 1 vertreten, behandelt; die einzelnen Kommentare – und weitere Texte – sind daher als ERGÄNZUNG 6-1, ERGÄNZUNG 6-2 usw. gekennzeichnet. Zu jedem kritischen Kommentar haben wir sowohl eine *Kurzinformation* als auch ein *Fazit* verfasst, welche die wichtigsten Ergebnisse resümieren. Jedes Fazit ist geordnet nach den folgenden Punkten: *Optionenzu-*

---

[9] Die auf der CD enthaltene zweite Literaturliste führt alle weiteren von uns gefundenen Sekundärtexte zum *Sandmann* auf, die wir *nicht* kommentiert haben. Nach unserem Informationsstand legen wir mit den beiden Listen die bislang umfangreichste Bibliographie zur *Sandmann*-Forschung vor.

ordnung – Kognitive Defizite – Zum Ausbau der Basis-Analyse und Basis-Interpretation verwendbare Einsichten – Im Kontext des Kommentars gewonnene eigene Präzisierungen. In den zugehörigen Buchkapiteln fassen wir zunächst mindestens einen Kommentar zu einem Sekundärtext, der als besonders wichtig gelten kann, zusammen. Auf der Grundlage sämtlicher Kommentare zu einem Ansatz stellen wir dann die Varianten einer Deutungsoption systematisch dar, ordnen ihnen die Interpreten zu und weisen auf die jeweils anzuwendende Kritikstrategie hin. Die einzelnen Kapitel schließen mit einem methodologischen Kommentar zu den behandelten Interpretationsansätzen ab, der diese mit der Unterscheidung zwischen der Vorgehensweise des traditionellen und des empirisch ausgerichteten Textwissenschaftlers in Verbindung bringt, die in Kapitel 5.3 vorgestellt wird.

In den Kapiteln 6–10 behandeln wir – sowohl in den Ergänzungen als auch im Buch – Texte, die als Versuche einer (sei es auch noch so skizzenhaft gebliebenen) Gesamtdeutung der Erzählung anzusehen sind. Die nach den fünf Deutungsoptionen geordneten Sekundärtexte werden ausführlich analysiert und kritisch kommentiert. Wir behandeln die der jeweiligen Option zugewiesenen Arbeiten in der Reihenfolge ihrer Erstveröffentlichung, um die optionenbezogenen Entwicklungslinien – Kritiken, Weiterführungen, Innovationen – erschließen zu können. Bei einigen Sekundärtexten sind mehrere Zuordnungen vertretbar; in diesen Fällen haben wir zu klären versucht, welche Option insgesamt dominiert, und danach die Zuordnung vorgenommen. Die folgenden Kapitel 11–18 konzentrieren sich auf spezielle Fragestellungen, die aber ebenfalls mit dem grundsätzlichen Optionenkonflikt verbunden sind, z.B. mit den besonderen Problemen, die auftreten, wenn man sich auf einzelne Textaspekte konzentriert oder wenn man den Text in den biographischen oder einen bestimmten historischen Kontext einordnet.

Unser Buch stellt in Teil II eine *methodenkritische* Studie mit eingegrenztem Gegenstandsbereich dar. Kommentiert werden Texte oder Textteile, die sich explizit auf den *Sandmann* beziehen und Aussagen über diese Erzählung machen, die eine bestimmte Deutungsstrategie erkennen lassen. Diese Aussagen stehen im Zentrum unseres Interesses; Ausführungen über andere Texte Hoffmanns, über seine Biographie usw. werden hingegen vernachlässigt bzw. nur in besonders begründeten Ausnahmefällen berücksichtigt. Wir liefern somit zwar einen Beitrag zur Hoffmann-Forschung, verfolgen damit aber andere Ziele, als dies in der Spezialforschung zu den Werken eines bestimmten Autors üblich ist. Es handelt sich um einen Beitrag speziell zur Sandmann-*Forschung*, in dem exemplarisch Vorgehensweisen diskutiert werden, die in der Sekundärliteratur weit verbreitet sind. Arbeiten zu anderen Werken Hoffmanns bleiben deshalb unberücksichtigt. Eine umfassende Rezeption der gesamten Forschungsliteratur zu Hoffmann hätte den Rahmen unseres methodenkritischen Vorhabens gesprengt.

Kapitel 19 stellt zusammenfassend den Nutzen der Kommentare für die Weiterentwicklung der in Teil I entfalteten Basis-Analyse und Basis-Interpretation dar. Kapitel 20 geht von der Annahme aus, dass die zentralen Ergebnisse der kritischen Analyse der Sekundärliteratur zum *Sandmann* auch für andere Sekundärliteraturkomplexe gültig sind. Das führt zu der These, dass sich die Textwissenschaft als Teil der Literaturwissenschaft seit langer Zeit in einer grundsätzlichen Krise befindet. Aus dem Ansatz der kognitiven Hermeneutik lässt sich aber auch eine Lösung des Problems gewinnen: Durch den konsequenten Übergang zu einer erfahrungswissenschaftlich orientierten Textarbeit kann die Textwissenschaft in ein sicheres Fahrwasser gebracht werden. Kapitel 21 schließlich legt die Ergebnisse einer zitationsanalytischen Studie zur *Sandmann*-Forschung dar, die unter der Leitung von Jürgen Rauter von Studierenden des Instituts für Sprache und Information an der Heinrich-Heine-Universität Düsseldorf durchgeführt wurde.

Teil II unseres Buches eröffnet verschiedene Nutzungsmöglichkeiten:

1. Leser, die sich nicht speziell für die *Sandmann*-Forschung, sondern primär für die verallgemeinerbaren Ergebnisse unserer Studie interessieren, etwa Hermeneutiker, Literaturtheoretiker oder Methodologen, können sich mit der Lektüre des Buches begnügen. Teil II ist als in sich geschlossener Text gestaltet, der es nicht zwingend erforderlich macht, die Ergänzungen zu konsultieren. Für diese Leser dient Hoffmanns Erzählung als Beispielfall, der durch viele andere Texte ersetzt werden könnte. Das Augenmerk richtet sich hauptsächlich auf die *allgemeinen* Konsequenzen, die sich aus der Fallstudie zur *Sandmann*-Forschung ziehen lassen. Bei Bedarf können die Leser aber auch auf einzelne Kommentare zurückgreifen, nämlich wenn sie überprüfen wollen, ob die Darstellung der Ergebnisse durch die Kommentare auch hinlänglich gestützt wird, oder wenn sie die Kritik einzelner Deutungen, z.B. der berühmten *Sandmann*-Interpretation Freuds, vollständig kennen lernen wollen.

2. Andere Leser interessieren sich hingegen primär für die *Sandmann*- und allgemeiner: für die Hoffmann-Forschung und weniger für literaturtheoretische und methodologische Probleme. Sie kennen möglicherweise bereits einige Interpretationen und wollen erfahren, wie sie aus der Sicht der kognitiven Hermeneutik kritisch einzuschätzen sind. Daher lohnt es sich für diese Leser, über den Buchteil hinaus auch ausgewählte kritische Kommentare zu rezipieren. Handelt es sich um Spezialisten in der *Sandmann*-Forschung, so werden sie möglicherweise sogar alle Kommentare und die übrigen Ergänzungen berücksichtigen.

3. Wieder anderen Lesern – vor allem Studierenden – ist es um die Einübung des kritischen Umgangs mit Sekundärliteratur zu tun. Für sie ist, wie für die erste Lesergruppe, Hoffmanns Erzählung ein Beispielfall, der durch viele an-

dere Texte ersetzt werden könnte. In erster Linie geht es ihnen darum, sich ein Analysemodell zu erarbeiten und dessen praktische Anwendung anhand exemplarischer Fachtexte zu erlernen.[10] Für diesen Lernprozess sind detaillierte Beispielanalysen sehr hilfreich. Daher ist diesen Lesern zu empfehlen, über den Buchteil hinaus ausgewählte kritische Kommentare zu studieren.

Kurzum, unsere Kombination des zweiten Buchteils mit den Ergänzungen bietet Lesern unterschiedlichen Typs mehrere Nutzungsmöglichkeiten. Allen Lesern empfehlen wir, das Buch ganz zu lesen; ob zusätzlich auf die Ergänzungen zurückgegriffen wird, und wenn ja, in welcher Form, hängt von der spezifischen Interessenlage ab. Wir geben allen Lesertypen die Möglichkeit, ihre speziellen Ziele erfolgreich zu realisieren.

Der große Umfang des Gesamtunternehmens resultiert – wie schon bei *Kognitive Hermeneutik* – aus dem Bestreben, eine möglichst gründliche Auseinandersetzung mit allen Thesen und Argumenten zu führen, die in diesem Kontext relevant sind. Die Entscheidung für ein konsequentes Durchargumentieren führt zwangsläufig zu einem größeren Umfang.

Mit unserem Projekt – insbesondere mit dem zweiten Buchteil und den zugehörigen Ergänzungen – ist ein hoher Anspruch verbunden:

1. Es gibt in der Text- und allgemeiner: in der Literaturwissenschaft nach unserem Wissensstand kein Modell für die kritische Analyse von Sekundärliteratur, das vergleichbar umfassend und leistungsfähig wie das von uns entwickelte ist.[11]

2. Desgleichen existiert zum gegenwärtigen Zeitpunkt in der Text- und Literaturwissenschaft keine derart umfassende kritische Analyse der Sekundärliteratur zu einem der meistinterpretierten literarischen Texte wie die von uns vorgelegte.

3. Sowohl das Analysemodell als auch dessen praktische Anwendung beruhen auf einer Literaturtheorie – nämlich auf der kognitiven Hermeneutik –, die strikt nach erfahrungswissenschaftlichen Prinzipien organisiert ist. Es gibt in der Text- und Literaturwissenschaft keine ähnlich elaborierte Theorie, die so erschöpfend und detailliert die konkurrierenden Positionen diskutiert und widerlegt.

4. Die Textwissenschaft befindet sich in einer Dauerkrise, die bisher noch nicht auf vergleichbar gründliche Weise diagnostiziert wurde; wir zeigen, auf welche Ursachen diese Situation zurückzuführen ist.

---

[10] Peter Tepe und Jürgen Rauter bieten seit 2007 regelmäßig Bachelorseminare unter dem Titel *Interpretationskonflikte am Beispiel von E.T.A. Hoffmanns Der Sandmann* an. Bei Peter Tepe kommen weitere Seminare dieses Typs hinzu, z.B. zu Adelbert von Chamissos *Peter Schlemihls wundersame Geschichte* (zuletzt veranstaltet im Sommersemester 2008, zusammen mit Tanja Semlow).

[11] Auf einige Vorläufer, deren Ergebnisse wir nutzen, weisen wir in ERGÄNZUNG 5-2 hin.

5. Zugleich geben wir an, wie sich die Krise der Textwissenschaft überwinden lässt. Unsere systematische Interpretation des *Sandmanns* führt beispielhaft die Anwendung der – von der kognitiven Hermeneutik entwickelten – neuen Methode der Basis-Interpretation vor, die allen vorliegenden Deutungen in kognitiv-wissenschaftlicher Hinsicht überlegen ist.

Diese fünf Besonderheiten zeigen, dass mit diesem Buch ein hoher Anspruch verbunden ist, der auf die Forderung einer *Umstrukturierung* der Textwissenschaft wie auch anderer Teile der Literaturwissenschaft hinausläuft.

An wen richtet sich dieses Buch? Angesprochen sind – wie schon bei *Kognitive Hermeneutik* – zunächst einmal Literaturwissenschaftler und Studierende, die Textarbeit betreiben, insbesondere diejenigen, die sich intensiv mit grundlegenden literaturtheoretischen und methodologischen Problemen beschäftigen. Darüber hinaus richtet sich das Buch an alle, die sich mit Fragen der allgemeinen Hermeneutik befassen, sowie an Textwissenschaftler aus anderen Disziplinen, etwa aus der Philosophie. Natürlich wenden wir uns auch speziell an diejenigen, die den Ansatz der kognitiven Hermeneutik und dessen praktische Anwendung genauer studieren wollen. Hinzu kommen alle, die sich speziell für E.T.A. Hoffmanns *Sandmann* und die spezifischen Deutungsprobleme, welche diese Erzählung aufwirft, interessieren.

Aufgrund der engen Verbindung mit Peter Tepes grundlegendem Buch ist es sicherlich wünschenswert und auch ertragreich, wenn Leser *Interpretationskonflikte* im Zusammenhang mit *Kognitive Hermeneutik* studieren. Das ist jedoch nicht zwingend erforderlich. Die kurze Einführung in Kapitel 1 vermittelt die erforderlichen Kenntnisse, um der Argumentation im vorliegenden Buch folgen zu können.

An einer Vorlesung von Peter Tepe zu Interpretationskonflikten in der *Sandmann*-Forschung, die im Sommersemester 2004 stattfand, wirkte Katja Ludwig mit, die dazu unter anderm die Textzusammenfassung des *Sandmanns* beisteuerte. Diese haben wir – in einer von ihr noch einmal überarbeiteten Version – in das Buch aufgenommen; wir bedanken uns für diesen Beitrag. Ferner danken wir Annette Graefe, Elmir Camić sowie Karin Müller für ihre Mitwirkung bei der Kontrolle der Zitate.

Peter Tepe arbeitet eng mit dem Düsseldorfer Philosophen und Hermeneutikexperten Axel Bühler zusammen, was 2008 zur Gründung der Arbeitsgruppe *Düsseldorfer Hermeneutik* geführt hat, aus der bereits eine gemeinsame Publikation hervorgegangen ist.[12] Wir danken Axel Bühler für die kritische Lektüre des Textes, die uns dazu gebracht hat, Teil II noch einmal völ-

---

[12] A. BÜHLER/P. TEPE: *Kognitive und aneignende Interpretation in der Hermeneutik.* In: A. LABISCH (Hg.): *Jahrbuch der Heinrich-Heine-Universität Düsseldorf 2007/2008.* Düsseldorf 2008, S. 315–328.

lig umzugestalten, um einen in sich geschlossenen Buchtext zu erreichen, der auch eine Systematik der in den Sekundärtexten entwickelten Argumente liefert.

Anfang 2009 hat sich die Gruppe *Erklärende Hermeneutik/Explanatory Hermeneutics* gebildet; die Gründungsmitglieder sind: Axel Bühler (Düsseldorf), Peter Tepe (Düsseldorf), Willie van Peer (München). Ein Manifest der Gruppe wird in Kürze erscheinen.

Hinweise zur Benutzung der CD

Sämtliche Dateien auf der CD liegen im PDF-Format vor; sie können mit geeigneten Programmen gelesen werden, beispielsweise mit Adobe® Reader®. Dieser kann unter http://www.adobe.com/de/downloads/ heruntergeladen werden; Informationen zu den benötigten Systemanforderungen finden sich ebenfalls dort.

Das auf der CD befindliche Verzeichnis der Ergänzungen, also der ausführlichen kritischen Kommentare und weiterer Ausführungen, ist – wie schon das Ergänzungsverzeichnis von *Kognitive Hermeneutik* – verlinkt, sodass ein Klick auf die jeweilige Ergänzung diese in einem neuen Fenster öffnet. Die Ergänzungen können aber auch manuell aufgerufen werden; sie sind im Ordner des zugehörigen Kapitels versammelt.

Hingewiesen sei noch darauf, dass bei dem empfohlenen PDF-Reader die Möglichkeit der Schlagwortsuche besteht; zumindest ab der Version 6.0 ist über die Suche im aktuellen Dokument hinaus auch eine simultane Suche über mehrere Dateien möglich, sodass alle PDF-Dokumente auf der CD gleichzeitig durchsucht werden können.

1. Kurze Einführung in die kognitive Hermeneutik

1.1 Abriss der Theorie

Das Konzept der kognitiven Hermeneutik ist im gleichnamigen Buch umfassend entfaltet worden. Im Rahmen des praxisbezogenen *Sandmann*-Projekts würde es viel zu weit führen, wenn wir versuchen wollten, eine geraffte Darstellung aller Theorieteile zu geben. Wir begnügen uns daher in Kapitel 1.1 mit einem Abriss, der sich vor allem auf das Vorwort und das erste Kapitel von *Kognitive Hermeneutik* stützt; einige Aspekte sind allerdings neu hinzugekommen. In Kapitel 1.2 werden dann die wichtigsten Empfehlungen für die konkrete Textarbeit zusammengefasst.

Kognitive Hermeneutik – was ist das? Unter diesem Titel hat Peter Tepe eine Interpretationstheorie entwickelt, zu der auch eine Methodologie der Textarbeit gehört, nämlich das Konzept der Basis-Interpretation. „Hermeneutik" steht hier für eine Disziplin, die sich mit dem Verstehen und der Interpretation von Texten, mündlicher Rede und anderen kulturellen Phänomenen – z. B. Gemälden, Filmen, Denkmälern – befasst. Der Ausdruck „kognitiv" bedeutet in diesem Zusammenhang „die Erkenntnis betreffend", genauer: „die deskriptive, nichtnormative Erkenntnis betreffend", und zeigt an, dass es sich um eine Interpretationstheorie handelt, die primär auf die Lösung von Erkenntnisproblemen ausgerichtet ist. Was das besagt, wird noch genauer zu erläutern sein.

Die kognitive Hermeneutik untersucht als *allgemeine* Hermeneutik grundsätzlich das Verstehen und die Interpretation von Phänomenen der menschlichen Kultur. Im Buch *Kognitive Hermeneutik* erfolgt allerdings eine Konzentration auf die kognitive Hermeneutik als Literaturtheorie. Diese ist eine *spezielle* Hermeneutik, die sich mit dem Verstehen und der Interpretation literarischer Texte beschäftigt; man kann sie auch als literaturwissenschaftliche Hermeneutik bezeichnen. Sie ist stets im Zusammenhang mit ihren allgemeinen Grundlagen zu sehen.

Aus dem theoretischen Ansatz der kognitiven Hermeneutik ergeben sich auch kritische Konsequenzen, die zunächst im Mittelpunkt stehen sollen. Die kognitive Hermeneutik geht aus von der Unterscheidung zweier Formen des Textzugangs, die sie auch als Formen des Interpretierens bezeichnet. Beide sind legitim und notwendig, sie müssen aber in ihrer Eigenart erkannt und voneinander abgegrenzt werden. Die Unterscheidung sei am Beispiel des Umgangs mit einem einzelnen literarischen Text, z. B. einem Roman, erläutert. Befasst man sich mit einem solchen Text, so folgt man immer – zumeist ohne darüber nachzudenken – einer bestimmten Perspektive oder auch mehreren Perspektiven, die auf näher zu bestimmende Weise zusammenwirken.

Einer bestimmten Perspektive zu folgen ist gleichbedeutend damit, dass der Text mit einer bestimmten Leitfrage konfrontiert wird. Damit wird nicht behauptet, dass man sich stets dessen *bewusst* ist, mit welcher Leitfrage man jeweils an den Text herangeht; vielmehr wendet man eine bestimmte Perspektive einfach an, ist sich dessen in der Regel aber nicht bewusst. Ziel ist es daher, die Perspektiven bzw. Leitfragen, mit denen *intuitiv* an literarische Texte herangegangen wird, erstens ins Bewusstsein zu heben und aus dieser Erkenntnis dann zweitens kritische Konsequenzen zu ziehen.

Von einer *aneignenden Perspektive* oder *aneignender Interpretation* spricht die kognitive Hermeneutik, wenn die Beschäftigung mit dem jeweiligen Text explizit oder implizit der Leitfrage „Was sagt mir oder uns dieser Text?" bzw. „Welchen Nutzen bringt mir oder uns dieser Text?" folgt. Häufig geht es beim aneignenden Textzugang darum, aus dem Text Nutzen zu ziehen für die Bewältigung lebenspraktischer Orientierungsprobleme unterschiedlichster Art; ein Leser bezieht etwa das, was in Hesses *Steppenwolf* über Harry Haller ausgeführt wird, auf eine eigene aktuelle Krise. Ferner kann beim aneignenden Textzugang ein Text – dies kann auch ein philosophischer oder wissenschaftlicher Text sein – für die Weiterentwicklung der vom Interpreten vertretenen Theorie benutzt werden; so kann ein Philosoph auf einige Elemente aus Kants *Kritik der reinen Vernunft* zurückgreifen, um in freier Anknüpfung an Kant eine eigene Erkenntnistheorie aufzubauen. Im letzteren Fall handelt es sich um einen aneignenden Textzugang, welcher der Erreichung von Erkenntniszielen dient, hier der Entfaltung oder Verbesserung einer bestimmten Theorie.

Unter einer *kognitiven* Perspektive versteht die kognitive Hermeneutik, wiederum bezogen auf einen einzelnen literarischen Text, zweierlei. Zum einen folgt die Beschäftigung mit dem jeweiligen Text explizit oder implizit der Leitfrage „Wie ist der Text beschaffen?". Dies wird als deskriptiv-feststellende Textarbeit bezeichnet. Zum anderen folgt die Beschäftigung mit dem jeweiligen Text explizit oder implizit der Leitfrage „Worauf ist es zurückzuführen, dass der Text die festgestellte Beschaffenheit aufweist?", anders ausgedrückt: „Wie kommt es, dass der Text so ist, wie er ist?". Hier ist die im engeren Sinn interpretierende Textarbeit angesprochen, die später noch genauer charakterisiert wird. Unterschieden werden also zwei Formen der kognitiven Perspektive bzw. des kognitiven Textzugangs: die kognitive Feststellungsarbeit und die kognitive Interpretationsarbeit.

Noch eine weitere Anmerkung zum Ausdruck „kognitiv": Er dient hier insbesondere zur Bezeichnung derjenigen Formen der Textarbeit, die den Leitfragen „Wie ist der Text beschaffen?" und „Worauf ist es zurückzuführen, dass der Text die festgestellte Beschaffenheit aufweist?" zugeordnet sind. Der Begriff wird also ausdrücklich enger gefasst als z.B. in der kognitiven

Psychologie. Dort werden unter Kognition Prozesse und Produkte wie Aufmerksamkeit, Wahrnehmung, Erkennen, Denken, Schlussfolgerung, Urteil, Erinnerung subsumiert. Sowohl die kognitive als auch die aneignende Perspektive bzw. Interpretation beruhen auf Kognitionen in diesem weiten Sinn; die Art der Nutzung unterscheidet sich allerdings grundlegend.

Das Nachdenken über die Perspektiven bzw. Leitfragen, an denen man sich explizit oder implizit orientiert, wenn man sich mit (literarischen) Texten beschäftigt, zeigt, dass die Aktivitäten sehr unterschiedlich sind. Es ist etwas deutlich anderes, das, was im Text geschieht, auf die persönliche Lebenssituation zu beziehen oder Erkenntnisziele in einem engeren Sinn zu verfolgen. Die Unterscheidung zwischen dem aneignenden und dem kognitiven Textzugang trägt dazu bei, sich bewusst zu machen, was man eigentlich tut, wenn man sich auf diese oder jene Weise mit (literarischen) Texten befasst.

Die aneignende und die kognitive Perspektive sind häufig miteinander verbunden; sie schließen einander also nicht im Sinne einer Unkombinierbarkeit aus. Der Hauptpunkt ist vielmehr, dass es im Rahmen der Textwissenschaft einer Ausdifferenzierung bedarf, da nur die kognitive Perspektive wissenschaftsfähig ist, wie in Kapitel 1.3 näher ausgeführt wird.

Es ist ein zentrales Anliegen der kognitiven Hermeneutik, die Textwissenschaftler – also diejenigen Wissenschaftler, die, in welchem Bereich auch immer, konkrete Textarbeit betreiben – dazu zu bringen, ein Bewusstsein ihres Tuns zu entwickeln. Ein *reflektierter* Textwissenschaftler weiß, welche seiner Arbeitsschritte kognitiver und welche aneignender Art sind, und ist bestrebt, diese entsprechend zu kennzeichnen und nicht miteinander zu vermengen. Die kognitive Hermeneutik spricht hier auch von einem *Diskursbewusstsein*; zu fragen ist stets, ob man sich mit bestimmten Überlegungen im kognitiven oder im aneignenden Diskurs bewegt.

Die kognitive Hermeneutik fordert aber nicht nur, ein Diskursbewusstsein zu entwickeln. Hat man erst einmal zwischen der aneignenden und der kognitiven Perspektive unterschieden, so drängen sich weitere Konsequenzen auf:

These 1: Gibt es einen kognitiven Textzugang (was von einigen Literaturtheorien zumindest implizit bestritten wird), so muss es die Hauptaufgabe der Textwissenschaft sein – sofern sie es mit einzelnen Texten zu tun hat –, beschreibend-feststellende und interpretierende Textarbeit nach Kriterien zu vollziehen, die strikt auf Erkenntnisgewinn ausgerichtet sind.

These 2: Das aneignende Interpretieren hingegen ist durchaus legitim und lebenspraktisch unerlässlich; es ist beispielsweise nichts dagegen einzuwenden, wenn jemand von der Lektüre eines Textes für die Bewältigung seiner Orientierungsprobleme profitiert. Es stellt jedoch keine wissenschaftliche Leistung dar, denn die Textwissenschaft hat *kognitive* und eben keine aneignende Textarbeit zu betreiben. Eine Sonderstellung nimmt das aneignende

1.1 Abriss der Theorie

Interpretieren zu *Erkenntniszwecken* ein, das z.B. der Verbesserung einer Theorie dient. Diese Art des Interpretierens ist zwar der Wissenschaft zuzuordnen, aber nicht der Sparte *Textwissenschaft*, sondern der Sparte *Theorieentwicklung*.

Ein reflektierter Textwissenschaftler wird also seine Aktivitäten nicht nur in kognitive und aneignende unterscheiden, sondern auch Letztere aus der Textwissenschaft auslagern und einer Spielart des aneignenden Diskurses zuordnen, z.B. dem normativ-ästhetischen Diskurs, in dem ein Text mit den vom Rezipienten akzeptierten ästhetischen Werten und Normen konfrontiert wird. Ein reflektierter Textwissenschaftler, der ein Drama Goethes untersucht, weiß, dass er nicht mehr als Wissenschaftler im engeren Sinn spricht, wenn er explizit oder implizit die Frage „Was hat dieses Drama uns heute noch zu sagen?" aufwirft, denn bei dieser Frage geht es darum, dem Drama im Licht der die heutigen Menschen oder auch nur den einzelnen Interpreten bestimmenden Überzeugungen eine relevante Bedeutung abzugewinnen. Für X kann aber im Kontext seiner Überzeugungen und Interessen etwas ganz anderes am Text bedeutsam sein als für Y, und für Z kann der Text sogar irrelevant sein.

Der aneignende Textzugang soll indes nicht diffamiert, er soll nur richtig eingeordnet werden. Antworten auf Fragen wie „Was hat uns Goethes Drama – oder allgemeiner: Goethe – heute noch zu sagen?" sind wichtig, sie gehören aber nicht zum kognitiven Diskurs.

These 3: Da viele Textwissenschaftler die Unterscheidung zwischen dem aneignenden und dem kognitiven Textzugang nicht kennen oder außer Acht lassen, ist es nicht verwunderlich, dass sie in ihren Arbeiten die beiden Diskurse miteinander vermengen. Ihre Texte treten mit einem wissenschaftlichen *Erkenntnisanspruch* auf; da einige Partien aber einem anderen Diskurs zuzuordnen sind, wird zumindest für diese *zu Unrecht* ein Erkenntnisanspruch erhoben.

Aus dem Ansatz der kognitiven Hermeneutik ergibt sich somit das Projekt, textwissenschaftliche Arbeiten kritisch daraufhin zu sichten, ob sie ganz oder teilweise dem aneignenden Textzugang zuzuordnen (und demgemäß als nicht oder nur eingeschränkt wissenschaftlich einzustufen) sind. Hier lassen sich wiederum zwei Formen unterscheiden: das aneignende Interpretieren in offener und in verdeckter Form.

Bei einer Passage aus einer textwissenschaftlichen Arbeit kann, wenn man nur darüber nachzudenken beginnt, schnell klar sein, dass sie der Leitfrage „Was sagt mir oder uns dieser Text?" bzw. „Welchen Nutzen bringt mir oder uns dieser Text?" folgt. Dann liegt ein aneignender Textzugang in *offener* Form vor. Man stelle sich einen solchen Textteil vor, der von der deskriptiv-feststellenden und der im engeren Sinn interpretierenden Textarbeit als eigenständiges Kapitel abgetrennt ist. Derartige Textteile sind als nichtwissenschaftliche Passagen zu kennzeichnen und einer Variante des aneignenden Diskurses zuzuordnen, z. B. dem bereits erwähnten normativ-ästhetischen Diskurs. Der Fehler besteht in diesem Fall nur darin, dass die Unterscheidung nicht erfolgt ist, sodass der Eindruck erweckt wird, es handle sich auch hier um kognitiv-wissenschaftliche Aussagen. Der kritisierte Textwissenschaftler kann einer solchen Diskursverlagerung problemlos zustimmen und mit Recht darauf insistieren, dass seine *anderen* Aussagen den Kern seiner wissenschaftlichen Argumentation bilden.

These 4: Das aneignende Interpretieren tritt aber auch in *verdeckter* Form auf. Dann hat man es nicht nur mit einem *Nebeneinander* von kognitiv-wissenschaftlichen und andersartigen Aussagen zu tun, das durch einfache Diskurszuordnung klärbar ist, sondern die den Kern der eigentlichen Argumentation bildenden Aussagen sind selbst aneignender Art. Die verdeckte Form der aneignenden Interpretation liegt dann vor, wenn diejenigen Partien, welche die eigentliche Erkenntnisleistung darstellen sollen, sich bei genauerer Analyse als aneignend erweisen. Der Interpret glaubt, eine wissenschaftliche Erkenntnisleistung zu erbringen, während er de facto eine aneignende Interpretation vollzieht; er fasst eine aneignende Deutung fälschlich als Erkenntnis auf.

Die kritische Analyse der Sekundärliteratur zum *Sandmann* wird zeigen, dass viele Arbeiten der verdeckten Form des aneignenden Interpretierens zuzuordnen sind. Der Textwissenschaftler tut hier, ohne dies zu bemerken, etwas anderes, als er zu tun vorgibt: Er verfährt ähnlich wie ein Theaterregisseur, der ein altes Stück einer aneignend-aktualisierenden Umdeutung unterzieht, missversteht jedoch diese *Anpassung an gegenwärtig vertretene theoretische bzw. weltanschauliche Überzeugungen* als kognitiv-wissenschaftliche Aktivität. Die weite Verbreitung dieses defizitären Arbeitsstils ist eine Hauptursache für die Dauerkrise der Textwissenschaft.

Fälle dieser Art sind weitaus schwieriger zu erkennen als die zuvor behandelten. Aus dem Ansatz der kognitiven Hermeneutik lassen sich indes theoretische Grundlagen gewinnen, die es ermöglichen, die insgeheim aneignend vorgehende – und deshalb als *pseudowissenschaftlich* zu betrachtende – Textarbeit als solche zu identifizieren. An dieser Stelle sollen die entscheidenden Punkte nur kurz angesprochen werden:

These 5: Auf eine der Aneignungsdimension zuzuordnende Frage wie „Was hat dieses Drama uns heute noch zu sagen?" kann es viele verschiedene Antworten geben, die gleichermaßen legitim sind. So können Interpreten, die zu unterschiedlichen Zeiten bzw. in unterschiedlichen soziokulturellen Konstellationen leben, dem Text eine ganz unterschiedliche Relevanz für die Gegenwart abgewinnen oder auch seine Irrelevanz konstatieren. Die verdeckte

Form der aneignenden Interpretation funktioniert nun in gewisser Hinsicht ähnlich: Der Interpret gewinnt dem Text vorrangig Relevanz für seine Überzeugungen weltanschaulicher bzw. theoretischer Art ab. Durch unsaubere Verfahren wird der Text den vom Interpreten akzeptierten Annahmen angeglichen, und die Interpretation erweckt den Eindruck, er stehe mit der Sichtweise des Interpreten im Einklang. Interpreten, welche diese kognitiv fragwürdigen Verfahren benutzen, gelangen so dazu, ihn als Stütze hier für diese, dort für jene Theorie bzw. Weltanschauung zu verbuchen.

In der Aneignungsdimension sind unterschiedliche Sinnzuweisungen legitim: Ein Drama Goethes kann und darf für den einen Interpreten eine andere Lebensrelevanz besitzen als für den anderen; es kann ihm in einer bestimmten Konstellation auch gar nichts zu sagen haben. In der kognitiven Dimension hingegen sind unterschiedliche Sinnzuweisungen zwar unter bestimmten Bedingungen (z.B. im Bereich der Aufbauarbeit), nicht aber in allen Fällen legitim; das ergibt sich bereits daraus, dass einige Thesen mit anderen logisch unvereinbar sind.

These 6: Die verdeckte Form der aneignenden Interpretation geht häufig eine Verbindung mit der – bereits im Vorwort erwähnten – Annahme ein, dass der Text einen versteckten zusätzlichen oder auch eigentlichen Sinn besitzt, der sich mittels einer allegorischen Deutungsstrategie dieser oder jener Art herausfinden lässt. Die verdeckt aneignende *allegorische* Interpretation beruht auf zwei Prämissen: Erstens wird geglaubt, dass der Text einen versteckten tieferen Sinn besitzt, und zweitens wird insgeheim davon ausgegangen, dass der versteckte Tiefensinn übereinstimmt mit den Auffassungen des Interpreten. Dieser problematischen Prämissen ist sich der Interpret zumeist nicht bewusst; er wendet sie einfach an. Ein Interpret, der nach diesen Prinzipien verfährt, kann einen Text leicht als Stützungsinstanz der von ihm bevorzugten Sichtweise erscheinen lassen. Dabei bedient er sich aber immer unsauberer Verfahren, die durch eine kritische Analyse aufgedeckt werden können.

These 7: Das kognitiv fragwürdige Verfahren, auf dem die verdeckt aneignende Form allegorischen Interpretierens beruht, lässt sich auch folgendermaßen bestimmen: Der Interpret projiziert, den eben angeführten Annahmen folgend, seine Auffassungen – ohne dies zu bemerken – in den Text und liest sie dann wieder aus ihm heraus. Die kognitive Hermeneutik spricht hier von *projektiv-aneignendem* Interpretieren.

Texte oder Textpassagen, die sich auf das projektiv-aneignende Interpretieren zurückführen lassen, sind ebenso aus dem textwissenschaftlichen Diskurs auszulagern wie offen aneignende Passagen. Die kritische Analyse der textwissenschaftlichen Fachliteratur auf Elemente hin, die als projektiv-aneignend zu bestimmen sind, ist ein zentrales Anliegen der kognitiven Hermeneutik. Solange der projektiv-aneignende Deutungsstil in der Textwissenschaft wirksam ist, werden literarische Texte auf immer neue Weise als Stützen der von den Interpreten vertretenen Theorien und Weltanschauungen, die freilich ständig wechseln, ausgegeben. Und aufgrund dieses Stützungseffekts werden diese Deutungen von den Anhängern dieser theoretischen Auffassungen gern akzeptiert: „Der Sinn des Textes steht im Einklang mit dem, was auch wir denken", „Der Autor des Textes steht auf unserer Seite, ist einer von uns."

Damit ist auch schon angedeutet, welche Bedürfnisse hinter dem projektiv-aneignenden Deutungsstil stehen, z. B. das Bedürfnis, bestimmte Texte und Autoren, insbesondere solche, die ein hohes Prestige besitzen, für die eigenen Überzeugungen zu vereinnahmen. Wissenschaftliche Vorgehensweisen geraten immer wieder in Konflikt mit solchen Bedürfnissen und Interessen. Die Neigung, bestimmte Aussagen direkt als wahr zu betrachten, weil sie mit den eigenen Überzeugungen, Zielen und Interessen übereinstimmen (und deshalb als emotional befriedigend empfunden werden), ist weit verbreitet und anthropologisch tief verankert.

Die kognitive Hermeneutik wendet auch hier ihre Aufteilungsstrategie an: Die Vereinnahmung eines Textes für die jeweilige eigene Sache stellt in der Aneignungsdimension ein legitimes Geschehen dar; man folgt ja der Leitfrage „Welchen Nutzen bringt mir oder uns dieser Text?". Unberechtigt ist es jedoch, für das Ergebnis einer aneignenden Vereinnahmung unmittelbar wissenschaftliche Geltungsansprüche zu erheben.

Die kognitive Hermeneutik verbindet also auf spezifische Weise eine Interpretationstheorie und Methodologie der Textarbeit mit einer ideologiekritischen Perspektive – gemäß einer erkenntniskritischen Ideologienlehre.[13] Das gilt sowohl für die Ebene der allgemeinen als auch für die der literaturwissenschaftlichen Hermeneutik. Diese Verbindung, die in der allgemeinen hermeneutischen wie auch speziell in der literaturtheoretischen Diskussion ungewöhnlich ist, erweist sich als notwendig, wenn man aus der Grundunterscheidung zwischen der aneignenden und der kognitiven Perspektive die dargelegten kritischen Konsequenzen zieht. Dann wird nämlich erkennbar, dass einige Formen der Textarbeit, die sich in der Textwissenschaft etablieren konnten, überhaupt keine kognitiv-wissenschaftlichen, sondern insgeheim aneignende Verfahren sind. Der Aufbau einer Literaturtheorie mit zugehöriger Methodologie muss daher, wenn man zu dieser Einsicht gelangt ist, verbunden werden mit der Kritik an defizitären Verfahrensweisen und den sie stützenden Theorien.

---

[13] An dieser Stelle seien nur zwei grundlegende Arbeiten angeführt:
P. TEPE: *Theorie der Illusionen*. Essen 1988.
P. TEPE: *Illusionskritischer Versuch über den historischen Materialismus*. Essen 1989.

These 8: Um Missverständnisse zu vermeiden, ist in allgemeiner Form zu klären, wie bei der Analyse und Kritik projektiv-aneignenden Interpretierens vorzugehen ist. Im ersten Schritt wird stets untersucht, ob eine Interpretation den auf Erkenntnisgewinn ausgerichteten Kriterien genügt oder nicht. Zeigt sich nun bei der sachlichen Auseinandersetzung, dass die Argumentation größere kognitive Defizite aufweist, so wird im zweiten Schritt überprüft, ob diese sich auf den in These 7 angesprochenen Projektionsmechanismus zurückführen lassen. Im ersten Schritt wird also dargelegt, dass bestimmte Argumentationsschritte und Thesen fehlerhaft bzw. unbegründet sind; im zweiten Schritt hingegen wird – zumindest in einigen Fällen – aufgewiesen, dass die festgestellten Mängel in der Hauptsache daraus hervorgehen, dass der Interpret seine eigene Sicht der Dinge auf den Text projiziert hat, wodurch dieser zu einer Stützungsinstanz für seine Position wird.

Es wird somit nicht – wie bei einigen anderen Formen ideologiekritischer Argumentation – *sogleich* unterstellt, dass eine bestimmte Argumentation verfehlt ist, weil eine Projektion, die beispielsweise auf bestimmten Wünschen basiert, im Spiel ist. Denn die ideologiekritischen Überlegungen werden ja erst angestellt, *nachdem* eine Argumentation bereits als defizitär erwiesen worden ist. Grundsätzlich gilt, dass eine Idee, die auf einer Projektion beruht, nicht kognitiv wertlos sein muss. Aus der Genese einer Idee darf nie direkt auf ihren kognitiven Wert geschlossen werden.

In der textwissenschaftlichen Fachliteratur, insbesondere in Interpretationstexten, sind die beiden markierten Fehler weit verbreitet: In vielen Arbeiten ist ein ungeklärtes Nebeneinander von kognitiven und aneignenden Partien zu konstatieren, und auch die verdeckte Form aneignenden Interpretierens – das projektiv-aneignende Interpretieren – hat nach wie vor Konjunktur. Dies an Beispielen nachzuweisen ist allerdings nicht das Ziel des Buches *Kognitive Hermeneutik*, das sich vorrangig den literaturtheoretischen und methodologischen Fragen und Debatten widmet, sondern die Aufgabe des vorliegenden *Sandmann*-Projekts.

Die kognitive Hermeneutik fordert die Textwissenschaftler erstens dazu auf, ihre aneignenden Deutungen von ihren kognitiv-wissenschaftlichen Anstrengungen zu unterscheiden und aus dem textwissenschaftlichen Diskurs auszulagern. Sie fordert sie zweitens speziell dazu auf, mit dem projektiv-aneignenden Interpretationsstil zu brechen. Gerade dort, wo dieser wirksam wird, vor allem in Form des verdeckt aneignenden allegorischen Interpretierens, ist bei der wissenschaftlichen Beschäftigung mit literarischen Texten ein grundsätzliches Umdenken erforderlich. Dieses Plädoyer für ein Umdenken erklärt aber keineswegs alles bisher in der Textwissenschaft Geleistete für null und nichtig – insbesondere nicht die solide philologische Arbeit der Vergangenheit und Gegenwart. Die Kritik richtet sich nur gegen die nach wie vor verbreiteten weltanschauungs- und theoriegebundenen Interpretationsverfahren, die de facto aktualisierende Aneignung betreiben, dies aber als kognitiv-wissenschaftliche Leistung erscheinen lassen.

Nachdem bisher die sich aus der Theorie der kognitiven Hermeneutik ergebenden kritischen Konsequenzen im Mittelpunkt gestanden haben, wenden wir uns nun deren Methodenangebot zu. Die kognitive Hermeneutik bemüht sich darum, die kognitive Textarbeit genauer zu charakterisieren und die Situation in der Textwissenschaft zu verbessern. Sie macht als literaturwissenschaftliche Interpretationstheorie Aussagen darüber, wie bei der Analyse und Interpretation literarischer Texte verfahren werden sollte. Eine lehr- und lernbare Methode der Textinterpretation wird vermittelt.

Mit der kognitiven Hermeneutik ist das Projekt einer Verwissenschaftlichung der Textarbeit im Allgemeinen und der Textinterpretation im Besonderen verbunden. Es wird gezeigt, dass und wie sich die konkrete Textarbeit nach allgemeinen erfahrungswissenschaftlichen Kriterien optimieren und reorganisieren lässt. Man kann mit den defizitären Interpretationsspielen, die Aneignung im Gewand der Wissenschaftlichkeit betreiben, brechen, *ohne* – wie es einige Theorien tun – die textwissenschaftliche Interpretationsarbeit generell ablehnen zu müssen.

Die kognitive Hermeneutik geht aus von der erfahrungswissenschaftlichen Grundhaltung, die darin besteht, dass zur Erklärung bestimmter Phänomene Hypothesen gebildet, logische Folgerungen aus ihnen gezogen und diese an den jeweiligen Phänomenen überprüft werden. In einem weiteren Schritt wird zwischen dieser Grundhaltung und ihren konkretisierenden Umsetzungen in verschiedenen Wissenschaften unterschieden, die divergente Erkenntnisziele verfolgen. Aus der erfahrungswissenschaftlichen Grundhaltung kann einerseits ein Programm gewonnen werden, das primär auf die Erkenntnis von Gesetzmäßigkeiten ausgerichtet ist, andererseits aber auch ein Programm, das primär an der Erklärung einzelner Ereignisse und Sachverhalte interessiert ist. Ein solches Programm verfolgt die kognitive Hermeneutik, die sich innerhalb der Literaturwissenschaft das Ziel gesetzt hat, überzeugende *Erklärungen* für die feststellbare Beschaffenheit literarischer Texte hervorzubringen. Die kognitive Hermeneutik ist somit der erfahrungswissenschaftlichen Grundhaltung verpflichtet, hat aber nicht primär das Ziel, Gesetzmäßigkeiten zu erkennen.

Die Verwendung des Ausdrucks „Erklärung" sei kurz erläutert: Auf einer allgemeinen Ebene lassen sich, dem bereits bekannten Muster folgend, zwei kognitive Aktivitäten unterscheiden; das gilt für alle Phänomene, die wissenschaftlich erforscht werden können – für solche der Natur ebenso wie für solche der menschlichen Gesellschaft und Kultur. Beschreibend-feststellende Aktivitäten folgen explizit oder implizit der Leitfrage „Wie sind die Phänomene, die untersucht werden sollen, beschaffen?", allgemeiner gefasst: „Was ist der Fall?". Die andere Art kognitiver Aktivität folgt explizit oder implizit der Leitfrage „Worauf ist es zurückzuführen, dass die Phänomene die festgestellte Beschaffenheit aufweisen?", also „Wie kommt es, dass die Phänomene so sind, wie sie sind?". Die kognitive Hermeneutik bezeichnet nun jede Antwort auf eine „Worauf ist es zurückzuführen, dass"- bzw. „Wie kommt es, dass"-Frage als Versuch einer *Erklärung* der jeweiligen Phänomene bzw. des jeweiligen Phänomens. Wenn man dieser Sprachregelung folgt, so gilt, dass bereits im Alltagsleben vielfältige Erklärungen vorgenommen werden. X bemerkt z.B., dass seine Partnerin Y sich ihm gegenüber auf ungewohnte Weise – etwa besonders aggressiv – verhält, und fragt sich nun, wovon dieses Verhalten herrührt. X führt es vielleicht darauf zurück, dass Y an ihrem Arbeitsplatz besonderen Stress gehabt hat; dies ist der Versuch einer *Erklärung* für das festgestellte auffällige Verhalten.

Die Erklärungshypothesen, die man im Alltag entwickelt, sind zumeist sehr skizzenhaft und unvollständig; Erklärungsskizzen dieser Art reichen in diesem Kontext jedoch häufig völlig aus. Nur in wenigen Situationen verspürt man das Bedürfnis, eine vertiefte und umfassendere Erklärung zu erlangen. Von den Erfahrungswissenschaften hingegen kann allgemein gesagt werden, dass sie immer auch bestrebt sind, ausgeformte und möglichst vollständige Erklärungen für die festgestellte Beschaffenheit der jeweiligen untersuchten Phänomene zu geben. Den Begriff der Erklärung verankert die kognitive Hermeneutik also bereits auf der vorwissenschaftlichen Ebene, sodass wissenschaftliche Erklärungen als Weiterführungen vorwissenschaftlicher Erklärungsversuche erscheinen, wobei spezielle Strategien verfolgt werden.

Ferner gilt, dass die verschiedenen wissenschaftlichen Erkenntnisprogramme mit unterschiedlichen *Erklärungstypen* verbunden sind. Im einen Fall wird versucht, die festgestellte Beschaffenheit einer ganzen Gruppe von Phänomenen auf bestimmte Gesetz- oder Regelmäßigkeiten (sowie auf bestimmte Rahmenbedingungen) zurückzuführen; die Erkenntnis von Gesetz- bzw. Regelmäßigkeiten steht im Mittelpunkt der Erklärungsaktivität. Im anderen Fall wird hingegen versucht, die festgestellte Beschaffenheit eines einzelnen Phänomens, z.B. eines literarischen Textes oder eines einzelnen Ereignisses, auf bestimmte Instanzen oder Ursachen zurückzuführen. Dieser Erklärungstyp ist für die Textwissenschaft relevant, insbesondere dort, wo sie sich mit einzelnen Texten beschäftigt. Die alltäglichen vorwissenschaftlichen Erklärungshypothesen, z.B. der Grund, den X für das aggressive Verhalten von Y findet, sind ebenfalls meistens diesem Erklärungstyp zuzuordnen.

Von einer Erklärung im allgemeinen Sinn kann man sagen, dass sie versucht, einen festgestellten Tatbestand aus etwas Zugrundeliegendem herzuleiten. Die Erklärungstypen unterscheiden sich in der Hauptsache dadurch, dass sie auf unterschiedliche Größen gerichtet sind (Gesetzmäßigkeiten vs. individuelle Instanzen). Für die kognitive Hermeneutik als Literaturtheorie ist es wichtig festzuhalten, dass das kognitive Interpretieren eines literarischen Textes eine *Erklärungsleistung* darstellt: Der Textbestand wird auf bestimmte Instanzen als dessen Ursache bzw. Hauptursache zurückgeführt. Damit wird die verbreitete Annahme einer Opposition zwischen (vor allem naturwissenschaftlichem) Erklären und (geisteswissenschaftlichem) Verstehen hinfällig, denn das kognitive Interpretieren stellt ja selbst eine besondere Form der wissenschaftlichen Erklärung dar.

Die kognitive Hermeneutik steht in Konflikt mit den vorherrschenden Strömungen in der Literaturwissenschaft. Auf zwei wichtige Differenzpunkte sei hingewiesen: Während etliche Literaturtheorien den Rückgriff auf den Autor bei der Textarbeit grundsätzlich ablehnen, behauptet die kognitive Hermeneutik, dass sich die Grundfrage der kognitiven Interpretation eines einzelnen Textes – „Wie kommt es, dass der Text so ist, wie er ist?" – nur dann befriedigend beantworten lässt, wenn man sich auf den Autor bezieht. Viele Textwissenschaftler verkennen völlig, dass angesichts jedes literarischen Textes dieses Erklärungsproblem aufgeworfen werden kann, welches ein reines Erkenntnisproblem darstellt. Das Bestreben, autorbezogene Formen der Textarbeit völlig auszuschalten, gründet darauf, dass man sich diesem Problem nicht stellt.

Die kognitive Hermeneutik vollzieht den Rückgriff auf den Autor bei der Textarbeit allerdings nicht in der traditionellen Form des Autorintentionalismus. Sie schlägt vielmehr eine Theorie der textprägenden Instanzen vor, zu denen unter anderm auch Autorabsichten gehören.[14] Der Entwurf eines erfahrungswissenschaftlich orientierten Konzepts für die Textarbeit stellt eine *Weiterentwicklung* des autorintentionalen Ansatzes dar, nicht dessen Ablehnung.

Der zweite Differenzpunkt betrifft den Begriff des Textsinns bzw. der Textbedeutung.[15] Hier gibt es zwei Optionen, die ihrerseits auf vielfältige Weise ausgestaltet werden können. Nach der einen Grundvorstellung ist der Textsinn im Text selbst enthalten, also eine objektive Größe. Die kognitive Hermeneutik bezeichnet diesen Standpunkt als *Sinn-Objektivismus*. Nach der anderen Grundvorstellung ist der Textsinn keine objektive Größe, vielmehr wird er vom Rezipienten im Kontakt mit einem vorliegenden Text erst gebildet und ist somit von ihm abhängig. Mehrere Rezipienten, die von unterschiedlichen Voraussetzungen ausgehen, gelangen daher zu divergierenden

---

[14] Die Ausdrücke „Intention" und „Absicht" werden synonym gebraucht.
[15] Auch die Bezeichnungen „Textsinn" und „Textbedeutung" werden, wiederum Tendenzen der Alltagssprache folgend, synonym verwendet. Unterschieden werden dann aber mehrere Formen des Textsinns oder der Textbedeutung.

Sinnzuschreibungen, die im Prinzip gleichermaßen legitim sind. Die kognitive Hermeneutik bezeichnet diesen Standpunkt als *Sinn-Subjektivismus*.
Die meisten heutzutage vertretenen Literaturtheorien folgen der letzteren Sichtweise. Hier ist zwischen hermeneutischen und antihermeneutischen Positionen zu differenzieren. Eine *hermeneutische* Literaturtheorie liegt vor, wenn diese Theorie sich an in der hermeneutischen Tradition entwickelten Auffassungen orientiert, etwa an denen der Aufklärungshermeneutik, Schleiermachers, Diltheys, Heideggers, Gadamers, Ricœurs; die kognitive Hermeneutik stellt eine besondere Variante einer hermeneutischen Literaturtheorie dar. Eine *antihermeneutische* Literaturtheorie liegt hingegen vor, wenn diese Theorie sich an Auffassungen orientiert, welche der hermeneutischen Tradition generell kritisch gegenüberstehen, etwa an denen Foucaults und Derridas.
Zurück zum Begriff des Textsinns: Bei den hermeneutischen Ansätzen dominiert die subjektivistische Hermeneutik, und auch die antihermeneutischen Positionen beruhen vielfach auf sinn-subjektivistischen Prämissen. Die kognitive Hermeneutik zeigt demgegenüber die Überlegenheit des Sinn-Objektivismus; sie vertritt einen objektivistischen Standpunkt. Das führt zu zwei Thesen: Zum einen behauptet die kognitive Hermeneutik, dass in jedem literarischen Text, etwa in einem Roman, eine spezifische *Textwelt* konstruiert wird, in der bestimmte Figuren, die bestimmte Eigenschaften aufweisen, leben und handeln. Alles, was zur jeweiligen Textwelt gehört, wird unter dem Begriff des *Textwelt-Sinns* zusammengefasst. Dieser ist ein objektiver, im Text enthaltener Sinn, den es zutreffend zu erfassen gilt; unterschiedliche Sinnzuschreibungen sind auf dieser Ebene *nicht* gleichermaßen legitim. Zum anderen behauptet die kognitive Hermeneutik, dass jeder literarische Text – wie überhaupt jeder Text – durch bestimmte Instanzen geprägt ist, die ihn zu dem Text gemacht haben, der faktisch vorliegt. Hier spricht sie vom *Prägungs-Sinn* eines Textes. Der Prägungs-Sinn ist ebenfalls ein objektiver, im Text enthaltener Sinn, den es richtig zu erfassen gilt; unterschiedliche Sinnzuschreibungen sind auch auf dieser Ebene nicht gleichermaßen legitim, denn ein Text ist so, wie er ist, weil sich z.B. gewisse künstlerische Ziele oder Überzeugungen des Autors prägend ausgewirkt haben. Beide Formen des objektiven Textsinns lassen sich durch wissenschaftliche Verfahren herausfinden.
Das Erfassen des Textwelt- wie auch des Prägungs-Sinns ist ein Vorgang, der auf konstruktive Leistungen des Erkennenden angewiesen ist; er ist nicht nach Maßgabe eines naiven Realismus zu denken. So muss sich der Leser die Textwelt *vorstellen*, sie in seiner Imagination erzeugen, aber eben auf der Grundlage der Informationen, die der Text vermittelt. Der Text enthält somit zwar nicht unmittelbar die Textwelt, aufgefasst als Vorstellungsgebilde, wohl aber Anweisungen, wie der Leser dieses Vorstellungsgebilde zu erzeu-

gen hat.[16] Insbesondere für den Prägungs-Sinn gilt, dass man aufgrund des zumeist aneignenden Umgangs mit Texten gar nicht auf diese Form des objektiven Textsinns ausgerichtet ist und diesen Zugang erst erlernen muss, was mit einigen Anstrengungen verbunden ist.

Die gründliche Untersuchung des einzelnen Textes mit dem Ziel, den Textwelt- und den Prägungs-Sinn aus diesem zu erschließen, bezeichnet die kognitive Hermeneutik als *Basisarbeit*; diese gliedert sich in *Basis-Analyse* und *Basis-Interpretation*. Die *Aufbauarbeit* besteht demgegenüber darin, den Text in einen bestimmten Kontext einzuordnen und kontextbezogen zu erforschen. Ein literarischer Text kann in mehrere Kontexte eingeordnet werden, unter anderm in einen biographischen, einen literarhistorischen, einen gattungspoetischen, einen sozial-, einen wirtschafts-, einen ideengeschichtlichen Kontext. Es sind also sehr verschiedene Formen der Aufbauarbeit möglich, die unterschiedliche Erkenntnisziele verfolgen und geeignete Methoden bzw. Problemlösungsstrategien verwenden, um diese Ziele zu erreichen. Der Basis-Interpretation stehen daher mehrere Formen oder Typen der Aufbau-Interpretation gegenüber. Die kognitive Hermeneutik vertritt also nicht die Auffassung, in der Textwissenschaft könne es nur *einen* legitimen Interpretationstyp geben. Generell gilt aber: Erst ist die Basisarbeit zu erledigen.

Nun zur Unterscheidung zwischen Basis-Analyse und Basis-Interpretation: Die kognitive Grundfrage im Bereich der Basis-Analyse lautet: Wie ist der vorliegende Text beschaffen? Das ist eine Variante der allgemeinen Frage „Was ist der Fall?". Festgestellt werden kann – z. B. bei einem Roman – unter anderm, wie der Handlungsablauf aussieht, welche Themen und Motive im Text auftreten, welche stilistischen Mittel verwendet werden, welche Erzählhaltung vorliegt usw. Entsprechendes gilt für die anderen Formen literarischer Texte. Die Basis-Analyse knüpft zunächst an die Leseerfahrung mit dem jeweiligen Text an, um die hierbei bemerkten Texteigentümlichkeiten mittels geeigneter Begrifflichkeiten in erkenntnismäßiger Hinsicht genauer zu erfassen. Obwohl alle Feststellungsarbeiten auf bestimmten Voraussetzungen beruhen, also nie theoriefrei sind,[17] ist auf eine (optionen-)neutrale Darstellung zu achten.

Die kognitive Grundfrage im Bereich der Basis-Interpretation lautet: Wie kommt es, dass der Text die festgestellte Beschaffenheit aufweist? Anders ausgedrückt: Wie kommt es, dass der Text so ist, wie er ist? Die Wendung „Wie kommt es, dass ...?" lässt sich auch ersetzen durch „Wie ist es zu erklären, dass ...?". Die Basis-Interpretation versucht dieses Erklärungsproblem, das wie gesagt ein Problem rein kognitiver Art darstellt, zu lösen. Es ist –

---

[16] Zu sinnoffenen Stellen vgl. TEPE: *Kognitive Hermeneutik*, Kapitel 2.4.
[17] Zum Umstand, dass auch Beschreibungen theoriegeladen erfolgen, vgl. TEPE: *Kognitive Hermeneutik*, [29], [31], [33].

auch wenn es einige Besonderheiten aufweist – strukturell verwandt mit Erklärungsproblemen in anderen Wissenschaften. Da das kognitive Interpretieren selbst ein Erklären ist, lehnt die kognitive Hermeneutik alle Theorien ab, die eine *absolute* Sonderstellung der Geistes- oder Kulturwissenschaften behaupten und diese dadurch begründen, dass eine Sondermethode postuliert wird.

Man braucht das erkenntnisbezogene Erklärungsproblem nur aufzuwerfen, um zu erkennen, dass eine Lösung nicht ohne Rückgriff auf den Textproduzenten oder Autor gefunden werden kann – weder durch Rückgriff auf den Rezipienten bzw. Interpreten noch durch unmittelbaren Bezug auf eine übergeordnete Größe wie z. B. den sozialhistorischen Kontext. Denn in diesem Rahmen ist eine *Vielzahl* von literarischen Texten hervorgebracht worden; der direkte Bezug auf den Kontext ist daher ungeeignet, eine Erklärung für die *Besonderheit eines einzelnen Textes* zu liefern. Ohne Rückgriff auf den Textproduzenten lässt sich nicht erklären, wieso ein Text mit seiner spezifischen Besonderheit vorliegt.

Der zentrale Begriff, mit dem die kognitive Hermeneutik bei der Lösung des Erklärungsproblems arbeitet, ist – wie bereits angedeutet – nicht der klassische Begriff der Autorintention. Die Leitfrage „Worauf ist es zurückzuführen, dass der Text so ist, wie er ist?" wird aufgefasst als Frage nach den *Instanzen des Autors*, welche seine Textproduktion und über diese den vorliegenden Text tatsächlich geprägt haben. Die kognitive Hermeneutik unterscheidet drei Instanzen:

1. Das Textkonzept. Jeder literarische Text ist auf bestimmte Weise angelegt, ihm liegt eine bestimmte künstlerische Ausrichtung oder Zielsetzung zugrunde – das *Textkonzept*. Das Textkonzept muss dem Textproduzenten indes nicht klar bewusst und von ihm nicht bis ins Detail durchdacht sein; auch die spontane, unreflektierte Kunstproduktion folgt stets einer künstlerischen Ausrichtung. Daher gilt: Jeder literarische Text ist die Umsetzung eines Textkonzepts.

Eine Hypothese über das dem Text zugrundeliegende und ihn prägende Konzept kann stets allein auf der Grundlage des Textes gebildet werden, und es gehört zu den Aufgaben der Basis-Interpretation, zu einer tragfähigen, mit dem Textbestand im Einklang stehenden Hypothese dieser Art zu gelangen. Selbstverständlich kann eine solche Hypothese dann bei der Aufbauarbeit weiter ausgebaut und verfeinert sowie bei Bedarf korrigiert werden.

Eine erklärungskräftige und textkonforme Hypothese über das künstlerische Ziel z. B. eines Romans oder Gedichts lässt sich am besten gewinnen, wenn man zunächst klärt, welche künstlerischen Ziele in diesem Fall überhaupt *denkbar* sind. Spielt man diese grundsätzlichen Optionen nun durch und unterzieht man sie einem *textbezogenen Vergleichstest*, so zeigt sich, welche

Option am besten zum festgestellten Textbestand passt und ihn *am zwanglosesten* erklärt.

2. Das Literaturprogramm. Jedem Textkonzept liegt wiederum ein *Literaturprogramm* zugrunde, d.h. eine bestimmte werthaft-normative Auffassung davon, wie (gute) Literatur aussehen sollte. Naturalisten z.B. folgen einem anderen Literatur- und Kunstprogramm als Expressionisten. Das Literaturprogramm muss dem Textproduzenten ebenfalls nicht klar bewusst sein. Jeder literarische Text ist dadurch, dass er die Umsetzung eines Textkonzepts ist, immer auch die Umsetzung eines Literaturprogramms, das der konkreten künstlerischen Zielsetzung zugrunde liegt.

Eine Hypothese über das dem Text zugrundeliegende und ihn prägende Literaturprogramm kann zunächst ebenfalls allein auf der Grundlage des Textes gebildet werden. Man kann stets fragen, von welchen allgemeinen künstlerischen Zielen (Programm) das spezielle künstlerische Ziel des Textes (Konzept) getragen wird. Auch hier wird ein Optionenvergleich empfohlen.

3. Das Überzeugungssystem. Jedes Textkonzept und Literaturprogramm steht wiederum in Verbindung mit einem bestimmten gedanklichen Rahmen, dessen Fundament sich aus Weltbildannahmen und Wertüberzeugungen zusammensetzt. Dieser Rahmen stellt aufgrund der inneren Zusammengehörigkeit der einzelnen Elemente ein *Überzeugungssystem* dar; Inkohärenzen und Widersprüche sind dabei nicht ausgeschlossen. Jeder literarische Text ist dadurch, dass er die Umsetzung eines Textkonzepts und Literaturprogramms ist, immer auch die Artikulation eines bestimmten Überzeugungssystems, dessen Grundbestandteile ein Weltbild und ein Wertsystem sind.

Eine Hypothese über das dem Text zugrundeliegende und ihn prägende Überzeugungssystem kann wiederum zunächst allein auf der Grundlage des Textes gebildet werden. Man kann stets fragen, von welchen fundamentalen Hintergrundannahmen weltbildhafter und werthaft-normativer Art das Textkonzept und das Literaturprogramm des Autors getragen werden. Auch auf dieser Ebene ist ein Optionenvergleich sinnvoll.

Der traditionelle Leitbegriff der Intention des Autors wird somit als Leitbegriff ersetzt durch den komplexeren Terminus der textprägenden Instanzen, der sich auf die drei vorgenannten Größen bezieht, die zu einem erheblichen Teil auf unbewusste Weise wirken.

Die Reihenfolge der drei Prägeinstanzen lässt sich auch umkehren: Die Position des Autors wird durch sein Überzeugungssystem festgelegt; er ist z.B. Anhänger einer bestimmten Religion. Sein Literaturprogramm steht in einem inneren Zusammenhang mit seiner Position, und aus diesem Programm erwachsen die einzelnen Textkonzepte. Die Autorposition stellt daher die übergeordnete Größe dar. Das besagt: Jeder Text ist ein positionsgebundener Text, und eben diese *Positionsbindung* gilt es zu erkennen.

Die kognitive Hermeneutik rechnet damit, dass es außer den genannten noch weitere textprägende Autorinstanzen geben kann. So ist es denkbar, dass sich bestimmte Eigenarten des Textes durch Rückgriff auf unbewusste Konstellationen des Autors, also im weiteren Sinn tiefenpsychologisch erklären lassen. Gefordert wird jedoch, im ersten Interpretationsschritt (Basis-Interpretation) stets nach den angeführten drei Instanzen zu fragen.

Die kognitive Hermeneutik stellt also Regeln für die erklärende Interpretation auf; diese sind auf alle literarischen Texte anwendbar. Sie ist somit auch eine Regelhermeneutik, die in neuer Form an ältere Versuche dieser Art (z.B. in der Hermeneutik der Aufklärung) anknüpft. Das methodologische Konzept lässt sich auf andere Wissenschaften übertragen, die sich mit andersartigen Kunstphänomenen befassen. An die Stelle des Textkonzepts tritt dann etwa das Bild- oder das Filmkonzept, an die Stelle des Literaturprogramms das Mal- oder das Filmprogramm. Die kognitive Hermeneutik ist auch über den Bereich der Texte und der nichtsprachlichen Kunstphänomene hinaus anwendbar, z.B. auf den Bereich der mündlichen Kommunikation, auf menschliche Hervorbringungen aller Art. Nach dem Prägungstheorem ist alles, was im Rahmen menschlicher Lebensformen geschieht, an variierende Überzeugungssysteme und weitere daraus erwachsende Prägungsinstanzen gebunden und von ihnen geprägt.

Die Methode der Basis-Interpretation erfordert eine kontrollierte, distanzwahrende Form des Sichhineindenkens in das Überzeugungssystem des Autors. Diese ist von der *identifikatorischen* Einfühlung abzugrenzen, die den Autor als Vermittler weltanschaulicher ‚Wahrheit' begreift und mit einer Haltung religiöser oder religionsähnlicher Verehrung verbunden ist. Die Haltung gläubiger Andacht kann indes nicht Basis einer kognitiv-wissenschaftlichen Anstrengung sein.

Hinsichtlich des Ziels, den festgestellten Textbestand zu erklären, ist zwischen dem Erkenntnisideal und dem konkreten Forschungsprozess zu unterscheiden. Ist jeder Text ein durch die drei Instanzen bzw. die Autorposition geprägtes Gebilde, so muss das Erkenntnisideal darin bestehen, das jeweilige Textkonzept, Literaturprogramm und Überzeugungssystem zutreffend zu erfassen. Dieses Ideal hat den Status einer regulativen Idee. Wie jede Hypothesenbildung führt auch die über die jeweiligen textprägenden Instanzen nie zu einer definitiven Gewissheit. Daher ist es wissenschaftlich immer legitim, den Versuch zu unternehmen, vorliegende Hypothesen zu verbessern oder auch Alternativen zu ihnen zu bilden.

Die erklärende Basis-Interpretation führt zu Ergebnissen, die weltanschaulich neutral und daher im Prinzip für alle Überzeugungssysteme akzeptabel sind. Aus dem kognitivistisch-empirischen Wissenschaftsverständnis ergibt sich nicht nur die Unterscheidung zwischen kognitiver und weltanschaulich bzw. theoretisch gebundener Interpretation, sondern auch die Forderung, die weltanschauungs- und theoriegebundene Interpretation generell und in all ihren Spielarten aus dem Bereich der Textwissenschaft auszuscheiden. Nur so kann diese den sicheren Gang eines kognitiven Problemlösungsunternehmens gehen. In der Textwissenschaft ist daher ein grundsätzliches Umdenken, d.h. eine *Umorientierung* auf den erfahrungswissenschaftlichen Interpretationsstil erforderlich.

Für alle Typen der Aufbau-Interpretation gilt: Sie sollten an bewährte Basis-Interpretationen anknüpfen und sich bemühen, mit ihnen im Einklang zu bleiben. Aufbau-Interpretationen stellen weitergehende Fragen kognitiver Art, die sich als Erklärungsprobleme höherer Ordnung fassen lassen. Hat man ein bestimmtes Textkonzept und Literaturprogramm als textprägend aufgewiesen, so kann man z.B. fragen, ob es psychologische Gründe dafür gibt, dass der Autor genau diesen Produktionsregeln folgt. Entsprechend kann bei den anderen Formen der Aufbau-Interpretation vorgegangen werden. Die faktisch im Aufbaubereich angewandten Methoden erfüllen aber häufig keine strengeren kognitiven Standards.

Die kognitive Hermeneutik stellt insgesamt eine spezifische Verbindung von Elementen mehrerer Richtungen dar:

1. Die Linie der dem Sinn-Objektivismus verpflichteten Hermeneutik wird in neuartiger, an der erfahrungswissenschaftlichen Grundhaltung orientierter Form fortgesetzt.

2. Der traditionelle Autorintentionalismus wird dabei überwunden, dessen rationale Elemente bleiben jedoch – hegelianisch formuliert – in der umfassenderen Theorie der textprägenden Instanzen aufgehoben.

3. Die Unterscheidung zwischen dem aneignenden und dem kognitiven Textzugang führt zur Kritik projektiv-aneignenden Interpretierens, welche mit den Mitteln einer erkenntniskritischen Ideologienlehre entfaltet wird.

4. Die kognitive Hermeneutik nutzt auch sprachanalytische Ansätze, die eine Ausdifferenzierung unterschiedlicher Formen des Verstehens und der Interpretation vornehmen. Sie begnügt sich allerdings nicht mit der Analyse dessen, was Literaturwissenschaftler tatsächlich tun, sondern sie unterbreitet auch einen Vorschlag zur *Neuorientierung*. Die kognitive Hermeneutik weist jedoch viele Gemeinsamkeiten mit anderen Konzepten aus dem Lager der Analytischen Philosophie und Wissenschaftstheorie auf.

5. Angeknüpft wird ferner an die philosophische Hermeneutik: Die Position Gadamers, die eine bestimmte Art der Grundlagenreflexion vorschnell mit dem Sinn-Subjektivismus verbindet, wird überwunden; der rationale Kern der Grundlagenreflexion bleibt jedoch in der Theorie der steuernden Überzeugungssysteme, die auch eine Lehre von der unaufhebbaren Positionsgebundenheit ist, erhalten.

Diese neuartige Kombination erweist sich als den konkurrierenden Theorieangeboten überlegen. Sie führt zu einer Veränderung der Problemkonstellation wie auch zur Veränderung der Methoden, die ja geeignet sein müssen, diese veränderten Problemstellungen zu bewältigen. Die kognitive Hermeneutik stellt in ihrer literaturwissenschaftlichen Anwendung außerdem eine Literaturtheorie dar, die dem wissenschaftstheoretischen Kriterium der Einfachheit in hohem Maß genügt. Aus wenigen Grundannahmen und -unterscheidungen, die eine große Ausgangsplausibilität besitzen, werden – in diesem Fall folgenreiche – Konsequenzen abgeleitet.

Der Ansatz der kognitiven Hermeneutik ist in methodologischer Hinsicht *pluralistisch*, da mit mehreren wissenschaftlich legitimen Verfahren der Textarbeit gerechnet wird; er steht jedoch im Gegensatz zum bereits im Vorwort erwähnten *radikalen Interpretationspluralismus* (vgl. Option 5), der von der kognitiven Hermeneutik prinzipiell verworfen wird, weil die denkbaren Optionen für eine Gesamtdeutung eines Textes in der Regel einander logisch ausschließen. Prinzipiell lässt sich stets zeigen, dass eine Deutungsoption den anderen in kognitiver Hinsicht überlegen ist. Dann aber gilt nicht, dass alle Interpretationen ihre Berechtigung haben. Zudem sind einige der in der Textwissenschaft verbreiteten Interpretationsarten projektiv-aneignender und damit pseudowissenschaftlicher Natur. Jede dieser Interpretationen folgt zwar einer besonderen Fragestellung, die auf einen bestimmten Aspekt zugeschnitten ist, aber der Text weist diesen Aspekt gar nicht auf: Eine projektiv-aneignende Deutung unterwirft ja den Text einer Sinnbesetzung, die zum Überzeugungssystem des *Interpreten* passt, die aber *nicht textkonform* ist. Kurzum, der verbreitete radikale Interpretationspluralismus, der annimmt, dass alle oder fast alle mit wissenschaftlichem Anspruch auftretenden Interpretationen literarischer Texte auch wissenschaftlich legitim sind, ist abzulehnen. Das uneingeschränkte Gleichberechtigungstheorem ist ein auf fehlerhaften Prämissen beruhendes Dogma.

Folgt ein Textwissenschaftler explizit oder implizit den Prinzipien des radikalen Interpretationspluralismus, so führt dies häufig dazu, dass er in seiner Argumentation auf Elemente aus mehreren von anderen entwickelten Deutungen zurückgreift, ohne zu fragen, ob die zugrundeliegenden Deutungsoptionen miteinander vereinbar sind oder nicht. Die vorliegenden Deutungen eines bestimmten Textes werden wie Bauklötze behandelt, die man auf vielfältige Weise miteinander kombinieren kann. Eine derartige Vorgehensweise trägt in erheblichem Maß zur desolaten Situation der Textwissenschaft bei. Dass es einen Ausweg aus dieser unbefriedigenden Lage gibt, zeigt die kognitive Hermeneutik.

1.2 Regeln und Empfehlungen für die kognitive Textarbeit

Das Ziel, die literaturwissenschaftliche Textarbeit nach allgemeinen erfahrungswissenschaftlichen Kriterien zu reorganisieren, ist gleichbedeutend mit dem Bestreben, eine spezifische Ausformung der erfahrungswissenschaftlichen Grundhaltung zu entwickeln, die auf literarische Texte und andere Kunstphänomene zugeschnitten ist und die sich als geeignet erweist, die besonderen kognitiven Probleme, die sich in diesem Bereich stellen, zu bewältigen. Wie zuvor dargelegt, unterscheidet die kognitive Hermeneutik generell zwischen zwei Interpretationsstilen: Dem aneignend-aktualisierenden Stil, der Sinnbesetzungen vollzieht, steht der kognitiv-wissenschaftliche Stil gegenüber, der auf Sinnrekonstruktionen ausgerichtet ist. Beide Interpretationsstile sind legitim: Sinnbesetzungen befriedigen vor allem *Orientierungsbedürfnisse*, die in der Lebenspraxis immer eine wichtige Rolle spielen; Sinnrekonstruktionen hingegen befriedigen *Erkenntnisbedürfnisse*, die für die Wissenschaft von zentraler Bedeutung sind.

Grundsätzlich zu kritisieren ist die *Vermengung* der beiden Interpretationsstile, die als ein dritter Stil aufgefasst wird: Der projektiv-aneignende Stil bringt de facto Sinnbesetzungen hervor, glaubt aber fälschlich, damit wissenschaftliche Erkenntnisse erzielt zu haben. Mit dieser projektiv-aneignenden Vorgehensweise, die auf einer Vermischung der beiden Interpretationsstile beruht, ist zu brechen, d.h., die Vermischung ist wieder aufzulösen.

Aus diesem theoretischen Konzept ergeben sich Konsequenzen für den wissenschaftlichen Umgang mit literarischen Texten, die bereits das unmittelbare Leseverhalten betreffen. Wer die Theorie akzeptiert, muss bestrebt sein, die beiden legitimen Interpretationsstile *nebeneinander* zu praktizieren, ohne sie miteinander zu vermengen. Diese unproblematische Koexistenz kann nur dann entstehen und funktionieren, wenn der Rezipient bzw. der Interpret in hinlänglichem Maß über ein Bewusstsein dessen verfügt, was er gerade tut: Ist seine Lektüre darauf ausgerichtet, den Text für sein *eigenes* Überzeugungssystem nutzbar zu machen (aneignend-aktualisierender Stil), oder ist sie darauf ausgerichtet, den in den Text eingeschriebenen Sinn, der auf ein *fremdes* Überzeugungssystem verweist, zu erkennen (kognitiv-wissenschaftlicher Stil)? Daraus lässt sich eine erste Regel für kognitiv eingestellte Textwissenschaftler gewinnen:

> *Regel 1:* Unterscheide grundsätzlich zwischen dem aneignenden und dem kognitiven Textzugang und ordne deine Aktivitäten den entsprechenden Diskursen zu! Zum textwissenschaftlichen Diskurs gehören nur kognitive Aktivitäten im Umgang mit Texten. Vermeide als Textwissenschaftler nicht nur den offenen, sondern insbesondere auch den verdeckt aneignenden Textzugang!

Im gegenwärtigen Kontext geht es darum, den kognitiv-wissenschaftlichen Interpretationsstil zu verbessern; die Ausdifferenzierung des aneignend-aktualisierenden Stils erfolgt daher an anderer Stelle (vgl. Kapitel 1.4). Das Bestreben, den kognitiven Interpretationsstil zu optimieren, führt zu Veränderungen des Leseverhaltens. Das kann bereits die erste Lektüre eines literarischen Textes betreffen, muss es aber nicht. Es ist nichts dagegen einzuwenden, dass die Erstlektüre nach dem Lustprinzip und im Kontext der lebenspraktischen Bedürfnisse des Rezipienten erfolgt. Visiert man aber das Ziel an, sich mit einem literarischen Text *wissenschaftlich* zu beschäftigen (und diese Entscheidung kann ja bereits der Erstlektüre vorangehen), so sollte man in diesem Zusammenhang auch eine Lektüre praktizieren, die konsequent kognitiv ausgerichtet ist.

Was bedeutet das konkret? Wie ist bei der kognitiven Lektüre eines literarischen Textes im Einzelnen vorzugehen? Von Anfang an und durchgängig ist darauf zu achten, dass die Erkenntnisprobleme, die der jeweilige Text aufwirft, identifiziert werden und dass deren Lösung angestrebt wird. Die Beschaffenheit des vorliegenden Textes ist durch Bildung von Hypothesen über die textprägenden Instanzen verstehend zu erklären. Aneignende Sinnbesetzungen sind in diesem Erkenntnisprozess grundsätzlich unzulässig; deshalb gehört zur kognitiven Lektüre stets eine kritische Haltung, die um die Gefahr weiß, dass sich Sinnbesetzungen leicht einschleichen können, und die sich gezielt bemüht, dem entgegenzuwirken. Kurzum, der kognitive Lektürestil zeichnet sich dadurch aus, dass man sich so konsequent wie möglich um die Feststellung und Lösung kognitiver Probleme bemüht und andersartige Fragestellungen auszuklammern versucht.

Auf dieser Grundlage lassen sich Regeln für die kognitive Lektürepraxis (der die Entscheidung für die wissenschaftliche Beschäftigung mit einem bestimmten Text vorangeht) formulieren:

> *Regel 2:* Unterscheide bei der wissenschaftlichen Beschäftigung mit einem literarischen Text zwischen Basis- und Aufbauarbeit! Wende dich zunächst der Basisarbeit zu, bei der wiederum zwei Phasen zu unterscheiden sind! Konzentriere dich in der ersten Phase der Basisarbeit ganz auf den jeweiligen Text!

Das bedeutet unter anderm:

> *Regel 2.1:* Spare dir die Lektüre von Sekundärliteratur zu diesem Text für die zweite Phase der Basisarbeit auf! Hast du bereits Interpretationen gelesen, so versuche, so weit es dir möglich ist, das Gelesene in der ersten Arbeitsphase auszuklammern!

De facto wird die textwissenschaftliche Arbeit in einem erheblichen, wenngleich stark variierenden Maß von den Interpretationstexten der Fachliteratur geprägt, die der jeweilige Wissenschaftler gelesen hat, und selbstverständlich ist von Wissenschaftlern, die sich interpretatorisch über einen bestimmten Text äußern, zu verlangen, dass sie den aktuellen Forschungsstand kennen und angemessen berücksichtigen. Die Regel stellt ja keine Aufforderung zur Ignoranz dar. Sie zieht nur die Konsequenz aus der Einsicht, dass Interpretationstexte eben häufig durch den (projektiv-)aneignenden Interpretationsstil geprägt sind, was jedoch zumeist unbemerkt bleibt. Betrachtet man die Thesen, die ein solches Deutungsverfahren zeitigt, naiv als Forschungsstand, hinter den man nicht zurückfallen darf, so wird man nie zu einer konsequenten kognitiven Interpretationspraxis gelangen. Ist man einer kritischen Haltung verpflichtet, die weiß, wie leicht sich Sinnbesetzungen einschleichen können, so gilt es, diese Haltung sowohl selbst- als auch fremdkritisch auszuformen. Man wird sich demnach zunächst um ein *eigenes Bild* von der kognitiven Problemlage des behandelten Textes bemühen und nicht ohne Weiteres der Sichtweise anderer Interpreten vertrauen – gerade auch dann nicht, wenn diese in lebenspraktischer Hinsicht und emotional gut gefällt.

Regel 2.2: Spare dir die Aufarbeitung des biographischen, des kulturellen und weiterer Kontexte für die Aufbauarbeit auf! Verfügst du bereits über derartige Informationen, so versuche, sie in der ersten Arbeitsphase so weit wie möglich auszuklammern!

Hier ist ähnlich wie bei den vorliegenden Interpretationstexten zu argumentieren. Von Wissenschaftlern, die sich interpretatorisch über einen bestimmten Text äußern, ist auch zu verlangen, dass sie sich um biographische, kulturelle und andere Informationen bemühen. Lässt man sich jedoch bereits in der ersten Arbeitsphase stark von solchen Informationen beeinflussen, kann dies sehr leicht dazu führen, dass die kognitive Problemlage des Textes verkannt wird. Liest man den Text z.B. sogleich im Licht biographischer Informationen, so begünstigt dies einen biographischen Interpretationsansatz, der mit der kognitiven Konstellation vielleicht gar nicht in Einklang zu bringen ist. Liest man den Text sofort im Licht bestimmter kultureller Informationen, so befördert dies einen Interpretationsansatz, der im Text einfach eine generelle zeittypische Problemkonstellation am Werk sieht, obwohl dies vielleicht nur in einem sehr eingeschränkten Maß der Fall ist.
Um all diesen Fehlentwicklungen entgegenzuwirken, ist es sinnvoll und notwendig, sich in der ersten Arbeitsphase der Basisarbeit möglichst ausschließlich auf den jeweiligen Text zu konzentrieren, sich intensiv auf ihn einzulassen – und zwar konsequent nach den Prinzipien der kognitiven Lektürepraxis. In der zweiten Arbeitsphase sind dann die Fachtexte kritisch aufzuarbeiten, und in weiteren Phasen sind biographische und kulturelle Informationen der jeweils benötigten Art zu berücksichtigen. In all diesen weiteren Ar-

beitsphasen dienen die im ersten Schritt gewonnenen Ergebnisse jedoch als Basis. Damit ist freilich nicht gemeint, dass die Ergebnisse der ersten Arbeitsphase nunmehr als definitiv gesichert gelten und den Status eines Dogmas besitzen; gemeint sind vielmehr folgende Punkte:
1. Die in der ersten Phase erarbeiteten hypothetischen Lösungsvorschläge für die festgestellten kognitiven Probleme, die der Text aufwirft, haben sich bereits im Optionenvergleich bewährt. Das schließt freilich nicht aus, dass es Interpretationshypothesen geben könnte, die sich noch besser bewähren.
2. Die relativ gut bewährten Interpretationshypothesen können in der zweiten Arbeitsphase genutzt werden, um die in den Fachtexten vorgetragenen Hypothesen kritisch zu beurteilen. Bei einer solchen Prüfung kann sich einerseits herausstellen, dass der in einem bestimmten Fachtext verfolgte Ansatz der jeweiligen Basis-Interpretation in diesem oder jenem Punkt kognitiv überlegen ist, andererseits kann sich auch erweisen, dass er kognitiv unterlegen ist.
3. Die relativ gut bewährten Interpretationshypothesen können ferner in einer weiteren Arbeitsphase verwendet werden, um auf vergleichbare Weise zu prüfen, ob sich z.B. aus bestimmten biographischen oder kulturellen Informationen ein direkter Nutzen für die wissenschaftliche Textinterpretation ziehen lässt.
Das Vorgehen in der ersten Arbeitsphase ist durchaus verwandt mit der Lektürepraxis im lebenspraktischen Kontext. Hier wie dort liest man einen Text Schritt für Schritt und bemüht sich dabei immer auch, wenngleich mit unterschiedlicher Intensität, sich einen Reim auf das bislang Gelesene zu machen; die Einbeziehung weiterer Textpartien führt dabei des Öfteren zu einer Modifikation. Der Hauptunterschied zur Basis-Interpretation besteht in deren dezidiert kognitiver Ausrichtung, die den aneignend-aktualisierenden Zugriff und insbesondere den projektiv-aneignenden Interpretationsstil ausschalten will. Damit korrespondiert die bewusste und kritische Form der Bildung von Interpretationshypothesen.
Zunächst zur deskriptiven Textarbeit:

Regel 3: Stets ist eine Basis-Analyse des jeweiligen Textes zu leisten.

Hier sind vor allem zwei Arbeitsschritte zu unterscheiden:

Regel 3.1: Fertige stets eine (optionenneutrale) pointierte Zusammenfassung des zu untersuchenden Textes an!

Die Zusammenfassung hat, sofern die Texte das zulassen, vor allem die wichtigsten Handlungsschritte zu erfassen, die Hauptfiguren und ihre Beziehungen zueinander zu charakterisieren sowie die ästhetisch-literarische Machart des Textes zu kennzeichnen. Dieser Arbeitsschritt ist sowohl für den Textwissenschaftler selbst als auch für den Leser der Interpretation nützlich: Wer eine pointierte Textbeschreibung angefertigt hat, vermag besser zu erkennen, welche Interpretationsprobleme gelöst, d. h. welche Texttatsachen verstanden bzw. erklärt werden müssen. Die Information über die Texteigenschaften kann auf der anderen Seite auch den Leser für die Erkenntnisprobleme sensibilisieren, welche der Text aufwirft. Darüber hinaus ermöglicht es die Textbeschreibung, die vorgetragene Interpretation zumindest ansatzweise zu *überprüfen*, und zwar auch dann, wenn man den Text selbst gar nicht gelesen hat. Aus diesem Grund sollte man darauf achten, die Zusammenfassung so optionenneutral wie möglich zu halten, um nicht unter der Hand einer bestimmten Interpretationsrichtung Vorschub zu leisten.

Das allgemeine Arbeitsprogramm der Basis-Analyse ist, zumindest bei einigen Textsorten, durch ein spezielles zu ergänzen, das genau auf die jeweilige Textsorte zugeschnitten ist.[18]

Regel 3.2: Bestimme den Charakter der Textwelt!

Zu den Aufgaben der Basis-Analyse gehört es, die Textwelt genauer zu charakterisieren. Um was für eine Art von fiktiver Welt handelt es sich? Von Erzählungen und überhaupt von Prosatexten kann in der Regel gesagt werden, dass in ihnen eine Welt mit bestimmter Beschaffenheit aufgebaut wird, in der bestimmte Personen leben und agieren. Angesichts jeder konkreten Textwelt lassen sich Fragen wie die folgenden stellen: Wie ist die Textwelt konstruiert? Welche Figuren existieren in ihr? In welchen Handlungs- und Ereigniszusammenhängen stehen diese Figuren? In Kapitel 2.2 werden drei Textwelttypen unterschieden; jeder literarische Text lässt sich einem bestimmten Typ zuordnen.

Nun zur interpretativen Textarbeit:

Regel 4: Erarbeite stets eine Basis-Interpretation des jeweiligen Textes!

Das bedeutet:

Regel 4.1: Betrachte jeden literarischen Text als eine durch eine bestimmte Autorposition geprägte Größe! Jeder Text ist ein positionsgebundener Text, und diese Positionsbindung gilt es zu erkennen.

Die Basis-Interpretation wendet sich auf die textprägenden Instanzen des Autors zurück, um durch diesen Rückbezug den Textbestand zu erklären. Die kognitive Hermeneutik geht von der Annahme aus, dass jeder literarische Text ein durch mehrere Instanzen bzw. die Autorposition geprägtes

---

[18] Vgl. die Ausführungen zu den speziellen Arbeitsaufträgen, die bei mythoshaltiger Literatur zu erledigen sind, in P. TEPE: *Mythos & Literatur. Aufbau einer literaturwissenschaftlichen Mythosforschung.* Würzburg 2001, S. 152–157.

Phänomen ist und dass sich diese Prägung wissenschaftlich erkennen lässt. Damit ist das konkrete Methodenkonzept für die literaturwissenschaftliche Basisarbeit mit dem Text gewonnen, das dazu dient, das kognitive Erklärungsproblem („Wie kommt es, dass der Text so ist, wie er ist?") zu lösen:

> *Regel 4.2:* Frage immer nach den drei textprägenden Instanzen: nach dem Textkonzept, dem Literaturprogramm und dem Überzeugungssystem! Alle drei Instanzen können sich auch dann prägend auswirken, wenn sie dem Textproduzenten nicht oder nur teilweise bewusst sind.

Die von der kognitiven Hermeneutik aufgestellten Regeln für die erklärende Interpretation sind auf alle literarischen Texte (sowie auf alle Phänomene der menschlichen Kultur) anwendbar. Ihre Methodenlehre zeigt, durch welches Vorgehen man zu validen Interpretationsergebnissen gelangen kann, indem sie methodologische Hinweise zur Erreichung von Erkenntniszielen gibt. Ziel der Basis-Interpretation ist es in der ersten Phase stets, ganz auf den jeweiligen Text konzentriert, eine *systematische* Interpretation dieses Textes hervorzubringen, die *überzeugende* und *textkonforme* Lösungen für alle kognitiven Deutungsprobleme liefert. Die festgestellte Beschaffenheit des jeweiligen literarischen Textes ist befriedigend zu erklären und damit das Kunstphänomen in seiner Eigenart und Besonderheit zu erfassen. Die erklärende Interpretation eines Textes lässt sich als Versuch begreifen, die konkrete Positionsgebundenheit des Textes zu erweisen, indem herausgefunden wird, von welchen Hintergrundannahmen er abhängig ist. Ein solcher Versuch kann bei jedem Text und zunächst einmal allein auf der Grundlage des jeweiligen Textes unternommen werden – auch dann, wenn keine Informationen über den Autor verfügbar sind.

> *Regel 4.3:* Bemühe dich bei der Bildung von Hypothesen über die textprägenden Instanzen um einen textbezogenen Optionenvergleich!

Eine erklärungskräftige und textkonforme Hypothese z.B. über das Textkonzept, also über das primäre künstlerische Ziel eines vorliegenden Romans oder Gedichts lässt sich am besten gewinnen, wenn man zunächst klärt, welche künstlerischen Ziele in diesem Fall überhaupt *denkbar* sind. Spielt man diese grundsätzlichen Optionen nun durch und unterzieht man sie einem textbezogenen Vergleichstest, so zeigt sich, welche Option am besten zum festgestellten Textbestand passt und die Textbeschaffenheit *am zwanglosesten* erklärt. Entsprechendes gilt für alle anderen Hypothesen.

Bei einer *Gesamtinterpretation* eines literarischen Textes, wie sie bei der Basis-Interpretation angestrebt wird, ist man auf den gesamten Textbestand ausgerichtet; man bemüht sich, die Stoßrichtung des *ganzen* Textes zu erfassen und stellt diesbezügliche Hypothesen (über das Textkonzept usw.) auf. Bei einer *Aspektinterpretation* hingegen konzentriert man sich auf ausgewählte Textaspekte, die dann genauer untersucht werden, z.B. auf ein bestimmtes Motiv.

Regel 5: Die Konzentration auf einzelne Textaspekte, welche dies auch sein mögen, ist legitim, sie sollte aber erst dann erfolgen, wenn (zumindest in Grundzügen) eine bewährte Basis-Interpretation vorliegt. Dabei ist unerheblich, von wem diese Interpretation stammt.

Für den vielgestaltigen Bereich der Aufbauarbeit gilt generell:

Regel 6: Wende dich der Aufbauarbeit, gleichgültig welcher Art, erst dann zu, wenn eine bewährte Basis-Interpretation vorliegt! Die Aufbauarbeit besteht bekanntlich darin, den Text in einen bestimmten Kontext einzuordnen und kontextbezogen zu erforschen.[19]

1.3 Verbindungen zwischen der aneignenden und der kognitiven Perspektive

Wir wenden uns nun einem Kritikpunkt zu, der in im Rahmen von Vorträgen geführten Diskussionen über unseren theoretischen Ansatz mehrfach vorgebracht worden ist. Für die kognitive Hermeneutik spielt die Unterscheidung zwischen dem aneignenden und dem kognitiven Textzugang bekanntlich eine zentrale Rolle. Gegen die klare Abgrenzung dieser beiden Perspektiven wird eingewandt, dass beide Formen des Textumgangs miteinander verbunden sind und einander nicht ausschließen, sodass eine scharfe Abgrenzung unmöglich ist. Dazu ist Folgendes zu sagen:
1. Die kognitive Hermeneutik bestreitet überhaupt nicht, dass die aneignende und die kognitive Perspektive in vielen Fällen miteinander verbunden sind. Nehmen wir erneut den Leser als Beispiel, der das, was in Hesses *Steppenwolf* ausgeführt ist, mit seiner aktuellen Lebenskrise in Verbindung bringt. Er zieht aus dem Text einen Nutzen für die Bewältigung seiner lebenspraktischen Orientierungsprobleme. Bei seiner Lektüre erbringt er aber immer auch kognitive Leistungen: Er erkennt z.B. aufgrund der im Text enthaltenen Informationen zutreffend den Handlungszusammenhang und die Charakter-

---

[19] Weitere Hinweise zur konkreten Interpretationspraxis finden sich in TEPE: *Kognitive Hermeneutik*, Kapitel 1.8: eine Beispielskizze für eine Basis-Interpretation, Ausführungen über für die konkrete Interpretationsarbeit wichtige Zusammenhänge, die Beantwortung der Frage, wie bei der Erschließung der textprägenden Überzeugungssysteme vorzugehen ist, und Darlegungen zum Verkleidungsprinzip als einem speziellen Deutungsprinzip für nichtrealistische Literatur.

eigenschaften Harry Hallers. Auf der anderen Seite kann auch ein Textwissenschaftler, der primär darauf ausgerichtet ist, nach rein kognitiven Kriterien eine Basis-Interpretation des *Steppenwolfs* zu erarbeiten, die Erfahrung machen, dass ihm dieser Text sehr viel sagt, ihm einen persönlichen Nutzen bringt. Die aneignende und die kognitive Perspektive können also auf unterschiedliche Weise miteinander verbunden sein. Sie schließen einander nicht im Sinne einer *Unkombinierbarkeit* aus.

2. Der vorgestellte Einwand gibt Gelegenheit, die Auffassung der kognitiven Hermeneutik zu präzisieren:

- Die beiden Formen des Textzugangs sind klar voneinander zu unterscheiden; eine scharfe Abgrenzung ist möglich. Das wird besonders deutlich, wenn die Perspektiven mittels Formulierung zugehöriger Leitfragen auf den Begriff gebracht werden. Sie schließen einander zwar nicht im Sinne einer Unkombinierbarkeit aus, wohl aber in einem anderen und grundlegenderen Sinn: Eine aneignende Interpretation, die den Text auf seinen Nutzen für das Überzeugungssystem des *Interpreten* befragt, ist eben *keine* kognitive Interpretation. Letztere fragt nämlich nach dem textprägenden Überzeugungssystem des *Autors* und klammert den Nutzenaspekt gezielt aus. Dass die Perspektiven *selbst* klar zu unterscheiden sind, bedeutet also nicht, dass sie nicht miteinander verbunden werden können, was wiederum auf unterschiedliche Weise möglich ist.

- Liegt eine Verbindung beider Perspektiven vor, so fordert die kognitive Hermeneutik, erstens herauszufinden, welche Perspektive dominiert, und zweitens die Art der kognitiven Tätigkeit genauer zu bestimmen. Bleiben wir bei den angeführten Beispielen. Im ersten Fall dominiert der aneignende Textzugang. In diesem Kontext werden aber auch kognitive Leistungen erbracht; diese betreffen jedoch nur den Textwelt-Sinn, nicht den Prägungs-Sinn, d.h., es wird nicht nach den textprägenden Instanzen gefragt. Im zweiten Fall hingegen dominiert der kognitive Textzugang: Der Interpret ist bestrebt, den Prägungs-Sinn zu ermitteln. In diesem Zusammenhang kann er sich aber nebenher auch mit der Frage befassen, was dieser Text ihm persönlich sagt.

- Die Unterscheidung zwischen dem aneignenden und dem kognitiven Textzugang ist vor allem für die *Verwissenschaftlichung* der Textarbeit relevant. Der aneignende ist im Unterschied zum kognitiven Textzugang nicht wissenschaftsfähig. Daher wird ein reflektierter Textwissenschaftler, der weiß, welche seiner Schritte kognitiver und welche aneignender Art sind, seine aneignenden Aktivitäten aus der Textwissenschaft auslagern.

- Folgt man dieser Linie, so führt das zu den in Kapitel 1.2 dargelegten Regeln und Empfehlungen. Diese laufen auf eine Ausdifferenzierung der kognitiven Perspektive nach erfahrungswissenschaftlichen Kriterien hinaus.

Der empirisch orientierte Textwissenschaftler konzentriert sich so konsequent wie möglich auf den kognitiven Textzugang und bemüht sich insbesondere um eine erklärende Interpretation, die einen Optionenvergleich einschließt. Er weiß um die lebenspraktische Notwendigkeit aneignenden Interpretierens, ist aber willens und fähig, den kognitiven vom aneignenden Diskurs zu trennen. Vor allem bemüht er sich, die verdeckte Form der aneignenden Interpretation zu vermeiden, denn bei einer strikt nach kognitiven Kriterien vorgehenden Textinterpretation gilt es, die textprägenden Autorinstanzen zu rekonstruieren; ob der Interpret selbst eine andere Position vertritt und die Weltsicht des Autors kritisiert, ist hier sekundär.

- Der erfahrungswissenschaftlich ausgerichtete Textwissenschaftler ist weder bereit noch genötigt, als *Mensch* auf den aneignenden Textumgang zu verzichten – auch nicht als Wissenschaftler, der sich um *Theorieentwicklung* bemüht. Stößt er daher im Kontext seiner kognitiven Textarbeit nebenher auf Aneignungsmöglichkeiten, so wird er diese aussortieren und behält sich vor, sie im Rahmen des aneignenden Diskurses – zu dem auch die Theorieentwicklung zu zählen ist – zu nutzen.

1.4 Zum Begriff und zu den Arten aneignender Interpretation

Für die Theorieentwicklung ergeben sich Anknüpfungsmöglichkeiten an die Arbeitsgruppe *Düsseldorfer Hermeneutik*; so kann der Theorieteil über das aneignende Interpretieren mithilfe Bühlers differenzierender Analysen[20] weiter ausgeführt werden. Zunächst zum Begriff der aneignenden Interpretation:

> Aneignung eines Gegenstandes ist die Inbesitznahme des Gegenstandes. Der, der sich eine Sache aneignet, nimmt die Sache als etwas Eigenes, nimmt sie für die eigene Verwendung. Auch die Zuweisung einer Sache zu einem besonderen Zweck ist Aneignung. Wenn wir diese Bedeutung von „Aneignung" unterlegen, dann nimmt aneignende Interpretation eines Textes den Text als etwas Eigenes, nimmt ihn für die eigene Verwendung, schreibt ihm so einen bestimmten Zweck zu. Eine solche aneignende Interpretation kann mittels unterschiedlicher psychischer Prozesse geschehen: durch Bewerten des Textes, durch Angleichen des Textinhalts an eigene Überzeugungen, Wünsche oder Gefühle, durch Anwendung, das heißt Anpassung des eigenen Verhaltens an (möglicherweise nur vermeintliche) Forderungen, die im Text ausgedrückt werden. Prozesse der Aneignung sind psychische Reaktionen auf den Interpretationsgegenstand. Aneignende Interpretation ist auf die *jetzt* vorliegenden Gefühle und Werte des Rezipienten ausgerichtet, damit gegenwartsbezogen. (321 f.)

Bereits bei der einfachen oder elementaren Lektüre eines literarischen Textes bringt das lesende Individuum Teile seines Überzeugungssystems und seiner

---

[20] Vgl. BÜHLER/TEPE: *Kognitive und aneignende Interpretation in der Hermeneutik*, S. 321–326. Zitate aus diesem Text werden durch nachgestellte Seitenzahlen nachgewiesen.

durch dieses geprägten Person ins Spiel und aktiviert sie dergestalt, dass ein *individueller* Bezug zum Text hergestellt wird. Hier lassen sich die folgenden Aspekte unterscheiden:

1. Das lesende Individuum wendet seine ästhetischen Wertmaßstäbe, die es im Sozialisationsprozess erworben hat, auf den Text an und *bewertet* ihn. Die Wertmaßstäbe werden in diesem Kontext zumeist nicht problematisiert, sondern gelten als selbstverständlich – sie werden einfach auf den Text angewandt. Eine solche spontane, intuitive Bewertung kann auch ausgearbeitet und verschriftlicht werden. Bei dieser aneignenden Form der Bewertung wird, anders als bei der kognitiven Form, *nicht* nach dem textprägenden ästhetischen Wertsystem des Autors gefragt.[21]

2. Das lesende Individuum hat *Gefühle*, wenn es einen Text liest. Man empfindet Sympathie oder Antipathie für Figuren, fühlt mit dem Protagonisten usw.[22]

3. Bei der Lektüre werden bestimmte *Überzeugungen* des lesenden Individuums aktiviert. So kann es bei der Lektüre z.B. dazu kommen, dass Annahmen, die dem Rezipienten bislang selbstverständlich waren, problematisiert werden, aber auch dazu, dass bestimmte Annahmen gestärkt werden.[23]

4. Bei der Lektüre eröffnen sich *lebenspraktische Anwendungsmöglichkeiten* für das Individuum. Der Leser betrachtet die Verhaltensweise einer Figur, etwa Old Shatterhands, als *vorbildlich* und ist bestrebt, sich in seinem Lebensumfeld und mit seinen begrenzten Möglichkeiten auf vergleichbare Weise zu verhalten.

Die elementaren Formen des Umgangs mit literarischen Texten enthalten somit bereits mehrere Aneignungsaspekte: die ästhetische Bewertung nach den eigenen Wertmaßstäben, die Aktivierung der eigenen Gefühlswelt, die Herstellung eines Bezugs zu den eigenen Überzeugungen, die lebenspraktische Anwendung der bei der Lektüre gewonnenen eigenen Einsichten.

Bühler unterscheidet verschiedene Arten aneignender Interpretation, wobei er zwischen der *Aktivität* und den *Produkten* des Interpretierens differenziert. Aneignungsprozesse sind

> Wertung, Anpassung, Anwendung. Im Prozess der Wertung wird der Interpretationsgegenstand mit den Werten des Rezipienten konfrontiert. So wird etwa ein Buch von einem Rezipienten in positiver Weise als anregend oder spannend gewertet. Im Prozess der Anpassung wird der Interpretationsgegenstand an Erwartungen, Überzeugungen, Werte des Rezipienten angepasst. [...] Im Prozess der Anwendung wird der Inter-

---

[21] Vgl. TEPE: *Kognitive Hermeneutik*, Kapitel 2.7.

[22] Nach Auffassung der kognitiven Hermeneutik stehen die Gefühle eines Individuums innerhalb seines Überzeugungssystems in einem inneren Zusammenhang, sie bilden eine systematische Einheit.

[23] In einigen Fällen beruht ein solcher Stützungseffekt auf einem Missverständnis: Dann werden Textelemente spontan so *umgedeutet*, dass eine Passung entsteht.

pretationsgegenstand (zum Beispiel eine Norm in einem Text) auf Gegebenheiten außerhalb des Textes angewendet. Die Norm wird angeeignet für die Anwendung auf solche Gegebenheiten. (322)

Aus diesen Aneignungsprozessen resultieren unterschiedliche Arten von Produkten, d. h. von Interpretationstypen: „*Bewertende Interpretation* ist ein Text, der einen Interpretationsgegenstand bewertet, so etwa die Zuschreibung des Wertes der Originalität zu einem Werk." (323) *Anpassende Interpretationen* hingegen

> liegen oftmals aktualisierenden Aufführungen von Theaterstücken zugrunde. Der anpassende Interpret hebt Entsprechungen zwischen dem Inhalt eines historischen Textes und etwa zeitgenössischen politischen Entwicklungen hervor. [...] Eine *Adaptation* ist die Bearbeitung eines Werkes für ein bestimmtes Publikum, eine Anpassung an dessen Erfordernisse. So sind die Ausgaben von *Gulliver's Travels* für Kinder Adaptationen, in denen bestimmte als sexuell anstößig empfundene Stellen oder für Kinder nicht nachvollziehbare Anspielungen auf das damalige Geistesleben beseitigt wurden. *Übersetzungen* eines Textes können in einem bestimmten Sinn als Interpretationen aufgefasst werden; als solche sind sie aber auch aneignende Interpretationen, da sie das Werk der Quellensprache an die Zielsprache und an Gewohnheiten der Sprecher der Zielsprache angleichen. (323)

Hinsichtlich der *Beurteilung* aneignender Interpretationen lassen sich Standards formulieren, die sich aber von den Standards zur Beurteilung kognitiver Interpretationen deutlich unterscheiden.

> Bewertende Interpretationen sind nach Maßstäben einer Bewertung zu beurteilen, so etwa einer moralischen Bewertung, einer ästhetischen Bewertung, nicht nach den Maßstäben der faktischen Richtigkeit der empirischen Wissenschaften. [...] Anpassende Interpretationen bringen Reaktionen des Rezipienten auf den Interpretationsgegenstand zum Ausdruck, sind aber keine wahren oder falschen Aussagen über den Interpretationsgegenstand. (325) Die Frage, ob eine Normanwendung gerechtfertigt ist, wird mit anderen Mittel untersucht als die Frage, was ein Ausdruck in einem Text bedeutet, oder die Frage, wie ein Text zustande gekommen ist. (326)

Die Tendenz, aneignende Interpretationen mit kognitiven zu vermengen, ist jedoch weit verbreitet. So besteht z. B. bei der anpassenden Interpretation

> die Neigung, die Entsprechung zwischen den Gefühlen und Überzeugungen einerseits und dem Interpretationsgegenstand andererseits zu tatsächlichen, empirisch feststellbaren Eigenschaften des Interpretationsgegenstandes zu machen, die subjektiv empfundene Entsprechung in einen Gegenstand kognitiver Interpretation umzuformen. (326)

Die aneignende Deutung tritt dann fälschlich als Erkenntnis auf, d. h., es liegt eine projektiv-aneignende Interpretation, also eine aneignende Deutung in verdeckter Form vor.

> Die Neigung, aneignende Interpretationen als kognitive Interpretationen anzusehen, ist vermutlich durch zwei Faktoren bedingt: (1) durch die psychologische Neigung,

eigene Überlegungen und Bewertungen als bestätigt anzusehen; (2) durch die wohl in vielen Sprachen bestehende Tendenz, Resultate aneignenden Interpretierens in ähnlicher Weise objektivierend auszudrücken wie Resultate kognitiven Interpretierens. Dadurch, dass kognitive Interpretationen mit aneignenden Interpretationen konfundiert werden, kommt es zu falschen Interpretationsresultaten. Um kognitive Interpretationen zu verbessern, ist es also wichtig, aneignende Interpretationen deutlich von kognitiven Interpretationen zu unterscheiden. (326)

Teil I
Basis-Analyse und Basis-Interpretation

2. Basis-Analyse

Es ist sinnvoll, die den Textbestand erklärende Basis-Interpretation eines literarischen Textes nicht direkt in Angriff zu nehmen, sondern einige vorbereitende Arbeiten vorzuschalten, welche die kognitive Hermeneutik als *Basis-Analyse* bezeichnet. Unter diesem Begriff sind alle deskriptiv-feststellenden Arbeitsschritte zusammengefasst, die von den im engeren Sinn interpretierenden Aktivitäten abzugrenzen sind. Um rasch zu den zentralen Interpretationskonflikten vordringen zu können, beschränken wir uns in Kapitel 2 auf die Zusammenfassung dessen, was in der im Text aufgebauten fiktiven Welt geschieht, sowie auf die Charakterisierung dieser Textwelt. Bei der Auseinandersetzung mit der Fachliteratur in Teil II wird die Basis-Analyse dann weiter ausgebaut.

2.1 Textzusammenfassung[24]

Hoffmanns Erzählung *Der Sandmann*[25] erschien 1816 im ersten Teil des Erzählzyklus *Nachtstücke*.

Erster Brief: Nathanael an Lothar

Der Student Nathanael schreibt aus der Stadt G. in einem Brief an seinen Freund Lothar von seiner „zerrissenen Stimmung des Geistes" (11), die ihn längere Zeit von der Korrespondenz abgehalten habe. Auch auf die Gefahr

---

[24] Die Textzusammenfassung hat Katja Ludwig angefertigt. – Die von der kognitiven Hermeneutik geforderte Rekapitulation der wichtigsten Handlungsvorgänge fällt hier ausführlicher aus, um auch Leser, die nicht über detaillierte Textkenntnisse verfügen, zu befähigen, sich von den Interpretationsproblemen, die der *Sandmann* aufwirft, ein Bild zu machen und die nachfolgenden Erörterungen zumindest ansatzweise zu überprüfen. Üblicherweise wird jedoch bei Textzusammenfassungen weitestgehend auf Zitate verzichtet.

[25] E. T. A. HOFFMANN: *Der Sandmann*. In: DERS.: *Sämtliche Werke in sechs Bänden*, Bd. 3: *Nachtstücke – Klein Zaches – Prinzessin Brambilla. Werke 1816–1820*. Hg. von H. Steinecke unter Mitarbeit von G. Allroggen. Frankfurt a. M. 1985, S. 11–49. Sämtliche von uns angeführten *Sandmann*-Zitate (nachgewiesen durch nachgestellte Seitenzahlen) stammen aus dieser Ausgabe, die sich an der – heute streckenweise irritierend wirkenden – Rechtschreibung der Erstveröffentlichung orientiert.

hin, von seinem Freund „für einen aberwitzigen Geisterseher" gehalten zu werden, nennt er als Ursache für die „[d]unkle[n] Ahnungen eines gräßlichen [ihm] drohenden Geschicks" (11) den Besuch eines Wetterglashändlers, der einige Tage zuvor mittags in sein Zimmer getreten ist und ihm seine Ware angeboten hat. Nathanael schreibt, dass er nichts gekauft und dem Händler gedroht habe, ihn die Treppe hinunterzuwerfen, woraufhin dieser weggegangen sei. Um Lothar zu erklären, warum das Erscheinen des Krämers einen solchen Eindruck auf ihn gemacht hat, erzählt Nathanael aus seiner Kindheit: Die Mutter schickte ihn und seine Geschwister oft um neun Uhr abends mit den Worten „Nun Kinder! – zu Bette! zu Bette! der Sandmann kommt, ich merk' es schon" (12) ins Bett. Nathanael erinnert sich, tatsächlich jedes Mal schwere Schritte auf der Treppe gehört und daher den Sandmann für eine reale Person gehalten zu haben. Auf seine Nachfrage erzählte ihm die Kinderfrau der Schwester, der Sandmann sei „ein böser Mann", der den Kindern, die nicht ins Bett gehen wollen, Sand in die Augen werfe, „daß sie blutig zum Kopf herausspringen" (13). Nathanael schreibt weiter, er sei neugierig auf die Person gewesen, mit der sein Vater verkehrte. Im Alter von zehn Jahren entdeckte er dann, dass es sich bei dem von ihm als Sandmann bezeichneten geheimnisvollen Besucher um den Advokaten Coppelius handelte, der schon manches Mal im Hause seiner Eltern zu Mittag gegessen hatte. Nathanael beobachtete heimlich, wie sein Vater und Coppelius, den er als „widrig und abscheulich" (15) beschreibt – seine Gesichtszüge erinnern ihn an ein „häßliche[s] widerwärtige[s] Teufelsbild[]" (17) –, alchemistische Versuche machten. Als Coppelius Nathanael beim Spionieren entdeckte, wollte er ihm glühende Körner in die Augen streuen und diese für die Versuche benutzen, doch der Vater konnte ihn davon abhalten. Nathanael erzählt, dass Coppelius ihm stattdessen Hände und Füße abgeschraubt und sie an anderer Stelle wieder eingesetzt, schließlich aber die ursprüngliche Anordnung als die beste bevorzugt habe. Daraufhin verlor Nathanael das Bewusstsein – mehrere Wochen lag er fiebrig danieder. Coppelius ließ sich unterdessen nicht mehr blicken; „es hieß, er habe die Stadt verlassen" (18). Etwa ein Jahr später tauchte er erneut im Haus der Eltern auf, woraufhin der Vater „mit schwarz verbranntem gräßlich verzerrtem Gesicht" (19) tot in seinem Zimmer gefunden wurde. Nathanael gab Coppelius die Schuld am Tod seines Vaters und beschimpfte ihn als „verruchte[n] Satan" (19). Als man Coppelius zur Verantwortung ziehen wollte, war dieser spurlos verschwunden.
Seine gegenwärtige zerrissene Stimmung führt Nathanael darauf zurück, dass der Wetterglashändler niemand anders als Coppelius sei, der in Gestalt des Giuseppe Coppola auftrete. Abschließend erklärt Nathanael seine Entschlossenheit, den Tod des Vaters zu rächen.

Zweiter Brief: Clara an Nathanael

Nathanaels Verlobte Clara schreibt ihm zurück, sein Brief an ihren Bruder Lothar sei versehentlich in ihre Hände gefallen und der Inhalt des Briefes habe sie so tief erschüttert, dass Coppola ihren „sonst so ruhigen Schlaf in allerlei wunderlichen Traumgebilden" (21) gestört habe. Clara ist jedoch optimistisch und gibt für das von Nathanael Erzählte natürliche Erklärungen: Sie ist der Meinung, dass „alles Entsetzliche und Schreckliche", von dem Nathanael berichtet hat, „nur in [s]einem Innern" vorgegangen sei und dass „die wahre wirkliche Außenwelt" (21) wenig daran teilgehabt habe. Seine Ängste seien auf eine Verknüpfung des „schreckliche[n] Sandmann[s] aus dem Ammenmärchen mit dem alten Coppelius" (21) zurückzuführen, und der Vater sei bei den alchemistischen Versuchen durch eigenes Verschulden zu Tode gekommen. Weder Coppelius noch Coppola könnten Nathanael etwas anhaben, „nur der Glaube an ihre feindliche Gewalt" könne sie ihm „in der Tat feindlich machen" (23). Clara glaubt, dass die Existenz einer „dunkle[n] Macht" davon abhängig sei, dass der Mensch selbst ihr den Platz einräume, „dessen sie bedarf, um jenes geheime Werk zu vollbringen" (22). Man selbst erzeuge das Unheimliche, das man oftmals an Gestalten der Außenwelt wahrnehme – was auf das Gemüt einwirke, sei „das Fantom unseres eigenen Ichs" (23). Clara versucht, Nathanael heiter zu stimmen.

Dritter Brief: Nathanael an Lothar

Nathanael schreibt an Lothar und beklagt sich zunächst über Claras Antwort, die aber dennoch anscheinend Wirkung gezeigt hat: Es sei „wohl gewiß" (24), dass Coppola und Coppelius nicht identisch seien, schließlich kenne Spalanzani, sein neuer Physikprofessor, Coppola schon seit vielen Jahren. Ganz beruhigt ist Nathanael allerdings nicht. Im Folgenden erzählt er von seinem Studium: Auf dem Weg zum Auditorium sieht er eines Tages hinter einer Glastür Olimpia, über die er später erfährt, dass sie die Tochter Spalanzanis sei, die dieser einsperre. Laut Nathanael hat sie ein „engelschönes Gesicht" (25), doch ihre Augen sind starr, gleichsam ohne Sehkraft, was bei ihm ein unheimliches Gefühl hinterlässt. Zuletzt kündigt Nathanael einen Besuch daheim an; er geht davon aus, dass ein Wiedersehen mit Clara seine Verstimmung durch ihren „fatalen verständigen Brief[]" (25) vertreiben werde.

Erste Leseranrede des Erzählers

Der Erzähler, der sich als Freund Nathanaels vorstellt, wendet sich direkt an den Leser und berichtet ihm von seinem inneren Drang, Nathanaels Geschichte mitzuteilen. Er vergleicht seine Betroffenheit mit einem „innere[n] Gebilde", das man „mit allen glühenden Farben und Schatten und Lichtern aussprechen" (26) möchte, doch alle Worte erscheinen farblos. Der Erzähler versucht dem Leser seine Schwierigkeiten zu vermitteln, den Beginn der Erzählung zu gestalten. Er berichtet, über mehrere Erzählanfänge, darunter auch den klassischen Märchenanfang „Es war einmal" (26), nachgedacht und sich schließlich dazu entschlossen zu haben, „gar nicht anzufangen" (27). Er verweist stattdessen auf die drei bereits bekannten Briefe, die Lothar ihm mitgeteilt habe. Der Leser solle sie „für den Umriß des Gebildes" (27) nehmen, das er nun erzählend weiter ausmalen werde.

Zunächst wird der Leser über die Vorgeschichte der Verlobten Nathanael und Clara informiert: Nathanaels Mutter nahm Clara und ihren Bruder Lothar, die verwaisten Kinder eines entfernten Verwandten, nach dem Tod von Nathanaels Vater ins Haus auf. Über Claras Aussehen bemerkt der Erzähler, sie sei zwar nicht als schön zu bezeichnen, Architekten lobten jedoch „die reinen Verhältnisse ihres Wuchses", Maler „das wunderbare Magdalenenhaar" (28). Der Erzähler beschreibt Clara als phantasievoll und von scharfem Verstand – „mystische Schwärmerei" (29) sei ihr zuwider. Von vielen sei sie deswegen als „kalt, gefühllos, prosaisch" (28) bezeichnet worden, bei anderen wiederum sei sie sehr beliebt gewesen.

Nathanaels Besuch daheim

Im Folgenden berichtet der Erzähler von Nathanaels Besuch daheim und seinem Wiedersehen mit Clara. Zunächst ist jede Verstimmung verflogen. Nach kurzer Zeit zeigt sich aber eine Veränderung Nathanaels: Er versinkt „in düstre Träumereien", und das Leben ist ihm „Traum und Ahnung geworden" (29). Nathanael ist der Ansicht, dass der Mensch sich frei wähne, tatsächlich aber nur Spielball dunkler Mächte sei, und befürchtet, der Dämon Coppelius werde sein Liebesglück angreifen. Clara versucht Nathanael jedoch weiterhin zu vermitteln, dass Coppelius' schreckliches Wirken von seinem Glauben an ihn als eine übernatürliche feindliche Macht abhänge. Nathanael erzürnt es, dass Clara „die Existenz des *Dämons*" (30) leugnet, er fühlt sich unverstanden. Hinzu kommt, dass sie sich von seinen neueren Dichtungen kaum angesprochen fühlt; sie sind im Gegensatz zu früheren Werken „düster, unverständlich, gestaltlos" und „in der Tat sehr langweilig" (30). Ohne es zu bemerken, entfernen sich Clara und Nathanael immer weiter voneinander: Ihn stört ihr „kaltes prosaisches Gemüt", sie seine „dunkle, düstere, langweilige Mystik" (30). Die Situation eskaliert schließlich durch ein Gedicht, in dem Coppelius vor dem Traualtar das Liebesglück der beiden zerstört, indem er Claras Augen berührt, woraufhin diese „in Nathanaels Brust wie blutige Funken sengend und brennend" (31) springen, und Nathanael in einen tosenden Kreis aus Feuer wirft. Durch das Tosen hört Nathanael die Stimme Claras, die ihn zu beruhigen sucht mit dem Hinweis, sie habe ja noch ihre Augen und die glühenden Funken seien sein eigenes Herzblut gewesen. Das Gedicht endet damit, dass Nathanael Clara in die Augen blickt, „aber es ist der Tod, der mit Clara's Augen ihn freundlich anschaut" (31). Nathanael liest Clara das Gedicht mit großer Erregung vor, doch diese rät ihm, „das tolle – unsinnige – wahnsinnige Märchen" (32) zu verbrennen. Daraufhin beschimpft Nathanael sie als „lebloses, verdammtes Automat" (32). Er und Lothar wollen sich wegen des Streits duellieren, Clara kann sie jedoch davon abhalten. Nathanael bittet die beiden um Verzeihung, und sie versöhnen sich. Der Mutter, die wie Nathanael Coppelius die Schuld am Tod ihres Mannes gibt, wird alles mit Coppelius Zusammenhängende verschwiegen.

Nathanael zurück in G.

Bei seiner Rückkehr nach G. erfährt Nathanael vom Brand seines Wohnhauses. Freunde haben jedoch seine Habe retten können und in ein anderes Haus direkt gegenüber von Spalanzanis Wohnstätte gebracht. Fortan kann Nathanael aus seinem Fenster in das Zimmer sehen, in dem häufig Olimpia sitzt. Er beobachtet, dass sie oft reglos lange Zeit in derselben Stellung an einem Tisch verharrt und „offenbar unverwandten Blickes" (34) zu ihm herüberschaut. Sie bleibt ihm aber gleichgültig, da er nur „Clara im Herzen" (34) hat.

Coppola besucht Nathanael erneut

Als Coppola ihn ein weiteres Mal besucht, verspürt Nathanael laut dem Erzähler zwar Angst, reißt sich aber zusammen. Der Händler will ihm „sköne Oke" (35) verkaufen und holt unzählige Brillen hervor. Hierauf sieht Nathanael tausend krampfartig zuckende Augen, die ihn anstarren, „flammende Blicke", die durcheinanderspringen und „ihre blutrote[n] Strahlen" (35) in seine Brust schießen. Auf seine entsetzte Reaktion hin räumt Coppola die Brillen wieder ein, worauf Nathanael sich beruhigt und „an Clara denkend" einsieht, „daß der entsetzliche Spuk nur aus seinem Innern hervorgegangen" (35) sei. Er beschließt, Coppola etwas abzukaufen. Ein Taschenperspektiv prüfend, blickt er in Spalanzanis Zimmer, in dem wie üblich Olimpia sitzt. Ihre Augen erscheinen ihm zunächst „gar seltsam starr und tot" (36), doch beim schärferen Hinsehen ist es so, „als gingen in Olimpia's Augen feuchte Mondesstrahlen auf" (36). Es scheint, „als wenn nun erst die Sehkraft entzündet würde" (36); Nathanael ist von dem Anblick fasziniert. Er kauft Coppola das Perspektiv ab und komplimentiert ihn hinaus. Als er ihn aber auf dem Weg nach draußen laut lachen hört, erschrickt Nathanael über seinen Gedanken, dass das Lachen wahrscheinlich davon herrühre, dass er das Fernrohr „viel zu teuer bezahlt" (36) habe. Anstatt einen Brief an Clara weiterzuschreiben, lässt sich Nathanael „von Olimpia's verführerischem Anblick" (37) fesseln. In den folgenden Tagen sieht er Olimpia, für die er „Sehnsucht und glühende[s] Verlangen" (37) empfindet, nicht mehr; Clara ist ihm inzwischen aus den Gedanken gewichen. Schließlich erfährt Nathanael, dass Professor Spalanzani ein Fest gibt, bei dem er seine Tochter erstmals der Öffentlichkeit vorstellen will.

Spalanzanis Fest
Auf dem Fest erscheint Olimpia in prächtiger Kleidung. Manchem Gast fällt unangenehm auf, dass sie „[i]n Schritt und Stellung [...] etwas abgemessenes und steifes" (38) hat, das mit dem ihr von der Gesellschaft auferlegten Zwang erklärt wird. Während Olimpia auf einem Flügel spielt und singt, beobachtet Nathanael sie durch sein Perspektiv und wird gewahr, dass sie ihn sehnsuchtsvoll ansieht. Als er sie zum Tanz auffordert und ihre Hand ergreift, lässt deren Eiseskälte ihn jedoch jäh schaudern. Er sieht Olimpia „ins Auge", das ihm „voll Liebe und Sehnsucht" entgegenstrahlt, und da ist es so, als begännen „in der kalten Hand Pulse zu schlagen und des Lebensblutes Ströme zu glühen" (39). In seinem Liebesrausch entgeht Nathanael das nur mit Mühe unterdrückte Gelächter der jungen Leute über Olimpia. Er gesteht ihr seine Liebe, sie aber antwortet nur: „Ach – Ach – Ach!" (40) Dessen ungeachtet nennt er sie ein „tiefes Gemüt, in dem sich [s]ein ganzes Sein spiegelt" (40). Beim Abschiedskuss spürt Nathanael zunächst Olimpias eiskalte Lippen, sodass ihn ein Grausen erfasst; dann aber scheinen ihre Lippen warm zu werden. Spalanzani zeigt sich mit Nathanaels Zuneigung zu Olimpia zufrieden.

Nathanaels Gespräch mit Siegmund
In den folgenden Tagen wird viel über die „todstarre, stumme Olimpia" (41) geredet – man hält sie für stumpfsinnig. Nathanael indes denkt, dass „ihr eigner Stumpfsinn" die Lästerer daran hindere, „Olimpia's tiefes herrliches Gemüt zu erkennen" (41). Doch selbst sein Freund Siegmund fragt ihn, wie er sich „in das Wachsgesicht, in die Holzpuppe" (41) Olimpia habe verlieben können, und weist darauf hin, dass die meisten anderen sie nicht so wie Nathanael beurteilen: „[S]tarr und seelenlos" sei sie ihnen erschienen mit ihrem Blick „ohne Lebensstrahl, [...] ohne Sehkraft" (41), ihre Bewegungen scheinen „durch den Gang eines aufgezogenen Räderwerks bedingt" (41 f.). Nathanael bezeichnet diejenigen, die Olimpia derart verkennen, als „kalte[ ] prosaische[ ] Menschen" (42) und entgegnet Siegmund: „Nur dem poetischen Gemüt entfaltet sich das gleich organisierte!" (42) Olimpia ist Nathanaels neuer Lebensinhalt; Clara, seine Mutter und Lothar hat er unterdessen vollkommen vergessen.

Nathanaels verhinderter Heiratsantrag und Olimpias Ende

Nathanael liest Olimpia stundenlang seine Dichtungen vor und fühlt sich nur von ihr ganz verstanden. Als er ihr einen Heiratsantrag machen will, wird er auf dem Weg zu ihr Zeuge eines Streits, bei dem aus dem Studierzimmer seines Professors „Spalanzani's und des gräßlichen Coppelius Stimmen" (44) zu hören sind. Nathanael stürzt daraufhin angsterfüllt in das Zimmer, in dem Spalanzani und „der Italiäner Coppola" (44) um eine weibliche Figur ringen. Entsetzt erkennt Nathanael in ihr Olimpia. Bevor er eingreifen kann, entwindet Coppola dem Professor die Figur und versetzt ihm einen Stoß, sodass dieser sich stark blutende Wunden zuzieht. Lachend flieht Coppola mit der Figur. Nathanael erstarrt, als er dabei „Olimpia's toderbleichtes Wachsgesicht" mit „schwarze[n] Höhlen" statt Augen sieht und erkennt, dass sie nur „eine leblose Puppe" (45) ist. Mit den Worten „Ihm nach – ihm nach, was zauderst du? [...] Coppelius, mein bestes Automat hat er mir geraubt – [...] die Augen dir gestohlen [...] – hol mir Olimpia – da hast du die Augen!" (45) fordert Spalanzani Nathanael auf, die Verfolgung aufzunehmen. Dann sieht Nathanael ein Paar blutige Augen auf dem Boden, die Spalanzani aufhebt und nach ihm wirft. Als sie seine Brust treffen, packt Nathanael der Wahnsinn, und er geht mit den Worten „[D]reh dich *Feuerkreis* – lustig – lustig! – Holzpüppchen hui schön' Holzpüppchen dreh dich" (45) auf den Professor los. Vom Lärm herbeigelockte Menschen können Nathanael gerade noch davon abhalten, Spalanzani zu erwürgen. Es gelingt, den Rasenden zu überwältigen, und er wird ins Tollhaus gebracht.

Zweite Leseranrede des Erzählers

Bevor der Erzähler Nathanaels weiteres Schicksal schildert, wendet er sich erneut an den Leser und versichert ihm, dass Spalanzani keine bleibenden Schäden davongetragen habe. Der Professor habe aber die Universität verlassen müssen, da „es allgemein für gänzlich unerlaubten Betrug gehalten wurde, vernünftigen Teezirkeln (Olimpia hatte sie mit Glück besucht) statt der lebendigen Person eine Holzpuppe einzuschwärzen" (46). Juristen hätten die Bestrafung des Betrugs gefordert, da er „so schlau angelegt worden, daß kein Mensch (ganz kluge Studenten ausgenommen) es gemerkt habe, unerachtet jetzt alle weise tun und sich auf allerlei Tatsachen berufen wollten, die ihnen verdächtig vorgekommen" (46). So habe z.B. ein „elegante[r] Teeist[]" (46) das auffällige Niesen Olimpias für das Selbstaufziehen des Räderwerks gehalten, während ein „Professor der Poesie und Beredsamkeit" (46) das Ganze als Allegorie bezeichnet habe. Das habe aber nicht jeden beruhigt, daher sei ein „Mißtrauen gegen menschliche Figuren" (46) entstanden, sodass mehrere Liebhaber verlangt hätten, die Geliebte solle sich unautomatenhaft verhalten, um sicherzugehen, es nicht mit einer Holzpuppe zu tun zu haben.

2.2 CHARAKTERISIERUNG DER TEXTWELT 57

Nathanaels Tod

Der Erzähler berichtet nun weiter über Nathanael. Dieser wacht in seinem Vaterhaus „wie aus schwerem, fürchterlichem Traum" (47) auf, die Spuren des Wahnsinns sind verschwunden. Zusammen mit der Mutter, Lothar und Clara, die er nun heiraten will, hat er vor, auf ein geerbtes Gut zu ziehen. Nathanael hat „nun erst recht Clara's himmlisch reines, herrliches Gemüt" (47) erkannt. Auf ihre Anregung hin steigen beide zur Mittagsstunde noch einmal auf den Ratsturm der Stadt, der „seinen Riesenschatten über den Markt" (48) wirft. Oben macht Clara Nathanael auf einen „sonderbaren kleinen grauen Busch" (48) aufmerksam, der auf die beiden zuzukommen scheint. Mechanisch fasst Nathanael in seine Tasche, findet Coppolas Perspektiv und schaut seitwärts – wo Clara steht – hindurch. Da wird er erneut wahnsinnig, ruft wieder „Holzpüppchen dreh dich" (48) und versucht, Clara den Turm hinabzuschleudern, doch Lothar, der unten gewartet hat, rennt hinauf und kann sie retten. Nathanael aber tobt oben auf dem Turm weiter und schreit: „*Feuerkreis* dreh' dich – *Feuerkreis* dreh' dich" (49). Unten ragt unter den vom Geschrei herbeigelockten Menschen „riesengroß der Advokat Coppelius hervor" (49). Man will den Rasenden vom Turm holen, da sagt Coppelius lachend: „[H]a ha – wartet nur, der kommt schon herunter von selbst" (49). Plötzlich bemerkt Nathanael Coppelius und springt mit dem Schrei „Ha! Sköne Oke – Sköne Oke" (49) über das Geländer. Als Nathanael tot auf der Straße liegt, ist Coppelius verschwunden.

Über Clara berichtet der Erzähler abschließend, dass man sie Jahre später mit einem freundlichen Mann und zwei spielenden Kindern vor einem hübschen Landhaus gesehen haben wolle. Der Erzähler schließt mit den Worten: „Es wäre daraus zu schließen, daß Clara das ruhige häusliche Glück noch fand, das ihrem heitern lebenslustigen Sinn zusagte und das ihr der im Innern zerrissene Nathanael niemals hätte gewähren können." (49)

2.2 Charakterisierung der Textwelt

Wie in Kapitel 1.2 bereits angesprochen, gehört es zu den Aufgaben der Basis-Analyse, den Charakter der jeweiligen Textwelt genauer zu bestimmen (vgl. Regel 3.2). Die kognitive Hermeneutik unterscheidet nun drei Textwelttypen;[26] jeder literarische Text lässt sich einem bestimmten Typ zuordnen.
Typ 1: Es gibt literarische Texte, in denen alles, was in der Textwelt geschieht, im weitesten Sinn *natürlich* zu erklären ist. Übernatürliche Mächte

---

[26] Die drei Textwelttypen können unterschiedliche Ausformungen erfahren; hier besteht noch Bedarf an weiterer theoretischer Differenzierung, die im gegenwärtigen Kontext jedoch zu weit führen würde.

oder Kräfte spielen keine Rolle. Hier handelt es sich um eine *natürliche Textwelt*. Die in Kriminalromanen konstruierten Textwelten sind z. B. in aller Regel dieser Art: Selbst bei einem auf den ersten Blick unerklärlichen Verbrechen, etwa einem sogenannten *locked-room*-Rätsel, wird letztlich ein im weiten Sinn natürlicher Tathergang rekonstruiert. In einer natürlichen Textwelt kann eine Figur zwar an die Existenz übernatürlicher Mächte irgendwelcher Art *glauben*, reale übernatürliche Wesen (Gott, Götter, Engel, Teufel, Dämonen, Geister, Vampire usw.) bzw. Figuren mit übernatürlichen Fähigkeiten wie Zauberkräften treten aber nicht auf. Alles geht im weitesten Sinn natürlich zu.

Typ 2: Daneben gibt es auch literarische Texte, in denen das, was in der Textwelt passiert, nur zum Teil oder gar nicht natürlich zu erklären ist. Übernatürliche Mächte dieser oder jener Art bzw. Figuren mit übernatürlichen Fähigkeiten greifen in das Geschehen ein; sie sind innerhalb der Textwelt *real*. Hier liegt eine *Textwelt mit übernatürlichen Komponenten* vor. Die Textwelt vieler Märchen und mythischer Erzählungen ist von dieser Art; auch in der phantastischen Literatur sind übernatürliche Wesen oder Kräfte häufig real wirksam.

Typ 3: Schließlich ist noch mit literarischen Texten zu rechnen, bei denen *unentscheidbar* ist, ob es sich um Typ 1 oder Typ 2 handelt. Man kann sich einen Text vorstellen, bei dem auch nach gründlicher Untersuchung offenbleibt, ob das, was in der Textwelt geschieht, nun auf natürliche oder aber auf übernatürliche Ursachen zurückzuführen ist; es ist nicht klärbar, ob reale übernatürliche Mächte am Werk sind oder nicht. Die kognitive Hermeneutik spricht hier von einer *Textwelt mit unbestimmbarem Status*.

Bei vielen, ja bei den meisten literarischen Texten liegt es auf der Hand, welchem Textwelttyp sie zuzuordnen sind. Hoffmanns Erzählung *Der Sandmann* zählt jedoch zu denjenigen Texten, bei denen nicht ohne Weiteres klar ist, welchem Typ er angehört. Das ist ein weiterer Grund dafür, weshalb wir diese Erzählung ausgewählt haben: Bereits bei der Textweltcharakterisierung treten Schwierigkeiten auf, mit denen die Probleme im Interpretationsbereich eng verbunden sind.

Sieht man die Sekundärliteratur zum *Sandmann* unter dem Blickwinkel dieser typologischen Unterscheidung durch, so wird rasch deutlich, dass alle drei Zuordnungsmöglichkeiten vertreten werden. Einige Interpreten nehmen eine natürliche Textwelt an, in der das, was Nathanael für real hält, sich als psychologisch zu erklärende Einbildung oder Wahnvorstellung entpuppt. Andere Interpreten gehen demgegenüber von einer Textwelt mit übernatürlichen Komponenten aus, in der tatsächlich ein dämonisches Wesen existiert, das in das Geschehen eingreift. Wieder andere Interpreten postulieren eine Textwelt mit unbestimmbarem Status und behaupten, eben diese Unentscheidbarkeit mache den besonderen Reiz der Geschichte aus. Kurzum, Hoffmanns *Sandmann* ist also eine Geschichte, die schon bei der Textweltbestimmung deutlich größere Probleme aufwirft als die meisten anderen literarischen Texte. Die kognitive Hermeneutik geht von der Annahme aus, dass durch eine wissenschaftliche Untersuchung prinzipiell klärbar ist, um welchen Typ von Textwelt es sich in einem Text handelt, mag dies im Einzelfall auch schwierig sein. Ein Textwissenschaftler sollte die Argumente gründlich abwägen, um herauszufinden, welche Zuordnung am wahrscheinlichsten ist. Wird keine begründete Textweltcharakterisierung vorgenommen, so kann dies zu Fehlern führen. Der Textwissenschaftler verfährt dann bei der Zuordnung intuitiv, ohne die Alternativen ernsthaft zu bedenken und die Argumente für und wider gegeneinander abzuwägen. Dabei kann er zufälligerweise richtig liegen, er kann aber auch eine Zuordnung favorisieren, die sich bei genauerer Untersuchung als falsch oder zumindest als weniger wahrscheinlich gegenüber einer anderen erweist. Da nun die Zuordnung zu einem Textwelttyp in der Regel auch die Richtung der gesamten Interpretation bestimmt, zieht eine fehlerhafte Einordnung die gesamte Argumentation in Mitleidenschaft. Eine Textinterpretation, die auf einer verfehlten Textweltcharakterisierung beruht, ist in wesentlichen Punkten nicht akzeptabel. Es ist also für den kognitiv verfahrenden Textwissenschaftler von großer Bedeutung, diesen Punkt nicht zu vernachlässigen.

Beim konkreten Umgang mit den drei Grundmöglichkeiten der Textweltcharakterisierung ist noch ein weiterer Fehler zu vermeiden, der auch für die Einschätzung des radikalen Interpretationspluralismus relevant ist: Es ist nämlich *logisch unzulässig*, alle drei Optionen als gleichermaßen gültig und legitim zu behandeln; vielmehr ist davon auszugehen, dass jeder literarische Text eine Textwelt konstruiert, die *entweder* Typ 1 *oder* Typ 2 *oder* Typ 3 zuzuordnen ist. Ein Textwissenschaftler sollte sich dessen bewusst sein, welche Konsequenzen die von ihm vorgenommene Zuordnung hat, und eine Vermengung der Optionen vermeiden.

3. Basis-Interpretation und Optionenkonkurrenz

Wir konzentrieren uns, Regel 2 (vgl. Kapitel 1.2) folgend, in der ersten Phase der Basisarbeit ganz auf den Text, um eine erste Basis-Interpretation zu entwickeln, die dann in weiteren Arbeitsgängen ausgebaut werden soll.[27] Im Rahmen unseres Projekts ist die Basis-Interpretation jedoch mit einer ausführlichen kritischen Prüfung der Sekundärliteratur verbunden. Deshalb ist es sinnvoll, in diesem Fall keine *elementare* Basis-Interpretation vorzulegen, sondern eine elaborierte Version, die von vornherein auf die in der Fachliteratur vertretenen Positionen und die zentralen Interpretationskonflikte bezogen ist. Während in einfachen Fällen die Bestimmung des Textwelttyps ganz der Basis-Analyse zugeordnet werden kann, die der eigentlichen Interpretationsarbeit vorgelagert ist, muss hinsichtlich schwierigerer Fälle festgehalten werden, dass sich hier die Analyse mit der Interpretation verschränkt, da die Entscheidung für Textwelttyp 1, 2 oder 3 nicht getroffen werden kann, ohne den Zusammenhang mit den grundsätzlichen Deutungsoptionen zu beachten.

3.1 Zu den fünf Deutungsoptionen

Regel 4.3 (vgl. Kapitel 1.2) besagt: Bemühe dich bei der Bildung von Hypothesen über die textprägenden Instanzen um einen textbezogenen Optionenvergleich! Wie die kognitive Hermeneutik empfiehlt, konzentrieren wir uns vorerst auf das Textkonzept; auf die anderen Instanzen gehen wir später ein (vgl. Kapitel 3.5). Textkonforme und erklärungskräftige Hypothesen über das Textkonzept des *Sandmanns* lassen sich gewinnen, wenn man zunächst klärt, welche speziellen künstlerischen Ziele in diesem Fall überhaupt *denkbar* sind. Unterzieht man diese Optionen dann einem Vergleichstest, so zeigt sich, welche Option am besten zu den Texttatsachen passt und die Textbeschaffenheit *am zwanglosesten* erklärt.

Wir unterscheiden beim gegenwärtigen Erkenntnisstand fünf Möglichkeiten, die im Vorwort bereits gekennzeichnet worden sind. Wir rufen zunächst die ersten drei Optionen für eine Gesamtdeutung des *Sandmanns* in Erinnerung:
Option 1: Clara sieht die Dinge, zumindest im Prinzip, richtig – Nathanael sieht sie falsch, er ist Wahnvorstellungen verfallen. Diese Annahme führt zu einer *psychologischen* Deutung der Erzählung.

---

[27] Diese Vorgehensweise dokumentieren mehrere Publikationen, z. B. die Interpretation von C. Wolfs *Medea. Stimmen* in TEPE: *Mythos & Literatur*, S. 162–208. Vergleiche aber auch die im von Peter Tepe herausgegebenen *Mythos-Magazin* veröffentlichten vielfältigen Arbeiten von Studierenden, die sich an der kognitiven Hermeneutik orientieren, zugänglich unter http://www.mythos-magazin.de.

3.1 Zu den fünf Deutungsoptionen

Option 2: Nathanael sieht die Dinge, zumindest im Prinzip, richtig – Clara sieht sie falsch. Dieser Ansatz führt zu einer Deutung, die Eingriffe einer dämonischen Macht annimmt; wir sprechen hier von einer *dämonologischen Deutung*.

Option 3: Es wird offengelassen und ist somit unentscheidbar, ob die Perspektive Claras oder die Nathanaels richtig ist. Dieser *Unentscheidbarkeitsansatz* behauptet eine Erzählstrategie des konsequenten Offenhaltens von Deutungsmöglichkeiten.[28]

Jede dieser drei Optionen – die einander logisch ausschließen – lässt diverse Ausformungen zu. Vertretern des psychologischen Ansatzes ist zwar gemeinsam, dass sie Nathanaels Sicht der Dinge als wahnhaft verzerrt einordnen; innerhalb dieses Rahmens können sie aber recht unterschiedliche Akzente setzen. So gehen einige Interpreten individual-, andere hingegen sozialpsychologisch vor. Entsprechendes gilt für die anderen Optionen.

Die drei Optionen sind mit bestimmten Textweltcharakterisierungen verbunden:

Option 1: Wer behauptet, dass Nathanael bestimmten Wahnvorstellungen bzw. einer fixen Idee erlegen ist, nimmt damit auch an, dass Nathanaels Glaube, es mit einem realen Dämon zu tun zu haben, psychologisch zu erklären ist. Hier wird also eine natürliche Textwelt (Typ 1) vorausgesetzt.

Option 2: Wer behauptet, dass Nathanael mit einem realen dämonischen Wesen konfrontiert ist, geht eben auch von einer Textwelt mit übernatürlichen Komponenten (Typ 2) aus.

Option 3: Wer behauptet, dass im Text eine Erzählstrategie des Offenhaltens von Deutungsmöglichkeiten konsequent umgesetzt wird, die keine Entscheidung für den psychologischen oder den dämonologischen Ansatz erlaubt, nimmt folglich eine Textwelt mit unbestimmbarem Status (Typ 3) an. Würde eine natürliche Textwelt vorliegen, so würde dies das Auftreten eines realen übernatürlichen Wesens ausschließen, also *gegen* Option 2 sprechen. Würde hingegen eine Textwelt mit übernatürlichen Komponenten vorliegen, so wä-

---

[28] Wird diese Erzählstrategie verfolgt, sei es nun in uneingeschränkter (Option 3 wird konsequent umgesetzt) oder in eingeschränkter Form (letztlich überwiegt Option 1 oder 2), so entsteht eine zielkonforme, *beabsichtigte* Unbestimmtheit. Ein Text kann aber auch *unbeabsichtigte* Unbestimmtheiten enthalten. Literarische Texte – so auch *Der Sandmann* – lassen z.B. zumeist offen, was für einen Haarwuchs die Figuren haben. Diese Unbestimmtheit stellt in der Regel keine Umsetzung eines künstlerischen Konzepts dar – wie das *gezielte* Offenlassen der Frage, ob Coppelius mit Coppola identisch ist oder nicht. Schriftsteller ziehen, von Sonderfällen abgesehen, gar nicht in Erwägung, eine Figur mit einem ganz bestimmten Haarwuchs auszustatten, sie treffen keine Entscheidung für das eine und gegen das andere. Etliche Unbestimmtheiten entstehen somit dadurch, dass die zugehörigen Bestimmungsmöglichkeiten in den Bereich des hinsichtlich der künstlerischen Zielsetzung *Irrelevanten* fallen.

re dies ein Indiz *für* Option 2. Beides würde den Unentscheidbarkeitsansatz empfindlich stören.

Beziehen wir im nächsten Schritt Option 4, die sich aus allgemeineren literaturtheoretischen Erwägungen ergibt, in die Überlegungen ein:

Option 4: Es wird angenommen, dass zumindest einige literarische Texte einen versteckten zusätzlichen Sinn enthalten; die kognitive Hermeneutik spricht hier von *allegorischen* Deutungsstrategien. Option 4 behauptet, dass *Der Sandmann* eine solche versteckte tiefere Sinnebene aufweist.

Ein Beispiel für eine allegorische Interpretation ist Freuds *Sandmann*-Deutung, mit der wir uns in ERGÄNZUNG 9-1 und in Kapitel 9.2 ausführlich beschäftigen werden. Im Augenblick interessiert jedoch vorrangig das Deutungs*schema*. In der Textwelt treten bestimmte Personen auf, und es geschieht dieses und jenes. Der allegorisch verfahrende Interpret freudscher Couleur postuliert nun, dass es *eigentlich* um etwas ganz anderes gehe, das im Text nicht explizit angesprochen werde; bei Freud ist das die Kastrationsangst Nathanaels, die wiederum mit dem Ödipuskomplex in Verbindung steht. Es wird also ein verborgener *eigentlicher* Sinn angenommen und behauptet, dieser lasse sich mit einer bestimmten Methode – im Beispiel mit der von Freud entwickelten Methode der psychoanalytischen Textinterpretation – herausfinden.

Die Variationsbreite bei den allegorischen Deutungen literarischer Texte im Allgemeinen und des *Sandmanns* im Besonderen ist erheblich größer als bei den Optionen 1–3. Vertreter des psychologischen Ansatzes etwa teilen ja die Annahme, dass Nathanaels Sicht der Dinge auf Einbildung beruht, können diesen Ansatz aber auf verschiedene Weise ausformen. Vertreter des allegorischen Ansatzes hingegen haben keine derartige gemeinsame Basis *inhaltlicher* Art; sie charakterisieren den verborgenen zusätzlichen bzw. eigentlichen Sinn[29] vielmehr auf sehr unterschiedliche Weise und greifen dabei auf psychologische, soziologische, philosophische oder andere Theorien zurück, Freud z.B. auf die von ihm entwickelte Psychoanalyse. Allegorisch verfahrende Interpreten teilen nur die *formale* Annahme, dass der Text einen versteckten tieferen Sinn aufweist – und dass dieser auch erschließbar ist.

Während die Optionen 1–3, wie bereits dargelegt, notwendigerweise mit bestimmten Textweltcharakterisierungen verbunden sind, auch wenn diese nicht explizit vorgenommen werden, ist das bei Option 4 nicht der Fall. Hier sind mehrere Konstellationen möglich. Die allegorische Interpretation kann im Prinzip mit allen drei Textweltcharakterisierungen kombiniert werden.

---

[29] In vielen – gerade auch in den problematischen – Interpretationen wird der zusätzliche als der *eigentliche* Sinn angesehen; so verhält es sich aber nicht zwangsläufig. Eine Ausdifferenzierung verschiedener Typen allegorischer Textkonzepte würde an dieser Stelle jedoch zu weit führen.

Psychoanalytisch-allegorische Deutungen z.B., wie wir sie in Kapitel 9 in vielfältiger Form studieren werden, nehmen in einigen Fällen – explizit oder implizit – eine natürliche Textwelt an, in anderen Fällen eine Textwelt mit übernatürlichen Komponenten und in wieder anderen eine Textwelt mit unbestimmbarem Status. Zwar ist es, wie in Kapitel 2.2 bereits betont, logisch unzulässig, die drei Textweltcharakterisierungen bei einem bestimmten Text als *gleichermaßen* legitim und gültig zu betrachten, und der allegorisch verfahrende Interpret wird sich, zumindest auf Nachfrage, in der Regel auch für einen bestimmten Typ entscheiden; im gegenwärtigen Zusammenhang aber ist hervorzuheben, dass die Bestimmung des Textweltcharakters für solche Interpreten letztlich *zweitrangig* ist – *erstrangig* ist für sie, den verborgenen zusätzlichen bzw. eigentlichen Sinn des Textes zu erfassen.

Entsprechendes gilt für die Einschätzung der Optionen 1–3: Die Einstellung allegorisch vorgehender Interpreten gegenüber diesen andersartigen Deutungsansätzen lässt sich folgendermaßen explizieren: Es gibt Interpreten, die sich vorrangig mit dem beschäftigen, was in der Textwelt geschieht, sie bemühen sich um eine angemessene Deutung des Textweltgeschehens; allegorisch verfahrende Interpreten hingegen beschäftigen sich vorrangig mit dem verborgenen tieferen Sinn. Sie betrachten sich selbst als *Tiefeninterpreten bzw. Tiefenhermeneuten*, die anderen hingegen als bloße *Oberflächeninterpreten bzw. Oberflächenhermeneuten*, welche die eigentliche und damit entscheidende Sinnebene überhaupt nicht in den Blick bekommen. Bei der allegorischen Interpretation sind nicht nur hinsichtlich der Textweltcharakterisierung, sondern auch im Interpretationsbereich unterschiedliche Konstellationen möglich, sie kann mit jeder der Optionen 1–3 verbunden werden. Der Tiefeninterpret kann annehmen, dass es sich in Bezug auf die *Textoberfläche* um die Geschichte eines Menschen handelt, der einer Wahnvorstellung erlegen ist; er kann aber durchaus auch annehmen, dass auf dieser Ebene eine Dämonengeschichte vorliegt oder eine Geschichte, die ein unentwirrbares Verwirrspiel mit einer psychologischen und einer dämonologischen Sichtweise entfaltet. Zwar schließen die Optionen 1–3 bekanntlich einander logisch aus (ebenso wie die zugehörigen Textweltcharakterisierungen), und der allegorisch verfahrende Interpret wird sich, zumindest auf Nachfrage, in der Regel hinsichtlich der Textoberfläche für eine bestimmte Option entscheiden; im gegenwärtigen Kontext aber ist wiederum hervorzuheben, dass die zugehörige Deutung des Textweltgeschehens für solche Interpreten letztlich *zweitrangig* ist – *erstrangig* ist für sie, den verborgenen eigentlichen Sinn des Textes herauszufinden. Durch Option 4 kompliziert sich also die Sachlage erheblich.

An dieser Stelle ist es nun erforderlich, Auskunft darüber zu geben, wie die kognitive Hermeneutik generell zu allegorischen Interpretationsstrategien steht, und hier kommt erneut der Theorieteil über die projektiv-aneignende Interpretation ins Spiel.[30] Die kognitive Hermeneutik lehnt allegorische Deutungsverfahren keineswegs generell ab. So kann es zu den künstlerischen Zielen eines Autors (mit welchem Bewusstseinsgrad diese auch verfolgt werden mögen) gehören, mehrere Sinnebenen zu etablieren und den Leser anzuregen, einen verborgenen zusätzlichen Sinn zu erschließen. Bei literarischen Texten, die nach einem solchen Muster gestrickt sind, wird sich deshalb ein allegorischer Ansatz bei der Bildung von Hypothesen über das Textkonzept sowie das Literaturprogramm und deren Überprüfung am Text gegenüber anderen Ansätzen, für die das Textweltgeschehen gewissermaßen das letzte Wort darstellt, hinsichtlich der Textkonformität und der Erklärungskraft als überlegen erweisen; die kognitive Hermeneutik spricht hier von einer allegorischen Deutung *kognitiver* Art. Die strikt kognitive Textarbeit führt also bei *einigen* literarischen Texten dazu, ein allegorisches Textkonzept und Literaturprogramm jeweils näher zu bestimmender Art anzunehmen. So handelt z.B. Molières *Amphitryon* von mythischen Gestalten wie Jupiter, Merkur, Amphitryon und Alkmene, *eigentlich* aber geht es Molière – wie Peter Tepes Basis-Interpretation zu zeigen vermag – um eine Kritik am Herrschaftssystem seiner Zeit, die in einem mythischen Gewand vorgetragen wird.[31]

Eine weitere Form der kognitiven allegorischen Interpretation fragt nach *Implikationen* z.B. des jeweiligen Textkonzepts. So kann ein Text, in dem ein künstlicher Mensch auftritt, auf einer tieferen Sinnebene eine kritische Auseinandersetzung mit einer bestimmten (gegnerischen) Philosophie bzw. Weltanschauung darstellen, der zugeschrieben wird, künstliche Menschen erschaffen zu wollen – obwohl diese im Text gar nicht erwähnt wird.

Die allegorische Interpretation *verdeckt aneignender* Art wird dagegen von der kognitiven Hermeneutik grundsätzlich abgelehnt, stellt sie doch, wie bereits im Vorwort dargelegt, die Hauptform des projektiv-aneignenden Interpretierens dar. Diese Form des Interpretierens praktiziert etwas anderes, als sie zu tun vorgibt; sie tritt als kognitiv-wissenschaftliche Leistung auf, vollzieht aber de facto eine aneignend-aktualisierende Deutung.

Die Grundannahme des allegorischen Interpretierens, die besagt, dass es eine versteckte zusätzliche Sinnebene gibt, kann in *kognitiv kontrollierter* Form

---

[30] Wir erinnern an die zugehörigen Ausführungen in Kapitel 1.1 und weisen auf drei Kapitel in *Kognitive Hermeneutik* hin, in denen dieser Theorieteil entfaltet wird: Kapitel 1.4: *Projektiv-aneignende Interpretation*, Kapitel 1.5: *Projektiv-aneignende Tendenzen in frühen Formen der Hermeneutik* sowie Kapitel 1.6: *Kritik der theoriegebundenen Interpretation im Basisbereich*. Wir beschränken uns auf die für das praxisbezogene *Sandmann*-Projekt unerlässlichen Thesen und Argumente.

[31] Vgl. P. TEPE: *Zweimal Amphitryon: Molière und Kleist*. Online unter http://www.mythosmagazin.de/mythosforschung/pt_amphitryon.htm (Stand 14.2.2009).

ins Spiel gebracht werden, und zwar bei der Bildung und Überprüfung von Hypothesen über die textprägenden Instanzen; sie kann sich aber auch in *kognitiv unkontrollierter* Form auswirken. Im ersten Fall wird folgendermaßen verfahren: Bei einem bestimmten literarischen Text erwägt der Interpret Option 4. Erweist sich die allegorische Deutungsoption bei einem Optionenvergleich als der Konkurrenz überlegen, d. h. lässt sich eine systematische allegorische Deutung durchführen, so ist damit auch die Existenz einer verborgenen zusätzlichen Sinnebene *nachgewiesen*. Ob der herausgefundene versteckte Tiefensinn mit dem Überzeugungssystem des *Interpreten* im Einklang steht oder nicht, ist dabei irrelevant; Ziel ist es, den Textbestand durch Herleitung aus dem Überzeugungssystem des *Autors* wissenschaftlich zu erklären.[32]

Im zweiten Fall führt der Interpret keinen Optionenvergleich nach kognitiven Kriterien durch. Er geht vielmehr – häufig ohne sich dessen klar bewusst zu sein – nach dem folgenden Muster vor: „Ich *bin davon überzeugt,* dass der Text einen verborgenen eigentlichen Sinn bestimmter Art besitzt, und mein Ziel ist es zu zeigen, wie dieses und jenes Textelement gemäß dieser Voraussetzung zu interpretieren ist." Die Existenz einer verborgenen zusätzlichen Sinnebene kann auf diesem Weg freilich nicht *nachgewiesen* werden, sie wird einfach *unterstellt*, und der Text wird im Licht dieser Voraussetzung, die hier den Status eines *Dogmas* annimmt, gedeutet. Daher ist die verdeckt aneignende Form des allegorischen Interpretierens auch als *dogmatisch*-allegorisches Interpretieren zu bezeichnen. Bei diesem Vorgehen wird unzulässigerweise dasjenige bereits als gültig vorausgesetzt, was erst nachzuweisen ist, nämlich dass der jeweilige Text überhaupt einen versteckten zusätzlichen Sinn besitzt – was nicht notwendigerweise der Fall ist.

Wird dieses Vorgehen zugelassen, so sind bei der inhaltlichen Füllung des unterstellten eigentlichen Sinns keinerlei Grenzen gesetzt; im Prinzip sind *beliebige* inhaltliche Füllungen möglich. Die verdeckt aneignende Form des allegorischen Interpretierens verwandelt den Text durch bestimmte Tricks in eine Stützungsinstanz für die vom Interpreten vertretene Theorie oder Weltanschauung; dies kann eine bestimmte Psychologie, eine Soziologie, eine Philosophie, eine Religion usw. sein. Auf diese Weise lässt sich eine – letztlich unbegrenzte – Vielfalt allegorischer Interpretationen zu einem literarischen Text hervorbringen.

Anders als die kontrollierte Verwendung der Annahme eines verborgenen zusätzlichen Sinns hat deren unkontrollierte Form aufgrund der arbiträren inhaltlichen Füllungen keinen kognitiv-wissenschaftlichen Wert. Sie muss im Rahmen eines kognitivistischen Wissenschaftsverständnisses[33] als unzuläs-

---

[32] Vgl. TEPE: *Kognitive Hermeneutik,* Kapitel 1.2.
[33] Vgl. TEPE: *Kognitive Hermeneutik,* Kapitel 1.2 und 1.4.

sig gelten. Einem Interpreten, der einen zu seiner Hintergrundtheorie passenden eigentlichen Sinn als existierend *voraussetzt*, wird es immer gelingen, zumindest einigen Textelementen eine zu dieser Prämisse passende Deutung abzugewinnen; durch die Hervorbringung intern plausibler Interpretationsthesen kann jedoch die Gültigkeit der zentralen Voraussetzung *grundsätzlich* nicht erwiesen werden. Das geht bereits daraus hervor, dass es von sehr unterschiedlichen Positionen aus möglich ist, den verborgenen zusätzlichen Sinn inhaltlich zu füllen und entsprechende Deutungen einzelner Textelemente hervorzubringen, die genau zur jeweiligen Voraussetzung passen, also ansatzintern plausibel sind.

Während es bei der allegorischen Deutung kognitiver Art irrelevant ist, ob der im Einzelfall herausgefundene versteckte Tiefensinn mit dem Überzeugungssystem des *Interpreten* im Einklang steht oder nicht, ist dies für die allegorische Deutung verdeckt aneignender Art hingegen höchst relevant. Stets läuft sie nämlich darauf hinaus, dass der vorausgesetzte eigentliche Sinn mit dem Überzeugungssystem des Interpreten oder zumindest mit wesentlichen Teilen dieses Systems übereinstimmt. Diese Form des allegorischen Interpretierens ist eben deshalb dem projektiv-aneignenden Interpretieren zuzuordnen, dessen Funktion es ist, das Überzeugungssystem des Interpreten – und darüber hinaus das seiner Bezugsgruppe – zu bestärken.

Zur Erinnerung: Die aneignend-aktualisierende Auslegung, die den Text an den theoretischen Hintergrund des Interpreten anpasst und so einen Nutzen aus ihm zieht, wird als kognitiv-wissenschaftliche Leistung missverstanden. Der Text wird den vom Interpreten akzeptierten Annahmen angeglichen, und die Interpretation lässt ihn dann als mit der Sichtweise des Interpreten im Einklang stehend erscheinen. Der Interpret projiziert also – ohne dies zu bemerken – seine eigene Hintergrundtheorie in den Text und liest sie dann wieder aus ihm heraus.

Für Menschen ist es bedeutsam, literarische Texte, die einem nach bestimmten normativen Kriterien erstellten Kanon *guter* bzw. *wichtiger* Literatur zugeordnet werden, aus ihrer spezifischen Sicht zu deuten und sie für diese zu vereinnahmen. Das, was lebenspraktisch verständlich und im Aneignungskontext ganz und gar legitim ist, ist jedoch in der kognitivistischen Textwissenschaft unzulässig. Für das Ergebnis einer aneignenden Vereinnahmung darf kein wissenschaftlicher Geltungsanspruch erhoben werden.

In der Textwissenschaft konnten sich einige Formen der Textarbeit etablieren, die insgeheim aneignende Verfahren und damit als pseudowissenschaftlich einzustufen sind. In *Kognitive Hermeneutik* werden diese defizitären Verfahrensweisen und die sie stützenden Literaturtheorien grundsätzlich kritisiert und entkräftet; im vorliegenden Buch hingegen geht es nicht zuletzt darum, allegorische *Sandmann*-Interpretationen daraufhin zu prüfen, ob sie einen kognitiven Wert besitzen oder ob sie pseudowissenschaftlichen Charakter haben.

Wir schließen damit die Reflexionen über Option 4 vorerst ab und kommen zu Option 5, die sich ebenfalls aus allgemeineren literaturtheoretischen Erwägungen ergibt und nicht (wie die Optionen 1–3) unmittelbar aus der Lektüre eines speziellen Textes gewonnen wird.

Option 5: Hier wird die Position des *radikalen Interpretationspluralismus* vertreten. Angenommen wird, dass literaturwissenschaftliche Interpretationen von sehr unterschiedlichen Fragestellungen ausgehen, die alle (oder fast alle) wissenschaftlich legitim sind. Die unterschiedlichen Deutungen haben somit alle ihre Berechtigung.

Auch diese Option lässt, wie die bisher behandelten Optionen, diverse Ausformungen zu; so kann z.B. eine explizite Synthese der als berechtigt geltenden Interpretationen angestrebt werden, wobei die Anzahl und die Inhalte der in die Synthese einbezogenen Ansätze variieren können. Was die Verbindung mit einer bestimmten Textweltcharakterisierung anbelangt, die bei den Optionen 1–3 ja auf der Hand liegt (Option 4 bleibt außen vor, da sie im Einzelfall mit einer dieser Optionen verbunden ist), setzt Option 5 einen besonderen Akzent: Gelten Deutungen, die den Optionen 1–3 folgen, als gleichermaßen berechtigt, so impliziert dies, dass auch die zugehörigen Textweltcharakterisierungen als genauso zulässig angesehen werden. Der radikal-pluralistisch eingestellte Interpret unterscheidet sich dabei vom allegorisch verfahrenden Interpreten: Während Letzterer zwar *im Prinzip* mit allen drei Textwelttypen kooperieren kann, sich aber im *Einzelfall* für einen bestimmten entscheiden wird, ist Ersterer in der Lage, auch im Einzelfall alle drei Charakterisierungen zu akzeptieren, da sie als gleichermaßen legitim erscheinen. Entsprechendes gilt für die Deutungsoptionen: Da die einzelnen Ausformungen der Optionen 1–3 nach dem *Aspektschema* behandelt, d.h. als unterschiedliche Aspektinterpretationen gedacht werden, die jeweils einer besonderen, auf einen bestimmten Textaspekt zugeschnittenen Fragestellung folgen, werden sie als gleichermaßen berechtigt angesehen. Darüber hinaus kann der radikale Interpretationspluralist auch Option 4 einbeziehen (in beiden Formen); dann gelten die Ausführungen zur allegorischen Interpretation, einschließlich der kritischen Komponente, auch für die entsprechenden Elemente von Option 5. Durch Option 5 kompliziert sich die Sachlage also noch einmal.

Wie schätzt die kognitive Hermeneutik nun den radikalen Interpretationspluralismus ein? Sie lehnt diese Konzeption, wie bereits in Kapitel 1.1 angedeutet, generell ab. Bevor nun die Kritik ausgeführt wird, sei aber auf zwei Wahrheitsmomente hingewiesen: Zum einen ist die Annahme, dass mehrere Interpretationen oder besser: mehrere Formen des Textzugangs gleichermaßen berechtigt sind, durchaus zutreffend, wenn man bei der Arbeit mit dem einzelnen Text die Möglichkeit ins Auge fasst, unterschiedliche *Textaspekte* zu erforschen. Selbstverständlich ist eine Analyse der Figurenkonstellation genauso legitim wie eine Stilanalyse oder eine Untersuchung der Themen und Motive; das eine schließt das andere nicht aus.

Ein zweites Wahrheitsmoment der pluralistischen Sichtweise zeigt sich, wenn man sich der *Aufbauarbeit* zuwendet.[34] Die Aufbauarbeit besteht ja bekanntlich darin, den jeweiligen Text in einen bestimmten Kontext einzuordnen und kontextbezogen zu erforschen. Da ein literarischer Text in mehrere Kontexte eingeordnet werden kann, sind auch verschiedene Formen der Aufbauarbeit möglich, die unterschiedliche Erkenntnisziele verfolgen und diverse geeignete Methoden bzw. Problemlösungsstrategien verwenden, um diese Ziele zu erreichen. Von diesen Formen des Textzugangs kann man sagen, dass sie *gleichermaßen berechtigt* sind. Die ideengeschichtliche Aufbauarbeit ist demnach genauso legitim wie z.B. die sozialhistorische; das eine schließt auch hier das andere nicht aus. Daraus, dass mehrere Formen des Textzugangs wissenschaftlich gleichberechtigt sind, darf allerdings *nicht* gefolgert werden, dass die *Ergebnisse* dieser Formen der Textarbeit *automatisch gültig* sind; selbstverständlich kann etwa der sozialhistorische Textzugang, obwohl er *grundsätzlich* legitim ist, im Einzelfall zu fehlerhaften Ergebnissen führen. Hier ist zu berücksichtigen, dass jede der wissenschaftlich legitimen, auf kognitive Ziele ausgerichteten Interpretationsformen ihre eigenen Richtigkeitskriterien hat.

Der *Fehler* des radikalen Interpretationspluralismus besteht nun darin, dass die angesprochenen Konstellationen vorschnell generalisiert werden, sodass die Besonderheit *anderer* Sachverhalte verfehlt wird. Die Optionen für eine Gesamtdeutung eines literarischen Textes wie auch die zugehörigen Möglichkeiten der Textweltcharakterisierung können nämlich nicht nach dem Aspektschema behandelt werden, wie am Beispiel des *Sandmanns* deutlich zu sehen ist: Ist Hoffmanns Erzählung als Fallgeschichte eines psychisch Kranken angelegt, so besagt dies, dass sie eben *nicht* als Dämonengeschichte konzipiert ist (Nathanaels Glaube, es mit einem realen Dämon zu tun zu haben, wird dann ja als Wahnvorstellung entlarvt und psychologisch aus bestimmten Kindheitsereignissen hergeleitet). Umgekehrt gilt: Ist der Text als Dämonengeschichte angelegt, so ist er eben *nicht* als Geschichte eines psychisch Kranken konzipiert (Nathanael erkennt in diesem Fall die Wahrheit). Sowohl bei einer psychologischen als auch bei einer dämonologischen Stoßrichtung des Textes gilt ferner, dass dieser *nicht* nach dem Unentscheidbarkeitsmuster gestrickt ist. Folgt der Text hingegen dem Unentscheidbarkeits-

---

[34] Vgl. TEPE: *Kognitive Hermeneutik*, S. 48f. und Kapitel 2.6.

konzept, ist er z.B. als Verwirrspiel mit zwei Perspektiven angelegt, so darf er *weder* eindeutig psychologisch *noch* eindeutig dämonologisch aufgefasst werden.[35]

Kurzum, während zwischen den Möglichkeiten der Aspektforschung ebenso wie zwischen den verschiedenen Formen der Aufbauarbeit ein Verhältnis des Sowohl-als-auch herrscht, stehen die Optionen 1–3 für eine Gesamtdeutung wie auch die entsprechenden Textweltbestimmungen in einem Verhältnis des Entweder-oder. Es ist daher grundsätzlich irrig anzunehmen, die Optionen 1–3 seien bei der *Sandmann*-Interpretation gleichermaßen berechtigt. Im Gegenteil, sie sind miteinander *unvereinbar*, d.h., man kann hier gerade *nicht* sagen: „Das eine schließt das andere nicht aus."[36]

Nehmen wir nun in einem weiteren Schritt wieder Option 4 hinzu. Hält die Annahme eines verborgenen zusätzlichen Sinns dieser oder jener Art der kritischen Prüfung nach strikt kognitiven Standards nicht stand, so entfällt Option 4. Lässt sich hingegen mindestens eine Form des versteckten Tiefensinns wissenschaftlich nachweisen (nicht im Sinne eines definitiven Nachweises, wohlgemerkt), so tritt das bereits erwähnte Zweiebenenmodell in Kraft: Im Rahmen der *Oberflächeninterpretation* gilt dann entweder Option 1 *oder* 2 *oder* 3, im Rahmen der *Tiefeninterpretation* Option 4 (in der wissenschaftlich nachgewiesenen Form). Hier kann man somit durchaus von einer *Synthese* mehrerer Interpretationsansätze sprechen, etwa der Optionen 4 und 1; eine Synthese dreier oder sogar aller vier der hier angesprochenen Optionen ist hingegen logisch widersinnig.

Der radikale Interpretationspluralismus ist somit keine wissenschaftlich vertretbare Position; er muss in einen *gemäßigten Pluralismus* transformiert werden. Die radikalpluralistische Einstellung hat zur Folge, dass die Konflikte zwischen den Deutungsoptionen übersehen und verkannt werden; es handelt sich um eine Ausformung einer gewissen *Harmoniesucht*, nach dem Motto „X sieht die Sachlage so, Y anders und Z wieder anders – warum sollten wir dies problematisieren, denn alle Sichtweisen sind gleichermaßen berechtigt". Gegen das Modell der *großen, allumfassenden Synthese* ist ferner einzuwenden, dass hier auch Ansätze einbezogen werden können, die projektiv-aneignend verfahren, mithin als pseudowissenschaftlich einzustufen

---

[35] Entsprechendes gilt für die Textweltcharakterisierung: *Entweder* liegt eine natürliche Textwelt vor *oder* eine mit übernatürlichen Komponenten *oder* eine mit unbestimmbarem Status.

[36] Hiervon zu unterscheiden ist die Frage, wie es sich bei *anderen* literarischen Texten verhält. Selbstverständlich gibt es neben Erzählungen, die als Fallgeschichten psychisch Kranker angelegt sind, Dämonengeschichten ebenso wie literarische Verwirrspiele; das eine schließt das andere nicht aus. Darum geht es uns in diesem Kontext aber gar nicht, sondern um die Frage, wie speziell Hoffmanns *Sandmann* einzuordnen ist, und *hier* besteht eben das Entweder-oder.

(und aus dem wissenschaftlichen Diskurs auszusondern) sind. Eine projektiv-aneignende Deutung unterwirft schließlich den Text einer Sinnbesetzung, die zum Überzeugungssystem des Interpreten passt, die aber nicht textkonform ist.

Option 5 hat, sofern eine Synthese mehrerer Deutungsoptionen angestrebt wird, zwar eine gewisse Verwandtschaft mit der Unentscheidbarkeitsposition, muss aber letztlich anders eingeordnet werden. Nach Option 3 ist der Text so angelegt, dass unentscheidbar bleibt, ob das Geschehen psychologisch oder dämonologisch aufzufassen ist. Das aber bedeutet, dass vereindeutigende Interpretationen psychologischer und dämonologischer Art *verfehlt* sind. Demgemäß darf von Interpretationen, die nicht mit der Unentscheidbarkeitsposition im Einklang stehen, gerade *nicht* gesagt werden, dass sie alle ihre Berechtigung besitzen.

Beim Vergleich der Optionen 3 und 5 zeigt sich noch ein weiterer Punkt: Option 3 postuliert, dass die Perspektiven Nathanaels und Claras *durchgängig* gleichermaßen gut funktionieren, d.h., dass es möglich ist, jedes Handlungselement sowohl psychologisch als auch dämonologisch zu deuten. Option 5 hingegen läuft – bezogen auf diesen Perspektivenkonflikt – aufgrund des synthetischen Vorgehens darauf hinaus, dass *einige* Textelemente sich eher Claras Sichtweise fügen, während *andere* besser mit der Nathanaels im Einklang stehen, dass aber insgesamt nicht entschieden werden kann, wer richtig liegt. Demnach sind *einige* Textpassagen psychologisch, *andere* dämonologisch zu deuten. Damit wird Hoffmann jedoch implizit ein in sich widersprüchliches Textkonzept zugeschrieben. Das ist bei Option 3 nicht der Fall; hier wird ja gerade behauptet, dass der Text *konsequent* nach dem Modell des Offenhaltens von Deutungsmöglichkeiten verfasst ist. Aus der Sicht der kognitiven Hermeneutik, die nach Wohlwollensprinzipien[37] verfährt, kann es zwar prinzipiell in sich widersprüchliche Textkonzepte geben, *zunächst* ist aber immer probeweise von einem in sich stimmigen Konzept auszugehen. Erst wenn alle Versuche, dieses zu erweisen, gescheitert sind, darf behauptet werden, dass ein inkohärentes bzw. in sich widersprüchliches Textkonzept vorliegt. In dieser Hinsicht muss Option 5 also das Scheitern der anderen Optionen zeigen. Auf keinen Fall darf man einfach *voraussetzen*, dass eine in sich konsistente Deutung, die Option 1, 2, 3 oder 4 (in Kombination mit Option 1, 2 oder 3) folgt, *unmöglich* sei; das wäre eine weitere Form des mit der erfahrungswissenschaftlichen Grundhaltung in Konflikt stehenden Dogmatismus.

Nach diesen kritischen Erwägungen scheidet Option 5 also bereits aus dem Optionenwettkampf aus, denn sie steht im Rahmen des wissenschaftlichen Diskurses generell nicht ernsthaft zur Debatte.

---

[37] Vgl. TEPE: *Kognitive Hermeneutik*, Kapitel 1.9.

3.2 Wie lässt sich ein fairer Wettkampf der Deutungsoptionen inszenieren?

Der von der kognitiven Hermeneutik geforderte Vergleichstest der grundsätzlichen Deutungsoptionen – zunächst bei der Bildung von Hypothesen über das Textkonzept – lässt sich in zwei Schritte aufteilen. Im ersten Schritt ist zu untersuchen, ob sich beim Wettkampf der Optionen 1, 2 und 3 ein Gewinner ermitteln lässt. Im zweiten Schritt wird geprüft, ob sich mindestens eine Variante von Option 4 nach kognitiven Standards bewährt. Ob dies beim *Sandmann* der Fall ist, werden wir in Kapitel 9 und den zugehörigen Ergänzungen anhand allegorischer Deutungen ganz unterschiedlicher Art untersuchen. Im gegenwärtigen Zusammenhang konzentrieren wir uns auf den ersten Schritt. Unsere Leser sollten allerdings im Hinterkopf behalten, dass sich die Gesamtkonstellation im Laufe der Untersuchungen (nämlich unter Einbeziehung von Option 4) noch verändern kann.

Jede der Optionen 1–3 lässt unterschiedliche Ausformungen zu. Dazu gehören auch Kombinationen, die bislang noch nicht bzw. nur beiläufig zur Sprache gekommen sind, die uns aber in Teil II begegnen werden. So kann z.B. der psychologische mit einem soziologischen Ansatz dergestalt verbunden werden, dass der Erzählung primär eine gesellschaftskritische Stoßrichtung zugeschrieben wird. Auf diese Variante werden wir in den Einzelkommentaren ausführlich eingehen, beim jetzt durchzuführenden Wettkampf der grundsätzlichen Deutungsoptionen 1, 2 und 3 kann sie jedoch vernachlässigt werden, da es sich um eine *Unterform* des psychologischen Ansatzes handelt.[38]

Die Ausgangssituation unseres Optionenwettkampfs stellt sich wie folgt dar: *Der Sandmann* ist *entweder* psychologisch *oder* dämonologisch *oder* nach dem Unentscheidbarkeitsmodell zu interpretieren; möglicherweise ist der Befund jedoch später auf den Bereich der Oberflächeninterpretation zu relativieren. Die Deutungsoptionen und die damit korrespondierenden Textweltbestimmungen stehen in einem direkten Konkurrenzverhältnis, das eine unproblematische Koexistenz letztlich ausschließt. Die weitverbreitete harmoniesüchtige Gleichberechtigungsvorstellung, die häufig von Prämissen der subjektivistischen Hermeneutik[39] getragen wird, verschleiert diese Konkurrenzsituation. Viele Textwissenschaftler erkennen nicht oder nicht hinlänglich, dass sie, wenn sie konsequent sein wollen, bestimmte andere Deutungsstrategien ablehnen und mit Sachargumenten kritisieren müssen. Wer beim

---

[38] Wie diese gesellschaftsbezogene Variante einzuschätzen ist, hängt maßgeblich davon ab, ob Option 1 im Wettkampf gewinnt oder verliert. Verliert sie, so müssen auch alle ihre Unterformen als unhaltbar gelten; gewinnt sie, so stellt eine bestimmte Unterform eventuell einen Erkenntnisfortschritt gegenüber anderen dar.

[39] Vgl. die Kritik der subjektivistischen Hermeneutik in TEPE: *Kognitive Hermeneutik*, Teil IV.

Sandmann z.B. einen psychologischen Ansatz vertritt, muss konsequenterweise die konkurrierenden Optionen als verfehlt verwerfen, und um diese Kritik zu stützen, müssen deren Fehler und Schwächen offengelegt werden. Ernsthafte argumentative Anstrengungen dieser Art sind jedoch selten zu finden.

Die kognitive Hermeneutik nimmt bekanntermaßen an, dass die Deutungsoptionen in *wissenschaftlicher* Hinsicht *nicht gleichermaßen leistungsfähig und akzeptabel* sind. Daraus ergibt sich das Ziel herauszufinden, welche Option die Kriterien der Textkonformität und der Erklärungskraft am besten erfüllt und somit der Konkurrenz überlegen ist. Die zentrale Frage lautet also, welche Deutungsoption, d.h. zunächst: welche Hypothese über das Textkonzept, in kognitiver Hinsicht die stärkste ist. Unterschiedliche Deutungsstrategien, die einander – zumindest in ihrer reinen Form – ausschließen, können sich nicht gleichermaßen gut am Textbestand bewähren. Sollte es sich beim *Sandmann* z.B. um eine Erzählung mit psychologischer Stoßrichtung handeln, so ist damit zu rechnen, dass es Textelemente gibt, die letztlich nur von einem psychologischen Deutungsansatz auf kognitiv befriedigende Weise erfasst werden können. Entsprechendes gilt für die anderen Optionen.

Alle *Sandmann*-Interpretationen, auch wenn sie den Optionen 4 oder 5 zuzuordnen sind, stehen in irgendeinem Verhältnis zu den Optionen 1–3, die in der ersten Phase des Optionenwettkampfs einem Vergleichstest unterzogen werden. Lässt sich dabei ein Sieger ermitteln, so hat dies erhebliche Konsequenzen für die Interpretationen und ihre wissenschaftliche Bewertung:

1. Erweist sich Option 1, 2 oder 3 als den Konkurrenten deutlich überlegen, so gilt dieses Ergebnis für alle ihre Varianten, zwischen denen es sonst durchaus Qualitätsunterschiede geben mag. Unabhängig von der individuellen Qualität weisen aber alle Varianten der überlegenen Option *grundsätzliche* Vorzüge gegenüber denen der unterlegenen Optionen auf. Sie sind auf dem richtigen Weg, während die Konkurrenten sich auf Irrwegen befinden.

2. Wenn wir uns in Teil II mit den einzelnen Ausformungen der unterlegenen Ansätze befassen, so können wir uns auf die Ergebnisse des Optionenwettkampfs berufen. Dadurch wird die jeweilige Deutung bereits *grundsätzlich* geschwächt. Wir können uns dann darauf konzentrieren, die konkrete Ausgestaltung der Grundfehler kritisch zu untersuchen.

Wir streben einen *fairen* Wettkampf der Optionen 1–3 und der zugehörigen Textweltbestimmungen an. Die Ausgangssituation soll so festgelegt werden, dass zwischen den Konkurrenten Chancengleichheit besteht, sodass beim Wettkampf alle gewinnen, aber auch verlieren können. Ein solches Programm ist bislang nicht verfolgt worden, und das gilt nicht nur für die *Sandmann*-Forschung. Aus der Sicht der kognitiven Hermeneutik sollten derartige Versuche in der Textwissenschaft häufiger unternommen werden.

In der gegenwärtigen Arbeitsphase gehen wir auf die Interpretationen der Fachliteratur noch nicht im Einzelnen ein; das wird in Teil II geschehen. Wir begnügen uns mit allgemein gehaltenen Hinweisen, um die zentralen Interpretationskonflikte ins Bewusstsein zu heben und um einen fairen Wettkampf der Deutungsoptionen zu ermöglichen. Zunächst geht es darum zu demonstrieren, dass zwei auf den ersten Blick plausible Möglichkeiten, die Konkurrenz mit einem Schlag auszuschalten, nicht durchzuführen sind. In beiden Fällen wird sich nämlich zeigen, dass sich die anderen Optionen leicht dergestalt reformulieren bzw. präzisieren lassen, dass sie weiterhin im Spiel sind.

Zur Erzählstrategie des Offenhaltens von Deutungsmöglichkeiten

Lässt man sich auf Argumentationen ein, die Option 3 verpflichtet sind, so scheint sich *unmittelbar*, also ohne eine weitere Prüfung der geplanten Art, eine Vorrangstellung dieser Option abzuzeichnen. So ist nach dem Vergleich der verschiedenen Fassungen der Erzählung[40] nur schwer zu bestreiten, dass Hoffmann bei der Überarbeitung der ersten Fassung eine Erzählstrategie des Offenhaltens von Deutungsmöglichkeiten verfolgt hat. Aus der Zustimmung zu dieser These folgt indes keineswegs, dass die beiden anderen Optionen bereits als unterlegen gelten müssen. Sie lassen sich vielmehr dahin gehend reformulieren bzw. präzisieren, dass sie weiterhin als konkurrenzfähig zu betrachten sind. Das wird deutlich, wenn wir bei den Optionen 1 und 2 jeweils zwei Hauptvarianten unterscheiden:

Option 1a entspricht der bekannten Option 1; hinzugefügt wird jedoch, dass für diese Variante die Annahme, dass Hoffmann einer Erzählstrategie des Offenhaltens von Deutungsmöglichkeiten folgt, keine Rolle spielt.

Option 1b hingegen baut diese Annahme ein. Das führt zu folgender Modifikation der Ausgangsthese: Betrachtet man bestimmte Textelemente, so bleibt offen, ob Clara oder ob Nathanael die Dinge richtig sieht; berücksichtigt man jedoch den *gesamten* Textbestand, so gewinnt die psychologische Perspektive die Oberhand. Von ihr aus lässt sich *letztlich* der gesamte Text entschlüsseln.

Entsprechend kann bei Option 2 verfahren werden, um sie gegen einen Angriff von Option 3 zu verteidigen:

Option 2a entspricht der bekannten Option 2; hinzugefügt wird auch hier, dass für diese Variante die Annahme, Hoffmann folge einer Erzählstrategie des Offenhaltens von Deutungsmöglichkeiten, keine Rolle spielt.

---

[40] Vgl. U. HOHOFF: *E.T.A. Hoffmann: „Der Sandmann" (Textsynopse)*. In: DERS.: *E.T.A. Hoffmann – Der Sandmann. Textkritik, Edition, Kommentar*. Berlin/New York 1988, S. 1–145. Zur Erstfassung äußern wir uns erst in Teil II, bezogen auf zugehörige Arbeiten der Forschungsliteratur; nur so viel vorab: *Eindeutige* Indizien dafür, dass Coppelius ein Dämon ist, wurden systematisch getilgt.

Option 2b hingegen baut diese Annahme folgendermaßen ein: Hinsichtlich bestimmter Textelemente bleibt offen, ob Claras oder ob Nathanaels Sichtweise der Dinge zutrifft; berücksichtigt man jedoch den *gesamten* Textbestand, so überwiegt die dämonologische Perspektive. Von ihr aus lässt sich *letztlich* der gesamte Text entschlüsseln.

Die Optionen 1b und 2b akzeptieren zwar die Annahme einer Erzählstrategie des Offenhaltens von Deutungsmöglichkeiten, postulieren aber, dass diese Strategie den Text nicht durchgängig und konsequent bestimmt – und dass die andersartigen Textelemente eben für sie selbst sprechen.

Diese Überlegungen führen auch zu einer Präzisierung von Option 3: Es ist unentscheidbar, ob die Perspektive Claras oder die Nathanaels richtig ist. Der Unentscheidbarkeitsansatz behauptet eine Erzählstrategie des Offenhaltens von Deutungsmöglichkeiten und nimmt an, dass diese den Text *durchgängig und konsequent* bestimmt.

Alle drei Optionen sind also weiterhin im Rennen. Die Untersuchung der Texttatsachen unter dem Gesichtspunkt des Optionenkonflikts hat – wenn man den hinzugefügten Bestimmungen folgt – nun die Aufgabe herauszufinden, ob die Erzählstrategie des Offenhaltens von Deutungsmöglichkeiten durchgängig wirksam ist oder ob es Textelemente gibt, die sich Option 3 nicht fügen und deren Berücksichtigung dazu führt, Option 1b oder Option 2b zu bevorzugen.

Die Reformulierung der Optionen lässt sich noch auf eine andere Weise vornehmen, und das gibt uns zugleich Gelegenheit, bei Option 3 ebenfalls zwei Hauptvarianten zu unterscheiden:

Option 3a postuliert ein unauflösliches Verwirrspiel mit zwei Perspektiven, nämlich denen Claras und Nathanaels. Das besagt: Beide Sichtweisen funktionieren, insgesamt gesehen, *gleichermaßen* gut.

Option 3b stellt eine radikalisierende Weiterführung von Option 3a dar: Zum einen wird angenommen, dass unentscheidbar ist, ob Nathanael oder ob Clara die Dinge richtig sieht; zum anderen wird zusätzlich die *grundsätzliche Ambivalenz bzw. Unbestimmtheit* vieler Textstellen behauptet, die mit diesem Perspektivenkonflikt nicht direkt verbunden ist.[41] Bei einigen Vertretern von Option 3b bekommt die zweite Komponente sogar Übergewicht, sodass die Perspektiven der beiden Protagonisten gar nicht mehr im Zentrum der Untersuchung stehen. Vertreter von Option 3b sind häufig poststrukturalistischen Theoremen verpflichtet.

Um die Argumentation übersichtlich gestalten zu können, konzentrieren wir uns in der ersten Phase unseres Optionenwettkampfs ganz auf Option 3a. In Kapitel 4.13 beziehen wir dann auch Option 3b ein. Zudem lassen wir die

---

[41] Als Beispiel seien die verschlossenen bzw. zugeschlagenen Türen des Turmes erwähnt, in denen z. B. A. Küpper (vgl. ERGÄNZUNG 16-2) ein solches Textelement erblickt.

Optionen 1a und 2a außen vor, da sie die nachweisbare Erzählstrategie des Offenhaltens von Deutungsmöglichkeiten nicht berücksichtigen. Option 3a stellen wir nun, die Reformulierungen aufgreifend, die Optionen 1b und 2b gegenüber:

Option 1b: Die Perspektive Claras und die Nathanaels funktionieren, insgesamt gesehen, *nicht* gleichermaßen gut. Claras Perspektive steht in höherem Maß mit dem Textbestand im Einklang als diejenige Nathanaels und besitzt die größere Erklärungskraft. Es ist also keineswegs, wie Option 3a behauptet, unentscheidbar, welche der beiden Perspektiven richtig und welche falsch ist; aufs Ganze gesehen gewinnt die psychologische Perspektive die Oberhand. Von ihr aus lässt sich, obwohl die Erzählstrategie des Offenhaltens von Deutungsmöglichkeiten unbestritten ist, letztlich der gesamte Text entschlüsseln. Clara sieht also die Dinge (zumindest im Prinzip) richtig.

Option 2b: Hier können sämtliche Formulierungen für 1b übernommen werden, nur mit dem Unterschied, dass nach dieser Auffassung eben Nathanaels Perspektive die größere Erklärungskraft besitzt und demnach Nathanael die Dinge (zumindest im Prinzip) richtig sieht.

Die Untersuchung der Texttatsachen unter dem Gesichtspunkt des Optionenkonflikts hat – wenn man sich an dieser Präzisierung orientiert – die Aufgabe herauszufinden, ob die beiden Perspektiven gleich gut funktionieren oder gerade nicht. Im ersteren Fall gewinnt Option 3a. Im letzteren Fall ist zusätzlich zu entscheiden, ob der psychologischen oder der dämonologischen Perspektive die größere Erklärungskraft und damit der Vorrang zuzusprechen ist. Dann gewinnt entweder Option 1b oder 2b. Die Versuchsanordnung kann als hinlänglich fair gelten, weil sie nicht insgeheim einen der drei Konkurrenten privilegiert.

Das Zweiweltenmodell

Die Entscheidung für Option 1, 2 oder 3 hat immer auch Konsequenzen für die Verortung dieses Textes im Gesamtwerk Hoffmanns, und einige dieser Konsequenzen sollte man im Kopf haben, wenn man den Optionenkonflikt zu entscheiden versucht.

Vergleicht man Hoffmanns Erzählungen unter dem Gesichtspunkt des Textweltaufbaus, so stellt man bald strukturelle Verwandtschaften und Übereinstimmungen fest. So dürfte bei einer ganzen Reihe von Texten (z.B. *Der goldene Topf*, *Klein Zaches* und *Meister Floh*) unstrittig sein, dass eine Textwelt mit übernatürlichen Komponenten (Typ 2) vorliegt. Diese wiederum umfasst zwei Realitätsebenen bzw. Dimensionen: eine Welt, die Züge des zeitgenössischen Alltagslebens trägt (Welt a), und eine andere Welt, die märchenhaft, mythisch oder phantastisch genannt werden kann (Welt b). Es handelt sich also um *zweidimensionale* Textwelten. Zu Welt b dieser zweidimen-

sionalen Textwelten gehören höhere, d.h. übernatürliche Wesen. Für Hoffmanns Textwelten vom Typ 2 gilt unter anderm:
- Zwischen Welt a und Welt b besteht ein Zusammenhang: Die höheren Wesen der Welt b greifen in das Geschehen der Welt a ein; sie treten auch in Welt a in Gestalt normaler Menschen auf.
- Zu Welt b gehören nicht nur gutartige, sondern auch bösartige höhere Wesen, z. B. Dämonen.
- Wer nur Welt a kennt und die Existenz von Welt b leugnet, ist ein beschränktes Wesen, ein *Philister*.
- Neben den Philistern existieren aber auch Figuren, die ein *poetisches Gemüt*, d.h. hier: einen Sinn für Welt b, einen Zugang zu ihr besitzen.

So, wie nicht sinnvoll bestritten werden kann, dass im *Sandmann* eine Erzählstrategie des Offenhaltens von Deutungsmöglichkeiten umgesetzt ist, lässt sich auch nicht sinnvoll bestreiten, dass in einer erheblichen Anzahl von Hoffmanns Erzählungen eine zweidimensionale Textwelt der ansatzweise beschriebenen Art zu finden ist.[42] Das führt zu der naheliegenden Frage, ob auch im *Sandmann* dieser Textwelttyp vorliegt oder ob es sich um einen abweichenden Fall handelt. Aus den Optionen 1–3 ergeben sich unterschiedliche Antworten auf diese Frage:

Option 1: Wer für sie votiert und die strukturellen Parallelen berücksichtigt, muss dem *Sandmann* eine gewisse Sonderstellung im Werk Hoffmanns zuschreiben: Ist die Erzählung letztlich psychologisch zu deuten, so bedeutet dies, dass wir es hier nicht mit einer zweidimensionalen Textwelt zu tun haben, in der auch Welt b Realitätsstatus besitzt, sondern mit einer natürlichen Textwelt, die *nur* aus Welt a besteht. Nathanael hält ein Welt b zuzuordnendes dämonisches Wesen für real, obwohl es bloß den Status einer – durch eine psychische Erkrankung bedingten – Wahnvorstellung hat.

Option 2: Wer für sie votiert und die strukturellen Parallelen einbezieht, erkennt im *Sandmann* genau die zweidimensionale Textwelt, die aus vielen anderen Texten bekannt ist: Verbirgt sich hinter Coppelius ein bösartiges höheres Wesen, ein Dämon, so bedeutet dies, dass Welt b real ist. Der Text gehorcht demnach denselben Prinzipien wie etliche andere Texte Hoffmanns. Wird von diesem Ansatz nun auch die Erzählstrategie des Offenhaltens von Deutungsmöglichkeiten anerkannt (Option 2b), so kann dem *Sandmann* zwar eine gewisse Sonderstellung im Werk Hoffmanns zugesprochen werden, aber eben nicht auf der grundlegenden Ebene der Textwelt, sondern nur auf der *sekundären* Ebene der Erzählweise. Dann gilt: Während die meisten anderen Erzählungen mit zweidimensionaler Textwelt eindeutige Hinweise darauf enthalten, dass Welt b real ist, lässt dieser Text dies durch gezielte Verwendung besagter Erzählstrategie über weite Strecken offen.

---

[42] Vgl hierzu z. B. W. Nehring (ERGÄNZUNG 14-1).

Option 3a: Wer für sie votiert und die strukturellen Parallelen berücksichtigt, muss ebenfalls dem *Sandmann* eine gewisse Sonderstellung im Werk Hoffmanns zuschreiben: Funktionieren beide Perspektiven gleichermaßen gut und ist letztlich unentscheidbar, ob Clara oder Nathanael die Dinge richtig sieht, so hat man es eben nicht *eindeutig* mit einer zweidimensionalen Textwelt zu tun, in der auch Welt b Realitätsstatus besitzt. Es bleibt dann definitiv unentscheidbar, ob die Textwelt gemäß dem einen Prinzip (für das nur Welt a real ist) oder gemäß dem anderen Prinzip (für das zusätzlich auch Welt b real ist) organisiert ist, d.h., es liegt Textwelttyp 3 vor, eine Textwelt mit unbestimmbarem Status.

Vorhin haben wir die These zurückgewiesen, dass durch den Nachweis der Erzählstrategie des Offenhaltens von Deutungsmöglichkeiten der Optionenwettkampf schon zugunsten von Option 3a entschieden sei. Die beiden anderen Positionen können diesen Nachweis ja durchaus einbauen, wenngleich mit gewissen Einschränkungen, wie oben vorgeführt. Jetzt ist auch die These zurückzuweisen, dass durch den Nachweis einer zweidimensionalen Textwelt in *anderen* Erzählungen Hoffmanns der Optionenwettkampf bereits für Option 2 entschieden sei. Die beiden anderen Positionen können diesen Nachweis ebenfalls integrieren, müssen ihn aber wiederum mit einschränkenden Zusätzen versehen. Geht man davon aus, dass Option 1b bzw. 2b stärker sind als 1a bzw. 2a, so lässt sich nach den Überlegungen zu Welt a und Welt b folgende Konstellation festhalten:[43]

Option 1b: Der psychologische Ansatz ist mit der Annahme einer natürlichen Textwelt verbunden; demnach nutzt der Text das Zweiweltenmodell nicht.

Option 2b: Der dämonologische Ansatz ist mit der Annahme einer Textwelt mit übernatürlichen Komponenten verbunden; der Text nutzt also das Zweiweltenmodell.

Option 3a: Der Unentscheidbarkeitsansatz setzt eine Textwelt mit unbestimmbarem Status voraus; demnach lässt sich nicht entscheiden, ob der Text das Zweiweltenmodell nutzt oder nicht.

Der Befund, dass es in Hoffmanns Werk oft zweidimensionale Textwelten gibt, darf also nicht direkt verallgemeinert werden. Es ist ja durchaus denkbar, dass Hoffmann dieses Modell zwar in vielen Erzählungen verwendet, in anderen jedoch mit einem davon abweichenden arbeitet. Ferner darf nicht von vornherein ausgeschlossen werden, dass ein bestimmtes Modell nur in *einem* Text eines Autors angewandt wird. Somit sind auch nach Einbeziehung der in anderen Texten Hoffmanns konstatierbaren zweidimensionalen Textwelten alle drei Optionen weiterhin im Spiel.

---

[43] Wir erinnern daran, dass wir Option 4, also z. B. die psychoanalytisch-allegorischen Interpretationsstrategien, erst später in den Optionenwettkampf einbeziehen werden.

Zur Vorgehensweise beim Überlegenheitsnachweis

Bei einem Text, der einer Erzählstrategie des Offenhaltens von Deutungsmöglichkeiten folgt, kann nicht erwartet werden, dass es Textelemente gibt, die ohne nähere Analyse eindeutig für eine der drei Optionen (1b, 2b, 3a) sprechen. Der Nachweis, dass eine Option in kognitiver Hinsicht den anderen überlegen ist, wird daher nicht im Handstreich zu erbringen sein. Wer für Option 3a argumentiert, muss zeigen, dass Claras und Nathanaels Perspektive *durchgängig* gleich gut funktionieren; wer aber für Option 1b oder 2b argumentiert, muss zeigen, dass beide Perspektiven eben nicht in jeder Hinsicht gleichermaßen gut funktionieren und dass eine von beiden in einigen Punkten die größere Erklärungskraft besitzt.

Unter welchen Bedingungen darf überhaupt gesagt werden, dass eine der drei Optionen in höherem Maß mit dem Textbestand im Einklang steht als die konkurrierenden und dass sie die größere Erklärungskraft besitzt? Wir schlagen folgende Explikationen vor:

1. Die Wendung „Der Deutungsansatz a steht in höherem Maß mit den Texttatsachen im Einklang als die Ansätze b und c" besagt, dass es Textelemente gibt, die von Ansatz a voll berücksichtigt und in die Interpretation integriert werden, während dies bei den anderen Ansätzen nicht geschieht. Dieses kognitive Defizit kann in unterschiedlichen Formen auftreten:

- Die fraglichen Textelemente werden von Ansatz b und/oder c einfach unterschlagen.
- Die fraglichen Textelemente werden (noch im Vorfeld der eigentlichen Interpretation) von Ansatz b und/oder c falsch dargestellt.
- Die fraglichen Textelemente werden von Ansatz b und/oder c auf eine Weise gedeutet, die durch den Textbestand nicht gedeckt ist.

2. Die Wendung „Der Deutungsansatz a besitzt eine größere Erklärungskraft als die Ansätze b und c" besagt, dass bestimmte Textelemente nur von Ansatz a, nicht aber von b und c *überzeugend* auf die textprägenden Autorinstanzen zurückgeführt werden kann. Für Letztere bleibt etwas unerklärlich, das von Ansatz a erklärt werden kann – gemäß dem Konzept einer verstehenden Erklärung. Für die anderen Deutungsstrategien bleiben z.B. mehrere Textelemente unverbunden nebeneinander stehen, während es Ansatz a gelingt, sie in einen Sinnzusammenhang zu bringen und aus einem Textkonzept herzuleiten.

Der Vergleich der Deutungsoptionen unter den Gesichtspunkten der Textkonformität und der Erklärungskraft stellt einen *strengen Test* der konkurrierenden Deutungshypothesen dar. In diesem Test können sich die Hypothesen bewähren, aber auch scheitern, d.h., sie können entkräftet bzw. widerlegt werden. Alle Optionen sind somit einem echten Risiko ausgesetzt.

Die zuletzt vorgebrachten Überlegungen können zugleich als erste Bestimmung[44] des Begriffs der *hermeneutischen Wahrscheinlichkeit* (bezogen auf die Interpretation literarischer Texte) betrachtet werden: Die – beim gegenwärtigen Erkenntnisstand – *wahrscheinlichste* Deutungsoption ist diejenige, die sich im Vergleichstest als die *textkonformste* und *erklärungskräftigste* erweist.

Tabellarische Übersicht über die Deutungsoptionen

Option 1: *Psychologischer Ansatz*	1a	Ohne Erzählstrategie des Offenhaltens von Deutungsmöglichkeiten	Typ 1: Natürliche Textwelt
	1b	Mit Erzählstrategie des Offenhaltens von Deutungsmöglichkeiten	
Option 2: *Dämonologischer Ansatz*	2a	Ohne Erzählstrategie des Offenhaltens von Deutungsmöglichkeiten	Typ 2: Textwelt mit übernatürlichen Komponenten
	2b	Mit Erzählstrategie des Offenhaltens von Deutungsmöglichkeiten	
Option 3: *Unentscheidbarkeitsansatz*	3a	Unauflösliches Verwirrspiel mit zwei Perspektiven	Typ 3: Textwelt mit unbestimmbarem Status
	3b	Radikalisierende Weiterführung von Option 3a: Behauptung einer grundsätzlichen Ambivalenz bzw. Unbestimmtheit vieler Textelemente; häufig poststrukturalistischen Theoremen verpflichtet	
Option 4: *Allegorischer Ansatz*	4a	In (legitimer) kognitiver Form	Jeweils mit einem der drei Textwelttypen kombinierbar
	4b	In verdeckt aneignender Form (dogmatisch-allegorische Deutung)	
Option 5: *Radikaler Interpretationspluralismus*	5	Gleichberechtigtsein verschiedener Deutungsoptionen, die zum Teil einander logisch ausschließen und/oder projektiv-aneignend sind	Mit allen Textwelttypen gleichzeitig kombinierbar

---

[44] Ausgiebige theoretische Diskussionen können an dieser Stelle nicht geführt werden.

3.3 Argumente für den dämonologischen Ansatz

Liest man literaturwissenschaftliche *Sandmann*-Interpretationen der letzten Jahrzehnte, so wird rasch erkennbar, dass die Optionen 1, 3 und 4 in der Fachwelt die größte Zustimmung finden und in vielfältigen Varianten entfaltet werden, während Option 2 weithin abgelehnt und als überholt angesehen wird; sie wird zumeist nicht einmal ernsthaft diskutiert. Auf eine vergleichbare Konstellation stößt man bei den Studierenden, wie sich in mehreren Seminaren über *Sandmann*-Interpretationen seit 2002 gezeigt hat. In diversen Abstimmungen, die jeweils in der Anfangsphase des Seminars – also *vor* der kritischen Auseinandersetzung mit der Fachliteratur – stattfanden, votierten die Studierenden klar für die Optionen 1 und 3 (Option 4 stand nicht zur Abstimmung), während Option 2 entweder gar keine oder nur sehr wenige Befürworter fand. Wir vermuten, ohne dies jedoch empirisch untersucht zu haben, dass die Interpretationstendenzen nichtakademischer *Sandmann*-Leser gegenwärtig ebenfalls mit deutlicher Mehrheit in diese Richtung gehen.

Angesichts dieser Situation erscheint es eher merkwürdig, dass wir ausdrücklich für die Minderheitsoption 2 – und zwar in der Variante 2b – Partei ergreifen. Daher weisen wir im Vorfeld der eigentlichen Argumentation darauf hin, dass wir dies ausschließlich aus kognitiven Gründen tun – und nicht etwa, weil wir es für generell erstrebenswert halten, gegen den Hauptstrom der Forschung zu schwimmen. Unsere These lautet also: Die Perspektive Claras und die Nathanaels funktionieren, insgesamt gesehen, *nicht* gleichermaßen gut. Nathanaels Perspektive steht in höherem Maß mit dem Textbestand im Einklang als diejenige Claras und besitzt die größere Erklärungskraft. Es ist also keineswegs, wie Option 3a behauptet, unentscheidbar, welche der beiden Perspektiven richtig und welche falsch ist; aufs Ganze gesehen überwiegt die dämonologische Perspektive. Von ihr aus lässt sich, obwohl die Erzählstrategie des Offenhaltens von Deutungsmöglichkeiten unbestritten ist, letztlich der gesamte Text entschlüsseln. Nathanael sieht die Dinge (zumindest im Prinzip) richtig.

Für diese These legen wir nun eine Beweisführung im zuvor erläuterten Sinn vor. Wie ist bei einem solchen Überlegenheitsnachweis vorzugehen? Es ist wenig ratsam, einfach bestimmte Textelemente gemäß Option 2b zu interpretieren, denn in der von uns inszenierten Wettkampfsituation bestreitet die Konkurrenz ja gar nicht, dass dies in gewisser Hinsicht möglich ist. Option 3a behauptet nur, dass sich der Text *gleichermaßen gut* psychologisch deuten lässt, und Option 1b postuliert, dass es die Perspektive Claras ist, die *letztlich* die größere Erklärungskraft besitzt. Daher ist es sinnvoll, sich zunächst auf solche Textelemente zu konzentrieren, die im Hinblick auf die strittigen Punkte – größere Textkonformität und höhere Erklärungskraft –

besonders relevant erscheinen. Ferner ist davon abzuraten, in *einem* Arbeitsgang sowohl gegen Option 1b als auch gegen Option 3a argumentieren zu wollen, da dies problematische Vermengungen der beiden gegnerischen Positionen begünstigt. Wir werden daher zuerst versuchen, Option 2 als Option 1 überlegen zu erweisen.[45] Gelingt das, so kann das Ergebnis dann kritisch gegen Option 3 gewendet werden, und zwar aufgrund des folgenden Zusammenhangs: Besitzt die Perspektive Nathanaels nachweislich die größere Erklärungskraft, ist also Option 2 Option 1 überlegen, so ist sie *damit* auch Option 3 überlegen, denn der Nachweis der größeren Erklärungskraft impliziert ja, dass die beiden Perspektiven *nicht* gleichermaßen gut funktionieren, d. h., dass eine Perspektive das Übergewicht gewinnt.[46] Wir zeigen nun Schritt für Schritt die Überlegenheit von Option 2 gegenüber Option 1 auf:

Schritt 1: In der Hauptsache bringen wir text*interne* Argumente für Option 2 vor, wir beginnen jedoch mit zwei text*externen* Argumenten; das erste knüpft an die Ausführungen über die zweidimensionalen Textwelten Hoffmanns an. Wir haben in Kapitel 3.2 darauf hingewiesen, dass durch den Nachweis einer solchen Textwelt in vielen Erzählungen Hoffmanns der Optionenwettkampf nicht bereits zugunsten von Option 2 entschieden ist, denn es könnte ja sein, dass Hoffmann im *Sandmann* dieses Zweiweltenmodell gar nicht verwendet hat. An dieser Tatsache halten wir natürlich fest, fügen aber einen weiteren Punkt hinzu: Die Erkenntnis, dass in vielen Texten Hoffmanns offenkundig eine zweidimensionale Textwelt vorliegt, in der auch das Übernatürliche real ist, verleiht der Annahme, dass im *Sandmann* – wenn auch durch die Erzählstrategie verschleiert – ebenfalls eine solche Textwelt vorliegen könnte, zumindest eine *Anfangsplausibilität*. Diese Anfangsplausibilität besteht speziell auch in dämonologischer Hinsicht: Wenn in mehreren Texten (etwa in *Ignaz Denner*) dämonisch-teuflische Mächte, sprich bösartige höhere Wesen anstreben, bestimmte Personen zugrunde zu richten, so ist ernsthaft zu erwägen, ob dies nicht auch im *Sandmann* der Fall sein könnte. Das ist natürlich nur ein Plausibilitätsargument.

Schritt 2: In unserem Nachweis, dass Option 2 dem psychologischen Ansatz überlegen ist, spielt die Olimpia-Episode eine zentrale Rolle. Vertreter von Option 1 nehmen diesbezüglich an, dass Olimpia *nur* von Nathanael eine Zeit lang als echter Mensch anerkannt wird. Wäre dies der Fall, so ließe sich die naturalistisch-psychologische Erklärungsstrategie auch auf die gesamte

---

[45] Im Weiteren gehen wir der Einfachheit halber zur allgemein gehaltenen Schreibweise über, da es jetzt ja darum geht, die Überlegenheit einer der generellen interpretativen Stoßrichtungen zu erweisen. Wir erinnern aber daran, dass die Optionen 1b bzw. 2b im Vergleich zu 1a bzw. 2a als stärker anzusehen sind und dass wir uns in der ersten Phase unseres Optionenwettkampfs ganz auf Option 3a konzentrieren.

[46] Was das für Option 3b bedeutet, klären wir in Kapitel 4.13.

Olimpia-Episode ausweiten. Psychologisch argumentierende Interpreten postulieren, Nathanael halte aufgrund seiner psychischen Erkrankung – wie diese auch im Detail bestimmt werden mag – Olimpia fälschlicherweise für belebt, mithin für einen echten Menschen. Demnach findet eine projektive Belebung exklusiv *durch und für* Nathanael statt; die Lebendigkeit Olimpias ist somit ein bloßes Projektionsgebilde Nathanaels. Diese Annahme ist jedoch nicht textkonform, wie wir nun demonstrieren wollen. Der Erzähler berichtet in seiner zweiten Leseranrede im Zusammenhang mit dem weiteren Schicksal Spalanzanis von Olimpias Teezirkelbesuchen:

> Er mußte indes die Universität verlassen, weil Nathanael's Geschichte Aufsehen erregt hatte und es allgemein für gänzlich unerlaubten Betrug gehalten wurde, vernünftigen Teezirkeln (Olimpia hatte sie mit Glück besucht) statt der lebendigen Person eine Holzpuppe einzuschwärzen. Juristen nannten es sogar einen feinen und um so härter zu bestrafenden Betrug, als er gegen das Publikum gerichtet und so schlau angelegt worden, daß kein Mensch (ganz kluge Studenten ausgenommen) es gemerkt habe, unerachtet jetzt alle weise tun und sich auf allerlei Tatsachen berufen wollten, die ihnen verdächtig vorgekommen. (46)

Diese Passage belegt, dass alle Besucher jener Teezirkel – möglicherweise „ganz kluge Studenten ausgenommen" – auf die Täuschung hereingefallen sind und Olimpia für einen echten Menschen gehalten haben. Das geht auch daraus hervor, dass „viele hochzuverehrende Herren" nach der Aufdeckung des Falls ein „abscheuliches Mißtrauen gegen menschliche Figuren" (46) hegen:

> Um nun ganz überzeugt zu werden, daß man keine Holzpuppe liebe, wurde von mehrern Liebhabern verlangt, daß die Geliebte etwas taktlos singe und tanze, daß sie beim Vorlesen sticke, stricke, mit dem Möpschen spiele u. s. w. vor allen Dingen aber, daß sie nicht bloß höre, sondern auch manchmal in *der* Art spreche, daß dies Sprechen wirklich ein Denken und Empfinden voraussetze. (46 f.)

Der Verdacht einiger Herren, auch die von ihnen verehrten Damen könnten Automatenfrauen sein, macht nur Sinn, wenn sie zuvor Olimpia als normalen Menschen betrachtet haben. Für unseren Überlegenheitsnachweis halten wir damit als zweites Argument fest, dass die für Option 1 naheliegende Annahme, nur der Wahnvorstellungen erlegene Nathanael sehe Olimpia als echten Menschen an, mit den zitierten Texttatsachen in Konflikt gerät und nicht aufrechtzuerhalten ist. Würde bei Nathanael eine psychopathologisch zu erklärende projektive Verlebendigung Olimpias vorliegen, so könnten andere Beteiligte diese nur dann ebenfalls für einen echten Menschen halten, wenn sie auf vergleichbare Weise psychisch krank wären. Dafür gibt es im Text jedoch nicht den geringsten Hinweis.

Option 1 wird durch diese Texttatsachen also in Schwierigkeiten gebracht, und in solchen Fällen ist aus erfahrungswissenschaftlicher Sicht immer zu erwägen, ob nicht eine alternative Hypothese erfolgversprechender ist. Ein überzeugender Einbau dieser Textelemente in die psychologische Deutungsstrategie ist allerdings nicht in Sicht.

Schritt 3: Wie gesehen, dient das zweite Argument zur *Schwächung* von Option 1, nicht direkt zur Stärkung von Option 2. Dasselbe Ziel verfolgen wir im dritten Schritt. Ein zentrales Deutungsproblem lautet: Ist Coppelius – wie Nathanael im ersten Brief behauptet – mit Coppola identisch,[47] oder handelt es sich um zwei grundverschiedene Personen? Letzteres behauptet Clara, und es gelingt ihr, Nathanael zumindest phasenweise davon zu überzeugen.[48] Vertreter von Option 1 nehmen an, dass Nathanael aufgrund seiner psychischen Erkrankung glaubt, dass sich hinter Coppola der gefürchtete Coppelius verberge, dass also beide identisch seien; die psychisch normale Clara erkennt demgegenüber zutreffend, dass es sich um zwei unterschiedliche Personen handelt.

Bei dem Versuch, dieses zweifellos wichtige Deutungsproblem zu lösen, wird in der Forschungsliteratur häufig auf die Szene zurückgegriffen, in der sich die Automatenkonstrukteure um Olimpia streiten und Nathanael diese als künstliche Frau erkennt, was ihn in den Wahnsinn treibt. Auch wir nutzen diese Szene, gehen jedoch im Detail anders vor als die meisten Interpreten.

> Schon auf der Treppe, auf dem Flur, vernahm er ein wunderliches Getöse; es schien aus Spalanzani's Studierzimmer heraus zu schallen. – Ein Stampfen – ein Klirren – ein Stoßen – Schlagen gegen die Tür, dazwischen Flüche und Verwünschungen. „Laß los – laß los – Infamer – Verruchter! – Darum Leib und Leben daran gesetzt? – ha ha ha ha! – so haben wir nicht gewettet – ich, ich hab' die Augen gemacht – ich das Räderwerk – dummer Teufel mit deinem Räderwerk – verfluchter Hund von einfältigem Uhrmacher – fort mit dir – Satan – halt – Peipendreher – teuflischer Bestie! – halt – fort – laß los!" – Es waren Spalanzani's und des gräßlichen Coppelius Stimmen, die so durch einander schwirrten und tobten. Hinein stürzte Nathanael von namenloser Angst ergriffen. Der Professor hatte eine weibliche Figur bei den Schultern gepackt, der Italiäner Coppola bei den Füßen, die zerrten und zogen sie hin und her, streitend in voller Wut um den Besitz. (44)

Diese Passage wird manchmal dahin gehend aufgefasst, dass sie eindeutig die Identitätsthese belege. Psychologisch argumentierende Interpreten behaupten dagegen oft, dass das Geschehen hier ganz aus der Sicht Nathanaels dargestellt werde. Liegt bei Nathanael aber eine psychische Erkrankung vor, in der die fixe Idee, der als Coppola auftretende Coppelius verfolge ihn, eine zentrale Rolle spielt, so kann postuliert werden, dass Nathanael *wahnbedingt glaubt*, Coppelius' Stimme zu hören, während es sich tatsächlich um Coppo-

---

[47] „Er war anders gekleidet, aber Coppelius Figur und Gesichtszüge sind zu tief in mein Innerstes eingeprägt, als daß hier ein Irrtum möglich sein sollte." (20)
[48] Im dritten Brief heißt es: „Übrigens ist es wohl gewiß, daß der Wetterglashändler Giuseppe Coppola keinesweges der alte Advokat Coppelius ist." (24)

las Stimme handelt. Option 1 schreibt hier Nathanael ein durch Wahnvorstellungen bedingtes *Verhören* zu. Wir bestreiten nicht, dass diese Deutung ernsthaft zu erwägen ist, analysieren die Szene aber noch genauer, wodurch wir zu anderen Ergebnissen gelangen:
1. Auch wenn man konzediert, dass Nathanael sich möglicherweise verhört hat, muss innerhalb der Textwelt davon ausgegangen werden, dass der vom Erzähler wiedergegebene Dialog so stattfand. Demgemäß identifiziert Nathanael zwar den einen Sprecher falsch – Spalanzani hingegen richtig –, hört aber nichts, was nicht gesagt worden ist.
2. Sieht man sich nun aber die Redebeiträge, die Coppola zuzuordnen sind (vor allem „ich, ich hab' die Augen gemacht", „dummer Teufel mit deinem Räderwerk"), genauer an, zeigt sich, dass sie signifikant von seinem sonstigen Sprachgebrauch – z.B. „Nu – Nu – Brill' – Brill auf der Nas' su setze, das sein meine Oke – sköne Oke!" (35) – abweichen. Das lässt sich zwanglos so deuten, dass Coppelius in der Hitze des Gefechts seine Verstellung gegenüber Spalanzani aufgibt und nun mit seiner Coppelius-Stimme in fließendem Deutsch spricht.[49]
3. Angesichts dieser Argumentationslage kann sich der psychologisch argumentierende Interpret nur durch die Annahme retten, dass Nathanael nicht nur fälschlich Coppelius' *Stimme* zu hören glaubt, sondern sich auch hinsichtlich der *Redebeiträge* verhört: Coppola äußert sich in gebrochenem Deutsch, Nathanael meint jedoch wahnbedingt irrigerweise, er habe so gesprochen, wie Coppelius zu sprechen pflegte. Lässt man aber eine solche Hypothese zu, kann entsprechend mit jeder anderen Textstelle verfahren und im Stil dogmatisch-allegorischer Deutung willkürlich behauptet werden, *eigentlich* sei etwas anderes gesagt worden, dies stehe jedoch nicht im Text.
Aus der Analyse der Passage auf die vorgestellte Weise folgt, dass Coppelius und Coppola *identisch* sind. Dies ergibt sich allerdings *indirekt* aus der Analyse des Sprachgebrauchs der beiden Figuren und nicht *direkt* aus der Wendung „Es waren Spalanzani's und des gräßlichen Coppelius Stimmen", denn diese schließt eine psychologische Deutung keineswegs aus. Dieses Ergebnis stellt eine weitere erhebliche Schwächung des psychologischen Ansatzes dar, zu dessen Kernpunkten ja die Bestreitung der Identitätsthese gehört. Option 1 wird also auch durch diese Texttatsachen in Schwierigkeiten gebracht, und wiederum ist zu erwägen, ob nicht ein alternativer Ansatz erfolgversprechender ist. Ein überzeugender Einbau des untersuchten Sprachgebrauchs in die psychologische Deutungsstrategie ist nicht in Sicht.
Schritt 4: Nun versuchen wir, anhand weiterer Textelemente sowohl Option 1 zu schwächen als auch Option 2 zu stärken. Unser Argument beginnt text-

---

[49] Hinzu kommt die später zu diskutierende Hypothese, dass Spalanzani um die wahre Identität Coppolas weiß.

extern, nimmt dann aber eine textinterne Wende. Für den textexternen Teil berufen wir uns auf eine historische Information, die einem Buch entnommen ist, mit dem wir uns später noch eingehend befassen werden.

> Im Jahre 1738 drängten sich die Pariser Rokoko-Damen mit ihren adeligen Kavalieren, um eine sonderbare Ausstellung zu besuchen. Ein Mechaniker namens Jacques de Vaucanson (1709–1782) aus Grenoble lud ein, dem Spiel eines Flötisten zu lauschen. Das Besondere an dieser Vorführung war: der Jüngling, der da Lippen, Finger und Zunge bewegend auf einer Querflöte zwölf Melodien spielte, wurde von Uhrwerken angetrieben, die ein System von Blasebälgen bewegten, das die Luft erzeugte, die in der Flöte in Töne umgewandelt wurde. Der junge Mann, 1,65 m groß, war ein Automat, der nur so aussah wie ein Mensch, ein Android also.[50]

Der Flötist und andere zeitgenössische Automaten, etwa der Trompeter von Johann Gottfried und Friedrich Kaufmann oder der Schreiber und die Klavierspielerin von Pierre und Henri-Louis Jaquet-Droz, sind zweifellos technische Meisterleistungen, aber kein halbwegs kritischer Betrachter, der sie aus der Nähe besehen hat, dürfte sie für echte Menschen gehalten haben. Im 18. Jahrhundert und speziell zu Hoffmanns Lebzeiten sind zwar diverse Phantasien von der Herstellung lebendiger künstlicher Menschen anzutreffen, aber kein einziger Fall einer gelungenen Herstellung. Das ist nicht weiter verwunderlich, da kein technisch verwertbares empirisches Wissen zur Verfügung stand, das diese besondere Art von Maschinenbau hätte ermöglichen können. Daran hat sich bis heute nichts Wesentliches geändert. Die Herstellung eines künstlichen Menschen, der für einen echten gehalten wird, kann nach wie vor nicht als ein realisierbares wissenschaftlich-technisches Projekt gelten. Gewiss, mittlerweile ist es möglich, z.B. Roboter mit (mehr oder weniger starken) menschlichen Zügen zu produzieren, doch auch bei ihnen besteht (unserem Informationsstand zufolge) keine Gefahr, sie über längere Zeit oder gar dauerhaft mit echten Menschen zu *verwechseln*.

Nun zum textinternen Teil des Arguments: Option 1 nimmt an, dass es sich um eine natürliche Textwelt handelt, in der *kein* realer Dämon auftritt. Die von Clara formulierten psychologischen Erklärungen dessen, was Nathanael als dämonisches Geschehen erscheint, sind eine Spielart der natürlichen Erklärungen. Sie können, wie später (z.B. bei Auhuber) genauer zu sehen sein wird, zumindest teilweise mit dem zur damaligen Zeit verfügbaren psychologischen bzw. medizinischen Wissen in Verbindung gebracht werden.

Nun ist es Spalanzani und Coppelius/Coppola gelungen, die künstliche Frau Olimpia herzustellen, die eine Zeit lang für einen echten Menschen gehalten wird. Für diesen Tatbestand gibt es jedoch keine überzeugende natürliche Erklärung, die sich auf technisch verwertbares empirisches Wissen stützen

---

[50] L. WAWRZYN: *Der Automaten-Mensch. E.T.A. Hoffmanns Erzählung vom ‚Sandmann'. Mit Bildern aus Alltag & Wahnsinn*. Berlin ²1994, S. 99.

könnte. Option 1 kann höchstens konstatieren, dass es in der Textwelt eben einen lebendigen Androiden *gibt*. Eine überzeugende Antwort auf die Frage, unter welchen Bedingungen die Herstellung eines solchen Automaten möglich ist, kann sie nicht geben. Wir werden gleich sehen, dass dies bei Option 2 anders ist, d.h., dass sie in diesem Punkt die größere Erklärungskraft besitzt.

Geht man wie Option 1 von einer natürlichen Textwelt aus, so müsste sich auch die gesamte Olimpia-Episode natürlich erklären lassen. Dass die Besucher der Teegesellschaften, zumindest die große Mehrheit von ihnen, Olimpia phasenweise als echten Menschen betrachtet haben, bereitet Option 1 jedoch in einer weiteren Hinsicht Schwierigkeiten. Stellen wir uns einmal eine von uns selbst besuchte Teegesellschaft vor, bei der Vaucansons Flötist anwesend ist. Es ist durchaus denkbar, dass wir ihn aus einer gewissen Distanz für einen echten Menschen halten. Wir wären dann aber mehrere Stunden auf engstem Raum mit ihm konfrontiert, würden ihn ziemlich genau beobachten können, eventuell das Gespräch mit ihm suchen. Bei all diesen Aktivitäten ist es kaum vorstellbar, dass uns entgehen könnte, dass es sich um einen künstlichen Menschen handelt. Der Flötist kann genau zwölf Melodien spielen; danach fängt er wieder von vorn an oder muss erneut in Betrieb gesetzt werden. Mehr kann der Automat nicht: Er kann nicht durch das Zimmer laufen, sich nicht setzen, keine Teetasse halten, keinen Blickkontakt aufnehmen und nicht mit Menschen sprechen. Einen Besucher der Teegesellschaft, der den Flötisten nicht nur aus der Distanz und beim ersten Hören seiner Stücke, sondern während der ganzen Veranstaltung und darüber hinaus für einen wirklichen Menschen hält, würden wir wohl als nicht ganz zurechnungsfähig betrachten.

Vergleichbares wäre nun in einer natürlichen Textwelt zu erwarten; es wäre höchst erstaunlich, wenn nicht allen Teezirkelbesuchern nach einer anfänglichen Irritation im direkten Kontakt mit dem künstlichen Menschen rasch klar werden würde, dass es sich um einen Automaten handelt. Genau das Gegenteil wird jedoch berichtet: Alle oder nahezu alle Besucher dieser Gesellschaften erachten Olimpia als (wenngleich recht steifen) *Menschen*. Da dies in einer natürlichen Textwelt als extrem unwahrscheinlich, ja als *unmöglich* gelten muss, kann daraus nur eine Folgerung gezogen werden – nämlich dass die Textwelt anders organisiert ist, d.h. gemäß Typ 2. (Da eine natürliche Textwelt nicht mehr sinnvoll angenommen werden kann, entfällt sofort auch die Annahme einer Textwelt mit *unbestimmbarem* Status (Typ 3).) Übrig bleibt also nur die Hypothese, dass eine Textwelt mit übernatürlichen Komponenten vorliegt, die mit der eines Märchens, eines Fantasyromans usw. vergleichbar ist: Die Besucher erliegen nicht einer natürlich zu erklärenden *Sinnestäuschung*, sondern einer *magischen Täuschung*. Ist aber

Zauberei am Werk, so bereitet es keine Schwierigkeiten mehr, das Verhalten der Besucher nachzuvollziehen: Sie können den Zauber nicht aus eigener Kraft durchschauen. Erst nachdem die künstliche Frau zerstört worden ist und die Menschen davon erfahren haben, problematisieren die Beteiligten das frühere Geschehen. Im *Nachhinein* tun alle weise und berufen sich auf allerlei Fakten, die ihnen suspekt erschienen seien.

> Denn konnte z. B. wohl irgend jemanden verdächtig vorgekommen sein, daß nach der Aussage eines eleganten Teeisten Olimpia gegen alle Sitte öfter genieset, als gegähnt hatte? Ersteres, meinte der Elegant, sei das Selbstaufziehen des verborgenen Triebwerks gewesen, merklich habe es dabei geknarrt u. s. w. (46)

Aus den Ausführungen des Erzählers geht ziemlich klar hervor, dass derartige Erklärungen unglaubwürdig sind: Die Besucher der Teegesellschaften hatten Olimpia nicht ernsthaft im Verdacht, eine Automate zu sein; erst das spätere Wissen um ihre Künstlichkeit verführt sie dazu, so zu tun, als sei ihnen die Angelegenheit von Anfang an verdächtig vorgekommen. Dabei ist zwischen Fremd- und Selbsttäuschung zu unterscheiden: Während einige bloß den anderen ein X für ein U vormachen, gibt es vielleicht auch solche, die selbst fälschlicherweise meinen, sie hätten auf Anhieb alles durchschaut.

Man sieht, dass Textelemente, welche die zunächst so plausibel erscheinende Option 1 in große Schwierigkeiten bringen, problemlos erklärbar sind, wenn man einen alternativen Ansatz ausprobiert. Handelt es sich um eine Textwelt mit übernatürlichen Komponenten, in der ein Wesen agiert, das über magische Fähigkeiten verfügt, so bereitet es keine Probleme mehr, das Verhalten der Besucher zu verstehen und zu erklären: Sind magische Kräfte im Spiel, so ist ohne Weiteres klar, dass *mehrere* Menschen auf die Täuschung hereinfallen. Es geht eben in der Textwelt nicht mit rechten Dingen zu. Option 1 hingegen, die auf eine psychische Erkrankung Nathanaels fixiert ist, kann mit dem Textelement nichts anfangen: Eine projektive Verlebendigung eines Automaten durch ein psychisch krankes Individuum kann nicht zur Folge haben, dass auch *andere* ihn als lebendigen Menschen wahrnehmen; genau das aber ist im Text beschrieben. Option 1 könnte natürlich eine *kollektive* psychische Erkrankung annehmen, dafür gibt es jedoch, wie bereits erwähnt, keinerlei Hinweise. Wir werden demgegenüber sehen, dass es viele weitere Indizien für das Wirken übernatürlicher Kräfte gibt.

Wir kommen noch einmal auf die Schritte zurück, die zur *Schwächung* von Option 1 dienen, um zu überlegen, ob sie nun – nachdem Option 2 deutlich an Plausibilität gewonnen hat – nicht auch zur *Stärkung* Letzterer verwendet werden können. Zunächst einmal können wir eine Gegenführung zu einigen Thesen von Option 1 formulieren:

Nach Option 2 liegt keine auf eine psychische Erkrankung zurückzuführende projektive Belebung Olimpias exklusiv *durch und für* Nathanael vor, sondern ein *magisches* Geschehen, das *viele* Menschen betrifft. Eine mit magischen Mitteln herbeigeführte *tatsächliche* Verlebendigung ist von einer psychopathologisch zu erklärenden *projektiven* Verlebendigung grundsätzlich zu unterscheiden. Nach unserer Auffassung ist in dieser Hinsicht Zauberei im Spiel.

Im dritten Schritt sind wir auf die Frage eingegangen, ob Coppelius mit Coppola identisch ist oder nicht. Durch eine Sprachanalyse sind wir zu dem Ergebnis gelangt, dass die Identitätsthese als richtig anzusehen ist. Dieses Ergebnis lässt sich ausdifferenzieren: Die Identitätsthese kann sowohl mit der Annahme einer natürlichen Textwelt als auch mit der Annahme einer Textwelt mit übernatürlichen Komponenten verbunden werden. Im ersten Fall besagt sie, dass ein bestimmter *Mensch* sich als ein anderes Individuum ausgibt; im zweiten Fall aber bedeutet sie, dass ein *Wesen mit übernatürlichen Fähigkeiten* eine andere menschliche Gestalt annimmt. Die Analyse des Berichts über die Teezirkel hat ergeben, dass Zauberei im Spiel sein muss. Dann aber ist klar, dass die Identitätsthese im zweiten Sinn aufzufassen ist.

Unterzieht man Deutungsoptionen einem Vergleichstest, so geht es darum herauszufinden, ob eine Option den anderen in puncto Textkonformität und Erklärungskraft überlegen ist. Am Ende von Kapitel 3.2 haben wir diesbezügliche Kriterien formuliert, die nun auf den Wettkampf der Optionen 1 und 2 anzuwenden sind:

1. Option 2 steht im Hinblick erstens auf die Teezirkel und zweitens auf die Identitätsproblematik in höherem Maß mit den Texttatsachen im Einklang als Option 1. Zum einen wird der Tatbestand, dass es Spalanzani und Coppelius/Coppola gelungen ist, eine künstliche Frau herzustellen, die eine Zeit lang für einen echten Menschen gehalten wird, von Option 2 voll berücksichtigt und in die Interpretation integriert, während dies bei Option 1 nicht geschieht. In psychologischen Deutungen wird dieses Textelement, wie wir in Kapitel 6 genauer sehen werden, entweder einfach unterschlagen oder falsch dargestellt oder auf eine Weise gedeutet, die durch den Textbestand nicht gedeckt ist. Zum anderen wird in Bezug auf das Identitätsproblem der Sprachgebrauch im untersuchten Dialog berücksichtigt und in die Interpretation eingebaut, während dies bei Option 1 unterbleibt. Option 2 ist dem konkurrierenden Ansatz also in zwei wesentlichen Punkten hinsichtlich der Textkonformität überlegen.

2. Option 2 weist, was erstens die Teezirkel und zweitens die Identitätsproblematik anbelangt, eine größere Erklärungskraft als Option 1 auf, denn sie vermag Textelemente, bei denen Option 1 passen muss, auf ein bestimmtes Textkonzept – das hier dämonologischer Art ist – zurückzuführen. Nimmt man einen dämonischen Zauberer an, so fügen sich Textelemente, die für Option 1 unverbunden nebeneinander stehenbleiben, in einen Sinnzusam-

menhang ein – nämlich in einen übernatürlichen Kausalzusammenhang. Option 2 ist dem psychologischen Ansatz also auch in zwei wesentlichen Punkten bezüglich der Erklärungskraft überlegen. Wenn das, was in der Textwelt geschieht, in wesentlichen Punkten *nicht natürlich* erklärt werden kann – sei die natürliche Erklärung nun psychologischer oder anderer Art –, so drängt sich die Vermutung auf, dass ein Einsatz *übernatürlicher* Mittel vorliegt. Ein über längere Zeit als Mensch anerkannter Automat fügt sich zwanglos in ein Geschehen ein, an dem übernatürliche Kräfte beteiligt sind, nicht aber in eines, bei dem alles mit rechten Dingen zugeht. Daraus folgt auch, dass im *Sandmann* – wie in vielen anderen Erzählungen Hoffmanns – eine zweidimensionale Textwelt vorliegt, die eine Variante von Typ 2^{51} darstellt.

3.4 Ausbau von Option 2

Wir werden nun zeigen, dass der dämonologische Deutungsansatz, welcher sich im Hinblick auf bestimmte – zentrale – Textelemente gegenüber Option 1 bereits als überlegen erwiesen hat, auch auf andere Textbestandteile anwendbar ist, und stellen in diesem Zusammenhang 10 Thesen auf.
Wir wenden uns zunächst der Darstellung Olimpias zu: Zum ersten Mal erfährt der Leser etwas über sie aus Nathanaels zweitem Brief an Lothar.

> Ein hohes, sehr schlank im reinsten Ebenmaß gewachsenes, herrlich gekleidetes Frauenzimmer saß im Zimmer vor einem kleinen Tisch, auf den sie beide Ärme, die Hände zusammengefaltet, gelegt hatte. Sie saß der Türe gegenüber, so, daß ich ihr engelschönes Gesicht ganz erblickte. Sie schien mich nicht zu bemerken, und überhaupt hatten ihre Augen etwas Starres, beinahe möcht' ich sagen, keine Sehkraft, es war mir so, als schliefe sie mit offnen Augen. Mir wurde ganz unheimlich [...]. (25)

Wir untersuchen diese Passage im Kontext der Herstellung eines lebendigen künstlichen Menschen. Im weiteren Verlauf der Erzählung wird deutlich, dass Spalanzani und Coppelius/Coppola bei der Produktion kooperiert haben: Spalanzani war für „das Räderwerk – Sprache – Gang" (45) zuständig, Coppelius/Coppola hingegen für die Augen. Dass die Automatenkonstrukteure Olimpia, die sie als Spalanzanis Tochter ausgeben, zu diesem Zeitpunkt noch nicht der Gesellschaft präsentieren, dass Spalanzani sie „sonderbarer und schlechter Weise einsperrt, so, daß durchaus kein Mensch in ihre Nähe kommen darf" (25), hat nach unserer Auffassung einen einfachen Grund: Die Androide ist noch nicht ganz fertig. Käme jemand – speziell Nathanael – in ihre Nähe, so würde er rasch erkennen, dass es sich bloß um eine Maschine handelt. Das jedoch würde es unmöglich machen, Olimpia später als *Mensch* in die Gesellschaft einzuführen.

---

[51] Auf andere Varianten dieses Textwelttyps kann hier nicht eingegangen werden.

Woran liegt es aber, dass die Androide noch nicht ganz fertig ist? Spalanzani hat „[z]wanzig Jahre daran gearbeitet", es handelt sich um sein „bestes Automat" (45). Die rein maschinelle Arbeit ist also bereits abgeschlossen. Offenbar fehlt noch etwas, was in den Aufgabenbereich seines Partners fällt. Dafür spricht, dass Olimpias Augen zum obigen Zeitpunkt noch „etwas Starres" haben: Sie macht auf Nathanael den Eindruck eines Menschen, der „keine Sehkraft" besitzt, also entweder blind ist oder zumindest nur über geringe Sehkraft verfügt. Er vergleicht Olimpias Augen mit denen eines Menschen, der mit offenen Augen schläft; in einem solchen Fall gewinnt man wie Nathanael in der Tat einen unlebendigen Eindruck: „Sie schien mich nicht zu bemerken".

These 1: Bei der Herstellung eines lebendigen bzw. lebendig wirkenden künstlichen Menschen gibt es ein Problem in Bezug auf die Augen, das Coppelius/Coppola noch nicht bewältigt hat.

Dabei geht es jedoch nicht nur darum, dass die Augen echt wirken, sondern es muss insgesamt der Eindruck von Lebendigkeit erzeugt werden. Genau dieser fehlt den realen zeitgenössischen Automaten, und es ist aufgrund des bereits vorgetragenen Arguments anzunehmen, dass es im Text beim Gelingen dieses Schritts nicht mit rechten Dingen zugeht.

Nathanael erwägt auch, dass es mit Olimpia eine Bewandtnis hat, „sie ist vielleicht blödsinnig oder sonst" (25). Berücksichtigt man aber den Handlungszusammenhang, so ist es plausibler anzunehmen, dass die künstliche Frau schlicht noch nicht ganz fertig ist: Olimpia fehlen die lebendigen Augen und, damit offenbar zusammenhängend, die Lebendigkeit, die sie benötigt, um als Mensch durchgehen zu können. Da eine natürliche Erklärung für eine solche Verlebendigung nicht gegeben werden kann, liegt es nahe, diese auf das Wirken übernatürlicher Kräfte zurückzuführen.

Daraus, dass von Bewegungen Olimpias bis zum Fest nicht die Rede ist, sollte jedoch nicht die Vermutung abgeleitet werden, dass sie noch gar nicht *bewegungsfähig* ist. Die realen Automaten zu Zeiten Hoffmanns können bestimmte Bewegungen vollziehen, und es ist anzunehmen, dass Spalanzani in langjähriger Arbeit eine bewegungsfähige „Holzpuppe"[52] (46) hergestellt hat; der Gang wird ja im angeführten Zitat explizit erwähnt.

Nach seinem durch den Ausbruch des Feuers bedingten Umzug wohnt Nathanael „dem Professor Spalanzani gegenüber" (34), und er kann in das Zimmer blicken, in dem häufig Olimpia sitzt.

---

[52] Der Erzähler verwendet in seinem Bericht über „die Geschichte mit dem Automat" den Ausdruck „Holzpuppe" mehrfach gleichbedeutend mit „Automat": „Um nun ganz überzeugt zu werden, daß man keine Holzpuppe liebe" (46) ... Der Ausdruck „Holzpuppe" darf freilich nicht wörtlich verstanden werden: Olimpia ist nicht etwa eine aus Holz geschnitzte Skulptur, sondern eine komplizierte *Maschine*.

3.4 Ausbau von Option 2

> Wohl fiel es ihm endlich auf, daß Olimpia oft Stundenlang in derselben Stellung, wie er sie einst durch ihre Glastüre entdeckte, ohne irgend eine Beschäftigung an einem kleinen Tische saß und daß sie offenbar unverwanderten Blickes nach ihm herüberschaute; er mußte sich auch selbst gestehen, daß er nie einen schöneren Wuchs gesehen; indessen, Clara im Herzen, blieb ihm die steife, starre Olimpia höchst gleichgültig und nur zuweilen sah er flüchtig über sein Compendium herüber nach der schönen Bildsäule, das war Alles. (34)

Hier macht Olimpia noch denselben steifen und starren, sprich unlebendigen Eindruck wie zuvor. Auf den Teegesellschaften hingegen wird Olimpia als Mensch akzeptiert.[53] Das bedeutet, dass in der Zwischenzeit eine bestimmte Art von Verlebendigung stattgefunden hat. Es ist anzunehmen, dass das Augenproblem inzwischen gelöst worden ist. Aber wodurch?
Dieser Übergang von der Leblosigkeit zur Lebendigkeit ist für den Optionenkonflikt bedeutsam. Nehmen wir an, dass Olimpia in dieser Phase ein noch nicht voll funktionsfähiger, d.h. hier: noch unlebendiger Automat ist. Wenn sie aber später lebendig ist, so gibt es ein Erklärungsproblem: Worauf ist die Verlebendigung der Maschine zurückzuführen?
In der Zwischenzeit hat Coppola Nathanael ein zweites Mal besucht. Nachdem ihn Coppolas Brillen erschreckt haben, will Nathanael beweisen, dass er Claras Überzeugung, „daß der entsetzliche Spuk nur aus seinem Innern hervorgegangen" (35) sei, teilt, und er beschließt, Coppola „ein kleines sehr sauber gearbeitetes Taschenperspektiv" (36) abzukaufen. Er blickt nun durch dieses Fernglas in Spalanzanis Zimmer, in dem wie üblich Olimpia sitzt:

> Nun erschaute Nathanael erst Olimpia's wunderschön geformtes Gesicht. Nur die Augen schienen ihm gar seltsam starr und tot. Doch wie er immer schärfer und schärfer durch das Glas hinschaute, war es, als gingen in Olimpia's Augen feuchte Mondesstrahlen auf. Es schien, als wenn nun erst die Sehkraft entzündet würde; immer lebendiger und lebendiger flammten die Blicke. (36)

Diese Passage spricht dafür, dass die Lebendigkeit, die Olimpia im Folgenden aufweist, etwas mit Nathanaels Blick durch das Fernrohr zu tun hat. Option 1 muss an dieser Stelle passen; akzeptabel ist für diese Position – nach dem bekannten Muster – nur eine projektive Verlebendigung der Augen Olimpias durch und für Nathanael, während Option 2 die drei Phasen (leblose Olimpia – Blick Nathanaels – lebendige Olimpia) in einen übernatürlichen, einen magischen Kausalzusammenhang zu bringen vermag. Auch in diesem Punkt verfügt Option 2 also über die größere Erklärungskraft.
Die beiden Maschinenkonstrukteure haben Probleme mit der Verlebendigung ihrer Androide, die mit deren Augen zusammenhängen. Was fehlt? Das wird im Text nicht explizit, aber aus dem Zusammenhang lässt sich erschließen, dass die Verlebendigung Olimpias erst durch Nathanaels Blick

---

[53] Die Situation auf dem Fest behandeln wir erst in Kapitel 4.

auf sie möglich wird, und zwar speziell durch den Blick, der durch Coppolas Perspektiv erfolgt. Das erlaubt es, zwei weitere Thesen zu formulieren:
These 2: Die zuvor starren und *toten* Augen Olimpias werden durch Nathanaels Blick durch Coppolas Fernrohr auf sie *lebendig*. In ihnen wird *tatsächlich* „die Sehkraft entzündet" (36).
Wir greifen auf das Gedankenexperiment zurück, in dem wir als Besucher einer Teegesellschaft figurieren, bei der Vaucansons Flötist anwesend ist. Dieser würde, wie bereits angeführt, aus mehreren Gründen relativ rasch als Automat erkannt; dazu gehört, dass er keinen Blickkontakt mit den anderen Besuchern aufnehmen kann. Um demgegenüber als echter Mensch durchgehen zu können, muss Olimpia über *funktionierende Augen* verfügen, d.h., sie muss tatsächlich sehen können oder zumindest als sehfähig erscheinen. Im Text gibt es keine Hinweise darauf, dass sie von ihrem ‚Vater' Spalanzani als blind ausgegeben wird; daher ist anzunehmen, dass man sie als normal sehfähigen Menschen einschätzt. Um diese Einschätzung zu bestätigen, muss sie jedoch ganz bestimmte Kompetenzen zeigen, über die z.B. der Flötist nicht verfügt.
These 3: Die Verlebendigung der Augen führt zur Verlebendigung der ganzen Androide, die nun als echter, wenngleich nach verbreiteter Auffassung ziemlich mechanisch wirkender Mensch erscheint.
Nicht nur die gelingende Produktion eines künstlichen Menschen muss, wenigstens im damaligen Zeitkontext, als nicht natürlich erklärbar gelten, sondern auch speziell die Art und Weise, wie sich in der Textwelt die Verlebendigung der Androide vollzieht oder zu vollziehen scheint. Die Vorstellung, man könne durch bloßen Blickkontakt, vermittelt durch ein eigens konstruiertes Fernrohr, erstens künstliche Augen und dadurch zweitens einen ganzen Automaten beleben, muss in einer natürlichen Welt als absurd angesehen werden. Auch für diesen besonderen Aspekt der Automatenkonstruktion gilt somit das Prinzip „Gibt es für das, was in der Textwelt passiert, keine *natürliche* Erklärung, so sind *übernatürliche* Ursachen anzunehmen".
Diese Argumentation wird auch durch die Szene gestützt, in der sich der vermeintliche Mensch Olimpia dem heiratslustigen Nathanael als bloßer Automat entpuppt. Denn ihre Lebendigkeit hat Olimpia offenbar durch das Entfernen der Augen wieder verloren.
These 4: Durch die Entnahme der Augen wird die Belebung der Androide wieder rückgängig gemacht.
Auch hier liegt, wenn man das Szenario genauer analysiert, die Folgerung auf das Vorliegen übernatürlicher Ursachen nahe – wie es Option 2 vorsieht. Die Argumentation für Option 2 lässt sich anhand der Olimpia-Episode noch weiter ausbauen: Der Blick Nathanaels reicht offenbar nicht aus, um die Verlebendigung Olimpias herbeizuführen; sonst wäre diese, da Nathanael

die künstliche Frau bereits vorher mehrfach wahrgenommen hat, schon zu einem früheren Zeitpunkt erfolgt. Der Blick muss vielmehr durch ein Fernrohr von bestimmter Beschaffenheit geleitet werden, um die Verlebendigung Olimpias zu erreichen. Nach den bisherigen Ausführungen drängt sich die Annahme auf, dass es sich hier um ein *magisches* Fernrohr handelt.

These 5: Bei dem Perspektiv, das Nathanael Coppelius abkauft, handelt es sich um ein *magisches* Fernrohr, das der Belebung der Androide dient.

Die Funktion des Fernrohrs ist folgendermaßen zu bestimmen: Wenn jemand durch dieses Perspektiv auf einen Androiden und speziell in dessen Augen schaut, so überträgt sich die Lebendigkeit der eigenen Augen und letztlich die eigene Gesamtlebendigkeit auf den Automaten, der somit kraft des durch das Fernrohr Sehenden lebt. Der Blickende behält dabei seine Augen und seine Lebendigkeit. Das magische Fernrohr führt also dazu, dass Olimpia unbemerkt an Nathanaels Sehfähigkeit und Lebendigkeit derart partizipiert, dass sie allen bzw. fast allen Beteiligten als echter Mensch erscheint; dabei ist anzunehmen, dass ihre Hersteller dieser Täuschung nicht aufsitzen.

Weiterhin ist zu fragen, was es in diesem Zusammenhang mit Nathanael auf sich hat. Bedenkt man die aufgewiesenen Implikationen der Olimpia-Episode, so muss es als unwahrscheinlich gelten, dass ein x-beliebiger Mensch, insbesondere auch ein Philister, mittels seines Blicks durch das magische Fernrohr die Verlebendigung Olimpias hätte herbeiführen können. Dann hätte sich Coppelius/Coppola viele Mühen ersparen und z.B. einfach auf der Straße jemanden auffordern können: „Ich habe hier ein ganz hervorragendes Fernrohr; schauen Sie doch einmal hindurch auf die Frau, die oben am Fenster sitzt, und überzeugen Sie sich." Sicherlich wäre mancher dazu bereit gewesen. Erheblich plausibler ist die Annahme, dass die Verlebendigung der Androide erstens nicht ohne das magische Fernrohr, zweitens aber auch *nicht ohne Nathanael* funktioniert. Was aber bedeutet das? Wie muss Nathanael gedacht werden, wenn nur durch ihn die Belebung Olimpias erfolgen kann? Er muss als Mensch mit einer besonderen Veranlagung – einem poetischen Gemüt – vorgestellt werden, also als ein Wesen, das einen Sinn für und eine Verbindung zu Welt b besitzt. Ferner muss angenommen werden, dass Nathanael der Einzige ist, der diese Bedingung erfüllt. Deshalb muss Coppelius/Coppola auf jeden Fall *ihn* dazu bringen, durch das Perspektiv auf Olimpia zu sehen.

These 6: Nur durch den Blick Nathanaels – und nicht einer beliebigen anderen Person – kann Olimpia verlebendigt werden.

Spalanzani und Coppelius/Coppola sind, so scheint es, nicht aus eigener Kraft imstande, einen lebendigen künstlichen Menschen zu erschaffen, sondern sie brauchen dazu die indirekte Unterstützung eines Menschen mit einer besonderen Veranlagung. Von den im Umfeld zur Verfügung stehenden Menschen erfüllt nur Nathanael diese Bedingung. Er besitzt in dieser Hinsicht den Status eines *Auserwählten* – wie auch andere Figuren in weiteren Erzählungen Hoffmanns, die eindeutig dem Textwelttyp 2 zuzuordnen sind.

Die gelingende Herstellung eines künstlichen Menschen und speziell die Art und Weise, wie sich die Verlebendigung der Androide vollzieht, ist ein Geschehen, das mit Option 1 letztlich nicht erfassbar ist. Nathanaels Vorstellungen vom Wirken übernatürlicher Mächte sind für Option 1 ja bloße Phantasmen oder Einbildungen, die durch eine bestimmte psychische Erkrankung hervorgerufen werden. Diese Perspektive, die im Text selbst – in einer bestimmten Variante – durch Clara repräsentiert wird, kann jedoch den gesamten Komplex des lebendigen Automaten nicht erklären. Dort, wo eine solche Erklärung überhaupt in Angriff genommen, diese Problematik also nicht verschwiegen oder verdrängt wird, muss versucht werden, die Verlebendigung Olimpias auf einen naturalistisch-psychologischen Projektionsmechanismus zurückzuführen. Dadurch wird aber ein *entscheidender* Punkt nicht erklärt, nämlich dass keineswegs nur Nathanael, sondern auch so gut wie alle *anderen* (bis auf deren Konstrukteure) Olimpia für einen echten Menschen (mit einigen Defiziten) halten. Eine individuelle Projektion von Lebendigkeit kann unmöglich zur Folge haben, dass der fragliche Gegenstand auch denjenigen, die diese Projektion nicht vollzogen haben, lebendig erscheint. Sie kann erst recht nicht zu einer tatsächlichen Belebung führen. Also kann es sich bei der Verlebendigung Olimpias *nicht* um eine individuelle Projektion Nathanaels handeln, wie Option 1 vielfach behauptet. Die Belebung Olimpias ist nur als ein magischer Akt erklärbar, nicht aber naturalistisch-psychologisch. Bei der Deutung der entscheidenden Punkte der Olimpia-Episode ist Option 2 somit der konkurrierenden Option eindeutig überlegen; Option 1 ist in diesem Zusammenhang geradezu unbrauchbar.

Durch dieselbe Argumentation ist Option 2 aber auch bereits als Option 3 überlegen erwiesen, denn diese behauptet ja, dass alle für den Perspektivenkonflikt relevanten Textelemente *gleichermaßen gut* psychologisch *und* dämonologisch zu interpretieren sind, dass also der gesamte Text zweimal aufgeht. Das ist aber, wie nachgewiesen worden ist, nicht der Fall: Die hier behandelten Passagen der Olimpia-Episode gehen letztlich nur einmal auf, nämlich dann, wenn man Option 2 folgt.

Die Textwelt des *Sandmanns* gehorcht nach Option 2 denselben Prinzipien wie die anderen zweidimensionalen Textwelten Hoffmanns, ihre Besonderheit besteht nur in ihrem stärker verschlüsselten Charakter, denn es bleibt über weite Strecken offen, ob das Übernatürliche Realitätsstatus besitzt oder ob es sich um eine bloße Einbildung Nathanaels handelt. Analysiert man jedoch die Olimpia-Episode auf ihre Implikationen hin, so spricht alles für Option 2. Deren Kernpunkte lassen sich nicht gleichermaßen gut von beiden

Perspektiven aus deuten, sie setzen vielmehr Nathanaels Perspektive ins Recht. Es gibt also Textelemente, die letztlich nur von *einem* Deutungsansatz (nämlich Option 2) auf kognitiv befriedigende Weise erfasst werden können. Die Geschichte geht also nur streckenweise, aber nicht insgesamt zweimal auf, wie die Unentscheidbarkeitsposition behauptet.
Der Nachweis der Überlegenheit von Option 2 führt zu einer grundsätzlichen Aufwertung von Nathanaels Sicht der Dinge – und damit automatisch zu einer Abwertung von Claras Sicht. Dass die psychologische Deutung Clara folgt und vieles von dem, was Nathanael schreibt, sagt und denkt, von vornherein unter Wahnverdacht stellt, muss nun als folgenschwere Fehleinschätzung gelten.
These 7: Clara gehört, so positive Züge sie sonst auch aufweisen mag, zu den *philiströsen* Gestalten Hoffmanns, denen die übernatürliche Dimension des jeweiligen Geschehens völlig entgeht und für die nur Welt a existiert. Sie wird jedoch vom Erzähler als *sympathische* Philisterin gekennzeichnet.
Clara hat ein „ruhiges, weiblich besonnenes Gemüt" (20) mit einem außerordentlich „ruhigen Schlaf" (21), sie liebt Nathanael wirklich und ist durch seinen Brief erschüttert, sein Gemütszustand schmerzt sie „recht in innerster Seele" (23). Sie ist tief besorgt um ihn und will ihm helfen. An einer Stelle heißt es: „Clara hing an dem Geliebten mit ganzer Seele; die ersten Wolkenschatten zogen durch ihr Leben, als er sich von ihr trennte" (28). Auf der anderen Seite zeigt sich ihre Beschränktheit in der Blindheit für Welt b und deren Einfluss auf Welt a. Sie benennt die prosaische Haltung selbst, ohne sie jedoch als Mangel zu empfinden: „Du wirst sagen: in dies kalte Gemüt dringt kein Strahl des Geheimnisvollen, das den Menschen oft mit unsichtbaren Armen umfaßt; sie erschaut nur die bunte Oberfläche der Welt" (22). Clara bezeichnet sich als „einfältig' Mädchen" (22), meint dies aber positiv. Das führt sie zu einer *verfehlten* Diagnose, die postuliert, dass „alles Entsetzliche und Schreckliche", wovon Nathanael erzählt, „nur in [s]einem Innern vorging, die wahre wirkliche Außenwelt aber daran wohl wenig Teil hatte" (21). Bleiben indes die eigentlichen übernatürlichen Ursachen des Geschehens unerkannt, so muss der zugehörige Therapievorschlag – der darauf hinausläuft, sich „das Fantom [des] eigenen Ichs" aus dem Kopf zu schlagen – als unzulänglich angesehen werden: „Sei heiter – heiter!" (23) Wenn es tatsächlich eine bösartige höhere Macht gibt, die Nathanael schaden will, dann gilt eben nicht, wie bei bloßen Phantasmen solcher Mächte: „[N]ur der Glaube an ihre feindliche Gewalt kann sie Dir in der Tat feindlich machen." (23) In Bezug auf Coppelius heißt es: „So lange du an ihn glaubst, *ist* er auch und wirkt, nur dein Glaube ist seine Macht" (29f.). Derartige Mächte wirken vielmehr gerade auch dann feindlich, wenn der Betroffene nicht an sie glaubt, ja ihre Existenz explizit leugnet. Ein teuflisches Wesen lässt sich nun

einmal nicht „mit lautem Lachen" (23) verbannen; Clara ist *unbegründeterweise* „ganz heitern unbefangenen Sinnes" (21). Es handelt sich, wie Nathanael phasenweise richtig erkennt, eben nicht um „Fantome [s]eines Ich's [...], die augenblicklich zerstäuben, wenn [er] sie als solche, erkenn[t]" (24). Clara ist einerseits ein „süßes liebes Engelsbild", hat aber andererseits einen „fatalen verständigen Brief" (25) geschrieben und kann „magistermäßig distinguieren" (24). Dazu passt auch, was der Erzähler ausführt: „Clara hatte die lebenskräftige Fantasie des heitern unbefangenen, kindischen Kindes, ein tiefes weiblich zartes Gemüt, einen gar hellen scharf sichtenden Verstand. Die Nebler und Schwebler hatten bei ihr böses Spiel" (28). „Der verständigen Clara war [...] mystische Schwärmerei im höchsten Grade zuwider" (29). Nathanael hat im Grunde Recht, wenn er Clara in der Konfliktsituation zu den „kalten unempfänglichen Gemütern" rechnet, denen sich „solche tiefe[n] Geheimnisse" (30) nicht erschließen.

Nathanael sieht die Dinge zumindest im Prinzip richtig; ihm ist zuzustimmen, wenn er eine übernatürliche Dimension des Geschehens behauptet. Das bedeutet jedoch nicht, dass er durchgängig alles zutreffend erkennt; das ist keineswegs der Fall. Die Perspektive Claras läuft demgegenüber darauf hinaus, die Existenz der übernatürlichen Dimension zu leugnen, ohne die doch die Olimpia-Episode nicht erklärbar ist. Alle Tendenzen einer naturalistisch-psychologischen Erklärung müssen als irreführend abgewiesen werden. Sie sind als Weiterführung der philiströsen Sichtweise Claras einzuschätzen.

Nach diesen allgemeinen Klärungen wenden wir uns jetzt den alchemistischen Experimenten zu, die im ersten Brief geschildert werden. Die psychologische Perspektive neigt vielfach – Clara folgend – zu einer harmlosen Deutung dieser Experimente – sie erscheinen z. B. als Versuche, unedle Metalle in Gold umzuwandeln. Da es bei solchen Versuchen unter bestimmten Umständen zu Explosionen kommen kann, erfährt auch der Tod von Nathanaels Vater eine gänzlich natürliche Deutung.[54] Nach dem grundsätzlichen Überlegenheitsnachweis für Option 2 muss hingegen eine andere Deutung als erheblich überzeugender gelten:

These 8: Nathanaels Vater ist Coppelius dabei behilflich, mindestens einen künstlichen Menschen herzustellen – beide verfolgen demnach dasselbe Ziel wie später Spalanzani und Coppelius/Coppola.

---

[54] „Das unheimliche Treiben mit Deinem Vater zur Nachtzeit war wohl nichts anders, als daß beide insgeheim alchymistische Versuche machten, womit die Mutter nicht zufrieden sein konnte, da gewiß viel Geld unnütz verschleudert und obendrein, wie es immer mit solchen Laboranten der Fall sein soll, des Vaters Gemüt ganz von dem trügerischen Drange nach hoher Weisheit erfüllt, der Familie abwendig gemacht wurde. Der Vater hat wohl gewiß durch eigne Unvorsichtigkeit seinen Tod herbeigeführt, und Coppelius ist nicht Schuld daran" (21 f.).

Ihr Android bzw. ihre Androiden befinden sich, als Nathanael seinen Vater und Coppelius beobachtet, in demselben Zustand wie Olimpia nach der Entnahme der Augen: Nathanael ist es, „als würden Menschengesichter ringsumher sichtbar, aber ohne Augen – scheußliche, tiefe schwarze Höhlen statt ihrer" (17). Darüber hinaus haben beide Teams dasselbe technische Problem: die Augen. „‚Augen her, Augen her!' rief Coppelius mit dumpfer dröhnender Stimme." (17) Ist aber die Problemstellung in beiden Fällen dieselbe, so lässt sich die Argumentation, die zur Klärung des zweiten Falls führt, rückwirkend auf den ersten übertragen: Offenbar stehen Coppelius und Nathanaels Vater kurz vor der Fertigstellung eines künstlichen Menschen. Der Ausruf „Augen her, Augen her!" lässt vermuten, dass diese – eventuell neben ein paar mechanischen Details – zur Vollendung des Projekts fehlen. Sie sind der entscheidende Baustein, um einen Androiden zu beleben. Während im ersten Fall die Versuche misslingen, sind sie im zweiten Fall von Erfolg gekrönt – bis es zum Streit zwischen den beiden Automatenkonstrukteuren kommt. Ein weiterer Unterschied besteht darin, dass Coppelius, nachdem er Nathanael entdeckt hat, eine *direkte* Lösung des Augenproblems erwägt – er will Nathanael die Augen nehmen und sie einem Automaten einsetzen. Das zeigt, dass Coppelius noch keine geeigneten Augen für den Androiden hat. Das belegt auch sein Geflüster „Nun haben wir Augen – Augen – ein schön Paar Kinderaugen" (17). Als Coppola führt er demgegenüber eine *indirekte* Lösung (Lebendigkeitstransfer über das magische Fernrohr) durch.
Nach unserer Analyse der Olimpia-Episode und dem daraus resultierenden Nachweis eines übernatürlichen Geschehens ist anzunehmen, dass Coppelius' Vorhaben, Nathanael die Augen zu entnehmen und sie dem Androiden einzusetzen, tatsächlich zu dessen Verlebendigung geführt hätte.
Nachdem Coppelius/Coppola mit Olimpia geflohen ist, ruft Spalanzani Nathanael zu:

> „Ihm nach – ihm nach, was zauderst du? – Coppelius – Coppelius, mein bestes Automat hat er mir geraubt – Zwanzig Jahre daran gearbeitet – Leib und Leben daran gesetzt – das Räderwerk – Sprache – Gang – mein – die Augen – die Augen dir gestohlen. [...]" (45)

Hat die Olimpia-Episode eine übernatürliche, eine magische Dimension, so ist anzunehmen, dass diese im Text auch an anderer Stelle am Werk ist. Dass es „Coppelius – Coppelius" heißt, ist dann nicht – wir argumentieren ähnlich wie bei der Diskussion des Identitätsproblems – als krankheitsbedingte Wahnvorstellung aufzufassen, sondern als weiteres Indiz für die Identität von Coppelius mit Coppola. In Hoffmanns b-Welten haben die höheren Wesen sonst auch keine Schwierigkeiten damit, ihre a-Identitäten zu wechseln, d.h. in einer anderen Gestalt aufzutreten. Ein solcher Gestaltwandel kann hier ebenfalls angenommen werden. Nur bei *isolierter* Betrachtung der Szene ist eine psychologische Erklärung plausibel, berücksichtigt man die Implikationen der Olimpia-Episode, so ist die dämonologische Deutung deutlich wahrscheinlicher.

Wir kehren noch einmal zum ersten Brief zurück, und zwar zum Tod des Vaters. Nathanael schreit: „Coppelius, verruchter Satan, du hast den Vater erschlagen!" (19) Interpretiert man die ganze Passage im Kontext einer zweidimensionalen Textwelt, so lässt sich daraus der übernatürliche Gesamtzusammenhang der Erzählung erschließen, der Option 1 völlig entgeht, ja entgehen muss:

These 9: Coppelius ist ein bösartiges höheres Wesen, ein wahrhaftiger Teufel in Menschengestalt; sein Ziel ist es, Nathanael zugrunde zu richten (welche Motive der Dämon dafür auch haben mag).

Solch ein Vernichtungsplan ist in Hoffmanns Texten ein für derartige Wesen durchaus nicht untypisches Ziel. Allerdings benötigt Coppelius Nathanaels Augen bzw. Blick noch zur Belebung Olimpias, weshalb er ihn nicht einfach beseitigt – er instrumentalisiert ihn zunächst für seine Zwecke. Für seinen Vernichtungsplan wählt Coppelius jedoch nicht den simplen Weg, den Kontrahenten zu töten, nein, als echtes teuflisches Wesen will er Nathanael offenbar erst extrem leiden lassen, und zwar mehrfach. Dieser Plan bleibt Nathanael verborgen, er spürt nur, dass etwas Verhängnisvolles geschieht.

Coppelius nimmt – was für Wesen mit übernatürlichen Kräften kein grundsätzliches Problem ist – eine andere Gestalt an, nämlich die des Wetterglashändlers Coppola, und sucht Nathanael auf. Dass dieser sogleich auf die Idee kommt, Coppola sei Coppelius, könnte durchaus Teil des Plans sein, zu dem es gehören könnte, Nathanael völlig zu verängstigen und zu verunsichern. Auf der anderen Seite scheint der teuflische Intrigant einzukalkulieren, dass Nathanaels Bezugspersonen versuchen werden, ihm seinen Verdacht auszureden und alles als Einbildung darzustellen. Nathanael wird daher selbst zwischen beiden Perspektiven hin und her schwanken. Als Nathanael in einer ‚aufgeklärten' Phase auf Coppelius/Coppola trifft, versucht er, dessen dämonische Züge, für die er sonst sensibel ist, wegzuerklären und ist bereit, das magische Fernrohr zu kaufen. Damit ist der magische Sehkraft- und Lebendigkeitstransfer besiegelt.

Es steht zu vermuten, dass Coppelius/Coppola Nathanaels scheinbares Liebesglück mit Olimpia gezielt aufbaut, damit dessen ebenso gezielte Zerstörung Nathanael in den Wahnsinn treibt. Mit wahrhaft teuflischem Sadismus lässt er Nathanael danach wieder genesen und die nächste Glücksphase, die Heirat mit Clara, anvisieren, ehe er mittels des magischen Fernrohrs einen erneuten Wahnsinnsanfall Nathanaels auslöst und ihn durch persönliches Intervenieren zum Sprung vom Turm veranlasst. Nathanael will sich an Cop-

pelius für den Tod seines Vaters rächen,[55] aber letztlich rächt sich der sehr viel mächtigere Coppelius, der seine übernatürlichen Kräfte gezielt einzusetzen vermag, an ihm. Nathanael hat Recht, wenn er in Coppelius „das böse Prinzip" sieht, „was ihn in dem Augenblick erfaßt habe, als er hinter dem Vorhange lauschte", und wenn er ahnt, „daß dieser widerwärtige *Dämon* auf entsetzliche Weise [sein] Liebesglück stören werde" (29).
Was bedeutet das nun für die Stoßrichtung der gesamten Geschichte?
These 10: Die Erzählung zeigt, dass ein Mensch mit poetischem Gemüt, d. h. hier: mit Sinn für das Übernatürliche, nicht unter allen Umständen zu einem letztlich positiven Kontakt mit Welt b gelangt (wie z.B. in *Der goldene Topf* und *Klein Zaches* vorgeführt) – es kann auch zu einem negativen Kontakt kommen, der ihn vernichtet.
Die vorangegangene Argumentation hat gezeigt, dass Option 2 beiden Konkurrenten hinsichtlich der Textkonformität und der Erklärungskraft deutlich überlegen ist – und dass es sich um eine Textwelt mit übernatürlichen Komponenten (Typ 2) handelt.

3.5 Hypothesen über die textprägenden Instanzen

Bei der Basis-Interpretation eines literarischen Textes wird versucht, ein Hypothesengefüge über das den jeweiligen Text prägende Überzeugungssystem des Autors, über sein Literaturprogramm und sein spezielles Textkonzept zu entwickeln. Im Fall von Hoffmanns *Der Sandmann* wird diese Hypothesenbildung durch zusätzliche Probleme erschwert. Anders als bei der Mehrzahl der literarischen Texte treten beim *Sandmann* bereits bei der Bestimmung des Textweltcharakters erhebliche Schwierigkeiten auf.
Die vorherigen Ausführungen haben ergeben, dass die Erzählung dem Textwelttyp 2 zugeordnet werden muss, der auch in vielen anderen Erzählungen Hoffmanns anzutreffen ist. Dabei sind die generellen Probleme der Basis-Interpretation, die bei jedem Text zu lösen sind, etwas in den Hintergrund geraten. Deshalb ist es nun sinnvoll, die Frage nach dem speziellen Textkonzept, dem allgemeinen Literaturprogramm und dem textprägenden Überzeugungssystem explizit aufzuwerfen und Antworten im Rahmen des gegenwärtigen Untersuchungsstands zu formulieren. In Teil II werden wir dann, Ergebnisse der Forschungsliteratur nutzend, in einigen Punkten zu detaillierteren Auskünften gelangen. Wir beginnen mit dem Textkonzept, denn auf diese textprägende Instanz haben sich die bisherigen Überlegungen, ohne dass dies immer eigens hervorgehoben worden ist, hauptsächlich bezogen.

---

[55] „Ich bin entschlossen es mit ihm aufzunehmen und des Vaters Tod zu rächen, mag es denn nun gehen wie es will." (20)

1. Hypothese über das Textkonzept: Das künstlerische Ziel Hoffmanns ist es zu zeigen, dass ein Mensch mit Sinn für das Übernatürliche nicht unter allen Umständen zu einem positiven Kontakt mit Welt b gelangt – es kann auch zu einem negativen Kontakt kommen, der ihn vernichtet. *Der Sandmann* ist als *Dämonengeschichte* angelegt, die zeigt, wie der Protagonist Nathanael durch Coppelius/Coppola als einen Dämon in Menschengestalt für die Herstellung eines lebendigen künstlichen Menschen benutzt und dann in den Tod getrieben wird.

Zum Textkonzept der Dämonengeschichte gehört eine Strategie des Offenhaltens von Deutungsmöglichkeiten, die aber nicht durchgängig verfolgt wird. Insbesondere die Olimpia-Episode ist so angelegt, dass die dämonologische Perspektive bei genauerer Analyse die Oberhand gewinnt. Auf der Ebene der Erzählweise ist der Text also anders konzipiert als viele andere Erzählungen Hoffmanns mit zweidimensionaler Textwelt: Während diese eindeutige Hinweise darauf enthalten, dass Welt b real ist, lässt der *Sandmann* dies durch gezielte Verwendung der besagten Erzählstrategie über weite Strecken offen. Es handelt sich demnach nicht um eine *offenkundige*, sondern um eine *verschleierte* Dämonengeschichte.

2. Hypothese über das Literaturprogramm: Das übergreifende künstlerische Ziel, das Hoffmann in vielen Erzählungen – unter anderm auch im *Sandmann* – verfolgt, besteht darin zu zeigen, was geschieht, wenn Figuren, die in Welt a verankert sind, mit Welt b konfrontiert werden. Das ist auf ganz unterschiedliche Weise möglich, sodass sich aus dem Literaturprogramm eine Vielzahl von speziellen Textkonzepten generieren lässt.

3. Hypothese über das textprägende Überzeugungssystem[56]*:* Das von Hoffmann entwickelte Literaturprogramm, welches Figuren den Spannungen zwischen der alltäglichen Welt a und der übernatürlichen Welt b aussetzt, deutet auf ein religiös-metaphysisches Überzeugungssystem hin, für das die Dimension des Übernatürlichen real ist. Dabei braucht jedoch nicht angenommen zu werden, dass das textprägende Überzeugungssystem mit genau solchen Einbrüchen des Übernatürlichen in das Alltagsleben rechnet, wie die Erzählungen sie darstellen. Eher dürfte es sich so verhalten, dass die konkreten Ereignisse in den Textwelten mit einem bestimmten Grundmuster in der textprägenden Weltauffassungsstruktur korrespondieren.

Dieses Überzeugungssystem bedarf wie erwähnt noch einer genaueren Bestimmung. Insbesondere muss die religiöse Komponente der hoffmannschen Weltsicht präziser gefasst werden. Wir fügen an dieser Stelle nur eine Vermutung hinzu: Zu diesem Überzeugungssystem gehört eine Haltung, die be-

---

[56] Wir begnügen uns an dieser Stelle mit einer Ausgangsvermutung, die noch zu einer systematischen Rekonstruktion ausgeformt werden muss; dazu werden in Teil II ebenfalls Beiträge geleistet.

strebt ist, zwei Extreme zu vermeiden und für ein Sowohl-als-auch zu plädieren. Das eine Extrem ist die Verabsolutierung der alltäglichen Welt, das andere die Überfokussierung der übernatürlichen Welt. Gegenüber diesen Extremen kommt es darauf an, in der alltäglichen Welt offen für das Wunderbare zu sein.

Die letztere Annahme ermöglicht es wiederum, die Hypothese über das Literaturprogramm Hoffmanns zu erweitern. Das übergreifende künstlerische Ziel zu zeigen, was geschieht, wenn Figuren, die in Welt a verankert sind, mit Welt b konfrontiert werden, wird möglicherweise getragen von der skizzierten Grundeinstellung. Dann gilt: Das Vorführen der Zweiweltenkonfrontation soll den Leser dazu bringen, *in* der alltäglichen Welt offen für das Übernatürliche zu sein.

Die kognitive Hermeneutik rechnet grundsätzlich damit, dass ein Autor ein Literaturprogramm entwickelt, das zu seiner Weltauffassung passt; hinzu kommt die Tendenz, zu diesem Literaturprogramm passende Textkonzepte hervorzubringen. Die anthropologische Annahme dieser Tendenzen ist jedoch nicht gleichbedeutend mit der Behauptung, dass es in allen Fällen tatsächlich zur Herausbildung einer *optimalen* Passung kommt.[57] Das Passungsverhältnis zwischen Weltauffassung und Literaturprogramm ist einerseits immer anzunehmen, setzt sich aber andererseits auf unterschiedliche, nämlich auf mehr oder weniger konsequente bzw. perfekte Weise durch. Es ist daher auch mit Literaturprogrammen zu rechnen, denen es nicht gelingt, ein solches Passungsverhältnis herzustellen, die also mehr oder weniger starke innere Brüche und Inkonsistenzen aufweisen.

Vorhin wurde gesagt, dass die Ausgangsvermutung zu Hoffmanns textprägendem Überzeugungssystem noch weiter ausgeformt werden muss und dass dies in Teil II geschehen soll. Die kritische Auseinandersetzung mit Interpretationstexten der Fachliteratur wird somit nicht ausschließlich in kritischer Absicht unternommen, um bestimmte Fehler dingfest zu machen – es geht immer auch in konstruktiver Absicht darum, aus der Sekundärliteratur zu lernen. Stoßen wir z.B. auf (Teil-)Hypothesen, die kognitiv leistungsfähiger sind als die in unserer Basis-Interpretation vorgetragenen, so werden wir sie zu deren Weiterentwicklung verwenden. Hier wiederum besteht ein besonders starkes Interesse daran zu erfahren, ob sich in diesem oder jenem Sekundärtext akzeptable Vermutungen über das textprägende Überzeugungssystem Hoffmanns finden, die geeignet sind, unsere Ausgangsvermutung zu präzisieren.

---

[57] Vgl. TEPE: *Kognitive Hermeneutik*, [82].

3.6 Zur Attraktivität der Gegenpositionen

Im ersten Arbeitsgang haben wir versucht, den Wettkampf der drei Optionen auf faire Weise zu inszenieren. Im zweiten Arbeitsgang wurde – vor allem anhand der Olimpia-Episode – Option 2 als den Konkurrenten 1 und 3 überlegen erwiesen. Weshalb finden dann die in kognitiver Hinsicht schwächeren Optionen 1 und 3 in der Regel eine größere Akzeptanz als Option 2? Im dritten Arbeitsgang wollen wir dieses Problem, das von grundsätzlicher Bedeutung ist, zu lösen versuchen.

Lässt sich nachweisen, dass Option 2 in kognitiver Hinsicht leistungsfähiger ist als die Optionen 1 und 3, dann bedeutet das, dass diese in allen Varianten in den entscheidenden Punkten *verfehlt* sind. Das wirft wiederum die Frage auf, weshalb diese Fehldeutungen in so hohem Maß akzeptiert werden – und zwar sowohl in der Fachwelt als auch von Studierenden, die sich mit Problemen der *Sandmann*-Interpretation befassen.

Hierzu vorab einige theoretische Anmerkungen: Die kognitive Hermeneutik betrachtet einerseits jeden literarischen Text (und allgemeiner: jedes Kunstphänomen) als durch ein ganz bestimmtes Überzeugungssystem geprägtes Gebilde. Andererseits ergibt sich aus der anthropologischen Grundthese die Aufgabe, die *Rezeption* von literarischen Texten als durch die Überzeugungssysteme der Rezipienten gesteuerten Vorgang zu untersuchen.[58] Die Textrezeption ist jedoch überwiegend nicht auf kognitive Ziele ausgerichtet, sie erfüllt sehr häufig primär lebenspraktische Aneignungsfunktionen. Der Text wird hierbei dem Überzeugungssystem des Rezipienten dienstbar gemacht. Diese Indienstnahme wird nicht zuletzt dadurch möglich, dass der Rezipient wesentliche Teile seines eigenen Überzeugungssystems auf den Text projiziert, wodurch dieser in eine mit dem eigenen weltanschaulichen Rahmen im Einklang stehende Instanz verwandelt wird. Es wird also eine *systemkonforme Sinnbesetzung* des Textes vollzogen. Der Sinn des Kunstphänomens wird auf projektiv-aneignende Weise an das Überzeugungssystem des Interpreten angepasst.

Interpretationen von Kunstphänomenen, die seitens des Rezipienten primär der Weltanschauungsvermittlung und -bestärkung dienen, sind einerseits unverzichtbar, da sie zur Lebensbewältigung beitragen, welche immer notwendig ist; andererseits aber handelt es sich nicht um kognitiv-wissenschaftliche Bemühungen. Sie treten freilich häufig in wissenschaftlichem Gewand auf – sind jedoch de facto elaborierte lebenspraktische Deutungen mit hohem Orientierungs-, aber geringem kognitivem Wert. Diese Koppelung bleibt allerdings zumeist unerkannt.

---

[58] Vgl. P. TEPE: *Rezensionen mythoshaltiger Literatur. Eine exemplarische Studie zu 10 Besprechungen von Christa Wolfs „Medea. Stimmen".* In: *Mythos* 1 (2004), S. 248–264.

Weshalb also werden Interpretationen des *Sandmanns*, die den in kognitiver Hinsicht unterlegenen Grundoptionen 1 und 3 folgen, in den meisten Fällen bevorzugt? Häufig wird eben diejenige Deutung akzeptiert, die sich am besten in das Überzeugungs- und Wertsystem des jeweiligen Rezipienten einfügt. Die Wahl erfolgt zumeist intuitiv nach lebenspraktischen bzw. weltanschaulichen Passungsgesichtspunkten, während kognitive Kriterien nur eine untergeordnete Rolle spielen. Solche Kriterien kommen bei diesem Interpretationstyp vor allem dort zum Zug, wo nicht zu erwarten ist, dass die Untersuchungsergebnisse mit den Grundlagen des eigenen Überzeugungssystems in Konflikt geraten. Überall dort, wo solche Konflikte auftreten oder auftreten können, werden kognitive Kriterien hingegen außer Kraft gesetzt. Das bedeutet konkret, dass z. B. die für den eigenen Ansatz bedrohlichen Aspekte und Implikationen der Olimpia-Episode entweder vernachlässigt oder auf eine Weise gedeutet werden, die mit den Texttatsachen gar nicht oder nur schlecht in Einklang zu bringen ist.

Diese allgemeine Erklärung ist durch spezifische Erklärungsskizzen zu ergänzen, die sich auf die Besonderheiten der Optionen 1 und 3 beziehen. Die Überzeugungskraft, die der psychologische Ansatz für viele besitzt, führen wir hauptsächlich darauf zurück, dass das Überzeugungssystem der ihn befürwortenden Leser und Interpreten in einem erheblichen Maß von rationalen Denkformen und Überzeugungen bestimmt ist, zu denen psychologische und insbesondere auch psychoanalytische Erklärungsmuster gehören, und dass die Annahme übernatürlicher Mächte vielfach Unbehagen auslöst und daher abgewehrt wird. Liest man den *Sandmann* im Licht dieser Prägung, so drängt sich – vor allem nach der Lektüre der Briefe – die Auffassung auf, dass hier eine psychische Erkrankung in der Kindheit und deren Folgen dargestellt werden.[59]

Meinungen wie diese werden nun von vielen Interpreten nicht als *Hypothesen* behandelt, bei denen zu prüfen ist, ob sie sich am Textganzen und an allen wesentlichen Textdetails mehr oder weniger gut bewähren – sie werden vielmehr in *Dogmen* verwandelt, d. h. als bereits erwiesene Wahrheiten angesehen, die gar keiner gründlichen Bewährungsprobe mehr bedürfen, sondern die nur noch weiter auszugestalten sind. Folgt man diesem dogmatischen Interpretationsstil, so fällt es nicht mehr auf, dass man zentrale Passagen – z. B.

---

[59] Noch weitere Textelemente scheinen einen psychologischen bzw. psychoanalytischen Zugriff zu legitimieren: Nathanael schreibt den Brief an Lothar, adressiert ihn aber fälschlich an Clara. Einige Interpreten scheinen (möglicherweise geleitet vom gängigen Begriff der freudschen Fehlleistung) anzunehmen, dass Fehlleistungen wie z. B. ein Versprecher oder eine falsche Adresse grundsätzlich psychoanalytisch zu interpretieren seien. Es wird nicht gefragt, welchen Stellenwert die falsche Adressierung im Textkonzept hat und von welchen Hintergrundannahmen des Autors sie getragen wird; vgl. TEPE: *Kognitive Hermeneutik*, Kapitel 1.7.

die Olimpia-Episode – entweder völlig ausblendet oder aber auf trickhafte Weise dem eigenen Ansatz anpasst. Der Psychoanalyse nahestehende Interpreten etwa gelangen so dazu, den *Sandmann* als einen mit der Psychoanalyse verwandten Text zu lesen, sozusagen als psychoanalytisch geprägte Literatur *avant la lettre*. Das gelingt streckenweise auch ganz gut – aber eben *nicht durchgängig* und *nicht hinlänglich gut*; darauf jedoch kommt es in der Textwissenschaft an. Der dogmatischen Interpretationspraxis erscheint das eigene Vorgehen dabei völlig unproblematisch und wissenschaftlich legitim.

Auf vergleichbare Weise ist bei Option 3 zu argumentieren. Die Überzeugungskraft, die der Unentscheidbarkeitsansatz für viele Rezipienten besitzt, führen wir hauptsächlich darauf zurück, dass das Überzeugungssystem dieser Leser und Interpreten in einem erheblichen Maß von (im Sozialisationsprozess angeeigneten) Kunst- und speziell Literaturprogrammen der Moderne (wie auch der Postmoderne) bestimmt ist, welche ein solches Unentscheidbarkeitskonzept propagieren und praktizieren. Liest man den *Sandmann* im Licht dieser Prägung, so drängt sich die Auffassung auf, dass hier ein diesen Kunstprogrammen verpflichteter Text vorliegt.[60]

Wie bereits mehrfach betont, sollten Textwissenschaftler grundsätzlich mit der dogmatischen Interpretationspraxis brechen. Sie sollten Deutungen als wissenschaftliche Hypothesen behandeln und gezielt nach Textelementen suchen, die den gewählten Deutungsansatz in Schwierigkeiten bringen oder bringen könnten. An diesen Textbausteinen muss sich das jeweilige Interpretationskonzept vor allem bewähren. Gelingt das nicht oder nicht in einem kognitiv befriedigenden Maß, so ist eine Revision des Deutungsansatzes erforderlich. Akzeptiert werden sollte dasjenige Deutungskonzept, das am besten mit den schwierigen Textstellen und letztlich mit dem gesamten Text im Einklang steht.

Der projektiv-aneignende Interpretationsstil tendiert dazu – allerdings ohne dass dieser Zusammenhang erkannt wird –, eine Textdeutung dann zu akzeptieren, wenn sie sich intuitiv als weltanschauungs- bzw. theoriekonform erweist. Die Deutung wird in der Hauptsache letztlich deshalb übernommen, weil sie in dieser oder jener Hinsicht gut zum Überzeugungssystem des *Interpreten* passt und eine Stützungsfunktion für dieses System übernimmt. Nach dem textprägenden Überzeugungssystem des *Autors* wird hingegen nicht gezielt gefragt.

Für die kognitive Hermeneutik ist die Weltanschauungskonformität von Interpretationen jedoch mit Vorsicht zu genießen. Fügt sich eine Deutung, gerade auch die eigene, nahtlos in das Überzeugungssystem ein, so sollten beim Interpreten die Alarmglocken schrillen. In Anbetracht dessen, dass pro-

---

[60] Die weiteren Argumentationsschritte der Kritik werden nicht erneut formuliert, da sie sich mit den zu Option 1 ausgeführten decken.

jektiv-aneignende Interpretationen, die einen Text dem eigenen weltanschaulichen bzw. theoretischen Rahmen dienstbar machen, weit verbreitet sind und dass sie häufig ohne gewaltsame Sinnbesetzungen, die als kognitiv fragwürdig gelten müssen, nicht auskommen, sind überzeugungssystemkonforme Deutungen stets Anlass für eine besonders kritische Prüfung. Das gilt selbstverständlich auch für *Sandmann*-Interpretationen.

4. Vollständige systematische Interpretation

Liest man den *Sandmann* mit dem Ziel, eine wissenschaftliche Textinterpretation zu erarbeiten, so sind zunächst alle drei Deutungsoptionen vertretbar, auf die wir uns in der ersten Phase des Optionenwettkampfs konzentrieren: Die Erzählung könnte eine psychologische Fallstudie, eine Dämonengeschichte oder eine konsequent mit zwei möglichen Lesarten spielende Geschichte sein.[61] Hinzu kommt die sehr variationsfähige allegorische Deutungsmöglichkeit, auf die wir aber erst in der zweiten Phase (in Kapitel 9) zurückkommen.[62] Welche Option einem Leser intuitiv in den Sinn kommt, hängt maßgeblich von seinem Überzeugungssystem einschließlich des Hintergrundwissens ab. Im Rahmen eines Überzeugungssystems, in dem psychologische Denkweisen – sei es nun im Sinne der Psychoanalyse oder einer anderen Theorie – eine größere Rolle spielen, gelangt man leicht zu der Vermutung, dass es sich um die literarische Darstellung einer psychischen Erkrankung und deren Folgen handeln könnte. Im Rahmen anderer Denkweisen gelangen Rezipienten zu anderen Vermutungen. Alle derartigen Hypothesen sind in die wissenschaftliche Diskussion einzubeziehen, dürfen also nicht von vornherein verworfen werden; sie könnten ja zutreffend sein.

In Kapitel 3 hat sich nun eine bestimmte Deutungsmöglichkeit in einem Optionenwettkampf durchgesetzt, der sich auf einige für diesen Wettkampf besonders bedeutsame Textelemente konzentriert, nämlich Option 2b. In diesem Fall – und das ist wiederum auf die Diskussionslage zu anderen literarischen Texten übertragbar – fordert die kognitive Hermeneutik in ihrer Methodologie für eine vollständige Interpretation das folgende Vorgehen: Diejenige Option, die sich im Hinblick auf *einige* Textelemente als überlegen erwiesen hat, ist zu einer *systematischen* Interpretation auszuformen, die *alle* Textelemente berücksichtigt; ausgespart bleiben dürfen höchstens solche Passagen, die für die Entscheidung des weitergeführten Optionenwettkampfs unerheblich sind.[63] Dann gilt:

---

[61] Entsprechendes gilt für alle anderen literarischen Texte: Auch bei ihnen gibt es in aller Regel mehrere Möglichkeiten, eine Gesamtinterpretation zu entwickeln.

[62] Außerdem werden wir im Anschluss an die systematische Interpretation noch klären, was von Option 3b zu halten ist.

[63] Das ist nicht so zu verstehen, dass jeder, der einen literarischen Text nach den Prinzipien der kognitiven Hermeneutik interpretieren will, gleich ein Buch schreiben muss. Die methodologische Forderung bezieht sich auf eine *vollständige* Interpretation, wie wir sie in diesem Projekt realisieren wollen. Wird etwa angestrebt, eine Interpretation im Rahmen eines Aufsatzes von z. B. 20 Seiten Umfang zu entwickeln, so muss man sich eben auf *einige* kognitive Arbeitsschritte beschränken, wobei wiederum unterschiedliche Kombinationen möglich sind. Hier kann man keinen *ausführlichen* Optionsvergleich durchführen, keine *vollständige* systematische Interpretation leisten usw.

4. VOLLSTÄNDIGE SYSTEMATISCHE INTERPRETATION   107

1. Lässt sich die Option, die sich unter Berücksichtigung besonders relevanter Textstellen als überlegen erwiesen hat, *tatsächlich* zu einer systematischen Gesamtinterpretation ausgestalten, die alle relevanten Textelemente optionskonform zu deuten vermag, so wird damit die Überlegenheitsthese weiter gestützt – sie kann nun als *nachgewiesen* gelten. Bei gründlicher Prüfung des gesamten Textes hat sich dann gezeigt, dass es keinen Textbestandteil gibt, der sich gegen diese Art der Deutung sperrt. In einer empirischen Wissenschaft kann es allerdings aufgrund des hypothetischen Charakters der Aussagen grundsätzlich *keinen definitiven* und *endgültigen* Nachweis geben.
2. Gelingt es nicht, eine solche systematische Gesamtinterpretation auszuarbeiten, so muss das Hypothesengefüge dahin gehend verändert werden, dass eine solche Deutung am Ende möglich wird. Dabei sind zunächst diejenigen Textelemente ins Auge zu fassen, bei denen sich eine optionskonforme Interpretation als nicht überzeugend durchführbar erwiesen hat. Die modifizierte Option muss diese Schwierigkeiten bewältigen.
3. Wir werden in diesem Kapitel zeigen, dass Option 2b tatsächlich zu einer systematischen Gesamtinterpretation ausgeformt werden kann, und damit werden wir die Überlegenheit dieser Option in einem noch stärkeren Maß als zuvor erweisen. Die Durchführung einer Option 2b folgenden Gesamtinterpretation hat nach dem Überlegenheitsnachweis einen anderen Status als vor ihm. Jetzt sind ja die gegnerischen Thesen, dass es gleichermaßen gut möglich sei, den Text psychologisch zu deuten (Option 3a), bzw. dass Claras Perspektive letztlich die größere Erklärungskraft besitze (Option 1b), bereits *entkräftet*. Das bedeutet wiederum, dass die konkurrierenden Ansätze nicht in der Lage sind, eine optionskonforme Gesamtinterpretation hervorzubringen.
Bei der Integration weiterer Textelemente in unsere Deutung sind folgende Punkte zu beachten:
1. Einige Elemente sind für den Optionenkonflikt unerheblich. Nehmen wir den ersten Satz aus Nathanaels Brief an Lothar als Beispiel: „Gewiß seid Ihr alle voll Unruhe, daß ich so lange – lange nicht geschrieben." (11) Dieser Satz ist mit allen drei Lesarten problemlos vereinbar. Dass Nathanael zu Beginn seines Briefes auf den Tatbestand eingeht, dass er lange Zeit nicht geschrieben hat, bringt weder Option 1b noch 2b noch 3a in Schwierigkeiten. Bei solchen Textelementen können wir uns daher mit dem Hinweis begnügen, dass sie *eben auch Option 2b* nicht gefährden. In einigen Fällen werden wir solche unproblematischen Stellen einfach übergehen.
2. Bei noch nicht behandelten Textelementen, die für den Optionenkonflikt *relevant*[64] sind, ist hingegen zu zeigen, dass eine zu Option 2b passende

---

[64] Wir verzichten darauf, vorab ein Relevanzkriterium zu formulieren; es wird sich im Verlauf der systematischen Interpretation zeigen, bei welchen Textstellen genauere Überlegungen erforderlich sind.

Deutung tatsächlich durchführbar ist. Nehmen wir wieder einen Satz aus dem ersten Brief als Beispiel: „Dunkle Ahnungen eines gräßlichen mir drohenden Geschicks breiten sich wie schwarze Wolkenschatten über mich aus, undurchdringlich jedem freundlichen Sonnenstrahl." (11) Option 2b nimmt an, dass sich Nathanael mit einem realen Dämon, der ihn vernichten will, konfrontiert sieht und dies auch spürt bzw. weiß. Der zitierte Satz steht offenkundig mit diesem Deutungsansatz im Einklang: Die „Ahnungen eines gräßlichen [ihm] drohenden Geschicks" lassen sich als Ahnung, dass ein realer Dämon ihn vernichten will, auffassen. – Der Status solcher Deutungsschritte darf nicht missverstanden werden: Es geht nicht darum zu zeigen, dass ein solches Textelement, isoliert betrachtet, nach Option 2b gedeutet werden *muss*; demonstriert wird nur, dass es so gedeutet werden *kann* und dass es somit in die zugehörige systematische Gesamtinterpretation integrierbar ist. Wir bestreiten also keineswegs, dass auch die Ansätze 1b und 3a eine optionskonforme Deutung des Beispielsatzes hervorbringen können. Es ist somit gar nicht erforderlich, angesichts jedes weiteren Textelements einen erneuten *Überlegenheitsnachweis* zu erbringen;[65] es reicht aus, einen Nachweis der *Integrierbarkeit des Textelements* zu führen. Die Leitfrage lautet daher bei jedem Textbestandteil: Ist es möglich, dieses Element gemäß Option 2b zu interpretieren und es somit in eine kohärente Gesamtdeutung einzufügen?

3. *Einige* der noch nicht behandelten Textelemente können sich als geëignet erweisen, den bereits erbrachten Überlegenheitsnachweis weiter auszubauen.

4. Bei den bereits behandelten Textbestandteilen, die für den Optionenwettkampf relevant sind, greifen wir die in Kapitel 3 vorgelegten Deutungen auf. In einigen Fällen ist es jedoch sinnvoll, diese auszudifferenzieren.

5. Wir setzen uns in Kapitel 4 nicht oder nur am Rande mit konkurrierenden Deutungen der einzelnen Textelemente auseinander. Das geschieht in Teil II, bezogen auf konkrete Interpretationsschritte, die sich in der Fachliteratur finden.

Textwissenschaftler begnügen sich häufig damit, die jeweils intuitiv bevorzugte Interpretationsidee mehr oder weniger konsequent auszubauen. Sie nehmen konkurrierende Optionen oft nicht ernst, d.h., sie bemühen sich nicht, diese in einem offenen Wettkampf mit Sachargumenten zu entkräften. Wenn sie Argumente gegen andere Deutungsstrategien vorbringen, so setzen

---

[65] Dass die Deutung eines Textelements nach Option 2b den konkurrierenden Deutungen dieses Elements überlegen ist, ergibt sich erst, wenn man die *übergeordneten* Argumente berücksichtigt, die wir insbesondere in Kapitel 3.3 vorgetragen haben. Der Nachweis, dass zentrale Interpretationsprobleme von Option 2b besser bewältigt werden können als von den anderen Ansätzen, hat zur Folge, dass dann auch die dämonologische Deutung eines einzelnen Textelements als überlegen anzusehen ist, da nur auf diese Weise eine *kohärente* Gesamtdeutung erzeugt werden kann.

sie dabei ihre eigene bereits als *gültig* voraus, ohne einen entsprechenden Nachweis erbracht zu haben. Derartige Argumente sind daher bei der Entscheidung von Interpretationskonflikten weitgehend wertlos.

Außerdem ist zu beachten, dass der einfache Ausbau der jeweils intuitiv präferierten Option in kognitiver Hinsicht wenig aussagekräftig ist. Ein solcher Ausbau besteht ja in der Regel darin, dass gezeigt wird, dass sich mehrere Textpassagen gemäß der gewählten Option interpretieren lassen. Einen solchen Nachweis kann jedoch *jede* Deutungsmöglichkeit erbringen, die beim jeweiligen Text überhaupt in Erwägung zu ziehen ist. Bei jeder im konkreten Fall diskutablen Option gibt es etliche Textstellen, die sich – isoliert betrachtet – in ihrem Sinn deuten lassen. Kurzum, da ein einfacher Ausbau bei jeder nur denkbaren Deutungsoption bis zu einem gewissen Grad durchführbar ist, trägt das Vorlegen einer derartigen Interpretation nicht zur Entscheidung der Interpretationskonflikte bei. Bei genauerer Prüfung stellt sich heraus, dass in solchen Fällen Textpassagen, die sich von einer anderen Option aus besser bewältigen lassen, entweder vernachlässigt oder aber auf trickhafte Weise vereinnahmt worden sind. Die kognitive Hermeneutik fordert die Wissenschaftler dazu auf, sich bei der konkreten Textarbeit den zentralen Interpretationskonflikten zu stellen und die dazu notwendigen Umorientierungen zu vollziehen.

4.1 Erster Brief: Nathanael an Lothar[66]

„Gewiß seid Ihr alle voll Unruhe, daß ich so lange – lange nicht geschrieben. Mutter zürnt wohl, und Clara mag glauben, ich lebe hier in Saus und Braus und vergesse mein holdes Engelsbild, so tief mir in Herz und Sinn eingeprägt, ganz und gar.– Dem ist aber nicht so; täglich und stündlich gedenke ich Eurer Aller" (11).

Der Briefanfang ist, wie bereits erwähnt, mit allen drei Optionen vereinbar, also auch mit Option 2b. Keine der Deutungsmöglichkeiten gerät durch diese Sätze in Schwierigkeiten. Nathanael legt dar, dass die Tatsache, dass er „so lange – lange nicht geschrieben" hat, nicht darauf zurückzuführen ist, dass er die Mutter und Clara vergessen hat, im Gegenteil: Er denkt „täglich und stündlich" an sie alle.

„Ach wie vermochte ich denn Euch zu schreiben, in der zerrissenen Stimmung des Geistes, die mir bisher alle Gedanken verstörte! – Etwas entsetzliches ist in mein Leben getreten! –

---

[66] Für unsere Basis-Interpretation benutzen wir eine Darstellungsform, die sich in *Kognitive Hermeneutik* zur Entfaltung der Argumente bewährt hat: Die jeweils behandelten Textstellen sind *kursiv* gesetzt, die interpretierenden Kommentare hingegen in Normalschrift. Die Zitate werden diesem Darstellungsprinzip angepasst, d.h., eine Wendung, die im Original kursiv gesetzt ist, erscheint in Normalschrift. Wie bisher wird eine kurz zuvor zitierte Textstelle bei erneutem Aufgreifen im Kommentar zwar in Anführungszeichen gesetzt, aber nicht noch einmal nachgewiesen. Eckige Klammern in Zitaten enthalten generell Zusätze unsererseits.

Dunkle Ahnungen eines gräßlichen mir drohenden Geschicks breiten sich wie schwarze Wolkenschatten über mich aus, undurchdringlich jedem freundlichen Sonnenstrahl." (11)
Auch darauf sind wir schon eingegangen; eine zu Option 2b passende Deutung ist also durchführbar. Wir werden im Folgenden Sätze, die keiner der Optionen gefährlich werden, weitgehend vernachlässigen und uns auf solche konzentrieren, bei denen gezeigt werden muss, dass eine optionskonforme Auslegung möglich ist. Unsere Leser können die Berechtigung der Aussparungen leicht am Text überprüfen.

„Ach mein herzlieber Lothar! wie fange ich es denn an, Dich nur einigermaßen empfinden zu lassen, daß das, was mir vor einigen Tagen geschah, denn wirklich mein Leben so feindlich zerstören konnte! Wärst Du nur hier, so könntest Du selbst schauen; aber jetzt hältst Du mich gewiß für einen aberwitzigen Geisterseher. – Kurz und gut, das Entsetzliche, was mir geschah, dessen tödlichen Eindruck zu vermeiden ich mich vergebens bemühe, besteht in nichts anderm, als daß vor einigen Tagen, nehmlich am 30. Oktober Mittags um 12 Uhr, ein Wetterglashändler in meine Stube trat und mir seine Ware anbot." (11)
Eine Deutung gemäß Option 2b ist auch hier leicht zu bewerkstelligen: Der Wetterglashändler Coppola, der, wie in Kapitel 3.3 nachgewiesen, in Wirklichkeit ein Dämon in Menschengestalt namens Coppelius ist, hat Nathanael aufgesucht. Damit ist dieser nach längerer Zeit zum ersten Mal wieder mit der Macht konfrontiert, die „[s]ein Leben [...] feindlich zerstören" will, was ihn völlig aus der Bahn wirft – es ist für ihn eine entsetzliche Erfahrung, die auf ihn einen „tödlichen Eindruck" macht. Nathanael spürt, dass ihm ein grässliches Geschick droht; seine Verzweiflung stellt aus der Sicht von Option 2b eine angemessene Reaktion auf die *objektive* Bedrohung dar.

Nathanael nimmt an, dass Lothar, könnte er „selbst schauen", von der Richtigkeit seiner Ausführungen überzeugt wäre; er weiß aber auch, dass sie unglaubwürdig klingen und äußert deshalb die Befürchtung, dass Lothar ihn „gewiß für einen aberwitzigen Geisterseher" halte. Diese bestätigt sich dann auch, denn Claras Ansicht, Nathanael sei einer Wahnvorstellung respektive Einbildung erlegen, kann man auch dergestalt ausdrücken, dass er Geister zu sehen glaubt, die gar nicht existieren.[67]

Das Erscheinen Coppolas um zwölf Uhr mittags ist nach Option 2b kein Zufall, sondern ein *Dämonenindiz*: „Im Volksglauben gilt die Mittagsstunde als geisterhafte Zeit, in der griechischen Mythologie ist sie die des panischen Schreckens."[68]

„Du ahnest, daß nur ganz eigne, tief in mein Leben eingreifende Beziehungen diesem Vorfall Bedeutung geben können, ja, daß wohl die Person jenes unglückseligen Krämers gar feindlich auf mich wirken muß." (12)
Was für andere nur ein mehr oder weniger lästiger Besuch eines Händlers gewesen wäre, besitzt für Nathanael eine höchst verstörende, ja existenzielle Bedeutung, da er sich – wenn man Option 2b folgt – bereits in seiner Kindheit mit dem Dämon in Menschengestalt konfrontiert sah, und zwar auf folgenreiche Weise. Um Lothars Verständnis und seine Zustimmung zu erlangen, reißt sich Nathanael zusammen, um ihm „ruhig und geduldig [...] aus [s]einer frühern Jugendzeit so viel zu erzählen, daß [s]einem regen Sinn alles klar und deutlich in leuchtenden Bildern aufgehen wird" (12).

„Indem ich anfangen will, höre ich Dich lachen und Clara sagen: das sind ja rechte Kindereien! – Lacht, ich bitte Euch, lacht mich recht herzlich aus! – ich bitt' Euch sehr! – Aber

---

[67] „Als ‚Geisterseher' wird in der Umgangssprache jemand bezeichnet, der statt wirklicher Dinge ‚Geister sieht', der also für real hält, was seiner Einbildung entstammt. Das Attribut ‚aberwitzig' (ohne Witz/Verstand) kennzeichnet ihn als unvernünftig und unbesonnen." (DRUX: *Erläuterungen und Dokumente: E. T. A. Hoffmann – Der Sandmann*, S. 7)

[68] DRUX: *Erläuterungen und Dokumente: E. T. A. Hoffmann – Der Sandmann*, S. 7.

4.1 Erster Brief: Nathanael an Lothar

Gott im Himmel! die Haare sträuben sich mir und es ist, als flehe ich Euch an, mich auszulachen, in wahnsinniger Verzweiflung, wie Franz Moor den Daniel." (12)

Zum zweiten Mal antizipiert Nathanael (zutreffend), dass man ihm nicht glauben wird. Er kennt Lothar und Clara als aufgeklärte Menschen, die nicht an die Existenz von Geistern, Dämonen und dergleichen glauben; daher erwartet er (zutreffend), dass sie ihn verlachen und seine Furcht als „rechte Kinderei[]" abtun werden. Seine Bitte, ihn „recht herzlich" auszulachen, lässt sich nach Option 2 dahin gehend deuten, dass er sich zwar wünscht, der Dämon ließe sich durch Auslachen vertreiben, zugleich aber ahnt oder weiß, dass dies nicht gelingen kann.[69] Angesichts der Wiederkehr des Dämons in anderer Gestalt befindet sich Nathanael „in wahnsinniger Verzweiflung".

An dieser Stelle schieben wir, bezugnehmend auf Drux' Auskünfte, Überlegungen zu den Namen Clara und Nathanael ein, die ja ebenfalls Textelemente darstellen. Im Rahmen einer systematischen Interpretation ist zu fragen, ob sich die Wahl der beiden Namen gemäß Option 2b begründen lässt. „Hoffmann verwendet gerne sprechende Namen. Bei Clara, der ‚Hellsichtigen', ‚Vernünftigen', die aufgeklärte Positionen vertritt, ist das offensichtlich."[70] Wir formulieren die These folgendermaßen: Die Figur wird vom Autor Clara genannt, weil sie „aufgeklärte Positionen vertritt"; es handelt sich somit um einen sprechenden Namen. Nun zum Namen Nathanael: „[S]eine fremde Herkunft scheint die Andersartigkeit seines Trägers zu symbolisieren. Das hebräische Wort ist mit dem griech. *Theodor* (‚von Gott geschenkt') synonym. Zieht er die Mächte der Finsternis in besonderem Maße an, die den ‚von Gott Gegebenen' vernichten wollen? Das ist wohl ebenso spekulativ wie die Annahme, die Identität mit dem (zweiten) Vornamen des Autors verweise auf autobiographische Züge in Nathanaels Lebensweg."[71] Aus der Sicht der kognitiven Hermeneutik sind hier zwei Ebenen zu unterscheiden: Während die Frage, ob sich die Wahl des Namens optionskonform erklären lässt, der Basisarbeit zuzuordnen ist, gehört die Frage, ob die Namensanalogie „auf autobiographische Züge in Nathanaels Lebensweg" verweist, zur biographischen Aufbauarbeit, auf die wir erst in Teil II eingehen werden – bezogen auf Sekundärtexte, die sich mit diesem Problem befassen. Berücksichtigt man, dass Option 2b bereits an zentralen Textelementen als überlegen erwiesen worden ist, so lassen sich Drux' Informationen für eine Antwort auf die erste Frage nutzen. Wir vermuten, dass Hoffmann den Protagonisten vor allem aus zwei Gründen Nathanael genannt hat: Zum einen handelt es sich um einen fremdartigen Namen, der von den anderen – Clara, Lothar, Siegmund – deutlich abweicht. Der Autor verwendet ihn, um auf die *Andersartigkeit* dieser Figur hinzuweisen. Was zum anderen die Synonymie „mit dem griech. *Theodor* (‚von Gott geschenkt')" anbelangt, so wäre zunächst bei der biographischen Aufbauarbeit zu klären, dass diese Hoffmann bekannt war und dass er selbst „Nathanael" als Synonym von „Theodor" betrachtet hat, was ja nicht zutreffen muss. Für den Fall, dass sich dies belegen oder zumindest als wahrscheinlich aufweisen ließe, wäre die von Drux als spekulativ angesehene Vermutung durchaus zu erwägen, da sie gut zur überlegenen Option 2b passt. Wir reformulieren (unter dem genannten Vorbehalt) die These wie folgt: Die Figur wird vom Autor nicht nur mit einem beliebigen fremdartigen, sondern speziell mit dem Namen

---

[69] „In Schillers Drama *Die Räuber* (V,1) bittet Franz Moor seinen Diener Daniel, er möge ihn, um seine schuldbeladenen Alpträume zu verscheuchen, ‚derb' auslachen." (Drux: *Erläuterungen und Dokumente: E. T. A. Hoffmann – Der Sandmann*, S. 8) Diese können aber nicht, auch wenn Franz Moor sich das wünscht, durch Auslachen verscheucht werden. Ebenso wenig lässt sich ein realer Dämon auf diese Weise vertreiben.
[70] Drux: *Erläuterungen und Dokumente: E. T. A. Hoffmann – Der Sandmann*, S. 5.
[71] Drux: *Erläuterungen und Dokumente: E. T. A. Hoffmann – Der Sandmann*, S. 5f.

Nathanael versehen, um mittels der Bedeutung „von Gott geschenkt" zu signalisieren, dass der Protagonist in einem besonderen Verhältnis zur Dimension des Übernatürlichen, zu Welt b steht. Zwar kann man innerhalb eines religiös-metaphysischen Überzeugungssystems in gewisser Hinsicht von *allen* Menschen sagen, sei seien von Gott geschenkt bzw. gegeben. Von den auserwählten Menschen, die eine spezifische Sensibilität für jene Dimension besitzen, kann man dies jedoch in einem *speziellen* Sinn sagen: Der Name zeigt demnach an, dass dieser Figur eine besondere Fähigkeit „von Gott geschenkt" wurde, über die keine andere Figur verfügt. Hinzu kommt, dass der derart befähigte Nathanael nach Option 2b vorrangig mit der negativen Seite von Welt b, sprich mit den „Mächte[n] der Finsternis" konfrontiert wird, „die den ‚von Gott Gegebenen' vernichten wollen". Es ist jedoch nicht zu erkennen, dass bereits durch den *Namen* auf diese spezifische Konstellation verwiesen wird; die Bedeutung „von Gott geschenkt" impliziert nicht zwingend „die Mächte der Finsternis in besonderem Maß anziehend". Daher betrachten wir – wie Drux – diese spezielle Deutung als spekulativ, auch aus Mangel an weiteren Daten. Die vorgetragene optionskonforme Interpretation reicht indes für unsere Zwecke völlig aus.

„Außer dem Mittagessen sahen wir, ich und mein Geschwister, Tag über den Vater wenig. Er mochte mit seinem Dienst viel beschäftigt sein." (12)

Diese – wie auch die beiden folgenden – Sätze gehören wiederum zu denen, die für keine der drei Optionen mit Schwierigkeiten verbunden sind.

„Oft erzählte er uns viele wunderbare Geschichten und geriet darüber so in Eifer, daß ihm die Pfeife immer ausging [...]. Oft gab er uns aber Bilderbücher in die Hände, saß stumm und starr in seinem Lehnstuhl und blies starke Dampfwolken von sich, daß wir alle wie im Nebel schwammen." (12)

Wendet man Option 2b an, ergibt sich folgende Deutung: Der Vater hat ein Bündnis mit einem dämonischen Wesen zwecks Herstellung mindestens eines künstlichen Menschen geschlossen. Er leidet offenbar stark unter den Konsequenzen dieses Bündnisses: Steht ein neuerliches Arbeitstreffen bevor, verflüchtigt sich seine sonstige gute Laune: In Erwartung des dämonischen Partners sitzt er „stumm und starr in seinem Lehnstuhl".

„An solchen Abenden war die Mutter sehr traurig und kaum schlug die Uhr neun, so sprach sie: Nun Kinder! – zu Bette! zu Bette! der Sandmann kommt, ich merk' es schon. Wirklich hörte ich dann jedesmal Etwas schweren langsamen Tritts die Treppe heraufpoltern; das mußte der Sandmann sein." (12)

Nach Option 2b ist es wahrscheinlich, dass die Mutter Kenntnis von dem Dämonenbündnis ihres Mannes hat, und offenkundig lehnt sie es ab. Im Vorfeld eines jeden Treffens ist sie daher „sehr traurig". Der Dämon kommt stets um neun Uhr abends; die Mutter will die Kinder möglichst zügig zu Bett bringen, um für sie gefährliche Situationen zu vermeiden, welche durch einen Kontakt mit ihm entstehen könnten. Die Kinder sollen gar nicht wissen, um wen es sich bei dem unliebsamen Besucher handelt (zumal die Mutter weiß, dass sie Coppelius verabscheuen). Um nun zu verhindern, dass die Kinder dem Dämon begegnen, greift die Mutter – anscheinend *immer*, wenn ein Treffen bevorsteht – zu der gängigen Redensart „[Z]u Bette! zu Bette! der Sandmann kommt, ich merk' es schon" als Wink, dass es an der Zeit ist, schlafen zu gehen. Sie führt somit zum Schutz ihrer Kinder ein verbales Ritual ein, das mit einer bestimmten Form des Zu-Bett-Gehens verbunden ist.

Gleichzeitig aber stellt die metaphorische Redewendung „der Sandmann kommt" dem Literalsinn nach einen Hinweis auf einen Besucher dar; die Mutter avisiert also – unwillentlich – die Ankunft des erwarteten realen Gastes, der sich dann auch durch unüberhörbares Poltern ankündigt. Nathanael nimmt nun in Kindermanier (das Verständnis metaphorischer Redeweise entwickelt sich erst mit wachsendem Abstraktionsvermögen) – bestärkt durch das vernehmliche Poltern – die Redewendung der Mutter wörtlich und setzt fortan den abendlichen Besucher mit dem Sandmann gleich. Zwar hat Nathanael zu diesem Zeitpunkt noch keine konkretere Vorstellung von der Gestalt des Sandmanns und weiß noch nicht, dass der Unbekannte ein dämonisches Wesen ist, ihm entgeht jedoch nicht die angespannte Atmosphäre.

„Einmal war mir jenes dumpfe Treten und Poltern besonders graulich; ich frug die Mutter, indem sie uns fortführte: Ei Mama! wer ist denn der böse Sandmann, der uns immer von Papa forttreibt? – wie sieht er denn aus? ‚Es gibt keinen Sandmann, mein liebes Kind, erwiderte die Mutter: wenn ich sage, der Sandmann kommt, so will das nur heißen, ihr seid schläfrig und könnt die Augen nicht offen behalten, als hätte man euch Sand hineingestreut.'" (12f.)

Die Fragen „Ei Mama! wer ist denn der böse Sandmann, der uns immer von Papa forttreibt? – wie sieht er denn aus?" indizieren, dass Nathanael eine neue Entwicklungsstufe erreicht hat. Zuvor hat er die zum Ritual gewordene Redensart der Mutter einfach hingenommen, jetzt aber will er Genaueres über den Besucher erfahren. Für die Mutter entsteht dadurch eine neue Situation. Ihr fällt auf, dass sie, ohne dies beabsichtigt zu haben, stets wahrheitsgemäß Besuch angekündigt, zumindest angedeutet hat, dem die Kinder jedoch unter keinen Umständen begegnen sollen. Ihre Reaktion ist folglich primär von dem Bedürfnis geleitet, Nathanaels kindliche Neugier zu unterbinden; dazu ist ihr jedes Mittel recht, in diesem Fall eine Notlüge. Die Mutter fokussiert daher die metaphorische Sinnebene und bringt die bekannte Geschichte vom (gutartigen) Sandmann ins Spiel.

Dass Nathanaels Frage dadurch nicht wirklich beantwortet wird, fällt der Mutter nicht weiter auf, oder sie nimmt dies einfach in Kauf. Die Erläuterung „[W]enn ich sage, der Sandmann kommt, so will das nur heißen, ihr seid schläfrig und könnt die Augen nicht offen behalten, als hätte man euch Sand hineingestreut" ist angesichts des unüberhörbaren realen Besuchers unstimmig. Entsprechendes gilt für „Es gibt keinen Sandmann, mein liebes Kind". Diese Auskunft macht allein in Bezug auf die fiktive Figur aus der Kindergeschichte Sinn. Das Schläfrigwerden der Kinder wird hier (einem mythischen Denkmuster folgend) als Ergebnis der Aktivität eines Wesens dargestellt, das ihnen abends Sand in die Augen streut, sodass sie diese nicht mehr offenhalten können. Im Hinblick auf den realen Besucher, um den es Nathanael eigentlich zu tun ist, ist die Auskunft eine aus der Not geborene Falschinformation: Die Existenz des als Sandmann bezeichneten Gastes bestätigt ja nicht nur das vernehmliche Poltern, sondern auch das immer wiederkehrende Erwartungsverhalten des Vaters.

Es handelt sich allerdings um einen ungewöhnlichen Besucher, wie das „dumpfe Treten und Poltern" anzeigt, welches mal mehr, mal weniger graulich wirkt. Der abendliche Gast geht die Treppe anders herauf als andere. Aus der Sicht von Option 2b stellt dieses grauliche Poltern ein weiteres *Dämonenindiz* dar.

„Der Mutter Antwort befriedigte mich nicht, ja in meinem kindischen Gemüt entfaltete sich deutlich der Gedanke, daß die Mutter den Sandmann nur verleugne, damit wir uns vor ihm nicht fürchten sollten, ich hörte ihn ja immer die Treppe heraufkommen." (13)

Nathanael spürt, dass ihm nicht die Wahrheit gesagt wurde; er erkennt richtig, „daß die Mutter den Sandmann nur verleugne, damit wir uns vor ihm nicht fürchten sollten". Das Ablenkungsmanöver hat also (aus den bereits genannten Gründen) nicht funktioniert. Nun muss jemand, der zu abendlicher Stunde „schweren langsamen Tritts die Treppe heraufpolter[t]", nicht unweigerlich furchterregend oder gar bedrohlich sein, nur weil die Mutter ihn verleugnet; hat sich aber die dämonologische Deutungsoption als überlegen erwiesen, so drängt sich die Annahme auf, dass Nathanael intuitiv das gefährliche Wesen des Besuchers erfasst. Darin wiederum bekundet sich seine Sensibilität für Welt b.

Hinsichtlich des textprägenden Überzeugungssystems lässt sich die Vermutung anschließen, dass Kinder vom Autor als Wesen gedacht werden, die einen engen Bezug zur Dimension des Übernatürlichen besitzen, welcher ihnen dann im Erwachsenenalter vielfach verlorengeht. Diese Theorie des Kindes teilen viele Künstler, die der Romantik zugerechnet werden.

„*Voll Neugierde, näheres von diesem Sandmann und seiner Beziehung auf uns Kinder zu erfahren, frug ich endlich die alte Frau, die meine jüngste Schwester wartete: was denn das für ein Mann sei, der Sandmann? ‚Ei Thanelchen, erwiderte diese, weißt du das noch nicht? Das ist ein böser Mann, der kommt zu den Kindern, wenn sie nicht zu Bett' gehen wollen und wirft ihnen Händevoll Sand in die Augen, daß sie blutig zum Kopf herausspringen, die wirft er dann in den Sack und trägt sie in den Halbmond zur Atzung für seine Kinderchen; die sitzen dort im Nest und haben krumme Schnäbel, wie die Eulen, damit picken sie der unartigen Menschenkindlein Augen auf.'*" (13)

Nachdem er von seiner Mutter keine befriedigende Antwort in Bezug auf den geheimnisvollen Besucher erhalten hat, erkundigt sich Nathanael bei der Kinderfrau nach dem Sandmann. Diese begegnet seiner Neugier mit der Erzählung einer (zur Durchsetzung des Schlafgebots gedachten) Horrorversion der Kindergeschichte: Während der gutartige Sandmann den Kindern eine *kleine* Menge Sand in die Augen streut, um sie schlafen zu lassen, vollzieht der bösartige einen brutalen Akt, indem er ungehorsamen Kindern, die nicht schlafen wollen, „Händevoll Sand in die Augen [wirft], daß sie blutig zum Kopf herausspringen", und diese einsackt. Die alte Frau greift also – anders als die Mutter, die sich offenbar aufgeklärter Erziehungsmethoden bedient – auf Furchteinflößung als Erziehungsmittel zurück, wie es die sogenannte schwarze Pädagogik vorsieht, die mit Schreckgestalten arbeitet, um Anweisungen der Erwachsenen Nachdruck zu verleihen. Folgerichtig belässt die Kinderfrau Nathanael in dem Glauben, der Sandmann existiere.

Dass die Mutter den abendlichen Besucher indirekt als Sandmann bezeichnet und dass die Kinderfrau die Schauergeschichte erzählt, ist für Option 2b indes kein Zufall. Im Kontext einer Dämonengeschichte, in der es um die – mit einem die Augen betreffenden Problem verbundene – Herstellung künstlicher Menschen geht, verweist das Schreckensmärchen in verschlüsselter Form auf das *wahre Wesen* des als Sandmann apostrophierten Besuchers. Dieser *ist* somit ein bösartiges Wesen von der im Ammenmärchen geschilderten Art;[72] die Wahrheit über ihn wird freilich in *überspitzter* Form vermittelt, die interpretatorisch abzuziehen ist. Der in der Textwelt auftretende reale Dämon ist ein „böser Mann" und potenzieller Augenräuber, aber es trifft nicht zu, dass er „zu den Kindern [kommt], wenn sie nicht zu Bett' gehen wollen", und es stimmt auch nicht, dass er deren Augen seinen als Vögeln vorzustellenden Kindern zuträgt. Dieses schreckenerregende Bild lässt sich jedoch durchaus mit dem realen übernatürlichen Geschehen in Verbindung bringen: Der Dämon will tatsächlich Nathanaels Augen rauben und sie im Rahmen der Herstellung künstlicher Menschen benutzen, welche in einem übertragenen Sinn als „seine Kinderchen" bezeichnet werden können. Die alte Kinderfrau sagt demnach (wie zuvor schon die Mutter) unwillkürlich die Wahrheit, wenngleich in märchenhaft verschlüsselter Form. Der Ausdruck „Sandmann" steht damit für eine die Augen bedrohende (bösartige) höhere Macht.

„*Gräßlich malte sich nun im Innern mir das Bild des grausamen Sandmanns aus; so wie es Abends die Treppe heraufpolterte, zitterte ich vor Angst und Entsetzen. Nichts als den unter*

---

[72] Dazu passt, dass Popanze häufig „schon vorhandene Gestalten des Spuk- und Dämonenglaubens [sind], die dann zunächst *auch*, mit der Zeit aber oft *nur noch* als K[inderschreck] verwandt werden" (F. RANKE: Kinderschreck, Popanz. In: H. BÄCHTOLD-STÄUBLI/E. HOFFMANN-KRAYER (Hg.): Handwörterbuch des deutschen Aberglaubens, Bd. 4: hieb- u. stichfest – knistern. Berlin/Leipzig 1931/32, Sp. 1366–1374, hier Sp. 1367).

4.1 Erster Brief: Nathanael an Lothar

Tränen hergestotterten Ruf: der Sandmann! der Sandmann! konnte die Mutter aus mir herausbringen. Ich lief darauf in das Schlafzimmer, und wohl die ganze Nacht über quälte mich die fürchterliche Erscheinung des Sandmanns." (13)

Da die Kinderfrau – im Gegensatz zur Mutter – nicht deutlich macht, dass sie von einer fiktiven Gestalt spricht, bezieht Nathanael ihre Auskunft auf den realen Besucher. Während der naturalistisch-psychologische Textzugang hier häufig die Entstehung einer Kindheitsneurose oder -psychose konstatiert, die durch die schauerliche Geschichte begünstigt bzw. überhaupt erst hervorgerufen wird, gelangt der supranaturalistisch-dämonologische Ansatz zu einem anderen Ergebnis. Die Erzählung der Kinderfrau führt dazu, dass sich in Nathanaels Innerem das im Kern zutreffende, aber in den Details übersteigerte „Bild des grausamen Sandmanns" ausformt. Nathanael spürt noch intensiver als zuvor, dass eine bedrohliche Macht im Spiel ist. War ihm, wenn „es Abends die Treppe heraufpolterte", schon einmal „graulich", reicht jetzt das Erschrecken viel tiefer – er zittert „vor Angst und Entsetzen", und „die fürchterliche Erscheinung des Sandmanns" quält ihn die ganze Nacht. Die Furcht vor dem mit dem bösartigen Sandmann identifizierten Besucher seines Vaters wird immer mehr zu einem bestimmenden Faktor in seinem Leben. Über eine spätere Entwicklungsphase heißt es:

„Schon alt genug war ich geworden, um einzusehen, daß das mit dem Sandmann und seinem Kindernest im Halbmonde, so wie es mir die Wartefrau erzählt hatte, wohl nicht ganz seine Richtigkeit haben könne; indessen blieb mir der Sandmann ein fürchterliches Gespenst, und Grauen – Entsetzen ergriff mich, wenn ich ihn nicht allein die Treppe heraufkommen, sondern auch meines Vaters Stubentür heftig aufreißen und hineintreten hörte." (13)

Aus der Sicht von Option 2b ergibt sich folgende Deutung: Mit zunehmender Verstandesentwicklung werden Nathanael die märchenhaften Komponenten seines Sandmann-Bilds fragwürdig, und er löst sich von ihnen. Er sieht ein, „daß das mit dem Sandmann und seinem Kindernest im Halbmonde, so wie es [ihm] die Wartefrau erzählt hatte, wohl nicht ganz seine Richtigkeit haben könne". Die zentrale Überzeugung, dass der Besucher seines Vaters „ein fürchterliches Gespenst" bzw. ein Dämon sei, bleibt jedoch erhalten. Die Bemerkung, „das mit dem Sandmann" könne „wohl nicht ganz seine Richtigkeit haben", ist also durchaus wörtlich zu verstehen: Es *hat* seine Richtigkeit, aber eben *nicht ganz; einige* Elemente der kindlichen Vorstellungsweise sind unzutreffend.

„Manchmal blieb er lange weg, dann kam er öfter hintereinander. Jahre lang dauerte das, und nicht gewöhnen konnte ich mich an den unheimlichen Spuk, nicht bleicher wurde in mir das Bild des grausigen Sandmanns. Sein Umgang mit dem Vater fing an meine Fantasie immer mehr und mehr zu beschäftigen: den Vater darum zu befragen hielt mich eine unüberwindliche Scheu zurück, aber selbst – selbst das Geheimnis zu erforschen, den fabelhaften Sandmann zu sehen, dazu keimte mit den Jahren immer mehr die Lust in mir empor." (13 f.)

Die Besuche des geheimnisvollen Unbekannten erfolgen in unregelmäßigen Abständen über mehrere Jahre. Der Heranwachsende verspürt immer stärker das Bedürfnis zu erfahren, wer jener „fabelhafte[ ] Sandmann" ist, wie er aussieht. Insbesondere beschäftigt ihn, was er zusammen mit dem Vater treibt. Nathanaels Scheu, den Vater zu fragen, mag sich daraus erklären, dass er nicht auf ihn einstürmen möchte – zumal ohnehin (eingedenk dessen, dass seine Eltern den Besucher totschweigen) eine ausweichende Antwort zu erwarten ist.

„Der Sandmann hatte mich auf die Bahn des Wunderbaren, Abenteuerlichen gebracht, das so schon leicht im kindlichen Gemüt sich einnistet. Nichts war mir lieber, als schauerliche Geschichten von Kobolten, Hexen, Däumlingen u. s. w. zu hören oder zu lesen; aber obenan stand immer der Sandmann, den ich in den seltsamsten, abscheulichsten Gestalten überall auf Tische, Schränke und Wände mit Kreide, Kohle, hinzeichnete." (14)

Wie stellt sich die Situation gemäß Option 2b dar? Nathanael gehört zu den hoffmannschen Figuren, die eine Verbindung zur übernatürlichen Welt b besitzen; er kommt jedoch mit der *negativen* Seite dieser Dimension in Kontakt, während etwa Anselmus aus *Der goldene Topf* primär deren positive Seite erfährt. Nicht ein gutartiges höheres Wesen (z. B. Gott) wird Nathanaels Lebensmittelpunkt, sondern ein bösartiger Dämon, eine teuflische Gestalt. Diese bringt ihn zwar „auf die Bahn des Wunderbaren, Abenteuerlichen", aber eben von vornherein in einer negativen Form: Nathanael erliegt der Faszination des Bösen. So hört bzw. liest er am liebsten „schauerliche Geschichten", die von dämonischen Wesen wie „Kobolten, Hexen, Däumlingen" handeln, und ist fixiert auf den bösartigen Sandmann. Dieser weckt augenscheinlich auch seine kreativen Kräfte; Nathanael kann nicht anders, als ihn immer wieder in allen Variationen zu zeichnen – sogar auf „auf Tische, Schränke und Wände". Er ist geradezu besessen von der Figur des Sandmanns als einer dämonisch-teuflischen Gestalt.

Diese Ausgangskonstellation kann im Rahmen von Option 2b als Vorausdeutung gelesen werden, dass Nathanaels Kontakt mit der Dimension des Übernatürlichen auf ein dämonisches Wesen beschränkt bleibt und dementsprechend negativ verläuft. Mit einer Wendung zum Guten wäre nur zu rechnen, wenn Nathanael durch eine gutartige höhere Macht (die der bösartigen überlegen sein müsste) unterstützt würde – wie Anselmus von Advokat Lindhorst. Da im *Sandmann* keine derartige Macht auftritt, ist ein negativer Lebensweg Nathanaels wahrscheinlicher als ein positiver.

„*Als ich zehn Jahre alt geworden, wies mich die Mutter aus der Kinderstube in ein Kämmerchen, das auf dem Korridor unfern von meines Vaters Zimmer lag. Noch immer mußten wir uns, wenn auf den Schlag Neun Uhr sich jener Unbekannte im Hause hören ließ, schnell entfernen. In meinem Kämmerchen vernahm ich, wie er bei dem Vater hineintrat und bald darauf war es mir dann, als verbreite sich im Hause ein feiner seltsam riechender Dampf. Immer höher mit der Neugierde wuchs der Mut, auf irgend eine Weise des Sandmanns Bekanntschaft zu machen. [...] Endlich von unwiderstehlichem Drange getrieben, beschloß ich, im Zimmer des Vaters selbst mich zu verbergen und den Sandmann zu erwarten.*" *(14)*

Der Zimmerwechsel eröffnet Nathanael die Möglichkeit, endlich den zum Lebensmittelpunkt gewordenen Sandmann, den geheimnisvollen Unbekannten zu sehen. Der „seltsam riechende[ ] Dampf" verweist auf alchemistische Experimente, nach Option 2b solche zur Herstellung künstlicher Menschen.

„*Leise – leise öffnete ich des Vaters Stubentür. [...] Dicht, dicht vor der Türe ein scharfer Tritt – ein heftiger Schlag auf die Klinke, die Tür springt rasselnd auf! – Mit Gewalt mich ermannend gucke ich behutsam hervor. Der Sandmann steht mitten in der Stube vor meinem Vater, der helle Schein der Lichter brennt ihm ins Gesicht! – Der Sandmann, der fürchterliche Sandmann ist der alte Advokat Coppelius, der manchmal bei uns zu Mittage ißt!*" *(15)*

Für die psychologische Sichtweise zeigt sich an dieser Stelle, dass der vermeintliche Dämon nur ein normaler Mensch ist. Aus dämonologischer Perspektive hingegen ist der Advokat Coppelius ein Dämon in Menschengestalt.

„*Aber die gräßlichste Gestalt hätte mir nicht tieferes Entsetzen erregen können, als eben dieser Coppelius. – Denke Dir einen großen breitschultrigen Mann mit einem unförmlich dicken Kopf, erdgelbem Gesicht, buschigten grauen Augenbrauen, unter denen ein paar grünliche Katzenaugen stechend hervorfunkeln, großer, starker über die Oberlippe gezogener Nase. Das schiefe Maul verzieht sich oft zum hämischen Lachen; dann werden auf den Backen ein paar dunkelrote Flecke sichtbar und ein seltsam zischender Ton fährt durch die zusammengekniffenen Zähne.*" *(15)*

Während Vertreter von Option 1 annehmen, Nathanael dämonisiere einen nicht sonderlich sympathischen Menschen, was auf seine Kindheitsneurose oder -psychose zurückzuführen sei,[73] schlägt Option 2b einen anderen Weg ein: Gemäß der Geschichte der Kinderfrau ist der Sandmann ein bösartiges höheres Wesen. Entpuppt sich nun die – mit dem Sandmann identifizierte – Person, mit der Nathanaels Vater verkehrt, als Advokat Coppelius, so bedeutet dies eben, dass dieser *kein* normaler Mensch, sondern ein dämonisches Wesen in Menschengestalt ist. Die abstoßenden Züge des Advokaten, die Nathanael bereits bekannt sind, gewinnen dadurch eine neue Bedeutung: Sie kennzeichnen Coppelius als Dämon.[74] Nathanael gehen somit die Augen auf, er erkennt das wahre Wesen des Besuchers. Hier zeigt sich wieder eine Parallele zu anderen Erzählungen Hoffmanns mit zweidimensionaler Textwelt. In ihnen sind bösartige höhere Wesen vielfach durch ihre Merkmale als solche zu erkennen – falls man nur genau genug hinsieht und nicht einer verharmlosenden, einer im schlechten Sinn aufgeklärten Sicht der Dinge folgt. Wenn bei Hoffmann jemand einen „unförmlich dicken Kopf", ein „erdgelbe[s] Gesicht", stechende Augen sowie ein „schiefe[s] Maul" hat, wenn diese Person einen „seltsam zischende[n] Ton" von sich gibt, „überhaupt widrig und abscheulich" (15) ist, zudem „große[] knotigte[], haarigte[] Fäuste" besitzt – kurzum, wenn es sich um einen „häßlichen, feindlichen Mann" handelt, der Kindern „recht mit Bedacht und Absicht auch die kleinste Freude" (16) vergällt, dann kann man schon fast sicher sein, ein bösartiges höheres Wesen vor sich zu haben, das Menschengestalt angenommen hat.[75]

„Coppelius erschien immer in einem altmodisch zugeschnittenen aschgrauen Rocke" (15).
Auch Coppelius' Aufmachung passt zu Option 2b, wird doch die Farbe Grau traditionell oft mit dem Teufel verbunden.[76]

„[U]ns Kindern [waren] seine großen knotigten, haarigten Fäuste zuwider, so daß wir, was er damit berührte, nicht mehr mochten. Das hatte er bemerkt und nun war es seine Freude, irgend ein Stückchen Kuchen, oder eine süße Frucht, die uns die gute Mutter heimlich auf den Teller gelegt, unter diesem, oder jenem Vorwande zu berühren, daß wir, helle Tränen in den Augen, die Näscherei, der wir uns erfreuen sollten, nicht mehr genießen mochten vor Ekel und Abscheu." (16)
Bei den Mittagessen hat sich Coppelius bereits als ein widerwärtiger Gast erwiesen; er wird von den Kindern jedoch als *Mensch* mit unsympathischen bis abstoßenden Zügen eingestuft. Offenbar wirkt der Dämon in Advokatsgestalt in solchen Situationen – insbesondere auch für die Kinder – deutlich weniger bedrohlich als an den Abenden, wenn die Experimente zur Herstellung künstlicher Menschen stattfinden; hier erst zeigt sich sein dämonisch-teuflisches Wesen ganz. Sobald Nathanael ihn aber als Dämon entlarvt hat, erscheint Coppelius' Verhalten in einem anderen Licht.

---

[73] Clara setzt in diesem Punkt für viele Vertreter von Option 1 ein Zeichen: „Natürlich verknüpfte sich nun in Deinem kindischen Gemüt der schreckliche Sandmann aus dem Ammenmärchen mit dem alten Coppelius" (21).

[74] Dämonen werden häufig als besonders hässlich vorgestellt; darin manifestiert sich ihre Natur.

[75] Spalanzani ist demgegenüber, wie Nathanaels Vater, ein normaler Mensch, der mit dem Dämon einen Bund geschlossen hat. Damit korrespondiert die unspezifische Beschreibung Spalanzanis: „Ein kleiner rundlicher Mann, das Gesicht mit starken Backenknochen, feiner Nase, aufgeworfnen Lippen [...]." (24) Hinzu kommen jedoch, gewissermaßen als Gefährdungssignale, die „kleinen stechenden Augen" (24) und die Ähnlichkeit mit Cagliostro, einem im 18. Jahrhundert prominenten Abenteurer und Alchemisten.

[76] Vgl. z. B. den grauen Mann in Adelbert von Chamissos Erzählung *Peter Schlemihls wundersame Geschichte* (die Hoffmann im Übrigen kannte; die Titelfigur tritt in seinem Fantasiestück *Die Abenteuer der Sylvester-Nacht* auf).

"Die Mutter schien eben so, wie wir, den widerwärtigen Coppelius zu hassen; denn so wie er sich zeigte, war ihr Frohsinn, ihr heiteres unbefangenes Wesen umgewandelt in traurigen, düstern Ernst." (16)

Für Option 2b liegt es (wie schon ausgeführt) nahe, der Mutter zuzuschreiben, dass sie um das Dämonenbündnis des Vaters weiß; ihr ist bekannt, dass ihr Mann in einem radikalen Sinn auf die schiefe Bahn geraten ist. Bereits bei jedem Mittagessen mit Coppelius wird deshalb „ihr heiteres unbefangenes Wesen umgewandelt in traurigen, düstern Ernst".

"Der Vater betrug sich gegen ihn, als sei er ein höheres Wesen, dessen Unarten man dulden und das man auf jede Weise bei guter Laune erhalten müsse. Er durfte nur leise andeuten und Lieblingsgerichte wurden gekocht und seltene Weine kredenzt." (16)

Nach Option 2b *ist* Coppelius ein bösartiges höheres Wesen, und wenn man, aus welchen Gründen auch immer, ein Bündnis mit einem solchen eingegangen ist, muss man „dessen Unarten [...] dulden" und es „auf jede Weise bei guter Laune erhalten".

"Als ich nun diesen Coppelius sah, ging es grausig und entsetzlich in meiner Seele auf, daß ja niemand anders, als er, der Sandmann sein könne, aber der Sandmann war mir nicht mehr jener Popanz aus dem Ammenmärchen, der dem Eulennest im Halbmonde Kinderaugen zur Atzung holt, – Nein! – ein häßlicher gespenstischer Unhold, der überall, wo er einschreitet, Jammer – Not – zeitliches, ewiges Verderben bringt." (16)

Als Nathanael nun herausbekommt, dass es sich bei dem abendlichen Besucher um den ihm bekannten Advokaten Coppelius handelt, wird ihm bewusst, dass dieser „ein häßlicher gespenstischer Unhold" ist, d.h. ein Dämon. Der Sandmann gewinnt damit Gestalt, freilich nicht in Form des „Popanz aus dem Ammenmärchen": Zieht man die märchenhaften Elemente des kindlichen Sandmann-Bilds ab, so bleibt ein verderbenbringendes höheres Wesen übrig – mit dem Nathanaels Vater verkehrt.

"Mein Vater empfing den Coppelius feierlich. ‚Auf! – zum Werk', rief dieser mit heiserer, schnarrender Stimme und warf den Rock ab. [...] Der Vater öffnete die Flügeltür eines Wandschranks; aber ich sah, daß das, was ich so lange dafür gehalten, kein Wandschrank, sondern vielmehr eine schwarze Höhlung war, in der ein kleiner Herd stand. Coppelius trat hinzu und eine blaue Flamme knisterte auf dem Herde empor. Allerlei seltsames Geräte stand umher. Ach Gott! – wie sich nun mein alter Vater zum Feuer herabbückte, da sah er ganz anders aus. Ein gräßlicher krampfhafter Schmerz schien seine sanften ehrlichen Züge zum häßlichen widerwärtigen Teufelsbilde verzogen zu haben. Er sah dem Coppelius ähnlich." (17)

Das Werk, um das es schon seit einigen Jahren geht, ist das der Herstellung mindestens eines künstlichen Menschen (wie aus den weiteren Ausführungen Nathanaels zu schließen ist). Was das Aussehen des Vaters anbelangt, so gilt nach Option 2b: Wer mit einem Dämon ein Bündnis schließt, wird dadurch selbst in gewisser Hinsicht dämonisch-teuflisch. In der Textwelt führt dies dazu, dass der Vater entsprechende äußerliche Züge annimmt. Aus zuvor „sanften ehrlichen Züge[n]" wird ein „häßliche[s] widerwärtige[s] Teufelsbild[]".

"Mir war es als würden Menschengesichter ringsumher sichtbar, aber ohne Augen – scheußliche, tiefe schwarze Höhlen statt ihrer. ‚Augen her, Augen her!' rief Coppelius mit dumpfer dröhnender Stimme." (17)

Bei der Erschaffung künstlicher Menschen treten offenbar Probleme auf. Der entscheidende Schritt besteht nach Option 2b darin, in die noch augenlosen Gesichter besonders geartete Augen einzusetzen, was eine Verlebendigung der Androiden nach sich ziehen würde. Es ist zu vermuten, dass dieser entscheidende Schritt den beiden Experimentatoren bislang immer wieder misslungen ist.

"Ich kreischte auf von wildem Entsetzen gewaltig erfaßt und stürzte aus meinem Versteck heraus auf den Boden. Da ergriff mich Coppelius, kleine Bestie! – kleine Bestie! meckerte er

4.1 Erster Brief: Nathanael an Lothar

zähnefletschend! – riß mich auf und warf mich auf den Herd, daß die Flamme mein Haar zu sengen begann: ‚Nun haben wir Augen – Augen – ein schön Paar Kinderaugen.' So flüsterte Coppelius, und griff mit den Fäusten glutrote Körner aus der Flamme, die er mir in die Augen streuen wollte." (17)

Die Entdeckung Nathanaels kommt Coppelius gerade recht. Bisher hat er vielleicht nur mit künstlichen Augen gearbeitet, nun gerät die Möglichkeit in den Blick, zur Lösung des Belebungsproblems die Augen eines Kindes zu verwenden. Mit teuflischer Begierde will Coppelius die günstige Gelegenheit nutzen und sich das „schön Paar Kinderaugen" verschaffen.

An dieser Stelle sei an das Ammenmärchen vom bösen Sandmann erinnert, das gemäß Option 2b in märchenhaft-verdrehter Form auf einen die Augen bedrohenden realen Dämon verweist. Die fiktive Schreckgestalt wirft Kindern „Händevoll Sand in die Augen, daß sie blutig zum Kopf herausspringen" (13); der reale Dämon Coppelius will auf durchaus vergleichbare Weise dem Kind „glutrote Körner [...] in die Augen streuen", sodass diese entnommen und für die Herstellung der Androiden verwendet werden können. Das Ammenmärchen birgt somit auch in dieser Hinsicht einen wahren Kern.

„Da hob mein Vater flehend die Hände empor und rief: Meister! Meister! laß meinem Nathanael die Augen – laß sie ihm! Coppelius lachte gellend auf und rief: ‚Mag denn der Junge die Augen behalten und sein Pensum flennen in der Welt [...].'" (17)

Der Vater scheint bis zu diesem Zeitpunkt alles für das gemeinsame Projekt und für seinen Meister getan zu haben. Jetzt aber hat Coppelius mit dem Bestreben, die Augen seines Sohnes für das Werk zu benutzen, eine Grenze überschritten. An diesem Punkt macht der Vater nicht mehr mit.

Nathanaels Augen scheinen jedoch für die Herstellung eines lebendigen künstlichen Menschen in besonderem Maß geeignet zu sein. Bedenkt man den weiteren Handlungszusammenhang, wie er in Kapitel 3.4 bereits interpretiert worden ist, so kann man sagen, dass Coppelius zwar in der gegenwärtigen Situation Nathanael die Augen lässt, den Plan, sie zur Verlebendigung eines Androiden zu benutzen, indes keineswegs aufgibt, sondern ihn später (in veränderter Form) erneut aufgreift und dann auch realisiert.

Spekulative Ergänzung[77]: Es ist denkbar, dass Coppelius bereits in *dieser* Situation die Möglichkeit anvisiert, Nathanaels Augen zu einem späteren Zeitpunkt auf andere Weise zur Belebung eines künstlichen Menschen zu verwenden. Einen Anhaltspunkt dafür liefert der Text allerdings nicht. Wahrscheinlicher ist dagegen, dass Coppelius erst später auf diesen Gedanken verfällt – nach dem Tod von Nathanaels Vater, als er sich daranmacht, das Ziel der Androidenherstellung in neuer Form zu verfolgen.

Nun zu einer der Passagen, bei deren Deutung der Optionenkonflikt vielleicht am deutlichsten hervortritt:

„‚[...] aber nun wollen wir doch den Mechanismus der Hände und der Füße recht observieren.' Und damit faßte er mich gewaltig, daß die Gelenke knackten, und schrob mir die Hände ab und die Füße und setzte sie bald hier, bald dort wieder ein. ,'s steht doch überall nicht recht! 's gut so wie es war! – Der Alte hat's verstanden!' So zischte und lispelte Coppelius; aber alles um mich her wurde schwarz und finster, ein jäher Krampf durchzuckte Nerv und Gebein – ich fühlte nichts mehr." (17f.)

Für den psychologischen Textzugriff, der von einer natürlichen Textwelt ausgeht, ist von vornherein klar, dass es sich hier nur um eine (krankhafte) Phantasie handeln kann. Rich-

---

[77] Solche Ergänzungen führen die sich aus dem Ansatz 2b ergebende Interpretation weiter; sie werden aber nicht von den Texttatsachen gestützt. Ihre Aufgabe besteht darin, unsere dämonologische Deutung *abzurunden*.

tig ist, dass das Geschilderte, wenn man vor dem Hintergrund des verfügbaren empirischen Wissens argumentiert, als unmöglich gelten muss; in einer natürlich organisierten Textwelt kann sich so etwas ebenso wenig ereignen wie in der Erfahrungswirklichkeit. Menschliche Hände und Füße sind nicht wie Maschinenteile montierbar, die Rede vom Abschrauben und Wiedereinsetzen müsste als Umschreibung für eine gewaltsame Abtrennung der Körperteile angesehen werden, für einen Vorgang also, den der Betroffene wohl nicht überleben könnte.

Der dämonologische Textzugriff argumentiert anders: In einer Textwelt mit übernatürlichen Komponenten ist im Prinzip alles möglich – gerade auch das, was im Licht empirischen Wissens als *unmöglich* betrachtet werden muss. Die Textwelt ist Option 2b zufolge so konstruiert, dass es in ihr faktisch möglich ist, „den Mechanismus der Hände und der Füße" in der dargestellten Form zu „observieren"; der Mensch erscheint als ein vom „Alte[n]"[78], d. h. von Gott geschaffenes maschinenähnliches Wesen, bei dem Hände und Füße ab- und angeschraubt werden können. Entscheidend für die göttliche Schöpfung ist jedoch, dass diesem Mechanismus der göttliche Odem eingehaucht wird (womit die Beseelung einhergeht). Der Dämon ist nun – in Verbindung mit einem technisch kompetenten Menschen – bestrebt, einen künstlichen Menschen zu erschaffen, d. h., er will die Schöpfung Gottes, verstanden als eine Art göttlicher Maschinenbaukunst, nachahmen. Hierfür fertigt er zunächst einen anthropomorphen Mechanismus nach dem Vorbild der göttlichen Schöpfung,[79] vermag ihn aber (noch) nicht zu beleben. Nathanaels Augen wären für Coppelius eine – möglicherweise die einzige – Chance gewesen, zusammen mit dem Vater einen lebendigen künstlichen Menschen zu erschaffen und es somit Gott annäherungsweise gleichzutun.[80] – Vor diesem Hintergrund sind die Ausführungen Nathanaels, die bei Option 1 unter Einbildungsverdacht stehen, als korrekte Kindheitserinnerungen zu werten.

„*Ein sanfter warmer Hauch glitt über mein Gesicht, ich erwachte wie aus dem Todesschlaf, die Mutter hatte sich über mich hingebeugt. ‚Ist der Sandmann noch da?' stammelte ich. ‚Nein, mein liebes Kind, der ist lange, lange fort, der tut dir keinen Schaden!' [...] Genug! – ich war bei der Lauscherei entdeckt, und von Coppelius gemißhandelt worden. Angst und Schrecken hatten mir ein hitziges Fieber zugezogen, an dem ich mehrere Wochen krank lag. ‚Ist der Sandmann noch da?' – Das war mein erstes gesundes Wort und das Zeichen meiner Genesung, meiner Rettung."* (18)

---

[78] „Mit ‚der Alte' redet Mephistopheles den Herrn an (Goethe, *Faust I*, V. 350), was wiederum die Nähe des Coppelius zu den Höllengeistern anzeigt." (DRUX: *Erläuterungen und Dokumente: E. T. A. Hoffmann – Der Sandmann*, S. 16)

[79] Coppelius' Prüfung von Nathanaels Körper kann als Hinweis darauf verstanden werden, dass seine eigene Arbeit noch nicht perfekt ist. Er muss allerdings zugeben, dass Gottes Kreation bereits optimal ist: „Der Alte hat's verstanden!"

[80] Eine Seele kann der Dämon seinem Geschöpf indes nicht verleihen; was er im günstigsten Fall leisten kann, ist eine *Schöpfung minderer Art*: Mittels geeigneter Augen kann er einen Androiden zwar dergestalt verlebendigen, dass er von vielen Menschen als ihresgleichen akzeptiert wird, doch zu einer *Beseelung* kommt es dadurch nicht. Zu unterscheiden ist demnach zwischen einer vollwertigen Schöpfung (mit Seele) und einer minderwertigen Schöpfung (ohne Seele), wie sie Coppelius nach unserer in Kapitel 3 ausgeführten Deutung bei Olimpia durch Einsatz magischer Mittel gelingt. Wir nehmen im Unterschied zu einigen anderen Interpreten also nicht einschränkungslos an, dass „die Augen für die Seele [stehen], die sich in ihnen spiegelt" (DRUX: *Erläuterungen und Dokumente: E. T. A. Hoffmann – Der Sandmann*, S. 15).

4.1 Erster Brief: Nathanael an Lothar

Infolge von Coppelius' brutalen Aktivitäten ist Nathanael in Ohnmacht gefallen. Das weitere Geschehen lässt sich unter Berücksichtigung obiger Informationen folgendermaßen rekonstruieren: An die Ohnmacht schließt sich „ein hitziges Fieber" an, welches Nathanael über mehrere Wochen in einem Dämmerzustand hält, aus dem er „wie aus dem Todesschlaf" erwacht. Seine erste gesunde Äußerung lautet: „Ist der Sandmann noch da?" Dass er sich auf diese Weise äußert, ist „das Zeichen [s]einer Genesung, [s]einer Rettung".

Es fällt auf, dass die Mutter keinerlei Tendenz zeigt, ihre frühere Linie „Es gibt keinen Sandmann, mein liebes Kind" (12 f.) fortzusetzen. Stattdessen versichert sie Nathanael, der Sandmann sei schon „lange, lange fort" und könne ihm daher nicht (mehr) schaden. Diese Kehrtwende ist vermutlich darauf zurückzuführen, dass die Mutter ihren soeben genesenen Sohn in Sicherheit wiegen will; da sie aufgrund seines früheren Verhaltens weiß, auf wen sich seine Frage bezieht,[81] und es angesichts seines Zusammenstoßes mit Coppelius keinen Sinn mehr macht, dessen Existenz zu leugnen, greift die Mutter Nathanaels Bezeichnung des abendlichen Besuchers einfach auf, um das leidige Thema so schnell wie möglich zu beenden.

„Nur noch den schrecklichsten Moment meiner Jugendjahre darf ich Dir erzählen; dann wirst Du überzeugt sein, daß es nicht meiner Augen Blödigkeit ist, wenn mir nun alles farblos erscheint, sondern, daß ein dunkles Verhängnis wirklich einen trüben Wolkenschleier über mein Leben gehängt hat, den ich vielleicht nur sterbend zerreiße." (18)

Nathanael kommt hier auf die bereits zu Beginn seines Briefes formulierte Befürchtung zurück, Lothar und Clara könnten ihn für einen „aberwitzigen Geisterseher" (11) halten und seine Furcht als „rechte Kinderei[]" (12) abtun. Diese Befürchtung artikuliert er nun erneut in anderer Form: Ihm erscheint gegenwärtig „alles farblos", er ahnt, dass er es mit einem „dunkle[n] Verhängnis" zu tun hat, dem er sich nicht entziehen kann. Aus der Sicht von Option 2b trügen Nathanael seine Ahnungen nicht: Er ist der dämonischen Macht letztlich schutzlos ausgeliefert. Um Lothar definitiv zu überzeugen, dass er sich die geschilderten Zusammenhänge nicht bloß (krankhaft) eingebildet hat, berichtet er vom Tod des Vaters, dem „schrecklichsten Moment [s]einer Jugendjahre".

„Coppelius ließ sich nicht mehr sehen, es hieß, er habe die Stadt verlassen. Ein Jahr mochte vergangen sein, als wir der alten unveränderten Sitte gemäß Abends an dem runden Tische saßen. Der Vater war sehr heiter und erzählte viel Ergötzliches von den Reisen, die er in seiner Jugend gemacht. Da hörten wir, als es Neune schlug, plötzlich die Haustür in den Angeln knarren und langsame eisenschwere Schritte dröhnten durch den Hausflur die Treppe herauf. ,Das ist Coppelius', sagte meine Mutter erblassend. ,Ja! – es ist Coppelius', wiederholte der Vater mit matter gebrochener Stimme. Die Tränen stürzten der Mutter aus den Augen. ,Aber Vater, Vater! rief sie, muß es denn so sein?' ,Zum letztenmale!' erwiderte dieser, ,zum letztenmale kommt er zu mir, ich verspreche es dir. [...]'" (18 f.)

Für Option 2b liegt folgende Hypothese nahe: Der Vater hat sich nach der massiven Bedrohung seines Sohnes seitens Coppelius mutmaßlich von seinem Partner abgewandt und eine weitere Zusammenarbeit verweigert – in der Hoffnung, das Bündnis sei damit hinfällig. Dass Coppelius sich etwa ein Jahr lang nicht mehr blicken lässt und das Gerücht, dieser habe „die Stadt verlassen", bestärken den Vater in der Ansicht, nun sei wieder alles in Ordnung, wie vor dem Bündnis, was dazu führt, dass er seine frühere Heiterkeit wiedergewinnt. Es wird sich jedoch zeigen, dass sich ein Dämon eine einseitige Vertragskündigung nicht einfach gefallen lässt.

---

[81] „[S]o wie es Abends die Treppe heraufpolterte, zitterte ich vor Angst und Entsetzen. Nichts als den unter Tränen hergestotterten Ruf: der Sandmann! der Sandmann! konnte die Mutter aus mir herausbringen." (13)

Hat Coppelius sein Kommen angekündigt oder kommt er überraschend? Das geht aus dem Text nicht eindeutig hervor. Berücksichtigt man aber die bisherigen Informationen, so muss Letzteres als wahrscheinlicher gelten. Früher verhielt es ja wie folgt: An normalen Abenden erzählte der Vater den Kindern „viele wunderbare Geschichten und geriet darüber [...] in Eifer"; erwartete er hingegen Coppelius, so saß er „stumm und starr in seinem Lehnstuhl" (12). Hätte Coppelius sein Kommen angekündigt, wäre demnach zu erwarten gewesen, dass der Vater gerade *nicht* „sehr heiter" ist und „viel Ergötzliches" von seinen früheren Reisen erzählt. Daher ist anzunehmen, dass der Besuch diesmal überraschend stattfindet. Aus der Ankunftszeit („als es Neune schlug") und den „langsame[n] eisenschwere[n] Schritte[n]" – wie es Coppelius' gewohntem Auftreten entspricht – können die Mutter und der Vater unmittelbar schließen, dass es sich bei dem Besucher um Coppelius handelt. – Nebenbei ist festzuhalten, dass die Mutter hier die „langsame[n] eisenschwere[n] Schritte" erstmals explizit mit *Coppelius* in Verbindung bringt.

Dass der Vater auf die verzweifelte Frage der Mutter erwidert: „[Z]um letztenmale kommt er zu mir, ich verspreche es dir", lässt sich unter Rückgriff auf die zuvor aufgestellte Hypothese erklären: Der Vater hat sich nach der Bedrohung seines Sohnes von Coppelius distanziert. Nachdem seine Erwartung, dass die ganze Angelegenheit damit erledigt sei, durch Coppelius' erneutes Erscheinen enttäuscht worden ist, nimmt er sich nun wohl vor, in einem letzten Gespräch das Bündnis explizit aufzukündigen und dezidiert zu artikulieren, dass weitere Besuche unerwünscht sind. Aus den anschließenden Ausführungen Nathanaels geht hervor, dass Coppelius und der Vater an diesem Abend ein weiteres (und letztes) Mal experimentieren. Dieser Tatbestand kann mittels folgender Hypothese problemlos in die Deutung gemäß Option 2 integriert werden: Coppelius lässt sich nicht einfach abwimmeln; er erklärt sich aber bereit, die Kündigung des Kooperationsvertrags zu akzeptieren, wenn der Vater seinerseits willens ist, ein allerletztes Mal mit ihm zu experimentieren. Darauf lässt sich der Vater ein.

„Mir war es, als sei ich in schweren kalten Stein eingepreßt – mein Atem stockte! [...] [V]on unbeschreiblicher innerer Angst und Unruhe gequält, konnte ich kein Auge zutun. Der verhaßte abscheuliche Coppelius stand vor mir mit funkelnden Augen und lachte mich hämisch an, vergebens trachtete ich sein Bild los zu werden." (19)

Nathanael spürt die Bedrohlichkeit der Situation, die nach Option 2b eine *numinose* Bedrohlichkeit ist, denn er ahnt oder weiß ja, dass Coppelius ein Dämon in Menschengestalt ist.

„Es mochte wohl schon Mitternacht sein, als ein entsetzlicher Schlag geschah, wie wenn ein Geschütz losgefeuert würde. [...] ‚Das ist Coppelius' rief ich entsetzt und sprang aus dem Bette. [...] Vor dem dampfenden Herde auf dem Boden lag mein Vater tot mit schwarz verbranntem gräßlich verzerrtem Gesicht, um ihn herum heulten und winselten die Schwestern – die Mutter ohnmächtig daneben! – ‚Coppelius, verruchter Satan, du hast den Vater erschlagen!' – So schrie ich auf; mir vergingen die Sinne." (19)

Es ist denkbar, dass der Vater beim Experimentieren durch einen unglücklichen Zufall zu Tode kommt, angesichts der in Kapitel 3.3 erwiesenen Überlegenheit des dämonologischen Ansatzes muss dies jedoch als unwahrscheinlich gelten. Die gezielte Tötung durch Herbeiführung einer Explosion fügt sich zwanglos in die dämonologische Interpretation ein. Dementsprechend gibt Option 2b Nathanael Recht: Coppelius *ist* für den Tod des Vaters verantwortlich.[82] Auf welche Weise er den Vater tötet, lässt sich dem Text nicht entnehmen. Zu vermuten ist, dass er durch bestimmte Manipulationen beim Experimentieren absichtlich einen „entsetzliche[n] Schlag" auslöst, „wie wenn ein Geschütz losgefeuert

---

[82] Auch die Mutter beschuldigt Coppelius, ihren Mann auf dem Gewissen zu haben (vgl. 34).

würde". Die vorsätzliche Tötung des Vaters passt zu dem eben Dargelegten: Coppelius erklärt sich bereit, die Aufkündigung des Bündnisses zu akzeptieren, unter der Bedingung, dass der Vater noch einmal mit ihm experimentiert. Das ist freilich nur ein *Vorwand*; Coppelius' *eigentliches* Ziel ist es, den Vater für seine Abtrünnigkeit mit dem Tod zu bestrafen. Diesen Plan setzt er dann auch erfolgreich um. Dass der tote Vater „mit schwarz verbranntem gräßlich verzerrtem Gesicht" auf dem Boden vor dem Alchemistenherd liegt, steht ebenfalls im Einklang mit Option 2b: Beim Experimentieren haben sich dessen Gesichtszüge wieder „zum häßlichen widerwärtigen Teufelsbilde" (17) verzogen (vgl. Nathanaels Beobachtung) und sind nun im Tod erstarrt.

Nathanael bezeichnet Coppelius in dieser Situation der seelischen Erschütterung als „verruchte[n] Satan". Für Option 1 ist das lediglich eine Invektive, folgt man Option 2b, ist seine Bezeichnung durchaus zutreffend: Coppelius ist *tatsächlich* ein satanisches Wesen. Insofern ist Nathanaels neuerliche Ohnmacht nicht einfach nur als natürlich zu erklärende Reaktion auf bestimmte Ereignisse – hier den Tod des Vaters – auszulegen, sondern als Reaktion auf die bedrohlichen Aktivitäten eines *übernatürlichen* Wesens (das Menschengestalt angenommen hat), d. h. auf eine numinose Macht.

„Als man zwei Tage darauf meinen Vater in den Sarg legte, waren seine Gesichtszüge wieder mild und sanft geworden, wie sie im Leben waren. Tröstend ging es in meiner Seele auf, daß sein Bund mit dem teuflischen Coppelius ihn nicht ins ewige Verderben gestürzt haben könne." (19)

Der Vater nimmt im Tod wieder seine ursprünglichen „sanften ehrlichen Züge" (17) an. Diese wundersame Verwandlung lässt sich wiederum mit der übernatürlichen Komponente der Textwelt in Verbindung bringen. Eine Deutung dieses Passus nach Option 2b benötigt allerdings zusätzliche Annahmen (welche die Texttatsachen nahelegen): In der Textwelt existiert neben der negativen eine positive höhere Macht, eine göttliche Instanz – wie diese auch konkret gedacht sein mag; während aber die dämonische Macht massiv in das Geschehen eingreift, wirkt die göttliche nur im Hintergrund. Der Vater hat sich durch die Aufkündigung der Kooperation mit Coppelius, die den Status eines Teufelspakts besitzt,[83] vom Bösen ab- und damit wieder, zumindest ansatzweise, dem Guten zugewandt. Seine Entscheidung, in die göttliche Ordnung zurückzukehren, wird von der positiven höheren Macht honoriert, indem die die Teufelsverfallenheit anzeigenden grässlich verzerrten Gesichtszüge nach dem Tod getilgt werden: Diese sind „wieder mild und sanft geworden". Durch den Sinneswandel vermeidet es der Vater, sein Seelenheil endgültig zu verspielen. So ist in der Tat anzunehmen, „daß sein Bund mit dem teuflischen Coppelius ihn nicht ins ewige Verderben gestürzt", sondern dass die göttliche Instanz seine Abkehr vom Bösen belohnt hat. Diese Vorstellung ist für Nathanael in dieser Situation ein großer Trost.

„Die Explosion hatte die Nachbarn geweckt, der Vorfall wurde ruchbar und kam vor die Obrigkeit, welche den Coppelius zur Verantwortung vorfordern wollte. Der war aber spurlos vom Orte verschwunden." (19)

Dass die Obrigkeit Coppelius zur Rechenschaft ziehen will, deutet darauf hin, dass es Gründe dafür gibt, ihm eine aktive Beteiligung am Tod des Vaters zuzuschreiben. Coppelius' spurloses Verschwinden mag daher darauf zurückzuführen sein, dass er sich durch Flucht der Verantwortung entzieht.

„Wenn ich Dir nun sage, mein herzlieber Freund! daß jener Wetterglashändler eben der verruchte Coppelius war, so wirst Du mir es nicht verargen, daß ich die feindliche Erscheinung

---

[83] „Als eine Art Pakt mit dem Teufel, mit dem er ja den Coppelius des öfteren identifiziert [...], sieht Nathanael hier dessen Kollaboration mit dem Vater." (DRUX: *Erläuterungen und Dokumente: E. T. A. Hoffmann – Der Sandmann*, S. 17)

als schweres Unheil bringend deute. Er war anders gekleidet, aber Coppelius Figur und Gesichtszüge sind zu tief in mein Innerstes eingeprägt, als daß hier ein Irrtum möglich sein sollte." (20)

Nach Option 2b schätzt Nathanael die Lage grundsätzlich richtig ein, mag er sich auch in einzelnen Punkten täuschen. Er erkennt zutreffend, „daß jener Wetterglashändler eben der verruchte Coppelius war", und deutet „die feindliche Erscheinung" richtig als unheilvoll. Demnach hat der Dämon seine menschliche Gestalt geändert; er hat sich von Coppelius in Coppola verwandelt. Klärungsbedürftig ist nun einerseits, welche Motive Coppelius für sein erneutes Auftreten hat, und andererseits, weshalb er dabei keine bessere, d. h. für Nathanael weniger leicht durchschaubare Metamorphose wählt:

1. Es ist wahrscheinlich, dass der Dämon in der von Nathanael beschriebenen Experimentiersituation zum ersten Mal die Möglichkeit ins Auge fasst, das bei der Herstellung eines künstlichen Menschen aufgetauchte Belebungsproblem durch die Verwendung der Augen eines Kindes – und zwar speziell der Augen Nathanaels – zu bewältigen, die dafür in besonderem Maße geeignet zu sein scheinen. Mehr noch: Von den in der Textwelt auftretenden Figuren besitzt offenbar *nur* Nathanael für die Lösung des Problems geeignete Augen, was mit seiner Sensibilität für Welt b in Verbindung gebracht werden kann. Nathanaels Vater verhindert, dass Coppelius seinen ursprünglichen Plan verwirklichen kann, aber es besteht Anlass zu der Vermutung, dass er diesen keineswegs ganz aufgibt. Ferner ist anzunehmen, dass Coppelius, nachdem das Bündnis mit Nathanaels Vater zerbrochen ist, überlegt, wie er sein Ziel, künstliche Menschen zu erschaffen, anderweitig realisieren kann. Da er diesen Plan augenscheinlich nicht ganz aus eigener Kraft in die Tat umzusetzen vermag, benötigt er einen neuen Partner, den er dann auch in Spalanzani findet. Als Coppelius Nathanael in Gestalt des Coppola aufsucht, besteht das Bündnis mit Spalanzani wohl schon einige Zeit. Die Herstellung der künstlichen Frau Olimpia ist bereits weit vorangeschritten – Spalanzani arbeitet seit zwanzig Jahren an der Androide –, und wiederum tritt das Problem mit den Augen (verbunden mit dem der Belebung) auf, das bewältigt werden muss, um einen als echter Mensch durchgehenden Automaten herstellen zu können. Spätestens in diesem Zusammenhang dürfte Coppelius/Coppola sich daran erinnert haben, dass Nathanael über geeignete Augen verfügt. Die Kontaktaufnahme mit Nathanael dient also dazu, ihn und speziell seine Augen zur Verlebendigung der Androide zu benutzen. Das Nutzungskonzept hat sich, wie bereits in Kapitel 3.4 dargelegt, in der Zwischenzeit allerdings verändert; Coppelius/Coppola plant nicht mehr, Nathanael die Augen zu *entnehmen*, um sie dann der Androide einzusetzen. Stattdessen verfolgt er einen magischen Sehkraft- und Lebendigkeitstransfer über das Perspektiv, der gewissermaßen eine moderne, technisierte Version seines ursprünglichen Konzepts darstellt.

2. Dass der Dämon keine für Nathanael weniger leicht zu durchschauende Erscheinungsform wählt, kann nach Option 2b zwei Gründe haben. Zum einen handelt es sich offenkundig (wie für solche Wesen typisch) um einen Dämon mit begrenzten Fähigkeiten;[84] dies könnte auch seine Verwandlungsfähigkeit betreffen, daher erhalten sich bei allen Metamorphosen „Figur und Gesichtszüge". Zum anderen ist es recht wahrscheinlich, dass die durchsichtige Verwandlung intendiert, mithin Teil von Coppelius' Plan ist. Diese Hypothese formen wir noch etwas weiter aus: Der Dämon verwandelt sich gezielt so in den Wetterglashändler, dass Nathanael in ihm den „verruchte[n] Coppelius" erkennen *muss*, um ihm zu signalisieren, dass er wieder da ist und es auf ihn abgesehen hat. Er *will* somit

---

[84] Seine Machtbegrenztheit kommt besonders darin zum Ausdruck, dass er zur Androidenherstellung die Hilfe eines Menschen benötigt. Zudem dürfte die Belebung des künstlichen Menschen für einen omnipotenten Dämon kein Problem sein.

Nathanael eine entsetzliche Erfahrung mit „tödliche[m] Eindruck" bereiten, in ihm „[d]unkle Ahnungen eines gräßlichen [ihm] drohenden Geschicks" (11) hervorrufen; er will ihn *wissen lassen*, dass ihm „schweres Unheil" bevorsteht. (Über seine Beweggründe hierfür gibt der Text jedoch keine Auskunft.) Dass es *auch* darum geht, Nathanaels Augen für die Herstellung einer künstlichen Frau zu benutzen, bleibt diesem freilich völlig verborgen.

„Zudem hat Coppelius nicht einmal seinen Namen geändert. Er gibt sich hier, wie ich höre, für einen piemontesischen Mechanicus aus, und nennt sich Giuseppe Coppola. Ich bin entschlossen, es mit ihm aufzunehmen und des Vaters Tod zu rächen, mag es denn nun gehen wie es will." (20)

Nathanaels Bemerkung, „Coppelius [habe] nicht einmal seinen Namen geändert", ist nicht wörtlich zu verstehen; das verdeutlicht bereits der folgende Satz. Die Äußerung ist demnach anders aufzufassen: Coppelius hat sich dergestalt in Coppola verwandelt, dass er für Nathanael als Coppelius erkennbar bleibt; damit korrespondiert, dass er einen neuen Namen angenommen hat, der seinem früheren stark *ähnelt*. Es sieht aber so aus, als ob er sich Nathanael nicht selbst vorgestellt hat, denn der Zusatz „wie ich höre" deutet an, dass Nathanael sich hinsichtlich dieser Mitteilung auf andere beruft; folglich hat er nach dem Besuch des Wetterglashändlers Erkundigungen über diesen eingezogen.

Nathanael ist entschlossen, Coppelius die Stirn zu bieten und „des Vaters Tod zu rächen, mag es denn nun gehen wie es will". Vermutlich fasst er den Rachegedanken nicht erst jetzt, nach dem Besuch Coppolas, sondern bereits beim Tod des Vaters. Der Ausruf „Coppelius, verruchter Satan, du hast den Vater erschlagen!" (19) kann leicht dahin gehend ausgelegt werden, dass er den Rachegedanken impliziert.

Spekulative Ergänzung: Gesetzt den Fall, dass Coppelius um Nathanaels Verlangen nach Rache weiß, würde sich hieraus ein weiteres Motiv dafür ergeben, dass er – in veränderter Gestalt – erneut den Kontakt zu Nathanael sucht: Er will den Kampf mit dem Rachedurstigen relativ offen aufnehmen und ihm zeigen, wer der Mächtigere ist – er will ihn letztlich *vernichten*. Dem dämonischen Wesen, das künstliche Menschen erschaffen und damit Gott Konkurrenz machen will, ist es durchaus zuzutrauen, nicht nur Nathanaels Vater (für dessen Ungehorsam, also die Weigerung, die Augen seines Kindes herzugeben, und/oder die Abtrünnigkeit), sondern auch Nathanael (für dessen Racheabsichten) bestrafen zu wollen. Ein echter Dämon lässt sich ein solches Aufbegehren nicht bieten.[85] Im Übrigen ist nicht auszuschließen, dass Coppelius – gemäß seiner Dämonennatur – aus reinem Sadismus handelt.

In diesem Zusammenhang ist noch ein weiterer Punkt von Bedeutung: Nathanael will offenbar *allein* dem „verruchte[n] Coppelius" entgegentreten. Verfügt der Gegner indes, anders als Nathanael selbst, über supranaturalistische Kräfte, so muss der Rachefeldzug von vornherein als wenig aussichtsreich gelten, zumal Nathanael auffälligerweise keine Anstalten macht, sich der Unterstützung einer positiven höheren Macht zu versichern.[86] Dieses übersteigerte Vertrauen auf die eigenen Kräfte trägt nach Option 2b maßgeblich zu seinem Untergang bei, denn nur mithilfe einer positiven höheren Macht hätte Nathanael seinen Gegner besiegen können. Da er aber im Kampf gegen den Dämon allein auf sich baut, ist sein Schicksal bereits besiegelt; er kämpft auf verlorenem Posten.

---

[85] Das würde erklären, warum Coppelius nicht die Mutter und die Schwestern attackiert: Diese hegen anscheinend keine Rachegedanken.

[86] Dass er mit der Existenz einer göttlichen Macht rechnet, lässt sich indirekt daraus ableiten, dass ihn die Vorstellung tröstet, das Dämonenbündnis des Vaters habe diesen „nicht ins ewige Verderben gestürzt" (19).

Anhand dieser Überlegungen lässt sich wiederum die Ausgangshypothese über das textprägende Überzeugungssystem des Autors präzisieren, wonach Hoffmann eine religiösmetaphysische Weltauffassung näher zu bestimmender Art zuzuschreiben ist: Sperrt sich der Mensch – vor allen Dingen der besonders befähigte, der einen Zugang zur Dimension des Übernatürlichen besitzt – gegen die positive höhere Macht, so läuft er Gefahr, entweder dem Bösen zu *verfallen* (wie, zumindest phasenweise, Nathanaels Vater) oder, im Falle eines Aufbegehrens, der negativen höheren Macht zu *unterliegen* (wie Nathanael). Der Mensch, insbesondere der mit einer Sensibilität für Welt b begabte, sollte daher stets die Verbindung zum Göttlichen wahren, um im Schutzbereich dieser Instanz zu bleiben.

„Der Mutter erzähle nichts von dem Erscheinen des gräßlichen Unholds" (20).

Bekanntlich verabscheut die Mutter Coppelius, zumal sie ihm – wie Nathanael – (nach Option 2b zu Recht) die Schuld am Tod ihres Mannes anlastet. Hätte sie vom „Erscheinen des gräßlichen Unholds" erfahren, so hätte dies sie stark beunruhigt, und das will Nathanael ihr ersparen. In gewisser Hinsicht verhält er sich damit ähnlich wie einst die Mutter mit ihrem „Es gibt keinen Sandmann, mein liebes Kind" (12 f.). Diese wollte ihren Sohn durch eine Notlüge davon abbringen nachzuforschen, wer den Vater abends besucht, um zu verhindern, dass er mit dem Dämon zusammentrifft. Auf ähnliche Weise will Nathanael jetzt die Mutter schützen, indem er ihr *verschweigt*, dass der Dämon wieder aufgetaucht ist.

4.2 Zweiter Brief: Clara an Nathanael

„Wahr ist es, daß Du recht lange mir nicht geschrieben hast, aber dennoch glaube ich, daß Du mich in Sinn und Gedanken trägst. Denn meiner gedachtest Du wohl recht lebhaft, als Du Deinen letzten Brief an Bruder Lothar absenden wolltest und die Aufschrift, statt an ihn, an mich richtetest. Freudig erbrach ich den Brief und wurde den Irrtum erst bei den Worten inne: Ach mein herzlieber Lothar!" (20)

Wie in Kapitel 1 ausgeführt, konzentriert sich die Basis-Interpretation bei der Erklärung des Textbestands zuerst stets auf den Text; mithin ist es *verboten*, die Texttatsache, dass Nathanael ein Versehen beim Adressieren seines Briefs unterläuft, sogleich mithilfe der Psychoanalyse oder einer anderen vom *Interpreten* favorisierten psychologischen Theorie zu erklären – vielmehr ist nach den expliziten oder impliziten psychologischen Annahmen des *Autors* zu fragen, die sich textprägend ausgewirkt haben. Wir vermuten, dass zu Hoffmanns psychologischen Anschauungen die Überzeugung gehört, es könne passieren, dass jemand in einer angespannten Situation einen Brief falsch adressiert, weil er bei dessen Abfassung an jemand anders gedacht hat.[87] Diese Hypothese reicht zur befriedigenden Erklärung des Textelements aus; das Heranziehen zusätzlicher Annahmen, die aus später entwickelten Theorien stammen, ist daher überflüssig – und obendrein irreführend, da es zum projektiv-aneignenden Interpretieren verleitet.

„Nun hätte ich nicht weiter lesen, sondern den Brief dem Bruder geben sollen. Aber, hast Du mir auch sonst manchmal in kindischer Neckerei vorgeworfen, ich hätte solch' ruhiges, weiblich besonnenes Gemüt, daß ich wie jene Frau, drohe das Haus den Einsturz, noch vor schneller Flucht ganz geschwinde einen falschen Kniff in der Fenstergardine glattstreichen würde, so darf ich doch wohl kaum versichern, daß Deines Briefes Anfang mich tief erschütterte." (20)

---

[87] Nathanael gedenkt „täglich und stündlich [...] Aller", und „in süßen Träumen geht [s]eines holde[n] Clärchens freundliche Gestalt vorüber und lächelt [ihn] [...] an" (11).

Clara ist nach Option 2b als *sympathische Philisterin* einzustufen (vgl. Kapitel 3.4), also nicht – wie aus der Sicht von Option 1 – als uneingeschränkt positive Figur, welche die Zusammenhänge, zumindest im Großen und Ganzen (im Detail mögen Vertreter von Option 1 anderer Meinung sein), richtig erkennt. Beide Aspekte, ihre sympathischen Züge einerseits und ihre Philisterhaftigkeit andererseits, lassen sich an dieser Passage festmachen. Ein „ruhiges, weiblich besonnenes Gemüt" zu haben, ist zunächst einmal positiv zu bewerten; Clara scheint aber auch die Tendenz zu einer *übersteigerten*, pedantischen Form eines solchen Gemüts zu eignen, auf die Nathanael scherzhaft mit dem Gardinenkniffbeispiel anspielt (womit Hoffmann gezielt ein Philistersignal setzt). Ein weiterer sympathischer Zug Claras ist darin zu sehen, dass Nathanaels Brief sie tief erschüttert, zeigt dies doch an, dass sie ihn wirklich liebt – und nicht, wie andere philiströse Frauenfiguren Hoffmanns, primär einen sozialen Aufstieg durch Heirat anstrebt.[88] Die Aufrichtigkeit ihrer Erschütterung belegen die folgenden Sätze:

„Ich konnte kaum atmen, es flimmerte mir vor den Augen. – Ach, mein herzgeliebter Nathanael! was konnte so entsetzliches in Dein Leben getreten sein! Trennung von Dir, Dich niemals wieder sehen, der Gedanke durchfuhr meine Brust wie ein glühender Dolchstich." (20f.)

Clara befürchtet, dass das Entsetzliche, von dem Nathanael berichtet, zu einer endgültigen Trennung führen könnte (da es ihn womöglich z. B. in den Wahnsinn oder gar in den Tod treibt). Dieser Gedanke ist für sie unerträglich: „Trennung von Dir, Dich niemals wieder sehen, der Gedanke durchfuhr meine Brust wie ein glühender Dolchstich." In der Art und Weise ihrer Reaktion auf das Mitgeteilte manifestiert sich allerdings für Option 2b die Begrenztheit ihres Charakters:

„Der fatale Wetterglashändler Giuseppe Coppola verfolgte mich auf Schritt und Tritt und beinahe schäme ich mich, es zu gestehen, daß er selbst meinen gesunden, sonst so ruhigen Schlaf in allerlei wunderlichen Traumgebilden zerstören konnte. Doch bald, schon den andern Tag, hatte sich Alles anders in mir gestaltet. Sei mir nur nicht böse, mein Inniggeliebter, wenn Lothar Dir etwa sagen möchte, daß ich trotz Deiner seltsamen Ahnung, Coppelius werde Dir etwas Böses antun, ganz heitern unbefangenen Sinnes bin, wie immer." (21)

Es ist durchaus positiv, einen „gesunden, [...] ruhigen Schlaf" zu haben; Clara neigt aber zu einer *übertriebenen* Form des ruhigen Schlafs bzw. zu einer Haltung, die sich durch *nichts* aus der Ruhe bringen lässt – zumindest nicht länger als eine Nacht (dies ist ebenfalls ein Philistersignal). So nimmt sie die Nachricht, dass ihr geliebter Nathanael sich von einem Dämon in Menschengestalt bedroht fühlt, überhaupt nicht ernst; dass seine Einschätzung der Situation zutrifft oder auch nur zutreffen könnte, schließt Clara von vornherein aus. Sie ist zwar, wie schon erwähnt, ehrlich erschüttert, dennoch bereitet ihr diese Erschütterung nicht einmal *eine* schlaflose Nacht, sondern führt lediglich dazu, dass ihr „sonst so ruhige[r] Schlaf" eine Nacht lang von „allerlei wunderlichen Traumgebilden" gestört wird. Bereits am nächsten Tag findet Clara zu ihrer gewohnten Seelenruhe zurück, indem sie spontan das Geschehene auf eine Art deutet, die es ihr weiterhin erlaubt, „ganz heitern unbefangenen Sinnes [zu sein], wie immer".

Nach Option 2b erklärt sich Claras Reaktion wie folgt: Nathanaels Verlobte wird in ihrer Haltung einesteils von dem *uneingeschränkten* Bedürfnis nach Ruhe und Heiterkeit beherrscht, anderenteils von einer auf Welt a beschränkten Weltsicht. Die Existenz eines realen Dämons, der Menschen bedroht und ihnen „schweres Unheil" (20) zufügt, würde Claras Weltbild gehörig ins Wanken bringen, deshalb muss sie schnellstmöglich eine zu ih-

---

[88] Einige Beispiele hierfür werden wir in Teil II behandeln, wenn die Sekundärtexte derartige Bezüge herstellen.

rem philiströsen Wesen passende Strategie zur Beseitigung dieses Störfaktors entwickeln. Das gelingt ihr bereits über Nacht: Um die philiströse Extremform des „ruhige[n], weiblich besonnene[n] Gemüt[s]" und des damit korrespondierenden geruhsamen Schlafs aufrechtzuerhalten, verfährt Clara intuitiv nach dem Prinzip „Es kann nicht sein, was nicht sein darf". Dementsprechend fällt ihre Deutung der Ereignisse aus:

„*Gerade heraus will ich es Dir nur gestehen, daß, wie ich meine, alles Entsetzliche und Schreckliche, wovon Du sprichst, nur in Deinem Innern vorging, die wahre wirkliche Außenwelt aber daran wohl wenig Teil hatte.*" (21)

Option 2b zufolge lässt Clara den realen Dämon und die von ihm ausgehende Gefahr dadurch verschwinden, dass sie sich eine naturalistisch-psychologische Erklärung des Geschehens zurechtlegt, die zu ihrem Ruhe-Schlaf-Heiterkeit-Weltbild passt und die es ihr gestattet, an diesem ohne Einschränkungen festzuhalten. Ihre Botschaft an Nathanael lautet: „Du hast dir das alles nur eingebildet", schärfer gefasst: „Du bist einer Wahnvorstellung erlegen." Geht demnach „alles Entsetzliche und Schreckliche", wovon Nathanael berichtet, „nur in [s]einem Innern vor", besteht ja gar keine reale Gefahr, schließlich liegt letztlich ein rein seelisches Problem vor, an dem „die wahre wirkliche Außenwelt" wenig beteiligt ist. Damit nimmt Clara innerhalb der Textwelt die aufklärerische Deutungsstrategie psychologisch argumentierender Interpreten, ergo Option 1, vorweg. Auch deren Tenor lautet: „Nathanael hat sich alles nur eingebildet." Für ein *solches* Problem ist eine psychologische Lösung à la „Erkenne, wie diese Einbildung zustande gekommen ist, dann bist du von ihr befreit" zumindest denkbar; würde sie umgesetzt, wäre auch für Nathanael wieder alles in Ordnung, und er könnte ebenfalls „heitern unbefangenen Sinnes" sein, wie früher. In einer Textwelt mit übernatürlichen Komponenten stellt diese Form der Krisenbewältigung jedoch ein fundamentales *Verkennen* dessen dar, was eigentlich geschieht. Die reale dämonische Macht, die Nathanael bedroht, wird auf verharmlosende Weise fehlinterpretiert, wenn man sie auf psychische Vorgänge reduziert. Clara gelangt nach Option 2b also zu einer *Fehldeutung* des Geschehens – und die psychologisch verfahrenden Interpreten schreiben diese Fehldeutung in dieser oder jener Form fort.

Im Folgenden entfaltet Clara sukzessive ihren Erklärungsansatz (an dem wesentliche Elemente der psychologischen Deutungsstrategie zu beobachten sind):

„*Widerwärtig genug mag der alte Coppelius gewesen sein, aber daß er Kinder haßte, das brachte in Euch Kindern wahren Abscheu gegen ihn hervor. Natürlich verknüpfte sich nun in Deinem kindischen Gemüt der schreckliche Sandmann aus dem Ammenmärchen mit dem alten Coppelius, der Dir, glaubtest Du auch nicht an den Sandmann, ein gespenstischer, Kindern vorzüglich gefährlicher, Unhold blieb.*" (21)

Da Clara davon überzeugt ist, dass es keine realen übernatürlichen Wesen (zumindest keine dämonischen) gibt, die in das menschliche Leben eingreifen können, bemüht sie sich zu rekonstruieren, weshalb Nathanael jemanden wie Coppelius *irrigerweise* für einen Dämon in Menschengestalt hält. Prompt macht sie zwei Faktoren ausfindig, die für sie maßgeblichen Anteil an der Genese seiner (vermeintlichen) Einbildung haben: Zum einen ist Coppelius ein widerwärtiger Mensch, der zudem Kinder hasst; das führte dazu, dass die Kinder ihn verabscheuten – und diese Abscheu kann eine psychische Basis für die *Dämonisierung* dieses *Menschen* bilden. Zum anderen hat das Ammenmärchen – dem hier keinerlei Wahrheitsgehalt zugebilligt wird – Nathanaels kindliches Gemüt nachhaltig beeindruckt. Als er nun entdeckt, dass es sich bei dem abendlichen Besucher um den ihm bekannten verhassten Advokaten Coppelius handelt, wird dieser nach Claras textimmanenter Version von Option 1 von ihm mit dem „schreckliche[n] Sandmann aus dem Ammenmärchen" identifiziert, d.h. als Dämon *fehlinterpretiert*. Nathanael leidet mithin an einer Ein-

4.2 Zweiter Brief: Clara an Nathanael

bildung, die in seiner Kindheit aufgrund rekonstruierbarer Faktoren entstanden ist. Von diesem Wahn möchte Clara ihn heilen – indem sie ihm den zugrundeliegenden psychischen Mechanismus bewusst macht.

„Das unheimliche Treiben mit Deinem Vater zur Nachtzeit war wohl nichts anders, als daß beide insgeheim alchymistische Versuche machten, womit die Mutter nicht zufrieden sein konnte, da gewiß viel Geld unnütz verschleudert und obendrein, wie es immer mit solchen Laboranten der Fall sein soll, des Vaters Gemüt ganz von dem trügerischen Drange nach hoher Weisheit erfüllt, der Familie abwendig gemacht wurde." (21)

Clara folgt konsequent ihrer aufgeklärt-rationalen Linie, auch in Bezug auf die Experimente, die Nathanaels Vater mit Coppelius unternommen hat. In ihrem Bestreben, alles Übernatürlich-Dämonische wegzuerklären, suggeriert sie Nathanael, dass alles viel harmloser war, als er behauptet: „Das unheimliche Treiben [...] war wohl nichts anderes, als daß beide insgeheim alchymistische Versuche machten". Dabei hat Clara wohl kaum die künstliche Erzeugung menschlichen Lebens im Sinn (dies widerspräche vermutlich ihrem Weltbild), denn sie ignoriert völlig die in Nathanaels Brief enthaltenen deutlichen Hinweise darauf, dass die beiden die Herstellung mindestens eines künstlichen Menschen anvisierten – was leicht mit einem dämonischen Wesen in Verbindung gebracht werden kann. Vielmehr scheint sie gemäß der landläufigen Vorstellung von Alchemie als (suspekter) Goldmacherkunst an Versuche zur Umwandlung unedler Metalle in Gold zu denken. So hat es den Anschein, als ob Nathanael aufgrund seines Wahns gewöhnliche alchemistische Experimente zu einem hochdramatischen Geschehen mit Dämonenbeteiligung aufgebauscht hat.[89] Diese Einschätzung der Dinge stellt sich jedoch aus der Sicht von Option 2b als Fehldeutung, ja geradezu als *Verblendung* dar, weil sie mit massiven Verharmlosungen und Ausblendungen verbunden ist: Zur Goldgewinnung passen zwar der Herd und die seltsamen Geräte; Augen, namentlich die Nathanaels, werden dafür indes nicht benötigt. Das hätte Clara auffallen können.

Entsprechendes gilt für Claras Deutung des Verhaltens der Mutter: Nathanaels Bericht legt nahe, dass die Mutter um das Dämonenbündnis ihres Mannes wusste und deshalb stets betrübt war, wenn Coppelius erschien, insbesondere vor den abendlichen Arbeitstreffen. Clara hat dafür eine recht profane natürliche Erklärung parat: Demnach war die Mutter erstens mit der Verschwendung von Geld für die alchemistischen Versuche unzufrieden und zweitens damit, dass der Vater sich wegen seines hybriden Strebens nicht genug um die Familie kümmerte. – Es ist anzunehmen, dass Clara selbst die Alchemie als reine Zeit- und Geldverschwendung missbilligt (nicht zuletzt in Anbetracht deren mystischer Tendenzen).

Für alles, was Nathanael erschreckt und beunruhigt, wird somit eine sehr einfache – letztlich viel zu einfache – natürliche Erklärung gegeben.

„Der Vater hat wohl gewiß durch eigne Unvorsichtigkeit seinen Tod herbeigeführt, und Coppelius ist nicht Schuld daran: Glaubst Du, daß ich den erfahrnen Nachbar Apotheker gestern frug, ob wohl bei chemischen Versuchen eine solche augenblicklich tötende Explosion möglich sei? Der sagte: Ei allerdings und beschrieb mir nach seiner Art gar weitläuftig und umständlich, wie das zugehen könne, und nannte dabei so viel sonderbar klingende Namen, die ich gar nicht zu behalten vermochte." (21f.)

Einmal mehr bagatellisiert Clara das Geschehen: Obwohl Nathanaels Bericht nahelegt, dass Coppelius bei der Explosion seine Hand im Spiel hatte, mithin für den Tod des Va-

---

[89] Dass im Volksglauben Goldmacher in dem Ruf stehen, mit dem Teufel im Bunde zu sein, ist Clara nicht geläufig oder sie übergeht es geflissentlich.

ters verantwortlich ist (zumal sich aus den Ausführungen sogar ein plausibles – wenngleich nicht zwingend an die übernatürliche Dimension gekoppeltes – Mordmotiv erschließen lässt, nämlich Rache für die Aufkündigung des Bündnisses nach dem Streit um Nathanaels Augen), und auch die Obrigkeit augenscheinlich zumindest einen Anfangsverdacht gegen Coppelius hatte, wenn sie ihn „zur Verantwortung vorfordern" (19) wollte, besteht für Clara offenbar kein Zweifel, dass Nathanaels Schuldzuschreibung auf seinen Wahn, Coppelius sei ein gefährlicher Dämon, zurückzuführen ist. Sie favorisiert daher eine Erklärung, die Coppelius entlastet, und postuliert, der Vater habe „durch eigne Unvorsichtigkeit seinen Tod herbeigeführt". Die Auskunft des Apothekers, dass „bei chemischen Versuchen eine solche augenblicklich tötende Explosion möglich sei", reicht ihr, um sogleich diese *Möglichkeit* als im konkreten Fall gegeben zu unterstellen.

Dass Clara von „chemischen Versuchen" spricht, stützt wiederum unsere These, dass ihr eher Experimente zur Goldgewinnung vorschweben, d. h., dass die auf die Herstellung eines Homunkulus abzielende Richtung der Alchemie bei ihr keine Rolle spielt. Clara scheint alchemistische Experimente als Versuche mit chemischen Substanzen zu betrachten, bei denen auch explosive Stoffe verwendet werden.

„Nun wirst Du wohl unwillig werden über Deine Clara, Du wirst sagen: in dies kalte Gemüt dringt kein Strahl des Geheimnisvollen, das den Menschen oft mit unsichtbaren Armen umfaßt; sie erschaut nur die bunte Oberfläche der Welt und freut sich, wie das kindische Kind über die goldgleißende Frucht, in deren Innerm tödliches Gift verborgen." (22)

Aus der Perspektive von Option 2b ist dies – anders als Clara meint - eine *zutreffende* Selbstbeschreibung. Ihr Gemüt ist ganz auf Welt a beschränkt; in diese Art des Denkens dringt in der Tat „kein Strahl des Geheimnisvollen, das den Menschen oft mit unsichtbaren Armen umfaßt; sie erschaut nur die bunte Oberfläche der Welt". Vor allem geht ihr jedes Gespür für dämonisch-teuflische Mächte ab: Sie sieht, was Coppelius' Wirken anbelangt, nicht die dämonologischen Hintergründe und in diesem Sinn das „tödliche[] Gift" im Inneren der Frucht. Es wäre demnach nicht erstaunlich, wenn Nathanael, der das Wirken dieser dämonischen Macht konkret erfahren hat, tatsächlich unwillig „über [s]eine Clara" würde (was dann ja auch der Fall ist).

Die Unterschiedlichkeit, ja Gegensätzlichkeit der beiden Charaktere, gerade hinsichtlich ihrer Weltanschauungen, tritt in der gegenwärtigen Situation vermutlich erstmals zutage; dies lässt einige Rückschlüsse auf den bisherigen Verlauf der Liebesbeziehung zwischen Nathanael und Clara zu: Bis dato verlief sie offenbar sehr positiv und problemlos, sie bewegte sich ganz innerhalb der bürgerlichen Üblichkeiten. Dies beruht allerdings in der Hauptsache darauf, dass Nathanael Clara bewusst oder unbewusst nicht über einen wesentlichen Teil seiner Persönlichkeit und die zentralen Ereignisse seiner Kindheit unterrichtet hat. Clara fällt durch den versehentlich an sie adressierten Brief aus allen Wolken, da sie mit einem Nathanael konfrontiert wird, der ihr unbekannt ist. Durch völliges Vergessen oder Verdrängen – in einem allgemein-psychologischen, nicht spezifisch psychoanalytischen Sinn – des Vorfalls mit dem Dämon war Nathanael wahrscheinlich dazu übergegangen, Claras Weltsicht und Lebenseinstellung weitestgehend zu teilen. Diese Weltsicht gründet jedoch auf dem Prinzip „Es kann nicht sein, was nicht sein darf", was bedeutet, dass Nathanaels bisheriges Glück mit Clara auf der Verleugnung eines wesentlichen Teils seiner Person basiert. Diese Lebensweise lässt sich nach der erneuten Begegnung mit dem Dämon nicht einfach fortsetzen.

Berücksichtigt man Nathanaels dramatische Kindheitserfahrungen mit einer bösartigen übernatürlichen Macht (so Option 2b), erscheint sein Verbergen seiner Erlebnisse (vor Clara, wohl aber auch vor sich selbst) als Versuch, in die heile Welt der wohlorganisierten

Bürgerlichkeit, aus der seine Familie herausgefallen war, zurückzugelangen und die Schrecknisse seiner Kindheit ganz zu vergessen. Das kann freilich nur dann gutgehen, wenn der Dämon sich erstens dauerhaft fernhält und wenn bei Nathanael zweitens die Tendenz, das entsetzliche Geschehen der Vergangenheit völlig zu vergessen bzw. zu verdrängen, die Oberhand gewinnt. Infolge des neuerlichen Auftretens der dämonischen Macht in Gestalt des Coppola ist es Nathanael indes nicht mehr möglich, die Strategie des Vergessens aufrechtzuerhalten; die Ereignisse seiner Kindheit werden ihm wieder bewusst, und er muss sich mit ihnen auseinandersetzen, wie im ersten Brief geschehen.

„Ach mein herzgeliebter Nathanael! glaubst Du denn nicht, daß auch in heitern – unbefangenen – sorglosen Gemütern die Ahnung wohnen könne von einer dunklen Macht, die feindlich uns in unserm eignen Selbst zu verderben strebt?" (22)

Diese Textstelle wirft ein Interpretationsproblem auf, das auch für den Optionenkonflikt wichtig ist: Vertrat Clara bislang bezüglich Nathanaels Erlebnisse einen rein psychologischen Erklärungsansatz, so scheint sie nun, indem sie für sich selbst „die Ahnung [...] von einer dunklen Macht, die feindlich uns [...] zu verderben strebt", reklamiert, damit in Widerspruch zu geraten und selbst die Existenz einer dämonischen Macht anzunehmen. Damit würde sie ihrer eigenen Argumentation allerdings den Boden unter den Füßen wegziehen.

Folgt man Option 2b, muss diese Widerspruchsdiagnose jedoch als unzutreffend verworfen werden. Bei genauerem Hinsehen bemerkt man, dass Clara gar nicht von einer feindlichen „dunklen Macht" spricht, die – um ihre frühere Redeweise zu verwenden – der „wahre[n] wirkliche[n] Außenwelt" (21) zuzuordnen ist, sondern von einer *seelischen* „dunklen Macht, die feindlich uns *in unserm eignen Selbst* [Hervorhebung der Verf.] zu verderben strebt". Diese Annahme ist mit der psychologischen Deutungsstrategie vereinbar; sie lässt sich sogar als Explikation einer Voraussetzung dieser Strategie auffassen. Störungen der heiter-unbefangenen Gemütslage, die das eigentlich Anzustrebende darstellt, sind nach dieser Auffassung in aller Regel innere Konflikte. Und zu schweren seelischen Konflikten kommt es dieser Psychologie zufolge vor allem dann, wenn jemand einer *fixen Idee* verfallen ist. In einem solchen Fall ist also die Wahnvorstellung selbst die „dunkle[] Macht, die feindlich uns in unserm eignen Selbst zu verderben strebt". Zu dieser Deutung passt, dass Clara im nächsten Satz explizit vom einem „Kampfe im Innern" (22) spricht. Ein Kampf mit einer dunklen *inneren* Macht ist aber grundsätzlich vom Kampf mit einer dunklen *äußeren* Macht zu unterscheiden.

„Gibt es eine dunkle Macht, die so recht feindlich und verräterisch einen Faden in unser Inneres legt, woran sie uns dann festpackt und fortzieht auf einem gefahrvollen verderblichen Wege, den wir sonst nicht betreten haben würden – gibt es eine solche Macht, so muß sie in uns sich, wie wir selbst gestalten, ja unser Selbst werden; denn nur so glauben wir an sie und räumen ihr den Platz ein, dessen sie bedarf, um jenes geheime Werk zu vollbringen." (22)

Diese Ausführungen Claras decken sich mit unserer Hypothese, dass von einer seelischen dunklen Macht die Rede ist und dass nach Claras Auffassung eine Wahnvorstellung eben eine solche Macht zu sein vermag. Von einer fixen Idee kann man nach der von Clara intuitiv vertretenen Psychologie sagen, dass sie „recht feindlich und verräterisch einen Faden in unser Inneres legt, woran sie uns dann festpackt und fortzieht auf einem gefahrvollen verderblichen Wege, den wir sonst nicht betreten haben würden". Ferner gilt, dass sie sich „in uns" gestaltet und gewissermaßen „unser Selbst" wird; der Betroffene glaubt deshalb an sie und räumt „ihr den Platz ein, dessen sie bedarf, um jenes geheime Werk zu vollbringen".

„Haben wir festen, durch das heitre Leben gestärkten, Sinn genug, um fremdes feindliches Einwirken als solches stets zu erkennen und den Weg, in den uns Neigung und Beruf gescho-

ben, ruhigen Schrittes zu verfolgen, so geht wohl jene unheimliche Macht unter in dem vergeblichen Ringen nach der Gestaltung, die unser eignes Spiegelbild sein sollte." (22f.)
Legt der vorige Satz die Entstehung und Verfestigung einer Wahnvorstellung dar, so befasst sich der nun zitierte mit deren Bekämpfung, mit der Therapie. Nach der von Clara vertretenen Psychologie lässt sich eine solche machtvolle innere Vorstellung durchaus bekämpfen und überwinden: Man muss es lernen, der Wahnvorstellung den Platz streitig zu machen, „dessen sie bedarf, um jenes geheime Werk zu vollbringen". Verfügt man über „festen, durch das heitre Leben gestärkten, Sinn", kann man erkennen, dass die Vorstellung unbegründet ist und wie sie sich entwickelt hat, und das ermöglicht es, sie zu überwinden. Man ist dann in der Lage, „fremdes feindliches Einwirken als solches stets zu erkennen und den Weg, in den uns Neigung und Beruf geschoben, ruhigen Schrittes zu verfolgen". Dieses aufklärerische Therapieprogramm läuft allerdings dort ins Leere, wo eine dunkle Macht am Werk ist, die *außerhalb* des Individuums und *unabhängig* von ihm existiert.

Erläuterungsbedürftig ist die Rede vom „vergeblichen Ringen nach der Gestaltung, die unser eignes Spiegelbild sein sollte". Setzen wir die dunkle innere Macht weiterhin mit einer Wahnvorstellung gleich bzw. betrachten wir Letztere als Variante der Ersteren, so kann man sagen, dass die Wahnvorstellung danach strebt, „unser Selbst [zu] werden", d.h. unser ganzes Selbst einzunehmen – ihr ist ein „Ringen nach der Gestaltung" unserer selbst zuzuschreiben. Verfügt man jedoch, wie Clara, über einen heiteren, unbefangenen Sinn, ist man in der Lage, jene „unheimliche Macht" untergehen, ihr „Ringen nach der Gestaltung" in uns selbst scheitern zu lassen und eine Selbstgestaltung zu vollziehen, die der positiven Grundhaltung entspricht und somit „unser eignes Spiegelbild" wird.

„Es ist auch gewiß, fügt Lothar hinzu, daß die dunkle physische Macht, haben wir uns durch uns selbst ihr hingegeben, oft fremde Gestalten, die die Außenwelt uns in den Weg wirft, in unser Inneres hineinzieht, so, daß wir selbst nur den Geist entzünden, der, wie wir in wunderlicher Täuschung glauben, aus jener Gestalt spricht. Es ist das Fantom unseres eigenen Ichs, dessen innige Verwandtschaft und dessen tiefe Einwirkung auf unser Gemüt uns in die Hölle wirft, oder in den Himmel verzückt." (23)[90]

In Anlehnung an Lothars Überlegungen baut Clara die naturalistisch-psychologische Erklärung weiter aus: Ist man erst einmal einer Wahnvorstellung verfallen, hat man sich „ihr hingegeben", so wird man „oft fremde Gestalten, die die Außenwelt uns in den Weg wirft", gemäß dieser Einbildung deuten. Wer also z.B., durch schaurige Ammenmärchen beeinflusst, an Dämonen glaubt, die es gar nicht gibt, kann leicht dazu gelangen, in einem Widerling wie Coppelius einen solchen Dämon zu sehen. Clara weist darauf hin, „daß wir selbst nur den Geist entzünden, der, wie wir in wunderlicher Täuschung glauben, aus jener Gestalt spricht". Nathanael hat demnach seinen Dämonenglauben oder -wahn auf einen normalen Menschen unsympathischen Typs projiziert. Das, was einen solchen psychisch kranken Menschen „in die Hölle wirft, oder in den Himmel verzückt", ist also ein „Fantom unseres eigenen Ichs". Dieses Phantom, d.h. diese Wahnvorstellung, gilt es durch eine geeignete psychologische Therapie zu besiegen.

„Lothar's letzte Worte verstehe ich nicht ganz, ich ahne nur, was er meint, und doch ist es mir, als sei alles sehr wahr. Ich bitte Dich, schlage Dir den häßlichen Advokaten Coppelius und den Wetterglasmann Giuseppe Coppola ganz aus dem Sinn. Sei überzeugt, daß diese

---

[90] Nach DRUX: *Erläuterungen und Dokumente: E.T.A. Hoffmann – Der Sandmann*, S. 19 ergibt „das Attribut ‚physische' des Erstdrucks [...] im Gefüge von Lothars Gedankengang keinen Sinn"; in der Handschrift findet sich die Wendung „die dunkle psychische Macht".

fremden Gestalten nichts über Dich vermögen; nur der Glaube an ihre feindliche Gewalt kann sie Dir in der Tat feindlich machen." (23)

Clara hat sich mit ihrem Bruder „über die Materie von dunklen Mächten und Gewalten ausgesprochen" (23) und dabei augenscheinlich viel von ihm gelernt, was dann in ihre Argumentation eingeflossen ist. Lothar ist ihr offenbar in theoretischer Hinsicht überlegen; sie hat sich „nicht ohne Mühe das Hauptsächlichste aufgeschrieben" (23); in einigen Punkten ahnt sie nur, was er meint. Eine grundsätzliche Differenz zwischen ihren Auffassungen ist jedoch nicht zu erkennen: Sie vertreten beide eine aufgeklärte, antidämonologische Sichtweise, welche angebliche dunkle *äußere* Mächte zurückführt auf dunkle *innere* Mächte, also auf Wahnvorstellungen.

Das Therapiekonzept, das sich bereits angedeutet hat, wird nun entfaltet. Dabei bedarf es einiger Klärungen, die wir von Option 2b aus vornehmen. Was besagt die Aufforderung „[S]chlage Dir den häßlichen Advokaten Coppelius und den Wetterglasmann Giuseppe Coppola ganz aus dem Sinn"? Sie impliziert nicht etwa die Bestreitung der *Existenz* dieser beiden Personen, sondern es geht darum, diese nicht mehr als *feindliche Wesen dämonischer Art* zu denken; dazu gehört es, sie als zwei *verschiedene* Personen anzuerkennen, d.h. die Identitätsannahme aufzugeben. Coppelius und Coppola sind demnach normale und letztlich weitgehend harmlose Menschen. Würde Nathanael zu dieser Einsicht gelangen, so wäre er „überzeugt, daß diese fremden Gestalten nichts über [ihn] vermögen", wie er in seinem Dämonenglauben bislang fälschlich angenommen hat. Coppelius und Coppola sind folglich keine dunklen äußeren Mächte, die Nathanael feindlich gegenüberstehen; nur „der Glaube an ihre feindliche Gewalt" hat in Nathanael zur Entstehung einer dunklen *inneren* Macht, nämlich der ihn immer mehr beherrschenden fixen Idee, geführt.

„Spräche nicht aus jeder Zeile Deines Briefes die tiefste Aufregung Deines Gemüts, schmerzte mich nicht Dein Zustand recht in innerster Seele, wahrhaftig, ich könnte über den Advokaten Sandmann und den Wetterglashändler Coppelius scherzen. Sei heiter – heiter! – Ich habe mir vorgenommen, bei Dir zu erscheinen, wie Dein Schutzgeist, und den häßlichen Coppola, sollte er es sich etwa beikommen lassen, Dir im Traum beschwerlich zu fallen, mit lautem Lachen fortzubannen. Ganz und gar nicht fürchte ich mich vor ihm" (23).

Die zu ihrem Ruhe-Schlaf-Heiterkeit-Weltbild passende Psychologie vermittelt Clara den Eindruck, alles begriffen und Nathanaels Probleme im Prinzip gelöst zu haben: Hat er seinen Irrglauben erst einmal als solchen erkannt, kann er es mit einer positiven Grundeinstellung schaffen, seine Wahnvorstellung „mit lautem Lachen fortzubannen". Clara ist bereits wieder in der Lage zu scherzen, wie die gezielte Verwechslung der Namen zeigt. Es besteht zwar kein Zweifel, dass Nathanaels Gemütszustand Clara „recht in innerster Seele" schmerzt, aber aufgrund ihrer weltanschaulichen Disposition verharmlost sie Nathanaels Problem auf überzeugungssystemkonforme, mit etlichen Ausblendungen verbundene Weise.

Die für bestimmte Varianten der Romantik charakteristische Tendenz, im Licht gewisser religiös-metaphysischer Grundüberzeugungen eine rein diesseitig orientierte Haltung ins Leere laufen und scheitern zu lassen, gehört zum Textkonzept. In diesem Zusammenhang sei ein methodologischer Hinweis gestattet: Ziel der Basis-Interpretation ist es ja, das Textkonzept und die Hintergrundannahmen des Autors zu ermitteln – nicht aber selbst Stellung zu diesen Annahmen zu beziehen, was dem kritisch-bewertenden Diskurs vorbehalten ist. Zu erkennen ist, dass Hoffmann eine Textwelt mit übernatürlichen Komponenten konstruiert, in der ein dämonisches Wesen wirksam ist. Diese künstlerische und weltanschauliche Tendenz zu erkennen, ist Aufgabe des kognitiv verfahrenden Interpreten; ob er selbst die Dinge genauso oder gerade entgegengesetzt sieht, ist dafür unerheblich.

4.3 Dritter Brief: Nathanael an Lothar

"Sehr unlieb ist es mir, daß Clara neulich den Brief an Dich aus, freilich durch meine Zerstreutheit veranlaßtem, Irrtum erbrach und las." (24)

Nathanael führt hier seine fehlerhafte Adressierung des Briefs auf seine Zerstreutheit in einer extrem angespannten Situation zurück. Seine Bekräftigung, dass seine Mitteilungen eigentlich nur für Lothar gedacht waren, zeigt eine Art Unaufrichtigkeit gegenüber seinem „holde[n] Engelsbild" (11) Clara an: Sie sollte von der Coppola-Geschichte sowie von den dramatischen Ereignissen in seiner Kindheit gar nichts erfahren. Es handelt sich somit um eine *begrenzte* Form der Liebesbeziehung, in der Nathanael seiner Partnerin das, was ihn bedrückt, gezielt vorenthält, weil er wohl ahnt, von ihr nicht verstanden zu werden.[91] Das macht die Beziehung von einer weiteren Seite her krisenanfällig.

"Sie hat mir einen sehr tiefsinnigen philosophischen Brief geschrieben, worin sie ausführlich beweiset, daß Coppelius und Coppola nur in meinem Innern existieren und Fantome meines Ich's sind, die augenblicklich zerstäuben, wenn ich sie als solche, erkenne." (24)

Damit charakterisiert Nathanael zutreffend Claras psychologisches Therapiekonzept. In einem Punkt ist allerdings eine Korrektur erforderlich: Clara behauptet nicht, „daß Coppelius und Coppola nur in [s]einem Innern existieren", sondern dass seine Auffassung, diese seien dämonische, letztlich miteinander identische Gestalten, ein Phantom seines Ichs sei.

"In der Tat, man sollte gar nicht glauben, daß der Geist, der aus solch' hellen holdlächelnden Kindesaugen, oft wie ein lieblicher süßer Traum, hervorleuchtet, so gar verständig, so magistermäßig distinguieren könne. Sie beruft sich auf Dich. Ihr habt über mich gesprochen. Du liesest ihr wohl logische Collegia, damit sie alles fein sichten und sondern lerne. – Laß das bleiben!" (24)

Wie sind diese Ausführungen über Clara nach Option 2b einzuordnen? Wir sehen zwei Möglichkeiten, die den Kontext unterschiedlich charakterisieren:

Möglichkeit 1: Nathanael hält an seiner im ersten Brief dargelegten Auffassung, zu der ja auch die Identitätsthese gehört, fest. Daher wendet er sich gegen Claras Diagnose und ihren Therapievorschlag und lehnt diese als grundsätzlich verfehlt ab. Nathanael ist über Clara, die für ihn bislang eine unproblematische Positivfigur war,[92] verstimmt, weil sie in ihrem Brief „so gar verständig, so magistermäßig [zu] distinguieren" vermag, was er auf Lothars Einfluss zurückführt, den er für schädlich hält. Er fordert Lothar deshalb auf, keine „logische[n] Collegia" mehr mit Clara zu veranstalten.

Diese Deutung liegt zunächst nahe, sie gerät aber damit in Konflikt, dass Nathanael im nächsten Satz selbst die Identitätsthese preisgibt, die für seine bisherige Sichtweise doch von zentraler Bedeutung war. Um diesen Sinneswandel interpretatorisch integrieren zu können, bestimmen wir den Kontext anders (wobei wir auf frühere Informationen zurückgreifen):

Möglichkeit 2: Nathanael lebte längere Zeit im Einklang mit Clara und teilte ihre Weltsicht, was allerdings nur durch Ausblendung des Dämonenkontakts in seiner Kindheit möglich war. Coppolas Besuch lässt nun die Vergangenheit wieder lebendig werden, sodass er das Ruhe-Schlaf-Heiterkeit-Leben nicht mehr aufrechterhalten kann – was er aber

---

[91] Schon als er anfängt, seine Erlebnisse zu schildern, hört er im Geiste „Clara sagen: das sind ja rechte Kindereien!" (12)

[92] Er hat sich zwar zuweilen über ihre pedantischen Tendenzen lustig gemacht, sich insgesamt aber bei einem „weiblich besonnene[n] Gemüt" (12) mit „ruhige[m] Schlaf" und einem „heitern unbefangenen Sinn[ ]" (13) gut aufgehoben gefühlt.

gerne täte. Er würde gern wie Lothar und Clara seine Ängste als „rechte Kindereien" betrachten und wünscht sich, sie möchten ihn „recht herzlich aus[lachen]" (12), um die vermeintliche feindliche Macht zu vertreiben – er spürt bzw. weiß aber, dass sich hinter Coppola der verhasste Coppelius verbirgt. Die zeitliche Distanz zu Coppolas Besuch bringt es nun mit sich, dass seine frühere philiströse Weltsicht und Lebensweise sich wieder stärker zu Wort meldet, nachhaltig unterstützt durch Claras Argumentation, die ja von dieser Weltsicht gespeist wird. Das hat zur Folge, dass Nathanael eine in sich widersprüchliche Kompromissposition entwickelt, die im zweiten Brief an Lothar zum Ausdruck kommt. Einerseits äußert er sich kritisch über Claras Brief und die darin artikulierte naturalistisch-psychologische Sichtweise, andererseits gibt er im folgenden Satz – offenkundig von Claras Argumentation beeinflusst – die für die dämonologische Sichtweise zentrale Identitätsthese selbst preis. Räumt Nathanael ein, dass Coppola und Coppelius zwei grundverschiedene Personen sind, die nichts miteinander zu tun haben, so beruht seine „zerrissene[] Stimmung des Geistes" ja auf einer Verwechslung; demnach hält er sich nun selbst, Clara folgend, „für einen aberwitzigen Geisterseher" (11). Kurzum, Nathanael ist in dieser Phase ein Schwanken zuzuschreiben zwischen seiner *Erfahrung*, die sich auf eine dunkle äußere Macht bezieht, und seiner bisherigen *Weltsicht*, deren Wirksamkeit durch Claras geschickte psychologische Argumentation noch einmal verstärkt wird. Er kann seine Erfahrung nicht völlig zur bloßen Einbildung erklären, möchte dies aber gern; so entwickelt er eine Zwischenposition, die weder Fisch noch Fleisch ist.

Wir wenden uns nun einer Passage von zentraler Bedeutung zu, an der sich Option 2b wiederum bewähren muss:

„*Übrigens ist es wohl gewiß, daß der Wetterglashändler Giuseppe Coppola keinesweges der alte Advokat Coppelius ist. Ich höre bei dem erst neuerdings angekommenen Professor der Physik, der, wie jener berühmte Naturforscher, Spalanzani heißt und italiänischer Abkunft ist, Collegia. Der kennt den Coppola schon seit vielen Jahren und überdem hört man es auch seiner Aussprache an, daß er wirklich Piemonteser ist. Coppelius war ein Deutscher, aber wie mich dünkt, kein ehrlicher.*" (24)[93]

Nathanael folgt hier, offenbar von Clara beeinflusst, der aufgeklärt-rationalen Sichtweise. Er verhält sich also widersprüchlich: Einerseits wendet er sich gegen Claras naturalistisch-psychologischen Erklärungs- und Therapieversuch, andererseits deutet er jetzt selbst Coppelius und Coppola nach diesen Prinzipien. Er bringt nun Argumente gegen die Identität der beiden vor, die ganz der aufklärerischen Sichtweise verpflichtet sind und die sich nicht aufrechterhalten lassen, wenn es sich um einen realen Dämon handelt.

1. Der „erst neuerdings angekommene[] Professor der Physik [...] kennt den Coppola schon seit vielen Jahren". Dies sofort zu glauben, muss als naiv betrachtet werden, erst recht in einer Textwelt mit übernatürlichen Komponenten. Im Rahmen seiner dämonologischen Position wäre Nathanael gegenüber dieser Auskunft vermutlich höchst misstrauisch gewesen: Hat sich der Dämon neuerdings in Coppola verwandelt, der, wie sich dann herausstellt, eng mit Spalanzani kooperiert, so darf die Möglichkeit nicht vernachlässigt werden, dass beide unter einer Decke stecken und dass Nathanael mit einer falschen Aus-

---

[93] Einige Interpreten übersehen, dass der Physiker Spalanzani bereits im Text von dem „berühmte[n] Naturforscher" gleichen Namens *unterschieden* wird. Letzterer ist „Abbé und Biologe [...]. Wie die meisten Physiologen seiner Zeit setzte er sich mit der Theorie der Urzeugung auseinander und führte dazu die künstliche Befruchtung bei Fröschen und Hunden durch." (DRUX: *Erläuterungen und Dokumente: E.T.A. Hoffmann – Der Sandmann*, S. 20)

kunft gezielt in Sicherheit gewogen werden soll. Hier erweist es sich als wichtig, dass wir die Identität von Coppelius und Coppola in Kapitel 3.3 bereits nachgewiesen haben. Daher muss gesagt werden, dass Spalanzani, der bemerkt, dass Nathanael ihm als Professor voll vertraut, Nathanael vermeintliche Tatsachen vorgaukelt, um ihn auf eine falsche Fährte zu locken und eine philiströs-beschränkte Weltsicht zu befördern.

2. Man hört es Coppolas „Aussprache an, daß er wirklich Piemonteser ist. Coppelius war ein Deutscher". Auch der Hinweis auf Coppolas fremdartige Aussprache hätte einen Anhänger der dämonologischen Auffassung niemals überzeugt. Dieser würde ja mit der Möglichkeit rechnen, dass sich ein übernatürliches Wesen einmal in einen Deutschen, dann aber in einen Italiener zu verwandeln vermag. Für einen Anhänger der Position Claras ist das Argument jedoch einleuchtend: Wenn Coppola „wirklich Piemonteser ist" und die deutsche Sprache nicht beherrscht, während Coppelius als Deutscher ihrer mächtig ist, so kann Coppola nicht Coppelius sein, der sich getarnt hat.

3. Sollte zudem das Attribut „alt" auf einen erkennbaren Altersunterschied zwischen Coppola und Coppelius anspielen, so wäre dies ein weiterer Beleg dafür, dass Nathanael zur philiströs-beschränkten Betrachtungsweise übergegangen bzw. zu ihr zurückgekehrt ist. Vor dem Hintergrund seiner erfahrungsgestützten dämonologischen Sichtweise hätte er einen solchen nicht als Argument gegen die Identitätsthese akzeptiert. Für die aufgeklärtrationale Position dagegen gibt es keine übernatürlichen Wesen mit der Fähigkeit zum Gestaltwandel; demnach können ein alter Advokat und ein deutlich jüngerer Mann nicht ein und dieselbe Person sein.

Zumindest belegt die Äußerung, es sei „wohl gewiß, daß der Wetterglashändler Giuseppe Coppola keinesweges der alte Advokat Coppelius" sei, dass Nathanael bestrebt ist, alles Übernatürlich-Dämonische im Stil von Claras Prinzip „Es kann nicht sein, was nicht sein darf" wegzuerklären; sie hat einen affirmativen, gleichsam autosuggestiven Charakter – zuvor nämlich stand für Nathanael außer Zweifel, dass sich hinter dem Wetterglashändler Coppelius verbirgt: „Coppelius Figur und Gesichtszüge sind zu tief in mein Innerstes eingeprägt, als daß hier ein Irrtum möglich sein sollte." (20)

Spekulative Ergänzung: Wir kommen noch einmal zum Piemonteser-Satz zurück, um ein Detailproblem zu diskutieren: Woher weiß Nathanael, dass Coppola „wirklich Piemonteser ist"? Wir sehen hier zwei Möglichkeiten:

Möglichkeit 1: Spalanzani hat Nathanael nicht nur mitgeteilt, dass er „den Coppola schon seit vielen Jahren" kennt, sondern auch, dass dieser aus dem Piemont stammt, was man seiner Aussprache anhört. Da Spalanzani „italiänischer Abkunft" ist, liegt es nahe anzunehmen, dass er auch mehrere italienische Dialekte zu unterscheiden vermag, unter anderm den piemontesischen.

Möglichkeit 2: Nathanael verfügt selbst über hinlänglich differenzierte Kenntnisse der italienischen Sprache, um an Coppolas Aussprache erkennen zu können, „daß er wirklich Piemonteser ist".

Möglichkeit 1 halten wir für wahrscheinlicher als Möglichkeit 2:[94] Im Text findet sich keinerlei Indiz dafür, dass Nathanael die italienische Sprache beherrscht, geschweige denn, dass er über die bei Möglichkeit 2 vorausgesetzten speziellen Dialektkenntnisse verfügt. Ferner wird an keiner Stelle berichtet, dass Nathanael jemals mit dem italienisch bzw. piemontesisch sprechenden Coppola konfrontiert wird – und nicht nur mit dem gebrochen deutsch sprechenden Coppola. Darüber hinaus passt die Annahme, dass die Aus-

---

[94] Eine Entscheidung zwischen den Möglichkeiten 1 und 2, die *Beweiskraft* hätte, lässt sich indes nicht treffen, da der Text keine eindeutigen Hinweise enthält.

künfte von Spalanzani stammen, die Nathanael ihm einfach abnimmt, gut zu einem Satz am Ende des ersten Briefs, der freilich noch von dämonologischen Überzeugungen getragen ist. Über Coppelius heißt es da: „Er gibt sich hier, wie ich höre, für einen piemontesischen Mechanicus aus" (20). Demnach tritt Coppola zwar nicht gegenüber Nathanael, wohl aber gegenüber anderen als „piemontesische[r] Mechanicus" auf, was Nathanael dann von anderen gehört hat. Während er jedoch im Kontext des ersten Briefs solchen Auskünften misstraut, ist er im Kontext seines zweiten Briefs zu einer Haltung naiven Vertrauens gegenüber Spalanzani übergelaufen, die, wie das weitere Geschehen zeigt, völlig unberechtigt ist.

Ganz auf die andere Seite übergeschwenkt ist Nathanael jedoch nicht, denn es heißt: *„Ganz beruhigt bin ich nicht. Haltet Ihr, Du und Clara, mich immerhin für einen düstern Träumer, aber nicht los kann ich den Eindruck werden, den Coppelius verfluchtes Gesicht auf mich macht. Ich bin froh, daß er fort ist aus der Stadt, wie mir Spalanzani sagt."* (24)

Bezieht sich „Ich bin froh, daß er fort ist aus der Stadt" auf Coppola oder auf Coppelius?

Möglichkeit 1: Nathanael gibt zunächst ein mit Spalanzani geführtes Gespräch wieder, dann äußert er auf eigene Rechnung: „Coppelius war ein Deutscher", und artikuliert erneut seine Angst vor Coppelius. Danach kehrt Nathanael zu dem Gespräch zurück, in dem es ausschließlich um Coppola geht, und referiert, Spalanzani habe ihm gesagt, Coppola sei fort aus der Stadt.

Möglichkeit 2: Es wird angenommen, dass Nathanael mit Spalanzani nicht nur über Coppola, sondern auch über Coppelius gesprochen hat – und insbesondere über seine Überzeugung, dass sich hinter Coppola eben Coppelius verbirgt. Da Spalanzani wahrscheinlich um die Identität beider weiß, wie aus unserem Beweis in Kapitel 3.3 hervorgeht, kann ihm die Absicht zugeschrieben werden, Nathanael von dieser Überzeugung abzubringen und die sachlich verfehlte Linie Claras zu bestärken.

Wir nehmen an, dass sich Spalanzani sowohl über Coppola als auch über Coppelius geäußert hat und dass sich „daß er fort ist aus der Stadt, wie mir Spalanzani sagt" auf Coppelius bezieht. Hierfür spricht vor allem der Zusammenhang der Sätze: Zunächst ist mehrere Sätze lang von Coppola die Rede. Von „Coppelius war ein Deutscher" an aber geht es nur um Coppelius. Es ist unwahrscheinlich, dass sich das „er" nicht auf Coppelius bezieht, der noch im Satz zuvor behandelt wird, sondern auf Coppola, von dem zuletzt *vier* Sätze vorher die Rede war.

Muss Möglichkeit 2 aber als wahrscheinlicher gelten, so sind weitere Überlegungen anzuschließen. Ist Coppelius gemeint, besagt das, dass Spalanzani behauptet haben muss, dass er auch Coppelius, den er dann ja als eine ganz andere Person darstellt, kennt und dass er ferner von ihm weiß, „daß er fort ist aus der Stadt". Sollte Spalanzani das geäußert haben, dann hätte seine mit der Absicht, Nathanael von der Identitätsthese abzubringen, geäußerte Behauptung leicht den gegenteiligen Effekt haben können: Nathanael studiert in „G., wo er noch ein Jahr zu bleiben, dann aber auf immer nach seiner Vaterstadt zurückzukehren gedachte" (33). Coppelius' Kooperation mit dem Vater spielte sich jedoch in der Vaterstadt ab, am Ende war er „spurlos vom Orte verschwunden" (19). Sollten Coppola und Coppelius völlig unterschiedliche Personen sein, wie jetzt propagiert wird, so wäre Coppelius' Anwesenheit *in G.* eher unwahrscheinlich. Von Spalanzani heißt es zudem, er sei „erst neuerdings" angekommen, doch wohl aus Italien. Dass er seinen Landsmann Coppola *aus Italien* „schon seit vielen Jahren" kennt, ist nachvollziehbar. Wenig plausibel ist hingegen, dass er behauptet, auch den von Coppola angeblich strikt getrennten Coppelius zu kennen. Er müsste ihm dann ja in der relativ kurzen Zeit seiner Anwesenheit in G. begegnet sein; dass sich Coppelius tatsächlich dort aufhält oder aufgehalten hat, wird aber von keiner anderen Figur bestätigt. Ferner ist zu berücksichtigen, dass der auf Coppelius zu beziehende Hinweis, er habe die Stadt verlassen, offenbar das Ziel hat, Nathanael zu beruhigen und ihn ganz von der (richtigen) Identitätsthese abzubringen, nach dem Motto „Ich kenne beide, aber der eine arbeitet hier als Mechanicus und Wetterglashändler, während der andere, vor dem du Angst hast, längst aus der Stadt fort ist".

Akzeptiert man diese Deutung, die von Option 2b getragen wird, so ist zu folgern, dass Spalanzani sich hier, um sein Beruhigungsziel zu erreichen, sehr unvorsichtig verhält und bei einem weiterhin dämonologisch eingestellten Nathanael auch wohl Verdacht erregt hätte. Coppelius setzt, als Coppola getarnt, seine Versuche fort, einen lebendigen künstlichen Menschen zu erschaffen, jetzt mit Spalanzani als Partner. Ein für dieses Ziel und die dämonologischen Hintergründe weiterhin sensibler Nathanael hätte jedem misstraut, der ihn von der Gewissheit hätte abbringen wollen, „daß jener Wetterglashändler eben der verruchte Coppelius war" (20); er hätte ein Komplott vermutet. Ihm wäre insbesondere aufgefallen, dass eine Bekanntschaft Spalanzanis mit Coppelius als einer separaten Person sehr unwahrscheinlich ist; das hätte seinen Verdacht erregt. Völlig unklar ist, wie Spalanzani überhaupt etwas von Coppelius, der in Nathanaels Vaterstadt aktiv gewesen ist, wissen kann. Davon, dass er sich vor einigen Jahren in Nathanaels deutscher Heimatstadt, in der sich die Geschichte mit Coppelius abgespielt hat, aufgehalten hat, ist keine Rede.

In seiner neuerworbenen bzw. wiedererlangten philiströs-beschränkten Haltung glaubt Nathanael naiv offenbar alles, was der geschätzte Physikprofessor ihm sagt. Der für das Wirken dämonischer Mächte doch eigentlich sensible Nathanael hätte diese Unstimmigkeit bemerken müssen. Wenn Spalanzani Coppelius zu kennen vorgibt, der in dieser Stadt überhaupt nicht bekannt ist, dann ist zu vermuten, dass ein abgekartetes Spiel vorliegt, um Nathanael, zumindest vorläufig, in Sicherheit zu wiegen.

Diese Unstimmigkeit stützt bei genauerer Betrachtung gerade die These, dass Coppola und Coppelius identisch sind – und dass Spalanzani dies auch weiß. Dass er überhaupt Aussagen über Coppelius macht, ist ein Fehler von ihm, der sich darauf zurückführen lässt, dass ihm die Identität beider klar ist; es gelingt ihm in dieser Situation nicht, das Spiel konsequent durchzuhalten; Nathanael aber bemerkt, von Claras beschränktem Denken beeinflusst, die Unstimmigkeit überhaupt nicht.

„Dieser Professor ist ein wunderlicher Kauz. Ein kleiner rundlicher Mann, das Gesicht mit starken Backenknochen, feiner Nase, aufgeworfnen Lippen, kleinen stechenden Augen." (24)

Im Text erfährt man später, dass Coppola alias Coppelius und Spalanzani bei der Herstellung der künstlichen Frau Olimpia kooperiert haben. Berücksichtigt man diese Information bereits hier, so erscheint Spalanzani als Neubesetzung der Rolle, die einst Nathanaels Vater bei demselben Ansinnen gespielt hat. Nathanaels Vater kann als ein eigentlich gutartiger Mensch gelten, der auf ungeklärte Weise zum Bösen verführt wurde und ein Bündnis mit einem Dämon geschlossen hatte; seine Gesichtszüge waren normalerweise „mild und sanft" (19), erst beim Experimentieren mit dem Dämon verzerrten sie sich grässlich. Auch Spalanzani macht einen durchaus sympathischen Eindruck; die „kleinen stechenden Augen" hingegen können als Indiz für seine Gefährdung angesehen werden. Demgegenüber erweckt die frühere Schilderung des Coppelius unmittelbar die Assoziation mit einem „häßlichen widerwärtigen Teufelsbilde" (17).

„Neulich steige ich die Treppe herauf und nehme wahr, daß die sonst einer Glastüre dicht vorgezogene Gardine zur Seite einen kleinen Spalt läßt. Selbst weiß ich nicht, wie ich dazu kam, neugierig durchzublicken. Ein hohes, sehr schlank im reinsten Ebenmaß gewachsenes, herrlich gekleidetes Frauenzimmer saß im Zimmer vor einem kleinen Tisch, auf den sie beide Ärme, die Hände zusammengefaltet, gelegt hatte. Sie saß der Türe gegenüber, so, daß ich ihr

engelschönes Gesicht ganz erblickte. Sie schien mich nicht zu bemerken, und überhaupt hatten ihre Augen etwas Starres, beinahe möcht' ich sagen, keine Sehkraft, es war mir so, als schliefe sie mit offnen Augen. Mir wurde ganz unheimlich [...]. Nachher erfuhr ich, daß die Gestalt, die ich gesehen, Spalanzani's Tochter, Olimpia war, die er sonderbarer und schlechter Weise einsperrt, so, daß durchaus kein Mensch in ihre Nähe kommen darf. – Am Ende hat es eine Bewandtnis mit ihr, sie ist vielleicht blödsinnig oder sonst." (24f.)

Nathanaels erster Kontakt mit Olimpia, ein reiner Blickkontakt, ist ambivalent. Einerseits beeindrucken ihn ihre Figur, ihre Kleidung und ihr „engelschönes Gesicht"; zu beachten ist auch, dass er bereits Clara im ersten Brief als „holdes Engelsbild" (11) bezeichnet hat, was den positiven Eindruck unterstreicht. Andererseits irritieren Nathanael Olimpias Augen, die „etwas Starres" haben, gleichsam „keine Sehkraft"; sie macht den Eindruck einer Blinden oder zumindest stark Kurzsichtigen, und das wirkt unheimlich auf ihn. Eine größere Faszination durch Olimpia ist nicht erkennbar.

Die Information, es handle sich um Spalanzanis Tochter, in deren Nähe niemand kommen dürfe, führt zu einer moralischen Kritik an seinem – sonst positiv gesehenen – Lehrer, verbunden mit der Vermutung, dies geschehe, weil sie „vielleicht blödsinnig" sei. Nathanael tendiert hier also zu einer Einschätzung, wie sie später die studentischen Freunde zeigen werden.

Aus Option 2b ergibt sich die Vermutung, dass es sich um eine Androide handelt, die noch nicht ganz fertig ist; das Augen- und das damit korrespondierende Belebungsproblem sind wohl noch ungelöst. Ein Kontakt mit der künstlichen Frau muss daher verhindert werden.[95]

„Wisse nehmlich, daß ich über vierzehn Tage bei Euch bin. Ich muß mein süßes liebes Engelsbild, meine Clara, wiedersehen. Weggehaucht wird dann die Verstimmung sein, die sich (ich muß das gestehen) nach dem fatalen verständigen Briefe meiner bemeistern wollte." (25)

Nathanael hat offenbar die zerrissene Stimmung seines Geistes wieder abgelegt. „Dunkle Ahnungen eines gräßlichen [ihm] drohenden Geschicks" (11) spielen keine Rolle mehr. An Claras Schreiben scheint ihn vor allem zu stören, dass *Clara* es verfasst hat; ein „tiefsinnige[r] philosophische[r] Brief" (24) passt wohl nicht zu seines „Clärchens freundliche[r] Gestalt" (11) und zu ihren „hellen holdlächelnden Kindesaugen" (24). Inhaltlich stimmt er jedoch mit Claras Diagnose weitgehend überein.

4.4 Erste Leseranrede des Erzählers

„Seltsamer und wunderlicher kann nichts erfunden werden, als dasjenige ist, was sich mit meinem armen Freunde, dem jungen Studenten Nathanael, zugetragen, und was ich dir, günstiger Leser! zu erzählen unternommen." (25)

Der Erzähler gibt sich als Freund des Protagonisten aus und stellt das, „was sich mit [s]einem armen Freunde, dem jungen Studenten Nathanael", zugetragen hat, als *Realität* dar, die „[s]eltsamer und wunderlicher" nicht erfunden werden kann. Das fügt sich problemlos in Option 2b ein.

„Hast du, Geneigtester! wohl jemals etwas erlebt, das deine Brust, Sinn und Gedanken ganz und gar erfüllte, Alles Andere daraus verdrängend? Es gärte und kochte in dir, zur siedenden Glut entzündet sprang das Blut durch die Adern und färbte höher deine Wangen. Dein Blick war so seltsam als wolle er Gestalten, keinem andern Auge sichtbar, im leeren Raum erfassen

---

[95] Vgl. die Ausführungen zu dieser Passage in Kapitel 3.3.

und die Rede zerfloß in dunkle Seufzer. Da frugen dich die Freunde: Wie ist Ihnen, Verehrter? – Was haben Sie, Teurer?" (25f.)

Das schreckliche Schicksal Nathanaels hat den Erzähler seelisch aufgewühlt und erschüttert, es erfüllt seine „Brust, Sinn und Gedanken ganz und gar [...], Alles Andere daraus verdrängend". Er fragt daher den Leser, ob er ähnliche bewegende Erfahrungen gemacht habe, sodass es in ihm „gärte und kochte" und sein Blut „zur siedenden Glut entzündet" war. Der Erzähler bezieht sich auf erste Versuche, einen solchen Zustand der inneren Bewegung zu artikulieren, welche aber nur zu einer unverständlichen Rede führten, die „in dunkle Seufzer" zerfloss und die Freunde beunruhigte, sodass sie sich nach seinem Befinden erkundigten. Der Erzähler stellt seine Bemühungen, das Erlebte mitzuteilen, dann aus der Sicht eines Lesers dar, der Vergleichbares versucht hat:

„Und nun wolltest du das innere Gebilde mit allen glühenden Farben und Schatten und Lichtern aussprechen und mühtest dich ab, Worte zu finden, um nur anzufangen. Aber es war dir, als müßtest du nun gleich im ersten Wort Alles Wunderbare, Herrliche, Entsetzliche, Lustige, Grauenhafte, das sich zugetragen, recht zusammengreifen, so daß es, wie ein elektrischer Schlag, alle treffe. Doch jedes Wort, Alles was Rede vermag, schien dir farblos und frostig und tot." (26)

Im Innern des Erzählers hat sich das mit Nathanael Geschehene zu einem Bild „mit allen glühenden Farben und Schatten und Lichtern" verdichtet, und er verspürt das Bedürfnis, dieses „innere Gebilde" auszusprechen und Nathanaels Schicksal mitzuteilen. Er müht sich, „Worte zu finden, um nur anzufangen". In dieser Phase des Mitteilungsversuchs ist er bestrebt, „Alles Wunderbare, Herrliche, Entsetzliche, Lustige, Grauenhafte, das sich zugetragen", so auf den Punkt zu bringen, „daß es, wie ein elektrischer Schlag, alle treffe". Dieser Versuch misslingt jedoch: Jedes gewählte Wort erscheint ihm „farblos und frostig und tot"; er muss erkennen, dass sich „das innere Gebilde" – die in ihm gespeicherte tatsächliche Geschichte Nathanaels – nicht mit einem Schlag und „gleich im ersten Wort" vermitteln lässt.

„Du suchst und suchst, und stotterst und stammelst, und die nüchternen Fragen der Freunde schlagen, wie eisige Windeshauche, hinein in deine innere Glut, bis sie verlöschen will." (26)

Der Versuch des Erzählers, sich mitzuteilen, ist nicht mehr als ein Stammeln, sodass die Freunde sein Anliegen nicht verstehen und „nüchterne[ ] Fragen" stellen, welche die Gefahr mit sich bringen, dass die „innere Glut", die doch zur Mitteilung drängt, verlischt. Das ist also der falsche Weg, der dann korrigiert wird.

„Hattest du aber, wie ein kecker Maler, erst mit einigen verwegenen Strichen, den Umriß deines innern Bildes hingeworfen, so trugst du mit leichter Mühe immer glühender und glühender die Farben auf und das lebendige Gewühl mannigfacher Gestalten riß die Freunde fort und sie sahen, wie du, sich selbst mitten im Bilde, das aus deinem Gemüt hervorgegangen!" (26)

Es ist der bessere Weg, „wie ein kecker Maler, erst mit einigen verwegenen Strichen, den Umriß [des] innern Bildes" zu entwerfen und diesen dann Schritt für Schritt auszumalen. Dadurch gelingt es, „das innere Gebilde" den Freunden zu vermitteln und die eigene seelische Erschütterung auf sie zu übertragen, sie mitzureißen. Sie sehen sich jetzt „mitten im Bilde".

„Mich hat, wie ich es dir, geneigter Leser! gestehen muß, eigentlich niemand nach der Geschichte des jungen Nathanael gefragt; du weißt ja aber wohl, daß ich zu dem wunderlichen Geschlechte der Autoren gehöre, denen, tragen sie etwas so in sich, wie ich es vorhin beschrieben, so zu Mute wird, als frage jeder, der in ihre Nähe kommt und nebenher auch wohl noch die ganze Welt: Was ist es denn? Erzählen Sie Liebster?" (26)

4.4 Erste Leseranrede des Erzählers

Nachdem der Erzähler zuvor von aufwühlenden Erlebnissen und Mitteilungsversuchen des Lesers, *indirekt* aber auch über sich selbst gesprochen hat, redet er nun *direkt* von sich. Er ordnet sich „dem wunderlichen Geschlechte der Autoren" zu, gibt sich also als Schriftsteller bzw. Künstler zu erkennen. Verspürt schon der normale Mensch, wie der Leser ihn repräsentiert, das Bedürfnis, eine ihn bewegende Erfahrung mitzuteilen, so verspürt ein Autor dieses Bedürfnis in einem besonderen Maß. Er *muss* die „Geschichte des jungen Nathanael" erzählen, obwohl ihn niemand darum gebeten hat. Trägt er ein inneres Bild des Geschehens in sich, so *muss* es artikuliert werden; es ist ihm, *als ob* „die ganze Welt" fragen würde: „Was ist es denn?", *als ob* er von allen zum Erzählen aufgefordert würde.

„So trieb es mich denn gar gewaltig, von Nathanaels verhängnisvollem Leben zu dir zu sprechen. Das Wunderbare, Seltsame davon erfüllte meine ganze Seele, aber eben deshalb und weil ich dich, o mein Leser! gleich geneigt machen mußte, Wunderliches zu ertragen, welches nichts geringes ist, quälte ich mich ab, Nathanaels Geschichte, bedeutend – originell, ergreifend, anzufangen" (26).

Der Erzähler verspürt also, auch in seiner Eigenschaft als Künstler, den gewaltigen Antrieb, dem Leser „von Nathanaels verhängnisvollem Leben" zu berichten. Zu diesem Leben gehört das „Wunderbare, Seltsame", aber auch das „Wunderliche[]", das des Erzählers „ganze Seele" erfüllt. Folgt man Option 2b, so liegt es nahe, dem Erzähler eine Sensibilität für die übernatürliche Dimension des Geschehens zuzuschreiben. Sein Problem besteht dann darin, seine Betroffenheit durch die von einer höheren Macht bestimmten Ereignisse in angemessener Form zur Sprache zu bringen. Der Erzähler empfindet dies offenbar als eine große und schwierige Aufgabe. Er möchte den Leser auf das „Wunderbare, Seltsame" einstimmen und quält sich daher, einen passenden Anfang zu finden, der „bedeutend – originell, ergreifend" sein soll. Aus der Sicht von Option 2b besteht das erzähltechnische Problem darin, den Anfang der Geschichte so zu gestalten, dass er zum übernatürlich-dämonischen Gesamtgeschehen, zu einem „verhängnisvolle[n] Leben" im Zeichen des im negativen Sinn Wunderbaren passt. Hier kann man Fehler machen, d. h. den richtigen Ton nicht treffen.

„, Es war einmal' – der schönste Anfang jeder Erzählung, zu nüchtern! – , In der kleinen Provinzial-Stadt S. lebte' – etwas besser, wenigstens ausholend zum Klimax. – Oder gleich medias in res: ,Scher' Er sich zum Teufel, rief, Wut und Entsetzen im wilden Blick, der Student Nathanael, als der Wetterglashändler Giuseppe Coppola' – Das hatte ich in der Tat schon aufgeschrieben, als ich in dem wilden Blick des Studenten Nathanael etwas possierliches zu verspüren glaubte; die Geschichte ist aber gar nicht spaßhaft." (26f.)

Der Erzähler verwirft mehrere Anfänge, die aus diesem oder jenem Grund nicht mit seinem inneren Bild im Einklang stehen, dessen Mitteilung ihm ein so großes Bedürfnis ist.

„Mir kam keine Rede in den Sinn, die nur im mindesten etwas von dem Farbenglanz des innern Bildes abzuspiegeln schien. Ich beschloß gar nicht anzufangen. Nimm, geneigter Leser! die drei Briefe, welche Freund Lothar mir gütigst mitteilte, für den Umriß des Gebildes, in das ich nun erzählend immer mehr und mehr Farbe hineinzutragen mich bemühen werde." (27)

Dem Erzähler fällt kein origineller Anfang ein, der geeignet ist, den „Farbenglanz des innern Bildes abzuspiegeln", der dem bewegenden Schicksal Nathanaels gerecht wird. Daher verzichtet er darauf, *eigenmächtig* zu beginnen, und setzt einfach die drei Briefe, die Lothar ihm – so die Fiktion des Autors Hoffmann – übergeben hat, an den Anfang; ihnen kommt jetzt der Status des Umrisses zu, den es nach und nach auszumalen gilt.

„*Vielleicht gelingt es mir, manche Gestalt, wie ein guter Portraitmaler, so aufzufassen, daß du es ähnlich findest, ohne das Original zu kennen, ja daß es dir ist, als hättest du die Person recht oft schon mit leibhaftigen Augen gesehen.*" (27)
Der Erzähler strebt an, die ihm bekannten, aber dem Leser unbekannten Gestalten möglichst *lebensecht* darzustellen, sodass beim Leser der Eindruck entsteht, die Darstellung sei tatsächlich ähnlich. Entsprechend kann das – realistisch gehaltene – Porträt eines Malers den Betrachter, der den Porträtierten gar nicht kennt, zu der Meinung „So muss die Person tatsächlich ausgesehen haben" verleiten. Dem Leser soll das Geschehene so lebensecht geschildert werden, dass ihm ist, als hätte er „die Person recht oft schon mit leibhaftigen Augen gesehen".
„*Vielleicht wirst du, o mein Leser! dann glauben, daß nichts wunderlicher und toller sei, als das wirkliche Leben und daß dieses der Dichter doch nur, wie in eines matt geschliffnen Spiegels dunklem Widerschein, auffassen könne.*" (27)
Der Erzähler berichtet von dem, was mit Nathanael tatsächlich passiert ist, und will dem Leser den Eindruck vermitteln, „daß nichts wunderlicher und toller sei, als das wirkliche Leben". Er will seine dichterischen Fähigkeiten nur dazu benutzen, das Wunderbare, Seltsame, Wunderliche, Tolle von Nathanaels realem Schicksal einigermaßen adäquat wiederzugeben. Allerdings sieht er sich lediglich in der Lage, „das wirkliche Leben [...] wie in eines matt geschliffnen Spiegels dunklem Widerschein" darzustellen – mehr vermag ein Dichter nicht zu leisten.
Nach Option 2b haben wir es mit dem Eingriff eines Dämons in ein Menschenleben zu tun. Der Erzähler will das „Wunderbare, Herrliche, Entsetzliche, Lustige, Grauenhafte", das sich mit Nathanael tatsächlich zugetragen hat, wiedergeben, will ein Spiegel dieses realen Geschehens sein, ohne zu viel von sich selbst hinzuzutun. – Dass „das wirkliche Leben" Nathanaels freilich eine *Fiktion des Autors* Hoffmann ist, steht auf einem anderen Blatt und muss hier nicht problematisiert werden.
„*Damit klarer werde, was gleich Anfangs zu wissen nötig, ist jenen Briefen noch hinzuzufügen, daß bald darauf, als Nathanaels Vater gestorben, Clara und Lothar, Kinder eines weitläuftigen Verwandten, der ebenfalls gestorben und sie verwaist nachgelassen, von Nathanaels Mutter ins Haus genommen wurden. Clara und Nathanael faßten eine heftige Zuneigung zu einander, wogegen kein Mensch auf Erden etwas einzuwenden hatte; sie waren daher Verlobte, als Nathanael den Ort verließ um seine Studien in G. – fortzusetzen. Da ist er nun in seinem letzten Briefe und hört Collegia bei dem berühmten Professor Physices, Spalanzani.*" (27)
Bevor der Erzähler Nathanaels weiteres Schicksal schildert, gibt er einige Informationen über die Vorgeschichte, die der Leser benötigt, um das Berichtete verstehen zu können: Clara und Nathanael stehen nicht im Verhältnis von Bruder und Schwester zueinander. Clara ist die Tochter eines entfernten Verwandten, die mit ihrem Bruder Lothar im Haus von Nathanaels Mutter aufwächst. Dass Clara und Nathanael „eine heftige Zuneigung zu einander" fassten, sich ineinander verliebten und sich dann auch verlobten, stellt somit keine inzestuöse Beziehung dar. Gegen die „heftige Zuneigung" hat daher „kein Mensch auf Erden etwas einzuwenden".
Nicht vergessen werden sollte, dass die „heftige Zuneigung" zwischen Clara und Nathanael eine Kehrseite hat: Bislang hat Nathanael die sein Leben bestimmenden Ereignisse, die um den Dämon Coppelius kreisen, Clara völlig verschwiegen, und an dieser Situation hätte sich wohl auch nichts geändert, wäre ihm nicht der Fehler beim Adressieren des Briefs unterlaufen.
„*Nun könnte ich getrost in der Erzählung fortfahren; aber in dem Augenblick steht Clara's Bild so lebendig mir vor Augen, daß ich nicht wegschauen kann, so wie es immer geschah, wenn sie mich holdlächelnd anblickte.*" (27)

4.4 Erste Leseranrede des Erzählers 143

Vorhin entschied sich der Erzähler, nicht eigenmächtig anfangen zu wollen, er teilte dann einfach die vorliegenden Briefe mit. Jetzt verfährt er ähnlich im Hinblick auf Clara, deren Bild ihm gerade vor Augen steht: Er gibt die Meinungen anderer über Clara wieder.
„Für schön konnte Clara keinesweges gelten; das meinten alle, die sich von Amtswegen auf Schönheit verstehen. Doch lobten die Architekten die reinen Verhältnisse ihres Wuchses, die Maler fanden Nacken, Schultern und Brust beinahe zu keusch geformt, verliebten sich dagegen sämtlich in das wunderbare Magdalenenhaar und faselten überhaupt viel von Battonischem Kolorit." (27f.)

Clara erscheint als eine zwar nicht eigentlich schöne, aber doch attraktive Person. Besonders beeindrucken offenbar „die reinen Verhältnisse ihres Wuchses" und „das wunderbare Magdalenenhaar", hinsichtlich anderer Eigenschaften scheiden sich aber anscheinend die Geister: Der Erzähler berichtet von einem „wirkliche[n] Fantast[en]", der Claras Augen „höchstseltsamer Weise [...] mit einem See von Ruisdael [vergleicht], in dem sich des wolkenlosen Himmels reines Azur, Wald- und Blumenflur, der reichen Landschaft ganzes buntes, heitres Leben spiegelt"; andere meinen gar, „daß [ihnen] aus ihrem Blick wunderbare himmlische Gesänge und Klänge entgegenstrahlen, die in [ihr] Innerstes dringen, daß da alles wach und rege wird" (28). Auffällig ist auch das „um Clara's Lippen schwebende[ ] feine[ ] Lächeln, wenn [sie sich] unterfangen, ihr etwas vorzuquinkelieren, das so tun will als sei es Gesang, unerachtet nur einzelne Töne verworren durch einander springen" (28). Man kann Clara also in solchen Dingen nichts vormachen; sie reagiert darauf mit einem ironischen Lächeln.

„Clara hatte die lebenskräftige Fantasie des heitern unbefangenen, kindischen Kindes, ein tiefes weiblich zartes Gemüt, einen gar hellen scharf sichtenden Verstand. Die Nebler und Schwebler hatten bei ihr böses Spiel; denn ohne zu viel zu reden, was überhaupt in Clara's schweigsamer Natur nicht lag, sagte ihnen der helle Blick, und jenes feine ironische Lächeln: Lieben Freunde! wie möget ihr mir denn zumuten, daß ich eure verfließende Schattengebilde für wahre Gestalten ansehen soll, mit Leben und Regung? – Clara wurde deshalb von vielen kalt, gefühllos, prosaisch gescholten; aber andere, die das Leben in klarer Tiefe aufgefaßt, liebten ungemein das gemütvolle, verständige, kindliche Mädchen, doch keiner so sehr, als Nathanael, der sich in Wissenschaft und Kunst kräftig und heiter bewegte." (28)

Der Erzähler vermittelt einen durchaus positiven Gesamteindruck von Clara, die mit den meisten Menschen offenbar gut auskommt. Nur die „Nebler und Schwebler" stoßen auf ihre Ablehnung; das sind wohl diejenigen, die ihr in dieser oder jener Hinsicht etwas vormachen, also „verfließende Schattengebilde für wahre Gestalten" ausgeben. Dazu gehören auch diejenigen, die eine misslungene Darbietung für echten Gesang halten. Durch ihren „helle[n] Blick, und jenes feine ironische Lächeln" gibt Clara zu erkennen, dass sie die Sache durchschaut und das jeweilige Schattengebilde als solches erkennt. Das wiederum zeigt ihren „hellen scharf sichtenden Verstand" an. Die „Nebler und Schwebler" – d.h. die Angeber und Aufschneider – gelangen aufgrund von Claras Reaktionen verständlicherweise zu einer weniger positiven Einschätzung: Sie schelten Clara als „kalt, gefühllos, prosaisch", weil diese ihre Angebereien durchschaut. Das aber spricht eher für als gegen sie.

Aus der Sicht von Option 2b muss das positive Porträt Claras jedoch aus verschiedenen Gründen als unvollständig gelten:

1. In der Textwelt existiert eine reale dämonische Macht, die für Nathanael höchst bedrohlich ist. Claras Weltsicht erweist ihre Begrenztheit dadurch, dass sie überhaupt keinen Sinn für diese Macht besitzt. Sie wendet die im Alltagsleben funktionierende Strategie gegenüber Schattengebilden auch auf diesen Fall an, ohne zu erkennen, dass er qualitativ

anderer Art ist. Nathanael ist kein „Nebler und Schwebler" wie die anderen, er sieht sich *tatsächlich* mit einer höheren Macht konfrontiert.

2. Ohne zu bestreiten, dass Clara ein „gemütvolle[s], verständige[s], kindliche[s] Mädchen" ist, eine liebenswürdige Gestalt, muss der Beschreibung hinzugefügt werden, dass es sich um eine für Welt b blinde Philistergestalt handelt. Im Unterschied zu anderen Philistern, die in Hoffmanns Texten begegnen, ist sie jedoch eine *sympathische* Philisterin. Dennoch darf über all ihren positiven Merkmalen ihre Beschränktheit nicht übersehen werden. Die so erweiterte Sicht auf Clara passt im Übrigen gut zu der in der Romantik verbreiteten Kritik an der Einseitigkeit und Beschränktheit des Verstandesdenkens, die auf spezifische religiös-metaphysische Grundannahmen verweist.

3. Nathanael ist in seiner Kindheit mit einem bösartigen höheren Wesen in Kontakt gekommen und hat dabei Schreckliches erlebt. Seine Zuneigung zu Clara, die sich heiter und problemlos innerhalb der Alltagswelt (Welt a) bewegt, lässt sich auch als Versuch interpretieren, die ganzen Schrecknisse zu vergessen und sich innerhalb von Welt a zu stabilisieren. Dazu passt, dass er Clara bislang nichts von seinen schrecklichen Erfahrungen erzählt hat. Die Liebesbeziehung ist bisher offenbar weitgehend störungsfrei verlaufen, da sie vonseiten Nathanaels auf dem *Verschweigen* bedeutsamer Erlebnisse beruht. Nathanael ist (zumindest phasenweise) der Wunsch zuzuschreiben, zusammen mit Clara harmonisch und mehr oder minder problemfrei in der bürgerlich-alltäglichen Welt zu leben; zu dieser Existenzform gehört es, sich „kräftig und heiter" in Wissenschaft und Kunst zu bewegen. Er will am liebsten nichts mehr von dem wissen, was früher geschah. Tritt jedoch die bösartige höhere Macht erneut in Erscheinung, so muss diese Liebesbeziehung in eine schwere Krise geraten. Denn einerseits bringt Nathanael nun das bislang Verschwiegene gegenüber Lothar und – zunächst ungewollt – auch gegenüber Clara zur Sprache, andererseits wirkt sich die Begrenztheit von Claras Weltsicht, die im Alltagskontext bislang positive Folgen gehabt hat, in dieser Situation unmittelbar aus. Der reale Dämon wird auf naturalistisch-psychologische Weise wegerklärt, und das muss zu einem weltanschaulichen Konflikt mit Nathanael führen. Jetzt zeigt sich, dass es sich um eine Beziehung zwischen zwei grundsätzlich verschiedenen Menschentypen handelt, die nur durch Verschweigen bzw. Verdrängen eines wesentlichen Teils der Persönlichkeit des einen harmonieren können. Für den einen Typ existiert Welt b überhaupt nicht, zumindest nicht die dämonische Macht, um die es konkret geht; für den anderen Typ ist diese Macht hingegen höchst real. Nach Claras Antwortbrief bricht der Konflikt nur deshalb nicht voll aus, weil Nathanael seine numinosen Erfahrungen mit Coppelius/Coppola nicht nachhaltig verteidigt, sondern gleich wieder in die aufgeklärt-rationale Sichtweise zurückfällt, von der man annehmen kann, dass sie im bisherigen Verlauf der Liebesbeziehung auch bei Nathanael dominierte. Macht sich das dämonische höhere Wesen jedoch erneut und nachhaltig geltend, so muss es zur Krise kommen.

4.5 Nathanaels Besuch daheim

„Clara hing an dem Geliebten mit ganzer Seele; die ersten Wolkenschatten zogen durch ihr Leben, als er sich von ihr trennte. Mit welchem Entzücken flog sie in seine Arme, als er nun, wie er im letzten Briefe an Lothar es verheißen, wirklich in seiner Vaterstadt in's Zimmer der Mutter eintrat. Es geschah so wie Nathanael geglaubt; denn in dem Augenblick, als er Clara wieder sah, dachte er weder an den Advokaten Coppelius, noch an Clara's verständigen Brief, jede Verstimmung war verschwunden." (28f.)

4.5 Nathanaels Besuch daheim

Clara und Nathanael haben den Wunsch, es möge wieder so sein wie vor Nathanaels Begegnung mit dem Wetterglashändler, welche ihn dazu geführt hat, Lothar (und letztlich auch Clara) seine früheren Erfahrungen zu offenbaren. Rasch stellt sich indes heraus, dass der frühere Zustand nicht so einfach wiederherzustellen ist:
„Recht hatte aber Nathanael doch, als er seinem Freunde Lothar schrieb, daß des widerwärtigen Wetterglashändlers Coppola Gestalt recht feindlich in sein Leben getreten sei. Alle fühlten das, da Nathanael gleich in den ersten Tagen in seinem ganzen Wesen durchaus verändert sich zeigte. Er versank in düstre Träumereien, und trieb es bald so seltsam, wie man es niemals von ihm gewohnt gewesen. Alles, das ganze Leben war ihm Traum und Ahnung geworden; immer sprach er davon, wie jeder Mensch, sich frei wähnend, nur dunklen Mächten zum grausamen Spiel diene, vergeblich lehne man sich dagegen auf, demütig müsse man sich dem fügen, was das Schicksal verhängt habe." (29)
Die erneute Begegnung mit dem Dämon in Menschengestalt hat Nathanael, wie sich nun zeigt, so tief getroffen, dass er nicht auf Dauer zur heiter-aufgeklärten Sichtweise – die für (fast) alles eine Lösung hat, sei es auch eine psychologisch-therapeutische – zurückkehren kann. Die Begegnung hat sein „ganze[s] Wesen durchaus verändert", genauer gesagt: Sein *wahres* oder *eigentliches* Wesen, das er in den letzten Jahren – wohl auch vor sich selbst – verleugnet hat, tritt wieder hervor; Lothar und Clara, die dieses Wesen gar nicht kennen, erscheint dies offensichtlich als negative bzw. krankhafte Wesensveränderung.
Wenn Nathanael davon spricht, dass er „dunklen Mächten zum grausamen Spiel" diene, sagt er im Prinzip die Wahrheit; er ahnt, dass jede Auflehnung gegen den Willen dieser bösen Mächte vergeblich sein wird, letztlich müsse man sich, ob man wolle oder nicht, „dem fügen, was das Schicksal verhängt habe". Einschränkend ist allerdings hinzuzufügen, dass Nathanael seine spezielle Situation, die er erahnt, unzulässig verallgemeinert. In den zweidimensionalen Textwelten Hoffmanns gilt zwar, dass jeder Mensch letzten Endes höheren Mächten unterworfen ist, die in sein Leben eingreifen können, aber dies können auch positive Mächte sein, die förderlich wirken. Nathanael ist in der besonderen (wenngleich keineswegs einzigartigen) Situation, dass er ausschließlich „dunklen Mächten zum grausamen Spiel" dient.
Dort, wo bösartige höhere Mächte im Spiel sind, kann der auf sich allein gestellte Mensch letzlich nichts gegen sie ausrichten; er könnte es nur, wenn er die Verbindung mit einer positiven höheren Macht suchen würde, welche der negativen überlegen ist. Es fällt auf, dass diese Option weder von Nathanael selbst noch von seinen Freunden verfolgt wird. Das lässt sich von Option 2b aus interpretatorisch mit weltanschaulichen Hintergrundannahmen in Verbindung bringen, die für viele Romantiker charakteristisch sind. Nathanael hat demnach den Kontakt zum *Göttlichen*, das allein ihn retten könnte, verloren und ist daher, auf sich allein gestellt, den Attacken des *Teuflischen* ohnmächtig ausgeliefert. Gemäß einem solchen Überzeugungssystem, wie wir es auch Hoffmann zuschreiben, gilt keineswegs generell, dass „jeder Mensch, sich frei wähnend, nur dunklen Mächten zum grausamen Spiel diene". Der Mensch ist vielmehr nach dieser Auffassung durchaus frei, sich für das Göttliche zu entscheiden oder sich von ihm abzuwenden. Erst dann, wenn er sich – wie Nathanaels Vater – von Gott ab- und den dunklen Mächten zugewandt hat, gilt, dass eine Auflehnung gegen die bösen Mächte vergeblich, zumindest aber sehr schwierig ist. Freiheit, verstanden als Möglichkeit *völlig* autonomer Lebensgestaltung, ist hingegen in den zweidimensionalen Textwelten Hoffmanns stets eine Illusion, denn die höheren Mächte können jederzeit in das Leben der Menschen eingreifen und die Realisierung ihrer Pläne verhindern.
Folgt man Option 2b, so ist ferner zu überlegen, auf welche Weise höhere Mächte überhaupt wirken können. Nach den Prämissen, auf denen das mythische Denken beruht, gilt,

dass diese Mächte in der Natur, in sozialen Zusammenhängen, aber auch im Inneren des Menschen wirksam sein können.[96] Daher ist auch die Möglichkeit einzubeziehen, dass der Dämon Nathanael nicht nur vor einigen Wochen erneut *äußerlich* in Gestalt des Coppola erschienen ist, sondern dass er ihm jetzt auch *innerlich* erscheint und ihm z. B. „düstre Träumereien" eingibt sowie dergestalt auf ihn einwirkt, dass Nathanael glaubt, man müsse sich demütig in das fügen, „was das Schicksal verhängt habe". Die Ahnung seines Schicksals kann durchaus eine Eingebung des Dämons sein, z. B. um ihn in besonderem Maß leiden zu lassen.

„Er ging so weit, zu behaupten, daß es töricht sei, wenn man glaube, in Kunst und Wissenschaft nach selbsttätiger Willkür zu schaffen; denn die Begeisterung, in der man nur zu schaffen fähig sei, komme nicht aus dem eignen Innern, sondern sei das Einwirken irgend eines außer uns selbst liegenden höheren Prinzips." (29)

Auch hier erkennt Nathanael, auf die Textwelt bezogen, die Wahrheit: In Hoffmanns zweidimensionalen Textwelten kommt die künstlerische Begeisterung nie *ausschließlich* „aus dem eignen Innern" des Künstlers, sondern stellt immer auch eine Inspiration von oben dar, ist also auf „das Einwirken irgend eines außer uns selbst liegenden höheren Prinzips" zurückzuführen. Dabei ist jedoch erneut die Sonderstellung Nathanaels zu berücksichtigen. Bei einigen Figuren Hoffmanns erfolgt das Einwirken eines *positiven* höheren Prinzips, bei Nathanael hingegen das Einwirken eines *negativen* höheren Prinzips.

Das wiederum hat künstlerische Konsequenzen. Einerseits gehört Nathanael zumindest potenziell zu den wahren Künstlern der hoffmannschen Textwelten, da er durch Inspiration von oben in einen Zustand der schöpferischen Begeisterung versetzt wird; ihm stehen die Künstlertypen gegenüber, die uninspiriert „nach selbsttätiger Willkür zu schaffen" versuchen. Andererseits erfüllt Nathanael aber nicht alle Bedingungen wahren Künstlertums. Zu diesem gehört nämlich, dass die Inspiration durch *positive* höhere Mächte erfolgt; allein ein dadurch geprägtes Werk kann auch die Rezipienten, sofern sie bestimmte Sensibilitätsbedingungen erfüllen, in einen positiven Zustand der Begeisterung versetzen. Bei Nathanael findet jedoch eine Inspiration durch eine *negative* höhere Macht statt, die ihn keineswegs zum Göttlichen hinführt, sondern ihn benutzt und letztlich vernichten will und, so vermuten wir, zu diesem Zweck eine Inspiration einsetzt.

Nebenbei bemerkt, weisen die vorhin analysierten Ausführungen des Erzählers eine Ähnlichkeit mit Nathanaels Sichtweise auf. Der Erzähler erwägt zunächst, so könnte man jetzt sagen, „nach selbsttätiger Willkür zu schaffen", willkürlich einen Anfang zu setzen. Dann erkennt er, dass es besser ist, einfach die drei ihm vorliegenden Briefe an den Anfang zu setzen. Er folgt damit einer Intuition, die mehr ist als ein willkürlicher Einfall, die eine Art Eingebung darstellt. In ähnlicher Weise denkt Nathanael nun „die Begeisterung, in der man nur [wahrhaft] zu schaffen fähig sei", als Eingebung eines höheren Prinzips. Beides korrespondiert miteinander – und das passt wiederum gut zu Option 2b.

„Der verständigen Clara war diese mystische Schwärmerei im höchsten Grade zuwider, doch schien es vergebens, sich auf Widerlegung einzulassen. Nur dann, wenn Nathanael bewies, daß Coppelius das böse Prinzip sei, was ihn in dem Augenblick erfaßt habe, als er hinter dem Vorhange lauschte, und daß dieser widerwärtige Dämon auf entsetzliche Weise ihr Liebesglück stören werde, da wurde Clara sehr ernst und sprach: ‚Ja Nathanael! Du hast Recht, Coppelius ist ein böses feindliches Prinzip, er kann Entsetzliches wirken, wie eine teuflische Macht, die sichtbarlich in das Leben trat, aber nur dann, wenn du ihn nicht aus Sinn und Gedanken verbannst. So lange du an ihn glaubst, ist er auch und wirkt, nur dein Glaube ist seine Macht.'" (29f.)

---

[96] Vgl. K. HÜBNER: *Die Wahrheit des Mythos*. München 1985.

Je stärker Nathanael sein wahres Wesen zeigt, „in düstre Träumereien" versinkt und vom Spiel dunkler Mächte spricht, desto stärker treten die weltanschaulichen Differenzen zwischen ihm und Clara zutage. Für Clara existiert Welt b nicht, zumindest nicht deren dämonischer Teil. Nathanaels Äußerungen ordnet sie daher als „mystische Schwärmerei" (29) ein, die mit den „verfließende[n] Schattengebilde[n]" der „Nebler und Schwebler" letztlich auf einer Stufe stehen; sie hält sie nicht „für wahre Gestalten" (28), und sie sind ihr „im höchsten Grade zuwider" (29). Da sie das Neblertum grundsätzlich ablehnt, lehnt sie auch Nathanaels *vermeintliches* Neblertum ab.

Claras aufgeklärte, letztlich aber philiströse Weltsicht lässt nur die Diagnose zu, dass es sich um eine Einbildung oder Wahnvorstellung handelt, die im Prinzip überwindbar ist. Da sie Nathanael liebt, will sie ihm helfen, und sie tut dies auf ihre Weise, indem sie die – bereits im Brief artikulierte – naturalistisch-psychologische Erklärungs- und Therapiestrategie anwendet. Demnach gibt es kein *äußerliches* „böses feindliches Prinzip", sondern nur eine *innerliche* Wahnvorstellung, die „Entsetzliches wirken" kann, wenn man ernsthaft an sie glaubt; dann wirkt sie unter Umständen „wie eine teuflische Macht" (29). Erneut plädiert Clara also dafür, sich die bloß *vorgestellte* dämonische Macht aus dem Kopf zu schlagen, die Einbildung aus Sinn und Gedanken zu verbannen.

In der Textwelt hat Nathanael jedoch Recht: Coppelius *ist* „das böse Prinzip", die respektive eine diabolische Macht, und „dieser widerwärtige *Dämon* [wird] auf entsetzliche Weise ihr Liebesglück stören" (29). Claras so vernünftig erscheinende Reaktion erweist sich in diesem Kontext als kurzsichtig und verblendet. Das wiederum lässt sich mit einer Autorposition in Verbindung bringen, die mit Instanzen rechnet, die der menschlichen Vernunft übergeordnet sind.

„Nathanael, ganz erzürnt, daß Clara die Existenz des Dämons nur in seinem eignen Innern statuiere, wollte dann hervorrücken mit der ganzen mystischen Lehre von Teufeln und grausen Mächten, Clara brach aber verdrüßlich ab, indem sie irgend etwas gleichgültiges dazwischen schob, zu Nathanaels nicht geringem Ärger. Der dachte, kalten unempfänglichen Gemütern erschließen sich (nicht) solche tiefe Geheimnisse, ohne sich deutlich bewußt zu sein, daß er Clara eben zu solchen untergeordneten Naturen zähle, weshalb er nicht abließ mit Versuchen, sie in jene Geheimnisse einzuweihen." (30)

Die weltanschaulich begründeten Differenzen zwischen Clara und Nathanael treten immer deutlicher zutage. Nathanael glaubt an die faktische „Existenz des *Dämons*" und greift bei Bedarf auf die „Lehre von Teufeln und grausen Mächten" zurück, um seine Sichtweise zu stützen. Er ordnet Clara explizit oder implizit den „kalten unempfänglichen Gemütern", den „untergeordneten Naturen" zu, denen sich die mit Welt b zusammenhängenden Geheimnisse nicht erschließen. Da er sie liebt, will er sie überzeugen und unternimmt daher immer neue Versuche, „sie in jene Geheimnisse einzuweihen". Der ganz anders gepolten Clara ist das alles „im höchsten Grade zuwider", und sie wendet sich mit Verdruss ab.

„Am frühen Morgen, wenn Clara das Frühstück bereiten half, stand er bei ihr und las ihr aus allerlei mystischen Büchern vor, daß Clara bat: Aber lieber Nathanael, wenn ich dich nun das böse Prinzip schelten wollte, das feindlich auf meinen Kaffee wirkt? – Denn, wenn ich, wie du es willst, alles stehen und liegen lassen und dir, indem du liesest, in die Augen schauen soll, so läuft mir der Kaffee ins Feuer und ihr bekommt alle kein Frühstück! – Nathanael klappte das Buch heftig zu und rannte voll Unmut fort in sein Zimmer." (30)

Da Clara Nathanael den „Nebler[n] und Schwebler[n]" zuordnet, reagiert sie auf seine Einlassungen mit ironischer Distanzierung. Mit dem „feine[n] ironische[n] Lächeln" (28), das sie gegenüber denjenigen zeigt, die ihr etwas vormachen, korrespondiert hier, dass sie sich über Nathanael lustig macht. Darüber ist dieser wiederum im höchsten Grade verärgert, denn es geht schließlich um den zentralen Punkt seines Lebens und seiner (dämonologischen) Weltauffassung – die Rückkehr zur aufgeklärt-rationalen Sichtweise, wie sie im zweiten Brief an Lothar dokumentiert ist, war ja nicht von Dauer. Für Clara sind das bloße Hirngespinste.

„*Sonst hatte er eine besondere Stärke in anmutigen, lebendigen Erzählungen, die er aufschrieb, und die Clara mit dem innigsten Vergnügen anhörte, jetzt waren seine Dichtungen düster, unverständlich, gestaltlos, so daß, wenn Clara schonend es auch nicht sagte, er doch wohl fühlte, wie wenig sie davon angesprochen wurde. Nichts war für Clara tötender, als das Langweilige; in Blick und Rede sprach sie dann ihre nicht zu besiegende geistige Schläfrigkeit aus. Nathanael's Dichtungen waren in der Tat sehr langweilig.*" (30)

Solange der dichterisch tätige Nathanael sich in einem weltanschaulichen Rahmen bewegt, der mit dem Claras vergleichbar ist, schreibt er „anmutige[], lebendige[] Erzählungen", die ihr sehr gefallen. Kommt aber seine Erfahrung mit dem Dämon – aus Claras Sicht: sein Dämonenglaube – wieder zum Durchbruch, so verändert sich auch seine künstlerische Produktion entsprechend. Nach den bisherigen Reaktionen Claras kann es nicht verwundern, dass die neuen Dichtungen sie nicht anzusprechen vermögen, dass sie eine „nicht zu besiegende geistige Schläfrigkeit" bei ihr auslösen, schließlich lehnt sie Dichtungen, die vom Wirken realer Dämonen handeln, grundsätzlich ab, da sie den Dämonenglauben für eine Wahnvorstellung hält. Derartige Texte langweilen, ja verärgern sie.[97]

Dass Nathanaels Dichtungen jetzt „düster, unverständlich, gestaltlos" sind, ist eine Aussage mit negativen *wertenden* Implikationen. Das gilt in besonderem Maß dann auch für die Bemerkung „Nathanael's Dichtungen waren in der Tat sehr langweilig". Zunächst einmal sind diese Wertungen dem Erzähler zuzuordnen: Er hält die Dichtungen nach seinen Maßstäben, die er nicht weiter expliziert, für langweilig. Hier gibt es, wenn man Option 2b folgt, nun zwei Möglichkeiten, die Analyse zu vertiefen:

Möglichkeit 1: Die vom Erzähler angelegten ästhetischen Wertungsmaßstäbe sind auch für den *Autor* verbindlich und nach dessen Auffassung möglicherweise objektiv gültig. Dann würde der Erzähler hier ein Werturteil aussprechen, das auch nach Meinung des Autors zutreffend und gültig ist. Es würde sich demnach um tatsächlich misslungene Dichtungen handeln, die objektiv langweilig sind, was damit zusammenhängt, dass sie „düster, unverständlich, gestaltlos" sind.

Möglichkeit 2: Der Erzähler folgt in dieser Passage Claras philiströser Sichtweise und der zugehörigen ästhetischen Bewertungsweise, die dem Autor gerade *nicht* zugeschrieben werden kann. Die Dichtungen sind demnach zwar *für Clara*, nicht notwendigerweise aber auch für anders gepolte Rezipienten langweilig.

Wir halten Möglichkeit 2 für wahrscheinlicher und bauen diesen Ansatz nun weiter aus. Dabei wird deutlicher werden, weshalb wir ihn vorziehen. Was für Texte hat Nathanael in dieser Phase geschrieben? Wahrscheinlich handelt es sich um *Dämonentexte*, in denen er seine schrecklichen Erfahrungen mit Coppelius verarbeitet und diesen als „das böse Prinzip" darstellt, in denen er seine Auffassung artikuliert, dass „jeder Mensch, sich frei wähnend, nur dunklen Mächten zum grausamen Spiel diene" (29), in denen er auf die „Lehre von Teufeln und grausen Mächten" zurückgreift.[98] Dass diese Dämonendichtungen *düster*

---

[97] Das Urteil „Das ist ja langweilig" ist eine gebräuchliche Weise, eine normativ-ästhetisch und letztlich weltanschaulich begründete Ablehnung zu artikulieren; vgl. TEPE: *Rezensionen mythoshaltiger Literatur*.

[98] Diese Texte stehen in einer Entwicklungsreihe mit Nathanaels frühen Darstellungen des Sandmanns, den er „in den seltsamsten, abscheulichsten Gestalten überall auf Tische, Schränke und Wände mit Kreide, Kohle, hinzeichnete" (14). Hätte Clara diese Kinderzeichnungen zu Gesicht bekommen, so hätte sie diese wohl ebenfalls „düster, unverständ-

sind, kann als einfache Beschreibung betrachtet werden: Es handelt sich um Texte mit einer düsteren Thematik und entsprechender Stimmungslage. Dass die Texte *unverständlich* sind, scheint demgegenüber aus Claras Sicht mit negativ-bewertendem Unterton formuliert zu sein (was Möglichkeit 2 entspricht): Sie sind *für jemanden wie Clara*, die ja nicht an die Existenz von Dämonen glaubt, nicht nachvollziehbar, unverständlich. Für jemanden, der an die Existenz von Dämonen *glaubt*, könnten solche Texte hingegen durchaus nachvollziehbar, verständlich und zudem höchst relevant sein. Entsprechend argumentieren wir hinsichtlich der Einschätzung der Texte als *gestaltlos*: Die Dichtungen wirken auf *jemanden wie Clara*, die einer philiströs-beschränkten Weltsicht anhängt und die dazu passenden ästhetischen Wertvorstellungen anwendet, gestaltlos, d.h., dass die Texte den philiströsen Vorstellungen von guter Gestaltung nicht entsprechen. Zum Ruhe-Schlaf-Heiterkeit-Weltbild passen eben am besten „anmutige[], lebendige[] Erzählungen", welche „innigste[s] Vergnügen" bereiten und damit dieses Weltbild stützen. Auf jemanden, der – wie Nathanael in dieser Phase – an die Existenz von Dämonen glaubt, müssen die Dichtungen hingegen überhaupt nicht gestaltlos, unorganisiert usw. wirken; sie können vielmehr als *adäquat gestalteter* Ausdruck erschütternder Erfahrungen mit Wesen, die der Welt des Übernatürlichen angehören, geschätzt werden. Daraus ergibt sich, dass die Charakterisierung der Dichtungen nicht als zutreffende, objektiv gültige Bewertung angesehen werden darf, sondern auf die Position Claras relativiert werden muss. Bezogen auf diese Textpassage darf ein kognitiv verfahrender Interpret also die Sichtweise des Erzählers, die hier mit der defizitären Claras übereinstimmt, nicht einfach übernehmen, sondern muss sie im Gesamtkontext mit Einschränkungen versehen. Texte, die Philister tödlich langweilen, können für andere Menschen, die für Welt b sensibel sind, höchst anregend und bedeutsam sein.

„Sein Verdruß über Clara's kaltes prosaisches Gemüt stieg höher, Clara konnte ihren Unmut über Nathanael's dunkle, düstere, langweilige Mystik nicht überwinden, und so entfernten beide im Innern sich immer mehr von einander, ohne es selbst zu bemerken." (30)

Die weltanschaulichen Differenzen machen sich geltend: Clara erscheint Nathanael trotz aller positiven Seiten letztlich als „kaltes prosaisches Gemüt", das die Existenz von Welt b nicht akzeptieren will; umgekehrt ist Nathanael für Clara trotz aller positiven Seiten einer Wahnvorstellung verfallen, die unter anderm zur Hervorbringung von Dichtungen führt, die sie langweilen. Sie ordnet Nathanaels Weltsicht mit negativen Vorzeichen als „langweilige Mystik" ein. Eine Überwindung der Krise ihrer Liebesbeziehung scheint nur dann möglich zu sein, wenn einer der beiden seine Sicht der Dinge aufgibt, wie es bei Nathanael zwischenzeitlich, aber eben nur kurzfristig der Fall war.

„Die Gestalt des häßlichen Coppelius war, wie Nathanael selbst es sich gestehen mußte, in seiner Fantasie erbleicht und es kostete ihm oft Mühe, ihn in seinen Dichtungen, wo er als grauser Schicksalspopanz auftrat, recht lebendig zu kolorieren." (30f.)

Nathanael sieht sich bei seinen Dichtungen mit bestimmten künstlerischen Schwierigkeiten konfrontiert. „Die Gestalt des häßlichen Coppelius" ist inzwischen „in seiner Fantasie erbleicht", sodass es ihm Mühe bereitet, ihn „recht lebendig zu kolorieren". Wir kommen bei dieser Gelegenheit unter einem veränderten Blickwinkel auf die bewertende Aussage des Erzählers „Nathanael's Dichtungen waren in der Tat sehr langweilig" zurück. Ging es uns hier darum, eine interpretatorische Verabsolutierung von Claras philiströser Sichtweise zu verhindern, bringen wir nun demgegenüber diejenigen ästhetischen Wertmaßstäbe zur Geltung, denen Nathanael selbst vermutlich folgt. Für Nathanael – so nehmen wir, weiterhin Option 2b nutzend, an – gibt es einerseits gute, andererseits weniger gute bzw.

---

lich, gestaltlos" und langweilig gefunden.

misslungene Dämonendichtungen. Wir schreiben ihm eine normativ-ästhetische Sichtweise zu, wie sie aus den bereits behandelten Aussagen des Erzählers indirekt erschließbar ist: Um gute Dichtung im Allgemeinen und gute Dämonendichtung im Besonderen hervorzubringen, muss der Dichter etwas erlebt haben, „das [s]eine Brust, Sinn und Gedanken ganz und gar erfüllte, Alles Andere daraus verdrängend" (25); es muss in ihm gären und kochen; das Verlangen, das Erlebte mitzuteilen, muss „gar gewaltig" (26) sein. Ein „innere[s] Gebilde mit allen glühenden Farben und Schatten und Lichtern" (26) muss dem Dichter präsent sein, und er muss dann in der Lage sein, dafür adäquate Worte zu finden. Die „innere Glut" (26) darf im Schaffensprozess nicht verlöschen. Der „Farbenglanz des innern Bildes" (27) muss adäquat widergespiegelt werden. Dieses normative Konzept guter Dichtung schreiben wir übrigens nicht nur dem Erzähler und Nathanael, sondern auch dem Autor zu: Die referierten Formulierungen bringen das *serapiontische Prinzip* Hoffmanns zum Ausdruck.

Folgt man diesen Überlegungen, so gilt, dass Nathanael in der dichterischen Produktion während seines Heimatbesuchs, zumindest in einigen Fällen, seinen eigenen ästhetischen Maßstäben nicht genügen kann. Er hat mit dem „häßlichen Coppelius" zwar schreckliche Dinge erlebt, aber dessen Gestalt ist „in seiner Fantasie erbleicht", d. h., das damals Erlebte füllt Sinn und Gedanken nicht mehr ganz und gar, es gärt und kocht nicht in ihm, das „innere Gebilde" wird nicht mehr wirklich geschaut. Das wiederum hat zur Folge, dass es Nathanael große Mühe kostet, Coppelius in seinen Dichtungen „recht lebendig zu kolorieren". Es entstehen somit *uninspirierte* Dämonendichtungen, die nach Nathanaels – und Hoffmanns – Kriterien als weitgehend misslungen und „in der Tat sehr langweilig" gelten müssen. Die Dichtung, deren Entstehen der Erzähler nun schildert, fällt jedoch nicht in diese Kategorie:

„Es kam ihm endlich ein, jene düstre Ahnung, daß Coppelius sein Liebesglück stören werde, zum Gegenstande eines Gedichts zu machen. Er stellte sich und Clara dar, in treuer Liebe verbunden, aber dann und wann war es, als griffe eine schwarze Faust in ihr Leben und risse irgend eine Freude heraus, die ihnen aufgegangen." (31)

Das Entstehen der neuen Dämonendichtung wird vom *Erzähler* geschildert. Während der erste Satz es noch möglich erscheinen lässt, dass es um eine weitere *uninspirierte* Dichtung geht, deutet bereits der zweite Satz an, dass sich Nathanael nun wieder auf der Höhe seiner Erlebnisse befindet, dass er „das innere Gebilde" (26) wirklich schaut. Dargelegt wird also vom Erzähler der Handlungsverlauf einer inspirierten, gelungenen und nach den eigenen Kriterien spannenden Dämonendichtung. Nach Option 2b besitzt diese Dichtung auch einen *prophetischen* Charakter: Sie nimmt zum Teil das vorweg, was danach tatsächlich geschehen wird.

Dass Nathanael und Clara „in treuer Liebe verbunden" sind, dann aber „eine schwarze Faust in ihr Leben" greift, lässt sich auf mehrere Situationen beziehen. Zum einen auf das, was bereits geschehen *ist*: Vor Coppolas Besuch waren beide in Liebe verbunden, der Besuch aber stellt einen Eingriff einer dämonischen Macht in das Liebesglück dar, der „eine Freude [...], die ihnen aufgegangen", aus ihrem Leben herausreißt. Die Wendung lässt sich zum anderen auch auf das beziehen, was noch geschehen *wird*.

„Endlich, als sie schon am Traualtar stehen, erscheint der entsetzliche Coppelius und berührt Clara's holde Augen: die springen in Nathanaels Brust wie blutige Funken sengend und brennend, Coppelius faßt ihn und wirft ihn in einen flammenden Feuerkreis, der sich dreht mit der Schnelligkeit des Sturmes und ihn sausend und brausend fortreißt." (31)

Nathanaels Gedicht lässt sich, wenn man den weiteren Handlungsverlauf im Auge hat, als (alb-)traumhaft verzerrte Vorahnung des Kommenden interpretieren, als mehrdeutige Vision, die sich auf verschiedene spätere Ereignisse beziehen lässt:

1. Das Gedicht antizipiert die Situation, als Nathanael Olimpia einen Heiratsantrag machen will und Zeuge des Streits zwischen den Automatenkonstrukteuren wird: Spalanzani wirft Nathanael die blutigen Augen Olimpias (die wohl Coppelius/Coppola entfernt hat) an die Brust, was diesen in den Wahnsinn treibt, welcher mit „eine[m] flammenden Feuerkreis" verglichen wird.[99]
2. Das Gedicht verweist auf die Schlussszene: Nathanael gedenkt nach seiner Genesung Clara zu heiraten. Kurz vor der geplanten Heirat, als sie gewissermaßen „schon am Traualtar stehen", blickt Nathanael auf dem Turm durch Coppolas Perspektiv auf Clara. Dies kann als Intervention des „entsetzliche[n] Coppelius" begriffen werden, der Clara auf eine Weise erscheinen lässt, dass Nathanael sie, erneut dem Wahnsinn verfallend, töten will.

Aus Option 2b ergibt sich die Vermutung, dass das, was Nathanael in seiner neuen Dämonendichtung darstellt, ihm von Coppelius eingegeben worden ist. Coppelius führt ihm in einer mehrdeutigen Vision bildhaft vor Augen, was er mit ihm vorhat, dies aber in verzerrter Form, sodass Nathanael sein Schicksal nicht klar erkennen kann. Es wird ihm von Coppelius somit in dunkler, orakelhafter Form offenbart.

„Es ist ein Tosen, als wenn der Orkan grimmig hineinpeitscht in die schäumenden Meereswellen, die sich wie schwarze, weißhauptige Riesen emporbäumen in wütendem Kampfe. Aber durch dies wilde Tosen hört er Clara's Stimme: Kannst du mich denn nicht erschauen? Coppelius hat dich getäuscht, das waren ja nicht meine Augen, die so in deiner Brust brannten, das waren ja glühende Tropfen deines eignen Herzbluts – ich habe ja meine Augen, sieh mich doch nur an!" (31)

Der erste Satz malt noch weiter bildhaft aus, was es bedeutet, von einem Dämon in den „flammenden Feuerkreis" des Wahnsinns geworfen zu werden. Dann interveniert in der Dichtung Clara. Ihre Reaktion im Gedicht weist enge Bezüge zu der aufgeklärt-rationalen Grundhaltung auf, die sie in der Textwelt vertritt. Nathanael hat in der Dichtung den Eindruck, Coppelius habe Clara die Augen genommen und diese in seine Brust springen lassen; Clara weist nun – ähnlich wie in der Realität – auf seine Täuschung, seine Einbildung hin, wobei Coppelius allerdings als deren Verursacher erscheint: „[D]as waren ja nicht meine Augen, die so in deiner Brust brannten, das waren ja glühende Tropfen deines eignen Herzbluts – ich habe ja meine Augen, sieh mich doch nur an!" Nathanael hat demnach eine seelische Größe mit Claras Augen *verwechselt* – und damit Coppelius *fälschlich* einen Augenraub zugeschrieben.

Claras Äußerung in dem Gedicht kann zugleich als Hinweis darauf verstanden werden, dass sie aufgrund ihrer philiströs-beschränkten Weltsicht den magischen Sehkraft- und Lebendigkeitstransfer, der in der Realität bei Olimpia vollzogen wird, nicht zu begreifen vermag. Für diese Weltsicht ist es *unmöglich*, dass die Augen eines Menschen dazu benutzt werden können, einem Androiden zu Sehkraft zu verhelfen (und ihn dabei zu beleben), ohne dass dieser Mensch seine Sehfähigkeit einbüßt. Daraus, dass sie ihre Augen noch hat, folgert die Clara des Gedichts, dass Coppelius Nathanael getäuscht haben muss, wenn er den Eindruck erweckt, Claras Augen seien in Nathanaels Brust gesprungen.

Beruht die Dichtung, wie Option 2b annimmt, auf einer von Coppelius eingegebenen Vision, so kann man sagen, dass er Nathanael in verschleierter, für ihn (noch) nicht auflös-

---

[99] „In Nathanaels Sprache symbolisiert der Feuerkreis den Wahnsinn. Seine Gewalt und Geschwindigkeit drückt sich im Aufruhr der Elemente aus, die aus ihrer natürlichen Ordnung geraten sind wie der dem Wahnsinn verfallene Verstand. Als Herr des Chaos gilt im Aberglauben der Teufel, der im Feuer lebt [...]." (DRUX: *Erläuterungen und Dokumente: E.T.A. Hoffmann – Der Sandmann*, S. 30)

barer Form auch den Sehkrafttransfer mittels des magischen Perspektivs ankündigt, den er in Kürze durchzuführen gedenkt.

„*Nathanael denkt: das ist Clara, und ich bin ihr Eigen ewiglich.*" (31)
Kurzfristig scheint sich der Nathanael des Gedichts zu beruhigen und zu Clara zurückzufinden. Auch der reale Nathanael findet nach der Genesung vom ersten Wahnsinnsanfall zu Clara zurück: Er gewahrt „nun erst recht Clara's himmlisch reines, herrliches Gemüt" (47). Das Gedicht nimmt jedoch prophetisch vorweg, dass es in der Realität kein Happyend geben wird:

„*Da ist es, als faßt der Gedanke gewaltig in den Feuerkreis hinein, daß er stehen bleibt, und im schwarzen Abgrund verrauscht dumpf das Getöse. Nathanael blickt in Clara's Augen; aber es ist der Tod, der mit Clara's Augen ihn freundlich anschaut.*" (31)
Zeigt das Werfen in den flammenden Feuerkreis an, dass der Dämon Nathanael (zweimal) in den Wahnsinn treiben wird, so nimmt die Wendung „im schwarzen Abgrund verrauscht dumpf das Getöse" Nathanaels Tod vorweg, der ebenfalls letztlich von Coppelius verursacht wird.

In der Schlussszene heißt es: „Nathanael faßte mechanisch nach der Seitentasche; er fand Coppola's Perspektiv, er schaute seitwärts – Clara stand vor dem Glase! – Da zuckte es krampfhaft in seinen Pulsen und Adern – totenbleich starrte er Clara an, aber bald glühten und sprühten Feuerströme durch die rollenden Augen, gräßlich brüllte er auf, wie ein gehetztes Tier" (48). Nathanael verfällt hier zum zweiten Mal dem Wahnsinn, und zwar offenbar deshalb, weil ihm Clara durch das (magische) Perspektiv auf eine spezifische Weise erschienen ist. Diese besondere Sicht auf Clara löst den Versuch aus, sie zu töten: „[U]nd mit gewaltiger Kraft faßte er Clara und wollte sie herabschleudern" (48). Der Text enthält an dieser Stelle keinen Hinweis darauf, *wie* bzw. *als was* Nathanael Clara durch das Perspektiv wahrnimmt. Gehen wir nun aber davon aus, dass Nathanael eine – von Coppelius eingegebene – Vision hat, die er zu einer Dämonendichtung ausformt, so lässt sich aus dem letzten Satz eine plausible und mit Option 2b kompatible Antwort auf die Frage gewinnen. Demnach antizipiert Nathanael in diesem Teil seiner Dichtung in wiederum orakelhafter Form, was auf dem Turm geschehen wird: Nathanael wird durch das Perspektiv Clara erblicken, genauer gesagt, er wird in Claras Augen blicken, die ihn auf die gewohnte Weise „freundlich anschau[en]". Dass es „der Tod [ist], der mit Clara's Augen ihn freundlich anschaut", interpretieren wir folgendermaßen: Clara erscheint ihm als *todbringendes* und damit bösartiges Wesen. Demnach verkehrt das magische Perspektiv die Tatsachen dergestalt, dass Nathanael den Eindruck gewinnt (und gewinnen *muss*), dass Clara ihn in dieser Situation töten will. Diese Deutung vermag zwei wichtige Textelemente einer plausiblen Erklärung zuzuführen:

1. Nehmen wir an, dass sich das „holde[ ] Engelsbild" (11) Clara tatsächlich als aggressives Wesen entpuppt, welches Nathanael töten will. In diesem Fall wäre es gut nachvollziehbar, dass Nathanael, der ja bereits einmal einen Wahnsinnsanfall erlitten hat, aufgrund dieser Erkenntnis erneut dem Wahnsinn verfällt. Entsprechendes gilt aber auch, wenn wir annehmen, dass ihm das magische Perspektiv bloß *vorspiegelt*, ihn schaue der Tod mit Claras Augen freundlich an. Ebenso gut nachvollziehbar ist übrigens auch der erste Anfall: Man kann sich leicht vorstellen, dass ein Mann durch die Erkenntnis, dass die Geliebte, der er gerade einen Heiratsantrag machen will, nur eine Androide ist, in den Wahnsinn getrieben wird.

2. Nicht nur Nathanaels zweiter Wahnsinnsanfall, sondern auch sein Tötungsversuch wird durch unsere Deutung nachvollziehbar: Erscheint ihm die Sachlage so, dass Clara ein aggressives Wesen ist, das vorhat, ihn *jetzt* zu töten, so muss Nathanael versuchen, sich ge-

gen dieses Mordansinnen zu schützen. Der Versuch, Clara vom Turm herabzuschleudern, erfolgt dann aus *Notwehr*. Stellen wir uns vor, wir wären auf einem Turm mit einem Menschen konfrontiert, der uns töten will. Dann könnten wir uns passiv in unser Schicksal ergeben oder uns aktiv gegen das Vorhaben wehren. Im letzteren Fall würden wir versuchen, den Mordlustigen *auszuschalten*. Das könnte z. B. dadurch geschehen, dass wir ihn, etwa durch Faustschläge, kampfunfähig machen, aber eben auch dadurch, dass wir ihn in Notwehr töten, ihn also z. B. den Turm hinunterwerfen. Baut man diese Deutung – eine von Coppelius eingegebene Vision Nathanaels annehmend – weiter aus, so erscheint die Erzeugung dieser Sicht Claras als aggressives, Nathanaels Tod anstrebendes Wesen als genialer Schachzug des Dämons, um seine Ziele zu erreichen. Dieser Schachzug dient zugleich dazu, die Verantwortung für Nathanaels zweiten Wahnsinnsanfall von sich auf die unschuldige Clara *abzuwälzen*. Diese erscheint bereits in der Vision als tödliche Instanz, nicht aber – wie in der Realität – Coppelius.

Insgesamt gilt also nach dem Eingebungsmodell, dass Nathanael durch die Vision sein künftiges Schicksal in allen wesentlichen Punkten mitgeteilt wird, aber so, dass sich für ihn selbst kein klares Bild ergibt. Die Eingebung erfolgt dergestalt, dass Nathanael zwar erneut verstört wird, ohne aber mit der Information etwas anfangen zu können. Ein Teilziel von Coppelius scheint es zu sein, eine Entfremdung zwischen den beiden Liebenden herbeizuführen; dazu dient die Suggestion, aus den Augen der Geliebten blicke freundlich der Tod.

„Während Nathanael dies dichtete, war er sehr ruhig und besonnen, er feilte und besserte an jeder Zeile und da er sich dem metrischen Zwange unterworfen, ruhte er nicht, bis alles rein und wohlklingend sich fügte. Als er jedoch nun endlich fertig worden, und das Gedicht für sich laut las, da faßte ihn Grausen und wildes Entsetzen und er schrie auf: Wessen grauenvolle Stimme ist das?" (31)

Zum wahren Dichter gehört nach den Maßstäben, die wir Nathanael selbst, aber auch dem Erzähler und dem Autor zuschreiben, einerseits, dass es in ihm gärt und kocht, dass ein inneres Bild zum sprachlichen Ausdruck drängt; andererseits aber muss er auch fähig sein, den adäquaten sprachlichen Ausdruck zu finden und seine handwerklichen Fähigkeiten konsequent einsetzen. Nathanaels andere Dichtungen während seines Heimatbesuchs sind schwächer und (nach den eigenen Kriterien) langweilig ausgefallen, weil Coppelius, der eigentliche Gegenstand seiner Dichtung, in seiner Phantasie verblasst war. Das Bild, das zuvor Sinn und Gedanken ganz und gar erfüllte, hat an Lebendigkeit verloren, was zu uninspirierten Dichtungen führt. Nun aber ist – nach unserem Ansatz durch eine Vision – „der entsetzliche Coppelius" (31) wieder voll präsent. Nachdem er seine Vision in einer ersten Schaffensphase dichterisch artikuliert hat, geht Nathanael in einer zweiten Phase dazu über, das Hervorgebrachte sprachlich zu perfektionieren. Dabei ist ihm jedoch nicht klar, was *insgesamt* mit ihm geschehen ist, was für ein Geschehen er eigentlich soeben mit künstlerischem Perfektionsdrang dargestellt hat. Als er jedoch nach Abschluss der zweiten, eher handwerklichen Arbeitsphase sein Werk für sich laut liest, erfasst ihn ein „Grausen und wildes Entsetzen", sodass er aufschreit: „Wessen grauenvolle Stimme ist das?" Ihm wird plötzlich klar oder er ahnt zumindest, dass er, ohne dies bislang zu bemerken, zum Sprachrohr einer „grauenvolle[n] Stimme", nämlich der des Dämons Coppelius, geworden ist.

„Bald schien ihm jedoch das Ganze wieder nur eine sehr gelungene Dichtung" (31).

Die Einsicht in den numinosen Zusammenhang hält also nicht lange vor, sondern wird verschüttet durch die Überzeugung, *ganz aus eigener Kraft* „eine sehr gelungene Dichtung" hervorgebracht zu haben, die eher zur aufgeklärt-rationalen Weltsicht passt.

„[E]s war ihm, als müsse Clara's kaltes Gemüt dadurch entzündet werden, wiewohl er nicht deutlich dachte, wozu denn Clara entzündet, und wozu es denn nun eigentlich führen solle, sie mit den grauenvollen Bildern zu ängstigen, die ein entsetzliches, ihre Liebe zerstörendes Geschick weissagten." (31f.)

Das Gedicht gilt ihm nun einfach als ein geglückter Text, auf den er stolz ist und den er mitteilen will. Dass es inhaltlich um „ein entsetzliches, ihre Liebe zerstörendes Geschick" geht, ist ihm, anders als zuvor, nicht mehr bewusst. Das Verschütten der eigenen Einsicht könnte ein Element des dämonischen Plans darstellen, der möglicherweise darauf abzielt, dass Nathanael Clara das Gedicht mitteilt – um so ein Zerwürfnis mit ihr hervorzurufen.

„Sie, Nathanael und Clara, saßen in der Mutter kleinem Garten, Clara war sehr heiter, weil Nathanael sie seit drei Tagen, an denen er an jener Dichtung schrieb, nicht mit seinen Träumen und Ahnungen geplagt hatte. Auch Nathanael sprach lebhaft und froh von lustigen Dingen wie sonst, so, daß Clara sagte: Nun erst habe ich dich ganz wieder, siehst du es wohl, wie wir den häßlichen Coppelius vertrieben haben?" (32)

Nathanael ist also nicht ständig „in düstre Träumereien" (29) versunken; phasenweise ist er „lebhaft und froh" wie früher. Clara vertritt die optimistische Ansicht, alles sei wieder gut, da Nathanael nun die Wahnvorstellung – den *inneren* Dämon – überwunden und in diesem psychologischen Sinn „den häßlichen Coppelius" vertrieben habe. Dieser *übertriebene* Optimismus, der vom Autor offenbar gezielt mit der aufgeklärt-rationalen Weltsicht verbunden wird, führt Clara fälschlich dazu anzunehmen, Nathanael sei, weil er einige Tage nicht von seinen düsteren Ahnungen gesprochen hat und sich gerade in heiterer Stimmung befindet, bereits über den Berg.

„Da fiel dem Nathanael erst ein, daß er ja die Dichtung in der Tasche trage, die er habe vorlesen wollen. Er zog auch sogleich die Blätter hervor und fing an zu lesen: Clara, etwas langweiliges wie gewöhnlich vermutend und sich darein ergebend, fing an, ruhig zu stricken. Aber so wie immer schwärzer und schwärzer das düstre Gewölk aufstieg, ließ sie den Strickstrumpf sinken und blickte starr dem Nathanael ins Auge. Den riß seine Dichtung unaufhaltsam fort, hochrot färbte seine Wangen die innere Glut, Tränen quollen ihm aus den Augen – Endlich hatte er geschlossen, er stöhnte in tiefer Ermattung – er faßte Clara's Hand und seufzte wie aufgelöst in trostlosem Jammer: Ach! – Clara – Clara – Clara drückte ihn sanft an ihren Busen und sagte leise, aber sehr langsam und ernst: Nathanael – mein herzlieber Nathanael! – wirf das tolle – unsinnige – wahnsinnige Märchen ins Feuer." (32)

Die weltanschauliche Differenz erreicht damit ihren Höhepunkt. Das, was Nathanael für „eine sehr gelungene Dichtung" hält, die geeignet ist, „Clara's kaltes Gemüt" (31) zu entzünden und besser von der Existenz des Dämons zu überzeugen, als dies durch Vorträge über die „Lehre von Teufeln und grausen Mächten" (30) möglich war, stellt für Clara die bislang extremste Ausgeburt seiner Wahnvorstellung dar. Ihre Reaktion „wirf das tolle – unsinnige – wahnsinnige Märchen ins Feuer" ist im Rahmen ihrer Weltsicht völlig konsequent. Je höher aber die Erwartung ist, die Nathanael mit dem Vortrag seines Gedichts verbindet, desto größer muss seine Enttäuschung sein:

„Da sprang Nathanael entrüstet auf und rief, Clara von sich stoßend: Du lebloses, verdammtes Automat!" (32)

Schon zuvor hat Nathanael ja über Clara gedacht, „kalten unempfänglichen Gemütern erschließen sich ⟨nicht⟩ solche tiefe[n] Geheimnisse", und er hat Clara zumindest implizit zu den „untergeordneten Naturen" (30) gezählt; jetzt bricht diese Einschätzung in einer Situation extremer Enttäuschung in verschärfter Form aus ihm heraus. Claras Unempfänglichkeit für Welt b erscheint ihm nun als eine Art Leblosigkeit. Dass Nathanael sie an dieser Stelle als *Automat* bezeichnet, kann zum einen darauf bezogen werden, dass sie ge-

4.5 Nathanaels Besuch daheim

fühllos wie eine Maschine erscheint, und zum anderen darauf, dass sie – ähnlich wie ein Automat – immer auf dieselbe Weise auf alle Versuche Nathanaels reagiert, sie für das, was eigentlich geschieht, zu sensibilisieren. Wenig überzeugend ist es jedoch, Nathanaels Ausruf dahin gehend zu deuten, dass er Clara in dieser Situation im Wortsinn für einen künstlichen Menschen hält; nach unserer Auffassung hält er sie für einen Menschen mit automatenhaften Zügen (wie auch die Damen der Teegesellschaften sie aufweisen).

Nehmen wir weiterhin einen dahinterstehenden Plan des Coppelius an, so liegt es nahe, auch hier eine negative Eingebung am Werk zu sehen. Der Dämon will Nathanael, so vermuten wir, im Endeffekt vernichten; zunächst einmal braucht er ihn jedoch noch für die Verlebendigung der Androide Olimpia; die Erzeugung der letztlich auf Zerstörung angelegten Liebe zu Olimpia ist dann der nächste Schritt im großangelegten Vernichtungsplan. Die Entfremdung von Clara gehört wahrscheinlich ebenfalls zum Plan. In der Vision, die Nathanael dann zum Gedicht ausgestaltet, erscheint Clara ihm als todbringend; dass er sie jetzt für ein „lebloses, verdammtes Automat" hält, später aber dazu gelangt, die Androide Olimpia als lebendigen Menschen hohen Rangs einzuschätzen, könnte sehr gut Teil des dämonischen Plans sein, der ja darauf ausgerichtet ist, Nathanael letztlich zu vernichten.

„Er rannte fort, bittre Tränen vergoß die tief verletzte Clara: Ach er hat mich niemals geliebt, denn er versteht mich nicht, schluchzte sie laut." (32)

Genauso könnte Nathanael reagieren und sagen, sie verstehe *ihn* nicht. Hier zeigt sich erneut Claras Beschränktheit: Ihr kommt nicht einmal in den Sinn, dass sie Nathanael mit ihrer Reaktion verletzt haben könnte; für sie geht die Aggression von ihm aus.

„Lothar trat in die Laube; Clara mußte ihm erzählen was vorgefallen; er liebte seine Schwester mit ganzer Seele, jedes Wort ihrer Anklage fiel wie ein Funke in sein Inneres, so, daß der Unmut, den er wider den träumerischen Nathanael lange im Herzen getragen, sich entzündete zum wilden Zorn. Er lief zu Nathanael, er warf ihm das unsinnige Betragen gegen die geliebte Schwester in harten Worten vor, die der aufbrausende Nathanael eben so erwiderte. Ein fantastischer, wahnsinniger Geck wurde mit einem miserablen, gemeinen Alltagsmenschen erwidert. Der Zweikampf war unvermeidlich. [...] Auf dem Kampfplatz angekommen hatten Lothar und Nathanael so eben düsterschweigend die Röcke abgeworfen, blutdürstige Kampflust im brennenden Auge wollten sie gegen einander ausfallen, als Clara durch die Gartentür herbeistürzte. Schluchzend rief sie laut: Ihr wilden entsetzlichen Menschen! – stoßt mich nur gleich nieder, ehe ihr euch anfallt; denn wie soll ich denn länger leben auf der Welt, wenn der Geliebte den Bruder, oder wenn der Bruder den Geliebten ermordet hat!" (32f.)

Der Zweikampf ist unter den soziokulturellen Rahmenbedingungen der Textwelt eine nicht unübliche Konsequenz des ausgebrochenen weltanschaulichen Konflikts, in den nun auch Lothar hineingezogen wird, der erwartungsgemäß für seine Schwester Partei ergreift (zumal er ihre Anschauung bezüglich Coppelius teilt). Den Gedanken, dass entweder Lothar oder aber Nathanael im Duell stirbt, kann Clara jedoch nicht ertragen und verhindert deshalb den Kampf.

„Lothar ließ die Waffe sinken und sah schweigend zur Erde nieder, aber in Nathanael's Innern ging in herzzerreißender Wehmut alle Liebe wieder auf, wie er sie jemals in der herrlichen Jugendzeit schönsten Tagen für die holde Clara empfunden. Das Mordgewehr entfiel seiner Hand, er stürzte zu Clara's Füßen. Kannst du mir denn jemals verzeihen, du meine einzige, meine herzgeliebte Clara! – Kannst du mir verzeihen, mein herzlieber Bruder Lothar! – Lothar wurde gerührt von des Freundes tiefem Schmerz; unter tausend Tränen umarmten sich die drei versöhnten Menschen und schwuren, nicht von einander zu lassen in steter Liebe und Treue." (33)

Zu beachten ist, dass der weltanschauliche Konflikt damit in keiner Weise aus der Welt geschafft ist. Die Versöhnung stellt nur eine Art Oberflächenentspannung dar: Nathanaels alte Liebesgefühle erwachen wieder, und er bemüht sich offenbar erneut darum, Claras Lebensweise zu praktizieren. Wie die Liebe unter den Bedingungen des ungelösten Konflikts fortexistieren kann, ist jedoch nicht erkennbar. Die grundsätzlichen Positionen sind ja unverändert, nur der „wilde[] Zorn" (32) hat sich wieder gelegt.

Verfolgt man die Annahme eines dämonischen Plans weiter, so kann gesagt werden, dass es in der Textwelt auf *menschlicher* Ebene eine positive Gegenmacht zu Coppelius gibt: die Liebe. Da Clara jedoch von Welt b abgeschnitten und da insbesondere keine positive höhere Macht in Sicht ist, welche die negative zügeln könnte, kann durch derartige Interventionen das Wirksamwerden des dämonischen Gesamtplans nur *verzögert*, aber *nicht aufgehoben* werden.

„Dem Nathanael war es zu Mute, als sei eine schwere Last, die ihn zu Boden gedrückt, von ihm abgewälzt, ja als habe er, Widerstand leistend der finstern Macht, die ihn befangen, sein ganzes Sein, dem Vernichtung drohte, gerettet." (33)

Die Versöhnung führt bei Nathanael zu der Illusion, er sei nun definitiv gerettet, während die Umsetzung des eigentlichen Plans des Dämons, Nathanael zur Verlebendigung der Androide zu benutzen und ihn anschließend zu vernichten, gerade erst begonnen hat. Diese Illusion der erfolgreichen Befreiung von „der finstern Macht" begünstigt wiederum deren weiteres Wirken, da Nathanael, wie bereits nach Claras Brief, wieder stärker zu einer aufgeklärt-rationalen, Welt b vernachlässigenden Sichtweise gelangt, die eine Verringerung der Vorsicht mit sich bringt; diese Blauäugigkeit war ja bereits im zweiten Brief an Lothar deutlich erkennbar.

„Noch drei selige Tage verlebte er bei den Lieben, dann kehrte er zurück nach G., wo er noch ein Jahr zu bleiben, dann aber auf immer nach seiner Vaterstadt zurückzukehren gedachte." (33)

„[S]elige Tage" können die drei nur deshalb miteinander verleben, weil Nathanael sich wieder der Position der beiden anderen angenähert hat. Er befindet sich in dem Irrglauben, er habe die finstere Macht endgültig besiegt und könne nun sein früheres Leben ungehindert fortsetzen.

„Der Mutter war alles, was sich auf Coppelius bezog, verschwiegen worden; denn man wußte, daß sie nicht ohne Entsetzen an ihn denken konnte, weil sie, wie Nathanael, ihm den Tod ihres Mannes Schuld gab." (34)

Folgt man Option 2b, so ist hinzuzufügen, dass Coppelius sowohl für Nathanael (in seinen nichtverblendeten Phasen) als auch für die Mutter eine dämonische Gestalt ist, die den Tod des Vaters verursacht hat. Nathanael will seine Mutter hier auf eine Weise schonen, wie sie ihn in seinen Kindertagen.

4.6 Nathanael zurück in G.

„Wie erstaunte Nathanael, als er in seine Wohnung wollte und sah, daß das ganze Haus niedergebrannt war [...]. Unerachtet das Feuer in dem Laboratorium des Apothekers, der im untern Stocke wohnte, ausgebrochen war, das Haus daher von unten herauf gebrannt hatte, so war es doch den kühnen, rüstigen Freunden gelungen, noch zu rechter Zeit in Nathanael's im obern Stock gelegenes Zimmer zu dringen, und Bücher, Manuskripte, Instrumente zu retten. Alles hatten sie unversehrt in ein anderes Haus getragen, und dort ein Zimmer in Beschlag genommen, welches Nathanael nun sogleich bezog. Nicht sonderlich achtete er darauf, daß er dem Professor Spalanzani gegenüber wohnte, und eben so wenig schien es ihm etwas besonderes, als er bemerkte, daß er aus seinem Fenster gerade hinein in das Zimmer blickte, wo oft

Olimpia einsam saß, so, daß er ihre Figur deutlich erkennen konnte, wiewohl die Züge des Gesichts undeutlich und verworren blieben." (34)
    Das, was Option 1 als *Zufall* betrachtet, erscheint aus der Sicht von Option 2b als Resultat einer (dämonischen) *Absicht*. Der Dämon Coppelius, der zwischenzeitlich die Gestalt des Wetterglashändlers Coppola angenommen hat, will Nathanael mit Olimpia in näheren Kontakt bringen, um die Androide durch einen spezifischen Blickkontakt magisch zu beleben. Er lässt zu diesem Zweck im Laboratorium des Apothekers ein Feuer ausbrechen (vgl. seine mutmaßlichen Manipulationen zur Herbeiführung der Explosion beim letzten Experimentieren mit Nathanaels Vater) und sorgt dafür, dass Nathanaels Freunde dessen von ihnen gerettete Habseligkeiten in das Haus tragen, das Spalanzanis Wohnstätte gegenüberliegt. ‚Zufällig' ist genau dasjenige Zimmer frei, das den Blick auf Olimpia erlaubt: Nathanael kann aus seinem Fenster in das Zimmer sehen, in dem sie häufig sitzt. Das alles ist nach Option 2b als vom Dämon beabsichtigt aufzufassen; ob auch Spalanzani daran beteiligt ist, bleibt offen.

„Wohl fiel es ihm endlich auf, daß Olimpia oft Stundenlang in derselben Stellung, wie er sie einst durch ihre Glastüre entdeckte, ohne irgend eine Beschäftigung an einem kleinen Tische saß und daß sie offenbar unverwandten Blickes nach ihm herüberschaute; er mußte sich auch selbst gestehen, daß er nie einen schöneren Wuchs gesehen; indessen, Clara im Herzen, blieb ihm die steife, starre Olimpia höchst gleichgültig und nur zuweilen sah er flüchtig über sein Compendium herüber nach der schönen Bildsäule, das war Alles." (34)
    Vermutlich ist Olimpia zu diesem Zeitpunkt noch unbelebt; Option 2b zufolge benötigt Coppelius/Coppola zu ihrer Belebung Nathanaels Augen bzw. Blick. Daneben will der Dämon durch den spezifischen Sehkrafttransfer aber auch eine Liebesbeziehung zwischen Nathanael und Olimpia initiieren, um ihn durch Desillusionierung in den Wahnsinn zu treiben. Um diesen Plan zu verwirklichen, muss Clara zunächst einmal aus Nathanaels Herz verbannt werden; dazu reicht die Konfrontation mit einer attraktiven Frau nicht aus. Nach der Versöhnung mit Clara und dem beiderseitigen Wiedererwachen ihrer Liebe – was unter Umständen nicht plangemäß ist – bleibt Nathanael „die steife, starre Olimpia höchst gleichgültig"; er scheint sich auch keine größeren Gedanken über ihr Verhalten zu machen: „[N]ur zuweilen [sieht] er flüchtig über sein Compendium herüber nach der schönen Bildsäule, das [ist] Alles."

4.7 Coppola besucht Nathanael erneut

„Eben schrieb er an Clara, als es leise an die Türe klopfte; sie öffnete sich auf seinen Zuruf und Coppola's widerwärtiges Gesicht sah hinein. Nathanael fühlte sich im Innersten erbeben; eingedenk dessen, was ihm Spalanzani über den Landsmann Coppola gesagt und was er auch Rücksichts des Sandmanns Coppelius der Geliebten so heilig versprochen, schämte er sich aber selbst seiner kindischen Gespensterfurcht, nahm sich mit aller Gewalt zusammen und sprach so sanft und gelassen, als möglich: ‚Ich kaufe kein Wetterglas, mein lieber Freund! gehen Sie nur!'" (34f.)
    Aus der Sicht von Option 2b gilt, dass der Dämon Nathanael abermals in Gestalt des Coppola aufsucht, um ihn zum Kauf des magischen Taschenperspektivs zu bewegen und dazu zu bringen, durch das Perspektiv auf Olimpia zu schauen, um diese zu beleben. War Nathanael beim ersten Besuch des Wetterglashändlers aufgrund der physiognomischen Ähnlichkeit felsenfest davon überzeugt, dass es sich um niemand anders als den Advokaten Coppelius handeln kann, erweckt nun Coppolas „widerwärtiges Gesicht" keine derartigen

Assoziationen; dennoch lässt die neuerliche Konfrontation mit der dämonischen Macht Nathanaels Innerstes erbeben. Wieder einmal bekundet sich sein Gespür für die übernatürliche Dimension. Nathanaels erneuter, in der Versöhnungsszene vollzogener Übergang zur aufgeklärt-rationalen Sichtweise, die weitgehend der Claras entspricht, führt jedoch dazu, dass er sich ähnlich verhält wie nach Claras therapeutischem Brief: Er erklärt sein numinoses Erschrecken einfach im Stil seiner Verlobten weg. Wenn Spalanzani Coppola „schon seit vielen Jahren" kennt und dieser „wirklich Piemonteser ist" (24), so kann er nicht der Advokat Coppelius sein, der sich getarnt hat; das innere Erbeben ist mithin unbegründet. Nathanael glaubt jetzt, Clara folgend, offenbar selbst, dass er einer Wahnvorstellung verfallen war, die er glücklicherweise überwunden hat. Er schämt sich „seiner kindischen Gespensterfurcht" und bemüht sich um ein gelassen-souveränes Auftreten.

„Da trat aber Coppola vollends in die Stube und sprach mit heiserem Ton, indem sich das weite Maul zum häßlichen Lachen verzog und die kleinen Augen unter den grauen langen Wimpern stechend hervorfunkelten: ‚Ei, nix Wetterglas, nix Wetterglas! – hab' auch sköne Oke – sköne Oke!' – Entsetzt rief Nathanael: ‚Toller Mensch, wie kannst du Augen haben? – Augen – Augen? –'" (35)

Coppola kennzeichnen ähnliche Teufelsattribute, wie sie einst Coppelius aufwies. „Denke Dir einen großen breitschultrigen Mann mit einem unförmlich dicken Kopf, erdgelbem Gesicht, buschigten grauen Augenbrauen, unter denen ein paar grünliche Katzenaugen stechend hervorfunkeln, großer, starker über die Oberlippe gezogener Nase. Das schiefe Maul verzieht sich oft zum hämischen Lachen" (15). Aus der Sicht von Option 2b ist die auffällige Ähnlichkeit durchaus intendiert: Es handelt sich um eine gezielte Verängstigungsstrategie des Dämons, der insbesondere auch weiß, dass der Hinweis auf „sköne Oke" Nathanaels Erbeben und Entsetzen noch einmal verstärken wird. Nathanael kann sicherlich nicht umhin, sich an Coppelius' Satz „Nun haben wir Augen – Augen – ein schön Paar Kinderaugen" (17) und die grausige Misshandlung zu erinnern. Der Dämon macht sich die für ihn günstige aufgeklärte Haltung Nathanaels also nicht direkt durch ein gezielt harmloses Verhalten nutzbar, sondern er irritiert und verängstigt Nathanael offensiv.

„Aber in dem Augenblick hatte Coppola seine Wettergläser bei Seite gesetzt, griff in die weiten Rocktaschen und holte Lorgnetten und Brillen heraus, die er auf den Tisch legte. – ‚Nu – Nu – Brill' – Brill auf der Nas' su setze, das sein meine Oke – sköne Oke!' – Und damit holte er immer mehr und mehr Brillen heraus, so, daß es auf dem ganzen Tisch seltsam zu flimmern und zu funkeln begann." (35)

Einerseits macht Coppola Nathanael ein Angebot zur aufgeklärten Bewältigung der Situation, das darin besteht, dass unter „sköne Oke" doch nur schöne Brillen zu verstehen seien. Andererseits aber inszeniert er die Vorführung der Brillen auf eine wahrhaft dämonische Weise:

„Tausend Augen blickten und zuckten krampfhaft und starrten auf zum Nathanael; aber er konnte nicht wegschauen von dem Tisch, und immer mehr Brillen legte Coppola hin, und immer wilder und wilder sprangen flammende Blicke durch einander und schossen ihre blutrote Strahlen in Nathanael's Brust. Übermannt von tollem Entsetzen schrie er auf: halt ein! halt ein, fürchterlicher Mensch!" (35)

Gemäß Option 2b holt Coppola nicht einfach nur „immer mehr und mehr Brillen heraus", sondern lässt sie auf magische Weise als „[t]ausend Augen" erscheinen, die krampfhaft zucken und Nathanael anstarren: „[I]mmer wilder und wilder sprangen flammende Blicke durch einander und schossen ihre blutrote Strahlen in Nathanael's Brust", was dessen Entsetzen weiter steigert. Das Angebot zur aufgeklärten Situationsbewältigung wird dadurch wieder – zumindest teilweise – zurückgenommen.

4.7 Coppola besucht Nathanael erneut

Aus dämonologischer Sicht liegt es nahe, eine Verbindung zu Nathanaels Vision herzustellen, die er in seiner Dichtung artikuliert hat. Darin berührt ja der „entsetzliche Coppelius [...] Clara's holde Augen; *die* springen in Nathanaels Brust wie blutige Funken sengend und brennend" (31). Die „flammende[n] Blicke", die bei Coppolas Besuch ihre Strahlen in Nathanaels Brust schießen, antizipieren den Moment, als Spalanzani ihm Olimpias blutige Augen an die Brust wirft, woraus sein erster Wahnsinnsanfall resultiert.

Insgesamt handelt es sich nicht, wie Option 1 annimmt, um eine projektive Wahrnehmung Nathanaels, die auf seine Kindheitsneurose oder -psychose zurückgeführt werden muss, sondern um eine Verängstigungsstrategie, die sich übernatürlicher Mittel bedient.

„Er hatte Coppola, der eben in die Tasche griff, um noch mehr Brillen herauszubringen, unerachtet schon der ganze Tisch überdeckt war, beim Arm festgepackt. Coppola machte sich mit heiserem widrigen Lachen sanft los und mit den Worten: ‚Ah! – nix für Sie – aber hier sköne Glas' – hatte er alle Brillen zusammengerafft, eingesteckt und aus der Seitentasche des Rocks eine Menge großer und kleiner Perspektive hervorgeholt. So wie die Brillen fort waren, wurde Nathanael ganz ruhig und an Clara denkend sah er wohl ein, daß der entsetzliche Spuk nur aus seinem Innern hervorgegangen, so wie daß Coppola ein höchst ehrlicher Mechanicus und Opticus, keinesweges aber Coppelii verfluchter Doppelgänger und Revenant sein könne. Zudem hatten alle Gläser, die Coppola nun auf den Tisch gelegt, gar nichts besonderes, am wenigsten so etwas gespenstisches wie die Brillen und, um alles wieder gut zu machen, beschloß Nathanael dem Coppola jetzt wirklich etwas abzukaufen." (35f.)

Bewirkte Coppola mit der Ausbreitung der Brillen bei Nathanael eine Steigerung des Entsetzens (da sie als bedrohliche Augen erscheinen), so macht er nun ein echtes Angebot zur aufgeklärten Situationsbewältigung. Er holt „eine Menge großer und kleiner Perspektive" hervor, die „gar nichts besonderes, am wenigsten so etwas gespenstisches wie die Brillen" haben. Nathanael, der seit der Versöhnung mit Clara und Lothar wieder zur aufgeklärt-rationalen Weltsicht zurückgekehrt ist, also seine Sensibilität für Welt b quasi deaktiviert hat, springt auf dieses Angebot sofort an. Claras psychologische Erklärungsstrategie übernehmend, interpretiert er den „entsetzliche[n] Spuk" als etwas, was „nur aus seinem Innern hervorgegangen" ist, d. h. als aus der ihn lange Zeit beherrschenden Wahnvorstellung erwachsene Projektion, etwa so: „Die Brillen haben eine mit meiner fixen Idee zusammenhängende Phantasie hervorgerufen; ich allein bin daher für meine übersteigerte Reaktion verantwortlich, der unschuldige Wetterglashändler kann nichts dafür. Meine wiedergewonnene aufgeklärte Sichtweise kann ich am besten dadurch demonstrieren, dass ich dem braven, wenngleich etwas unangenehmen und aufdringlichen Mann ein Perspektiv abkaufe. Coppola ist ‚ein höchst ehrlicher Mechanicus und Opticus'; nur meine Einbildung bzw. mein *innerer* Dämon hat mich dazu geführt, in ihm einen ‚verfluchte[n] Doppeltgänger und Revenant' des Coppelius zu sehen."

Seine aufgeklärte Haltung, die innerhalb einer Textwelt mit übernatürlichen Komponenten als blauäugig gelten muss, führt dazu, dass Nathanael den Hinweis- und Warncharakter seines Erbebens und Entsetzens nun völlig ignoriert. Er hat seine Fähigkeit, die bedrohliche Wahrheit zu erkennen, eingebüßt; für ihn ist, seitdem Coppola die Brillen durch „sköne Glas" ersetzt hat, wieder alles in Ordnung. Das widerwärtige Gesicht Coppolas und sein hässliches Lachen irritieren Nathanael nicht länger. Die reale Bedrohung wird im Stil Claras auf eine „kindische[ ] Gespensterfurcht" zurückgeführt und damit wegerklärt. Das reale Gespenstische wird übersehen und überhört.

„Er ergriff ein kleines sehr sauber gearbeitetes Taschenperspektiv und sah, um es zu prüfen, durch das Fenster. Noch im Leben war ihm kein Glas vorgekommen, das die Gegenstände so rein, scharf und deutlich dicht vor die Augen rückte. Unwillkürlich sah' er hinein in Spalan-

zani's Zimmer; Olimpia saß, wie gewöhnlich, vor dem kleinen Tisch, die Ärme darauf gelegt, die Hände gefaltet. – Nun erschaute Nathanael erst Olimpia's wunderschön geformtes Gesicht. Nur die Augen schienen ihm gar seltsam starr und tot. Doch wie er immer schärfer und schärfer durch das Glas hinschaute, war es, als gingen in Olimpia's Augen feuchte Mondesstrahlen auf. Es schien, als wenn nun erst die Sehkraft entzündet würde; immer lebendiger und lebendiger flammten die Blicke. Nathanael lag wie festgezaubert im Fenster, immer fort und fort die himmlisch-schöne Olimpia betrachtend." (36)

Wie in Kapitel 3.4 bereits dargelegt, handelt es sich hier nach Option 2b um ein *magisches* Fernglas. Nathanael bemerkt das allerdings nicht; für ihn ist es nur ein besonders gutes Perspektiv. Für ihn haben die Gläser gerade nichts „[G]espenstisches wie die Brillen", obwohl gerade dieses Glas der eigentlich gespenstische Gegenstand ist. Nathanael verkennt somit das, was eigentlich geschieht.

Die Augen Olimpias sind nach unserer Deutung zunächst *tatsächlich* „starr und tot"; erst das immer schärfere Hinsehen auf Olimpias Augen durch das magische Perspektiv entzündet ihre Sehkraft, in ihren Augen gehen *tatsächlich* „feuchte Mondesstrahlen" auf: „[I]mmer lebendiger und lebendiger flammten die Blicke." Anzunehmen ist ferner, dass über die magische Entzündung der Sehkraft letztlich die gesamte Androide magisch belebt wird, sodass eine lebendige künstliche Frau entsteht. Es findet über die Augen nach und nach eine Art Aufladung mit Lebenskraft statt.

Nathanael durchschaut diesen von ihm vollzogenen Sehkraft- und Lebendigkeitstransfer nicht. Er denkt, dass es sich bei Olimpia um einen echten Menschen handelt, dessen Augen bei oberflächlicher Betrachtung „seltsam starr und tot" aussehen, obwohl sie durchaus lebendig sind. Nach Option 2b überträgt Nathanael also, ohne dies zu bemerken und zu wollen, seine Sehkraft auf Olimpia (ohne sein Sehvermögen einzubüßen), die dadurch zugleich verlebendigt wird. Wird Olimpia aber durch Nathanaels – durch das Perspektiv geleiteten – Blick auf sie verlebendigt, so ist ihr Leben, ohne dass er dies durchschauen könnte, ein von Nathanael gewissermaßen *verliehenes* Leben. Diese Konstellation hat zur Folge, dass Nathanael sich in Olimpia wiederfinden und sich in höchstem Maß durch sie bestätigt fühlen kann.

Während „die steife, starre Olimpia" ihm zuvor „höchst gleichgültig" war und er sie nur als „schöne[] Bildsäule" (34) betrachtete, d.h. wie eine Skulptur, fasziniert ihn nun die lebendig blickende Olimpia in höchstem Maß: „Nathanael lag wie festgezaubert im Fenster, immer fort und fort die himmlisch-schöne Olimpia betrachtend."

„Ein Räuspern und Scharren weckte ihn, wie aus tiefem Traum. Coppola stand hinter ihm: Tre Zechini – drei Dukat – Nathanael hatte den Opticus rein vergessen, rasch zahlte er das verlangte: ‚Nick so? – sköne Glas – sköne Glas!' frug Coppola mit seiner widerwärtigen heisern Stimme und dem hämischen Lächeln. ‚Ja ja, ja!' erwiderte Nathanael verdrießlich. ‚Adieu, lieber Freund!' – Coppola verließ nicht ohne viele seltsame Seitenblicke auf Nathanael, das Zimmer. Er hörte ihn auf der Treppe laut lachen. ‚Nun ja, meinte Nathanael, er lacht mich aus, weil ich ihm das kleine Perspektiv gewiß viel zu teuer bezahlt habe – zu teuer bezahlt!' – Indem er diese Worte leise sprach, war es, als halle ein tiefer Todesseufzer grauenvoll durch das Zimmer, Nathanael's Atem stockte vor innerer Angst. – Er hatte ja aber selbst so aufgeseufzt, das merkte er wohl. Clara, sprach er zu sich selber, hat wohl Recht, daß sie mich für einen abgeschmackten Geisterseher hält; aber närrisch ist es doch – ach wohl mehr, als närrisch, daß mich der dumme Gedanke, ich hätte das Glas dem Coppola zu teuer bezahlt, noch jetzt so sonderbar ängstigt; den Grund davon sehe ich gar nicht ein." (36f.)

Nathanael, der weiterhin in der von Clara vorgelebten beschränkten Sichtweise gefangen ist, kommt nur in den Sinn, dass er das Perspektiv im handfest materiellen Sinn „viel zu teuer bezahlt habe"; dass er das dämonische Werk der Erschaffung eines künstlichen Menschen, an dem schon sein Vater beteiligt war, durch einen undurchschauten Lebendigkeitstransfer unfreiwillig fortgesetzt hat und dass er dies erst mit dem Wahnsinn, dann mit seinem Leben teuer würde bezahlen müssen, fällt ihm nicht einmal annäherungsweise ein. Wie in der Szene mit den Brillen beruhigt Nathanael sich mit einer aufgeklärt-rationalen Einstellung, welche die objektiven Signale durch oberflächliche Vermutungen wegschafft. Die numinose Wahrheit vermag er nicht zu erkennen. Dass „ein tiefer Todesseufzer grauenvoll durch das Zimmer" hallt, wird wiederum psychologisch-subjektiv auf seine „kindische[ ] Gespensterfurcht" (35) zurückgeführt.

„Jetzt setzte er sich hin, um den Brief an Clara zu enden, aber ein Blick durchs Fenster überzeugte ihn, daß Olimpia noch da säße und im Augenblick, wie von unwiderstehlicher Gewalt getrieben, sprang er auf, ergriff Coppola's Perspektiv und konnte nicht los von Olimpia's verführerischem Anblick" (37).

Nathanael kann sich vom „verführerische[n] Anblick" Olimpias nicht mehr losreißen. Die unwiderstehliche Bindung an sie ist eine narzisstische Bindung in *magisch-mythischer Form*, da Olimpia ihre Seh- und Lebenskraft von Nathanael erhalten hat. Die Sehnsucht nach einer Frau, die ihm *seelenverwandt* ist, wird somit in scheinhafter Form erfüllt.

„Die Gardine vor dem verhängnisvollen Zimmer war dicht zugezogen, er konnte Olimpia eben so wenig hier, als die beiden folgenden Tage hindurch in ihrem Zimmer, entdecken, unerachtet er kaum das Fenster verließ und fortwährend durch Coppola's Perspektiv hinüberschaute. Am dritten Tage wurden sogar die Fenster verhängt. Ganz verzweifelt und getrieben von Sehnsucht und glühendem Verlangen lief er hinaus vor's Tor. Olimpia's Gestalt schwebte vor ihm her in den Lüften und trat aus dem Gebüsch [...]. Clara's Bild war ganz aus seinem Innern gewichen, er dachte nichts, als Olimpia und klagte ganz laut und weinerlich: Ach du mein hoher herrlicher Liebesstern, bist du mir denn nur aufgegangen, um gleich wieder zu verschwinden, und mich zu lassen in finstrer hoffnungsloser Nacht?" (37)

Das Verhalten der Automatenkonstrukteure kann nach Option 2b als weiterer Schritt in Coppelius'/Coppolas Plan gedeutet werden. Nathanael hat Olimpias Sehkraft entzündet und sie verlebendigt; zugleich hat er sich in sie verliebt und ist nun „getrieben von Sehnsucht und glühendem Verlangen". Es könnte ein Teilziel sein, diese Sehnsucht durch Blickentzug weiter zu steigern, um die Bindung zu intensivieren.

Olimpia hat nun Claras Stelle in Nathanaels Herz eingenommen, mehr noch, die Liebe zu Olimpia ist offenbar stärker und leidenschaftlicher als die zur besonnenen und vernunftbetonten Clara; diese wird z. B. nie als „hoher herrlicher Liebesstern" bezeichnet. Nachdem es gelungen ist, eine magisch-mythische Verbindung mit Olimpia herzustellen, ist Nathanaels Liebe zu Clara erloschen.

Dass Spalanzani seine künstliche Tochter nun Nathanaels Blick entzieht, lässt sich wahrscheinlich darauf zurückführen, dass der Automat jetzt zwar endlich fertig ist, aber noch im Detail auf den öffentlichen Auftritt vorbereitet werden muss.

4.8 Spalanzanis Fest

„Als er zurückkehren wollte in seine Wohnung, wurde er in Spalanzani's Hause ein geräuschvolles Treiben gewahr. [...] Nathanael blieb in vollem Erstaunen auf der Straße stehen; da trat Siegmund lachend zu ihm und sprach: ‚Nun, was sagst du zu unserem alten Spalanzani?' Nathanael versicherte, daß er gar nichts sagen könne" (37); „da erfuhr er denn von Siegmund, daß Spalanzani morgen ein großes Fest geben wolle, Konzert und Ball, und daß

die halbe Universität eingeladen sei. Allgemein verbreite man, daß Spalanzani seine Tochter Olimpia, die er so lange jedem menschlichen Auge recht ängstlich entzogen, zum erstenmal erscheinen lassen werde." (38)

Die künstliche Frau Olimpia ist jetzt vollendet, und die Automatenkonstrukteure wollen sie der Öffentlichkeit vorstellen und überprüfen, ob ihr Werk gelungen ist.

„Nathanael fand eine Einladungskarte und ging mit hochklopfendem Herzen zur bestimmten Stunde [...] zum Professor. Die Gesellschaft war zahlreich und glänzend. Olimpia erschien sehr reich und geschmackvoll gekleidet. Man mußte ihr schöngeformtes Gesicht, ihren Wuchs bewundern. Der etwas seltsam eingebogene Rücken, die wespenartige Dünne des Leibes schien von zu starkem Einschnüren bewirkt zu sein. In Schritt und Stellung hatte sie etwas abgemessenes und steifes, das manchem unangenehm auffiel; man schrieb es dem Zwange zu, den ihr die Gesellschaft auflegte." (38)

Die Androide wird von den Besuchern als echter Mensch anerkannt; damit ist ein Hauptzweck erreicht. Auf der anderen Seite zeigt der Prototyp aber noch deutliche Defizite: Zwar sind das „schöngeformte[ ] Gesicht" und der Wuchs sehr gut gelungen, aber der Rücken weist noch Mängel auf – er ist „seltsam eingebogen[ ]". Olimpia wirkt, vor allem bei den Bewegungen, recht steif, was manchem unangenehm ins Auge fällt. Diese Steifheit hätte zu einem Automatenverdacht führen können; dies geschieht hier jedoch offenbar nicht: „[M]an schrieb es dem Zwange zu, den ihr die Gesellschaft auflegte."

„Das Konzert begann. Olimpia spielte den Flügel mit großer Fertigkeit und trug eben so eine Bravour-Arie mit heller, beinahe schneidender Glasglockenstimme vor." (38)

Die Konstrukteure haben Bewunderungswürdiges geleistet: Die künstliche Frau spielt auf eindrucksvolle Weise Klavier und vermag eine schwierige Arie zu singen; die Stimme hingegen weist gewisse Mängel auf – sie ist zu schneidend.

„Nathanael war ganz entzückt; er stand in der hintersten Reihe und konnte im blendenden Kerzenlicht Olimpia's Züge nicht ganz erkennen. Ganz unvermerkt nahm er deshalb Coppola's Glas hervor und schaute hin nach der schönen Olimpia. Ach! – da wurde er gewahr, wie sie voll Sehnsucht nach ihm herübersah, wie jeder Ton erst deutlich aufging in dem Liebesblick, der zündend sein Inneres durchdrang." (38)

Das magische Fernrohr wirkt offenbar so, dass Nathanaels Sehnsucht und Verlangen nun von Olimpia zurückgespiegelt werden. Sie sieht „voll Sehnsucht nach ihm herüber", ihr Liebesblick durchdringt „zündend sein Inneres".

„Die künstlichen Rouladen schienen dem Nathanael das Himmelsjauchzen des in Liebe verklärten Gemüts, [...] er mußte vor Schmerz und Entzücken laut aufschreien: Olimpia! – Alle sahen sich um nach ihm, manche lachten." (38f.)

Nathanael steht in einem besonderen Verhältnis zu Olimpia, das sich von dem der anderen Besucher deutlich unterscheidet: Er ist als Einziger von Olimpia *völlig hingerissen*, was nach unserer Auffassung auf die magisch-mythische Verbindung zwischen beiden zurückzuführen ist; für die anderen ist Olimpia hingegen ein Mensch, der sie zwar in gewisser Hinsicht zu beeindrucken vermag, in anderer Hinsicht aber gleichgültig lässt. Daher lachen manche, als Nathanael „vor Schmerz und Entzücken" Olimpias Namen ruft. „Der Domorganist [...] sagte bloß: Nun nun!" (39) Die distanzierte Reaktion der anderen verweist aber nicht darauf, dass sie Olimpia als künstliche Frau erkannt hätten. Dann wären ja auch – aufgrund der anzunehmenden gesellschaftlichen Kontakte – Olimpias Teezirkelbesuche nicht mehr möglich gewesen.

„Das Konzert war zu Ende, der Ball fing an. Mit ihr zu tanzen! – mit ihr! das war nun dem Nathanael das Ziel aller Wünsche, alles Strebens; aber wie sich erheben zu dem Mut, sie, die Königin des Festes, aufzufordern? Doch! – er selbst wußte nicht wie es geschah, daß er, als

4.8 Spalanzanis Fest

schon der Tanz angefangen, dicht neben Olimpia stand, die noch nicht aufgefordert worden, und daß er, kaum vermögend einige Worte zu stammeln, ihre Hand ergriff. Eiskalt war Olimpia's Hand, er fühlte sich durchbebt von grausigem Todesfrost, er starrte Olimpia ins Auge, das strahlte ihm voll Liebe und Sehnsucht entgegen und in dem Augenblick war es auch, als fingen an in der kalten Hand Pulse zu schlagen und des Lebensblutes Ströme zu glühen. Und auch in Nathanael's Innerm glühte höher auf die Liebeslust, er umschlang die schöne Olimpia und durchflog mit ihr die Reihen." (39)

Nach Option 2b findet hier im Hinblick auf die Hände eine sukzessive Aufladung mit Lebensenergie durch Nathanael statt: Die zuvor noch eiskalte Hand verwandelt sich durch den Handkontakt mit ihm und seinen unverwandten Blick in Olimpias Augen in eine warme Hand. Demnach ist die magische Verlebendigung Olimpias durch Nathanael wohl so vorzustellen, dass durch den Sehkrafttransfer nur eine *elementare* Verlebendigung erfolgt, die Körperwärme nicht einschließt. Die Erwärmung des Körpers wird durch physischen Kontakt mit Nathanael nachgeholt, angefangen bei Olimpias Händen. Einmal erwärmt, ist zu vermuten, dass die Körpertemperatur dann dauerhaft bestehen bleibt. Die Erwärmung Olimpias, die ja ebenfalls magischer Art ist, kann nach Option 2b nur durch Nathanael erfolgen. Wie schon bei Coppolas Besuch geht Nathanael über alle bedrohlichen Signale hinweg: Er wird zwar beim ersten Berühren von Olimpias Hand „durchbebt von grausigem Todesfrost", vernachlässigt dieses Erlebnis dann aber.

Je lebendiger Olimpia wird, desto enger wird die Bindung Nathanaels an sie, die letztlich eine Selbstbindung ist; seine eigene Liebe und Sehnsucht strahlen ihm, ohne dass er dies zu bemerken vermag, aus Olimpias Augen entgegen. Man kann durchaus sagen, dass es sich um eine *narzisstische* Liebe Nathanaels handelt, doch man muss hinzufügen, dass eine magisch-mythische Form der narzisstischen Bindung vorliegt, nicht aber ein Narzissmus im psychologischen oder psychoanalytischen Sinn.

„Er glaubte sonst recht taktmäßig getanzt zu haben, aber an der ganz eignen rhythmischen Festigkeit, womit Olimpia tanzte und die ihn oft ordentlich aus der Haltung brachte, merkte er bald, wie sehr ihm der Takt gemangelt. Er wollte jedoch mit keinem andern Frauenzimmer mehr tanzen und hätte jeden, der sich Olimpia näherte, um sie aufzufordern, nur gleich ermorden mögen. Doch nur zweimal geschah dies, zu seinem Erstaunen blieb darauf Olimpia bei jedem Tanze sitzen und er ermangelte nicht, immer wieder sie aufzuziehen." (39)

Hier zeigt sich erneut das spezielle Verhältnis, in dem Nathanael zu Olimpia steht. Das, was Nathanael in seiner magisch erzeugten Verliebtheit als besonderer Vorzug erscheint, wird von vielen anderen offenbar als *zu* maschinenmäßig-exaktes Tanzen bewertet. Hierin kann ein weiteres Defizit der künstlichen Frau gesehen werden. Dass Nathanael Olimpia immer wieder aufzieht, bedeutet nach unserer Auffassung im übertragenen Sinn, dass er sie immer wieder von ihrem Sitz zum Tanzen hochzieht. Vertretern von Option 1 kommt hingegen in einigen Fällen in den Sinn, die Wendung wörtlich zu verstehen und auf das mehrfache Wieder-in-Gang-Setzen der Androide zu beziehen. In diesem Fall hätte jedoch Nathanael selbst Olimpia *als Automat* erkannt. Die gesamte Olimpia-Episode beruht indes auf der Prämisse, dass Nathanael Olimpia als echte Frau betrachtet, die er ja dann auch zu heiraten gedenkt.

„Hätte Nathanael außer der schönen Olimpia noch etwas anders zu sehen vermocht, so wäre allerlei fataler Zank und Streit unvermeidlich gewesen; denn offenbar ging das halbleise, mühsam unterdrückte Gelächter, was sich in diesem und jenem Winkel unter den jungen Leuten erhob, auf die schöne Olimpia, die sie mit ganz kuriosen Blicken verfolgten, man konnte gar nicht wissen, warum?" (39)

Liebe macht bekanntlich oft blind für die Schwächen der geliebten Person, und eine mit magischen Tricks erzeugte Liebe macht wohl in besonderem Maß blind. Das, was anderen negativ auffällt, empfindet Nathanael offenbar als uneingeschränkt positiv: den „etwas seltsam eingebogene[n] Rücken, die wespenartige Dünne des Leibes", die Steifheit in „Schritt und Stellung", die „beinahe schneidende[ ] Glasglockenstimme"[100], die maschinenhafte „rhythmische[ ] Festigkeit" beim Tanz. Die jungen Leute, die Spalanzanis vermeintliche Tochter kritisch beobachten, erkennen diese Defizite hingegen und machen sich über Olimpia lustig; „das halbleise, mühsam unterdrückte Gelächter" kann bei so vielen Defiziten nicht weiter erstaunen. Von einer Vermutung, dass Olimpia ein künstlicher Mensch sein könnte, ist aber im Text bislang definitiv nichts zu bemerken. Sie wird von den Festgästen als normaler Mensch mit einigen merkwürdigen, maschinenartigen Zügen eingeordnet.

„Durch den Tanz und durch den reichlich genossenen Wein erhitzt, hatte Nathanael alle ihm sonst eigne Scheu abgelegt. Er saß neben Olimpia, ihre Hand in der seinigen und sprach hoch entflammt und begeistert von seiner Liebe in Worten, die keiner verstand, weder er, noch Olimpia. Doch diese vielleicht; denn sie sah ihm unverrückt ins Auge und seufzte einmal über's andere: Ach – Ach – Ach! – worauf denn Nathanael also sprach ‚O du herrliche, himmlische Frau! – Du Strahl aus dem verheißenen Jenseits der Liebe – Du tiefes Gemüt, in dem sich mein ganzes Sein spiegelt' und noch mehr dergleichen, aber Olimpia seufzte bloß immer wieder: Ach, Ach!" (39f.)

Hier wird ein weiterer Mangel der künstlichen Frau erkennbar: Olimpia verfügt nur über eine sehr eingeschränkte Sprachfähigkeit; sie „seufzt[ ] einmal über's andere: Ach – Ach – Ach!" In dieser Interjektion erschöpft sich jedoch nicht ihr Wortschatz, wie einige Interpreten meinen: Später zeigt sich, dass sie noch zu weiteren sprachlichen Äußerungen fähig ist: „Gute Nacht, mein Lieber!" (43) Anzunehmen ist, dass diese Äußerungen, wie ihr Tanz, steif und maschinell wirken – sie artikuliert immer dieselben Formeln und Redewendungen. Für eine etwas erweiterte Sprachfähigkeit Olimpias spricht auch, dass sie in der Lage ist, eine Bravourarie zu singen. Wenn sie eine Arie, zu der im Normalfall ein Text gehört, vorzutragen vermag, beherrscht sie wohl auch einige Redewendungen. Nathanael fällt das Sprachdefizit Olimpias offenbar nicht auf; ihm erscheint auch in dieser Hinsicht alles perfekt.

Was das Gespräch zwischen Nathanael und Olimpia anbelangt, so ist zu bedenken, dass ihm hier aufgrund des undurchschauten magischen Lebendigkeitstransfers – und dessen Fortsetzung durch Berührung und Blickkontakt – seine *eigene* Liebe und Begeisterung aus Olimpia entgegenstrahlen. In seinem durch Magie erzeugten Liebesrausch glaubt Nathanael, auf einen seelenverwandten Menschen gestoßen zu sein: Olimpia erscheint ihm als „herrliche, himmlische Frau", als „Strahl aus dem verheißenen Jenseits der Liebe", als „tiefes Gemüt, in dem sich [s]ein ganzes Sein spiegelt". Er befindet sich, ähnlich wie ein normaler Frischverliebter, „in einer ganz andern Welt" (40); nur die Rahmenbedingungen sind eben anders.

„Der Professor Spalanzani ging einigemal bei den Glücklichen vorüber und lächelte sie ganz seltsam zufrieden an." (40)

Spalanzani kann in der Tat zufrieden sein. Seine künstliche Tochter hat nicht nur die Feuertaufe bestanden (der ja auf den Teegesellschaften weitere erfolgreiche Bewährungsproben folgen), es hat sich sogar jemand unsterblich in sie verliebt.

Weiß Spalanzani, auf welche Weise Coppelius/Coppola die Verlebendigung Olimpias erreicht hat? Das halten wir für recht wahrscheinlich, denn Spalanzani ruft Nathanael nach seiner Niederlage gegen den Dämon zu: „[D]ie Augen – die Augen dir gestohlen." (45)

---

[100] „Die künstlichen Rouladen schienen dem Nathanael das Himmelsjauchzen des in Liebe verklärten Gemüts" (38).

"Längst hatten Musik und Tanz aufgehört. ‚Trennung, Trennung', schrie er ganz wild und verzweifelt, er küßte Olimpia's Hand, er neigte sich zu ihrem Munde, eiskalte Lippen begegneten seinen glühenden! – So wie, als er Olimpia's kalte Hand berührte, fühlte er sich von innerem Grausen erfaßt, die Legende von der toten Braut ging ihm plötzlich durch den Sinn; aber fest hatte ihn Olimpia an sich gedrückt, und in dem Kuß schienen die Lippen zum Leben zu erwarmen." (40)

Diese Textstelle lässt sich nach dem bereits bewährten Muster interpretieren: Mit der Verlebendigung der künstlichen Frau geht nicht automatisch eine Erwärmung ihres Körpers einher, diese muss durch körperlichen Kontakt mit *Nathanael* nachgeholt werden. Die Erwärmung Olimpias vollzieht sich aber augenscheinlich nur schrittweise: Lediglich diejenigen Körperteile, die von Nathanael berührt worden sind – wie bereits bei den Händen geschehen –, werden (dauerhaft) warm, die anderen bleiben wohl kalt.

Nathanaels Verblendung, die durch die magisch erzeugte Verliebtheit nachhaltig befördert wird, ist so stark, dass er, obwohl er die anfängliche Kälte der Lippen Olimpias bemerkt und mit „innerem Grausen" auf sie reagiert, zum wiederholten Mal sein an sich untrügliches Gespür für das Wirken der dämonischen Macht ignoriert und die unnatürliche Eiseskälte nach erfolgter Erwärmung gleich wieder vergisst. Dazu dürfte seine von Clara beeinflusste aufgeklärte Weltsicht ihren Teil beigetragen haben; er zeigt ja ständig die Tendenz, bedenkliche Phänomene zu vernachlässigen bzw. wegzuerklären. Dies ist wohl ganz im Sinne des dämonischen Plans.

"Der Professor Spalanzani schritt langsam durch den leeren Saal, seine Schritte klangen hohl wider und seine Figur, von flackernden Schlagschatten umspielt, hatte ein grauliches gespenstisches Ansehen." (40)

Es passt ins Bild, dass Nathanael auch dieses Warnsignal übersieht.

„‚Liebst du mich – Liebst du mich Olimpia? – Nur dies Wort! – Liebst du mich?' So flüsterte Nathanael, aber Olimpia seufzte, indem sie aufstand, nur: ‚Ach – Ach!' ‚Ja du mein holder, herrlicher Liebesstern, sprach Nathanael, bist mir aufgegangen und wirst leuchten, wirst verklären mein Inneres immerdar!' ‚Ach, ach!' replizierte Olimpia fortschreitend. Nathanael folgte ihr, sie standen vor dem Professor. ‚Sie haben sich außerordentlich lebhaft mit meiner Tochter unterhalten', sprach dieser lächelnd: ‚Nun, nun, lieber Herr Nathanael, finden Sie Geschmack daran, mit dem blöden Mädchen zu konversieren, so sollen mir Ihre Besuche willkommen sein.' – Einen ganzen hellen strahlenden Himmel in der Brust schied Nathanael von dannen" (40f.).

Nathanael kann aufgrund seiner magisch beeinflussten Verblendung Olimpias sprachliche Beschränktheit nicht adäquat wahrnehmen. Da ihm Olimpia sein eigenes Inneres ungebrochen zurückstrahlt, bemerkt Nathanael nicht ihre Defizite. In ihrem „Ach – Ach!" scheint alles enthalten zu sein, was Nathanael sich nur wünscht. Olimpia erscheint ihm als „holder, herrlicher Liebesstern", der sein Inneres verklärt.

Dass Spalanzani seine vermeintliche Tochter als „blöde[s] Mädchen" bezeichnet, lässt sich auf zweierlei Weise deuten: Auf der einen Seite kann „blöd" gemäß dem zeitgenössischen Sprachgebrauch „schüchtern, scheu"[101] bedeuten; Olimpia würde dann als ein völlig normaler Mensch ausgegeben, der sich von anderen nur durch ein höheres Maß an Schüchternheit unterscheidet. Auf der anderen Seite bedeutet „blöd" vielleicht *auch* „schüchtern, scheu", in der *Hauptsache* aber „geistig beschränkt". Wie wir gleich sehen werden, ist die zweite Möglichkeit nicht abwegig.

---

[101] Vgl. DRUX: *Erläuterungen und Dokumente: E. T. A. Hoffmann – Der Sandmann*, S. 40.

4.9 Nathanaels Gespräch mit Siegmund

„Spalanzani's Fest war der Gegenstand des Gesprächs in den folgenden Tagen. [...] [V]orzüglich fiel man über die todstarre, stumme Olimpia her, der man, ihres schönen Äußern unerachtet, totalen Stumpfsinn andichten und darin die Ursache finden wollte, warum Spalanzani sie so lange verborgen gehalten." (41)

Spalanzani hat einen großen Auftritt für Olimpia arrangiert, der insgesamt als gelungen gelten kann. Ihre diversen Defizite haben einige kritische Festbesucher jedoch durchaus bemerkt. Die Diagnose „schön, aber stumpfsinnig" liegt daher nahe – und damit ist zugleich eine Erklärung dafür gefunden, „warum Spalanzani sie so lange verborgen gehalten" hat. Eine ähnliche Vermutung hatte auch Nathanael in seinem zweiten Brief geäußert: „Am Ende hat es eine Bewandtnis mit ihr, sie ist vielleicht blödsinnig oder sonst." (25) Auf dem Fest empfindet Nathanael Olimpia jedoch keineswegs als geistig minderbemittelt, sondern als „herrliche, himmlische Frau".

Spekulative Ergänzung: Gibt Spalanzani selbst Olimpia als stumpfsinnig aus? Das ist nicht auszuschließen. Olimpia würde dann als ein echter Mensch eingeordnet, der aber aufgrund nicht näher bestimmter Umstände nicht über alle Fähigkeiten verfügt, die gesunde Menschen besitzen. Diese Strategie hätte durchaus Vorteile: Alle beobachteten Mängel Olimpias (körperliche Abnormitäten, eingeschränkte Sprachfähigkeit etc.) lassen sich plausibel darauf zurückführen. Bei bestimmten seelisch-geistigen Defiziten treten manchmal merkwürdige Körperhaltungen, Steifheiten, maschinenartige Bewegungen, reduzierte Sprachkompetenz usw. auf. Nachvollziehbar würde damit auch, dass Spalanzani seine Tochter bislang eingesperrt hat, „so, daß durchaus kein Mensch in ihre Nähe kommen darf" (25). Während sein Verhalten sonst als moralisch verwerflich gelten müsste, könnte es bei einem geistig beschränkten Mädchen z. B. dahin gehend gerechtfertigt werden, dass dieses geschont und erst Schritt für Schritt auf einen gesellschaftlichen Auftritt vorbereitet werden musste. Bedeutet „blöde[s] Mädchen" hier „geistig beschränktes Mädchen", so kann Spalanzani diese Strategie zumindest ansatzweise zugeschrieben werden. Sie gerät allerdings mit dem Umstand, dass Olimpia einen *großen* Auftritt hat, in Konflikt. Insgesamt lässt sich diese Frage also nicht definitiv klären. – Aus der Sicht von Option 2b ist freilich *entscheidend*, dass Olimpia von der Gesellschaft vor allem deshalb ferngehalten worden ist, weil sie als künstlicher Mensch noch nicht belebt war.

„Nathanael vernahm das nicht ohne innern Grimm, indessen schwieg er; denn, dachte er, würde es wohl verlohnen, diesen Burschen zu beweisen, daß eben ihr eigner Stumpfsinn es ist, der sie Olimpia's tiefes herrliches Gemüt zu erkennen hindert?" (41)[102]

Strukturell ist diese Konstellation mit dem Konflikt zwischen Nathanael und Clara vergleichbar: Nathanael glaubt an ein reales dämonisch-feindliches Prinzip, und er wirft Clara vor, blind zu sein für diese Realitätsebene, anders ausgedrückt: Er wirft ihr eine Art Stumpfsinn vor, der sie daran hindert, das Wirken des realen Dämons zu erkennen. Damit korrespondiert in der gegenwärtigen Situation, dass er Olimpias Kritikern vorwirft, grundsätzlich unfähig zu sein, ihr „tiefes herrliches Gemüt zu erkennen".

Inhaltlich sind beide Konstellationen hingegen sehr unterschiedlich: Im ersten Fall hat Nathanael – Option 2b zufolge – Recht, während er im zweiten einer magisch beeinflussten Verblendung erliegt, wodurch Olimpia sein eigenes tiefes Gemüt wieder zurückspiegelt, sodass er der Illusion erliegt, sie besitze tatsächlich ein „tiefes herrliches Gemüt".

---

[102] Damit korrespondiert die Reaktion auf Siegmunds Intervention: „Sage *du* mir Siegmund, wie deinem, sonst alles Schöne klar auffassenden Blick, deinem regen Sinn, Olimpia's himmlischer Liebreiz entgehen konnte?" (41)

4.9 Nathanaels Gespräch mit Siegmund

",Tu' mir den Gefallen Bruder, sprach eines Tages Siegmund, tu' mir den Gefallen und sage, wie es dir gescheuten Kerl möglich war, dich in das Wachsgesicht, in die Holzpuppe da drüben zu vergaffen?'" (41)

Dass Siegmund den Ausdruck „Holzpuppe" verwendet, könnte zu der Vermutung führen, dass er zumindest den Verdacht hat, Olimpia sei eine Androide. Im gegenwärtigen Zusammenhang scheint er den Ausdruck jedoch in einer anderen Bedeutung zu gebrauchen: Olimpia ist für ihn ein Mensch, der einer Holzpuppe bzw. einem künstlichen Menschen *ähnelt*, nicht jedoch definitiv ein Automat, der als Mensch auftritt. In eine Frau mit mehr oder weniger starken automatenhaften Zügen aber würde sich seiner Ansicht nach ein „gescheute[r] Kerl" wohl kaum vergaffen.

",Wunderlich ist es doch, daß viele von uns über Olimpia ziemlich gleich urteilen. Sie ist uns – nimm es nicht übel, Bruder! – auf seltsame Weise starr und seelenlos erschienen. Ihr Wuchs ist regelmäßig, so wie ihr Gesicht, das ist wahr! – Sie könnte für schön gelten, wenn ihr Blick nicht so ganz ohne Lebensstrahl, ich möchte sagen, ohne Sehkraft wäre. Ihr Schritt ist sonderbar abgemessen, jede Bewegung scheint durch den Gang eines aufgezogenen Räderwerks bedingt. Ihr Spiel, ihr Singen hat den unangenehm richtigen geistlosen Takt der singenden Maschine und eben so ist ihr Tanz. Uns ist diese Olimpia ganz unheimlich geworden, wir mochten nichts mit ihr zu schaffen haben, es war uns als tue sie nur so wie ein lebendiges Wesen und doch habe es mit ihr eine eigne Bewandtnis.'" (41f.)

Diese Passage passt, wenn sie isoliert betrachtet wird, gut zu Option 1, denn aus ihr scheint sich zu ergeben, dass alle anderen Beteiligten ansatzweise erkennen, dass es sich bei Olimpia um einen künstlichen Menschen handelt und dass nur Nathanael – aufgrund seiner psychischen Störung – auf die Täuschung hereinfällt. Werden hingegen, wie bereits in Kapitel 3.3 ausgeführt, auch alle (oder fast alle) Besucher der Teezirkel getäuscht, so müssen Siegmunds Äußerungen über Olimpia neu überdacht werden. Siegmund und seine Freunde vergleichen Olimpia in dieser und jener Hinsicht mit einem Androiden, ohne sie jedoch *insgesamt* als künstlichen Menschen zu begreifen; sie ordnen sie vielmehr als Mensch mit starken automatenhaften Zügen ein. Hätten die Freunde den ernsthaften Verdacht gehabt, dass es sich um eine künstliche Frau handelt, so wäre zu erwarten, dass sie dies auch anderen in der Universitätsstadt mitgeteilt hätten. Bei nicht nur klugen, sondern auch mutigen Studenten wäre ferner zu erwarten gewesen, dass sie in der Folgezeit den Versuch unternommen hätten, Olimpia bei der nächsten Gelegenheit zu enttarnen, z. B. während einer von ihr besuchten Teegesellschaft. Von einem solchen Versuch wird im Text jedoch nichts berichtet, und auch eine breitere Mitteilung des Verdachts scheint nicht stattgefunden zu haben, denn sonst wäre es in der folgenden Zeit kaum möglich gewesen, „vernünftigen Teezirkeln [...] statt der lebendigen Person eine Holzpuppe einzuschwärzen" (46). Wäre der *Verdacht*, es könnte sich um einen künstlichen Menschen handeln, erst einmal aufgekommen, so würde er sich rasch verbreitet haben, und zumindest einige Besucher der Teezirkel würden von vornherein diesen Verdacht gehegt haben. Ein naives Hinnehmen von Olimpia als echter Mensch wäre unter solchen Bedingungen *unmöglich* gewesen. Die Freunde erkennen demnach die automatenhaften Züge Olimpias, aber sie ordnen sie als *menschliche* Züge ein; sie erscheint mithin als Mensch, der sich z. B. maschinenähnlich bewegt. Im Einzelnen besagt das:

1. „Sie ist [ihnen] [...] auf seltsame Weise starr und seelenlos erschienen." – Sie zeigt, wie manche andere Menschen auch, eine gewisse Starrheit und Steifheit. Sie erscheint nicht als im strikten Sinn seelenlos (wie ein künstlicher Mensch), sondern als *weniger* seelenvoll als andere: Ihr fehlt z. B. eine bestimmte Ausstrahlung.

2. Ihr Blick ist „ohne Lebensstrahl, [...] ohne Sehkraft". – Ihr Blick ist *weniger* lebendig als der Blick anderer Menschen. Sie erscheint nicht als völlig ohne Sehkraft, sondern als

Mensch, der über *weniger* Sehkraft verfügt als andere, der also z. B. stark kurzsichtig ist. Sie wird jedoch nicht als blind angesehen, und ihr werden erst recht keine toten Glasaugen zugeschrieben. Im zweiten Brief an Lothar hat übrigens Nathanael selbst einen vergleichbaren Eindruck formuliert: „Sie schien mich nicht zu bemerken, und überhaupt hatten ihre Augen etwas Starres, beinahe möcht' ich sagen, keine Sehkraft, es war mir so, als schliefe sie mit offnen Augen." (25) Auch Nathanael hat in dieser Situation nicht den Verdacht, es könne sich um eine Androide handeln, ihm fallen nur die merkwürdigen Augen auf. Diese sind indes nicht absolut ungewöhnlich, denn es gibt z. B. Menschen, die mit offenen Augen schlafen, und diese machen einen vergleichbaren Eindruck. Wirken die Augen auf andere Menschen nach wie vor als kaum mit Sehkraft ausgestattet, so verhält es sich wahrscheinlich so, dass einige Phänomene nur im Kontakt zwischen Nathanael und Olimpia auftreten. Es kann angenommen werden, dass Olimpia zwar allen Beteiligten (außer ihren Konstrukteuren) als echter Mensch mit mehr oder weniger starken Defiziten erscheint, dass aber *nur* für Nathanael „in Olimpia's Augen feuchte Mondesstrahlen" aufgehen: „[I]mmer lebendiger und lebendiger flammten die Blicke." (36) *Nur* Nathanael wird auf dem Fest gewahr, dass Olimpia sehnsuchtsvoll zu ihm herübersieht. Das darf jedoch, wenn man Option 2b folgt, nicht als psychologisch zu erklärende Projektion Nathanaels aufgefasst werden; es handelt sich auch hier um eine Projektion magischer Art.

3. „Ihr Schritt ist sonderbar abgemessen, jede Bewegung scheint durch den Gang eines aufgezogenen Räderwerks bedingt." – Olimpias Bewegungen gelten nach der hier diskutierten Auffassung nicht als „durch den Gang eines aufgezogenen Räderwerks bedingt", sie weisen nur, wie die Bewegungen anderer Menschen auch, automatenhafte Züge auf; einige Menschen bewegen sich so, *als ob* sie zuvor aufgezogen worden seien.

4. „Ihr Spiel, ihr Singen hat den unangenehm richtigen geistlosen Takt der singenden Maschine und eben so ist ihr Tanz." – Olimpias Pianospiel, ihr Gesang und ihr Tanz ähneln in gewisser Hinsicht einer Maschine. Sie zeigt einen „unangenehm richtigen geistlosen Takt", ihr fehlt es an Flexibilität und Kreativität. Solche Menschen spielen, singen oder tanzen nicht eigentlich falsch, aber schematisch und ausdruckslos.

5. „Uns ist diese Olimpia ganz unheimlich geworden, wir mochten nichts mit ihr zu schaffen haben, es war uns als tue sie nur so wie ein lebendiges Wesen und doch habe es mit ihr eine eigne Bewandtnis." – Auch in dieser Hinsicht hat Nathanael früher eine ähnliche Erfahrung gemacht: „Mir wurde ganz unheimlich" (25). Noch bis kurz vor dem Besuch Coppolas bleibt ihm „die steife, starre Olimpia höchst gleichgültig" (34), und er will mit ihr nichts zu schaffen haben. Ein ernsthafter Verdacht, Olimpia tue „nur so wie ein lebendiges Wesen", kommt jedoch nicht auf. Das lässt sich auf die gegenwärtige Situation übertragen: Sie macht auf die Freunde einen unheimlichen Eindruck, diese sind von ihr keineswegs fasziniert, und sie erscheint als Mensch, der *weniger* lebendig ist als andere Menschen. Siegmund benutzt eine ähnliche Formulierung wie Nathanael in seinem Brief: „Am Ende hat es eine Bewandtnis mit ihr, sie ist vielleicht blödsinnig oder sonst." (25) Siegmund und seine Freunde, so kann man zusammenfassend sagen, sind nah an der Wahrheit, aber sie dringen nicht zu ihr vor. Sie gelangen nicht zu der Überzeugung, dass Olimpia ein künstlicher Mensch ist, sondern nur zu der schwächeren Annahme, dass sie etliche automatenhafte Züge aufweist.

„Nathanael gab sich dem bittern Gefühl, das ihn bei diesen Worten Siegmund's ergreifen wollte, durchaus nicht hin, er wurde Herr seines Unmuts und sagte bloß sehr ernst: ‚Wohl mag euch, ihr kalten prosaischen Menschen, Olimpia unheimlich sein. Nur dem poetischen Gemüt entfaltet sich das gleich organisierte! – Nur mir ging ihr Liebesblick auf und durchstrahlte Sinn und Gedanken, nur in Olimpia's Liebe finde ich mein Selbst wieder. Euch mag

es nicht recht sein, daß sie nicht in platter Konversation faselt, wie die andern flachen Gemüter. Sie spricht wenig Worte, das ist wahr; aber diese wenigen Worte erscheinen als echte Hieroglyphe der innern Welt voll Liebe und hoher Erkenntnis des geistigen Lebens in der Anschauung des ewigen Jenseits. Doch für Alles das habt ihr keinen Sinn und alles sind verlorne Worte." (42)

Diese Passage lässt sich nach demselben Prinzip deuten wie eine unlängst behandelte. Olimpia ist für Nathanael ein Mensch mit Verbindung zu Welt b, und zwar zur positiven Seite dieser Welt; sie hat ein „tiefes herrliches Gemüt" (41). Dann aber müssen die Freunde, die Olimpia kritisch beurteilen und sie als Mensch mit vielen Defiziten einordnen, ähnlich behandelt werden wie Clara, die zumindest die Existenz der bösartigen höheren Macht leugnet und alles auf Wahnvorstellungen Nathanaels zurückführt. Allen fehlt der Sinn für Welt b, sie gelten als „kalte[ ] prosaische[ ] Menschen", als *zu* verständig und aufgeklärt. Nathanael dachte zuvor über Clara, „kalten unempfänglichen Gemütern erschließen sich ⟨nicht⟩ solche tiefe Geheimnisse" (30); entsprechend denkt er jetzt über die Freunde.

Der zentrale Unterschied besteht, wie schon erwähnt, darin, dass Nathanael im ersten Fall Recht hat, während er im zweiten tatsächlich einer Wahnvorstellung erliegt, allerdings keiner psychologisch zu erklärenden, sondern einer, die auf den magischen Einfluss des Dämons zurückzuführen ist. Seine durch die magisch erzeugte Verliebtheit bedingte Verblendung führt zu einer *spezifischen* Art der Projektion, er kann nicht anders, als in Olimpia ein poetisches Gemüt zu erkennen, das dem seinen gleicht. Die magische Projektion lässt ihm seine eigene Konstitution als diejenige Olimpias erscheinen, was zu der Illusion führt, endlich ein ihm adäquates weibliches Wesen gefunden zu haben. Nach Option 2b ist anzunehmen, dass es das Ziel des Dämons ist, Nathanael durch diese Illusion eng an Olimpia zu binden, um ihn dann umso tiefer abstürzen zu lassen und in den Wahnsinn zu treiben.

Die so verstandene Olimpia kann auf der anderen Seite als illusionär-verdrehte Form eines im Rahmen des textprägenden Überzeugungssystems *echten* Ideals gelten: Nathanael als Mann mit poetischem Gemüt, der für Welt b sensibel ist, hat das Verlangen nach einer gleichorganisierten Frau, die ihn – anders als Clara – völlig versteht. Richtig ist demnach: „Nur dem poetischen Gemüt entfaltet sich das gleich organisierte!" Falsch ist nur der Glaube, Olimpia sei tatsächlich ein solches Wesen.

Die positive Seite lässt sich noch weiter ausführen:

1. „Nur *mir* ging ihr Liebesblick auf und durchstrahlte Sinn und Gedanken, nur in Olimpia's Liebe finde ich mein Selbst wieder." – Begegnet der Mann mit poetischem Gemüt einer gleichartigen Frau im Kontext normaler, d. h. hier: irgendwie beschränkter Menschen, so geht nur ihm „ihr Liebesblick" auf und durchstrahlt „Sinn und Gedanken", während die anderen blind dafür sind. Mehr noch, nach ihren Maßstäben gilt diese Frau vielleicht als unattraktiv, und sie wollen nichts mit ihr zu tun haben. In der Liebe der gleichgestimmten Frau findet der Mann mit poetischem Gemüt „[s]ein Selbst wieder"; zu einer solchen Erfahrung dringt der prosaische Mensch niemals vor.

2. Die Frau mit poetischem Gemüt faselt „nicht in platter Konversation [...] wie die andern flachen Gemüter". – Sie spricht vielleicht nur „wenig Worte", doch diese sind höchst gehaltvoll und signalisieren ihre Verbindung zu Welt b: „[D]iese wenigen Worte erscheinen als echte Hieroglyphe der innern Welt voll Liebe und hoher Erkenntnis des geistigen Lebens in der Anschauung des ewigen Jenseits." Die prosaischen Menschen aber, denen das Verständnis solchen Menschentums völlig abgeht, messen die wortkarge Frau mit poetischem Gemüt mit ihren Maßstäben und konstatieren z. B. eine krankhafte Sprachhem-

mung. Der prosaische Mensch hat für das, was über seinen beschränkten Horizont hinausgeht, „keinen Sinn und alles sind verlorne Worte".

Das – im Rahmen von Hoffmanns Überzeugungssystem – echte Ideal der kongenialen Partnerin für den mit poetischem Gemüt begabten Mann nimmt in Olimpia eine deformierte Gestalt an. Nathanael ist in dem Irrtum befangen, die künstliche Frau sei tatsächlich ein solches „tiefes herrliches Gemüt" (41).

Es ist klar, dass das auf einer Illusion beruhende Glück mit Olimpia nicht von Dauer sein kann – es wird nach unserer Hypothese vom Dämon überhaupt nur aufgebaut, um Nathanael durch dessen brutale Zerstörung in den Wahnsinn treiben zu können.

„‚Behüte dich Gott, Herr Bruder', sagte Siegmund sehr sanft, beinahe wehmütig, ‚aber mir scheint es, du seist auf bösem Wege. Auf mich kannst du rechnen, wenn alles – Nein, ich mag nichts weiter sagen! –'" (42)

Obwohl Siegmund, wie oben ausgeführt, nicht ganz zur Wahrheit vordringt, spürt er doch, dass Nathanael sich „auf bösem Wege" befindet und dass dies nicht gut enden wird; er bietet Nathanael ehrlich seine Unterstützung für den Notfall an. „Dem Nathanael war es plötzlich, als meine der kalte prosaische Siegmund es sehr treu mit ihm" (42).

„Nathanael hatte rein vergessen, daß es eine Clara in der Welt gebe, die er sonst geliebt; – die Mutter – Lothar – Alle waren aus seinem Gedächtnis entschwunden, er lebte nur für Olimpia, bei der er täglich Stundenlang saß und von seiner Liebe, von zum Leben erglühter Sympathie, von psychischer Wahlverwandtschaft fantasierte, welches alles Olimpia mit großer Andacht anhörte. Aus dem tiefsten Grunde des Schreibpults holte Nathanael alles hervor, was er jemals geschrieben. Gedichte, Fantasien, Visionen, Romane, Erzählungen, das wurde täglich vermehrt mit allerlei ins Blaue fliegenden Sonetten, Stanzen, Canzonen, und das alles las er der Olimpia Stundenlang hinter einander vor, ohne zu ermüden. Aber auch noch nie hatte er eine solche herrliche Zuhörerin gehabt. Sie stickte und strickte nicht, sie sah nicht durch's Fenster, sie fütterte keinen Vogel, sie spielte mit keinem Schoßhündchen" (42f.).

Die künstliche Frau figuriert zwar im Rahmen von Hoffmanns Überzeugungssystem als pervertierte Form einer kongenialen Partnerin; für Nathanael ist sie jedoch die ideale Frau, die weitere positive Züge zeigt:

1. Trifft der Mann mit poetischem Gemüt auf eine gleichorganisierte Frau und verlieben sich beide ineinander, so gehen sie ganz in ihrer Liebe auf und leben nur füreinander; sie vergessen alles um sich her, auch die früheren Partner und die Freunde. Sie verbringen viel Zeit miteinander und erleben ihre „zum Leben erglühte[ ] Sympathie", ihre „psychische[ ] Wahlverwandtschaft" als beglückend.

2. Der dichterisch tätige Mann mit poetischem Gemüt verspürt in einer solchen Konstellation das starke Bedürfnis, der gleichgestimmten Frau alles zu zeigen und vorzutragen, „was er jemals geschrieben"; die Frau ist eine „herrliche Zuhörerin", die durch den Vortrag ihrerseits beglückt wird und von dem, was der Mann geschrieben hat, begeistert ist. Während eine prosaische Frau bei einem solchen Vortrag an der jeweiligen Dichtung gar nicht interessiert ist und sich deshalb ständig mit etwas anderem beschäftigt – man denke an Claras Verhalten –, ist die Frau mit poetischem Gemüt in der Lage, sich ganz auf die Sache zu konzentrieren und in ihr aufzugehen. Sie hat es nicht nötig, z.B. ein „Gähnen durch einen leisen erzwungenen Husten [zu] bezwingen", stattdessen wird ihr Blick „immer glühender, immer lebendiger" (43). Die gleichgestimmte Frau ist ein „tiefes herrliches Gemüt" (41), das den Mann ganz versteht.

3. Der mit poetischem Gemüt begabte Mann erbebt „vor innerm Entzücken", wenn er an den „wunderbare[n] Zusammenklang" der beiden Gemüter denkt; das, was die einfühlsame Frau „über seine Werke, über seine Dichtergabe" sagt, ist so, „als habe die Stimme aus

seinem Innern selbst herausgetönt" (43). Selbst dann, wenn die Frau wenig spricht, spürt der Mann doch den Zusammenklang der Seelen, ja, „[d]er Blick ihres himmlischen Auges" kann sogar mehr sagen „als jede Sprache hienieden" (43). „O du herrliches, du tiefes Gemüt, rief Nathanael auf seiner Stube: nur von dir, von dir allein werd' ich ganz verstanden." (43) Eine solche Frau ist „ein Kind des Himmels", das sich manchmal nur schwer einfügt „in den engen Kreis, den ein klägliches irdisches Bedürfnis gezogen" (43) hat.

Das Problem besteht nur darin, dass Olimpia eben keine Frau mit poetischem Gemüt ist, sondern sogar weniger als eine prosaische Frau, nämlich eine Androide. Der inspirierte Künstler findet seine höchste Erfüllung, wenn er auf eine kongeniale Rezipientin trifft, die sein Werk angemessen zu würdigen versteht. Der dämonische Plan scheint vorzusehen, Nathanael eine solche Konstellation „psychischer Wahlverwandtschaft" (42) zu suggerieren, in der Olimpia als „herrliche Zuhörerin" (43) fungiert, um ihn durch Zerstörung dieser Erfüllung in den Wahnsinn zu treiben. Dazu trägt auch bei, dass Nathanael weiterhin Aspekte, die ihn zum Zweifeln hätten bringen können, zwar wahrnimmt, aber sogleich nach dem bekannten Muster wegerklärt: „Erinnerte sich aber auch Nathanael in hellen nüchternen Augenblicken, z. B. Morgens gleich nach dem Erwachen, wirklich an Olimpia's gänzliche Passivität und Wortkargheit, so sprach er doch: ‚Was sind Worte – Worte! – Der Blick ihres himmlischen Auges sagt mehr als jede Sprache hienieden. [...]'" (43)

4.10 Nathanaels verhinderter Heiratsantrag und Olimpias Ende

„Professor Spalanzani schien hoch erfreut über das Verhältnis seiner Tochter mit Nathanael; er gab diesem allerlei unzweideutige Zeichen seines Wohlwollens und als es Nathanael endlich wagte von ferne auf eine Verbindung mit Olimpia anzuspielen, lächelte dieser mit dem ganzen Gesicht und meinte: Er werde seiner Tochter völlig freie Wahl lassen." (43f.)

Für den Konstrukteur ist es ein Erfolg ohnegleichen, dass seine künstliche Tochter nicht nur in der Gesellschaft als Mensch anerkannt wird, sondern dass sich Nathanael in sie verliebt hat und sie heiraten will. Knüpft man an unsere Überlegungen zur Frau mit poetischem Gemüt an, so gilt, dass sie sogleich bereit ist, gegenüber dem gleichgestimmten Mann „das unumwunden in deutlichen Worten aus[zu]spreche[n], was längst ihr holder Liebesblick ihm gesagt, daß sie sein Eigen immerdar sein wolle" (44). Der Mann mit poetischem Gemüt wiederum zögert nicht, der geliebten Frau ein „Symbol seiner Hingebung, seines mit ihr aufkeimenden, blühenden Lebens darzureichen" (44) und ihr einen Heiratsantrag zu machen.

„Schon auf der Treppe, auf dem Flur, vernahm er ein wunderliches Getöse; es schien aus Spalanzani's Studierzimmer heraus zu schallen." (44)

Diesen Satz und die folgenden haben wir in Kapitel 3.3 bereits interpretiert. Wir fassen die Ergebnisse noch einmal zusammen: Die aus psychologischer Sicht naheliegende Deutung, dass Nathanael *wahnbedingt glaubt*, Coppelius' Stimme zu hören, während es sich tatsächlich um Coppolas Stimme handelt, lässt sich durch Analyse des Sprachgebrauchs im Dialog entkräften. Die Redebeiträge, die Coppola zuzuordnen sind (z. B. „ich, ich hab' die Augen gemacht"), weichen signifikant von seinem sonstigen Sprachgebrauch ab. Das lässt sich zwanglos so deuten, dass Coppelius in der Hitze des Gefechts seine Verstellung gegenüber Spalanzani aufgibt und nun mit seiner Coppelius-Stimme in fließendem Deutsch spricht. Aus unserer Analyse der Passage folgt, dass Coppelius und Coppola tatsächlich identisch sind. Dies ergibt sich jedoch *indirekt* aus der Analyse des Sprachgebrauchs der beiden Figuren und nicht *direkt* aus der Wendung „Es waren Spalanzani's und des gräßli-

chen Coppelius Stimmen" (44), denn diese schließt eine psychologische Deutung keineswegs aus. Wir fügen nun einige weitere Aspekte hinzu:
1. Unklar ist, wie es zu dem Streit kommt und worum es genau geht. Aus der Sicht von Option 2b ist anzunehmen, dass der Dämon die künstliche Frau wieder zerstören will, um Nathanael in den Wahnsinn zu treiben, während Spalanzani sich gegen diese Zerstörung wehrt. Wie hocherfreut er über die Akzeptanz Olimpias ist, ist ja gerade deutlich geworden. Er hätte gegen eine dauerhafte Verbindung Olimpias mit Nathanael wohl nichts einzuwenden gehabt; dies wäre vielmehr ein weiterer großer Erfolg für ihn als Automatenkonstrukteur gewesen.
2. Aus dem Streitgespräch geht die Arbeitsteilung bei der Herstellung der künstlichen Frau hervor: Spalanzani war für das Räderwerk zuständig, Coppola hingegen für die Augen. Der „geschickte[ ] Mechanikus und Automat-Fabrikant[ ] Spalanzani" (46) spielt eine ähnliche Rolle wie zuvor Nathanaels Vater: Die dämonische Gestalt schließt mehrfach mit einem über besondere Fähigkeiten verfügenden Menschen ein Bündnis, um künstliche Menschen zu erzeugen.
3. Das Ziel ist in beiden Fällen jedoch nicht dasselbe. Im ersten Fall besteht es darin, einen künstlichen Menschen zu erschaffen, was allerdings nicht gelang. Im zweiten Fall geht es zwar auch um die Erschaffung eines künstlichen Menschen, doch dies ist für Coppelius/Coppola nicht mehr das Endziel, sondern nur noch Mittel zu einem anderen Zweck, nämlich Nathanael in den Wahnsinn zu treiben und letztlich völlig zu vernichten. Um dieses Ziel zu erreichen, muss der Dämon den lebendigen Automaten jedoch wieder zerstören, denn gerade die Erkenntnis, es die ganze Zeit nur mit einem Automaten zu tun gehabt zu haben, wird Nathanael wahnsinnig machen. Über diesen komplexen Plan scheint Spalanzani nicht informiert gewesen zu sein; für ihn ist die Zerstörung des künstlichen Menschen widersinnig, und er wehrt sich gegen Coppola: „Darum Leib und Leben daran gesetzt?" (44) Coppelius/Coppola und Spalanzani verfolgen also mit Olimpia unterschiedliche Ziele.
4. Im Konflikt mit Spalanzani, in dem beide aufs Höchste erregt sind, hält Coppelius/Coppola seine sprachliche Tarnung nicht durch und „des gräßlichen Coppelius Stimme[ ]" (44) bricht durch; er spricht jetzt kein gebrochenes Deutsch mehr. Das hört Nathanael, und die Anwesenheit des Coppelius, mit dem er nicht mehr gerechnet hat, versetzt ihn in „namenlose[ ] Angst" (44). Dass es um Olimpia geht, die für ihn nach wie vor eine gleichgestimmte Frau ist, weiß er ja noch gar nicht.
5. Unsere Ablehnung einer naturalistisch-psychologischen Deutung der Textstelle wird auch durch eine Analyse der *Erzählweise* gestützt. Der Erzähler berichtet, was mit Nathanael und um ihn herum geschieht: „Professor Spalanzani schien hoch erfreut über das Verhältnis seiner Tochter mit Nathanael" (43); Nathanael beschließt, „gleich am folgenden Tage Olimpia anzuflehen", und sucht daher „nach dem Ringe, den ihm beim Abschiede die Mutter geschenkt" (44) hat; er „vernahm [...] ein wunderliches Getöse", dann „Spalanzani's und des gräßlichen Coppelius Stimmen". Die Haltung des objektiven Berichterstatters, die der Erzähler in der ganzen Passage zeigt, passt gut zu Option 2b, aber nicht zu Option 1. Hätte Hoffmann die Geschichte als psychologische Fallgeschichte angelegt und hätte er dies auch an dieser Stelle zum Ausdruck bringen wollen, so wäre er wohl von der objektiven Erzählhaltung abgewichen; z. B. hätte er „Es waren Spalanzani's und des gräßlichen Coppelius Stimmen" leicht ersetzen können durch „Es kam Nathanael so vor, als wären ...".

„*Der Professor hatte eine weibliche Figur bei den Schultern gepackt, der Italiäner Coppola bei den Füßen, die zerrten und zogen sie hin und her, streitend in voller Wut um den Besitz.*

4.10 Nathanaels verhinderter Heiratsantrag und Olimpias Ende 173

Voll tiefen Entsetzens prallte Nathanael zurück, als er die Figur für Olimpia erkannte; aufflammend in wildem Zorn wollte er den Wütenden die Geliebte entreißen, aber in dem Augenblick wand Coppola sich mit Riesenkraft drehend die Figur dem Professor aus den Händen und versetzte ihm mit der Figur selbst einen fürchterlichen Schlag" (44).

Nathanael durchschaut die Zusammenhänge noch nicht. Als er in das Zimmer hineinstürzt, sieht er, dass Coppola und Spalanzani sich um *Olimpia* – die für ihn weiterhin ein Mensch ist – streiten und an ihr herumzerren, wobei die Gefahr besteht, dass die geliebte Frau ernsthaft verletzt und vielleicht sogar getötet wird. Dass er „[v]oll tiefen Entsetzens" zurückprallt und „in wildem Zorn" versucht, „den Wütenden die Geliebte [zu] entreißen", ist daher gut nachzuvollziehen.

Coppola siegt im Kampf. Dass er sich „mit Riesenkraft" dreht, zeigt seine übernatürlichen Kräfte an, die ihn Spalanzani überlegen machen. Wie schon bei Nathanaels Vater handelt es sich ja um ein Bündnis zwischen einem Dämon und einem Menschen, der selbst keine übernatürlichen Kräfte besitzt, wohl aber über für dämonische Ziele nützliche Spezialkenntnisse verfügt.

„Nun warf Coppola die Figur über die Schulter und rannte mit fürchterlich gellendem Gelächter rasch fort die Treppe herab, so daß die häßlich herunterhängenden Füße der Figur auf den Stufen hölzern klapperten und dröhnten." (45)

Im Abgang zeigt Coppelius/Coppola wieder den dämonischen Zug des „fürchterlich gellende[n] Gelächter[s]". Dass er die Puppe mitnimmt, könnte ein Hinweis darauf sein, dass er sie an anderer Stelle benutzen will, um erneut einen lebendigen künstlichen Menschen zu erschaffen.

„Erstarrt stand Nathanael – nur zu deutlich hatte er gesehen, Olimpia's toderbleichtes Wachsgesicht hatte keine Augen, statt ihrer schwarze Höhlen; sie war eine leblose Puppe." (45)

Jetzt erst erkennt Nathanael die Wahrheit: Olimpia ist ein künstlicher Mensch; diese einst belebte Puppe ist nun wieder leblos, sie erscheint nicht mehr als Mensch. Ihr „Wachsgesicht" – auch Siegmund hatte diesen Ausdruck verwendet (vgl. 41) – ist „toderbleicht[]", und statt ihrer Augen, die wohl Coppelius/Coppola entfernt hat, sind nur noch „schwarze Höhlen" zu sehen. Für Nathanael bricht damit alles zusammen: Die beglückende Erfahrung, auf eine seelenverwandte Frau gestoßen zu sein, die ihn liebt und versteht, erweist sich als illusionär.

Seine Beobachtung der fehlenden Augen muss bei Nathanael ferner die schreckliche Erinnerung an die Kindheit wachrufen: „Mir war es als würden Menschengesichter ringsumher sichtbar, aber ohne Augen – scheußliche, tiefe schwarze Höhlen statt ihrer." (17) Diese Erinnerung macht das Erlebnis noch schlimmer. Hinzu kommt die Erkenntnis, dass Coppelius bei der Herstellung und bei der Zerstörung Olimpias seine Hände im Spiel gehabt hat; er, den Nathanael doch mit Claras Hilfe überwunden zu haben glaubt[103], ist letztlich für das Desaster verantwortlich, was alles noch viel schlimmer macht. Coppelius hat seine frühere Arbeit mit dem Vater mithilfe von Spalanzani mit größerem Erfolg fortgesetzt und Nathanael für seine Ziele instrumentalisiert.

„Spalanzani wälzte sich auf der Erde, Glasscherben hatten ihm Kopf, Brust und Arm zerschnitten, wie aus Springquellen strömte das Blut empor. Aber er raffte seine Kräfte zusammen. – ‚Ihm nach – ihm nach, was zauderst du? – Coppelius – Coppelius, mein bestes Automat hat er mir geraubt – Zwanzig Jahre daran gearbeitet – Leib und Leben daran gesetzt –

---

[103] „Dem Nathanael war es zu Mute, [...] als habe er, Widerstand leistend der finstern Macht, die ihn befangen, sein ganzes Sein, dem Vernichtung drohte, gerettet." (33)

das Räderwerk – Sprache – Gang – mein – die Augen – die Augen dir gestohlen. – Verdammter – Verfluchter – ihm nach – hol mir Olimpia – da hast du die Augen! –'" (45)
Spalanzani gibt damit genauere Auskünfte über die Arbeitsteilung bei der Herstellung des künstlichen Menschen: Er hat „[z]wanzig Jahre daran gearbeitet", mit höchstem Engagement und unter großen Gefahren; er hat den gesamten Mechanismus bis auf die Augen hergestellt, ist also z. B. für Sprache und Gang verantwortlich. Er will „[s]ein bestes Automat" wiederhaben und fordert Nathanael auf, Coppelius/Coppola nachzulaufen und Olimpia zurückzuholen.

Der Erzähler fungiert weiterhin als objektiver Berichterstatter; es gibt keinen Grund anzunehmen, dass er nur Nathanaels wahnhafte Sicht der Dinge artikuliert, dass Spalanzani also gar nicht von *Coppelius* gesprochen hat. Dann aber gilt, dass Spalanzani jetzt selbst zugibt, dass Coppola mit Coppelius identisch ist, dass Coppelius sich in Coppola verwandelt hat. Damit erweisen sich seine früheren Auskünfte, die Nathanael zu der Meinung gebracht haben, „daß der Wetterglashändler Giuseppe Coppola keinesweges der alte Advokat Coppelius ist" (24), als zweckdienliche Lügen.

Was aber besagt die Wendung „die Augen dir gestohlen"? Nathanael besitzt ja seine Augen noch, und er kann zweifellos sehen: Soeben „hatte er gesehen, Olimpia's toderbleichtes Wachsgesicht hatte keine Augen". Aus Option 1 lässt sich keine plausible Deutung für dieses Textelement gewinnen. Anders verhält es sich bei Option 2b. Nach unserer Auffassung hat Coppelius/Coppola zunächst „die Augen gemacht" (44) – *künstliche* Augen – und sie der von Spalanzani verfertigten Androide eingesetzt. Dann hat er Nathanael durch ein magisches Perspektiv sehen lassen, was dazu führt, dass Olimpias „Sehkraft entzündet" (36) wird, woraus sich die Verlebendigung des ganzen Automaten ergibt. Ohne den magischen Sehkraft- und Lebendigkeitstransfer wäre Olimpia nur wie einer der vielen realen zeitgenössischen Automaten gewesen, die zwar z. B. Trompete blasen, Piano spielen oder einige Sätze schreiben können, aber sofort als Automaten erkennbar sind. Kein Gesunder hält z. B. einen Tanzautomaten mit Glasaugen für einen wirklichen Menschen. Insofern ist die Lösung des Augenproblems entscheidend, um einen täuschend echten künstlichen Menschen herzustellen. Spalanzani hätte das aus eigener Kraft niemals schaffen können, er ist nur ein normaler Automatenkonstrukteur. Dazu bedarf es übernatürlicher Fähigkeiten, die Coppelius/Coppola mitbringt. Wie sich die magische Sehkraft- und Lebendigkeitsübertragung genau vollzogen hat, wird Coppelius/Coppola Spalanzani kaum verraten haben; dieser weiß wohl nur, dass es geklappt hat.

„Nun sah Nathanael, wie ein Paar blutige Augen auf dem Boden liegend ihn anstarrten, die ergriff Spalanzani mit der unverletzten Hand und warf sie nach ihm, daß sie seine Brust trafen. – Da packte ihn der Wahnsinn mit glühenden Krallen und fuhr in sein Inneres hinein Sinn und Gedanken zerreißend. ‚Hui – hui – hui! – Feuerkreis – Feuerkreis! dreh dich Feuerkreis – lustig – lustig! – Holzpüppchen hui schön' Holzpüppchen dreh dich –' damit warf er sich auf den Professor und drückte ihm die Kehle zu. Er hätte ihn erwürgt, aber das Getöse hatte viele Menschen herbeigelockt, die drangen ein, rissen den wütenden Nathanael auf und retteten so den Professor, der gleich verbunden wurde. Siegmund, so stark er war, vermochte nicht den Rasenden zu bändigen; der schrie mit fürchterlicher Stimme immer fort: ‚Holzpüppchen dreh dich' und schlug um sich mit geballten Fäusten. Endlich gelang es der vereinten Kraft mehrerer, ihn zu überwältigen, indem sie ihn zu Boden warfen und banden. Seine Worte gingen unter in entsetzlichem tierischen Gebrüll. So in gräßlicher Raserei tobend wurde er nach dem Tollhause gebracht." (45)

Spekulative Ergänzung: Hinsichtlich des „Paar[s] blutige[r] Augen" sehen wir zwei Deutungsmöglichkeiten:

Möglichkeit 1: Es handelt sich um Glasaugen, die einen blutigen Eindruck machen, weil sie mit Spalanzanis Blut beschmiert sind.
Möglichkeit 2: Es handelt sich um echte Augen.
Möglichkeit 1 passt gut zur psychologischen Deutungsstrategie, die ja generell bestrebt ist, für alles, was in der Textwelt geschieht, natürlich-empirische Erklärungen zu geben; Möglichkeit 2 passt demgegenüber zur überlegenen Option 2b. Der magische Sehkrafttransfer könnte so zu denken sein, dass sich künstliche Augen (z. B. Glasaugen) durch ihn in echte, durchblutete Augen verwandeln. Diese Lebendigkeitsspuren haften dann auch den herausgerissenen Augen noch an. Auf der anderen Seite ist aber auch Möglichkeit 1 mit dem dämonologischen Ansatz vereinbar. Dieser muss ja nicht so verstanden werden, dass er *jede* natürliche Erklärung ausschließt. Nach unserer Auffassung erlaubt der Text es nicht, eine definitive Entscheidung zwischen beiden Möglichkeiten zu treffen.

Wenn Spalanzani die blutigen Augen dergestalt nach Nathanael wirft, dass sie seine Brust treffen, so erfüllt sich damit, freilich in einer etwas modifizierten Form, das, was Nathanael vor einiger Zeit visionär geschaut und in seiner Dämonendichtung dargestellt hat. Was er dort auf Clara bezog, tritt nun in Bezug auf Olimpia tatsächlich ein. Aus Option 2b ergibt sich die Annahme, dass es sich um eine vom Dämon eingegebene Vision handelt, in der jedoch, bezogen auf die aktuelle Situation, die Frauenfiguren vertauscht sind. Nathanael erschaut, was über ihn verhängt worden ist, kann sich jedoch keinen rechten Reim auf das Gezeigte machen. Diese (uneindeutige) Prophezeiung erfüllt sich nun: „Da packte ihn der Wahnsinn mit glühenden Krallen und fuhr in sein Inneres hinein Sinn und Gedanken zerreißend." Der wahnsinnig gewordene Nathanael spricht von einem sich drehenden Feuerkreis und stellt eine Verbindung her zum sich drehenden Holzpüppchen, d. h. zur tanzenden Olimpia. Coppelius/Coppola hat ihn in die illusionäre Liebe zu Olimpia hineingetrieben, um ihn zu zerstören.

Bemerkenswert ist auch, dass Nathanael seine Aggression auf Spalanzani richtet, obwohl Coppelius/Coppola der eigentliche Schuldige ist. Möglicherweise gehört es zur dämonischen Strategie, dass Nathanaels Aggression vom eigentlichen Urheber umgelenkt wird auf den Helfershelfer Spalanzani. Wiederum zeigt sich eine Parallele zur Vision: Wenn in ihr der Tod mit Claras Augen schaut, so erscheint Clara *fälschlich* als todbringendes Wesen. Allerdings ist Nathanaels Reaktion insofern verständlich, als der Professor nicht unwesentlich an dem Betrug beteiligt ist.

4.11 Zweite Leseranrede des Erzählers

„Ehe ich, günstiger Leser! dir zu erzählen fortfahre, was sich weiter mit dem unglücklichen Nathanael zugetragen, kann ich dir, solltest du einigen Anteil an dem geschickten Mechanikus und Automat-Fabrikanten Spalanzani nehmen, versichern, daß er von seinen Wunden völlig geheilt wurde. Er mußte indes die Universität verlassen, weil Nathanael's Geschichte Aufsehen erregt hatte und es allgemein für gänzlich unerlaubten Betrug gehalten wurde, vernünftigen Teezirkeln (Olimpia hatte sie mit Glück besucht) statt der lebendigen Person eine Holzpuppe einzuschwärzen. Juristen nannten es sogar einen feinen und um so härter zu bestrafenden Betrug, als er gegen das Publikum gerichtet und so schlau angelegt worden, daß kein Mensch (ganz kluge Studenten ausgenommen) es gemerkt habe, unerachtet jetzt alle weise tun und sich auf allerlei Tatsachen berufen wollten, die ihnen verdächtig vorgekommen." (46)

Auf diese Passage – wie auch auf die folgenden Sätze – sind wir bereits in Kapitel 3.3 eingegangen. Jetzt fügen wir noch einige Punkte hinzu:

1. Ehe der Erzähler die Geschichte des „unglücklichen Nathanael" beendet, schiebt er eine humoristisch-satirische Passage ein, die vom eigentlichen, durch übernatürliche Eingriffe determinierten Geschehen weitgehend abgekoppelt ist. Hier wird eine künstlerische Möglichkeit massiver genutzt, die bereits in einigen früheren Passagen angeklungen war: Vom Thema des künstlichen Menschen, der lebendigen Androide kann übergewechselt werden zum Thema des prosaischen, für Welt b unempfänglichen Menschen, des Philisters, der einem Automaten bzw. einer Puppe in dieser oder jener Hinsicht *ähnelt*.

2. In der Gesellschaft hält man es „für gänzlich unerlaubten Betrug", der bestraft werden müsse, dass ein künstlicher als echter Mensch ausgegeben worden ist. Juristen, die ja für Betrugsangelegenheiten zuständig sind, sprechen von einem gegen das Publikum gerichteten und „schlau angelegt[en]" Betrug. Dadurch werden indes keine wesentlichen Punkte hinzugefügt, denn es ist ja klar, dass es Ziel des Betrugs war, die gesamte Öffentlichkeit zu täuschen, und zwar so effektiv, dass tatsächlich niemand es merkt.

3. Wie aber ist „ganz kluge Studenten ausgenommen" zu interpretieren? Die Bemerkung bezieht sich wohl auf Siegmund und seine Freunde, die ja – nach der vorgestellten Deutung – nahe daran waren, die Wahrheit zu erkennen, aber doch nicht wirklich zu ihr vordrangen, sondern Olimpia letztlich als echten Menschen mit erheblichen Defiziten einstuften, in den man sich deshalb nicht vergaffen sollte. Die Wendung ist demnach ironisch zu verstehen: Tatsächlich hat *kein* Mensch den Betrug gemerkt. Dass der Erzähler nicht davon berichtet, dass die Teezirkelbesucher sich fragen, ob Olimpia denn nun ein echter Mensch oder ein Automat sei, ist ein weiteres Indiz dafür, dass faktisch „kein Mensch [...] es gemerkt" hat.

4. Dass „jetzt alle weise tun und sich auf allerlei Tatsachen berufen wollten, die ihnen verdächtig vorgekommen", kommt in vergleichbaren Betrugsfällen recht häufig vor. *Nachdem* der Betrug aufgedeckt worden ist, fallen einigen Beteiligten *rückblickend* verdächtige Tatsachen ein, die sie schon früher hätten stutzig machen können – was aber nicht oder nicht in vollem Umfang geschehen ist. Es ist eine verbreitete Form der Selbsttäuschung zu meinen, die ganze Sache sei einem von Anfang an verdächtig vorgekommen und man habe den Betrug schon früh durchschaut. So hat ein „elegante[r] Teeist[ ]" ursprünglich keinerlei Verdacht geäußert, jetzt aber tut er so, als habe er damals bereits „das Selbstaufziehen des verborgenen Triebwerks" (46) erkannt. Möglicherweise verhalten sich auch die „ganz kluge[n] Studenten" auf diese Weise.

„Der Professor der Poesie und Beredsamkeit [...] sprach feierlich: ‚Hochzuverehrende Herren und Damen! merken Sie denn nicht, wo der Hase im Pfeffer liegt? Das Ganze ist eine Allegorie – eine fortgeführte Metapher! – Sie verstehen mich! – Sapienti sat!'" (46)

Der Professor erweckt den Anschein, etwas Tiefsinniges gesagt zu haben, die Behauptung, das Ganze sei eine Allegorie, bleibt jedoch nichtssagend, da der Charakter der Allegorie nicht näher bestimmt wird. Es handelt sich um intellektuelles Renommiergehabe; dazu passt das „Sapienti sat!" („Das reicht für den Kenner!"[104]).

„Aber viele hochzuverehrende Herren beruhigten sich nicht dabei; die Geschichte mit dem Automat hatte tief in ihrer Seele Wurzel gefaßt und es schlich sich in der Tat abscheuliches Mißtrauen gegen menschliche Figuren ein. Um nun ganz überzeugt zu werden, daß man keine Holzpuppe liebe, wurde von mehrern Liebhabern verlangt, daß die Geliebte etwas taktlos singe und tanze, daß sie beim Vorlesen sticke, stricke, mit dem Möpschen spiele u. s. w. vor allen Dingen aber, daß sie nicht bloß höre, sondern auch manchmal in der Art spreche, daß dies Sprechen wirklich ein Denken und Empfinden voraussetze." (46f.)

---

[104] DRUX: *Erläuterungen und Dokumente: E. T. A. Hoffmann – Der Sandmann*, S. 47.

Auf diese Sätze sind wir ebenfalls schon in Kapitel 3.3 eingegangen. Der Verdacht einiger Herren, auch die von ihnen verehrten Damen könnten Androiden sein, macht nur Sinn, wenn sie zuvor Olimpia als normalen Menschen betrachtet haben. Hätten die Betroffenen den Betrug von Anfang an durchschaut, so wären ihre Verhaltensänderungen völlig unnötig. War es Spalanzani gelungen, der Gesellschaft „betrüglicher Weise" (47) einen Automaten als Menschen unterzuschieben, so könnte es ja sein, dass die eigene Partnerin auch ein Automat ist; man wird sie daher mit Misstrauen beobachten und sich, wenn der Verdacht sich bestätigt, schleunigst von ihr trennen. Dieses fiktive Szenario ist für Hoffmann attraktiv, da es ihm erlaubt, Aspekte seiner in vielen Texten ausgeführten *Philisterkritik* ins Spiel zu bringen, d.h. auf defizitäre Aspekte der prosaischen, philiströs-beschränkten Menschen zu verweisen. Olimpia wird in dieser Passage zur Repräsentantin mechanischen, automatenhaften, also in gewisser Hinsicht ‚uneigentlichen' Menschentums. Die geschilderten Reaktionen zeigen, dass die Betroffenen im Rahmen philiströsen Verhaltens verharren und dass ihnen sowohl die wahre Kunst fremd bleibt als auch die tragischschicksalhafte Dimension der Geschichte Nathanaels gänzlich entgeht. Um nicht automatenhaft zu erscheinen, wird jetzt etwas taktlos gesungen und getanzt, „unglaublich gegähnt und niemals genieset" (47). Auch nicht viel besser ist das philiströse Sprechen, denn es setzt nicht „wirklich ein Denken und Empfinden" voraus.

„*Spalanzani mußte, wie gesagt, fort [...]. Coppola war auch verschwunden.*" (47)

Erneut verschwindet Coppelius/Coppola, wie nach der Misshandlung Nathanaels und nach dem Tod des Vaters – es liegt nahe anzunehmen, dass er sich jetzt, nach der Aufdeckung der Olimpia-Affäre, wiederum der Verantwortung entziehen will.

4.12 Nathanaels Tod

„*Nathanael erwachte wie aus schwerem, fürchterlichem Traum, er schlug die Augen auf und fühlte wie ein unbeschreibliches Wonnegefühl mit sanfter himmlischer Wärme ihn durchströmte. Er lag in seinem Zimmer in des Vaters Hause auf dem Bette, Clara hatte sich über ihn hingebeugt und unfern standen die Mutter und Lothar. ‚Endlich, endlich, o mein herzlieber Nathanael – nun bist du genesen von schwerer Krankheit – nun bist du wieder mein!' – So sprach Clara recht aus tiefer Seele und faßte den Nathanael in ihre Arme. [...] Jede Spur des Wahnsinns war verschwunden, bald erkräftigte sich Nathanael in der sorglichen Pflege der Mutter, der Geliebten, der Freunde.*" (47)

Der Wahnsinnsanfall ist vorüber, und alles scheint wieder in bester Ordnung zu sein. Der Umstand, dass Nathanael in seinem Vaterhaus erwacht, während das Tollhaus sich wahrscheinlich in G. befindet, wo der Vorfall geschah, und *nicht* in Nathanaels Vaterstadt, lässt sich möglicherweise so erklären: Aus dem Tollhaus ist Nathanael in seine Vaterstadt transportiert worden. Dort kommt er in einem noch mehr oder minder umnachteten Zustand an und wird in sein Vaterhaus gebracht, wo er unter Umständen ans Bett gefesselt ist. Als er nun erwacht, erscheint ihm dieses Erwachen *wie* eines „aus schwerem, fürchterlichem Traum", und er fühlt, „wie ein unbeschreibliches Wonnegefühl mit sanfter himmlischer Wärme ihn durchströmt[]" – alle negativen Ereignisse der letzten Zeit sind augenscheinlich von ihm abgefallen.

Clara betrachtet Nathanael offenbar als vollständig genesen. Ihre mittlerweile hinlänglich bekannte beschränkte Weltsicht führt sie – wie schon in früheren Entwicklungsstadien – zu der optimistischen Ansicht, dass Nathanael seinen *inneren* Dämon nun endgültig überwunden hat: Sie freut sich „aus tiefer Seele". Offenbar hat Clara Nathanael auch seine Eskapade mit Olimpia, die er ja schließlich hatte heiraten wollen, verziehen. Erstaunlicherweise wird Claras Reaktion auf Nathanaels Treuebruch mit keinem Wort erwähnt. Ihre naturalistisch-psychologische Denkweise legt nahe, Nathanaels Treuebruch unmittelbar auf seine lange Zeit wirksame Wahnvorstellung zurückzuführen; das würde ermöglichen, die ganze Affäre als Teil der psychischen Krankheit zu verstehen – und zu verzeihen. Für die magische Dimension des Geschehens ist Clara ja nicht sensibel.

Aber auch Nathanael scheint nicht (mehr) bewusst zu sein, was eigentlich mit ihm geschehen war. Er ist nun wohl wieder – wie schon nach der Versöhnung mit Clara und bei der zweiten Begegnung mit Coppola – in Claras aufgeklärt-rationale Sichtweise zurückgefallen, während ihm vor dem Wahnsinnsausbruch doch klar war, dass der Dämon Coppelius bei der Automatengeschichte seine Hände im Spiel gehabt hat. Wäre ihm dies weiterhin bewusst, so müsste ihm auch klar sein, dass der Dämon jederzeit zurückkommen kann. Ein „unbeschreibliches Wonnegefühl" hätte sich unter dieser Voraussetzung kaum entfalten können. Nathanael deutet sich offenbar selbst als glücklich „genesen von schwerer Krankheit": Ihm „qu[e]llen vor lauter Wehmut und Entzücken die hellen glühenden Tränen aus den Augen und er stöhnt[ ] tief auf: ‚Meine – meine Clara!'" (47)

Was ist in der Zwischenzeit geschehen? Nathanael hatte einen Wahnsinnsanfall; das hätte wohl schon für eine Einlieferung ins Tollhaus ausgereicht. Erschwerend kam aber hinzu, dass er sich in diesem Zustand auf den Professor warf und ihm die Kehle zudrückte, er unternahm also einen Mordversuch. Unter diesen Bedingungen ist eine Entlassung aus dem Tollhaus wohl nur dann möglich, wenn die zuständigen Ärzte und Verantwortlichen nach einer längeren Übergangszeit – das dürften Wochen, wenn nicht Monate gewesen sein – zu folgendem Ergebnis gekommen sind: Erstens ist das akute Anfallstadium vorüber, und ein erneuter Anfall ist aufgrund der Stabilisierung des Patienten nicht zu erwarten; zweitens wird Nathanael als für die Gesellschaft nicht mehr gefährlich eingestuft, sodass es auch aus polizeilichen und rechtlichen Gründen zulässig ist, ihn wieder in die Freiheit zu entlassen. Als wahrscheinlich ist daher das folgende Szenario anzusetzen: Nathanael hat sich in einer längeren Übergangszeit psychisch wieder stabilisiert, zur Normalität zurückgefunden und diese so überzeugend demonstriert, dass man eine Entlassung vertreten kann.

„Das Glück war unterdessen in das Haus eingekehrt; denn ein alter karger Oheim, von dem niemand etwas gehofft, war gestorben und hatte der Mutter nebst einem nicht unbedeutenden Vermögen ein Gütchen in einer angenehmen Gegend unfern der Stadt hinterlassen. Dort wollten sie hinziehen, die Mutter, Nathanael mit seiner Clara, die er nun zu heiraten gedachte, und Lothar. Nathanael war milder, kindlicher geworden, als er je gewesen und erkannte nun erst recht Clara's himmlisch reines, herrliches Gemüt. Niemand erinnerte ihn auch nur durch den leisesten Anklang an die Vergangenheit." (47f.)

Auch die äußeren Umstände sind also günstig. Da er Claras Sichtweise erneut teilt, ist Nathanael deren Beschränktheit nicht mehr bewusst, und Clara erscheint ihm als „himmlisch reines, herrliches Gemüt". Dass er mit Olimpia, wenngleich in illusionärer Form, die Erfahrung eines Seelengleichklangs gemacht hat, die mit Clara nicht möglich ist, ist ihm offenbar nicht mehr präsent; Clara gilt nun wieder als Optimum. Nicht nur die anderen halten möglichst jeden „Anklang an die Vergangenheit" von ihm fern,[105] auch Nathanael selbst tut dies wohl. Er will die ganze Geschichte jetzt als überwundene Krankheit einfach abhaken. Zu Siegmund sagt Nathanael in diesem Sinn: „‚[B]ei Gott Bruder! ich war auf schlimmem Wege, aber zu rechter Zeit leitete mich ein Engel auf den lichten Pfad! – Ach es war ja Clara! –'" (48)

---

[105] „Siegmund ließ ihn nicht weiter reden, aus Besorgnis, tief verletzende Erinnerungen möchten ihm zu hell und flammend aufgehen." (48)

4.12 Nathanaels Tod

„Es war an der Zeit, daß die vier glücklichen Menschen nach dem Gütchen ziehen wollten. Zur Mittagsstunde gingen sie durch die Straßen der Stadt. Sie hatten manches eingekauft, der hohe Ratsturm warf seinen Riesenschatten über den Markt." (48)

In einer Textwelt, in der alles natürlich zugeht, wirft ein Ratsturm zur Mittagsstunde keinen Riesenschatten.[106] Wenn dies aber geschieht, so ist das – unserem Deutungsprinzip folgend – auf übernatürliche Mächte zurückzuführen. Bei Coppolas Besuch wie beim Kontakt mit Olimpia werden die Warnsignale vom aufgeklärten Nathanael übersehen oder wegerklärt, in der Schlussszene nehmen die vier glücklichen Menschen den Riesenschatten offenbar nicht einmal wahr; das tut nur der Erzähler, der auch ansonsten öfter eine Sensibilität für die übernatürliche Dimension zeigt.

Dass der Erzähler in der Turmszene die von einer Wahnvorstellung verzerrte Wahrnehmung Nathanaels wiedergibt, wie einige Anhänger von Option 1 behaupten, lässt sich aus der *Art des Erzählens*, die als objektiv erscheint, nicht erschließen. Ein Erzähler, der zeigen möchte, wie verzerrt Nathanael die Welt wahrnimmt, täte gut daran, nicht den Eindruck zu erwecken, dass auch andere seine Wahrnehmungsweise teilen. Dass ein psychisch Kranker seine projektiven Wahrnehmungen für real hält, kann man darstellen, ohne sie für definitiv real ausgeben zu müssen.

„‚Ei! sagte Clara: steigen wir doch noch einmal herauf und schauen in das ferne Gebirge hinein!' Gesagt, getan! Beide, Nathanael und Clara, stiegen herauf [...]. ‚Sieh doch den sonderbaren kleinen grauen Busch, der ordentlich auf uns los zu schreiten scheint', frug Clara." (48)

Der Absturz vom Glück in das Unglück und den Tod wird wiederum durch numinose Schreckenssignale vorbereitet. Nach Option 2b lassen sie sich dahin gehend deuten, dass der Dämon sein Kommen ankündigt: *Er* überzieht den Markt mit einem Riesenschatten und lässt einen „grauen Busch" auf den Turm und die beiden zukommen, die „Arm in Arm auf der höchsten Galerie des Turmes" (48) stehen. Im letzteren Fall wird das numinose Signal bemerkt, und angesichts des folgenden Geschehens ist es anzunehmen, dass sie es bemerken *sollen*.

„Nathanael faßte mechanisch nach der Seitentasche; er fand Coppola's Perspektiv, er schaute seitwärts – Clara stand vor dem Glase!" (48)

Nathanael soll – so erscheint es im Licht von Option 2b – dazu gebracht werden, das magische Fernrohr herauszuholen, um die merkwürdige Begebenheit genauer ins Auge zu fassen. Der Dämon will, so unsere Vermutung, Nathanael nicht mehr nur für eine bestimmte Zeit wahnsinnig machen, sondern ihn nunmehr vernichten.

Der Dämon hat nach unserer Auffassung von vornherein einen komplexen, zweigliedrigen Vernichtungsplan verfolgt, um Nathanael in besonderem Maß zu quälen und für sein Aufbegehren zu bestrafen. Nach diesem Konzept will er ihn in einem ersten Schritt in den Wahnsinn treiben, aber noch nicht töten; die Genesung und die Hochzeit mit Clara als nächster positiver Lebenshöhepunkt – nach der geplanten Hochzeit mit der (scheinbar) seelenverwandten Olimpia – sind dann eingeplant. Kurz vor der Hochzeit erscheint Coppelius erneut (wie schon bei Olimpia) und vollendet diesmal seinen Vernichtungsplan.

Ein sadistischer Vernichtungswille passt gut zu einem dämonischen Wesen: Coppelius ist mit dem einmaligen großen Absturz Nathanaels noch längst nicht zufrieden, sondern inszeniert dessen tödliche Wiederholung. Demnach ist es Teil des Plans, dass Nathanael wieder gesundet und in eine rundum glückliche Situation versetzt wird, um auch diese dann – wenngleich in anderer Form als zuvor – zerschlagen zu können.

---

[106] Um die Mittagsstunde, wenn die Sonne im Zenit steht, ist der Schatten nicht immer klein, seine Länge hängt auch von der Jahreszeit ab. Er ist jedoch nicht *riesengroß*.

Auch dass Nathanael in der konkreten Situation durch das magische Perspektiv auf *Clara* sieht, könnte Teil des Plans sein – er *soll* auf Clara blicken, nicht direkt auf den grauen Busch.

„Da zuckte es krampfhaft in seinen Pulsen und Adern – totenbleich starrte er Clara an, aber bald glühten und sprühten Feuerströme durch die rollenden Augen, gräßlich brüllte er auf, wie ein gehetztes Tier; dann sprang er hoch in die Lüfte und grausig dazwischen lachend schrie er in schneidendem Ton: ‚Holzpüppchen dreh dich – Holzpüppchen dreh dich' – und mit gewaltiger Kraft faßte er Clara und wollte sie herabschleudern, aber Clara krallte sich in verzweifelnder Todesangst fest an das Geländer." (48)

Der Dämon als Herr des Perspektivs kann, so ist nach Option 2b zu argumentieren, magisch auf dieses einwirken und so Nathanael dazu bringen, einen Mordanschlag auf Clara zu unternehmen. Was aber sieht Nathanael, und *wie* sieht er Clara? Das erfahren wir nicht. Haben wir es jedoch mit einem dämonischen Geschehen und nicht mit einem natürlich erklärbaren Krankheitsvorgang zu tun, so drängen sich in Verbindung mit Nathanaels früherer Vision und mit seinem Wahnsinnsanfall folgende – bereits vorgebrachte – Vermutungen auf:

Verfolgt Coppelius von vornherein einen zweigliedrigen Vernichtungsplan, so lässt sich die von ihm eingegebene Vision auf beide Phasen beziehen, also sowohl auf Olimpia als auch auf Clara. Wie sich das Geschaute – in etwas modifizierter Form – auf Olimpia anwenden lässt, haben wir bereits dargelegt. Wie lässt sich die Vision nun auf Clara anwenden? Etwa so: Wenn Nathanael nunmehr mit Clara „in treuer Liebe verbunden" ist, wird die „schwarze Faust" des Dämons erneut in sein Leben eingreifen und sein Glück wieder zerstören. Kurz vor der Trauung wird „der entsetzliche Coppelius" auftauchen; jetzt aber wird er ihm Clara – durch das magische Fernrohr – so erscheinen lassen, dass Nathanael sofort versuchen wird, sie zu töten. Durch welche Art magischer Beeinflussung aber kann er das erreichen? Am plausibelsten erscheint die folgende Möglichkeit: Der Dämon lässt Nathanael Clara dergestalt wahrnehmen, dass *von ihr* eine tödliche Gefahr für ihn ausgeht; das „gehetzte[] Tier" muss sich unmittelbar gegen diese Gefahr wehren und den vermeintlichen Aggressor selbst töten.

Betrachten wir Nathanaels Vision als – mehrdeutige – Vorwegnahme dessen, was ihm mit Olimpia und am Ende mit Clara widerfahren wird, so stoßen wir auf eine Entsprechung: „Nathanael blickt in Clara's Augen; aber es ist der Tod, der mit Clara's Augen ihn freundlich anschaut." (31) Das kann jetzt so verstanden werden, dass aus Claras Augen eine für Nathanael tödliche Gefahr spricht. Dann aber kann vermutet werden, dass der Dämon nun in die Tat umsetzt, was er Nathanael damals hatte schauen lassen. Um eine frühere Formulierung zu wiederholen: Der Dämon vermittelt Nathanael eine Vision, worin der Tod mit Claras Augen schaut; demnach kommt sein Tod von ihr, d.h., sie erscheint als *todbringendes* und damit böses Wesen. Dadurch wälzt der Dämon die Verantwortung für Nathanaels baldigen Tod von sich auf die unschuldige Clara ab. Diese mutmaßliche Vision von Clara als todbringendes Wesen, gegen das man sich wehren muss, aktiviert der Dämon in der Schlussszene, sodass der Mordversuch an Clara als *von oben* und nicht als durch eine subjektive Wahnvorstellung gesteuertes Geschehen gelten muss.

Kurzum, Clara erscheint vermutlich durch das magische Perspektiv als fürchterliches, todbringendes Wesen, gegen das man sich zur Wehr setzen muss: „[T]otenbleich starrte er Clara an, aber bald glühten und sprühten Feuerströme durch die rollenden Augen, gräßlich brüllte er auf, wie ein gehetztes Tier". Coppelius ruft demnach einen neuen Wahnsinnsanfall hervor, was Nathanael wiederum als Hineingezogenwerden in einen Feuerkreis erlebt. Man kann davon ausgehen, dass die „tief verletzende[n] Erinnerungen", die doch gänzlich abgehakt werden sollten, in Nathanael jetzt „hell und flammend aufgehen" (48). Möglicherweise verweist das „Holzpüppchen dreh dich" aber auch darauf, dass er Clara nun als entlebendigte Olimpia, d. h. als leblose Puppe mit toten Augen oder gar ohne Augen sieht. *„Lothar hörte den Rasenden toben, er hörte Clara's Angstgeschrei, gräßliche Ahnung durchflog ihn, er rannte herauf, die Tür der zweiten Treppe war verschlossen – stärker hallte Clara's Jammergeschrei. Unsinnig vor Wut und Angst stieß er gegen die Tür, die endlich aufsprang"* (48). *„Auch die Tür zur Galerie war zugeschlagen. – Die Verzweiflung gab ihm Riesenkraft, er sprengte die Tür aus den Angeln. Gott im Himmel – Clara schwebte von dem rasenden Nathanael erfaßt über der Galerie in den Lüften – nur mit einer Hand hatte sie noch die Eisenstäbe umklammert. Rasch wie der Blitz erfaßte Lothar die Schwester, zog sie hinein, und schlug in demselben Augenblick mit geballter Faust dem Wütenden in's Gesicht, daß er zurückprallte und die Todesbeute fahren ließ."* (49)

Zu Coppelius' Plan, wie wir ihn rekonstruiert haben, hätte es gut gepasst, wenn Nathanael Clara tatsächlich vom Turm herabgeschleudert und damit getötet hätte; durch Lothars mutige Intervention wird das verhindert. Da die Intervention durch einen Menschen ohne übernatürliche Kräfte erfolgt, kann sie allerdings nicht verhindern, dass der Dämon sein Ziel in dem entscheidenden Punkt eben doch erreicht. Coppelius/Coppola hat bei Nathanael den früheren Wahnsinn reaktiviert, jetzt kommt es ihm darauf an, dass Nathanael sich vom Turm herabstürzt. Zu diesem Zweck tritt er selbst auf und potenziert dadurch den Schrecken des in den Wahnsinn Zurückgefallenen.

Zuvor noch ein Wort zu den Türen: Einige Interpreten gehen davon aus, die Auskunft, die Türen seien *verschlossen* bzw. *zugeschlagen*, besage, dass jemand sie *zugeschlossen* hat. Diese Annahme ist nicht zwingend erforderlich, denn es könnte auch gemeint sein, dass sie *zugefallen* und deshalb nicht zu öffnen ist.

„Nun raste Nathanael herum auf der Galerie und sprang hoch in die Lüfte und schrie ‚Feuerkreis dreh' dich – Feuerkreis dreh' dich' – Die Menschen liefen auf das wilde Geschrei zusammen; unter ihnen ragte riesengroß der Advokat Coppelius hervor, der eben in die Stadt gekommen und gerades Weges nach dem Markt geschritten war." (49)

Nathanael verhält sich somit ähnlich wie bei seinem ersten Wahnsinnsanfall. Dass Coppelius unter den anderen Menschen riesengroß hervorragt, ist nach Option 2b nicht auf die subjektive Perspektive Nathanaels zu relativieren, wie Option 1 postulieren muss, sondern es geschieht in der Textwelt tatsächlich, und die Riesengröße zeigt eben die übernatürliche Macht in ihrer besonders bedrohlichen Form an. Gegen die psychologische Deutung dieses Textelements spricht auch, dass Nathanael bei seinem Herumrasen auf der Galerie gar nicht dazu kommt, nach unten zu blicken und die zusammenlaufenden Menschen sowie Coppelius zu bemerken; erst später wird er „den Coppelius gewahr" (49).

Es ist anzunehmen, dass der „sonderbare[ ] kleine[ ] graue[ ] Busch, der ordentlich auf uns los zu schreiten scheint" (48), eben der aus der Ferne betrachtete Coppelius ist, der „gerades Weges nach dem Markt" schreitet.[107] Es sieht ganz danach aus, als benutze er seine übernatürlichen Fähigkeiten dazu, Nathanaels Aufmerksamkeit zu erregen, damit dieser zum magischen Perspektiv greift – mit den bekannten Folgen.

„Man wollte herauf, um sich des Rasenden zu bemächtigen, da lachte Coppelius sprechend: ‚ha ha – wartet nur, der kommt schon herunter von selbst', und schaute wie die übrigen hinauf. Nathanael blieb plötzlich wie erstarrt stehen, er bückte sich herab, wurde den Coppelius gewahr und mit dem gellenden Schrei: ‚Ha! Sköne Oke – Sköne Oke', sprang er über das Geländer." (49)

---

[107] „Mit Coppolas Auftritt zu Beginn der Erzählung korrespondiert der des Coppelius an ihrem Ende; der war – gleichfalls zur Mittagsstunde – ‚nach dem Markt geschritten' [...]." (DRUX: *Erläuterungen und Dokumente: E. T. A. Hoffmann – Der Sandmann*, S. 7)

Als er Coppelius erkennt, wird Nathanael endgültig klar, dass dieser auch hinter diesem Geschehen steckt, und er stürzt sich in den Tod, da er keinen anderen Ausweg mehr sieht. Coppelius weiß, dass er das bei seinem Anblick tun wird: „[D]er kommt schon herunter von selbst". Dass Coppelius persönlich erscheint, und zwar als Übergroßer, macht dem Wahnsinnigen das Verhängnis übergroß deutlich und zeigt ihm, dass er im Kampf mit einer dämonischen Gewalt definitiv unterlegen ist. Nachdem Coppelius sein Vernichtungsziel erreicht hat, verschwindet er „im Gewühl" (49). Von ihm sind gewiss weitere dämonisch-bösartige Aktivitäten zu erwarten, insbesondere eine Fortsetzung des Versuchs, künstliche Menschen zu erschaffen.

„Nach mehreren Jahren will man in einer entfernten Gegend Clara gesehen haben, wie sie mit einem freundlichen Mann, Hand in Hand vor der Türe eines schönen Landhauses saß und vor ihr zwei muntre Knaben spielten. Es wäre daraus zu schließen, daß Clara das ruhige häusliche Glück noch fand, das ihrem heitern lebenslustigen Sinn zusagte und das ihr der im Innern zerrissene Nathanael niemals hätte gewähren können." (49)

Obwohl die Wendung „will man [...] gesehen haben" schwächer ist als „hat man gesehen", gewinnt die Auskunft doch ein hohes Maß an Wahrscheinlichkeit. Clara ist eine (sympathische) Philisterin, sie hat keinen Bezug zu Welt b, insbesondere nicht zu deren dunkler Seite. Frauen wie sie, die durch einen „heitern lebenslustigen Sinn" gekennzeichnet sind, finden ihre Erfüllung im „ruhige[n] häusliche[n] Glück" mit einem „freundlichen Mann" und munteren Kindern.

Die für Welt b empfänglichen Menschen sind bei Hoffmann wohl generell nicht auf häusliches Glück der bürgerlichen Art angelegt. Folgt man Option 2b, so ist die Wiedervereinigung zwischen Nathanael und Clara nach dem Wahnsinnsausbruch als eine von Coppelius/Coppola initiierte Vereinigung aufzufassen, die dann wieder zerstört werden soll. Zu dieser Wiedervereinigungsphase gehören, wie bei der Liebesbeziehung mit Olimpia, gezielt geförderte Illusionen. Die Hauptillusion besteht in dem Glauben, ein prosaischer, für Welt b unempfänglicher Mensch wie Clara könnte auf Dauer konfliktfrei mit einem Menschen wie Nathanael auf einem „Gütchen in einer angenehmen Gegend" (47) zusammenleben. Nathanaels Sinn für und Bezug zu Welt b ist ja nicht völlig abgestorben, und mit jedem Wiedererwachen würden die alten Konflikte erneut ausbrechen.

4.13 Resümee und Kritik an Option 3b

Aus dem Optionenwettkampf, der bezogen auf einige ausgewählte Textstellen durchgeführt worden ist, ging Option 2b bereits als Sieger hervor. Dass sich der gesamte Text dämonologisch deuten lässt, musste bereits zu diesem Zeitpunkt als wahrscheinlich angesehen werden. Es konnte jedoch nicht ausgeschlossen werden, dass sich *andere* Textelemente gegen eine solche Auslegung sperren. Um dies auszuschließen, war es erforderlich zu zeigen, dass sich der *gesamte* Text einer Interpretation, die Option 2b folgt, bruchlos fügt. Das ist nun in Kapitel 4 geschehen, und damit ist Option 2b in noch stärkerem Maß als zuvor als überlegen erwiesen; einen definitiven und *endgültigen* Nachweis gibt es jedoch in einer Erfahrungswissenschaft nicht. Dieser Nachweis gilt zunächst jedoch nur für die Optionen 1b und 3a. Die Auseinandersetzung mit den vielfältigen allegorischen Interpretationen des *Sandmanns* werden wir erst in Teil II führen. Ob der Überlegenheitsnachweis auch für Option 4 gilt, bleibt also noch offen.

Der Sandmann ist nach unserer Auffassung eine *verschleierte* Dämonengeschichte, die zwar über weite Strecken, aber eben *nicht durchgängig* dem Erzählprinzip des Offenhaltens von Deutungsmöglichkeiten folgt; bestimmte Textelemente sind nur von einem dämonologischen Deutungsansatz auf kognitiv befriedigende Weise erschließbar. Das bedeutet, dass Option 2b in höherem Maß mit den Texttatsachen im Einklang steht als die Optionen 1b und 3a. Nur sie ist in der Lage, den Tatbestand, dass auch viele andere Menschen Olimpia für einen echten Menschen halten, voll zu berücksichtigen und in die Deutung zu integrieren. Entsprechendes gilt für den Nachweis, dass Coppelius und Coppola identisch sind.

Option 2b besitzt eine größere Erklärungskraft als die Optionen 1b und 3a:[108] Wir nehmen einen dämonischen Plan an, der aus verschiedenen Komponenten besteht: Coppelius strebt an, lebendige künstliche Menschen zu erschaffen; hierfür will er auf Nathanaels Augen zurückgreifen, um das Belebungsproblem zu lösen; er will Nathanael andererseits in den Wahnsinn und letztlich in den Tod treiben, um ihn für sein Aufbegehren zu bestrafen. Rechnet man mit einem Textkonzept, welches einen solchen komplexen Plan einschließt, so fügen sich alle Textelemente, wie wir in Kapitel 4 sehen konnten, wie ein Puzzle zu einem sinnhaften Ganzen zusammen. Das gelingt Option 1 nicht: Für den psychologischen Ansatz bleiben viele Textelemente *Fremdkörper*, die sich nicht aus dem postulierten Textkonzept herleiten, also nicht in eine kohärente Gesamtinterpretation integrieren lassen. Für die Optionen 1b und 3a bleiben also Passagen unerklärt, die von Option 2b erklärt werden können – gemäß dem Konzept einer verstehenden Erklärung. Mehrere Textelemente bleiben bei den Konkurrenten unverbunden nebeneinander stehen, während es Option 2b gelingt, sie in einen Sinnzusammenhang zu bringen. Lässt sich das, was in der Textwelt geschieht, nicht natürlich erklären – sei die natürliche Erklärung nun psychologischer oder anderer Art –, so drängt sich die Vermutung auf, dass das Geschehen auf übernatürliche Ursachen zurückzuführen ist. Ein über längere Zeit als Mensch anerkannter Automat fügt sich zwanglos in ein Geschehen ein, an dem übernatürliche Kräfte beteiligt sind, nicht aber in eines, bei dem alles mit rechten Dingen zugeht. Daraus folgt auch, dass es sich im *Sandmann* – wie bei vielen anderen Erzählungen Hoffmanns – um eine zweidimensionale Textwelt handelt, die eine Variante von Typ 2 darstellt. Der Text fügt sich somit in ein Literaturpro-

---

[108] Aus dem Nachweis, dass Option 2b der Option 1b überlegen ist, folgt sogleich, dass dieser Ansatz auch Option 3a überlegen ist; diese Sichtweise beruht ja auf der Annahme, dass der Text *gleichermaßen gut* psychologisch *und* dämonologisch gedeutet werden kann; dass dies nicht zutrifft, wurde ja zuvor nachgewiesen.

gramm ein, welches darauf ausgerichtet ist, den Einbruch von Welt b in Welt a in unterschiedlichen Variationen darzustellen.

Im bisherigen Optionenwettkampf haben wir uns, was Option 3 anbelangt, ganz auf die Variante 3a konzentriert, 3b also ausgeklammert. Kann auch Option 3b mittlerweile als entkräftet gelten? Wir argumentieren wie folgt:

1. Option 3b stellt eine *radikalisierende* Weiterführung von Option 3a dar: Zum einen wird angenommen, dass unentscheidbar ist, ob Nathanael oder ob Clara die Dinge richtig sieht; zum anderen wird *zusätzlich* die grundsätzliche Ambivalenz bzw. Unbestimmtheit vieler Textstellen behauptet, die mit diesem Perspektivenkonflikt nicht direkt verbunden sind.

2. Sofern Option 3b die Variante 3a *impliziert*, wird sie von der formulierten Kritik getroffen. Zur Debatte steht jetzt daher nur die *zusätzliche* Annahme der Ambivalenz bzw. Unbestimmtheit vieler Textstellen. Wie ist diese einzuschätzen? Als Extremfall können wir uns vorstellen, dass sich Option 3b ganz von 3a abkoppelt.

3. Die zusätzliche Ambivalenz- bzw. Unbestimmtheitsthese wird durch unsere *systematische Interpretation* nach Option 2b prinzipiell entkräftet. Der Nachweis, dass sich *alle* Textelemente *zwanglos* gemäß Option 2b deuten lassen, sodass eine kohärente Gesamtdeutung der Erzählung als verschleierte Dämonengeschichte erzeugt wird, ist *zugleich* der Nachweis, dass die Ambivalenz- bzw. Unbestimmtheitsthese verfehlt ist. Eine Deutung der fraglichen Textelemente nach Option 2b ist erstens *möglich*, und ihr kommt zweitens in den meisten diskutierten Fällen auch die höhere *Wahrscheinlichkeit* zu.

4. Eine Ausgangsplausibilität gewinnt Option 3b dadurch, dass bei isolierter Betrachtung eines Textelements häufig mehrere Deutungen *erwägenswert* sind. Das bedeutet jedoch nicht, dass sie auch gleichermaßen *wahrscheinlich* sind. Eine Entkräftung einzelner Ambivalenzthesen nehmen wir in Teil II vor, wenn wir entsprechende Thesen der Fachliteratur diskutieren; vgl. z.B. den Kommentar zu Küpper in ERGÄNZUNG 16-2.

An dieser Stelle bietet sich ein methodologischer Exkurs an: In unserer Basis-Interpretation des *Sandmanns* spielt die Olimpia-Episode eine zentrale Rolle. Wir haben bereits in Kapitel 3.3 anhand der Teezirkel gezeigt, dass Olimpia eine Zeit lang von den Beteiligten als echter Mensch anerkannt wird. Sie wird also nicht nur von Nathanael phasenweise so betrachtet, wie Vertreter des psychologischen Ansatzes behaupten. Wir reagieren kurz auf einen in einer Lehrveranstaltung geäußerten Einwand eines Studierenden: Der Hinweis, „daß kein Mensch [...] es gemerkt habe", dass Olimpia eine künstliche Frau ist, findet sich in einem Satz, der auf die Perspektive von Juristen verweist: „Juristen nannten es sogar einen feinen und um so härter zu bestrafenden Betrug" (46). Es sei aber fraglich, ob die Tatsachenaussagen, die Juristen aus ihrer Perspektive machen, auch zutreffend seien. Wenn

4.13 Resümee und Kritik an Option 3b 185

nicht, so ließe sich die psychologische Interpretation weiterhin aufrechterhalten. Hierzu ist Folgendes anzumerken: Eine Argumentation, die sich auf Perspektivenkonflikte bezieht, ist gerade beim *Sandmann* nicht von der Hand zu weisen, vor allem dort, wo es um die Perspektiven Nathanaels und Claras geht. Dieser Perspektivenkonflikt bezieht sich vor allem auf die Differenz zwischen einer natürlichen und einer übernatürlichen Erklärung eines Sachverhalts. Der vorgetragene Einwand macht nun aber vom zweifellos wichtigen Leitgesichtspunkt der Perspektive einen problematischen Gebrauch: Wird es für zulässig gehalten, die (auf die Textwelt bezogene) Tatsachenaussage, „daß kein Mensch [...] es gemerkt habe", dadurch zu entkräften, dass sie auf die Perspektive der Juristen relativiert und somit für unzuverlässig erklärt wird (zumal dann noch geklärt werden müsste, worauf sich der Vorbehalt stützt), so kann entsprechend auch mit allen anderen Tatsachenaussagen des Textes verfahren werden. Das bedeutet aber, dass z. B. Nathanaels Ausführungen über seine Kindheit nicht nur in einigen Punkten, die den Perspektivenkonflikt mit Clara betreffen, sondern *generell* als unzuverlässig gelten müssten. Das würde beispielsweise auch die folgenden Aussagen betreffen: „Außer dem Mittagsessen sahen wir, ich und mein Geschwister, Tag über den Vater wenig. Er mochte mit seinem Dienst viel beschäftigt sein." (12) Vielleicht trifft das alles in der Textwelt gar nicht zu! Mehr noch: Ist alles von Nathanael Mitgeteilte, weil es aus *seiner* Perspektive mitgeteilt wird, unzuverlässig, so lässt sich selbst die *Existenz* von Coppelius bezweifeln.

Das radikalperspektivistische Argumentationsschema hat also zur Folge, dass sich der Interpret selbst den Ast absägt, auf dem er sitzt. Diejenigen, welche die zur Debatte stehende Aussage entkräften wollen, plädieren ja in der Regel für Option 1. Um aber z. B. die Auffassung zu verteidigen, dass Olimpia *nur* von Nathanael eine Zeit lang als echter Mensch anerkannt wird, muss der Interpret selbst *andere* Quasisachinformationen[109] als gültig behandeln. Dagegen kann mithilfe des von ihm selbst verwendeten Argumentationsschemas eingewandt werden, dass dies höchst problematisch sei, da diese Aussagen ja aus der Perspektive von X oder Y gemacht werden. Gegen das radikalperspektivistische Argumentationsschema spricht ferner, dass es ein perfektes Mittel ist, solche Textelemente, welche die jeweils eigene Interpretationsstrategie in Schwierigkeiten bringen, mit einem Handstreich aus der Welt zu schaffen, indem sie für problematisch und unzuverlässig erklärt werden. Es handelt sich also um ein Schema, das sich leicht für den Aufbau projektiv-aneignender Interpretationen verwenden lässt.

Aus diesen Überlegungen ergibt sich, dass zwischen dem Perspektivenkonflikt der Protagonisten, dessen Relevanz unbestritten ist, und dem erkennt-

---

[109] Zu diesem Begriff vgl. TEPE: *Kognitive Hermeneutik*, Kapitel 7.2.

nistheoretisch fragwürdigen *radikalen Perspektivismus* unterschieden werden muss. Aus der Sicht der kognitiven Hermeneutik gilt, dass Quasisachinformationen der Figuren und des Erzählers wie auch der vom Erzähler angeführten Instanzen (hier der Juristen) zunächst einmal als gültige Aussagen über die Textwelt zu behandeln sind; sie dürfen erst dann infrage gestellt werden, wenn zusätzliche Gründe, die über die generelle Perspektivität hinausgehen, angeführt werden können. Im gegenwärtigen Kontext müsste die Geschichte eine weitere Passage enthalten, worin der Erzähler erwähnt, dass die fraglichen Juristen etwas *fälschlich* als Tatsache dargestellt haben, weil dies ihren Interessen bzw. denen ihrer Klienten dienlich ist. Lassen sich keine zusätzlichen Gründe dieser oder anderer Art anführen, so muss der Hinweis „daß kein Mensch [...] es gemerkt habe" als innerhalb der Textwelt zutreffend behandelt werden. Entsprechendes gilt für alle anderen Quasisachinformationen.

4.14 Weitere Regeln für die Basis-Interpretation

In Kapitel 4 haben wir bei der systematischen Durchführung unserer Basis-Interpretation zwei Regeln angewandt, die für die Methodologie der kognitiven Hermeneutik wichtig sind. Um deren praktische Anwendung zu erleichtern, ist es sinnvoll, sie noch einmal gesondert aufzuführen. Wir ergänzen also die in Kapitel 1.2 formulierten Regeln und Empfehlungen für die konkrete Textarbeit durch weitere spezielle Interpretationsregeln. Die Regeln 4.1–4.3 legen dar, worauf bei der Basis-Interpretation eines literarischen Textes zu achten ist: Der Text ist als positionsgebundener Text zu betrachten, dessen konkrete Positionsbindung zu erkennen ist. Das geschieht durch die Bildung von Hypothesen über die drei textprägenden Instanzen: Textkonzept, Literaturprogramm und Überzeugungssystem, wobei ein textbezogener Optionenvergleich vorgenommen werden soll. Bei den Regeln 5 und 6 geht es dann um die Aspektinterpretation und die Aufbauarbeit. Die jetzt hinzuzufügenden Regeln beziehen sich auf den systematischen *Ausbau* der Basis-Interpretation; daher werden sie als weitere Unterpunkte zu Regel 4 eingeordnet.

Regel 4.4: Hat sich im Optionenvergleich – der sich zunächst auf ausgewählte Textelemente bezieht, die hierfür von besonderer Bedeutung sind – eine bestimmte Option als überlegen erwiesen, so ist diese Option zu einer *systematischen* Interpretation auszuformen, die *alle* Textelemente berücksichtigt.

Lässt sich die Option, die in der ersten Phase des Optionenvergleichs gewonnen hat, tatsächlich zu einer solchen Deutung ausgestalten, die alle relevanten Textelemente optionskonform zu deuten vermag, so ist damit die Überlegenheit dieser Option in noch stärkerem Maß nachgewiesen. Bei gründlicher Prüfung des gesamten Textes hat sich dann gezeigt, dass es keinen Textbestandteil gibt, der sich gegen diese Art der Deutung sperrt. Ein *definitiver* Überlegenheitsnachweis, der endgültige Gewissheit verschaffen würde, ist indes wie gesagt in einer Erfahrungswissenschaft grundsätzlich nicht möglich. Gelingt es nicht, eine solche systematische Gesamtinterpretation durchzuführen, so werden die Karten neu gemischt, und das Hypothesengefüge muss dahin gehend verändert werden, dass eine *kohärente Gesamtdeutung* am Ende möglich wird. Die Deutungsoptionen, deren Unterlegenheit bereits in der ersten Phase des Optionenvergleichs nachgewiesen worden ist, sind aufgrund der dort festgestellten Defizite indes nicht in der Lage, eine kohärente Gesamtinterpretation hervorzubringen.

Regel 4.4 besagt nicht, dass jeder, der eine Basis-Interpretation eines literarischen Textes anfertigen will, auch eine vollständige systematische Interpretation, die zwangsläufig recht umfangreich ist, verfassen muss. Wird etwa angestrebt, eine Interpretation im Rahmen eines normalen Aufsatzes zu entwickeln, so muss man sich auf *einige* kognitive Arbeitsschritte beschränken, wobei wiederum unterschiedliche Kombinationen möglich sind. Hier kann man keinen *ausführlichen* Optionenvergleich durchführen, keine *vollständige* systematische Interpretation leisten usw.

Die nächste Regel bezieht sich auf Dinge, die beim systematischen Ausbau einer Basis-Interpretation zu beachten sind:

> *Regel 4.5:* Bei noch nicht behandelten Textelementen, die für den Optionenkonflikt *relevant* sind, ist zu zeigen, dass eine zur überlegenen Option passende Deutung tatsächlich durchführbar ist. Demonstriert werden muss nur, dass sich ein solches Textelement in die zugehörige systematische Gesamtinterpretation integrieren lässt. Es ist somit gar nicht erforderlich, angesichts jedes weiteren Textbestandteils einen erneuten *Überlegenheitsnachweis* zu erbringen; es reicht aus, einen Nachweis der *Integrierbarkeit des Textelements* zu führen.

Die Leitfrage lautet also bei jedem Textbestandteil: Ist es *möglich*, dieses Element nach der fraglichen Option zu interpretieren? Es wird also nicht bestritten, dass auch die in der ersten Phase des Optionenvergleichs unterlegenen Ansätze in einigen Fällen eine optionskonforme Deutung der betreffenden Textstelle leisten können. Dass die Deutung eines Textelements nach der Gewinneroption den konkurrierenden Deutungen dieses Elements *überlegen* ist, ergibt sich jedoch, wenn man die *übergeordneten* Argumente berücksichtigt, die in der ersten Phase vorgetragen worden sind, denn nur so ist es möglich, eine kohärente Gesamtdeutung hervorzubringen.

☞ ERGÄNZUNG 4-1: Regeln und Empfehlungen für die kognitive Textarbeit

Teil II
Kritische Analyse der Sekundärliteratur

5. Konzept der Untersuchung

Im Vorwort ist das Arbeitskonzept für Teil II bereits ausführlich dargestellt worden. Wir rufen jetzt nur abrissartig einige Hauptpunkte in Erinnerung:
- Alle kritischen Kommentare befinden sich als Ergänzungen auf der beiliegenden CD.
- Die Zählung der Ergänzungen entspricht der Kapitelgliederung des Buches. So werden z.B. in Kapitel 6 die psychologischen Ansätze, die Option 1 vertreten, behandelt; die einzelnen Kommentare – und weitere Texte – sind daher als ERGÄNZUNG 6-1, ERGÄNZUNG 6-2 usw. gekennzeichnet.
- Die einer bestimmten Option zugeordneten *Sandmann*-Sekundärtexte werden jeweils in der Reihenfolge ihrer Erstveröffentlichung untersucht.
- Zu jedem kritischen Kommentar haben wir sowohl eine *Kurzinformation* als auch ein *Fazit* verfasst, welche die wichtigsten Ergebnisse resümieren. Jedes Fazit ist geordnet nach den folgenden Punkten: *Optionenzuordnung – Kognitive Defizite – Zum Ausbau der Basis-Analyse und Basis-Interpretation verwendbare Einsichten – Im Kontext des Kommentars gewonnene eigene Präzisierungen*.
- In den zugehörigen Buchkapiteln fassen wir zunächst mindestens einen Kommentar zu einem Sekundärtext, der als besonders wichtig gelten kann, zusammen. Auf der Grundlage sämtlicher Kommentare zu einem Ansatz stellen wir dann die Varianten einer Deutungsoption systematisch dar, ordnen ihnen die Interpreten zu und weisen auf die jeweils anzuwendende Kritikstrategie hin. Die einzelnen Kapitel schließen mit einem methodologischen Kommentar zu den behandelten Interpretationsansätzen ab, der diese mit der Unterscheidung zwischen der Vorgehensweise des traditionellen und des empirisch ausgerichteten Textwissenschaftlers in Verbindung bringt (vgl. Kapitel 5.3).
- Teil II unseres Buches ist als in sich geschlossener Text gestaltet, der es nicht zwingend erforderlich macht, die Ergänzungen zu konsultieren.
- Die Kombination des zweiten Buchteils mit den Ergänzungen bietet Lesern unterschiedlichen Typs mehrere Nutzungsmöglichkeiten. Allen Lesern empfehlen wir, das Buch ganz zu lesen; ob zusätzlich auf die Ergänzungen zurückgegriffen wird, und wenn ja, in welcher Form, hängt von der spezifischen Interessenlage ab. Wir geben allen Lesertypen die Möglichkeit, ih-

re speziellen Ziele erfolgreich zu realisieren. Lesern, die auf die Kommentare zurückgreifen wollen, wird empfohlen, zunächst die *Vorbemerkung zu den Kommentaren* zu lesen.

☞ ERGÄNZUNG 5-1: Vorbemerkung zu den Kommentaren

5.1 Die Vorgehensweise im Einzelnen

Das allgemeine Analyseprogramm ist nun genauer darzulegen. Ziel ist es, den kognitiv-wissenschaftlichen Wert der behandelten Arbeiten im Ganzen und im Einzelnen verlässlich zu bestimmen. Dieses Ziel lässt sich in zwei Teilziele aufgliedern: Erstens geht es darum, die jeweilige Interpretationsstrategie grundsätzlich auf ihre wissenschaftliche Relevanz hin zu befragen, und zweitens darum, den kognitiven Wert der einzelnen Argumentationsschritte und der zugehörigen Thesen zu bestimmen.

Um das Hauptziel und die beiden Teilziele zu erreichen, ist es erforderlich, auf die Sekundärtexte sehr viel ausführlicher und intensiver einzugehen als gemeinhin üblich. In der Fachliteratur begnügt man sich meistens damit, andere Sekundärtexte kurz anzuschneiden. Dabei lassen sich folgende Hauptformen unterscheiden: Der Autor eines Sekundärtextes referiert einen Deutungsansatz – häufig sehr knapp und kursorisch – und gibt dann zu erkennen, dass er sich zu dieser Interpretationsstrategie zustimmend oder ablehnend verhält. Im letzteren Fall begnügt man sich in der Regel mit wenigen generellen Statements. Alternativ werden einzelne Argumente und Thesen eines Sekundärtextes referiert, und der Autor gibt dann zu erkennen, dass er ihnen zustimmt oder sie ablehnt. Auch in diesen Fällen geht man zumeist über knapp gehaltene Anmerkungen nicht hinaus.

Diese Umgangsweisen mit Sekundärtexten sind keineswegs illegitim. Wird versucht, auf begrenztem Raum, z.B. in einem Zeitschriftenartikel mit vorgegebener Seitenzahl, eine bestimmte Interpretationsthese zu entwickeln, so muss man auf eine ausführliche Auseinandersetzung mit der zugehörigen Sekundärliteratur schon aus Platzgründen verzichten. Dieses berechtigte Vorgehen hat jedoch seinen Preis: Genaue Aussagen über den kognitiven Wert eines bestimmten Deutungsansatzes und einzelner mit seiner Hilfe gewonnener Thesen lassen sich auf diesem Weg nicht erlangen. Deshalb ist es, falls man die erwähnten Ziele erreichen will, erforderlich, das übliche durch ein ausführliches Prüfungsverfahren zu ersetzen. Dieses Verfahren ist nun näher zu charakterisieren:[110]

---

[110] Das Analyseprogramm stellt eine Variante desjenigen Verfahrens dar, das in *Kognitive Hermeneutik* auf literaturtheoretische Texte angewandt worden ist; vgl. TEPE: *Kognitive Hermeneutik*, S. 317f.

1. Die jeweilige Arbeit – sei es nun ein Aufsatz, ein Buchkapitel oder ein Buch – wird *Schritt für Schritt* analysiert.
2. Das erste Hauptziel ist dabei die *Rekonstruktion* des jeweiligen Deutungsansatzes. Hier sind vor allem folgende Fragen zu beantworten: Welche Deutungsoption wird gewählt? Mit welcher Textweltbestimmung wird sie verbunden? Mit welchen Prämissen wird gearbeitet? Welches sind die Hauptthesen, und was genau bedeuten sie?
3. Das zweite Hauptziel ist die *kritische Prüfung* des jeweiligen Ansatzes und der einzelnen Thesen nach den Kriterien der kognitiven Hermeneutik.
4. Beim sukzessiven Durchgehen des Textes erfolgt eine Konzentration auf solche Passagen, die entweder konkrete Aussagen über den Primärtext enthalten oder relevante Informationen über den angewandten Deutungsansatz vermitteln. Diese Teile des Argumentationsgangs werden referiert und diskutiert. Dazu gehört auch der Vergleich der einzelnen kognitiven Leistungen mit denen unserer Basis-Analyse und Basis-Interpretation.
5. Ausgeklammert oder nur kurz erwähnt werden demgegenüber Passagen, die Aussagen über andere Texte (hier vor allem E. T. A. Hoffmanns), über literaturhistorische, sozial- und kulturgeschichtliche, biographische Zusammenhänge und über sonstige Kontexte enthalten.
6. Die kritische Prüfung eines Deutungsansatzes und einzelner Thesen kann sowohl zu positiven als auch zu negativen Ergebnissen führen. Es kann sich herausstellen, dass ein bestimmter Argumentationsschritt überzeugend und fehlerfrei ist, aber auch, dass der Fachtext im Allgemeinen und im Besonderen den Kriterien der kognitiven Hermeneutik nicht genügt und dass seine Ergebnisse denen unserer Basis-Interpretation unterlegen sind. Zu berücksichtigen ist auch, dass die jeweilige Argumentation über die Basis-Interpretation in diesem oder jenem Punkt hinausgehen kann, jedoch auf eine Weise, die mit ihr vereinbar ist. Ferner darf nicht a priori ausgeschlossen werden, dass der diskutierte Ansatz seinerseits der Basis-Interpretation überlegen ist – bis hin zu einer Widerlegung des von uns vertretenen Konzepts.
7. Bei der Anwendung der kognitiven Hermeneutik auf einen bestimmten literarischen Text sind, wie bereits in Kapitel 1.2 dargelegt, zwei Arbeitsphasen zu unterscheiden. In der ersten Phase erfolgt eine Konzentration auf den jeweiligen Text; die Forschungsliteratur wird dabei weitestgehend ausgeklammert. In der zweiten Phase hingegen findet eine Auseinandersetzung mit der Sekundärliteratur statt, und im Prozess der Aufarbeitung und der kritischen Prüfung werden die anfängliche Basis-Analyse und die Basis-Interpretation immer weiter vervollständigt. Ideal wäre es (was aber aus Gründen der Zeitknappheit zumeist nicht erreichbar ist), die vorhandene Sekundärliteratur vollständig aufzuarbeiten und sämtliche Wahrheitsmomente in die Basis-Analyse und Basis-Interpretation zu integrieren.

8. Bei Ansätzen und Thesen, die sich als kognitiv geringwertig erweisen, besteht ein Anfangsverdacht, dass eine projektiv-aneignende Deutung vorliegen könnte, deren Funktion es ist, das Überzeugungssystem des Interpreten – und darüber hinaus das seiner Bezugsgruppe – zu bestärken. In diesen Fällen wird untersucht, ob sich der Verdacht erhärten lässt. Dabei werden jedoch keine weiteren Recherchen angestellt, sondern die Hypothesenbildung erfolgt allein auf der Basis des Sekundärtextes; vertiefende Weiterführungen, die andere Werke des Autors, biographische und kontextuelle Informationen berücksichtigen, sind selbstverständlich möglich und auch lohnend – sie sprengen nur den Rahmen des vorliegenden Buches.

9. Zu jedem kritischen Kommentar gehört ein Fazit, das erstens den jeweiligen Sekundärtext in das Schema der Deutungsoptionen einordnet, zweitens dessen kognitive Defizite festhält, drittens seine zum Ausbau der Basis-Analyse und der Basis-Interpretation verwendbaren Einsichten (sofern vorhanden) und viertens etwaige im Kontext des Kommentars gewonnene eigene Präzisierungen und Ausdifferenzierungen. Bei kurzen Texten und solchen, die nur Deutungsskizzen liefern, begnügen wir uns mit einem reduzierten Fazit.

10. In den Kommentaren benutzen wir – wie schon in Kapitel 4 – eine dialogähnliche Darstellungsform. Die jeweils behandelten Textstellen sind *kursiv* gesetzt, die kritischen Kommentare hingegen in Normalschrift.

11. Im Hinblick auf die *kritische* Auseinandersetzung mit bestimmten Interpretationsstrategien betonen wir, dass ein detaillierter Schritt-für-Schritt-Kommentar ein geeignetes Mittel ist, um Schwächen und Fehler in einer Argumentation aufzuweisen; er ermöglicht es, einen nachhaltigen Überzeugungseffekt zu erzielen. Es ist zwar legitim, einzelne Thesen aus einem Fachtext isoliert zu kritisieren; wenn es aber darum geht, bestimmte Methoden der Textarbeit und ihre einzelnen Ausformungen prinzipiell zu diskutieren, so lohnt es sich, den gesamten Argumentationsgang repräsentativer Texte kritisch zu prüfen. Lässt sich die gegnerische Gedankenführung in allen wesentlichen Schritten widerlegen, so wird es den Anhängern dieser Texte erschwert, sich einfach auf andere Textelemente zu beziehen.

☞ ERGÄNZUNG 5-2: Kritische Analyse der Sekundärliteratur: Zum Stand der Forschung

5.2 Das Programm der moderaten Optimierung

Das in Kapitel 5.1 dargestellte Analyseverfahren, das sich speziell aus der Methodologie der kognitiven Hermeneutik ergibt, hat durch die Auseinandersetzung mit dem Forschungsstand in ERGÄNZUNG 5-2 einige Erweiterungen erfahren. Sie betreffen vor allem Punkte, die sich aus der allgemeinen

erfahrungswissenschaftlichen Grundhaltung ergeben. Diese Punkte sollen in Frageform zusammenfassend festgehalten werden.
- Kommen bei der Stützung von Argumenten mit Behauptungscharakter persönliche Wertungen ins Spiel? Bindet sich der Interpret an eine bestimmte normative Ästhetik? Werden Beschreibung, Erklärung und Wertung vermischt?
- Werden die Grundannahmen und die zentralen Hypothesen expliziert?
- Werden Hypothesen als Evidenzen ausgegeben, die keiner Diskussion bedürfen?
- Liegt eine logisch stringente, klare und intersubjektiv nachvollziehbare Argumentation vor?
- Werden die Interpretationsideen und -thesen argumentativ gestützt und abgesichert, oder begnügt man sich mit bloßen Behauptungen?
- Werden die verwendeten Begriffe geklärt und Mehrdeutigkeiten vermieden? Werden definierte Begriffe durchgängig so verwendet, wie sie von den Autoren eingeführt worden sind?
- Wird in der wissenschaftlichen Argumentation das bilder- und anspielungsreiche poetische Sprechen benutzt? Wird ein Unterschied zwischen der Sprache des analysierten Textes und der Analysesprache (Objekt-/Metasprache) gemacht?
- Wird angegeben, woher die verwendeten Belege stammen, und besteht die Möglichkeit ihrer Überprüfung?
- Werden Ergebnisse, zu denen andere Textwissenschaftler gelangt sind, ohne kritische Prüfung als gültig behandelt?
- Werden die verwendeten Methoden erläutert, bzw. wird zu ihrer Erläuterung auf andere Untersuchungen verwiesen?
- Unterstellt der Textwissenschaftler seine individuelle Reaktion auf einen literarischen Text ohne nähere Untersuchung der Reaktionsweisen anderer als allgemein gültig?
- Praktiziert der Textwissenschaftler ein identifikatorisches Sichhineinversenken in das Denken des Autors, das diesem den Besitz *weltanschaulicher ‚Wahrheit'* zuschreibt?
- Dominiert eine auf Unterhaltung und ästhetische Erbauung abgestellte Wortwahl?
- Werden auffällige Textbefunde automatisch auf die *bewusste* Absicht des Autors zurückgeführt?
- Wird geklärt, was der eigene Beitrag im Vergleich zu dem leistet, was bereits vorliegt?
- Ist im jeweiligen Text ein dogmatischer Denkstil erkennbar, der sich z.B. in der Nichtbereitschaft zeigt, Hypothesen unter dem Druck von Gegenargumenten aufzugeben bzw. zu modifizieren?

Das Programm der moderaten Optimierung der wissenschaftlichen Textarbeit grenzt sich von Konzepten ab, die sich an denjenigen Wissenschaften orientieren, die primär an der Erkenntnis von Gesetzmäßigkeiten interessiert sind. Diese *nomologistische* Orientierung führt zur Forderung eines *totalen* Umdenkens. Die kognitive Hermeneutik geht demgegenüber auf die erfahrungswissenschaftliche Grundhaltung zurück, die den einzelnen Wissenschaften noch vorgelagert ist, und entwickelt aus ihr ein Methodenkonzept, das geeignet ist, die kognitiven Probleme, die speziell literarische Texte und andere Kunstphänomene aufwerfen, zu lösen.[111]

Uns erscheint die vorliegende Sekundärliteratur zwar keineswegs in einem rosigen Licht, aber wir konzedieren sehr wohl, dass etliche Elemente dieser Arbeiten in kognitiver Hinsicht unproblematisch sind und dass es darüber hinaus hervorragende Sekundärtexte gibt, die de facto einem erfahrungswissenschaftlichen Arbeitsstil folgen, wie wir ihn fordern. Unser Ziel ist es, die faktisch angewandten Verfahrensweisen Schritt für Schritt und schließlich vollständig nach den dargelegten Kriterien zu reformieren. Der Forderung „Orientiere dich konsequent an der Praxis der auf Gesetzeserkenntnis ausgerichteten Wissenschaften" stellen wir entgegen: Orientiere dich an einer erfahrungswissenschaftlichen Praxis, die auf deine Untersuchungsgegenstände zugeschnitten ist, und versuche, sie immer konsequenter umzusetzen.

☞ ERGÄNZUNG 5-3: Umsetzung des Optimierungsprogramms in der universitären Lehre

Das Konzept der moderaten Optimierung der wissenschaftlichen Textarbeit führt dazu, dass mit den eben zusammengefassten Ergänzungen zum in Kapitel 5.1 dargelegten allgemeinen Arbeitsprogramm vorsichtig, flexibel und wohlwollend umgegangen wird. Auf einen speziellen Punkt wird im kritischen Kommentar nur dann zurückgegriffen, wenn bestimmte Argumentationsschritte im Sekundärtext dies erforderlich machen; es werden nicht ständig alle Register gezogen. Die Textwissenschaftler werden dort abgeholt, wo sie sich befinden, um sie dann auf einen Verbesserungsweg zu lenken, auf dem sie Schritt für Schritt vorankommen können. Es wird zunächst einmal hingenommen, dass sie dieser oder jener literaturtheoretischen und methodologischen Richtung verpflichtet sind, die eventuell eine lange Tradition hat. Sie werden auch nicht unmittelbar mit Maximalforderungen konfrontiert. Der kritische Schritt-für-Schritt-Kommentar zeigt auf leicht nachvollziehbare Weise, dass bestimmte Elemente der angewandten Verfahrensweise für den wissenschaftlichen Wert der Arbeit nachteilig sind: Es wird etwa nicht geklärt, in welcher Bedeutung ein Fachbegriff verwendet wird; eine Behauptung wird nur aufgestellt, aber nicht erhärtet oder bewiesen; eine poesienahe

---

[111] Vgl. TEPE: *Kognitive Hermeneutik*, S. 33 ff.

Schreibweise führt dazu, dass unklar bleibt, was genau behauptet wird, usw. Diese Detailkritiken werden bei Bedarf aber mit generellen Kritikstrategien an bestimmten Literaturtheorie-Methoden-Komplexen verbunden, was dazu führen soll, dass Textwissenschaftler ihre Positionen nicht nur in einzelnen Punkten, sondern grundsätzlich überdenken.

Die Analyseweise der kognitiven Hermeneutik unterscheidet sich von anderen Konzepten dadurch, dass sie an das positive Methodenangebot der Basis-Interpretation gebunden ist, das die kognitiven Kriterien voll erfüllt. Dadurch kann in der kritischen Analyse immer auch auf die Ergebnisse der in Teil I entfalteten kognitiven Textinterpretation zurückgegriffen werden, was zu deutlich spezifischeren Auskünften führt.

5.3 Von der traditionellen zur erfahrungswissenschaftlich orientierten Textwissenschaft

Die kognitive Hermeneutik unterscheidet zwei Typen der Textwissenschaft: den traditionellen und den empirischen Typ. Aus dem dargelegten Optimierungsprogramm ergibt sich das Ziel, die traditionellen Formen der wissenschaftlichen Textarbeit Schritt für Schritt durch solche zu ersetzen, die an die erfahrungswissenschaftliche Grundhaltung gebunden sind.

Ein erfahrungswissenschaftlich ausgerichteter Textwissenschaftler unterscheidet grundsätzlich zwischen Fragen, die rein kognitiver Art sind, und solchen, welche die Dimension der Lebens- und weltanschaulichen Orientierung – insbesondere die des Interpreten und seiner Bezugsgruppe – betreffen. Innerhalb der Textwissenschaft geht es ihm vorrangig um die bestmögliche Lösung von Erkenntnisproblemen. Dabei versucht er, eine vorschnelle *Fixierung* auf eine bestimmte Deutungsidee systematisch zu verhindern, denn er ist sich bewusst, dass derjenige Ansatz, der einem Interpreten intuitiv am besten gefällt, häufig derjenige ist, der perfekt zu dessen Überzeugungssystem passt; ob der Text sich diesem Zugriff aber tatsächlich fügt, steht auf einem anderen Blatt. Aus dem Interesse an der bestmöglichen Lösung von Erkenntnisproblemen ergeben sich spezifische Arbeitsschritte:

- Um herauszufinden, welche Deutungsoption am besten funktioniert, ist zunächst einmal darüber nachzudenken, welche Optionen es überhaupt gibt.
- Sodann werden diese Interpretationsmöglichkeiten einem textbezogenen Vergleichstest nach strikt kognitiven Kriterien unterzogen.
- Stellt sich dabei heraus, dass gewichtige Argumente gegen die intuitiv präferierte Option sprechen, so ist ein erfahrungswissenschaftlich ausgerichteter Textwissenschaftler in der Lage, sich von ihr zu trennen und zu einer Interpretation überzugehen, die nachweislich textkonformer und erklä-

rungskräftiger ist. Er hat kein Problem damit, einen solchen Wechsel zu vollziehen, denn dies zeigt, dass er tatsächlich kognitive Kriterien allen anderen Gesichtspunkten überordnet. Er verfolgt seine Deutungsstrategie also mit einem hohen Bewusstseinsgrad und einem starken Interesse an ihrer kritischen Prüfung.
- Ein empirisch ausgerichteter Textwissenschaftler sucht beim Austragen des Optionenkonflikts gezielt nach Textelementen, welche eine bestimmte Deutungsoption – gerade auch die zunächst präferierte – in Schwierigkeiten bringen könnten. Er weiß um die Funktionsweise aneignenden Interpretierens und will so weit wie möglich vermeiden, diesen Mechanismen bei seiner kognitiven Textarbeit zu folgen.

Der davon abzugrenzende traditionelle Typ des Textwissenschaftlers tritt in vielfältigen Varianten auf; er kann sich unterschiedlicher Methoden der konkreten Textarbeit bedienen. Um diesen Typ zu umreißen, abstrahieren wir von der Bindung des Textwissenschaftlers an eine bestimmte Methodologie und legen eine allgemeinere Vorgehensweise frei. Der traditionelle Textwissenschaftler neigt eben dazu, sich von vornherein auf eine bestimmte Interpretationsstrategie zu *fixieren*; er sucht vorrangig nach Textelementen, welche geeignet sind oder zu sein scheinen, den gewählten Deutungsansatz zu stützen. Die anderen Deutungsoptionen bleiben entweder unbeachtet oder werden im Licht der eigenen Sichtweise abgewehrt. Überdies kommt es häufig zu einer engen psychischen Bindung des Interpreten an seine Thesen, da sie eine lebenspraktisch relevante Stützungsfunktion für sein Überzeugungssystem besitzen.

Die kognitive Hermeneutik lehnt die Textwissenschaft traditionellen Typs keineswegs völlig ab. Sie bestreitet nicht, dass in diesem Kontext tatsächlich Erkenntnisziele verfolgt und kognitive Leistungen erbracht werden. Sie will die traditionell verfahrenden Textwissenschaftler, welcher speziellen Methodologie sie auch folgen mögen, aber zu der Einsicht bringen, dass ihre Vorgehensweise einige strukturelle Schwächen aufweist, die sich durch den Übergang zu einer erfahrungswissenschaftlich ausgerichteten Vorgehensweise überwinden lassen. Beseitigen die Textwissenschaftler diese Schwachpunkte, so können sie ihr *zentrales* Ziel, in der Auseinandersetzung mit literarischen Texten Erkenntnisprobleme (dieses oder jenes Typs) zu lösen, besser als zuvor erreichen. Die angesprochene Modifikation der Grundhaltung stellt somit einen wissenschaftlichen Fortschritt von entscheidender Bedeutung dar.

6. Psychologische Ansätze (Option 1)

In Kapitel 6 befassen wir uns mit denjenigen Sekundärtexten, die entweder durchgängig oder aber überwiegend psychologisch nach Option 1 argumentieren.[112] Wir haben 14 Texte[113] dieser Art einer kritischen Prüfung nach unserem Analyseprogramm unterzogen:

- ☞ ERGÄNZUNG 6-1: E. von Schenck: *Olimpia. Der Automat als Gegenbild des Menschen*
- ☞ ERGÄNZUNG 6-2: K. Willimczik: *Der Sandmann*
- ☞ ERGÄNZUNG 6-3: J. Klein: *Aus den unheimlichen Geschichten*
- ☞ ERGÄNZUNG 6-4: E. F. Hoffmann: *Zu E. T. A. Hoffmanns „Sandmann"*
- ☞ ERGÄNZUNG 6-5: J. D. Cronin: *Die Verurteilung der Künstlerliebe als Liebe zum Wunschbild des eigenen Ich – „Der Sandmann"*
- ☞ ERGÄNZUNG 6-6: P. von Matt: *Die Augen der Olimpia*
- ☞ ERGÄNZUNG 6-7: M. Frank: *Steinherz und Geldseele. Ein Symbol im Kontext*
- ☞ ERGÄNZUNG 6-8: J. Schmidt: *Die Krise der romantischen Subjektivität: E. Th. A. Hoffmanns Künstlernovelle ‚Der Sandmann' in historischer Perspektive*
- ☞ ERGÄNZUNG 6-9: U. Stadler: *Der Sandmann*
- ☞ ERGÄNZUNG 6-10: D. Kremer: *E. T. A. Hoffmanns* Der Sandmann*: „Ein tausendäugiger Argus".* In Verbindung mit D. Kremer: *Die Zirkel des Begehrens und der Wahrnehmung: Der Sandmann*
- ☞ ERGÄNZUNG 6-11: E. Kleßmann: *Ansichten von der Nachtseite*
- ☞ ERGÄNZUNG 6-12: B. Neymeyr: *Narzisstische Destruktion. Zum Stellenwert von Realitätsverlust und Selbstentfremdung in E. T. A. Hoffmanns Nachtstück* Der Sandmann*.* In Verbindung mit B. Neymeyr: *Aporien des Subjektivismus. Aspekte einer impliziten Romantikkritik bei Tieck und E. T. A. Hoffmann*
- ☞ ERGÄNZUNG 6-13: E. Tunner: *Das Phantastische ist nur eine Dimension des Wirklichen*
- ☞ ERGÄNZUNG 6-14: N. Calian: *„Bild – Bildlichkeit, Auge – Perspektiv" in E. T. A. Hoffmanns* Der Sandmann. *Der Prozess des Erzählens als Kunstwerdung des inneren Bilder*

Eine weitere Ergänzung weist auf andere von uns untersuchte Sekundärtexte hin, die ebenfalls psychologische Deutungselemente enthalten, welche aber im zugehörigen Interpretationsansatz nicht die dominierende Rolle spielen:

- ☞ ERGÄNZUNG 6-15: Psychologische Elemente in weiteren von uns kommentierten Sekundärtexten

Bei der folgenden Diskussion der psychologisch ausgerichteten Sekundärtexte setzen wir die grundsätzliche Überlegenheit und systematische Durch-

---

[112] Davon abzugrenzen sind die psychoanalytisch-allegorischen Deutungen, die wir Option 4 zuordnen.

[113] In manchen Fällen werden in einem Kommentar zwei Sekundärtexte behandelt; dies geht jedoch nicht in die Zählung ein.

führbarkeit des dämonologischen Ansatzes als nachgewiesen voraus und beziehen uns nicht mehr ausführlich auf diesen zentralen Punkt. Im Folgenden geht es hauptsächlich darum, die wichtigsten kognitiven Defizite der psychologischen Interpretationen herauszuarbeiten und diese mit der Grundhaltung der traditionellen Textwissenschaft in Verbindung zu bringen.

In Kapitel 3.2 wurden zwei Hauptvarianten von Option 1 unterschieden: *Der Sandmann* wird entweder als *eindeutige* Geschichte eines psychopathologischen Falls (1a) aufgefasst oder aber als *verschleierte* Fallgeschichte, welche über weite Strecken nach dem Prinzip des Offenhaltens von zwei gegenläufigen Deutungsmöglichkeiten gestaltet ist (1b).

6.1 Kommentarzusammenfassungen (Hoffmann, Schmidt, Kremer)

In Kapitel 6.1 fassen wir drei der insgesamt 14 Kommentare zusammen, die wir für besonders wichtig halten.[114] Dabei konzentrieren wir uns auf die für die Diskussion von Option 1 zentralen Punkte.[115]

E. F. HOFFMANN: *Zu E. T. A. Hoffmanns „Sandmann"*[116]

Psychologischer Ansatz 1b

Nach Hoffmann „enthält die Erzählung unabweisbar [...] den Fall einer Geisteserkrankung, deren Verlauf mit wissenschaftlicher Genauigkeit verzeichnet ist. Hier wird offenbar zu rationalem Verstehen eingeladen" (244). Die anderen Deutungsoptionen sind so von vornherein ausgeschaltet. Hoffmann sieht im *Sandmann* aber nicht nur „die Aufforderung zum kritisch-vernünftigen Verständnis des Krankhaften", sondern auch den „Bericht von Vorgängen, die übernatürlich und nicht erklärbar wirken" (244). Diese *vermeintliche* Spannung löst er auf, indem er die Erzählstrategie des Offenhaltens von Deutungsmöglichkeiten zumindest ansatzweise berücksichtigt, also eine Va-

---

[114] Die Zusammenfassungen können und sollen die vollständigen Kommentare nicht ersetzen; sie geben nur einen Überblick über die Vorgehensweise des Textwissenschaftlers und die wichtigsten Kritikpunkte. Für Leser, die sich primär für die verallgemeinerbaren Ergebnisse unserer Studie interessieren, reichen die Zusammenfassungen jedoch aus.

[115] Aufgrund dieses Auswahlkriteriums und des angewandten Raffungsverfahrens enthalten die Zusammenfassungen, anders als die Kommentare selbst, einige etwas abrupte Übergänge.

[116] E. F. HOFFMANN: *Zu E. T. A. Hoffmanns „Sandmann"*. In: *Monatshefte* 54 (1962), S. 244–252. (ERGÄNZUNG 6-4) – *Anmerkung zur Zitierweise in den Kommentarzusammenfassungen:* Die den Zitaten im Fließtext nachgestellten Seitenzahlen verweisen auf den zuletzt angegebenen Sekundärtext. Seitenangaben in eckigen Klammern beziehen sich auf die von uns verwendete *Sandmann*-Ausgabe (vgl. Anm. 25).

riante von Option 1b entwickelt. Hoffmann bemüht sich zu zeigen, dass die verwirrende Situation innerhalb des psychologischen Ansatzes auflösbar ist. „Da Nathanaels Krankheit und somit der Ansatzpunkt für die rationale Anschauungsweise kaum in Zweifel steht, wäre zu untersuchen, wie weit sich eine natürliche Erklärung der Vorgänge nach ihrer Darstellung im Text der Erzählung durchführen läßt, ja, ob vielleicht alles Gesagte von diesem Standpunkt aus gesehen werden kann." (244) Dass Nathanael „periodisch wahnsinnig wird" (244), geht aus dem Text hervor. Für den Optionenkonflikt ist indes die Frage entscheidend, ob die beiden Wahnsinnsanfälle aus einer naturalistisch-psychologisch zu verstehenden *Erkrankung* resultieren oder ob sie auf den Kontakt mit einem *realen Dämon* in Menschengestalt zurückzuführen sind. Hoffmanns ganze Fragestellung setzt die Gültigkeit von Option 1 voraus, obwohl diese nicht gegeben ist.

Bindung des Erzählers an Nathanaels Perspektive

Nach Hoffmann sind „gerade die Teile, die das Unglaubliche und Übernatürliche bringen, durch die Augen eines Menschen gesehen [...], der periodisch wahnsinnig wird" (244). Wie andere Vertreter des psychologischen Ansatzes gelangt auch Hoffmann dazu, die Bindung des Erzählers an Nathanaels Perspektive stark zu übertreiben. Durch eine unsaubere Arbeitsweise gewinnt der Versuch, die unglaublichen bzw. übernatürlich erscheinenden Vorgänge in einen psychologischen Ansatz zu integrieren, indem sie auf Nathanaels Perspektive relativiert werden, eine gewisse Plausibilität. Die Erzählung ist demzufolge im Kern die Fallgeschichte eines künstlerisch tätigen Geisteskranken, wobei aber die von Wahnvorstellungen bestimmte Sichtweise des Protagonisten im Vordergrund steht; daher sind „gerade die Teile, die das Unglaubliche und Übernatürliche bringen, durch die Augen eines Menschen gesehen [...], der periodisch wahnsinnig wird". Demnach ist es E. T. A. Hoffmann gelungen, die beiden Elemente, die einander auszuschließen scheinen, künstlerisch zu vereinen: den gespenstischen Eindruck und die natürliche Erklärung. Die „Aufforderung zum kritisch-vernünftigen Verständnis des Krankhaften" *scheint* nur „unvereinbar mit dem Bericht von Vorgängen, die übernatürlich und nicht erklärbar wirken" (244).

Konstruktion natürlicher Erklärungen

Hoffmann argumentiert bei seiner Deutung der Experimentszene naturalistisch-psychologisch und unterstellt Nathanael eine Vermengung „zwischen Vorstellung und wirklichem Geschehen" (245). „Mit seinem Wort ‚Augen her!' löst [Coppelius] den Zustand unbeherrschter nervöser Erregung im Knaben Nathanael aus. Den Ausruf selbst jedoch vernimmt dieser offenbar noch als objektiven äußeren Sinneseindruck. Die Bedeutung, die Nathanael dem Ausruf unterlegt, gründet sich auf seine Phantasien vom Sandmann, die in der Geschichte der Kinderfrau ihren ersten Anstoß bekommen hatten." (245) In der Manier Claras schreibt Hoffmann Nathanael eine auf seine fixe Idee zurückzuführende Fehldeutung des Geschehens zu. Hoffmann entwickelt eine Deutung des Wortes „Auge" in der Experimentszene, die zur defizitären psychologischen Deutungsstrategie passt. Demnach ist Coppelius' Ausruf „Augen her, Augen her!" [17] als Zuruf an den Vater zu verstehen, die für die Durchführung des Experiments benötigten „Erzstücke[] mit gediegenem Korn" (246) herbeizuschaffen. Dass der Autor jedoch an dieser zentralen Stelle das Wort „Augen" in einer spezialistischen Bedeutung verwendet, die nur Fachleuten bekannt ist, ist wenig wahrscheinlich. Das gilt insbesondere dann, wenn man ein psychologisches Textkonzept ansetzt, das den „Fall einer Geisteserkrankung" (244) vorführen will. Für eine solche Schreibstrategie wäre es wichtig, dass auch ein normaler Leser erkennen kann, dass Nathanael hier eine auf seine fixe Idee zurückzuführende Fehlinterpretation vornimmt. Dass sich im Text keinerlei Hinweis auf die postulierte Bedeutung findet, spricht gegen die vorgeschlagene natürliche Erklärung, auf die nur Kenner der Mineralogie kommen könnten. Dieser Erklärung steht auch der Kontext entgegen, denn wenn Coppelius von „ein schön Paar Kinderaugen" spricht und der Vater daraufhin ruft: „[L]aß meinem Nathanael die Augen" [17], sind offenbar normale Augen gemeint. Der dämonologische Ansatz hingegen vermag diese Textelemente zwanglos zu erklären: Für die Verlebendigung des künstlichen Menschen werden geeignete Augen benötigt, und Coppelius geht in dieser Situation auf, dass Nathanaels schöne Kinderaugen für seine Zwecke geeignet sind.

Claras Perspektive

Vertreter von Option 1 schreiben in vielen Fällen Claras aufgeklärt-rationale Fehldeutung des numinos-übernatürlichen Geschehens fort, so auch Hoffmann: „Mehrmals folgt dem gefährlich-geheimnisvollen Eindruck gleich die rationale Auflösung. Dies geschieht während und kurz nach dem zweiten Besuch Coppolas bei Nathanael. [...] Nathanael sieht blutrote Strahlen, die aus den Brillen in seine Brust schießen, erkennt aber kurz darauf ‚daß der entsetzliche Spuk nur aus seinem Innern hervorgegangen'" (246). Der Rückgriff auf seine „rational-kritischen Fähigkeiten" (246) stellt bei Nathanael aber gerade ein periodisches *Verkennen* des Geschehens dar. Hoffmann begeht somit den Fehler, die naturalistischen und speziell die psychologischen Deutungsangebote, die der Autor – der Erzählstrategie des Offenhaltens von Deutungsmöglichkeiten folgend – einstreut, für bare Münze zu nehmen.

Fehldeutungen Olimpias

Wie etliche andere psychologisch argumentierende Interpreten unterstellt Hoffmann fälschlich, dass *nur* Nathanael Olimpia für einen echten Menschen hält, während alle anderen sie als Androide erkennen. Er geht sogar noch einen Schritt weiter und postuliert, dass auch Nathanael erkennt, dass es sich um eine künstliche Frau handelt. Da Olimpia ja bei jedem Tanz „von Nathanael jedesmal ‚aufgezogen'" (246) wird, könne ihm dies wohl kaum entgangen sein. Hoffmann kommt nicht auf die Idee, dass die Rede vom Aufziehen mehrere Bedeutungen haben kann: Eine Uhr oder ein Mechanismus (z. B. eines Blechspielzeugs) wird *aufgezogen*, „aufziehen" kann aber auch einfach „hochziehen" bedeuten. Die zweite Bedeutung passt in diesem Fall offenkundig. Die Wendung „zu seinem Erstaunen blieb darauf Olimpia bei jedem Tanze sitzen und er ermangelte nicht, immer wieder sie aufzuziehen" [39] legt nahe, dass sich Olimpia nach jedem Tanz hinsetzt und Nathanael sie zum Weitertanzen animiert, indem er sie von ihrem Platz auf-, also hochzieht. Die erste Bedeutung passt hingegen nicht: Die ganze Olimpia-Episode beruht auf der Voraussetzung, dass Nathanael Olimpia für einen echten Menschen hält. Würde Olimpia wie ein Blechspielzeug in kurzen Abständen immer wieder neu aufgezogen werden müssen, so hätte sie auch die Teegesellschaften wohl kaum „mit Glück besuch[en]" [46] können.

Nicht textkonform

Hält man es irrigerweise für evident, dass die Erzählung den Fall einer Geisteserkrankung dokumentiert, so liegt es nahe, den verfehlten Ansatz auszubauen. Hier bietet es sich an, die Ausführungen des Erzählers psychologisch zu relativieren, indem sie als Artikulationen aus der Sicht Nathanaels gedeutet werden: „Da der Streit um die Puppe aus Nathanaels Perspektive berichtet ist, also dessen subjektive Erlebnisse verzeichnet, ist das erneute Vortreten des Unheimlichen in Anbetracht von Nathanaels Geisteszustand kaum überraschend." (247) Wir hingegen betrachten die Textpassage als objektive Wiedergabe eines Streits zweier Personen und ihrer Äußerungen.

Mit Hoffmanns Deutung des Streits sind weitere Thesen verbunden, die sich bei kritischer Prüfung als nicht textkonform erweisen. „Nathanael erkennt Coppelius an der Stimme, aber er hört diese Stimme ‚auf der Treppe, auf dem Flur' durch eine geschlossene Tür und vermischt mit wunderlichem Getöse und einer zweiten Stimme. Unter diesen Umständen kann niemand einen klaren akustischen Eindruck erhalten." (247) Aus dem Text geht indes hervor, dass Nathanael sehr wohl einen „klaren akustischen Eindruck" erhält: „Es waren Spalanzani's und des gräßlichen Coppelius Stimmen, die so durch einander schwirrten und tobten." [44] Unabhängig von der Frage, ob

Nathanael sich (wahnbedingt) täuscht, wenn er Coppelius sprechen hört, ist *für ihn* die Angelegenheit klar: Es handelt sich um Coppelius, und die zweite Stimme wird von ihm eindeutig als die Spalanzanis identifiziert. Um seine These vom geisteskranken Nathanael, der sich im „Vorstadium zum bald darauf ausbrechenden Wahnsinn" (247) befindet, zu plausibilisieren, stellt Hoffmann die Szene fälschlich so dar, als sei es in einer solchen Situation generell unmöglich, „einen klaren akustischen Eindruck [zu] erhalten".

Typisch für Option 1 ist auch, dass für den Tatbestand, dass Olimpias herausgerissene Augen blutig sind, *sogleich* eine natürliche Erklärung gegeben wird, die mit Claras Sichtweise im Einklang steht. Dass Olimpia unter Einsatz magischer Mittel verlebendigt worden ist, was dann möglicherweise auch *blutige* Augen nach sich zieht, wird nicht in Erwägung gezogen.

Vergleich mit der ersten Textfassung

Hoffmann gehört zu denjenigen Interpreten, die einen „Vergleich der Originalhandschrift mit dem Drucktext" (248) vornehmen. Er erkennt allerdings nicht, dass es auch bei einem solchen Vergleich mehrere Deutungsoptionen gibt. Der Hauptfehler besteht darin, dass Hoffmann die unbestreitbare Abkehr vom Konzept einer *eindeutigen* Dämonengeschichte ohne Berücksichtigung von Alternativen dahin gehend deutet, dass nun ein psychologisches Textkonzept wirksam ist, dem zufolge Coppelius keine andere Bedeutung zukommt als „die eines höchst unersprießlichen und fragwürdigen Mitmenschen" (249). Hoffmann sieht in den Überarbeitungen voreilig Versuche, die dämonischen Züge des Coppelius *völlig* zu eliminieren.

Positive Bewertung Claras

Im Rahmen des psychologischen Ansatzes wird Clara die „vollgültige Einsicht eines verantwortungsbewußten Menschen" (249) zugeschrieben. Ihre weltanschauliche Beschränktheit, für die nur Welt a existiert, gerät nicht in den Blick. Dass Clara „während der ganzen Erzählung positiv gesehen" (249) wird, glauben eben nur die Anhänger von Option 1. Hat sich aber Option 2b als überlegen erwiesen, so erscheint Clara als beschränkte Person, die das dämonische Geschehen rationalistisch weginterpretiert.

Nathanael als wahnsinniger Künstler

Nathanael ist zumindest *auch* Künstler. Er unternimmt es, „sein Erleben zu künstlerischem Ausdruck zu formen" (249). Er stellt jedoch keine besondere Variante des „Fall[s] des wahnsinnigen, von Gesichten gejagten Menschen" (249 f.) dar, sondern er erkennt die tatsächlichen übernatürlichen Zusammenhänge in wesentlichen Punkten. Die ganze Zuordnung ist daher verfehlt.

J. SCHMIDT: *Die Krise der romantischen Subjektivität: E. Th. A. Hoffmanns Künstlernovelle ‚Der Sandmann' in historischer Perspektive*[117]

Einordnung des Textes als Künstlernovelle

Schmidt deutet den vermeintlich psychisch kranken Nathanael als Repräsentanten einer ichbezogenen Romantik. Diese Sichtweise wird durch die problematische Einordnung des *Sandmanns* als Künstlernovelle vorbereitet. Zwar ist Nathanael künstlerisch tätig, aber es ist keineswegs selbstverständlich, dass sich der Text in der Hauptsache mit der *künstlerischen Problematik* dieser Figur befasst. Nach unserer Auffassung ist das nicht der Fall. Laut Schmidt soll *Der Sandmann* zu den Erzählungen gehören, die „das aus einem radikalen Autismus entspringende Unvermögen [zeigen], die Lebensrealität angemessen wahrzunehmen" (350). Die Einordnung des Textes als Künstlernovelle im engeren Sinn besagt, dass Nathanaels Problematik als eine des idealistisch übersteigerten und realitätsfern gewordenen romantischen Künstlertums gesehen wird.

Psychologischer Ansatz

Die Entscheidung für einen psychologischen Deutungsansatz ist damit bereits gefallen: Will Hoffmann das tragisch verlaufende Schicksal des Künstlers Nathanaels darstellen, so kann er dies nur tun, indem er psychologisch die Genese des „radikalen Autismus" (350) aufweist. Durch den literaturhistorischen Zugriff, der von oben nach unten vorgeht und nicht beim Text selbst ansetzt, werden der dämonologische und der Unentscheidbarkeitsansatz von vornherein ausgeschaltet.

Schmidt liest die Erzählung als Kritik subjektivistisch-romantischen Künstler- und Dichtertums. Dabei wendet er Option 1 konsequent an: „Hoffmann entwirft den zum Wirklichkeitsverlust und zur Selbstzerstörung führenden Destruktionsprozeß in Form einer Entwicklungsgeschichte." (359) „Das Kindheitstrauma [...] gerät in sein später alles bestimmendes Funktionsschema durch ein Übertragungserlebnis, in dem Nathanael das Märchen vom Sandmann auf eine reale Gestalt fixiert." (360) Für Option 1 ist es charakteristisch, dass generell – die Perspektive Claras fortsetzend – mit der „Übertragung der subjektiven Imagination auf die äußere Wirklichkeit" (360) gerechnet wird; alle übernatürlichen Elemente werden so auf Nathanaels Einbildung reduziert. Hoffmann liefert demzufolge im *Sandmann* eine ausgefeilte psychopathologische Fallstudie eines in Wahnvorstellungen verstrick-

---

[117] J. SCHMIDT: *Die Krise der romantischen Subjektivität: E. Th. A. Hoffmanns Künstlernovelle ‚Der Sandmann' in historischer Perspektive*. In: J. BRUMMACK/G. VON GRAEVENITZ u. a. (Hg.): *Literaturwissenschaft und Geistesgeschichte. Festschrift für R. Brinkmann*. Tübingen 1981, S. 348–370. (ERGÄNZUNG 6-8)

ten jungen Dichters. „Im ganzen handelt es sich um die Tragödie der autonom sich entfaltenden Imagination. Vierzig Jahre früher hatte man diese Autonomie als Hauptkennzeichen poetischer Genialität gepriesen", nun erscheint sie „nicht mehr bloß als Begabung, sondern als Fluch, weil sie unausweichlich zum Wirklichkeitsverlust und zur Zerstörung des Lebens, auch des eigenen Lebens führt" (363).

Schmidt nimmt bei Nathanael und bei dessen Vater eine „naturhafte Veranlagung" (363) zur Verselbstständigung der Imagination an. Eine Textbasis für diese Vermutung gibt es jedoch nicht. Ferner kann nicht belegt werden, dass der Vater Nathanael diese angebliche Naturanlage vererbt hat. Ebenfalls unhaltbar ist die Behauptung, der Vater sei, weil er oft „wunderbare Geschichten" [12] erzählte, auch schon „eine Art Dichter" (363). Offenkundig kann nicht jeder Geschichtenerzähler als Dichter eingeordnet werden.

Einwand gegen Schmidts Deutungsstrategie

Ein weiterer grundsätzlicher Einwand gegen Schmidts Deutungsstrategie ergibt sich, wenn man die Autorposition einnimmt: Will ein Autor eine Geschichte schreiben, die ein verfehltes subjektivistisches Kunstverständnis dadurch kritisiert, dass ein exemplarischer Vertreter dieser Kunstauffassung scheitert, so liegt es nahe, den Protagonisten aufgrund einer *korrigierbaren Fehlentwicklung* zu der kritisierten Position gelangen zu lassen. Die Darstellung der negativen Folgen soll ja bewirken, dass die Vertreter dieser Auffassung ihr Programm ändern. Würde der Autor hingegen die negativen Folgen auf eine ererbte *Naturanlage* des Protagonisten zurückführen, so könnte dieser Änderungseffekt nicht erzielt werden. Jemand, dessen Handeln von einer vorgegebenen pathologischen Disposition bestimmt ist, ist für sein Tun nur eingeschränkt verantwortlich, und eine Verhaltenskorrektur ist, wenn überhaupt, nur sehr schwer erreichbar. Wäre *Der Sandmann* eine Kritik des romantischen Subjektivismus, so müsste Hoffmann die Auffassung zugeschrieben werden, die Vertreter dieser Position seien aufgrund einer natürlichen Veranlagung, genauer: einer pathologischen Disposition zu dieser Sichtweise gelangt. Das ist eine wenig plausible Annahme.

Aufwertung Claras

Schmidt wertet in der für Option 1 typischen Weise Clara auf. Dass sie keinen Sinn für Welt b besitzt, bleibt unerkannt. Für Schmidt verkörpert Clara „ein integrales Menschentum, zu dem auch die poetischen Qualitäten gehören: ‚Phantasie' und ‚Gemüt'" (364). Das muss nach der Entscheidung des Optionenkonflikts zugunsten des dämonologischen Deutungskonzept als Fehldeutung betrachtet werden.

Übergang von Option 1 zu Option 4

Der Übergang von Option 1 zu Option 4 erfolgt durch die Annahme, *eigentlich* gehe es Hoffmann in der Erzählung um „eine kritische Auseinandersetzung mit der von ihm selbst vertretenen Romantik [...], mit den Fragwürdigkeiten des romantischen Subjektivismus" (364). Der verfehlte psychologische Ansatz wird damit durch eine zu ihm passende allegorische Komponente ergänzt.

Abgrenzung vom Schicksals- und Schauerdrama

Schmidts Abgrenzung des *Sandmanns* vom „romantischen Schicksals- und Schauerdrama" beruht auf der unzutreffenden Voraussetzung, dass Option 1 gültig ist, d.h., dass konsequent und durchgängig eine „psychologische Auflösung und Herleitung der Manie Nathanaels" (365) erfolgt. Der Text ist jedoch sehr wohl als „novellistisches Seitenstück zum romantischen Schicksals- und Schauerdrama" (365) einzuordnen, nur eben als Seitenstück spezifischer Art, das über weite Strecken der Strategie des Offenhaltens von Deutungsmöglichkeiten folgt. Das romantische Schicksals- und Schauerdrama wird nicht psychologisch entlarvt und kritisiert, sondern in gebrochener Form fortgesetzt. Die dunklen Mächte, an die Nathanael glaubt, lassen sich nicht konsequent als wahnhafte Projektionen entschlüsseln. Die „außerordentlich tiefdringende Analyse" (366) psychologischer Art, die Schmidt Hoffmann zuschreibt, hat dieser gar nicht geleistet. Schmidt nimmt fälschlich an, dass Hoffmann im *Sandmann*, anders als in anderen Texten, „zur kritischen Analyse" übergeht, dass es sich um die „Geschichte einer Entmythologisierung [handelt], die umso provozierender wirkt, als sie den Prozeß falscher Mythisierung und Dämonisierung mit irritierender Suggestivkraft nachvollzieht" (366f.).

Pathologischer Projektionsmechanismus

Nathanael leidet nach Schmidt unter einer extremen Form des Selbstbezugs, die ihn in die wahnhafte Isolation führt. Er hält sich für frei und genial, ist tatsächlich aber höchst unfrei, er befindet sich in einer Zwangssituation; in dieser Situation nun projiziert er das „Moment des Zwanghaften" (365) nach außen, nämlich auf eine Puppe. Durch diese pathologische Projektion erscheint die Puppe als lebendiges Wesen, und zwar so, dass Nathanael seine subjektive Zwanghaftigkeit als objektives anderes Wesen entgegentritt. Schmidt nimmt damit in für Option 1 charakteristischer Weise an, dass Nathanael Olimpia mittels eines pathologischen Projektionsmechanismus, der auf seinem „tödliche[n] Lebens- und Wirklichkeitsverlust" (367) gründet, scheinbar belebt, d.h., die Puppe wird nur für Nathanael lebendig. Eine Puppe, die in einem naturalistisch-psychologischen Sinn von Nathanael projektiv belebt wird, kann jedoch nicht auch von anderen für belebt gehalten werden, zumindest dann nicht, wenn diese nicht dieselbe Art pathologischer Projektion vollziehen. Dieses Problem bekommt Schmidt nicht in den Blick. Er entfaltet zwar konsequent den psychologischen Deutungsansatz, aber Textelemente, die dazu nicht passen, werden vernachlässigt oder weginterpretiert.

Element der freudschen psychoanalytisch-allegorischen Interpretation

Bei der Deutung der Olimpia-Episode geht Schmidt noch in einer weiteren Hinsicht zu Option 4 über. Er baut nämlich ein Element der freudschen psychoanalytisch-allegorischen Interpretation in sein Konzept ein (vgl. ERGÄNZUNG 9-1). Wie Freud deutet Schmidt Olimpia als einen von Nathanael losgelösten Komplex, der ihm als Person entgegentritt. Dabei spielen jedoch die Begriffe des Ödipus- und des Kastrationskomplexes keine Rolle. Er begreift Olimpia nicht (im engeren Sinn psychoanalytisch) als Materialisation der femininen Einstellung des Jungen gegenüber dem Vater, von dem er die Kastration erwartet, sondern als Materialisation des romantischen Subjektivismus. Durch die Übernahme eines psychoanalytisch-allegorischen Deutungselements werden die davon abhängigen Interpretationsschritte ebenfalls von der Kritik der allegorischen Interpretation getroffen. Aus dem defizitären Kombinationsmodell ergibt sich auch die Behauptung einer „zunehmenden Automatisierung Nathanaels" (367), die auf suggestive Weise gestützt wird.

Eigentlicher Sinn

Der Erzähler berichtet von Coppolas zweitem Besuch, vom Kauf des Taschenperspektivs und von Nathanaels Erlebnissen beim Blick durch das Fernrohr. Der Interpret hingegen belehrt uns, dass es *eigentlich* um etwas ganz anderes gehe: Der Kauf des Perspektivs ist demnach die Chiffre für den „entscheidenden imaginativen Schub" (367), von dem Nathanael überwältigt wird. Der allegorisch verfahrende Interpret konstruiert zum *manifesten* Text einen zu seiner Deutungsstrategie (und zu seinem Überzeugungssystem) passenden *latenten* Text; er behauptet, den *eigentlichen* Sinn zu erkennen.

Narzisstische Komponenten

Schmidt deutet ferner die unbestreitbaren narzisstischen Komponenten der Olimpia-Episode im naturalistisch-psychologischen Sinn, ohne zu erkennen, dass ein magisch-mythischer Narzissmus vorliegt. Da Nathanael Olimpia auf undurchschaute Weise magisch belebt hat, findet er sich in ihr wieder, befangen in der Illusion, er habe es mit einer realen gleichgestimmten Frau zu tun.

D. KREMER: *E. T. A. Hoffmanns* Der Sandmann: *„Ein tausendäugiger Argus"*[118]

Ausformung von Option 1

Kremer nimmt – ähnlich wie J. Schmidt – an, dass die Geschichte die „zerstörerischen Konsequenzen einer einseitigen phantastischen Wahrnehmungsverschiebung" bei Nathanael darstellt, dass aufgezeigt wird, wie er „sich Schritt für Schritt in die Zirkel seiner exzentrischen Wahnwelt verliert" (143). Das Genre des Nachtstücks wird sogleich derart charakterisiert, dass die psychologische Deutungsperspektive privilegiert wird. Es ist jedoch zu bezweifeln, dass ein Nachtstück gewissermaßen von seinem Wesen her „die gattungstheoretische Auflage [hat], die gefährlichen und zerstörerischen Konsequenzen einer einseitigen phantastischen Wahrnehmungsverschiebung aufzuzeigen" (143).

Nathanaels Perspektive

Kremer folgt über weite Strecken Option 1: „Hoffmann hat die psychologischen Bedingungen kindlicher Imaginationskraft so plastisch aufgezeichnet, daß der Weg für eine Identifikation der Sandmann-Vision mit dem Advokaten Coppelius bestens vorbereitet ist, als der nunmehr herangewachsene Nathanael die ‚Kinderstube' verlassen darf" (151). Behauptet wird, dass der Bericht vom nächtlichen Experiment ganz oder weitgehend aus „Konjunktiv- oder Nebensatzkonstruktionen" (153) besteht. Das trifft nicht zu. Zum größeren Teil handelt es sich um eine Form objektiver Berichterstattung, bei der die Wiedergabe wörtlicher Rede eine große Rolle spielt. Nathanael stellt dar, was er als Kind sah und hörte, aber von seiner Position aus konnte er offenbar nicht alles wahrnehmen; ihm entging z.B., wo Coppelius und der Vater die schwarzen Kittel hernahmen. Eine solche konkrete Wahrnehmungslücke ist etwas anderes als die von Kremer suggerierte *durchgängige* Unsicherheit, die alles unter Einbildungsverdacht stellt und auf die „animistische[] Phantasie Nathanaels" (153, Anm. 26) zurückführt.

Unhaltbare Thesen

Die Auskunft, dass „Coppelius und der Vater [...] sich der künstlichen Menschenschöpfung verschrieben" (158) haben, passt nicht zur früheren Behauptung der „Unsicherheit des Sehens" (153), die ja nahelegt, dass Nathanael sich die Menschengesichter nur eingebildet hat. Haben sich aber Coppelius

---

[118] D. KREMER: *E. T. A. Hoffmanns Der Sandmann: „Ein tausendäugiger Argus"*. In: DERS.: *Romantische Metamorphosen. E. T. A. Hoffmanns Erzählungen.* Stuttgart/Weimar 1993, S. 143–209. (ERGÄNZUNG 6-11)

und der Vater der Schöpfung künstlicher Menschen verschrieben, so ist es deutlich plausibler anzunehmen, dass sich im Experimentierraum tatsächlich „Menschengesichter [...] ohne Augen" [17] befinden, eben noch unfertige künstliche Menschen.

Hinsichtlich des Streits zwischen Spalanzani und Coppelius/Coppola postuliert Kremer eine affektgesteuerte Fehlwahrnehmung Nathanaels: „Im Affekt gehorcht Nathanaels Wahrnehmung anderen Gesetzen als in der [...] ‚wahren wirklichen Außenwelt'." (160f.) Die Gestaltung der Textpassage stützt diese These jedoch nicht. Dass der Erzähler alles ausschließlich aus der – wahnbedingt deformierten – Perspektive Nathanaels wiedergibt, ist nicht feststellbar. Unhaltbar ist auch die Rede von der „phantastische[n] Geburt der Puppe Olimpia aus dem Schrecken Nathanaels" (161). Es gibt in der Textwelt keinerlei Zusammenhang zwischen der Entstehung der künstlichen Frau Olimpia und dem Schrecken des Protagonisten.

Rückgriff auf die Deutung Freuds

Kremer baut dann die Deutung Freuds in seine Interpretationsstrategie ein, was auf eine Kombination von Option 1 mit Option 4 hinausläuft. Kremer will zwar über Freud hinausgehen, gibt aber auch klar zu erkennen, dass man hinter Freuds Einsichten nicht zurückfallen dürfe: Dieser habe „das psychologische Grundgerüst erarbeitet, das bis heute nicht überholt" (162) sei. Bei Freud handelt es sich jedoch um eine Variante des projektiv-aneignenden Interpretierens. Kremers Versuch, seine psychologische Interpretation durch Freuds Deutung anzureichern bzw. sich auf diese zu stützen, muss daher als Fehlentwicklung eingeschätzt werden.

Nicht textkonform

Dass Nathanael in der Experimentszene „das Augenlicht entzogen" (162) wird, trifft nicht zu. Nach der flehenden Bitte des Vaters gesteht Coppelius ja zu: „Mag denn der Junge die Augen behalten" [17]. Da Nathanael die Augen gar nicht entwendet werden, hängt der folgende Argumentationsschritt, „seine entwendeten Augen" hätten „bereits in der Kindheit sein feminines Spiegelbild Olimpia erzeugt" (162), völlig in der Luft. Nicht nur die Prämisse ist unzutreffend, sondern darüber hinaus auch die Aussage, denn es gibt keinerlei Textindiz dafür, dass Nathanael bereits als Kind Olimpia als sein weibliches Gegenbild erschafft – Kremer hat dies frei erfunden. Olimpia ist ja auch ein realer Gegenstand, der von Spalanzani und Coppelius/Coppola hergestellt worden ist.

Kremer deutet Olimpia „als Phantom eines verdrängten Bildes der gefährlich-verlockenden, dunklen Frau"; sie gilt als „Frauentyp[], der wesentlich unheimlich ist" (167). Die unheimliche Wirkung auf Nathanael beim ersten Blickkontakt ist jedoch darauf zurückzuführen, dass Olimpia mit offenen Augen zu schlafen scheint, nicht aber darauf, dass sie die erotische Ausstrahlung einer gefährlich-verlockenden Frau, einer Femme fatale besitzt.

Liebt ein junger Mann eine Frau mit starker erotischer Ausstrahlung, so ist zu erwarten, dass seine Wünsche primär erotischer bzw. sexueller Art sind. Analysiert man nun das Verhältnis Nathanaels zu Olimpia auf dem Fest und in der Zeit danach, so stellt man fest, dass von vorrangig erotischen Wünschen bei Nathanael keine Rede sein kann. In erster Linie ist er an einer Zuhörerin interessiert, die sich auf derselben Wellenlänge wie er befindet und ihn völlig zu verstehen vermag. Es trifft daher nicht zu, dass Olimpia „ganz Spiegelbild seiner Phantasie und seiner erotischen Wünsche" (167) ist, wie Kremer behauptet.

Der Interpret stellt dann auch Bezüge zu anderen Texten der Romantik her. „Eichendorffs Kontrastführung von christlich-tugendhafter und sinnlich-antiker Frau findet sich im *Sandmann* wieder" (173). Clara kann zwar als tugendhafte Frau gelten, aber von spezifisch christlichen Zügen ist nichts zu bemerken; vor allem aber stellt Olimpia keine „sinnlich-antike[] Frau" nach dem Muster der Venus dar. Im Text findet sich kein einziges Element der „sündigen Verführungskünstlerinnen" (174), der „wollüstigen Frau" (178).

Mythologische Bezüge

Die fehlerhafte Hypothese, Hoffmann spiele durch den „Namen ‚Olimpia' auf das Bild der heidnischen Liebesgöttin der Antike an" (185), wird weiterverfolgt, indem in der griechischen und römischen Mythologie nach Bezügen gesucht wird. In diesem Fall müsste zum einen gezeigt werden, dass Hoffmann tatsächlich über bestimmte mythologische und historische Spezialkenntnisse verfügte, und vor allem, dass er mit der Wahl des Namens derartige Assoziationen intendierte, um plausibel zu machen, dass er den Namen Olimpia gewählt hat, um z.B. auf die Göttin Juno „in ihrer Funktion als Lucina", die „auch den Beinamen ‚Olympia' führte", anzuspielen – und/oder auf „die Gemahlin Philipps von Makedonien, der Mutter Alexanders des Großen", die „den Namen Olympias" (186) trägt. Dass der Interpret aufgrund seines Hintergrundwissens eine gewisse Ähnlichkeit feststellt, bedeutet nicht, dass dieser Bezug dem Autor bekannt gewesen sein muss und dass er gezielt eine Verbindung hergestellt hat.

Untergründige Verbindung der Figuren

Kremer behauptet, dass eine untergründige Verbindung der Figuren bestehe, die letztlich auf Nathanaels von Wahnvorstellungen gesteuerten Blick zurückzuführen sei. Wir bestreiten das. Wenn der Vater etwa seinen Besucher erwartet, sitzt er „stumm und starr in seinem Lehnstuhl" [12]; Stummheit und Starre kommen ihm also nicht generell zu, sondern nur in Situationen bestimmten Typs. Olimpia hingegen ist überhaupt nicht stumm, ihre Sprachfähigkeit ist nur sehr begrenzt.

Biographische Deutungsansätze

Die Figuren, die ein Autor erfindet, lassen sich in biographisch-psychologischer Hinsicht zumindest in einigen Fällen als „fiktive[ ] Möglichkeiten" (207) seiner selbst auffassen, z.b. dergestalt, dass eine fiktive Person bestimmte Entwicklungsmöglichkeiten des Autors realisiert. Problematisch ist jedoch die Behauptung, dass Hoffmann eine Einübung in „die moderne Aufgabe der vielen zerstreuten Identitäten" (207) vornimmt.

Bindung an den Sinn-Subjektivismus

Die Rede von den „tausendfältig schillernden ‚Bedeutungsaugen' des Textes" (207) verweist auf die defizitäre Grundposition des Sinn-Subjektivismus. Nach unserer Auffassung ist das Bild des tausendäugigen Argus nicht auf den *Sandmann* anwendbar. Es handelt sich hier nicht um ein „Kunstwerk, das nurmehr aus beziehungsreich funkelnden Augen besteht" (208).

6.2 Varianten von Option 1

Auf der Grundlage sämtlicher Kommentare zu den psychologischen Ansätzen stellen wir nun die Varianten von Option 1 systematisch dar, ordnen ihnen die Interpreten zu und weisen auf die jeweils anzuwendende Kritikstrategie hin. Wo dies erforderlich ist, nehmen wir auch Mehrfachzuordnungen vor.

Option 1a

Die Erzählung wird als psychopathologische Fallgeschichte gedeutet, ohne die Erzählstrategie des Offenhaltens von zwei gegenläufigen Deutungsmöglichkeiten zu berücksichtigen.
Vertreter: Schenck, Willimczik, Klein, Cronin, Matt, Frank, J. Schmidt, Stadler, Kremer, Neymeyr, Tunner, Calian; hinzu kommt R. Schmidt (vgl. Kapitel 9)
Kritikstrategie: Die generelle Entkräftung des psychologischen Ansatzes trifft alle Versionen dieser Option.

Option 1b

Die Erzählung wird als psychopathologische Fallgeschichte gedeutet; dabei wird die Erzählstrategie des Offenhaltens von Deutungsmöglichkeiten mehr oder weniger konsequent berücksichtigt.

Vertreter: Hoffmann, Kleßmann

Kritikstrategie: Option 1b stellt zwar gegenüber 1a einen Erkenntnisfortschritt dar; die generelle Entkräftung des psychologischen Ansatzes trifft aber auch alle Versionen dieser Option.

Im Folgenden werden, über die Unterscheidung zwischen Option 1a und 1b hinausgehend, mehrere *Modelle* unterschieden; dabei werden der Vollständigkeit halber auch solche aufgeführt, die in den von uns untersuchten Sekundärtexten nicht realisiert worden sind.

Modell a

Option 1 (a/b) wird ohne Verbindung mit weiteren Ansätzen mehr oder weniger konsequent umgesetzt.

Vertreter: Hoffmann

Kritikstrategie: Die generelle Entkräftung des psychologischen Ansatzes trifft alle Versionen von Modell a.

Modell b

Option 1 (a/b) wird mit der biographisch-psychologischen Forschung verbunden. Das betrifft zunächst Hypothesen über das textprägende Überzeugungssystem des Autors (die der Basisarbeit zuzuordnen sind), dann aber vor allem die biographische Aufbauarbeit.

Vertreter: Willimczik, Cronin, Matt, Stadler, Kremer, Kleßmann, Tunner

Kritikstrategie: Die Wahl des defizitären psychologischen Ansatzes führt zu Fehlern im Anschlussbereich, d.h., die grundlegenden Fehleinschätzungen, die sich aus Option 1 ergeben, werden mit biographisch-psychologischen Denkmitteln ausgeformt. Die biographisch-psychologische Aufbauarbeit sollte auf der Grundlage des dämonologischen Ansatzes, der sich als überlegen erwiesen hat, betrieben werden.

Modell c

Option 1 (a/b) wird mit der Annahme verbunden, Nathanael repräsentiere bestimmte Tendenzen der Romantik, insbesondere die Ichbezogenheit romantischen Künstlertums. Damit geht Option 1 zu Option 4 über, welche eine versteckte zusätzliche Sinnebene annimmt. Es handelt sich demnach zunächst einmal um die Darstellung eines psychopathologischen Falls, auf einer tieferen Ebene aber um eine Kritik an bestimmten Tendenzen der Romantik. Erweist sich der Repräsentant romantischer Ichbezogenheit als ein psychisch kranker Mensch, so wird damit die Romantik selbst diskreditiert.

Vertreter: Schenck, Klein, Cronin, Matt, J. Schmidt, Stadler (sieht im Text sowohl Aufklärungs- als auch Romantikkritik), Kleßmann, Neymeyr

Kritikstrategie: Ist Nathanael – wenn man von den beiden Wahnsinnsanfällen einmal absieht – gar nicht psychisch krank, handelt es sich vielmehr um einen für die übernatürliche Dimension des Geschehens sensiblen Menschen, so entfällt die Möglichkeit, die *vermeintliche* psychische Erkrankung mit einer versteckten *zusätzlichen* Bedeutung auszustatten. Daher muss die romantikkritische Weiterführung von Option 1, die in Option 4 umschlägt, verworfen werden.

Modell d

Option 1 (a/b) wird mit Thesen verbunden, die bestimmten theoretischen Ansätzen verpflichtet sind.

Vertreter: Frank (Metonymiethese), Neymeyr (Narzissmustheorien); ferner R. Schmidt (vgl. Kapitel 9 – feministische Ansätze)

Kritikstrategie: Ist Nathanael gar nicht psychisch krank, so entfällt die Möglichkeit, den angeblichen Krankheitsbefund mittels zusätzlicher Theorien auszugestalten bzw. zu präzisieren.

Modell e

Option 1 (a/b) wird mit anderen Deutungsoptionen verbunden.[119]

Vertreter: Schenck, Klein, Cronin, Matt, J. Schmidt, Stadler, Kleßmann (vertreten allesamt die allegorische romantikkritische Deutung; J. Schmidt baut dabei zusätzlich Elemente der freudschen Interpretation ein, Stadler integriert auch diskursanalytische Ansätze), Frank (greift auf die gesellschaftskritische Deutung von Hayes und Wawrzyn zurück), Kremer (integriert Freuds Deutung), Neymeyr (geht hinsichtlich der Olimpia-Episode psychologisch-allegorisch vor), Calian (kooperiert mit dem radikalisierten Unentscheidbarkeitsansatz/Option 3b)

Kritikstrategie: Ist Option 1 verfehlt, so ist auch jede Verbindung mit einer anderen Option – die wiederum einer gesonderten Prüfung bedarf – defizitär.

---

[119] Hier gibt es zum Teil Überschneidungen mit den Modellen c und d, Modell e umfasst aber *alle* Verbindungen von Option 1 (a/b) mit anderen Optionen.

6.3 Methodologischer Kommentar zu Option 1

In Kapitel 5.3 sind die Vorgehensweisen des traditionellen und des empirisch ausgerichteten Textwissenschaftlers idealtypisch voneinander abgegrenzt worden. Die dort vorgetragenen Überlegungen sind nun auf die in Kapitel 6 behandelten psychologischen Ansätze zu beziehen.

Da Option 2b sich im Optionenwettkampf als den Konkurrenten 1 (a/b) und 3 (a/b) überlegen erwiesen hat, gilt, dass die Vertreter von Option 1 *grundsätzlich* unterlegen sind. Das schließt nicht aus, dass einzelne Argumentationsschritte und Thesen zutreffend und wichtig sein können.

Der psychologische Zugriff besagt, dass die Erzählung als literarische Fallstudie eines psychisch Kranken angelegt ist, die zeigt, wie sich bei Nathanael bestimmte Wahnvorstellungen herausbilden und welche Folgen dies hat. Es steht außer Frage, dass viele literarische Texte derartige Studien von psychisch Kranken darstellen, dass ihnen also ein psychologisches Textkonzept zugrunde liegt. Zudem enthält *Der Sandmann*, gerade im anfänglichen Briefteil, etliche Elemente, die gut zur Annahme eines psychologischen Textkonzepts passen; daher liegt es nahe, Option 1 durchzuspielen. In der textwissenschaftlichen Diskussion kann sich dann aber – wie in anderen Wissenschaften auch – herausstellen, dass eine zunächst attraktiv erscheinende Hypothese letztlich doch einer konkurrierenden unterlegen ist. Das ist hier der Fall: Obwohl zunächst einiges dafür spricht, Option 1 zu folgen, zeigt sich bei genauerer Analyse, dass dieser Ansatz bestimmte Textelemente nicht auf überzeugende Weise optionskonform zu interpretieren vermag; außerdem erweist sich Option 2b insgesamt als deutlich leistungsfähiger.

Bringt man nun die Unterscheidung zwischen traditioneller und empirisch ausgerichteter Textwissenschaft ins Spiel, so wird eine vertiefte Analyse möglich. Alle in Kapitel 6 behandelten Arbeiten lassen sich als Varianten der traditionellen Vorgehensweise einordnen, die bestimmte strukturelle Schwächen aufweist, die wir als *dogmatische* Tendenzen bezeichnen. Unsere wissenschaftstheoretische Analyse bleibt jedoch nicht bei dem Befund stehen, dass eine bestimmte Option zwar an sich legitim ist, sich aber im textbezogenen Vergleichstest als unterlegen erweist. Sie konzentriert sich in einem weiteren Schritt auf die festgestellten kognitiven Defizite der psychologischen Interpretationsstrategien, wobei zwei Fragen aufgeworfen werden:
1. Wie kommen diese Defizite – oder zumindest sehr viele von ihnen – zustande, und welche Funktion haben sie?
2. Wie lassen sich diese Defizite vermeiden?

Zur zweiten Frage haben wir uns bereits in Kapitel 5.3 geäußert: Die festgestellten kognitiven Defizite lassen sich vermeiden, wenn man bei der wissenschaftlichen Textarbeit zum erfahrungswissenschaftlichen Denkstil übergeht.

6.3 Methodologischer Kommentar zu Option 1

Wir können uns jetzt also ganz der ersten Frage zuwenden: Option 1 ist zwar grundsätzlich wissenschaftlich legitim (d.h., es lohnt sich hier, wie auch in vielen anderen Fällen, auszuprobieren, ob sich der gesamte Text zwanglos der Annahme eines psychologischen Textkonzepts fügt), aber die dogmatischen Elemente, welche die traditionellen textwissenschaftlichen Anwendungen von Option 1 aufweisen, lassen sich mit dem projektiv-aneignenden Denkstil in Verbindung bringen, d.h. mit der verbreiteten Tendenz, aneignend-aktualisierende Vorgehensweisen, die ja außerhalb der Textwissenschaft durchaus ihre Berechtigung besitzen, als kognitiv-wissenschaftliche Leistungen misszuverstehen. Dieses *Selbstmissverständnis* betrachtet die kognitive Hermeneutik als eine Form der Ideologiebildung (im erkenntniskritischen Verständnis von „Ideologie"). Nicht die psychologische Interpretationsstrategie als solche steht somit unter Ideologieverdacht, sondern nur die dogmatischen Komponenten des traditionellen textwissenschaftlichen Vorgehens im Einzugsbereich von Option 1.

Die in Kapitel 6 behandelten psychologisch argumentierenden Interpreten, die sich allesamt der traditionellen Textwissenschaft zuordnen lassen, neigen dazu, sich auf diese Interpretationsstrategie zu fixieren; sie suchen vorrangig nach Textelementen, die geeignet sind oder zu sein scheinen, den gewählten Deutungsansatz zu stützen. Die anderen Deutungsoptionen bleiben entweder unbeachtet oder werden von vornherein im Licht der eigenen Sichtweise abgewehrt. Wir meinen keineswegs, dass die traditionellen Vertreter von Option 1 sich nicht ernsthaft um die Lösung von Erkenntnisproblemen bemühen, sondern behaupten nur, dass sie ihre kognitive Ausrichtung nicht konsequent genug verfolgen, dass sie in entscheidenden Punkten dogmatisch verfahren und die einmal gewählte Interpretationsstrategie gegen Kritik abschotten, mit welchem Bewusstseinsgrad dies auch immer geschehen mag.

Diese Komponenten arbeiten wir anhand des Typs eines *dogmatischen* Vertreters von Option 1 heraus, dem deren tatsächliche Vertreter mehr oder weniger entsprechen, sodass sich im Einzelnen Differenzierungen ergeben. Dieser dogmatische Typ lässt sich folgendermaßen kennzeichnen:

1. Er untersucht nicht systematisch und konsequent, ob sich der *gesamte* Text zwanglos nach Option 1 deuten lässt, d.h. ob sich *alle* Textelemente diesem Zugriff fügen. Er geht vielmehr auf diejenigen Textelemente, die Option 1 in Schwierigkeiten bringen könnten, entweder gar nicht ein (als würden diese nicht existieren), oder er integriert sie auf eine Weise in seine Interpretationsstrategie, die in kognitiver Hinsicht unbefriedigend ist.

2. Er setzt sich nicht systematisch und konsequent mit anderen Deutungsoptionen auseinander, um seinen eigenen Ansatz in einem Vergleichstest als überlegen zu erweisen. Er berücksichtigt die anderen Optionen entweder gar nicht (als würden deren Umsetzungen nicht existieren), oder er reagiert auf

sie in einer Weise, welche die Überlegenheit des eigenen Ansatzes bereits als erwiesen voraussetzt.

3. Er geht auch bei der Deutung einzelner Textelemente auf die unter Punkt 2 beschriebene Weise vor.

Bei den einzelnen Vertretern von Option 1, die wir behandelt haben, ist die dogmatische Komponente mehr oder weniger stark entwickelt.

Nach der Feststellung und Einordnung der dogmatischen Komponenten traditionell verfahrender psychologischer Interpretationen fragen wir nun, *warum* dies so ist. Bei der Lösung dieses spezifischen Erklärungsproblems greifen wir auf die in *Kognitive Hermeneutik* entfaltete Theorie der Überzeugungssysteme und auf den Theorieteil über die projektiv-aneignende Interpretation[120] zurück. Wie also kommt es, dass traditionelle Textwissenschaftler, die Option 1 vertreten, in Punkten von entscheidender Bedeutung von ihrer ansonsten praktizierten kognitiven Ausrichtung abweichen und sich dem Typ des dogmatischen Vertreters von Option 1 mehr oder weniger stark annähern? Bei einer ausführlichen Beantwortung der Frage sind gewiss mehrere Faktoren zu berücksichtigen; wir konzentrieren uns jetzt auf den zentralen Zusammenhang:

1. Der psychologisch argumentierende Interpret traditionellen Typs ist (in mehr oder weniger starkem Maß und mit variierendem Bewusstseinsgrad) bestrebt, Option 1 vor Kritik zu schützen. Sie soll als die einzige ernstzunehmende Deutungsmöglichkeit erscheinen. (Entsprechendes gilt dann für die Vertreter der anderen Optionen.)

2. Das wiederum hängt damit zusammen, dass der Interpret an *genau dieser* Deutung sehr interessiert ist. Sie passt nämlich perfekt zu seinem Überzeugungssystem bzw. zu relevanten Teilen dieses Systems. Das besagt speziell bei Option 1: Zum Überzeugungssystem des Interpreten gehört eine explizite oder implizite psychologische Theorie, die mit der in der Textinterpretation vertretenen psychologischen Auffassung weitgehend übereinstimmt und die mit der innerhalb der Textwelt von Clara vertretenen Sichtweise zumindest verwandt ist. Der Interpret ist (mit welchem Bewusstseinsgrad auch immer) bestrebt, den Text als mit dem eigenen Überzeugungssystem im Einklang stehend zu erweisen: „Der Sinn des Textes entspricht dem, was auch ich denke bzw. was auch wir denken."

3. Da die Textinterpretation stets (in variierendem Ausmaß) eine Stützungsfunktion für das Überzeugungssystem des Interpreten besitzt, ist dieser psychisch und insbesondere emotional stark an seine Option gebunden. Insgeheim ist die Deutungstätigkeit – zumeist unbemerkt – darauf programmiert, eine systemkonforme Interpretation des Textes hervorzubringen. Das aber heißt, dass letztlich nur *eine* Deutung infrage kommt (hier die psychologi-

---

[120] Vgl. TEPE: *Kognitive Hermeneutik*, Kapitel 1.2 und Kapitel 1.4.

sche), weil nur sie die Passungs- bzw. Konformitätsforderung erfüllt. Das Ergebnis der Textarbeit steht somit in den Hauptzügen vorab fest.
4. Auf dieses leitende Interesse, eine überzeugungssystemkonforme Textdeutung hervorzubringen, lassen sich nun die dogmatischen Komponenten zurückführen. Zu diesem verdeckt bleibenden und zumeist unbewusst wirksamen Ziel passt es, wenn der Interpret z.B. zu der Auffassung gelangt, die von ihm präferierte Option sei *evident* und *alternativlos*. Die vermeintliche Gewissheit, die einzig sinnvolle Sichtweise zu vertreten, hat zur Folge, dass es *überflüssig* erscheint, systematisch zu prüfen, ob sich der *gesamte* Text zwanglos nach Option 1 deuten lässt. Der Interpret ist sich ganz *sicher* – daher kann er sich mit einigen Deutungsschritten, die für ihn exemplarische Bedeutung haben, begnügen. Insbesondere kann es für diese Gewissheitsposition gar keine Textelemente geben, welche die Deutungsstrategie ernsthaft in Schwierigkeiten bringen könnten. Hier gilt: Es kann nicht sein, was nicht sein darf. Das sichere Bewusstsein, die einzig sinnvolle Interpretation zu vertreten, führt ebenfalls dazu, dass eine intensivere Auseinandersetzung mit konkurrierenden Optionen überflüssig erscheint; das gilt für Aussagen sowohl über den Gesamttext als auch über einzelne Textteile.
5. Diese Interpretationspraxis stellt somit eine problematische Vermischung einer kognitiven mit einer projektiv-aneignenden und damit pseudowissenschaftlichen Vorgehensweise dar, die um jeden Preis einen Einklang mit dem eigenen Überzeugungssystem erreichen will. Je nachdem welche Seite dominiert, ist der wissenschaftliche Wert des Sekundärtextes größer oder geringer.
Die vorgetragenen Überlegungen antworten in allgemeiner Form auf die oben gestellte Frage „Wie kommt es, dass traditionelle Textwissenschaftler, die Option 1 vertreten, in Punkten von entscheidender Bedeutung von ihrer ansonsten praktizierten kognitiven Ausrichtung abweichen und sich dem Typ des dogmatischen Vertreters von Option 1 mehr oder weniger stark annähern?". Diese Antwort lässt sich auf *alle* anderen Deutungsoptionen übertragen, sofern bei deren Durchführung dogmatische Komponenten auftreten. Im Hinblick auf einen konkreten Sekundärtext, sei dieser nun Option 1 oder einer anderen Möglichkeit verpflichtet, darf die Theorieskizze nicht dahin gehend verstanden werden, dass damit vorab feststeht, es verhalte sich in jedem Einzelfall genauso. Um dies befriedigend *nachzuweisen*, bedarf es stets zusätzlicher Studien, die sehr aufwändig sind und in diesem Buch grundsätzlich nicht geleistet werden können. So müssten weitere Texte gelesen und zusätzliche Informationen über den jeweiligen Interpreten beschafft werden, auf deren Grundlage verlässliche Hypothesen über sein Überzeugungssystem und gegebenenfalls über dessen Wandlungen formuliert werden können. Diese wären dann mit den Ergebnissen unseres Kommentars abzugleichen,

um zu klären, ob die fragliche psychologische Textinterpretation *tatsächlich* wie vermutet eine Stützungsfunktion für das Überzeugungssystem des Interpreten besitzt. Ist das nicht der Fall, so muss versucht werden, die dogmatischen Komponenten seines Vorgehens anders zu erklären.

Da weiterführende Studien dieser Art den Rahmen unserer Abhandlung sprengen würden, begnügen wir uns generell damit, den – in jedem Einzelfall eigens zu erhärtenden – *Verdacht* zu äußern, dass die festgestellten kognitiven Defizite zu einem erheblichen Teil auf den projektiv-aneignenden Denkstil zurückzuführen sind, d. h. auf das starke Interesse, einem vielfach als wichtig angesehenen literarischen Text eine aktualisierende Deutung abzugewinnen, die genau zur Interpretenposition passt und damit deren Prestige erhöht.

Geht man, der kognitiven Hermeneutik folgend, innerhalb der Textwissenschaft zu einer erfahrungswissenschaftlichen Orientierung über, so führt das dazu, dass man strikt zwischen der aneignenden und der kognitiven Dimension unterscheidet. Innerhalb der aneignenden Dimension ist es legitim und unerlässlich, Texte einer aktualisierenden Sinnbesetzung zu unterziehen, die ihnen eine Relevanz für die Interpretenposition abgewinnt. Innerhalb der kognitiven Dimension hingegen geht es um die bestmögliche Lösung von Erkenntnisproblemen. Ob z. B. die Hypothese über das Textkonzept, die sich am besten bewährt, mit dem Überzeugungssystem des Interpreten im Einklang steht, ist hier von sekundärer und eben nicht mehr von (insgeheim) primärer Bedeutung. Der kognitiv verfahrende Interpret darf sich darüber freuen, im Autor des Primärtextes einen Geistesverwandten gefunden zu haben; er ist jedoch nicht darauf fixiert, den Autor *um jeden Preis* als einen solchen zu erweisen. Der kognitiv vorgehende Interpret bringt sein eigenes Überzeugungssystem, von dem er sich natürlich nicht lösen kann, bei seiner Arbeit nicht *massiv* zur Geltung, denn ihm geht es darum, die textprägenden Autorinstanzen herauszufinden, gleichgültig ob sie mit den eigenen Hintergrundannahmen übereinstimmen oder nicht. Daher beachtet er bestimmte Vorsichtsmaßnahmen, die ein direktes Einfließen der eigenen Prämissen in die wissenschaftliche Textarbeit verhindern sollen. Eben diese Einstellung erleichtert es dem kognitiv verfahrenden Interpreten auch, sich von Hypothesen zu trennen, die sich nicht am Text bewähren. Das Herz des erfahrungswissenschaftlich eingestellten Interpreten hängt nicht – wie das des dogmatischen Interpreten – an einer *ganz bestimmten* Option, sondern *am methodischen Vorgehen selbst*: Gewinnen soll in jedem Einzelfall diejenige Deutung, die am textkonformsten und am erklärungskräftigsten ist, welche das auch sein mag. Auf die Fähigkeit, die eigene weltanschauliche und theoretische Bindung bei der wissenschaftlichen Textarbeit zurückhalten und kognitive Kriterien dominieren lassen zu können, ist der empirische Textwissenschaftler stolz; sein spezifisches Ethos fordert, diese Fähigkeit zu entwickeln und dann zu perfektionieren. Er weiß um die Funktionsweise des aneignenden und speziell auch des projektiv-aneignenden Interpretierens und bemüht sich gezielt um einen Bruch mit diesen Verfahren im kognitiven Bereich.

Als Hauptergebnis halten wir fest: Die Anwendung von Option 1 im Rahmen der traditionellen Textwissenschaft ist über weite Strecken legitime Wissenschaft. In variierendem Ausmaß sind aber stets auch dogmatische Komponenten zu verzeichnen, die sich auf den projektiv-aneignenden Denkstil zurückführen lassen, der auf die Hervorbringung überzeugungssystemkonformer Deutungen ausgerichtet ist. Durch den Übergang zu einer erfahrungswissenschaftlichen Vorgehensweise lassen sich diese pseudowissenschaftlichen Komponenten ausschalten; die Verwissenschaftlichung der Textinterpretation wird dadurch vorangetrieben. Diesen Prozess zu beschleunigen, ist unser wichtigstes Ziel.

7. Dämonologische Ansätze (Option 2)

In Kapitel 7 befassen wir uns mit denjenigen Sekundärtexten, die entweder durchgängig oder aber überwiegend dämonologisch gemäß Option 2 argumentieren. Wir haben 5 Texte dieser Art einer kritischen Prüfung nach unserem Analyseprogramm unterzogen:

- ERGÄNZUNG 7-1: M. Kuttner: *Der Andere. (Beispiel: „Der Sandmann")*
- ERGÄNZUNG 7-2: P.-W. Wührl: *Die Struktur einer tragischen Märchenwelt. Der Sandmann: Die tödliche Bedrohung des Menschen durch eine dämonische Macht*
- ERGÄNZUNG 7-3: D. Müller: *Zeit der Automate. Zum Automatenproblem bei Hoffmann*
- ERGÄNZUNG 7-4: G. Hartung: *Anatomie des Sandmanns*
- ERGÄNZUNG 7-5: S. Ringel: *Realität und Einbildungskraft in „Der Sandmann"*

Eine weitere Ergänzung weist auf andere von uns untersuchte Sekundärtexte hin, die ebenfalls dämonologische Deutungselemente enthalten, welche aber im zugehörigen Interpretationsansatz nicht die dominierende Rolle spielen:

- ERGÄNZUNG 7-6: Dämonologische Elemente in weiteren von uns kommentierten Sekundärtexten

Im Folgenden geht es hauptsächlich darum, die wichtigsten kognitiven Defizite der dämonologischen Interpretationen herauszuarbeiten und diese mit der Grundhaltung der traditionellen Textwissenschaft in Verbindung zu bringen. In Kapitel 3.2 wurden zwei Hauptvarianten von Option 2 unterschieden: *Der Sandmann* wird entweder als *eindeutige* Dämonengeschichte (2a) aufgefasst oder aber als *verschleierte* Dämonengeschichte, welche über weite Strecken nach dem Prinzip des Offenhaltens von zwei gegenläufigen Deutungsmöglichkeiten gestaltet ist (2b).

Aus der von der kognitiven Hermeneutik propagierten erfahrungswissenschaftlichen Grundhaltung ergibt sich die Forderung, Fachtexte, welche die auch von uns bevorzugte Deutungsoption vertreten, *besonders streng* auf etwaige kognitive Defizite hin zu prüfen. Die in der Textwissenschaft verbreitete Neigung, mit den jeweils eigenen Überzeugungen im Einklang stehende Thesen und Argumente ohne kritische Prüfung als gültig zu akzeptieren, sind dem zu überwindenden dogmatischen Interpretationstyp zuzuordnen.

7.1 Kommentarzusammenfassungen (Wührl, Hartung)

In Kapitel 7.1 fassen wir zwei der insgesamt 5 Kommentare zusammen, die als besonders wichtig gelten können. Dabei konzentrieren wir uns auf die für die Diskussion von Option 2 zentralen Punkte.

P.-W. WÜHRL: *Die Struktur einer tragischen Märchenwelt. Der Sandmann: Die tödliche Bedrohung des Menschen durch eine dämonische Macht*[121]

Das zu Beweisende vorausgesetzt

Wührl stellt richtig heraus, dass in „psychologischen Interpretationen [...] die phantastischen Elemente nicht genügend beachtet sind" (209). Er berücksichtigt aber zu Beginn nicht hinlänglich, dass Hoffmann die Erzählstrategie des Offenhaltens von Deutungsmöglichkeiten anwendet und über die Figur der Clara immer auch die Option eröffnet, es könne sich um die „Einbildung eines Kranken" (210) handeln. Daher trifft es nicht zu, dass der Autor dem Leser „keine innere Distanz" (202) lässt und dass unstrittig das „Phantastische als ‚real'" (210) dargestellt wird. Die Überlegenheit der dämonologischen Interpretation muss erst noch *erwiesen* werden. Wührl setzt hier das zu Beweisende bereits als gültig voraus. Daraus, dass Nathanael das Laboratorium ausführlicher als andere Phänomene schildert, kann nicht direkt gefolgert werden, dass es sich um einen im engeren Sinn „magische[n] Bereich" (212) handelt. Die Gestaltungsweise kann hier nur als *Indiz* gewertet werden.

Identität von Coppelius und Coppola

Coppelius/Coppola wird als „dämonische Doppelpersönlichkeit" (215) erkannt. Wührl weist jetzt auch, anders als am Anfang seines Textes, auf die Erzählstrategie des Offenhaltens von Deutungsmöglichkeiten hin: „Der Dichter verschleiert absichtlich, daß Coppelius und Coppola identisch sind. [...] Hoffmann hat zwar die Identität sehr geschickt verschleiert (um die unheimliche Atmosphäre um diese Gestalt zu verdichten), aber dennoch eindeutig geklärt. Das geht aus der Szene [...] hervor, in der Spalanzani mit Coppelius-Coppola in Streit gerät" (215 f.). Hier ist jedoch zu bedenken, dass auch psychologisch argumentierende Interpreten eine optionskonforme Deutung dieser Szene hervorbringen können, die Nathanael ein wahnbedingtes *Verhören* zuschreibt. Erst eine genauere Analyse führt zur Klärung.

Wührl arbeitet den entscheidenden Punkt gut heraus: „Nathanael vernimmt auf dem Flur vor Spalanzanis Studierzimmer die wütenden Stimmen des ‚gräßlichen *Coppelius*' und Spalanzanis. Er erkennt also Coppelius, der im Streit einwandfreie deutsche Ausrufe formuliert, an der Stimme. Das ist für die Identifizierung bedeutsam, denn der Wetterglashändler Coppola hatte mit ihm immer in gebrochenem Deutsch gesprochen. – Nun stürzt Nathanael

---

[121] P.-W. WÜHRL: *Die Struktur einer tragischen Märchenwelt. Der Sandmann: Die tödliche Bedrohung des Menschen durch eine dämonische Macht*. In: DERS.: *Die poetische Wirklichkeit in E. T. A. Hoffmanns Kunstmärchen. Untersuchungen zu den Gestaltungsprinzipien*. München 1963, S. 209–235. (ERGÄNZUNG 7-2)

‚hinein', erblickt den Professor und den ‚Italiener *Coppola*', der schließlich Spalanzani niederschlägt und die Puppe raubt. Spalanzani, der früher Nathanael versichert hatte, daß Coppola nicht der Advokat Coppelius sei [...], nennt nun jenen Coppola ausdrücklich Coppelius: ‚Coppelius – Coppelius, mein bestes Automat hat er mir geraubt ...'. Da die Szene sehr bewegt ist, bleibt dem Leser, der die Dichtung ohne kritische Distanz liest, gar keine Zeit, diese Zusammenhänge zu überdenken. Das liegt ganz in der Absicht des Autors." (216) Ausschlaggebend dafür, dass der dämonologischen Deutung die größere Wahrscheinlichkeit zugesprochen werden muss, ist nicht, dass Nathanael „des gräßlichen Coppelius Stimme[]" [44] hört: In dieser Hinsicht könnte er sich, vom (möglicherweise irrigen) Glauben an die Identität von Coppelius und Coppola geleitet, durchaus verhört haben. Entscheidend ist, dass der Sprecher „im Streit einwandfreie deutsche Ausrufe formuliert", während Coppola mit ihm „immer in gebrochenem Deutsch gesprochen" hatte. Ein Rekurs auf eine Wahnvorstellung Nathanaels ist praktikabel, wenn es unmittelbar um die Identifikation einer Person geht; sie ist aber nicht mehr plausibel durchführbar im Hinblick auf die Art des Sprechens. Daher ist davon auszugehen, „daß Coppelius und Coppola identisch sind" (215).

Coppelius als dämonisches Wesen

Dass es sich bei Coppelius/Coppola um eine „dämonische Doppelpersönlichkeit" (215) handelt, muss allerdings prinzipieller begründet werden, als es bei Wührl geschieht. Denkbar ist ja auch eine einfache Tarnung bzw. Verstellung eines Menschen, die keine Verbindung zum „magischen Bereich" (216) voraussetzt. Ferner kann auch ein gewöhnlicher Verbrecher, nachdem er „ein Unglück ausgelöst hat", verschwinden und „überraschend an einem anderen Ort" (216) auftauchen, um sich der Strafverfolgung zu entziehen.
Wührl erkennt richtig, dass Coppelius/Coppola „Nathanaels Schicksal [steuert], obwohl dieser glaubt, den Kampf mit ihm aufnehmen und sich für den Tod seines Vaters rächen zu können" (217). Darüber hinaus meinen wir jedoch, dass die Handlungskonstellation Anlass gibt, eine bestimmte Motivation für wahrscheinlich zu halten: Wenn Coppelius ein bösartiges höheres Wesen in Menschengestalt ist und der Vater mit ihm einen Bund zur Erschaffung mindestens eines künstlichen Menschen geschlossen, diesen dann aber aufgekündigt hat, liegt es nahe anzunehmen, dass der Tod des Vaters *nicht* auf einen Unfall zurückzuführen ist. Will Nathanael sich nun an Coppelius, den er für den Tod des Vaters verantwortlich macht, rächen, so ist das für ein dämonisches Wesen ein hinlänglicher Grund, auch ihn zu verfolgen.
Muss Coppelius als Dämon in Menschengestalt gelten, der künstliche Menschen herstellen will und dabei ein mit den Augen zusammenhängendes Verlebendigungsproblem hat, dann deutet die Erzählung der Kinderfrau in mär-

chenhaft-verdrehter Form auf die schreckliche Wahrheit vom ‚Sandmann' hin, der eben ein augenraubender Dämon ist. Die Amme dichtet nicht die „bekannte freundliche Allegorie, die mit der Gestalt des Sandmann verknüpft ist" (217), willkürlich um. Sie erzählt vielmehr unwillentlich die wahre Geschichte vom ‚Sandmann', und die „freundliche Allegorie", „die Hoffmann Nathanaels Mutter in den Mund legt" (217), muss innerhalb der Textwelt als deren Verharmlosung gelten.

Zentrale übernatürliche Zusammenhänge werden von Wührl erkannt: Coppelius/Coppola ist „ein Abgesandter eines dämonisch-magischen Bereichs [...]. Im Gegensatz zu den beiden Magiern aus Hoffmanns lichten Märchenwelten sucht er Nathanael nicht zu fördern, wie Anselmus und Balthasar gefördert werden; er sucht ihn vielmehr zu vernichten. Da der Student ein Dichter und deshalb sensibler und verletzlicher als der ‚Bürger' ist, kann er seine Persönlichkeit durch ein magisches Instrument, das geheimnisvolle Perspektiv, zerstören. Als Händler verkleidet gelingt es ihm, Nathanael das gefährliche Glas in die Hände zu spielen." (219f.) Wir schreiben Coppelius in dieser Phase allerdings nicht das Ziel zu, Nathanael direkt zu zerstören. Er will ihn vielmehr zunächst dazu benutzen, seinen alten Plan, einen künstlichen Menschen zu erschaffen, zu realisieren. Zu diesem Zweck setzt er das Fernrohr ein, das auch wir als „magisches Instrument" deuten. Nathanael wird so ungewollt zum Erfüllungsgehilfen des Coppelius, der sich „auf rätselhaft dämonische Weise den *Zufall* zunutze machen kann" (220).

Nach Wührl rät Clara „Nathanael instinktiv richtig, wenn sie ihn ermahnt, sich ganz den Forderungen des alltäglichen Lebens zu widmen. Sie spürt, daß er sich den feindlichen Mächten, denen er widerstehen möchte, geradezu ausliefert." (222f.) Handelt es sich jedoch um einen *realen* Dämon, der Nathanael verfolgt, so kann die Ermahnung, „sich ganz den Forderungen des alltäglichen Lebens zu widmen", nicht funktionieren. Außerdem liefert sich Nathanael „den feindlichen Mächten" nur insofern aus, als er sich an Coppelius rächen möchte; man kann aber nicht sagen, dass er gezielt den Kontakt mit ihm sucht – es verhält sich gerade umgekehrt: Die feindliche Macht sucht ihn immer wieder in unterschiedlicher Gestalt heim.

Das magische Perspektiv

Wührl setzt sich angemessen mit dem psychologischen Interpretationsansatz auseinander: „Da Hoffmann im ‚Sandmann' die Symptome des Verfolgungswahns verwendet und auch Clara den Geliebten mit psychologischen Mitteln vor den feindlichen Mächten in seinem Innern warnt, die nur durch seine seelische Bereitschaft Gestalt gewinnen könnten, verleitet das Märchen zu psychologischen Interpretationen, die ihm nicht gerecht werden. Denn das Perspektiv, das die verhängnisvollen Ereignisse auslöst, ist ein Märchenrequisit, ähnlich den Ferngläsern, mit denen sich im ‚Meister Floh' die beiden Mikroskopisten duellieren. Wie auch in anderen von Hoffmanns Märchen besitzt das ‚Kristall', in diesem Fall in Form der ‚Linse', magische Eigenschaften." (231) „Mit Hilfe des Perspektivs stiehlt Coppelius Nathanaels Augen und überträgt sie auf die Puppe [...]. Spalanzani deckt später den geheimnisvollen Diebstahl auf, aber erst, nachdem er mit Coppelius in Streit geraten ist [...]. Als Coppelius die magische Operation geglückt ist, kann Spalanzani es wagen, den Automaten als lebendiges Mädchen in die Gesellschaft einzuführen. Die Studenten schöpfen zwar Verdacht, aber keiner durchschaut die Täuschung wirklich. Olimpia ist ihnen nur unheimlich. Nathanael verfällt dagegen völlig der Macht des Perspektivs, das ihm das Holzpüppchen in ein liebreizendes Mädchen verwandelt" (232).

Es liegt nahe, den zuletzt genannten Tatbestand ebenfalls auf die magische Beeinflussung zurückzuführen: Das Perspektiv ist demnach so präpariert, dass erstens Nathanaels Augen *nicht* physisch, sondern magisch auf die Androide übertragen werden, sodass Olimpia unbewusst durch Nathanael verlebendigt wird und sie in ihrer Lebendigkeit auf magisch-mythische Weise identisch mit Nathanael ist. Zweitens ist das Perspektiv dergestalt angelegt, dass Nathanael sich in Olimpia verlieben muss, nämlich weil er sich in ihr wiederfindet, sodass er in ihr die kongeniale Partnerin zu erkennen glaubt. Das Perspektiv ist ferner so präpariert, dass es bei beiden Frauengestalten zu einer Verdrehung der tatsächlichen Verhältnisse führt: Olimpia erscheint, durch das Perspektiv betrachtet, als die zu Nathanael optimal passende Frau, Clara hingegen erscheint als „ein Holzpüppchen" (232) bzw. Automat, als künstlich – und zudem als lebensbedrohlich für Nathanael.

Psychologische Fehldeutungen

Nathanael erzählt Coppelius' Übergriff in der Experimentszene „als tatsächlichen Vorgang" (233). Dabei handelt es sich um eine „magische Operation" (232), die nicht mit Maßstäben der profanen Alltagserfahrung gemessen werden darf. Es trifft jedoch nicht zu, dass Nathanael sich den magischen Vorgang psychologisch zu erklären versucht. Er lässt das Erlebnis nicht „als Fieberphantasie erscheinen" (233). Nathanael stellt die Misshandlung als real dar und das Fieber als *Folge* der damit verbundenen Angst und Schrecken. Zu Nathanaels fehlerhafter naturalistisch-psychologischer Erklärung des numinosen Geschehens bei Coppolas zweitem Besuch gibt es Parallelen in anderen Texten Hoffmanns: „Auch im ‚Goldnen Topf' und in ‚Klein Zaches' versuchen die Helden zunächst, sich die geheimnisvollen Ereignisse, in die sie verwickelt werden, rational als Sinnestäuschungen zu erklären. Aber dort sind die magischen Vorgänge viel märchenhaft-phantastischer" (233). Das aber bedeutet: „Obwohl im ‚Sandmann' die Erfahrungsrealität klar herausgearbeitet ist und der Leser nicht in phantastische Zauberräume entführt wird, sondern das Geschehen in einem alltäglichen Umkreis abrollen sieht, ist die Erzählung keine tiefenpsychologische Novelle" (233). Es handelt sich, so unser Vorschlag, um eine verschleierte Dämonengeschichte mit märchenhaften Elementen und tragischem Ausgang.

Fehleinschätzungen Wührls

Da Nathanaels Augen „auf geheimnisvolle Weise auf [Olimpia] übertragen wurden, [...] liebt er in tragischer Gefühlsverwirrung eigentlich sich selbst" (234). Daraus folgt indes nicht: „Nathanael kann Olimpia gar nicht wirklich lieben!" (234) Da er glaubt, eine verständnisvolle und optimal zu ihm passende Partnerin gefunden zu haben, liebt er in dieser Hinsicht *nicht* nur sich selbst. Seine Liebe zu ihr ist allerdings eine undurchschaute, durch Anwendung magischer Mittel herbeigeführte Selbstliebe.
„Gegen die Macht des Dämons hat Clara keine magischen, sondern nur ihre menschlichen Kräfte einzusetzen. Diese sind aber zu schwach. Ihre Versuche, in Nathanael innere Widerstandskräfte gegen das feindliche Prinzip wachzurufen, von dem sie allerdings glaubt, daß es nur in Nathanaels Innenwelt existiere, haben eine unbeabsichtigte Wirkung. Ihre Ermahnungen sind der eigentliche Grund, daß sich Nathanael, der ja sieht, wie sich die Brillen in Augen verwandeln, zwingt, an eine Täuschung zu glauben. Gleichsam, um sich selbst für sein Mißtrauen zu bestrafen, kauft er Coppola das verhängnisvolle Perspektiv ab" (234). Nach Wührl liefert sich Nathanael „den zerstörerischen Märchenmächten, die ihn bedrohen, durch seine Passivität aus. Er stellt sich nicht aktiv genug in die Wirklichkeit des nüchtern alltäglichen Lebens hinein" (235). Diese Aussage passt besser zu einem psychologischen als zu einem dämonologischen Ansatz. Hat Nathanael es mit einer realen dämonischen Macht zu tun, so ist die Entwicklung von inneren Widerstandskräften gegen das feindliche Prinzip nicht hinreichend, den von der höheren Macht gewollten Untergang zu verhindern. Es reicht dann nicht aus, sich aktiv „in die Wirklichkeit des nüchtern alltäglichen Lebens" hineinzustellen.

G. HARTUNG: *Anatomie des Sandmanns*[122]

Hoffmanns Zugehörigkeit zum objektiven Idealismus

Hartung nimmt eine weltanschauliche Einordnung Hoffmanns vor: „Trotz allen Unterschieden zur frühromantischen Kunstlehre und trotz späterer Ab-

---

[122] G. HARTUNG: *Anatomie des Sandmanns*. In: *Weimarer Beiträge* 23/9 (1977), S. 45–65. (ERGÄNZUNG 7-4)

schwächung naturphilosophischer Motive ist Hoffmanns Zugehörigkeit zum ‚objektiven Idealismus' so offenkundig, daß man sie nie hätte in Zweifel ziehen sollen. Die vorhandenen Differenzen zu Schellings Identitätsphilosophie sind darin begründet, daß der Dichter kein erkenntnistheoretisches Interesse hat. [...] Der sogenannten romantischen Naturphilosophie, wie Hoffmann sie weniger durch Schelling als durch den Schellingianer Gotthilf Heinrich Schubert kennenlernte, entnahm er einzelne poetische Motive, die er im Sinne naturmythischer Verfremdung des Alltagsbewußtseins verwendete." (49) Hoffmanns Überzeugungssystem ist in der Tat in das religiös-metaphysische Spektrum einzuordnen. Ein Motiv, das Hoffmann verwendet, ist „die Vorstellung von der ‚Schrift' in Zeichen, Chiffren, Hieroglyphen, durch welche die Natur den Weltgeist verkündet oder doch einst verkündet hat, als die Menschen noch mit ihr in Einklang lebten" (49).

Bewertungen aus marxistischer Sicht

Von der weltanschaulichen Positionsbestimmung Hoffmanns ist jedoch die theoretisch-philosophische Bewertung dieser Position, die bei Hartung aus marxistischer oder marxismusnaher Sicht erfolgt, abzugrenzen. Die kognitive Hermeneutik unterscheidet strikt zwischen dem textwissenschaftlichen und dem philosophisch-weltanschaulichen Diskurs, in dem es um die Frage geht, wie ein bestimmter weltanschaulicher Rahmen aus der Sicht der vom Interpreten akzeptierten Theorie zu bewerten ist. Diese an sich legitime Tätigkeit ist aus der Textwissenschaft auszulagern. Die überprüfbare Lösung kognitiver Probleme ist etwas anderes als die bewertende Beurteilung einer weltanschaulichen und künstlerischen Position, die je nach Position des Beurteilenden anders ausfällt.

Abgrenzung vom Unentscheidbarkeitsansatz

„Solange man bloß die drei Briefe gelesen hat, bestehen [...] zwei Deutungsmöglichkeiten noch gleichberechtigt nebeneinander. Sie sind mit den Standpunkten der Briefschreiber identisch: Entweder ist eine außermenschliche Wesenheit am Werke, oder sie existiert nur in Nathanaels gestörtem Bewußtsein" (55). Hartung stellt auch richtig fest, dass der Erzähler „eindeutige Urteile meidet" (56), sodass – zumindest über weite Strecken – offenbleibt, welche Sichtweise die richtige ist. Auf der Interpretationsebene gibt das Anlass zu der Hypothese, dass der Autor gezielt eine Erzählstrategie des Offenhaltens von Deutungsmöglichkeiten verfolgt. Entscheidend ist nun die Frage, ob diese Erzählstrategie konsequent und lückenlos umgesetzt wird (Unentscheidbarkeitsansatz) oder aber so, dass letztlich die dämonologische oder die psychologische Sichtweise das Übergewicht gewinnt. Durch die Wendung „nur eine Stelle ausgenommen" (55) deutet Hartung bereits an, dass er (wie wir) dem Unentscheidbarkeitsmodell nicht folgt.

Fatalistische Elemente

Was eine denkbare „fatalistische Interpretation des Werkes" (56) anbelangt, so wäre eine genaue Klärung des Gehalts und des Status einer solchen These wünschenswert. Nach unserer Auffassung stellt Hoffmanns Weltsicht zwar keine reine Form des Fatalismus dar, enthält aber einige fatalistische Elemente. Hartung dringt hier nicht zu den notwendigen Differenzierungen vor.

Hoffmanns Umgang mit medizinischer Fachliteratur

Hartung konzediert, dass eine psychologische Deutung des Textes als psychopathologische Fallgeschichte über weite Strecken möglich ist. „Da der Erzähler seine Meinung zurückhält, kann der Mittelteil nahezu widerspruchsfrei als eine klinisch exakte Geschichte des Wahnsinns gelesen werden. Hoffmann hat medizinische Fachliteratur herangezogen" (56). Wenn Hoffmann medizinische Fachtexte wie den von Pinel kannte und sich dadurch künstlerisch hat anregen lassen, so folgt daraus jedoch nicht, dass es sein künstlerisches Ziel war, dieses Wissen im naturalistisch-psychologischen Sinn zu verarbeiten; es darf nicht von vornherein die Möglichkeit ausgeschlossen werden, dass er dieses Wissen einem dämonologischen Textkonzept dienstbar gemacht hat. Demnach liefert Hoffmann keine poetisch ausgestaltete Version von in der Fachliteratur untersuchten realen Fällen, sondern konstruiert einen Fall, in dem ein realer Dämon für den Wahnsinn eines Menschen verantwortlich ist. Daher nimmt die „folgerechte Entwicklung des psychischen Geschehens aus einem kindlichen Angstkomplex" (56) eine Form an, die *grundsätzlich* anders ist als die in der medizinischen Fachliteratur der Zeit.

Argumente für den dämonologischen Ansatz

„Es gibt aber einen Punkt in der Liebesgeschichte, an dem zumindest die Ahnung entstehen muß, daß der psychologische Rationalismus zur Erklärung des Ganzen nicht ausreicht. Denn jene Dichtung des Studenten, welche in jeder Hinsicht das Zentrum der Erzählung bildet, nimmt allegorisch sein künftiges Schicksal voraus und scheint schon deswegen von transzendenten Mächten diktiert zu sein." (57) Nach unserer Auffassung ist das Coppelius-Gedicht Nathanaels nicht der entscheidende Punkt, „an dem zumindest die Ahnung entstehen muß, daß der psychologische Rationalismus zur Erklärung des Ganzen nicht ausreicht". Denn bei isolierter Betrachtung lässt dieses Gedicht auch eine psychologische Interpretation zu. Die zentralen Punkte, wel-

che die Waage zugunsten des dämonologischen Ansatzes ausschlagen lassen, sind die Teezirkel und der Sprachgebrauch im Streit zwischen Spalanzani und Coppola.
Auch „auf der Ebene des vom Erzähler direkt verantworteten Berichts [...] erzeugen die Farben, die Hoffmann aufträgt, den Schimmer einer anderen Welt. Am deutlichsten geschieht das beim dritten Auftritt des Coppelius. Nicht eine Halluzination Nathanaels, sondern Klaras Beobachtung kündet ihn an: ‚Sieh doch den sonderbaren kleinen grauen Busch' – (im Entwurf: ‚ein kleines graues Thürmchen') – der ordentlich auf uns loszuschreiten scheint'; es ist zu erinnern, daß der Advokat sich aschgrau trug und erst zur Katastrophe geradewegs in die Stadt kam. ‚Riesengroß' ragte dann Coppelius über die Menge empor. Das tut sonst bei Hoffmann (zum Beispiel in der *Nachricht aus dem Leben eines bekannten Mannes*) nur jemand, der gewiß kein Mensch, sondern ganz unzweifelhaft der Teufel ist. Man kann nicht umhin, diesen in jenem zu agnoszieren, wennschon die Gesamtphysiognomie des Advokaten das volkstümliche Teufelsbild nur in Vermischung mit zeitgenössisch realistischen Zügen aufweist und dadurch jede eindeutige Identifizierung auch wieder verhindert. Es ist eben damit zu rechnen, daß der Gottseibeiuns in der Moderne ‚vielleicht ... ein anderes Kostüm angelegt' hat, ‚das ihn zurzeit unkenntlich macht'" (58). Hoffmann inszeniert Coppelius als Dämon respektive Teufel, der Menschengestalt angenommen hat; er hat „ein [...] Kostüm angelegt", das ihn zum Teil unkenntlich macht, aber genügend andere Elemente aufweist, welche die Verbindung herzustellen erlauben.
„[D]as ‚schiefe Maul', mehr noch die grünlich funkelnden ‚Katzenaugen' deuten entschieden auf Dämonisches: Gestalt, Fäuste und erdgelbes Gesicht erinnern an einen Gnom oder Golem. [...] Coppelius ist also eine aus ‚heterogenen Elementen' zusammengesetzte Gestalt, an der gerade noch so viele traditionelle Vorstellungselemente beteiligt sind, daß sich die Resultante eines in Menschengestalt erscheinenden ‚teuflischen Prinzips' ergibt." (59) Wir melden in interpretationsstrategischer Hinsicht aber einen Vorbehalt an: Betrachtet man Nathanaels ersten Brief isoliert, so ist ja durchaus auch eine psychologische Lesart durchführbar. Ihr zufolge erscheint die negative Darstellung des Coppelius als Konsequenz der Wahnvorstellung Nathanaels, die dazu führt, dass ein hässlicher und unsympathischer Mensch fälschlich mit dem übernatürlichen Sandmann identifiziert und somit *dämonisiert*, als Teufel in Menschengestalt missverstanden wird. Hartungs Bestimmungen gewinnen hingegen deutlich an Beweiskraft, wenn es gelungen ist, anhand anderer Textelemente – vor allem der Olimpia-Episode – nachzuweisen, dass in der Textwelt nicht alles mit rechten Dingen zugeht, dass diese also übernatürliche Komponenten aufweist. „So schmecken die Umstände, unter de-

nen Nathanaels Vater starb, bedenklich nach dem bekannten Ende von Teufelsbeschwörern, wie denn schon beim Experimentieren seine Gesichtszüge sich ‚zum häßlichen widerwärtigen Teufelsbilde' verzogen." (59)
Das Werk, das Nathanaels Vater und Coppelius in Angriff nehmen, „ist die künstliche Reproduktion des Menschen. Nicht um Goldmacherei ging es, sondern um den Homunkulus, und indem der Vater den Versuchen sein Haus öffnete, gab er der Versuchung Zugang zu seinem Sohn. Nathanael hat den Bösen mit Augen gesehen, und wenn der auch die Augen des Kindes nicht nehmen kann, wird er den Zeugen doch durch ein Augenpaar vernichten. Auch für den in Coppelius inkarnierten Teufel gilt die Faustsche Charakteristik: ‚Du kannst im Großen nichts vernichten/Und fängst es nun im Kleinen an.' Das verneinende Prinzip möchte es schon im Großen versuchen; es könnte den Weltgeist negieren, wenn es ihn und seinen Widerschein im Menschen künstlich herstellte. Das Werk wird zu Hohn und Trotz dessen unternommen, der hier [...] ‚der Alte' heißt [...]. Im Kampf gegen ihn durch Nachäffen der Schöpfung ist der Widersacher sichtlich auf verschiedene Schwierigkeitsstufen gestoßen. Der Mechanismus menschlicher Glieder wenigstens läßt sich verstehen und wohl auch reproduzieren; aber die Augen bleiben fürs erste unerreichbar." (60) Demnach schließt der Vater mit der oder einer bösen höheren Macht ein Bündnis zur „künstliche[n] Reproduktion des Menschen". Es ist anzunehmen, dass die dämonische Macht sich damit gegen die göttliche Macht wendet; wahrscheinlich verfolgt sie das Ziel, über die Produktion künstlicher Menschen letztlich die Stelle Gottes einzunehmen. Während sich der „Mechanismus menschlicher Glieder" als reproduzierbar erweist, bereiten die Augen, die hier offenbar als eigentlicher Belebungsfaktor fungieren, noch Probleme: Wer auch die Augen nachzuschaffen versteht, kann künstliche Menschen erzeugen, die von echten Menschen nicht mehr zu unterscheiden sind.
„Man versteht, daß der Satan, nachdem es im Norden mit den mittelalterlichen Methoden nicht gegangen ist, nun sich südlich wendet, mit der fortgeschrittensten Wissenschaft – denn das war die Physik der Italiener – aufs engste kollaboriert und selber die Herstellung scheinlebendiger Augen in Angriff nimmt. Mit der Olimpia-Episode geschieht ein Sprung in die Moderne, der die faustische Luft hinter sich läßt." (60) Nach dieser Auffassung implizieren die beiden Phasen der Herstellung künstlicher Menschen auch eine historische Perspektive: Das Hauptziel wird zunächst am „altertümlichen Alchemistenherd" (59), dann aber in Zusammenarbeit mit einem Professor der Physik verfolgt, hier mit „mittelalterlichen Methoden", dort „mit der fortgeschrittensten Wissenschaft". „Der Böse hat sich ins Kostüm eines Linsenschleifers gehüllt" (60).

Kritik des Materialismus als tiefere Sinnebene

„Die Aversion gegen das Glas- und Apparatewesen der Naturwissenschaft teilte [Hoffmann] mit Goethe, doch ließ er sich von ihrer Sphäre gerade anziehen und seine Phantasie an ihr entflammen. [...] Der vermessene Anspruch des damaligen Materialismus, Leben und Geist mechanisch erklären zu können, mußte sichtbar werden, wenn man den Satz, daß der Mensch eine Maschine sei, umkehrte und praktisch zu beweisen trachtete. Wirklich konnten die um 1800 beliebten automatischen Figuren einem reizbaren Gemüt als Probe aufs Exempel des l'homme machine erscheinen." (60f.) Mit dieser Passage ist ein interpretationsstrategisch wichtiger Punkt erreicht. Sie zeigt nämlich, dass auch Option 2 mit der Annahme einer versteckten zusätzlichen Sinnebene, also mit Option 4, verbunden werden kann. In Kapitel 6 sind wir mehrfach auf die Verbindung von Option 1 mit Option 4 gestoßen: Demnach handelt es sich um die tragische Geschichte eines psychisch kranken Menschen, die auf einer tieferen Sinnebene zugleich als Kritik an der Ichbezogenheit bestimmter Formen der Romantik zu lesen ist. Strukturell ähnlich geht Hartung vor: Zunächst einmal handelt es sich um eine verschleierte Dämonen- oder Teufelsgeschichte, die aber auf einer tieferen Sinnebene zugleich als Kritik am zeitgenössischen (areligiösen) Materialismus und dessen Anspruch, „Leben und Geist mechanisch erklären zu können", zu interpretieren ist. Die künstliche Frau Olimpia erscheint, wenn man diese weltanschaulichen Hintergründe einbezieht, „als Probe aufs Exempel des l'homme machine". Auf einer tieferen Sinnebene besteht somit eine Verbindung zum „Satz, daß der Mensch eine Maschine sei".

Ein literarischer Text, in dem der oder ein Teufel mehrfach versucht, einen lebendigen künstlichen Menschen herzustellen, was auch tatsächlich gelingt, kann mit einer Autorposition in Verbindung gebracht werden, die den „Anspruch des damaligen Materialismus, Leben und Geist mechanisch erklären zu können", grundsätzlich ablehnt. Im Licht bestimmter religiös-metaphysischer Prämissen, wie wir sie Hoffmann zuschreiben, erscheint der gesamte (areligiöse) Materialismus als teuflisch, als neue Variante der gegen das göttliche Prinzip gerichteten Bestrebungen der bösen Macht. Ein Textkonzept, das die Herstellung eines lebendigen Androiden unter maßgeblicher Beteiligung einer Teufelsgestalt vorsieht, kann als künstlerische Umsetzung dieser – religiös grundierten – Materialismuskritik begriffen werden. „Wo die Wissenschaft [...] den menschlichen Geist und Willen usurpiert und ihre Resultate an deren Stelle setzt, ist sie in den Dienst eines Widergeistes getreten, der es auf die Vernichtung des eigentlich Menschlichen abgesehen hat" (61).

„Durch das demiurgische Interesse des Coppelius werden [die Augen] verselbständigt und verdinglicht, gleichsam vom Menschenleib, dem bloßen

Naturzusammenhang abgelöst und in geistige Zusammenhänge gerückt." (63) Von den Augen hängt es ab, ob die künstliche Reproduktion des Menschen gelingt, ob also eine Verlebendigung des Mechanismus menschlicher Glieder erfolgt; sie fungieren als Belebungsinstanz. Das Auge des Automaten spiegelt „Leben ohne Geist und Seele vor" (64) und wirkt auf einige gespenstisch – aber nicht so, dass direkt ein Automatenverdacht aufkommt. Greift man die Hypothese auf, dass im Text der (areligiöse) Materialismus als teuflisch dargestellt wird, so lässt sich die Funktion des Augenmotivs präzisieren: Der widergöttliche Charakter des Mechanizismus lässt sich dadurch zeigen, dass es gespenstisch und grauenhaft wirkt, „wenn der Lebensschein mechanisch angefertigt werden kann, wenn der Abglanz des Weltgeistes aus Spiegeln, Linsen, Glaskörpern aller Art herauszustrahlen scheint und nach dem Willen des Bösen auch herausstrahlen soll" (64). Der Verlust alles spezifisch Menschlichen ist das Resultat. Das „schaurige Bild der am Boden starrenden Augen" bezeichnet dann „den brutalsten Angriff der antigeistigen Macht und einen Extrempunkt menschlicher Verkehrung" (64).

7.2 Varianten von Option 2

Auf der Grundlage sämtlicher Kommentare zu den dämonologischen Ansätzen stellen wir nun die Varianten von Option 2 systematisch dar und ordnen ihnen die Interpreten zu. Da Option 2 sich im Wettkampf als überlegen erwiesen hat, ersetzen wir den Punkt *Kritikstrategie* in einigen Fällen durch *Ausbaustrategie*. Wo dies erforderlich ist, nehmen wir wiederum Mehrfachzuordnungen vor.

Option 2a
Die Erzählung wird als Dämonengeschichte gedeutet, ohne die Erzählstrategie des Offenhaltens von zwei gegenläufigen Deutungsmöglichkeiten zu berücksichtigen.
Vertreter: –
Kritikstrategie: Option 2b stellt gegenüber 2a einen Erkenntnisfortschritt dar.

Option 2b
Die Erzählung wird als Dämonengeschichte gedeutet; dabei wird die Erzählstrategie des Offenhaltens von Deutungsmöglichkeiten mehr oder weniger konsequent berücksichtigt.
Vertreter: Kuttner, Wührl, Müller, Hartung, Ringel, Tepe/Rauter/Semlow

Ausbaustrategie: Unsere systematische Interpretation stellt die bislang elaborierteste und umfassendste dämonologische Deutung dar. Welche Weiterführungen darüber hinaus sinnvoll sind, bleibt abzuwarten.

Im Folgenden werden, über die Unterscheidung zwischen Option 2a und 2b hinausgehend, mehrere *Modelle* unterschieden (vgl. Kapitel 6.2).

Modell a

Option 2 (a/b) wird ohne Verbindung mit weiteren Ansätzen mehr oder weniger konsequent umgesetzt.
Vertreter: Kuttner, Wührl
Ausbaustrategie: Siehe Option 2b.

Modell b

Option 2 (a/b) wird mit der biographisch-psychologischen Forschung verbunden. Das betrifft zunächst Hypothesen über das textprägende Überzeugungssystem des Autors, dann aber vor allem die biographische Aufbauarbeit.
Vertreter: Hartung
Ausbaustrategie: Die biographisch-psychologische Aufbauarbeit sollte konsequent auf der Grundlage des dämonologischen Ansatzes, der sich als überlegen erwiesen hat, betrieben werden.

Modell c

Option 2 (a/b) wird mit Thesen verbunden, die bestimmten theoretischen Ansätzen verpflichtet sind.
Vertreter: Hartung (bewegt sich streckenweise im weltanschaulich-philosophischen Diskurs marxistischer Art)
Kritikstrategie: Der textwissenschaftliche Diskurs ist strikt vom weltanschaulich-philosophischen Diskurs zu trennen.

Modell d

Option 2 (a/b) wird mit anderen Deutungsoptionen verbunden.
Vertreter: Müller (tendiert streckenweise zum psychologischen Ansatz), Hartung, Tepe/Rauter/Semlow (gehen zu Option 4a über)
Kritikstrategie: Die Vermengung der miteinander in Konflikt stehenden Deutungsoptionen 2 und 1 ist zu vermeiden.

Ausbaustrategie: Die Annahme einer versteckten tieferen Sinnebene, auf der dem Text eine Kritik am zeitgenössischen Materialismus zugeschrieben wird, stellt eine sinnvolle Weiterentwicklung von Option 2b dar. Demnach handelt es sich um eine verschleierte Dämonengeschichte mit einer versteckten materialismuskritischen Tendenz.

Grundsätzlich ist festzuhalten, dass eine allegorische Interpretation dann zulässig ist, wenn sie die Weiterführung einer *bewährten* Basis-Interpretation darstellt. Demgegenüber stellt die in Kapitel 6 behandelte Verbindung von Option 1 mit Option 4 – Stichwort: Romantikkritik – die Weiterführung eines *defizitären* Deutungsansatzes dar, der im Optionenwettkampf unterlegen ist.

7.3 Methodologischer Kommentar zu Option 2

Die in den Kapiteln 5.3 und 6.3 vorgetragenen Überlegungen gelten auch für die dämonologischen Deutungen, sodass eine ausführliche Wiederholung nicht erforderlich ist. Da Option 2 sich im Optionenwettkampf als den Konkurrenten 1 und 3 überlegen erwiesen hat, gilt, dass die Vertreter von Option 2 *grundsätzlich* auf der richtigen Seite sind. Das aber schließt nicht aus, dass einzelne Argumentationsschritte und Thesen verfehlt oder unzureichend sein können.

Alle behandelten Arbeiten sind der traditionellen Textwissenschaft zuzuordnen und insofern durch den Übergang zu einer erfahrungswissenschaftlich ausgerichteten Arbeitsweise verbesserungsfähig. Die traditionellen Vertreter von Option 2 bemühen sich zwar ernsthaft um die Lösung von Erkenntnisproblemen, verfolgen ihre kognitive Ausrichtung aber nicht konsequent genug, sodass sie in entscheidenden Punkten dogmatisch verfahren und die einmal gewählte Interpretationsstrategie gegen Kritik abschotten. Der projektiv-aneignende Denkstil, welcher die aneignend-aktualisierende Vorgehensweise als kognitiv-wissenschaftliche Leistung missversteht, kann sich auch im Rahmen der dämonologischen *Sandmann*-Interpretation geltend machen und eine überzeugungssystemkonforme Textdeutung hervorbringen.

8. Unentscheidbarkeitsansätze (Option 3)

In Kapitel 8 gehen wir auf Interpretationen ein, die durchgängig oder hauptsächlich der Unentscheidbarkeitsposition verpflichtet sind, d. h. die annehmen, dass der Text als unauflösliches Verwirrspiel mit zwei Perspektiven angelegt ist respektive eine zusätzliche Ambivalenz bzw. Unbestimmtheit aufweist. Wir haben 8 Texte dieser Art einer kritischen Prüfung nach unserem Analyseprogramm unterzogen:

- ☞ ERGÄNZUNG 8-1: W. Kayser: *Die Nachtgeschichte*
- ☞ ERGÄNZUNG 8-2: W. Preisendanz: *Eines matt geschliffnen Spiegels dunkler Widerschein. E. T. A. Hoffmanns Erzählkunst*
- ☞ ERGÄNZUNG 8-3: J. Walter: *Das Unheimliche als Wirkungsfunktion. Eine rezeptionsästhetische Analyse von E. T. A. Hoffmanns Erzählung* Der Sandmann
- ☞ ERGÄNZUNG 8-4: G. R. Kaiser: *„Nachtstücke"*
- ☞ ERGÄNZUNG 8-5: R. Pabst: *Exogene und endogene Schicksalsauffassung: „Der Sandmann"*
- ☞ ERGÄNZUNG 8-6: H. Steinecke: *Der Sandmann*. Mit Ergänzungen zum *Sandmann*-Kapitel aus einem späteren Buch Steineckes
- ☞ ERGÄNZUNG 8-7: G. Ponnau: *Erzählen als Inszenieren in Hoffmanns* Sandmann
- ☞ ERGÄNZUNG 8-8: P. Braun: *Der Ruhm*

Eine weitere Ergänzung weist auf andere von uns untersuchte Sekundärtexte hin, die ebenfalls Unentscheidbarkeitselemente enthalten, welche aber im zugehörigen Interpretationsansatz nicht die dominierende Rolle spielen:

- ☞ ERGÄNZUNG 8-9: Unentscheidbarkeitselemente in weiteren von uns kommentierten Sekundärtexten

Im Folgenden geht es hauptsächlich darum, die wichtigsten kognitiven Defizite der Interpretationen herauszuarbeiten, die Option 3 verpflichtet sind, und diese mit der Grundhaltung der traditionellen Textwissenschaft in Verbindung zu bringen.

Wir unterscheiden bei Option 3 zwei Hauptvarianten (vgl. Kapitel 3.2): Option 3a postuliert ein unauflösliches Verwirrspiel mit zwei Perspektiven, nämlich denen Nathanaels und Claras. Demnach ist unentscheidbar, ob Nathanael oder Clara die Dinge richtig sieht. Option 3b stellt eine radikalisierende Weiterführung von Option 3a dar: Zum einen wird angenommen, dass unentscheidbar ist, ob Nathanael oder Clara die Dinge richtig sieht; zum anderen wird zusätzlich die grundsätzliche Ambivalenz bzw. Unbestimmtheit vieler Textstellen behauptet, die mit diesem Perspektivenkonflikt nicht direkt verbunden ist. Bei einigen Vertretern von Option 3b bekommt die zweite Komponente sogar Übergewicht, sodass die Perspektiven der beiden Protagonisten gar nicht mehr im Zentrum der Untersuchung stehen. Vertreter von Option 3b sind häufig poststrukturalistischen Theoremen verpflichtet, die aus der Sicht der kognitiven Hermeneutik grundsätzlich problematisch sind.[123]

Bei Option 3a kann weiterhin zwischen einer *konsequenten* und einer *inkonsequenten* Variante differenziert werden. Letztere zeigt streckenweise die Bevorzugung einer der beiden Perspektiven; in der Regel handelt es sich dabei um die psychologische Sichtweise, die an Clara orientiert ist. Interpreten, die der inkonsequenten Variante folgen, übersehen, dass Option 3a nicht mit den Optionen 1 und 2 vereinbar ist. Diese können zwar ein *Offenhalten von Deutungsmöglichkeiten* integrieren (Option 1b und 2b), doch das ist etwas anderes als eine einfache Verbindung von Option 1 bzw. 2 und 3a.

Entsprechendes gilt für Option 3b, sofern sie 3a impliziert. Eine Sonderstellung nimmt die Spielart ein, die sich hauptsächlich auf die allgemeinere These konzentriert, es sei in einem grundsätzlicheren Sinn ungewiss und unklärbar, was innerhalb der Textwelt der Fall ist. Diese Spielart ist – anders als Option 3a und die sie einschließenden Spielarten von 3b – sowohl mit Option 1 als auch mit Option 2 vereinbar. Man kann z. B. widerspruchsfrei die These vertreten, dass es sich beim *Sandmann* einerseits um eine psychologische Fallgeschichte handelt, bei der aber andererseits viele Textstellen eine grundsätzliche Ambivalenz bzw. Unbestimmtheit aufweisen. Entsprechendes gilt für die Deutung der Erzählung als Dämonengeschichte. Bei dieser Spielart geht Option 3b in 1b bzw. 2b über. Wir erinnern in diesem Zusammenhang aber daran, dass Option 3b durch den Nachweis, dass eine kohärente Gesamtdeutung nach Option 2b möglich ist, als entkräftet gelten kann (vgl. Kapitel 4.13).

Bei der folgenden Diskussion der Option 3 verpflichteten Sekundärtexte setzen wir weiterhin die grundsätzliche Überlegenheit und systematische Durchführbarkeit des dämonologischen Ansatzes als erwiesen voraus und beziehen uns nicht mehr ausführlich auf diesen zentralen Punkt. Im Folgenden geht es wieder hauptsächlich darum, die *einzelnen* Interpretationsschritte kritisch zu kommentieren und ihren kognitiven Wert zu bestimmen.

8.1 Kommentarzusammenfassungen (Preisendanz, Walter)

In Kapitel 8.1 fassen wir zwei der insgesamt 8 Kommentare zusammen, die als besonders wichtig gelten können. Dabei konzentrieren wir uns auf die für die Diskussion von Option 3 zentralen Punkte.

---

[123] Vgl. TEPE: *Kognitive Hermeneutik*, Kapitel 2.8, 17 und 18.

W. Preisendanz: *Eines matt geschliffnen Spiegels dunkler Widerschein. E. T. A. Hoffmanns Erzählkunst*[124]

Hoffmanns Wirklichkeitsauffassung wird naturalistisch-psychologisch bestimmt

Preisendanz wirft die Frage nach dem spezifischen „Wirklichkeitsverständnis Hoffmanns" (274) auf: Hier besteht methodisch eine Verwandtschaft mit unserer Frage nach dem textprägenden Überzeugungssystem. Viele seiner Bestimmungen sind aus unserer Sicht zutreffend, doch hinsichtlich der grundsätzlichen Charakterisierung dieses weltanschaulichen Rahmens gibt es einen Dissens. Nach Preisendanz liegt bei Hoffmann eine Weltsicht vor, die von einem „Zwiespalt zwischen Geist und Wirklichkeit" (276) ausgeht, wobei dieser als Missverhältnis zwischen dem „innere[n] Geist" (275), der „imaginäre[n] Welt des Innern" (278) – man könnte auch von der *Phantasie* sprechen – und dem „äußern irdischen Treiben" (275) begriffen wird. Preisendanz wirft nicht explizit die zentrale Frage auf, ob Hoffmanns Vorstellung des inneren Geistes, der Welt der Phantasie naturalistisch-psychologischer Art ist oder ob sie im religiös-metaphysischen Spektrum anzusiedeln ist, d.h. ob eine Verbindung des inneren Gemüts mit einer übernatürlichen Dimension angenommen wird. Nach unserer Auffassung spricht deutlich mehr dafür, Hoffmann ein religiös-metaphysisches Überzeugungssystem zuzuschreiben, während Preisendanz dazu tendiert, die „fundamentale Duplizität des Menschen" (279) auf profane Weise psychologisch zu bestimmen.

Der Konflikt bei der Charakterisierung des weltanschaulichen Rahmens betrifft auch den „bei Hoffmann so häufig vorkommende[n] Begriff ‚innerer Poet', ‚versteckter Poet'" (277), der von Schubert stammt, welcher *offenkundig* eine religiös-metaphysische Weltauffassung vertritt. Während die eine Position den inneren Poeten mit der naturalistisch verstandenen Phantasie gleichsetzt, sieht die andere, die wir vertreten, darin eine innere Instanz, die mit der Dimension des Übernatürlichen in Verbindung steht. Wir vermuten, dass Hoffmann gegenüber Novalis zu einer anderen Sichtweise innerhalb des religiös-metaphysischen Spektrums übergegangen ist, die mit einem Zwiespalt und Spannungsverhältnis zwischen der übernatürlichen Dimension und Welt a rechnet – nicht aber zu einer areligiösen Position, wie Preisendanz unterstellt.

Plädoyer für das Unentscheidbarkeitskonzept (Option 3a)

Im Hinblick auf Claras Antwortbrief heißt es: „Mit dieser Deutung dessen, was Nathanael berichtet hat, hat Hoffmann erreicht, worauf es ihm überall

---

[124] W. Preisendanz: *Eines matt geschliffnen Spiegels dunkler Widerschein. E. T. A. Hoffmanns Erzählkunst.* In: H. Prang (Hg.): *E. T. A. Hoffmann.* Darmstadt 1976, S. 270–291. (Ergänzung 8-2)

und zuerst ankommt: eine ungewisse, weil mehrdeutige Wirklichkeit zu vergegenwärtigen, eine Wirklichkeit, die ständig in eine andere Perspektive gerät und der gegenüber wir eben durch den dauernden Perspektivenwechsel keinen festen Standort gewinnen." (283) *Der Sandmann* wird als Anwendung dieses allgemeinen künstlerischen Prinzips auf den besonderen Fall Nathanael gedeutet. Das ist charakteristisch für Option 3a.

Preisendanz erweckt den Eindruck, eine Strategie des konsequenten Offenhaltens von Deutungsmöglichkeiten sei für Hoffmanns gesamtes Erzählwerk typisch. Das trifft nicht zu, denn in etlichen Fällen existiert neben der alltäglichen Welt a ganz fraglos eine übernatürliche Welt b. *Der Sandmann* erscheint daher als von der Normalform abweichender Fall. Ferner zeigt Preisendanz die Tendenz, zwei Bereiche zu vermengen, nämlich die Wirklichkeitsauffassung Hoffmanns (die ein Spannungsverhältnis zwischen innerer und äußerer Wirklichkeit annimmt) und den Wirklichkeitsaufbau in bestimmten Texten. Welt b ist in diesen Texten nicht einfach eine innere bzw. geistige Welt, sondern eine übernatürliche, von höheren Wesen bevölkerte Welt, die ebenso real ist wie die alltägliche Welt a. Diese kann nicht einfach mit dem „inneren Leben" (279) gleichgesetzt werden.

Kombination der Optionen 3a und 4

Preisendanz nimmt an, dass Hoffmanns Erschütterung des Wirklichkeitsbewusstseins auf der künstlerischen Ebene zeigt, dass er einem Unentscheidbarkeitskonzept folgt und eine Textwirklichkeit aufbaut, „die ständig in eine andere Perspektive gerät". Option 3a wird so mit Option 4 verbunden: Zunächst einmal handelt es sich laut Preisendanz um eine Erzählung, in der unklar bleibt, ob Nathanael oder Clara die Dinge richtig sieht. Auf einer versteckten zusätzlichen Sinnebene artikuliere sich hingegen eine spezifische Weltsicht, verbunden mit der Kritik am romantischen Subjektivismus. Der Nachweis, dass der dämonologische Ansatz überlegen ist, entkräftet aber sowohl den psychologischen Ansatz als auch die von Preisendanz vertretene Option 3a (einschließlich der allegorischen Weiterführungen).

Letztlich wird klar für Option 3a Partei ergriffen: „[D]er Erzähler Hoffmann nimmt keinen Standpunkt, er bietet nur Standpunkte, die sich innerhalb der dargestellten Wirklichkeit ergeben. Oder anders ausgedrückt: das Erzählen legt keine gewisse Perspektive fest, sondern das Erzählte gewährt Perspektiven und überläßt dem Leser das Problem, für welche er sich entscheiden solle." (287) Daraus, dass der Erzähler den Perspektivenkonflikt nicht entscheidet, scheint Preisendanz zu folgern, dass ein Textkonzept gemäß Option 3a vorliegt. Diese Schlussfolgerung ist jedoch unzulässig, denn er hat andere Deutungsmöglichkeiten, die mit seinen Befunden vereinbar sind, vernachlässigt. Er hat nicht gezeigt, dass der Unentscheidbarkeitsansatz den Optionen 1 und 2 – die ja eine Strategie des Offenhaltens von Deutungsmöglichkeiten in ihre Ansätze einbeziehen können – überlegen ist. Preisendanz glaubt fälschlich, dass aufgrund fehlender expliziter Hinweise des Erzählers die Möglichkeit einer Entscheidung des Perspektivenkonflikts ausgeschlossen ist. Er erkennt auch nicht, dass es der Erzähler ist, der – etwa mit dem Bericht über die Teezirkel – diejenigen Informationen vermittelt, welche es dem Leser erlauben, durch eigenes Schlussfolgern herauszufinden, dass es in der Textwelt nicht mit rechten Dingen zugeht.

Ein Erzähler, der keinen festen Standpunkt einnimmt und alle Rätsel löst, sondern nur mehrere Sichtweisen anbietet, lehrt nach Preisendanz auf der tieferen Sinnebene, dass „keine eindeutig ausweisbare Wirklichkeit" übrigbleibt, „wenn wir die Perspektiven abziehen" (287). Er sensibilisiert den Leser so für den rätselhaften, geheimnisvollen Charakter der Wirklichkeit. Unsere Basis-Interpretation hat jedoch dargelegt, dass die Erzählung der Strategie des Offenhaltens von Deutungsmöglichkeiten *nicht* durchgängig folgt. Der Versuch zu entscheiden, „ob Klara und Lothar im Recht sind oder ob sich in Nathanaels zum Wahnsinn treibenden Erfahrungen nicht doch ein Etwas von ontischer Mächtigkeit vermuten läßt" (287), ist gerade nicht verfehlt, sondern unter verschärften Bedingungen fortzusetzen.

Die Attraktivität des Unentscheidbarkeitsansatzes besteht darin, dass er es scheinbar erlaubt, die Mehrzahl der vorliegenden Interpretationen mit der Begründung, hier werde vereindeutigt, „was auf Grund der perspektivistischen Darstellung vieldeutig bleiben muß" (287), elegant zu eliminieren. Auf den *Sandmann*, der sich als verschleierte Dämonengeschichte erwiesen hat, ist dieses Prinzip jedoch nicht anwendbar. Während Preisendanz Option 1 verwirft, weil sie eine *eindeutige* Interpretation anstrebt, lehnen wir diesen Ansatz ab, weil er sich im Optionenwettkampf als *unterlegen* und insgesamt *unbrauchbar* erwiesen hat.

Perspektivistische Weltsicht

Bei seiner Textinterpretation nach Option 3a scheint Preisendanz *von oben nach unten* vorzugehen: Er hat eine feste Meinung über Hoffmanns „erschütterte[] Wirklichkeitsgewißheit" (288) und deutet den *Sandmann* dann als ‚symbolischen' Ausdruck dieser Sichtweise. Er setzt nicht, wie die kognitive Hermeneutik es fordert, zunächst beim Text an, um das Textkonzept und die prägenden Hintergrundannahmen durch einen textbezogenen Optionenvergleich zu erschließen.

Während die Vertreter von Option 1 Hoffmann eine *naturalistische* Weltsicht zuschreiben, die mehr oder weniger derjenigen Claras und Lothars entspricht, gelangt Preisendanz als Vertreter von Option 3a dazu, bei Hoffmann eine *perspektivistische* Weltsicht am Werk zu sehen, die zwischen Erscheinungswirklichkeit und Wirklichkeit an sich unterscheidet und *eindeutige* Aussagen über die ‚rätselhafte' Wirklichkeit an sich für verfehlt hält. Diese entziehe sich einer eindeutigen Bestimmung, wie sie im Text „Klara und Lothar im Sinne haben" (290). Lässt sich die Erzählung bruchlos als verschleierte Dämonengeschichte auslegen und die psychologische Deutung nach Option 1 als nicht textkonform entkräften, so ist damit – wie in Kapitel 3 dargelegt – auch Option 3a widerlegt. Daher muss Preisendanz' Versuch, die von ihm gewählte Option durch eine dazu passende Weltbildkonstruktion zu stützen, als verfehlt und überflüssig betrachtet werden. Deutlich plausibler ist es, Hoffmann ein spezifisches religiös-metaphysisches Überzeugungssystem zuzuschreiben.

Eindeutige Interpretation auf der Weltbildebene

Preisendanz' Argumentation steht in einem Spannungsverhältnis zu seiner bisherigen Deutungsstrategie. Bislang hat er darzulegen versucht, dass der Perspektivenkonflikt beim *Sandmann* unentscheidbar ist; vereindeutigende Deutungen seien *generell* abzulehnen; Einschränkungen dieser Kritik sind nicht zu erkennen. Preisendanz realisiert allerdings nicht, dass seine Argumentation auf der Weltbildebene – Hoffmann werden die Annahme der Unerkennbarkeit der Wirklichkeit an sich und ein radikaler Perspektivismus zugeschrieben – darauf hinausläuft, auf einer versteckten tieferen Sinnebene doch wieder eine *eindeutige* Interpretation zu vertreten: Demnach ist der Text nach dem Unentscheidbarkeitsprinzip (das mit Option 3a korrespondiert) organisiert, *weil* ihm eine radikalperspektivische Weltsicht zugrunde liegt. Die Erzählung wird *eindeutig* als Darstellung der „erschütterten Wirklichkeitsgewißheit" Hoffmanns auszuweisen versucht.

Der Text wird den normativ-ästhetischen Prinzipien des Interpreten angepasst

Preisendanz schätzt offenbar bestimmte Formen der „Erzählkunst unseres Jahrhunderts" (291) in besonderem Maß; diese stimmen mit seinen eigenen normativ-ästhetischen Prinzipien weitestgehend überein. Textwissenschaftler dieser Art neigen häufig dazu, Schriftstellern früherer Zeiten solche Literaturprogramme in Reinform zuzuschreiben, wie sie erst im 20. Jahrhundert entwickelt worden sind. Eine vage und ungenaue Begrifflichkeit erleichtert es, den jeweiligen Text als mit den eigenen normativ-ästhetischen Prinzipien im Einklang stehend darzustellen. Literaturwissenschaftler dieses Typs projizieren häufig unbewusst auch ihre Weltbildannahmen auf den literarischen Text und gelangen so dazu, diesen als Stützungsinstanz für die von ihnen selbst vertretene Weltsicht zu verbuchen.

J. Walter: *Das Unheimliche als Wirkungsfunktion. Eine rezeptionsästhetische Analyse von E. T. A. Hoffmanns Erzählung* Der Sandmann[125]

Anknüpfung an Preisendanz

Walter knüpft an Preisendanz an. Da die „Formstruktur der Erzählung" (16) mehrperspektivisch sei, gilt jede eindeutige Interpretation, sei diese nun z.B. historischer, psychologischer, soziologischer Art, als verfehlt. Preisendanz hat jedoch keineswegs *nachgewiesen*, dass die Erzählung durchgängig eine „mehrperspektivische Formstruktur" (16) aufweist, er hat dies nur behauptet. Eine eindeutige Textinterpretation ist auch nicht zwangsläufig eine solche, die nach dem „Symbolwert des Dargestellten" (16) fragt. So führt eine Basis-Interpretation stets zu *eindeutigen* Aussagen über die textprägenden Instanzen. Nicht die Vereindeutigung ist der Grundfehler, zu kritisieren ist vielmehr, dass einige Deutungen vorschnell „den fiktiven Ereignissen einen bestimmten, wenn auch jeweils anderen" (15) *allegorischen* Sinn unterstellen: Sie postulieren, dass der Text, der von diesem und jenem handelt, *eigentlich* etwas ganz anderes besagt, und zwar genau das, was die vom Interpreten vertretene Theorie behauptet. Walter erweckt somit fälschlich den Eindruck, beim *Sandmann* sei es erforderlich, wegen der spezifischen „formalen Struktur der Erzählung" (16) mit jeder eindeutigen Interpretation zu brechen. Auf suggestive Weise wird ein *homogener* Gegner konstruiert, der so gar nicht existiert. Der generelle Vorwurf, *alle* konkurrierenden Interpretationen erlägen dem Fehler zu „vereindeutigen, was aufgrund der perspektivischen Darstellung mehrdeutig ist", und blieben deshalb „dem Erzählten [...] prinzipiell inadäquat" (16), ist unberechtigt.

Walter ist bestrebt, eine verbesserte Version von Option 3a zu erarbeiten, welche Preisendanz' Ergebnisse integriert. Seine Frage nach der „Wirkungsintention des Autors" (16) kann aufgefasst werden als Frage nach den künstlerischen Zielen, welche der Autor – mit welchem Bewusstseinsgrad auch immer – verfolgte. Auch unsere dämonologische Basis-Interpretation nimmt an, dass Hoffmann – über weite Strecken – gemäß einer Strategie des Offenhaltens von Deutungsmöglichkeiten verfahren ist.

Vergleich der beiden Textfassungen

Walter bemüht sich um die „Rekonstruktion der Autorintention" (17), die in diesem Fall gut rekonstruierbar zu sein scheint: „*Der Sandmann* ist nämlich eines der wenigen Werke Hoffmanns, das in zwei Fassungen vorliegt und das somit Einblicke in seinen Entstehungsprozeß gewährt." (17) „Beide Fas-

---

[125] J. Walter: *Das Unheimliche als Wirkungsfunktion. Eine rezeptionsästhetische Analyse von E. T. A. Hoffmanns Erzählung* Der Sandmann. In: *Mitteilungen der E. T. A. Hoffmann-Gesellschaft* 30 (1984), S. 15–33. (Ergänzung 8-3)

sungen weichen voneinander ab, das heißt: zwischen ihnen muß eine gründliche Überarbeitung des Textes durch den Autor stattgefunden haben, deren Art und deren Kriterien Rückschlüsse auf seine Wirkungsabsicht zulassen." (18) Bei einigen Formen der Überarbeitung folgt Hoffmann Prinzipien, die dazu führen, dass die bereits in der ersten Fassung intuitiv verfolgten Ziele besser als zuvor erreicht werden: Er intensiviert den Ausdruck, erhöht die Spannung. „Die quantitativ größte Veränderung ist die Streichung einer ganzen Nebenhandlung im ersten Brief des Nathanael an Lothar. Darin ist von einem Angriff des verhaßten Coppelius auf die jüngste Schwester des Briefschreibers die Rede" (19f.). Nach Walter gilt: „[W]enn diese Episode stehen geblieben wäre, wäre sie ein eindeutiges Indiz dafür gewesen, daß der Sandmann/Coppelius eine von außen wirkende böse Macht darstellt" (20). Daraus geht hervor, dass Hoffmann in der ersten Fassung das Ziel verfolgt hat, eine Dämonengeschichte zu verfassen.

Walter schreibt Hoffmann eine mit Option 3a korrespondierende „Erzählstrategie des Offenlassens von Deutungsmöglichkeiten" (21) zu. Er bemerkt nicht, dass diese Erzählstrategie, wenngleich in begrenzter Form, auch mit den Optionen 1 und 2 vereinbar ist. Walter behauptet, dass Hoffmann nun das Ziel verfolgt hat, eine Geschichte zu schreiben, die „von vornherein und bis zum Schluß zwei Deutungsmöglichkeiten" (20) zulässt. Sein Fehler besteht darin, dass er die Deutung nach dem Unentscheidbarkeitsansatz erstens für alternativlos und zweitens für evident hält.

Entsprechend argumentiert Walter auch bei anderen Textänderungen: „Wiederum ist so die Deutungsmöglichkeit, Coppelius verursache als äußere Macht das Schicksal Nathanaels oder provoziere es zumindest, als alleinige ausgeschlossen" (21). Während Walter annimmt, dass der Text ein unauflösliches Verwirrspiel inszeniert, behaupten wir, dass die Erzählstrategie des Offenhaltens von Deutungsmöglichkeiten dem dämonologischen Textkonzept untergeordnet ist, denn die beiden Perspektiven funktionieren nicht gleichermaßen gut. Hoffmann ist demnach vom Konzept einer eindeutigen Dämonengeschichte zu dem einer verschleierten übergegangen. Walter erkennt nicht, dass die Befunde nicht zwingend Option 3a ins Recht setzen.

Unterstellung einer bestimmten Wirkung

Ob die Erzählung auf Leser unheimlich gewirkt hat und weiterhin wirkt, ist eine empirische Frage. Textwissenschaftler sollten niemals, wie Walter das tut, einfach unterstellen, dass ein Text eine ganz bestimmte Wirkung auf Leser hat bzw. dass der Text auf andere Leser ganz genauso wirkt wie auf den jeweiligen Textwissenschaftler. „Kein erwachsener Leser [...] wird einen fiktiven Sandmann [...] unheimlich finden" (23). Es ist keineswegs gesichert, dass es sich so verhält.

Zur Entscheidung des Perspektivenkonflikts

Ein klärendes Wort zur Frage, „ob Coppelius wirklich mit Coppola identisch ist, wie Nathanael glaubt und wie es aus seiner Perspektive auch glaubhaft erscheint, spricht der Erzähler gerade nicht" (24). Der Erzähler vermittelt aber sehr wohl relevante *Informationen*. So stammt die für unsere Argumentation zentrale Information, dass auch die anderen Olimpia als echten Menschen angesehen haben, vom Erzähler. Der Leser muss somit selbst detektivisch tätig werden, aber er kann den Perspektivenkonflikt auch tatsächlich auf diesem Weg entscheiden.

Fehleinschätzungen von Option 3a

Fälschlich glaubt Walter, die Gültigkeit von Option 3a *erwiesen* zu haben: „Die Geschichte vom *Sandmann*, so kann man zusammenfassen, ist von Hoffmann so angelegt und erzählt worden, daß sie gleichsam zweimal aufgeht – und im Ganzen doch nicht: als rationalisierbares Geschehen etwa einer psychischen Erkrankung oder abnorm auswuchernden Einbildung [...] oder als Eingreifen äußerer, unfaßbarer, irrationaler Mächte in die Alltagswelt eines dafür sensiblen Studenten [...]. Zwei Rezeptionsvorgaben sind hier vom Autor mit bewußt eingesetzten erzähltechnischen Mitteln berechnend über- und ineinandergeschrieben." (27) Ein echter Optionenvergleich wird nicht durchgeführt. Walter untersucht nicht ernsthaft, ob es Textelemente gibt, die sich nicht gleichermaßen gut psychologisch *und* dämonologisch deuten lassen; die für unsere Beweisführung entscheidenden Elemente bleiben bei Walter völlig unberücksichtigt.

Option 3a ist bei Walter mit der Annahme verbunden, es sei ein künstlerisches Hauptziel Hoffmanns, „Alltagszwänge[] und -normen [...] ernsthaft in Frage zu stellen" (27). Nach unserer Auffassung verfolgt Hoffmann hingegen im Rahmen eines religiös-metaphysischen Denkrahmens das allgemeine Ziel, für eine übernatürliche Dimension zu sensibilisieren, die im Alltagsleben häufig vernachlässigt wird. Demnach ist die Dämonengeschichte *Der Sandmann* nicht primär eine „unterhaltende Spukgeschichte" (27), sie weist vielmehr eine für das textprägende Überzeugungssystem relevante existenzielle Dimension auf. Lässt man sich auf dieses Textkonzept ein, so geht es gerade *nicht* um Entspannung bzw. Entlastung von „Alltagszwängen und -normen" (27), sondern um deren Problematisierung aus religiös-metaphysischer Sicht. Der Leser soll sich gerade nicht „in seiner gedeuteten Welt beruhigen" (27), sondern zum Bewusstsein gelangen, dass eine übernatürliche Dimension existiert, die auch bedrohliche Mächte einschließt. Die Annahme, der Text folge einem uneingeschränkten Konzept des Offenhaltens von Deutungsmöglichkeiten, stellt eine projektiv-aneignende Deutung dar, die dem

Text ein modernistisches Konzept unterschiebt, wie es insbesondere im 20. Jahrhundert entwickelt worden ist.

Walter scheint folgendermaßen zu argumentieren: Die Perspektiven Nathanaels und Claras sind beide *eindeutig*; mit ihnen korrespondieren die „bestehende[n] und bekannte[n] Werthaltungen und Deutungskategorien", die darauf ausgerichtet sind, „Leben und Literatur rationalistischen oder sonstwie eindeutigen Erklärungsmustern zu unterwerfen" (27). Die Wirklichkeit selbst ist – gemäß dieser Sichtweise – *mehr-* oder *vieldeutig*. Die Irritation der geläufigen Eindeutigkeitserwartungen ist somit geeignet, diese Muster zu verunsichern und für die komplexere, mehrdeutige Wirklichkeit zu sensibilisieren. Das Publikum erwartet demnach Eindeutigkeit der einen oder der anderen Art; indem es mit einer unentwirrbar vieldeutigen Textwelt konfrontiert wird, erfährt es eine Verunsicherung. Diese Lösung ist jedoch wenig plausibel. Die beiden durch Nathanael und Clara repräsentierten Perspektiven schließen einander ja, wie Walter selbst bemerkt, logisch aus; es ist nicht möglich, sie zu vereinen. Das Entweder-oder lässt sich hier nicht durch ein Sowohl-als-auch überwinden, welches die eindeutigen Muster überbieten würde. Handelt es sich um einen realen Dämon, so stellt der Glaube an den Dämon keine psychische Erkrankung, keine fixe Idee dar. Handelt es sich aber um eine Einbildung oder Wahnvorstellung, so existiert kein realer Dämon. Man kann nicht beides haben. Wenn man die Eindeutigkeit sowohl naturalistisch-psychologischer als auch supranaturalistischer Art umgeht, hat man nichts mehr in der Hand.

Problematischer Rückgriff auf die Rezeptionsästhetik

Auf den letzten Seiten beruft sich Walter auf die „rezeptionsästhetisch[e] [...] Literaturwissenschaft" (29), vor allem auf Iser: Er betrachtet die Leseranrede des Erzählers auch „als eine Beschreibung des Leseakts fiktionaler Texte" (29). Die Nähe zur Rezeptionsästhetik führt zu Konsistenzproblemen. Bislang hat Walter sich hauptsächlich um die „Rekonstruktion der Autorintention" (17) bemüht. Der Autorintentionalismus aber ist in aller Regel mit dem Sinn-Objektivismus verbunden, den die Rezeptionsästhetik grundsätzlich ablehnt; sie votiert für den Sinn-Subjektivismus. Beide Positionen sind daher *unvereinbar*. Ferner wechselt Walter die Argumentationsebene, denn das „Generieren von Bedeutung im Leseakt" (29) findet nach rezeptionsästhetischer Auffassung bei jeder Lektüre eines Textes statt, während es bei Walter um die Besonderheit eines *bestimmten* Textes geht. Es entsteht der Eindruck, als würde Hoffmann eine mit der Rezeptionsästhetik verwandte Auffassung vertreten und auf dieser Grundlage ein spezifisches Textkonzept entwickeln, das ganz der Strategie des Offenhaltens von Deutungsmöglichkeiten folgt. Nach unserer Auffassung stellt dies eine projektive Vereinnahmung des

Sandmanns für eine der Rezeptionsästhetik verpflichtete Sichtweise dar. Es macht einen erheblichen Unterschied, ob man ein (vom Autor umgesetztes) *Textkonzept* zu erschließen versucht, das dem Unentscheidbarkeitsprogramm folgt, oder ob man die Unentscheidbarkeit im Wesen des *Leseakts* verankert. Walter erkennt auch nicht, dass Nathanaels Perspektive eine *Alternative* zum „sogenannten gesunden Menschenverstand des Alltags" (30) darstellt. Dass es sich nicht um eine „philisterhaft-eindimensionale Weltsicht" (30) handelt, geht auch daraus hervor, dass es für Nathanael *zwei* Realitätsebenen – Welt a und Welt b – gibt, während für Clara nur Welt a existiert. Außerdem vernachlässigt Walter, wie schon Preisendanz, dass in vielen Erzählungen Hoffmanns eine übernatürliche Welt b fraglos existiert. Bei beiden entsteht der falsche Eindruck, *Der Sandmann* sei für Hoffmanns Erzählstrategie typisch.

8.2 Varianten von Option 3

Auf der Grundlage sämtlicher Kommentare zu den Unentscheidbarkeitsansätzen stellen wir nun die Varianten von Option 3 systematisch dar, ordnen ihnen die Interpreten zu und weisen auf die jeweils anzuwendende Kritikstrategie hin. Wo dies erforderlich ist, nehmen wir auch Mehrfachzuordnungen vor.

Option 3a

Postuliert wird ein unauflösliches Verwirrspiel mit zwei Perspektiven, nämlich denen Nathanaels und Claras. Demnach ist unentscheidbar, ob Nathanael oder ob Clara die Dinge richtig sieht.
Vertreter: Kayser, Preisendanz, Walter, Kaiser, Pabst, Steinecke, Ponnau, Braun
Kritikstrategie: Der Überlegenheitsnachweis für den dämonologischen Ansatz entkräftet alle Versionen von Option 3a. Deren inkonsequente Variante ist erkenntnismäßig noch unbefriedigender als die konsequente Variante, da nicht erkannt wird, dass Option 3a nicht mit den Optionen 1 und 2 vereinbar ist.

Option 3b

Dieser Ansatz stellt eine radikalisierende Weiterführung von Option 3a dar: Zusätzlich wird die grundsätzliche Ambivalenz bzw. Unbestimmtheit vieler Textstellen behauptet.
Vertreter: Calian (vgl. Kapitel 6), Vogel (vgl. Kapitel 9), Schmitz-Emans (vgl. Kapitel 10), Küpper (vgl. Kapitel 16)

Kritikstrategie: Der Überlegenheitsnachweis für Option 2b entkräftet auch alle Versionen von 3b, sofern sie 3a voraussetzen. Zusätzlich zeigt unsere systematische Interpretation, dass viele Ambivalenzbehauptungen unzutreffend sind.

Im Folgenden werden, über die Unterscheidung zwischen Option 3a und 3b hinausgehend, mehrere *Modelle* unterschieden:

Modell a

Option 3 (a/b) wird ohne Verbindung mit weiteren Ansätzen mehr oder weniger konsequent umgesetzt.

Vertreter: Kaiser

Kritikstrategie: Die generelle Entkräftung des Unentscheidbarkeitsansatzes trifft alle Versionen von Modell a.

Modell b

Option 3 (a/b) wird mit der biographisch-psychologischen Forschung verbunden. Das betrifft zunächst Hypothesen über das textprägende Überzeugungssystem des Autors, dann aber vor allem die biographische Aufbauarbeit.

Vertreter: Preisendanz, Walter

Kritikstrategie: Die Wahl des defizitären Unentscheidbarkeitsansatzes führt zu Fehlern im Anschlussbereich. Die grundlegenden Fehleinschätzungen, die sich aus Option 3 (a/b) ergeben, werden mit biographisch-psychologischen Denkmitteln weiter ausgeformt. Die biographisch-psychologische Aufbauarbeit sollte konsequent auf der Grundlage des dämonologischen Ansatzes, der sich als überlegen erwiesen hat, betrieben werden.

Modell c

Option 3a wird mit Option 4 verbunden, die eine versteckte zusätzliche Sinnebene annimmt. Demnach gelangt auf einer tieferen Sinnebene eine bestimmte Weltsicht, z. B. perspektivistischer Art, zum Ausdruck.

Vertreter: Preisendanz, Walter

Kritikstrategie: Ist die Erzählung als verschleierte Dämonengeschichte angelegt, so entfällt die Möglichkeit, das *vermeintlich* unauflösliche Verwirrspiel mit einer versteckten *zusätzlichen* Bedeutung auszustatten. Daher muss die Weiterführung von Option 3a, die in Option 4 umschlägt, generell verworfen werden.

Modell d

Option 3 (a/b) wird mit Thesen verbunden, die bestimmten theoretischen Ansätzen verpflichtet sind.

Vertreter: Walter (greift auf die Rezeptionsästhetik zurück); hinzu kommt Vogel (vgl. Kapitel 9 – stützt sich vor allem auf die Systemtheorie, aber auch auf die Dekonstruktion)

Kritikstrategie: Ist der Unentscheidbarkeitsansatz verfehlt, so entfällt die Möglichkeit, diesen mittels zusätzlicher Theorien auszugestalten bzw. zu präzisieren.

Modell e

Option 3 (a/b) wird mit anderen Deutungsoptionen verbunden.

Vertreter: Kayser (zeigt Tendenzen sowohl zum psychologischen als auch zum dämonologischen Ansatz), Preisendanz und Walter (gehen beide von Option 3a zu Option 4 über), Pabst (wechselt phasenweise zum psychologischen Ansatz), Steinecke (vertritt an einigen Stellen Option 1 und deren romantikkritische Weiterführung nach Option 4), Ponnau und Braun (schwanken beide zwischen den Optionen 1 und 3a); ferner Calian (vgl. Kapitel 6 – ergänzt Option 3b durch Option 1), Vogel (vgl. Kapitel 9 – verbindet Option 3b mit einem dogmatisch-allegorischen Ansatz), Schmitz-Emans (vgl. Kapitel 10 – verbindet Option 3b mit einem dogmatisch-allegorischen Deutungsverfahren), Küpper (vgl. Kapitel 16 – verbindet Option 3b mit dem psychoanalytisch-allegorischen Ansatz)

Kritikstrategie: Ist Option 3 verfehlt, so ist auch jede Verbindung mit einer anderen Option – die wiederum einer gesonderten Prüfung bedarf – defizitär. Das gilt z.B. auch für die Verbindung der Optionen 3b und 1, die darauf hinausläuft, in vielen Fällen die Ungewissheit der eigentlichen Tatbestände zu behaupten.

8.3 Methodologischer Kommentar zu Option 3

Die in den Kapiteln 5.3 und 6.3 vorgetragenen Überlegungen betreffen auch die Unentscheidbarkeitsansätze, sodass eine ausführliche Wiederholung wiederum nicht erforderlich ist. Da Option 2 sich im Optionenwettkampf als den Konkurrenten 1 und 3 überlegen erwiesen hat, gilt, dass die Vertreter von Option 3 *grundsätzlich* auf der Verliererseite sind. Das schließt nicht aus, dass einzelne Argumentationsschritte und Thesen zutreffend und wichtig sein können.

Option 3a besagt, dass die Erzählung als letztlich unauflösliches Verwirrspiel mit zwei Perspektiven angelegt ist. Es gibt zweifellos literarische Texte, die einem solchen – oder einem damit eng verwandten – künstlerischen Konzept folgen, außerdem enthält *Der Sandmann* einige Elemente, die gut zu dieser Annahme passen; daher liegt es nahe, Option 3a auszuprobieren. In der textwissenschaftlichen Diskussion kann sich dann aber herausstellen, dass eine zunächst attraktiv erscheinende Hypothese letztlich doch einer konkurrierenden unterlegen ist. Entsprechendes gilt für Option 3b.

Alle behandelten Arbeiten sind der traditionellen Textwissenschaft zuzuordnen und insofern durch den Übergang zu einer erfahrungswissenschaftlich ausgerichteten Arbeitsweise verbesserungsfähig. Die traditionellen Vertreter von Option 3 bemühen sich zwar ernsthaft um die Lösung von Erkenntnisproblemen, verfolgen ihre kognitive Ausrichtung aber nicht konsequent genug, sodass sie in entscheidenden Punkten dogmatisch verfahren und die einmal gewählte Interpretationsstrategie gegen Kritik abschotten.

Die Anwendung von Option 3 (a/b) im Rahmen der traditionellen Textwissenschaft ist über weite Strecken legitime Wissenschaft. In variierendem Ausmaß sind aber stets auch dogmatische Komponenten zu verzeichnen, die sich auf den projektiv-aneignenden Denkstil zurückführen lassen, der auf die Hervorbringung systemkonformer Deutungen ausgerichtet ist. Zum Überzeugungssystem des Interpreten gehört dann eine explizite oder implizite Literaturauffassung bzw. normative Ästhetik, die mit der in der Textinterpretation vertretenen Auffassung weitgehend übereinstimmt. Durch den Übergang zu einer erfahrungswissenschaftlichen Vorgehensweise lassen sich diese pseudowissenschaftlichen Komponenten ausschalten.

9. Allegorische Ansätze (Option 4)

In Kapitel 9 gehen wir auf Interpretationen ein, die durchgängig oder hauptsächlich einem allegorischen Ansatz verpflichtet sind, d. h. die annehmen, dass der Text einen versteckten zusätzlichen Sinn aufweist, der in einigen Fällen auch als verborgener *eigentlicher* Sinn gedacht wird. Wir haben 23 Texte dieser Art einer kritischen Prüfung nach unserem Analyseprogramm unterzogen:

- ☞ ERGÄNZUNG 9-1: S. Freud: *Das Unheimliche.* In Verbindung mit I. Aichinger: *E. T. A. Hoffmanns Novelle ‚Der Sandmann' und die Interpretation Sigmund Freuds*
- ☞ ERGÄNZUNG 9-2: H.-G. Werner: *Sandmann-Passagen aus E. T. A. Hoffmann. Darstellung und Deutung der Wirklichkeit im dichterischen Werk*
- ☞ ERGÄNZUNG 9-3: S. S. Prawer: *Hoffmann's Uncanny Guest: A Reading of* Der Sandmann
- ☞ ERGÄNZUNG 9-4: R. Belgardt: *Der Künstler und die Puppe. Zur Interpretation von Hoffmanns „Der Sandmann"*
- ☞ ERGÄNZUNG 9-5: C. Hayes: *Phantasie und Wirklichkeit im Werke E. T. A. Hoffmanns, mit einer Interpretation der Erzählung „Der Sandmann"*
- ☞ ERGÄNZUNG 9-6: S. Weber: *Das Unheimliche als Struktur: Freud, Hoffmann, Villiers de l'Isle-Adam*
- ☞ ERGÄNZUNG 9-7: U. Mahlendorf: *E. T. A. Hoffmanns „Sandmann": Die fiktive Psycho-Biographie eines romantischen Dichters*
- ☞ ERGÄNZUNG 9-8: F. A. Kittler: *„Das Phantom unseres Ichs" und die Literaturpsychologie: E. T. A. Hoffmann – Freud – Lacan*
- ☞ ERGÄNZUNG 9-9: L. Wawrzyn: Zwei Kapitel aus *Der Automaten-Mensch*
- ☞ ERGÄNZUNG 9-10: H. T. Lehmann: *Exkurs über E. T. A. Hoffmanns „Sandmann". Eine texttheoretische Lektüre*
- ☞ ERGÄNZUNG 9-11: P. Gendolla: *Der tödliche Blick des Automaten. Künstliche Gestalten bei E. T. A. Hoffmann*
- ☞ ERGÄNZUNG 9-12: F. Kaulbach: *Das perspektivische Wirklichkeitsprinzip in E. T. A. Hoffmanns Erzählung „Der Sandmann"*
- ☞ ERGÄNZUNG 9-13: J. M. Ellis: *Clara, Nathanael and the Narrator: Interpreting Hoffmann's* Der Sandmann
- ☞ ERGÄNZUNG 9-14: R. Safranski: *Die Imagination auf der Suche nach Leben*
- ☞ ERGÄNZUNG 9-15: C. Sommerhage: *Hoffmanns Erzähler. Über Poetik und Psychologie in E. T. A. Hoffmanns Nachtstück* Der Sandmann
- ☞ ERGÄNZUNG 9-16: T. Koebner: *Fragmentarische Nachricht vom unbegreiflichen Unglück eines jungen Mannes. E. T. A. Hoffmann:* Der Sandmann
- ☞ ERGÄNZUNG 9-17: R. Schmidt: *E. T. A. Hoffmanns Erzählung* Der Sandmann – *ein Beispiel für „écriture féminine"?*
- ☞ ERGÄNZUNG 9-18: M. Rohrwasser: *Optik und Politik. Die Figur des Zauberers bei E. T. A. Hoffmann.* In Verbindung mit M. Rohrwasser: *Coppelius, Cagliostro und Napoleon. Der verborgene politische Blick E. T. A. Hoffmanns. Ein Essay*

9. ALLEGORISCHE ANSÄTZE (OPTION 4)

☞ ERGÄNZUNG 9-19: A. Würker: *Tiefenhermeneutische Interpretation von E.T.A. Hoffmanns Erzählung „Der Sandmann"*

☞ ERGÄNZUNG 9-20: L.I. Mal'čukov: *Vom „fühlenden Auge" zum instrumentalen Sehen: Hoffmanns Auseinandersetzung mit Goethe als Aspekt seiner Bewältigung der Wirklichkeit im* Sandmann

☞ ERGÄNZUNG 9-21: N. Vogel: *E.T.A. Hoffmanns Erzählung* Der Sandmann *als Interpretation der Interpretation*

☞ ERGÄNZUNG 9-22: G. Neumann: *E.T.A. Hoffmann,* Der Sandmann

☞ ERGÄNZUNG 9-23: O. Rosner: *Körper und Diskurs. Zur Thematisierung des Unbewußten in der Literatur anhand von E.T.A. Hoffmanns* Der Sandmann

Eine weitere Ergänzung weist auf andere von uns untersuchte Sekundärtexte hin, die ebenfalls allegorische Elemente enthalten, welche aber im zugehörigen Interpretationsansatz nicht die dominierende Rolle spielen:

☞ ERGÄNZUNG 9-24: Allegorische Elemente in weiteren von uns kommentierten Sekundärtexten

Im Folgenden geht es hauptsächlich darum, die wichtigsten kognitiven Defizite der Option 4 verpflichteten Interpretationen herauszuarbeiten und diese mit der Grundhaltung der traditionellen Textwissenschaft sowie insbesondere dem projektiv-aneignenden Interpretationsstil in Verbindung zu bringen. Wir unterscheiden bei den allegorischen *Sandmann*-Deutungen zwei Hauptvarianten (vgl. Kapitel 3.1): die kognitive allegorische Deutung (Option 4a) und die verdeckt aneignende allegorische Deutung (Option 4b), die wir auch als dogmatisch-allegorisch bezeichnen. Das projektiv-aneignende Interpretieren praktiziert etwas anderes, als es zu tun vorgibt; es tritt als kognitivwissenschaftliche Leistung auf, vollzieht aber de facto eine aneignend-aktualisierende Deutung. Die verdeckt aneignende *allegorische* Deutung stellt die Hauptform des projektiv-aneignenden Interpretierens dar.

Bei der folgenden Diskussion der Option 4 verpflichteten Sekundärtexte setzen wir weiterhin die grundsätzliche Überlegenheit des dämonologischen Ansatzes gegenüber dem psychologischen und dem Unentscheidbarkeitsansatz als erwiesen voraus und beziehen uns nicht mehr ausführlich auf diesen zentralen Punkt. In Kapitel 9 bemühen wir uns in der Hauptsache darum zu entscheiden, ob die jeweilige allegorische Interpretation Option 4a zuzuordnen ist (dann ist sie textwissenschaftlich relevant) oder ob sie zu Option 4b gehört (dann ist sie von der Anlage her pseudowissenschaftlich). Bei den in den Kapiteln 6–8 behandelten Deutungen sind nur *einzelne* projektiv-aneignende Komponenten zu bemängeln, jetzt aber geht es um die prinzipiellere Frage, ob der *gesamte* Deutungsansatz eines Sekundärtextes überhaupt strengeren kognitiven Ansprüchen genügt. Dabei ist allerdings zu berücksichtigen, dass auch ein Sekundärtext, der von seiner Grundanlage her als projektiv-aneignend einzuschätzen ist, *einzelne* Thesen und Argumente enthalten kann, die textwissenschaftlich relevant sind.

9.1 Fortsetzung des Optionenwettkampfs

Der in Kapitel 3.2 inszenierte und dann auch durchgeführte Optionenwettkampf beschränkte sich auf die Optionen 1–3, Option 4 wurde zunächst ausgeklammert.[126] Diese Beschränkung heben wir nun auf. Wir sind damit an einem wichtigen Punkt angelangt.

In Kapitel 3.1 haben wir die Struktur und die Problematik allegorischen Interpretierens bereits grundsätzlich bestimmt; hier begnügen wir uns damit, an einige Hauptpunkte zu erinnern:

- Die Variationsbreite bei den allegorischen Deutungen literarischer Texte im Allgemeinen und des *Sandmanns* im Besonderen ist erheblich größer als bei den Optionen 1–3. Vertreter des allegorischen Ansatzes haben keine gemeinsame Basis *inhaltlicher* Art.
- Eine allegorische Interpretation kann im Prinzip mit den Optionen 1–3 verbunden werden.
- Die kognitive Hermeneutik lehnt allegorische Deutungsverfahren keineswegs *generell* ab. Liegt eine bewährte Basis-Interpretation vor, so ist es in vielen Fällen aussichtsreich, auf dieser Grundlage nach einer versteckten zusätzlichen Sinnebene zu suchen. Wir weisen auf drei Möglichkeiten hin, eine allegorische Deutung kognitiver Art (Option 4a) zu entwickeln: Erstens kann es zu den künstlerischen Zielen eines Autors (mit welchem Bewusstseinsgrad diese auch verfolgt werden mögen) gehören, mehrere Sinnebenen zu etablieren. So handelt Molières *Amphitryon* auf der ersten Sinnebene von Jupiter, Merkur, Alkmene usw., auf der versteckten zweiten Sinnebene aber geht es um die Kritik an zeitgenössischen Herrschaftspraktiken. Hier ist die versteckte zusätzliche Sinnebene Teil des *Textkonzepts*. Zweitens kann die erste Sinnebene die *Kritik an einem Überzeugungssystem implizieren*, das dem vom Autor vertretenen entgegengesetzt ist. Dieser Zusammenhang muss dem Autor nicht klar bewusst sein. Drittens kann die erste Sinnebene *gesellschaftskritische Implikationen* haben, die sich aus dem textprägenden Überzeugungssystem ergeben. Auch dieser Zusammenhang muss dem Autor nicht klar bewusst sein.
- Die kognitive Hermeneutik lehnt die verdeckt aneignenden allegorischen Interpretationen (Option 4b) grundsätzlich ab, denn sie stellen eine Spielart des projektiv-aneignenden Interpretierens dar.

---

[126] In den Kapiteln 6–8 sind wir jedoch an einigen Stellen bereits auf allegorische Ansätze eingegangen, und zwar in Verbindung mit den Optionen 1, 2 und 3a.

- Option 4b setzt unzulässigerweise dasjenige bereits als gültig voraus, was erst nachzuweisen ist, nämlich dass der jeweilige Text überhaupt einen versteckten Tiefensinn der behaupteten Art besitzt, was nicht notwendigerweise der Fall ist.
- Die verdeckt aneignende Form des allegorischen Interpretierens passt den Text auf kognitiv unsaubere Weise den vom Interpreten akzeptierten Annahmen an. Der Text wird durch bestimmte Tricks in eine Stützungsinstanz für die vom *Interpreten* vertretene Theorie oder Weltanschauung verwandelt. Dieses *beliebig* anwendbare Vorgehen hat zur Folge, dass der Text hier für diese, dort für jene Hintergrundtheorie vereinnahmt wird.
- Der verdeckt aneignend vorgehende Interpret führt keinen textbezogenen Optionenvergleich nach kognitiven Kriterien durch. Er fragt auch nicht nach Textelementen, welche seine Auslegung in Schwierigkeiten bringen könnten.

Wie unterscheidet sich die legitime aneignende Deutung eines literarischen Textes von dessen verdeckt aneignender allegorischer Auslegung, die wissenschaftlich illegitim ist? Bei einer legitimen aneignenden Deutung ist klar erkennbar, dass sie einer Perspektive verpflichtet ist, die sich mittels der Leitfrage „Was sagt mir oder uns dieser Text?" bzw. „Welchen Nutzen bringt mir oder uns dieser Text?" artikulieren lässt. Eine um ihre Grenzen wissende aneignend-aktualisierende Interpretation erhebt für ihren Textzugang keinen wissenschaftlichen Erkenntnisanspruch, sondern ist sich dessen bewusst, dass sie den literarischen Text an das Überzeugungssystem des Interpreten – und das seiner Bezugsgruppe – anpasst, z. B. an dessen gesellschaftskritische Überzeugungen. Der über ein Diskursbewusstsein verfügende aneignend verfahrende Interpret stellt keine These etwa über das Textkonzept des *Sandmanns* auf; er betont, dass er mit diesem Text heute nur dann etwas anfangen und somit einen persönlichen Nutzen aus ihm ziehen kann, wenn er ihn mit seinen eigenen Überzeugungen auf bestimmte Weise in Verbindung bringt. Bei der verdeckt aneignenden allegorischen Interpretation fehlt dieses Diskursbewusstsein: Der Interpret verfährt auf dieselbe Weise aneignend-aktualisierend, behauptet aber fälschlich, den versteckten zusätzlichen Sinn des Textes auf wissenschaftlich relevante Weise erkannt zu haben.

Wie kann nun demonstriert werden, dass Option 4b vorliegt? Die allegorische Deutung tritt mit einem wissenschaftlichen Anspruch auf, daher ist zunächst zu zeigen, dass dieser Anspruch *unberechtigt* ist. Es kann sein, dass der versteckte zusätzliche Sinn bloß behauptet, aber gar nicht nachgewiesen wird. Wird ein Nachweis versucht, so kann dieser fehlerhaft ausfallen; es kann sich z. B. bei der kritischen Analyse herausstellen, dass die Existenz des nachzuweisenden allegorischen Sinns bereits vorausgesetzt wird oder dass das Resultat durch Fehlschlüsse erschlichen ist.

Die in der Textwissenschaft auftretenden Varianten von Option 4b weisen ein bestimmtes Muster auf:

1. Der Interpret eines bestimmten literarischen Textes vertritt eine bestimmte Theorie, Philosophie oder Weltanschauung.

2. Er behauptet, dass der literarische Text einen versteckten zusätzlichen Sinn enthält, und seine Argumentation läuft – mehr oder minder bewusst – darauf hinaus, dass der unterstellte tiefere Sinn mit seinem eigenen Überzeugungssystem im Einklang steht. Das Resultat weist die folgende Form auf: „Das, was der Text *eigentlich* bedeutet, stimmt mit dem überein, was auch ich denke." Das bedeutet zugleich: „Der Autor des Textes steht auf unserer Seite, ist einer von uns."

Entsprechend geht auch unsere Kritik nach einem bestimmten Muster vor:

1. Es wird gezeigt, dass die vorgebrachten Argumente die Annahme eines versteckten zusätzlichen Sinns, der zudem mit dem Überzeugungssystem des *Interpreten* im Einklang steht (obwohl in Bezug auf einen etwaigen Tiefensinn das des *Autors* maßgeblich ist), nicht hinlänglich stützen.

2. Daher ist die jeweilige Interpretation als verdeckte Form der aneignenden Deutung, als projektiv-aneignende Deutung einzuschätzen, die aus dem Text, ohne dies klarzustellen, einen Nutzen für das Überzeugungssystem des Interpreten zieht. Der aneignende Zugriff erscheint durch ein *Selbstmissverständnis* als kognitive Leistung.

3. Die verdeckt aneignende allegorische Interpretation kann von ihrem Selbstmissverständnis befreit und als legitime aneignend-aktualisierende Deutung *reformuliert* werden.

Das Ergebnis unserer kritischen Analyse von 23 allegorischen *Sandmann*-Interpretationen ist brisant: Alle untersuchten Sekundärtexte sind der verdeckt aneignenden Form des allegorischen Interpretierens zuzuordnen und somit im Kern pseudowissenschaftlich. Das schließt nicht aus, dass sie nach der Befreiung von ihrem Selbstmissverständnis einen gewissen Nutzen haben – dieser kann aber nicht textwissenschaftlicher Art sein.

Das allegorische Interpretieren in kognitiver Form geht aus von einer Rekonstruktion des textprägenden Überzeugungssystems und rechnet grundsätzlich mit der Möglichkeit, dass ein literarischer Text eine versteckte zusätzliche Sinnebene aufweist, auf der es dem Autor um die Kritik konkurrierender Überzeugungssysteme geht, im Falle Hoffmanns z.B. des areligiösen Materialismus (vgl. Hartung, ERGÄNZUNG 7-4). Lässt sich plausibel machen, dass diese Sinnebene existiert, so liegt eine wissenschaftlich legitime Form allegorischen Interpretierens vor. Das allegorische Interpretieren in verdeckt aneignender Form geht demgegenüber aus von der Hintergrundtheorie des *Interpreten* und verwandelt den Text in eine Stützungsinstanz für diese Theorie, wobei das textprägende Überzeugungssystem aus dem Blick gerät.

9.2 Kommentarzusammenfassungen (Freud, Hayes, Kittler, Rohrwasser, Rosner)

In Kapitel 9.2 fassen wir fünf der insgesamt 23 Kommentare zusammen, die als besonders wichtig gelten können. Dabei konzentrieren wir uns auf die für die Diskussion von Option 4 zentralen Punkte.

S. FREUD: *Das Unheimliche*[127]
Übergang von der Erforschung der Textwirkung zur Textwissenschaft

Freuds *Sandmann*-Deutung nimmt in *Das Unheimliche* nur wenige Seiten ein. Er schreibt der Erzählung eine „unvergleichlich unheimliche Wirkung" zu, die er hauptsächlich auf „das Motiv des *Sandmannes*, der den Kindern die Augen ausreißt" (303 f.), zurückführt. Auch eine „kurze Nacherzählung" soll belegen, „daß das Gefühl des Unheimlichen direkt an der Gestalt des Sandmannes, also an der Vorstellung der Augen beraubt zu werden haftet" (306). Um zu einem „Verständnis dieser unheimlichen Wirkung" zu gelangen, greift Freud nun auf die „psychoanalytische Erfahrung" zurück, die darauf hinweist, „daß es eine schreckliche Kinderangst ist, die Augen zu beschädigen oder zu verlieren. Vielen Erwachsenen ist diese Ängstlichkeit verblieben und sie fürchten keine Organverletzung so sehr wie die des Auges." (306)

Grundsätzlich kann man im Hinblick auf Hoffmanns Erzählung die Vorstellung, der Augen beraubt zu werden, auf unterschiedliche Weise ins Spiel bringen, einerseits text-, andererseits leserbezogen. Bei textbezogener Betrachtung kann man herausstellen, dass diese Vorstellung für Nathanael eine wichtige Rolle spielt. In mehreren Situationen ist ihm eine Angst vor dem Verlust der Augen zuzuschreiben. Bei der leserbezogenen Betrachtung ist hingegen anders zu argumentieren: Hier wird die unheimliche Wirkung des Textes bzw. des Geschehens in der Textwelt auf viele (erwachsene) Leser dadurch erklärt, dass diesen Erwachsenen die „schreckliche Kinderangst [...], die Augen zu beschädigen oder zu verlieren", verblieben ist.

Die Erforschung der Textwirkung ist ein wichtiges literaturwissenschaftliches Arbeitsfeld; sie ist jedoch von der kognitiven Textwissenschaft grundsätzlich zu unterscheiden. Die Erklärung für eine bestimmte Wirkung des Textes auf Leser darf nicht ohne Weiteres auf Nathanael übertragen werden: In der Textwelt geht es ja nicht um eine unspezifische Angst vor dem Ver-

---

[127] S. FREUD: *Das Unheimliche*. In: *Imago* 5 (1919), S. 297–324. Zusätzlich berücksichtigt wird I. AICHINGER: *E.T.A. Hoffmanns Novelle ‚Der Sandmann' und die Interpretation Sigmund Freuds*. In: *Zeitschrift für deutsche Philologie* 95 (1976), S. 113–132. [A] (ERGÄNZUNG 9-1)

lust der Augen, sondern unter anderm ganz konkret darum, dass die Geschichte vom bösen Sandmann einen wahren Kern enthält und dass Coppelius in der Experimentszene die Absicht hat, Nathanael seine Augen zu nehmen, um sie für seine Zwecke zu gebrauchen.

Direktanwendung des Kastrationstheorems

Freud stellt dann die tiefenpsychologische These auf, „daß die Angst um die Augen, die Angst zu erblinden, häufig genug ein Ersatz für die Kastrationsangst ist" (306 f.). Das besagt, dass ein Junge in einer bestimmten Entwicklungsphase die „Drohung das Geschlechtsglied einzubüßen" erlebt, die dem Vater zugeschrieben wird; der Junge fürchtet den Vater, weil er von ihm „die Kastration erwartet" (307). Darüber hinaus wird angenommen, dass das männliche Kind seine (unbewusste) Kastrationsangst in vielen Fällen verschiebt, und zwar so, dass die Angst um die Augen an ihre Stelle tritt, zu ihrem Ersatz wird. In diesen Fällen kindlicher Angst ist somit „die Zurückführung der Augenangst auf die Kastrationsangst" erforderlich; hier verbirgt sich also ein „tieferes Geheimnis" (307) hinter der Angst um die Augen. Diese ist dann ein *verdeckter Ausdruck* der einer tieferen Schicht zuzuordnenden Angst, das Geschlechtsglied einzubüßen.

Wir beschäftigen uns hier nicht mit der Frage, welcher wissenschaftliche Wert Freuds These im psychologischen Kontext zukommt; uns interessiert nur, was von ihrer *textwissenschaftlichen Anwendung* zu halten ist. Dabei erweist sich die Unterscheidung zwischen Textwirkungsforschung und Textwissenschaft weiterhin als wichtig. Man kann Freuds These benutzen, um eine vertiefte Erklärung der Wirkung, welche die Erzählung auf viele Leser ausübt, zu geben; diese Linie interessiert uns hier nicht. Man kann aber auch versuchen, die These auf die Figur des Nathanael anzuwenden. Folgt man den Prinzipien der kognitiven Hermeneutik, so muss dies bei der Basisarbeit, mit der stets begonnen werden sollte, jedoch aus methodologischen Gründen als *unzulässig* gelten. Dass eine Figur eine bestimmte Beschaffenheit aufweist, ist zunächst immer auf das Textkonzept des Autors und auf dessen Hintergrundannahmen zurückzuführen. Zu einem solchen Textkonzept aber kann es gehören, dass eine bestimmte Charaktereigenschaft einer Figur (hier die Angst vor dem Augenverlust) mit Annahmen in Verbindung steht, die für das textprägende Überzeugungssystem spezifisch sind. Da eine solche Möglichkeit immer besteht, darf *niemals* von vornherein unterstellt werden, die Angst der Figur um ihre Augen sei auf etwas zurückzuführen, was einer anderen Ebene angehört, hier auf die Kastrationsangst.

Tiefenpsychologische Theoreme können durchaus zur kognitiv-wissenschaftlichen Textinterpretation genutzt werden. Diese Nutzung ist jedoch der Aufbauarbeit vorbehalten, der stets die Basisarbeit mit dem Text vorangehen muss. So kann z. B. versucht werden, die Wahl des Textkonzepts mit der allgemeinen Lebensproblematik des Autors in Verbindung zu bringen. Aus erfahrungswissenschaftlicher Sicht gilt allerdings, dass nur solche tiefenpsychologischen und speziell psychoanalytischen Theoreme zur Texterklärung im Rahmen der Aufbauarbeit verwendet werden sollten, die einer kritischen fachwissenschaftlichen Prüfung nach kognitiven Standards standgehalten haben.

Die Direktanwendung des Kastrationstheorems bedeutet konkret, dass auf suggestive Weise alternative Erklärungsmöglichkeiten *ausgeschaltet* werden, sodass die eigene Hypothese *evident* erscheint. Freud lässt von vornherein nur die aus seiner Theorie gewonnene Möglichkeit zu, dass die Angst vor dem Verlust der Augen „ein Ersatz für die Kastrationsangst ist". Dass der Autor eine Figur mit einer Angst vor der Einbuße der Augen ausgestattet hat, um bestimmte künstlerische Ziele zu realisieren – also um eine Erzählung zu schreiben, in der es um die Erschaffung künstlicher Menschen geht, die über Augen bestimmter Art auf magische Weise verlebendigt werden –, gerät bei Freud überhaupt nicht in den Blick.

Die Direktanwendung einer Theorie ist *generell* zu kritisieren, also unabhängig davon, ob das jeweilige Theorem wissenschaftlich haltbar ist oder nicht. Der methodologische Fehler besteht darin, dass nicht zunächst nach den drei textprägenden Instanzen gefragt wird, um den Textbestand auf diese zurückzuführen, sondern dass ein Textelement – hier die bei Nathanael anzunehmende Angst vor dem Augenverlust – interpretatorisch *unmittelbar* mit der Kastrationsangst in Verbindung gebracht wird. Es wird nicht untersucht, welcher Stellenwert dieser Angst innerhalb des *Textkonzepts* zukommt, sondern sie wird sogleich mit der eigenen Hintergrundtheorie verschmolzen. Das ist die zentrale theoriebezogene *Aneignung*, die aber fälschlich als kognitiv-wissenschaftliche Leistung auftritt.

Freud verlässt dann die Ebene der Textwirkungsforschung und wechselt, ohne dies zu kennzeichnen, zur textwissenschaftlichen Ebene über. Er ist der Meinung, die Erzählung würde das Theorem vom Zusammenhang zwischen Augen- und Kastrationsangst bestätigen. Der aneignend-aktualisierende Charakter dieses Ebenenwechsels wurde bereits herausgestellt. Freud behauptet, mithilfe seines Theorems sei es möglich, erstmalig eine befriedigende Erklärung für bestimmte textinterne Zusammenhänge zu geben: Viele „Züge der Erzählung erscheinen willkürlich und bedeutungslos, wenn man die Beziehung der Augenangst zur Kastration ablehnt, und werden sinnreich, sowie man für den Sandmann den gefürchteten Vater einsetzt, von dem man die Kastration erwartet" (307). Damit wird ein versteckter eigentlicher Textsinn angenommen, der auf theoriekonforme Weise bestimmt wird. Wir haben es also mit einer psychoanalytischen Variante der Strategie der verdeckt aneignenden allegorischen Interpretation zu tun. Diese Haltung führt dazu, dass das Geschehen in der Textwelt als Fassade des *eigentlichen* Geschehens betrachtet wird. Die Erzählung handelt *eigentlich* von der Kastrationsangst eines jungen Mannes und seiner misslungenen Bewältigung der ödipalen Situation. Die Figur des Nathanael wird als Anwendungsfall des Theorems eingestuft, d.h., es wird angenommen, dass sich bei ihm hinter der Angst um die Augen die Kastrationsangst verbirgt. Das ist zunächst einmal pure Spekulation, für die sich keinerlei Textbeleg anführen lässt. Eine Anfangsplausibilität gewinnt sie, weil die theoriekonforme Setzung verschleiert wird. Die weitere Interpretation besteht dann darin, diese Setzung auszugestalten, nach dem Prinzip „Wenn diese Voraussetzung *gültig* ist, wie lässt sich dann der Text in ihrem Sinn interpretieren?". Dieses Prinzip schließt die vermeintliche Berechtigung ein, bei einer beliebigen männlichen Figur, die Angst vor dem Verlust der Augen hat, zu postulieren, dass sich dahinter die Kastrationsangst verberge – völlig unabhängig davon, wie diese Figur konzipiert ist.

Dogmatische Interpretationsstrategie

Diese dogmatische Interpretationsstrategie führt zu weiteren theoriekonformen Ersetzungen. In der Textwelt ist nach Freud der Sandmann mit Coppelius/Coppola identisch und der Vater eine davon getrennte Figur; *eigentlich* aber muss „man für den Sandmann den gefürchteten Vater einsetz[en], von dem man die Kastration erwartet". Berücksichtigt man also den vermeintlichen versteckten Tiefensinn, so muss angenommen werden, dass sich hinter dem Sandmann der Vater und hinter der Angst vor dem Verlust der Augen die Angst verbirgt, vom eigenen Vater kastriert zu werden. Kurzum, hat man erst einmal dogmatisch einen *theoriekonformen* versteckten Tiefensinn unterstellt, so können dann die jeweiligen theoretischen Prämissen genutzt werden, um eine halbwegs kohärente Interpretation zu entwickeln. Wenn man glaubt, es gehe *eigentlich* um die Angst, vom Vater kastriert zu werden, so wird man natürlich auch andere Textelemente gemäß dieser Tiefsinnsvermutung deuten.

Eine allegorische Interpretation ist textwissenschaftlich zulässig, wenn es gute Gründe dafür gibt anzunehmen, dass z.B. im vorliegenden Fall ein allegorisches, also eine versteckte Sinnebene einschließendes Textkonzept textprägend ist. Dies ist immer eigens zu zeigen, d.h., die entsprechende Hypothese muss sich im Optionenvergleich als überlegen erweisen. Grundsätzlich unzulässig ist es, dies einfach als gültig vorauszusetzen und aus dieser dogmatischen Voraussetzung dann Konsequenzen zu ziehen. Das führt zwangsläufig zu einer projektiv-aneignenden Interpretation. Von jeder beliebigen Hintergrundtheorie aus kann die formale Unterstellung eines *theoriekonformen* Tiefensinns mit den eigenen Prämissen inhaltlich gefüllt und dann zu

einer Textinterpretation ausgeformt werden. Der Text wird so zur Projektionsfläche, d.h., beliebige Weltanschauungen und Theorien können sich in ihm wiederfinden und behaupten: „Eigentlich verbirgt sich hinter dem, was in der Textwelt geschieht, genau das, was wir behaupten."
Die Psychoanalyse braucht keinen Alleinvertretungsanspruch in Sachen Interpretation zu erheben, sie kann anderen Ansätzen eine relative Berechtigung zuerkennen. Sie behauptet jedoch, die *eigentliche* Dimension zu erschließen, die den anderen verborgen bleibt, sie erhebt insofern also einen wissenschaftlichen Überlegenheitsanspruch. Dieser Anspruch aber ist, da er auf einem methodologischen Fehler beruht, unberechtigt. Wer erstens glaubt, die Frage nach dem Textkonzept ignorieren zu können, und wer zweitens glaubt, eine Direktwendung der vom Interpreten vertretenen Theorie – und das können beliebige Theorien sein – sei wissenschaftlich legitim, kann sich fälschlicherweise für berechtigt halten, ohne jede Textbasis theoriekonforme Sinnbesetzungen vorzunehmen. Freuds *Sandmann*-Deutung erweist sich so bereits zu Anfang als ein typischer Fall einer projektiv-aneignenden Interpretation, die sich als kognitiv-wissenschaftliche Leistung *missversteht*. Freud setzt die *Existenz* der von ihm behaupteten Tiefendimension des Textes einfach voraus.

Unterschieben eines vermeintlichen Tiefensinns

Die Behauptung, bestimmte Züge der Erzählung würden überhaupt erst sinnreich, wenn man z.B. „für den Sandmann den gefürchteten Vater einsetzt", erweckt den Anschein, es würde eine kognitive Erklärungsleistung erbracht, die der konkurrierender Ansätze grundsätzlich überlegen sei. In Wahrheit läuft diese Behauptung auf ein *Unterschieben* eines vermeintlichen Tiefensinns hinaus, das zu Unrecht als Erkenntnisgewinn auftritt. Die einzelnen Deutungsschritte Freuds werden allesamt von dem methodologischen Grundfehler getragen. Setzt man als erwiesen voraus, dass bei Nathanael eine Kastrationsproblematik vorliegt, so kann man in einem nächsten Schritt behaupten, bei Nathanael finde „eine *Entstellung* des Kastrationsaktes durch andere Eingriffe in die körperliche Integrität statt: die Operationen des Schraubens und Drehens" (A, 126). Das Abschrauben der Arme und Beine erscheint dann als „Äquivalent der Kastration" (308, Anm. 1). Ferner kann postuliert werden, das Kind verarbeite seine – als unstrittig geltende – Kastrationsangst dergestalt, dass es zwischen einem bedrohlichen und einem guten Vater unterscheidet. „In der Kindergeschichte stellen der Vater und Coppelius die durch Ambivalenz in zwei Gegensätze zerlegte Vaterimago dar, der eine droht mit der Blendung (Kastration), der andere, der gute Vater, bittet die Augen des Kindes frei." (307, Anm. 1) Zum Kastrationskomplex gehört der Theorie zufolge auch der Todeswunsch gegenüber dem bedrohlichen Vater, der sich bei einer Aufspaltung der Vaterimago gegen den bösen Vater – d.h. Coppelius – richtet. Dieser Wunsch aber wird in diesem Fall verdrängt und umgelenkt auf den guten Vater, und zwar so, dass der „Tod des guten Vaters [...] dem Coppelius zur Last gelegt wird" (307, Anm. 1). Ferner kann dann behauptet werden, dass die Aufspaltung in einen guten und in einen bösen Vater in einem weiteren Schritt auf andere Figuren übertragen wird: Spalanzani spielt die Rolle des guten Vaters, Coppola die des bösen.

Freud nimmt außerdem an, dass zum Kastrationskomplex eine feminine Einstellung des Jungen gegenüber dem Vater gehört, von dem er die Kastration erwartet. Olimpia wird daher gedeutet als Materialisation dieser Einstellung, d.h., die feminine Einstellung des jungen Mannes findet ihren Ausdruck in einer weiblichen Gestalt: Olimpia. Die unbewusste Liebe zum Vater in der Kindheit artikuliert sich somit in der Liebe zu einer Androide.

Freud vertritt die Auffassung, dass es eine ursprüngliche Anordnung der Stoffelemente gibt, die dann einer „Phantasiebearbeitung des Dichters" (307, Anm. 1) unterzogen worden ist; diese ursprüngliche Anordnung will die Psychoanalyse wiederherstellen. Die ursprüngliche Anordnung, wie Freud sie sieht, lässt sich folgendermaßen zusammenfassen: Ein männliches Kind, das sich in der ödipalen Situation befindet, bewältigt seine Kastrationsangst mittels Verschiebungen, Vertauschungen usw. Das, was im Text mit Nathanael geschieht, wird als phantastische Ausgestaltung eines Ödipuskomplexes mit narzisstischem Ausgang gesehen. Diese „Phantasiebearbeitung des Dichters" gilt es wieder rückgängig zu machen, um die postulierte ursprüngliche Anordnung freilegen zu können. In Wahrheit nimmt Freud jedoch eine Sinnbesetzung vor, die den Text in eine Stützungsinstanz für seine Theorie *verwandelt*. Die vermeintliche ursprüngliche Anordnung ist von Freud frei erfunden und mit dem Textbestand und dem – durch die Basis-Interpretation herausgearbeiteten – Textkonzept nicht in Einklang zu bringen.

Verwandlung des künstlerischen Textes in ein klinisches Dokument

Freud verwandelt den vorliegenden Text zudem insgeheim in einen andersartigen Text. Der literarische Text wird behandelt, als ob er ein klinisches Dokument einer realen Person sei. Freud sieht die Figur des Nathanael so, als handle es sich um eine reale Person, die bestimmte Konflikte hat, sich an ihre frühe Kindheit erinnert, bestimmte Phantasien entwickelt usw. Diese Fiktion erlaubt es, die psychoanalytischen Kategorien bruchlos und direkt auf die Figur anzuwenden. *Unterstellen* wir eine Person mit Kastrationsangst, so wird das gesamte Geschehen auf bestimmte Weise verständlich: Der Sandmann erscheint als Symbol für den gefürchteten Vater usw. Das ganze Verfahren läuft indes auf eine *petitio principii* hinaus, d.h., das zu Beweisende wird als gültig vorausgesetzt. *Wenn* man Nathanael wie eine reale

Person mit Kastrationsangst behandeln darf, *dann* besteht das, was Nathanael berichtet, natürlich zu einem erheblichen Teil aus durch die Kastrationsangst verzerrten Erinnerungen und Phantasien. Nathanael übersteigert Coppelius letztlich wegen seiner Kastrationsangst zu einer bösartigen Figur. Alle einzelnen Spielzüge einer solchen Deutung setzen voraus, dass Nathanael wie eine reale Person mit Kastrationsangst behandelt werden darf; das aber ist keineswegs gesichert, ja, es stellt eine aneignend-aktualisierende Umdeutung dar, die von psychoanalytischen Theoremen gesteuert wird.

Diese Kritik besagt indes nicht, dass Freuds Konstruktion *völlig* wertlos ist. Sie kann z. B. für die psychoanalytische Praxis durchaus nützlich sein. Stellen wir uns einen realen Patienten mit Kastrationsangst vor, der seine Träume und Phantasien erzählt. Möglicherweise kann man von ihm sagen, dass seine Berichte auf einer Verschiebung beruhen: Statt der Kastrationsangst wird die Blendungsgefahr dargestellt. Ferner findet vielleicht eine Entstellung des befürchteten Kastrationsaktes statt: Er phantasiert von einem Abschrauben seiner Gliedmaßen. Außerdem kommt es zu einer Spaltung der Vater-Imago: Er verschiebt seinen Hass auf ein Ersatzobjekt. Das alles mag für den realen Patienten richtig sein, aber in einem solchen Fall ist natürlich der empirische Nachweis zu verlangen, dass bei ihm tatsächlich ein Kastrationskomplex vorliegt. Beim fiktiven Nathanael wird dies jedoch bloß behauptet und dann die ganze Deutung auf diese *Setzung* aufgebaut. Es ist grundsätzlich etwas anderes, ob man bei einer realen Person aufgrund bestimmter Untersuchungen z. B. eine feminine Einstellung zum Vater annimmt oder ob man einer fiktiven Person ohne jede Textbasis eine solche Einstellung zuschreibt und von dieser willkürlichen Voraussetzung aus den gesamten Text neu deutet.

C. HAYES: *Phantasie und Wirklichkeit im Werke E. T. A. Hoffmanns, mit einer Interpretation der Erzählung „Der Sandmann"*[128]

Weltanschauungs- bzw. theoriegebundener Diskurs

Hayes argumentiert von einer marxistischen oder zumindest marxismusnahen Position aus. Im Licht dieser Position wird die Weltauffassung Hoffmanns und der Romantiker sogleich *kritisch* bewertet und als „Flucht aus der Wirklichkeit" (171) eingeordnet: Anstatt die schlechte Wirklichkeit zu *verändern*, flüchten die Romantiker auf diese oder jene Weise in die Welt der Phantasie, der Einbildungskraft. Hoffmann sucht nach Hayes „den Leser davon zu überzeugen [...], daß die Einbildungskraft selbst nicht nur eine Form

---

[128] C. HAYES: *Phantasie und Wirklichkeit im Werke E. T. A. Hoffmanns, mit einer Interpretation der Erzählung „Der Sandmann"*. In: K. PETER/D. GRATHOFF u. a. (Hg.): *Ideologiekritische Studien zur Literatur. Essays I.* Frankfurt a. M. 1972, S. 169–214. (ERGÄNZUNG 9-5)

von Realität, sondern die einzig erstrebenswerte ist. Damit wird die Phantasie als Selbstzweck eingeführt, wobei die neurotische Tendenz der gesamten romantischen Periode offenkundig wird." (179) Eine solche (ideologie-)kritische Intervention seitens des Interpreten ist nicht dem kognitiv-wissenschaftlichen, sondern dem weltanschauungs- bzw. theoriegebundenen Diskurs zuzuordnen. Aus der Sicht der einen Weltanschauung erscheint eine andere als mehr oder weniger defizitär.

Hoffmann ist für Hayes jedoch nicht nur Gegenstand der weltanschaulichen Ablehnung, es gibt auch inhaltliche Berührungspunkte in der Kritik des Bürgertums. Die Tendenz lässt sich etwa so fassen: Im Rahmen einer irreführenden romantischen Sichtweise, welche die Phantasie verabsolutiert, erfasst Hoffmann intuitiv die Wahrheit über die überwindungsbedürftige bürgerlich-kapitalistische Gesellschaft. Eine Kritik des rationalen Bürgers aus religiös-metaphysischer Sicht, die dazu führt, den poetischen Geist als „Vertreter einer ‚höheren' Welt des Geistes" (185) zu sehen, muss jedoch von einer Kritik aus historisch-materialistischer Sicht scharf unterschieden werden. Das geschieht bei Hayes nicht: Er glaubt, genau die eigene Kritik am „mit Erfolg in die Maschinerie der Gesellschaft eingefügte[n] Bürger" (183) im Text wiederfinden zu können.

Historisch-materialistische Kritik am Bürger

Bei einer strikt nach kognitiven Kriterien vorgehenden Textinterpretation gilt es, die textprägenden Autorinstanzen zu rekonstruieren; ob der Interpret selbst eine andere Position vertritt und die Weltsicht des Autors kritisiert, ist hier sekundär. Hayes hingegen entwickelt seinen Deutungsansatz direkt aus der *ideologiekritischen*, marxistischen Prämissen verpflichteten Auffassung der Weltsicht Hoffmanns als kompensatorischer und fehlgeleiteter „Flucht aus der Wirklichkeit". Die „Gegensätzlichkeit von Phantasie und bürgerlicher Wirklichkeit" (185) in Hoffmanns Texten und speziell im *Sandmann* ist im Kontext von Hoffmanns religiös-metaphysischem Überzeugungssystem zu sehen, dem zufolge eine übernatürliche Dimension existiert. Wird sie sogleich im Sinn der kritischen Kompensationstheorie aufgefasst, so werden die religiös-metaphysischen Implikationen zum Verschwinden gebracht. Die Kritik am Philister, der sich gegen Welt b sperrt, verwandelt sich so in die historisch-materialistische Kritik am „mit Erfolg in die Maschinerie der Gesellschaft eingefügte[n] Bürger", d.h., es findet ein aneignend-aktualisierender Zugriff statt, der aber verdeckt bleibt. Dazu passt die Annahme, „daß der Wahnsinn [Nathanaels] als direkte, stilisierte Reaktion auf die gesellschaftliche Norm selbst hervorgerufen wird" (185). Nach unserer Basis-Interpretation ist es verfehlt anzunehmen, dass Nathanael wahnsinnig wird, weil er die vorgegebenen Normen der bürgerlichen Gesellschaft nicht erfüllt.

„Hoffmanns Interesse gilt [...] dem, was ein Kritiker ‚das komplexe Verhältnis des Künstlers zu einem Bürgermädchen' genannt hat. Das ist das Thema des Werkes" (187). Dieser Ansatz passt zwar zu Hayes' Bürgerkritik, er muss aber, wenn man unsere Basis-Interpretation berücksichtigt, verworfen werden. Das Verhältnis Nathanaels (als eines Künstlers besonderer Art) zum Bürgermädchen Clara ist nur ein *Teilmoment* des dämonischen Gesamtgeschehens. Es ist keineswegs das zentrale Thema des Werks. Das Textkonzept besteht *nicht* darin, Hoffmanns „antibürgerliche Gesinnung" (185) an einem Beispielfall darzulegen.

Vermeintliche Parallelen zwischen Clara und Olimpia

Die Charakterisierung Claras als angepasste Bürgerin ist nicht völlig verfehlt, sie vernachlässigt indes einige positive Charaktereigenschaften. Die weltanschauliche Begrenztheit Claras, für die nur Welt a existiert, bleibt unbeachtet. Durch diese Aussparung transformiert Hayes Hoffmanns Darstellung einer sympathischen Philisterin in die marxistisch gefärbte Kritik des entfremdeten bürgerlichen Lebens und erzeugt so einen Einklang mit der eigenen Hintergrundtheorie.

Eine zentrale Rolle spielt bei Hayes die These, es gebe Parallelen zwischen Clara und Olimpia: „Nahezu jede von Klaras Eigenschaften findet in der hölzernen Marionette eine konkrete Entsprechung." (189) Diese Behauptung ist nicht textkonform. So ist offenkundig, dass Clara im Gegensatz zu Olimpia eloquent ist – man denke nur an den von ihr verfassten Brief, in dem sie eine psychologische Diagnose und Therapie darlegt, oder an die Gespräche mit Nathanael. Wenn sie unter bestimmten Umständen schweigsam ist, so ist dies eine Schweigsamkeit völlig anderer Art, als sie Olimpia kennzeichnet. Auch die „Beschreibung der physischen Erscheinung der beiden" (189) ist keineswegs ähnlich. Der in körperlicher Hinsicht schönen Olimpia steht die zwar nicht eigentlich schöne, aber doch auf besondere Weise attraktive Clara gegenüber. Von einer frappierenden Ähnlichkeit ist nichts zu erkennen.

Hayes bringt keine Textbelege, die tatsächlich geeignet sind, seine These zu stützen, er erzeugt vielmehr suggestiv ein für seine Behauptung günstiges Klima. Die unsauberen Denkschritte hängen damit zusammen, dass Hayes glaubt, Hoffmann gehe es darum, seine „antibürgerliche Gesinnung" dadurch zu demonstrieren, dass er das Bürgermädchen Clara kritisch beleuchtet und in die Nähe einer Holzpuppe rückt – womit er die ‚Wahrheit' über bürgerliche Prinzipien, wie die marxistische Theorie sie begreift, mitteilt. Die übernatürlichen Komponenten der Textwelt werden von dieser Interpretation völlig verkannt, und das dämonische Geschehen gerät überhaupt nicht in den Blick.

Unhaltbar sind auch folgende Thesen: „Klaras ‚geistige Schläfrigkeit' kehrt in der Form des ‚blöden Mädchens' zurück, die als Spalanzanis Tochter vorgestellt wird." (190) Clara ist keineswegs geistig schläfrig, sie verfügt über „einen gar hellen scharf sichtenden Verstand" [28]. Man muss die zugehörige Textstelle nur lesen, um zu erkennen, dass Clara ablehnend auf „Nathanael's dunkle, düstere, langweilige Mystik" [30] reagiert und ihm deutlich zu verstehen gibt, dass sie seine Darbietungen langweilig findet: „Nichts war für Clara tötender, als das Langweilige; in Blick und Rede sprach sie dann ihre nicht zu besiegende geistige Schläfrigkeit aus." [30] Kommt Clara aber gar keine „geistige Schläfrigkeit" im eigentlichen Sinn zu, so entbehrt die Behauptung, eben diese kehre „in der Form des ‚blöden Mädchens' zurück", jeder Grundlage. Ist Clara zudem durch ein „tiefes weiblich zartes Gemüt" [28] gekennzeichnet, kann sie auch nicht als kalt bezeichnet werden. Folglich ist die Behauptung, ihre Kälte werde „in Olimpias ‚eiskalten' Händen und Lippen verdinglicht" (190), unbegründet. Clara ist ferner keine Konformistin im Sinn von Hayes' Bürgerkonzept. Dass sie nicht „gegen jegliche psychische Störungen immun geworden ist" (183), zeigt sich in dem ernsthaften Bestreben, Nathanael zu helfen, bei dem sie ja gerade eine psychische Störung festzustellen glaubt. Ihr „scharf sichtende[r] Verstand" bringt Clara in klare Opposition zu den Neblern und Schweblern, von denen anzunehmen ist, dass sie innerhalb der Gesellschaft eine gewisse Akzeptanz finden. Eine reine Konformistin würde einem solchen Konflikt wahrscheinlich ausweichen. Ein „gut geölter [...] Menschenapparat" (183), wie Hayes sie sich vorstellt, würde auch wohl kaum in Liebe an einem Menschen festhalten, der wahnsinnig geworden ist, im Zustand der Raserei beinahe einen anderen Menschen erwürgt hat und daher einige Zeit im Tollhaus verbracht hat. Kann Clara aber kein Konformismus im strikten Sinn zugeschrieben werden, so entbehrt auch die These, eben dieser finde „seine logische Fortsetzung in der ‚rhythmischen Festigkeit' der Marionette" (190), der Grundlage. Kurzum, Clara erweist sich keineswegs „als Olimpias ‚Blutsverwandte' oder, genauer, als ihre Doppelgängerin" (191); Olimpia ist nicht die „wiedererstandene Klara" (191).

Hayes' Theorie des Bürgertums

Claras Begrenztheit besteht hauptsächlich darin, dass ihr die Sensibilität für die übernatürliche Dimension fehlt, nicht aber darin, dass sie die bürgerlichen Lebensnormen perfekt verinnerlicht hat, obwohl ihr *einige* philisterhafte Züge tatsächlich zukommen. Da die Charakterisierung Claras falsch ist, kann auch nicht behauptet werden, an ihrem Beispiel werde „das in ihr verkörperte bürgerliche Prinzip, das ihren Charakter verstümmelt und jede spontane Lebensäußerung unterdrückt hat" (191), verspottet. Clara ist als eine junge bürgerliche Frau gestaltet, die sich die Heirat mit ihrem geliebten Nathanael wünscht – auch nach dessen Aufenthalt im Tollhaus. Die anvisierte Liebesheirat unterscheidet sich jedoch deutlich von anderen Heiratskonstellationen in Hoffmanns Texten. Clara strebt die Heirat offenkundig nicht als „Weg zu Geld und Ansehen" (173) an. Von einer gutgeölten Bürgermaschine, die auf Statusvorteile programmiert ist, kann also keine Rede sein. Problematisch ist ferner, dass Hayes den Begriff der Triebverdrängung ins Spiel bringt. Die Erzählung lässt nicht erkennen, dass Clara als eine Figur gestaltet ist, deren Charakter durch Verdrängung sexueller und anderer Triebe gekennzeichnet ist. Es ist jedoch davon auszugehen, dass der Begriff der Triebverdrängung in Hayes' eigener Theorie des Bürgers eine wichtige Rolle spielt. Um den Text als mit den eigenen Auffassungen im Einklang stehend lesen zu können, werden Clara daher auf aneignend-aktualisierende Weise Charakterstrukturen zugeschrieben, die sie nach dieser Theorie aufweisen müsste – für die es aber keine Textbasis gibt.

Hayes verbucht Clara als Beleg für seine eigene Theorie des Bürgertums, das die Vernunft als „Kraft des unabhängigen Denkens" verraten und sie auf ein „Instrument der gesellschaftlichen Anpassung" (192) reduziert habe. Das bürgerliche Individuum ist dieser Theorie zufolge „nicht mehr Subjekt von Gedanken" (192), sondern ein automaten- bzw. marionettenähnliches Wesen, das auf die Aufrechterhaltung der bestehenden Ordnung programmiert ist. Das bürgerliche Bewusstsein hat „alle Gedanken an andere Möglichkeiten in sich längst vertrieben" (191). Diese theoretische Konzeption wird auf den Text projiziert und Clara dann durch massive Anwendung von Interpretationsgewalt zur Instanz erklärt, welche die bürgerliche Pseudovernunft repräsentiere. Hoffmanns kritische Sicht des Philistertums, die sich insbesondere im Bericht über die Teezirkel textprägend ausgewirkt hat, ist demgegenüber deutlich anderer Art. Sie kann nicht als direkter Vorläufer marxistisch orientierter Bürgerkritik eingeordnet werden, wie der Interpret es augenscheinlich gerne möchte. Hayes' Interpretationsstrategie erweist sich als verkappte *Aneignungsstrategie.* Er projiziert seine eigene Entfremdungstheorie, seine Kritik am Bürgertum in den Text und zaubert sie dann deutend wieder aus ihm heraus. So wird die Erzählung zur Stützungsinstanz für das Weltbild des Interpreten. Durch eine undurchschaute aneignende Sinnbesetzung wird der Text in eine Geschichte *verwandelt,* in der es um die Kritik der „Vernunft als Instrument der gesellschaftlichen Anpassung" (192) geht, wie marxismusnahe Positionen sie entfaltet haben.

Sozialpsychologische Umakzentuierung von Option 1

Hayes' gesellschaftsbezogener Ansatz setzt die Richtigkeit des psychologischen Zugriffs voraus, der allerdings eine sozialpsychologische Umakzentuierung erfährt, um für eine marxistische Gesellschaftskritik anschlussfähig zu sein. „In Nathanaels Wahnvorstellungen versucht die Phantasie mit der Wirklichkeit zu verschmelzen. Das Märchen der Kinderfrau lieferte die Mittel, mit denen der Knabe dieses Zusammentreffen verwirklichen konnte" (192f.). Nach Hayes liefert die Erzählung in der Hauptsache keine Genese einer psychischen Erkrankung, sondern eine Kritik bürgerlicher Pseudorationalität. Hier kommt die These der Gleichsetzung von Clara und Olimpia, die mit der Kritik des bürgerlichen Prinzips zusammenhängt, wieder ins Spiel. „Denn was Nathanael von Klara entfremdet, ist nichts als seine Einsicht in ihre Verschiedenheit und seine berechtigte Angst vor der Unfreiheit der bürgerlichen Ehe, ja der bürgerlichen Lebensweise überhaupt: das ergibt die ‚Zerrissenheit' seiner Seele" (193). Diese Konstruktion ist indes nicht textkonform: Es gibt keinerlei Textindiz dafür, dass Nathanael „Angst vor der Unfreiheit der bürgerlichen Ehe, ja der bürgerlichen Lebensweise überhaupt" verspürt. Und die übernatürlichen Komponenten der Textwelt werden von Hayes völlig vernachlässigt.

Hayes' Kombination von Option 1 mit Option 4b ersetzt die übliche individualpsychologische Ausrichtung von Option 1 (die z.B. mit einer das Individuum Nathanael kennzeichnenden Charakterdisposition für Einbildungen rechnet) durch eine *sozialpsychologische*, die annimmt, dass Nathanaels Wahnvorstellungen mit spezifischen Konstellationen der bürgerlich-kapitalistischen Gesellschaft zusammenhängen, die Hoffmann im Rahmen seiner Kritik des Bürgers partiell richtig erfasst haben soll. Als Textkonzept wird demnach angesetzt, dass Hoffmann zeigen wollte, wie ein Künstler in seinem Verhältnis zu einem Bürgermädchen an der Enge des bürgerlichen Lebens zerbricht. „Im Kampf gegen das Realitätsprinzip gebiert Nathanaels Phantasie gerade jene Visionen, die es ihm unmöglich machen, ‚normal' zu leben." (193)

Hayes' Interpretation verwandelt die in dem Bericht über die Teezirkel erkennbare Philisterkritik in das Zentrum der ganzen Erzählung. Er erkennt nicht den Unterschied zwischen der satirischen Darstellung der Automatenähnlichkeit bestimmter menschlicher Verhaltensweisen und dem eigentlichen dämonischen Geschehen. Hoffmanns Kritik des Philistertums, die an sein religiös-metaphysisches Überzeugungssystem gebunden ist, muss aber von der auf einer marxismusnahen Entfremdungstheorie beruhenden Kritik des reibungslos funktionierenden und einer eingeschränkten Form von Vernunft verpflichteten Bürgers unterschieden werden. Diese eigene Sichtweise projiziert Hayes auf den Text, wenn er von einer „Gesellschaft von Marionetten" spricht, „deren Verhaltensnormen zur Definition menschlichen Normalverhaltens wird" (195).

F. A. KITTLER: „*Das Phantom unseres Ichs*" und die Literaturpsychologie: E. T. A. Hoffmann – Freud – Lacan[129]

Psychoanalytisch-allegorische Deutungsstrategie

Kittler wendet sich dem *Sandmann* im Rahmen diskursanalytischer Überlegungen zu, die an Foucault orientiert sind. Dass er den Text mit einer epochalen Veränderung der „Konfigurationen des Wissens" in Verbindung bringt, die zur Folge hat, dass „der Wahnsinn [...] um 1800 zum Objekt der Psychologie wird" (143), ist im Prinzip legitim. Kittler geht genauer auf Freuds *Sandmann*-Deutung ein, die insgesamt positiv dargestellt wird. Die von uns in ERGÄNZUNG 9-1 herausgearbeiteten Defizite geraten bei Kittler jedoch nicht in den Blick. Bedenken gegen die psychoanalytisch-allegorische Deutungsstrategie kommen nicht auf. Freuds Konstruktion der „Struktur des Textes gerade aus seinen opaken und disparaten Elementen" (148) läuft ja auf die Unterstellung eines theoriekonformen versteckten Tiefensinns hinaus.

Rückgriff auf Lacans Theorie

Kittler reformuliert – an Lacan orientiert – Freuds Thesen mehrfach in einer poststrukturalistischen Terminologie. Da die verwendeten Begriffe nicht expliziert werden, ist es schwer zu beurteilen, ob Freuds Auffassungen hier nur in einer anderen Terminologie ausgedrückt oder ob sie modifiziert werden, und wenn ja, in welcher Hinsicht. Ferner bleibt unklar, ob die Reformulierung in kognitiver Hinsicht als Gewinn zu verbuchen ist.

Kittler geht dann zur Freud-Kritik und zur Weiterführung mithilfe Lacans über. „Freuds ,Sandmann'-Analyse hat freilich Leerstellen [...]. Sie analysiert Nathanael erstens von ihrer Neurosenlehre her, während der Text ihn wahnsinnig, psychotisch nennt. Sie übergeht zweitens, welche Mutationen der Sozialisation die Rede eines Subjekts über seine Primärsozialisation und damit auch dessen Psychoanalyse ermöglicht haben. Sie vernachlässigt drittens, was der Erzähler von seinem Erzählen sagt [...]. An diesen drei Komplexen arbeitet die strukturale Psychoanalyse." (150) Kittler stützt sich auf Lacan und geht dabei auf dessen Psychosentheorie, auf „Mutationen der Sozialisation" und auf das „Verhältnis zwischen Begehren und Rede" (150) ein. Die strukturale Psychoanalyse Lacans wird als der Theorie Freuds überlegen angesehen.

---

[129] F. A. KITTLER: „*Das Phantom unseres Ichs*" und die Literaturpsychologie: E. T. A. Hoffmann – Freud – Lacan. In: DERS./ H. TURK (Hg.): *Urszenen. Literaturwissenschaft als Diskursanalyse und Diskurskritik*. Frankfurt a. M. 1977, S. 139–166. (ERGÄNZUNG 9-8)

Unzulässige Direktanwendung der Hintergrundtheorie auf den Text

Kittler geht nach dem Lacan-Referat zum *Sandmann* über. Er verfährt im Prinzip genauso wie Freud, nur mit dem inhaltlichen Unterschied, dass seine Hintergrundtheorie stärker durch Lacan geprägt ist. Wie Freud vollzieht auch Kittler eine Direktanwendung seiner Hintergrundtheorie auf den Text – was für die kognitive Hermeneutik grundsätzlich unzulässig ist. Auch Kittler überspringt die Frage nach den textprägenden Instanzen, und bringt den Text durch einen verdeckten aneignend-aktualisierenden Zugriff in Einklang mit seiner Theorie. Das Ausrenken der Glieder z.B. wird *unmittelbar* in Verbindung gebracht mit der „anfänglichen Zerstückeltheit" (153), wie sie die Theorie Lacans behauptet. Lässt man Direktinterpretationen zu, so ist alles erlaubt, und man wird immer fündig. Denn wenn man Textelemente isoliert behandelt und sie bereits in einer theoriekonformen Sprache beschreibt, lässt sich leicht der Eindruck einer Übereinstimmung mit der vom Interpreten bevorzugten Theorie erzeugen. Interpretatorische Lücken können durch theoriekonforme bloße Behauptungen geschlossen werden, etwa durch die These, Nathanael verfalle in einen „psychotische[n] Zustand, dessen vergebliche Rekonstruktionsarbeit die Integrität des Spiegelbildes wiederzufinden sucht" (153), oder durch Aussagen wie die folgende: „Als Objekt des Begehrens der Anderen [...] entsteht also die imaginäre Einheit Ich." (153) Eine textbezogene argumentative Stützung ist nicht zu erkennen.

An Kittlers Vorgehen lässt sich gut der allgemeine Mechanismus theoriegeleiteter Direktinterpretationen, welche den Text den eigenen Hintergrundannahmen anpassen, studieren. Der Interpret bleibt ganz der ‚Logik' seiner Theorie verhaftet; es kommt ihm nicht in den Sinn, der Text könne sich einer ganz anderen Art des Reflektierens verdanken. Der gelesene Text wird intuitiv sogleich in die Begrifflichkeit der eigenen Theorie übersetzt. Die jeweiligen Textstellen gelten als hinlänglich geklärt, wenn es gelungen ist, sie *irgendwie* mit zentralen Theoremen der eigenen Theorie in Verbindung zu bringen, wobei bloße Behauptungen als hinreichend angesehen werden. Eine solche theoriegeleitete Direktinterpretation lässt sich im Prinzip von jeder theoretischen Position aus hervorbringen.

Die theoriegeleitete Direktinterpretation geht häufig in die weltanschauliche Interpretation über. Im Umkreis poststrukturalistischer Denkströmungen werden häufig Formulierungen benutzt, die aus kognitiv-wissenschaftlicher Sicht als unzulänglich gelten müssen, da stets unklar bleibt, was genau gemeint ist, was wiederum die kritische Prüfung des Ausgesagten erschwert. Bedenken dieser Art werden von vielen Poststrukturalisten jedoch aus letztlich weltanschaulichen Gründen nicht akzeptiert. Ein Beispiel ist dieser Satz: „Zuallererst durchläuft Nathanaels Körper, zumal das Auge und der Schlaf, die Worte einer Mutter, die ihn bezeichnen." (153) Bei jedem Detail besteht Klärungsbedarf: Was *genau* ist gemeint, wenn es heißt, Nathanaels Körper durchlaufe „die Worte einer Mutter" usw.? In einem zweiten Schritt ist bei jeder Aussage zu prüfen, ob sie auch textkonform ist. Für Kittler scheint die theoriegeprägte Aussage selbst schon Beleg genug zu sein.

Poststrukturalisten wie Kittler möchten auf nichts verzichten: Sie sind einerseits daran interessiert, die Räume für wildes theoriegeleitetes und insbesondere auch weltanschauungsgebundenes Interpretieren zu öffnen, andererseits aber sehen sie ihre Tätigkeit durchaus im Bereich der Wissenschaft. Das jedoch funktioniert nicht, wenn man strengere kognitive Maßstäbe anlegt; es kann aber zeitweilig funktionieren, wenn man den Begriff der Wissenschaft so umdeutet, dass die Grenzen zum weltanschaulichen Diskurs durchlässig werden. Das direkte oder indirekte Verkünden einer Theorie bzw. einer Weltanschauung im Gewand der Wissenschaft erscheint dann als eigentliche Wissenschaft, während diejenigen, die sich am erfahrungswissenschaftlichen Denkstil orientieren und die zwischen der kognitiv-wissenschaftlichen und der weltanschaulichen Dimension zu trennen versuchen, einer generellen Rationalitätskritik unterzogen werden.

Die weiteren Ausführungen Kittlers über den *Sandmann* folgen der kritisierten Verfahrensweise, die auf verdeckt aneignende Weise psychoanalytisch-allegorisch ist. Einige Beispiele: „Die unbewußte Bestimmung durchs Begehren der Anderen lenkt Nathanaels erotische Objektwahl." (153) „Und wenn an der Scheinlebendigen einzig die Augen ‚gar seltsam starr und tot' aussehen, bezeichnet das sehr genau die Struktur des Spiegelbildes, dessen Integrität den einen Mangel hat, den das Erblicktsein des Subjekts durch den ersten Anderen auftut." (154) Das „alchymische[] Werk" von Coppelius und dem Vater „ist eine phallokratische Metapher der Urszene zwischen den Eltern. Allgemein hat die sexuelle Urszene die Funktion, dem Kind seiner Herkunft aus einer Zweiheit und damit das Begehren der Eltern nacheinander zu bezeichnen." (157) Durchgängig handelt es sich um Ausformungen der theoriegeleiteten Direktinterpretation, die auf eine projektive Aneignung des Textes für die Hintergrundtheorie des Interpreten hinausläuft. Wie bei Freud wird der Leser bei Kittler aufgefordert, die spekulative *Setzung* zu akzeptieren, dass der Text eine eigentliche Sinnebene besitze, die mit der vom Interpreten befürworteten Theorie im Einklang steht. Kittler begnügt sich stets damit, theoriekonforme Behauptungen aufzustellen und damit seine Sichtweise zu entfalten; von einem Nachweisverfahren kann keine Rede sein.

Verbindung des defizitären Ansatzes mit dem sozialhistorischen Zugriff

Später bringt Kittler die historische Dimension stärker ins Spiel: „Den Effekt paradoxer Kommunikation, der Nathanaels Psychose ist, kann die strukturale

Psychoanalyse auch historisch situieren. [...] Daß die bürgerliche Familie, wie Hoffmanns Erzählung sie voraussetzt, den Namen des Vaters des Kindes und den leiblichen Erzeuger identifiziert, ist keine Notwendigkeit, sondern ein historisches Ereignis, das zu spezifischen Paradoxien der Sozialisation führt." (159) Die Aussagen über Hoffmanns Erzählung, die sich im Folgenden finden, gehorchen weiterhin der ‚Logik' der Direktinterpretation, die zum Teil auf derjenigen Freuds aufbaut: „Die Spaltung in einen schwachen und guten Vater, der nicht mehr als ein homosexualisierender Bruder ist, und einen allmächtigen und bösen Vater, der nicht nur die Mutter, sondern jedes Begehren untersagt, kommt auf gerade dann, wenn Symbolisches und Reales konfundiert werden. Die imaginären Verstrickungen, in denen Nathanael zu Tode kommt, sind die Folgen einer Desymbolisierung, die mit der Reduktion der Lebensform Ganzes Haus auf die Lebensform konjugale Kernfamilie einhergeht." (160)

Wir unterscheiden eine schwache, gemäßigte von einer starken, radikalen Variante eines sozialhistorischen Textzugriffs. Die schwache Variante bringt Wissen über sozialhistorische Veränderungen, hier z. B. über die Entstehung der bürgerlichen Kleinfamilie, dort ins Spiel, wo der literarische Text entsprechende Phänomene *thematisiert*. So kann es z. B. sinnvoll sein, einen um 1800 entstandenen Text, der Familienprobleme behandelt, auch als Reaktion auf die zeitgenössischen Umstrukturierungen im Familienbereich zu lesen. Die starke Variante hingegen ist eine Form der Direktinterpretation, die sozialhistorisches Wissen auch dort zur Textdeutung verwendet, wo es keine passenden Texttatsachen gibt. So heißt es spekulativ über Coppelius: „In die Karikatur des familienfeindlichen Advokaten verzerrt die Kleinfamilie Instanzen einer Kultur, die in juridisch geregelten weitverzweigten Allianzen zwischen Familienverbänden bestanden hat. Denn weil auch die Kleinfamilie ihrer Selbstbezogenheit zuwider Allianzen voraussetzt und fortsetzt, sucht ein Gespenst sie heim, das den Platz des symbolischen Vaters vertritt." (160) Eine Textbasis für diese Thesen gibt es freilich nicht.

Zu Kittlers theoretischen Zielen gehört die Historisierung der freudschen Psychoanalyse, die „in allen Verkleidungen der Imagines nur die eine monotone Rede von Vater und Mutter hört", während es darum gehe, die „historische Figur einer Vernunft" zu erkennen, „die der Kleinfamilie die Primärsozialisation überläßt" (161). Kittler teilt Lacans Anliegen einer „strukturalen Erneuerung" (161) der Psychoanalyse. Das führt zu weiteren verdeckt aneignenden allegorischen Interpretationsschritten. Dazu gehört die These, „daß das Subjekt klassisch-romantischer Texte in einer vergeblichen Hermeneutik seiner kleinfamilialen Genealogie entsteht. Die Erzählstruktur des ‚Sandmanns' ist dafür beredtes Zeugnis. [...] Der Privatdetektiv und Hermeneut seiner Kindheitserlebnisse untersteht einfach einer kulturellen Kommunikationsregelung, die die Familie im selben Maß zur Stätte aller Identifikationen und ‚Bedeutungen' ernennt, wie deren makrosoziale und ökonomische Funktionen schwinden. Erst die vom symbolischen Austausch entkoppelte Kleinfamilie wird zur Produktionsstätte so aufdringlicher wie undurchdringlicher Bedeutungen. Sie fungieren wie ein Köder für Nathanaels vergebliche Bedeutungssuche: Der sein Unglück auf die Kindheit zurückschreibt, bleibt Kind und Gefangener seiner Kindheit bis in den Tod." (161) Der Text erscheint somit – das dämonische Geschehen verkennend – als Geschichte, die am Beispiel Nathanaels von den Folgen des Übergangs zur Kleinfamilie handelt, und zwar auf eine Weise, die Lacans Theorie in poetischer Form vorwegnimmt. Immer wieder zeigt sich das Grundmuster theoriegeleiteter Direktinterpretation, die sich für die textprägenden Instanzen überhaupt nicht interessiert und überall einen Einklang mit der eigenen Theorie erblickt, den sie durch Sinnbesetzung selbst erzeugt hat.

Selbst wenn man als erwiesen voraussetzt, dass es mit der Entstehung der Kleinfamilie zusammenhängende „Mutationen der Kommunikationsregeln" (162) gibt, die zu einer psychologischen Konzentration auf die Kindheit führen, muss gegen Kittler eingewandt werden, dass dieses Schema nicht auf Nathanael passt, der, in einer Textwelt mit übernatürlichen Komponenten agierend, nicht als „Opfer familialer Diskurse" (162) verrechnet werden kann. „Nathanaels Hermeneutik" vollzieht keineswegs eine „endopsychische Trennung zwischen Manifestem und Latentem" (162), die auf Freuds bzw. Lacans Linie liegt.

M. ROHRWASSER: *Optik und Politik. Die Figur des Zauberers bei E. T. A. Hoffmann*[130]

Postulat eines theoriekonformen versteckten Tiefensinns

Rohrwasser konzentriert sich in seinem Aufsatz auf die „Figur des Zauberers bei E. T. A. Hoffmann" (32), unter anderm im *Sandmann*. Coppelius und Coppola werden hier eingeordnet. Rohrwassers These ist, dass solche Figuren Hoffmanns „mit ihrem Griff ins Innere der Menschen auch Reaktion auf eine politische Entwicklung [sind], in deren Zentrum Napoleon und die preußische Restauration stehen. Die Expansion des Politischen hat die Neugier des Staates geweckt auf das, was in den Straßen und was in den Köpfen seiner Bürger vorgeht" (32). Rohrwasser geht es also um die Freilegung der „politische[n] Implikationen" (33) der Zaubererfigur. Er nimmt einen verborgenen Tiefensinn des *Sandmanns* an, der durch eine allegorische Interpretation *po-*

---

[130] M. ROHRWASSER: *Optik und Politik. Die Figur des Zauberers bei E. T. A. Hoffmann*. In: *Text und Kritik*, Sonderband: *E. T. A. Hoffmann* (1992), S. 32–44. (ERGÄNZUNG 9-18)

litischer Art freigelegt werden kann. Das kann als Variante von Option 4 eingeordnet werden.

Eine allegorische Interpretation ist nach unserer Auffassung nicht in allen Fällen verfehlt. Angemessen ist sie z.B. dort, wo wir nach genauer Prüfung des Textbestands nicht umhin können anzunehmen, dass ein allegorisches Textkonzept und Literaturprogramm wirksam ist. Wird hingegen ein allegorisches Deutungsverfahren *direkt* angewandt, also unter Umgehung der Frage nach den textprägenden Instanzen und ohne eine Prüfung der Alternativen, so besteht stets der Verdacht auf projektiv-aneignende Interpretation. Denn das Postulat eines versteckten Tiefensinns, der exakt mit der Hintergrundtheorie des Interpreten übereinstimmt und sich nur mit ihrer Hilfe erschließen lässt, ist ein perfektes Mittel, um eine aneignende Sinnbesetzung des Textes als dessen kognitiv relevante Sinnrekonstruktion auszugeben.

Die bösen, dunklen Zauberer in Hoffmanns Textwelten werden treffend charakterisiert: Sie „tragen wiederkehrende Züge; noch bevor sie sich als Meister entpuppen, sind sie dem Leser kenntlich geworden, etwa an ihren ‚buschichten Augenbrauen‘ oder am ‚stechenden‘ oder ‚durchdringenden Blick‘. Im Laufe ihres Auftretens erweisen sie sich als Meister des animalischen Magnetismus oder zeichnen sich durch eine Leidenschaft für den Automaten, die Marionette, aus. Ihre Zauberei ist intrigant und oft vermittelt durch optische Gerätschaften, mit deren Hilfe Blicke gesteuert und Liebeszauber geweckt werden. Dennoch bleibt ihr Tun rätselhaft, genauer: das Motiv ihres Wirkens. Es scheint bei den dunklen, Verderben bringenden Zauberern darin zu liegen, ihr Gegenüber in ihre Gewalt zu bringen, seine Persönlichkeit zu zerstören; aber der Beweggrund dieses Tuns und der Nutzen der Zerstörung bleiben für den Leser wie für das Opfer der Zauberer im Verborgenen." (33) Rohrwassers zentrale These lautet: „In Hoffmanns Erzählungen ‚Der Sandmann' (1815) und ‚Der Magnetiseur' (1813) werden mit der Entwicklung der Zaubererfigur politische Implikationen deutlich, denen bislang wenig Beachtung geschenkt wurde." (33) Er begreift seine Überlegungen nicht als Gegenführung, sondern als Ergänzung zu Freuds Interpretation (und deren Weiterentwicklungen) – als Hinweis auf bislang vernachlässigte Implikationen politischer Art, der aber mit der psychoanalytischen Deutung vereinbar ist.

Unterstellung versteckter politischer Bezüge

Wo entdeckt Rohrwasser nun politische Bezüge im Text? „An einer Stelle zumindest, wo die Rede auf Cagliostro kommt, klingt dieser politische Kontext direkt an. Cagliostros Name fällt dort, wo Coppola mit Hilfe des Professors, beide charakterisiert durch ihre ‚stechenden Augen‘, dabei sind, die Gesellschaft zu betrügen, indem sie eine Automate, eine Gliederpuppe, als neues menschliches Wesen präsentieren." (35) Hinweise dieser Art belegen jedoch nur, dass Hoffmann Anspielungen auf die zeitgenössische Skandalgestalt Cagliostro in mehrere Texte eingewoben hat, was in Anbetracht des Aufsehens, das Cagliostro damals erregte, nicht weiter erstaunlich ist. Rohrwasser räumt selbst ein: „Nun ist die Nennung eines Namens noch nicht die Einkehr der großen Politik. Doch es geht um eine entscheidende Verbindungsstelle, die zwei Bereiche aufeinander bezieht: das Zauberwerk von Spalanzani/Coppola [...] und die politische Dimension der legendären Figur des Cagliostro, die [...] mit dem Untergang des *ancien régime* und der Französischen Revolution verbunden ist. Der Name Cagliostro steht für mehr als für Scharlatanerie, nämlich für die aus den Fugen geratene Zeit; Cagliostro ist Drahtzieher, Intrigant, Verschwörer, ein politischer Verführer." (35)

Bei Thesen dieser Art unterscheiden wir (wie schon bei Kittlers sozialhistorischem Zugriff) eine schwache von einer starken Variante: Die schwache These besagt, dass in einer Geschichte, in der ein böser Zauberer auftritt, unter anderm auch auf einen politisch relevanten Verführer *angespielt* werden kann. Das ist unproblematisch. Die starke These besagt, dass sich hinter Coppelius/Coppola der „politische[] Verführer" Cagliostro verbirgt und dass dieser Bezug bzw. damit vergleichbare Bezüge das verborgene Zentrum der Erzählung darstellen. Einen politischen Bezug dieser Art hat Rohrwasser indes bislang nicht plausibel gemacht. *Der Sandmann* handelt, wenn man dem dämonologischen Ansatz folgt, vom Zugriff einer bösartigen höheren Macht „auf das Innere des Menschen [hier Nathanaels], auf seine Gedanken und Gefühle"; die „Bilder von Marionetten und Automaten" (36) lassen sich in diesen Kontext einfügen. Rohrwasser unterstellt nun einen versteckten politischen Tiefensinn, wenn er behauptet, hinter dem Eingreifen der dämonischen Macht verberge sich der „Griff der Politik auf das Innere des Menschen" (36). Dass der Dämon Coppelius bestrebt ist, sich in Nathanaels „Herz und Verstand [...] einzuschleichen und dessen Tun zu bestimmen" (36), behaupten auch wir. Daraus folgt jedoch nicht, dass *eigentlich* eine handfeste politische Beeinflussung gemeint ist, die den Menschen in einem spezifischen Sinn zur Marionette macht.

Für die verdeckt aneignende politisch-allegorische Interpretationsstrategie Rohrwassers ist der folgende Spielzug charakteristisch: Nathanael berichtet von Coppelius' Übergriff; dieser wird nun ohne weitere Umstände gedeutet als Hinweis auf die verstümmelten Menschen auf dem Schlachtfeld, von denen in einer Tagebuchnotiz Hoffmanns die Rede ist; schon ist man zu dem gewünschten Ergebnis gelangt, dass die eigentliche Bedeutung des dämonischen Textgeschehens eine politische ist. Auf diese Weise kann man sehr vielen Elementen beliebiger Texte willkürlich politische Implikationen zuschreiben. Gegen Rohrwassers Deutung spricht im Detail, dass eine Verstümmelung auf dem Schlachtfeld, die z.B. auf einen Kanonenschuss zurückzuführen ist, mit einem *Abschrauben* der Gliedmaßen kaum vergleichbar ist. Hinzu kommt, dass abgeschossene Extremitäten nicht wieder angefügt werden können.

Wenn ein böser Zauberer in einem Text die Gedanken und Gefühle anderer Figuren beeinflusst, so hat dies nicht zwingend politische Implikationen. Rohrwasser *assoziiert* eine das Innere des Menschen irreführend beeinflussende Politik, ein politisch relevantes Sand-in-die-Augen-Streuen; eine argumentative Stützung liefert er jedoch nicht. Auf entsprechende Weise deutet Rohrwasser den Tatbestand, dass Nathanael lustvoll durch das Perspektiv auf Olimpia schaut, sogleich politisch-allegorisch: „Sichtbar wird, daß die Marionette Lust empfinden kann, eine solche zu sein", d.h., der zur *politischen* Marionette Gewordene kann sich in seiner ‚Entfremdung' wohlfühlen, kann „Lust an der Unterwerfung", an der „Aufgabe des eigenen Ich" (37) verspüren. Auch der Wahnsinnsanfall wird prompt politisch-allegorisch ausgelegt – *eigentlich* bedeutet er, dass Nathanael sich gegen seine Existenz als politische Marionette wehrt, dass er denen, die ihm in politischer Hinsicht „Sand in die Augen streuen" (38), Widerstand leistet. Wenn die Erzählung als „Machtkampf um die Augen und die *Blickführung*" (38) gelesen wird, so klingt ebenfalls die Auffassung durch, dass die Geschichte *eigentlich* von einem politischen Machtkampf handle. Einige der Folgesätze machen das noch deutlicher: „Nathanael ist nicht Herr seiner eigenen Augen. Daß der böse, politische Zauberer, der die Massen in den Bann zu schlagen vermochte, dem man in den Tod folgte, den Namen *Bonaparte* trägt, wird in Hoffmanns Flugschrift ‚Die Vision auf dem Schlachtfelde bei Dresden' von 1813 bezeugt." (39) Wer eine allegorische Deutungsstrategie (die hier politischer Art ist) verfolgt, tendiert dazu, überall im Text Geheimnisse zu vermuten, die auf den versteckten Tiefensinn verweisen – Geheimnisse, die sich bei näherer Analyse oft als frei erfunden herausstellen. Die projektiv-aneignende Deutungsweise kann im Prinzip jedes Textdetail trickhaft mit dem postulierten geheimen Sinn des Textes in Verbindung bringen.

Rohrwasser greift auf historisches Wissen über Kontexte zurück. Er scheint es für selbstverständlich zu halten, dass eine Geschichte, in der – auch nach unserer Auffassung – ein böser Zauberer bzw. Dämon agiert, *unmittelbar* mit der Einführung der „Gasbeleuchtung auf Straßen" und dem Interesse des preußischen Staates „am Innenleben seiner Bürger" (40) in Verbindung gebracht werden kann. Die Behauptung einer solchen Verbindung bedarf eines erheblichen Beweisaufwands, während der politisch-allegorisch argumentierende Interpret den von ihm unbewusst in den Text hineingelegten Tiefensinn sogleich ‚entdeckt'. Dass „die ‚tausend Augen' des Coppola auch als Metapher für Überwachung verstanden werden können" (40), und zwar im handfest politischen, auf den preußischen Staat bezogenen Sinn, ist eine an den Haaren herbeigezogene Deutung, die nur dann plausibel erscheint, wenn man einen verborgenen politischen Tiefensinn dogmatisch *voraussetzt*, die aber ungeeignet ist, einen noch Zweifelnden von dessen Existenz zu überzeugen. Rohrwasser sieht hier kein methodologisches Problem, für ihn ist völlig klar, dass Hoffmanns Zauberergestalten, „über den Reflex auf Napoleon oder Cagliostro hinaus, auf eine Politik [verweisen], die im Machtspiel der Augen gefaßt ist" (41).

Bruch in der Interpretationsstrategie

Bislang hat Rohrwasser für eine politisch-allegorische Deutung votiert, welche die psychoanalytische Deutung ergänzen soll. Die Unentscheidbarkeitsposition, wie sie vor allem Walter (vgl. Kapitel 8) vorgelegt hat, spielte dabei keine Rolle. Dann aber argumentiert Rohrwasser ganz im Sinne von Walter (der jedoch erstaunlicherweise nicht genannt wird): Er betont Hoffmanns Verrätselungstechnik, stützt die Behauptung einer Erzählstrategie des Offenhaltens von Deutungsmöglichkeiten durch den Vergleich „von früher und später Fassung" (41), weist darauf hin, dass der Erzähler nicht zur Klärung der entscheidenden Fragen beiträgt. Das ist ein Bruch in der Interpretationsstrategie, der erhebliche Schwierigkeiten nach sich zieht. Die Unentscheidbarkeitsposition ist nämlich mit der von Rohrwasser bislang angewandten Deutungsstrategie *unvereinbar*. Würde er tatsächlich zu Option 3a übergehen, so würde er damit seiner Strategie den Boden unter den Füßen wegziehen, setzen doch seine allegorischen Deutungsversuche allesamt voraus, dass es sich bei Coppelius tatsächlich um einen bösen Zauberer, also um eine dämonische Gestalt, handelt und dass Coppelius und Coppola identisch sind. Ist unentscheidbar, ob Nathanael oder Clara im Recht ist, lassen sich also beide Sichtweisen gleichermaßen gut vertreten, so ist eben auch unentscheidbar, ob überhaupt ein böser Zauberer am Werk ist. Genauso gut könnte es sich dann nämlich um einen abstoßend wirkenden, aber doch normalen Menschen handeln, der Nathanael nur im Licht seiner Wahnvorstellung als Dämon erscheint.

Rohrwasser will „die Figur des Zauberers bei E.T.A. Hoffmann" auf politische Implikationen hin untersuchen, und er zählt Coppelius und Coppola zu den „bedrohlichsten Personalisierungen" (32) dieser Figur. Genau diese Einordnung, auf der die gesamte bisherige Argumentation beruht, ist aber nach der Unentscheidbarkeitsposition gerade unzulässig. Ist nicht klärbar, ob es sich um einen bedrohlichen Zauberer handelt, so kann nicht von politischen Implikationen der *Zaubererfigur* gesprochen werden. Rohrwasser verstrickt sich am Ende somit in einen Widerspruch. Wie wir gezeigt haben, stellt Hoffmann ein dämonisches Geschehen so dar, dass über weite Strecken offenbleibt, ob es sich um ein dämonisches Geschehen handelt oder nicht.

O. ROSNER: *Körper und Diskurs. Zur Thematisierung des Unbewußten in der Literatur anhand von E. T. A. Hoffmanns* Der Sandmann[131]

Unsolide Textarbeit

Rosner strebt eine „seriöse[] Annäherung an das Seelische eines Textes" (18) an, will also eine verbesserte Form psychologischer Literaturinterpretation entwickeln. Sein Einstieg in die Textarbeit ist bereits problematisch: Daraus, dass Nathanael selbst von einer „zerrissenen Stimmung des Geistes" [11] spricht, folgt nicht, dass ihm eine „Zerrissenheit des Subjekts" (21) zuzuschreiben ist. Nathanael wird durch die Begegnung mit Coppola zwar emotional aufgewühlt, aber keineswegs zu einem *gespaltenen* Subjekt. Rosners Redeweise suggeriert auch, dass es sich bei Nathanael um ein Individuum handelt, das, zumindest in der gegenwärtigen Situation, keinen klaren Gedanken fassen und sich sprachlich nicht klar artikulieren kann. Das trifft jedoch nicht zu: „[H]in und her rasende Gedanken" (21) sind bei ihm gar nicht zu konstatieren. Von solider kognitiver Textarbeit ist Rosner in dieser Eingangspassage also weit entfernt.

Die ersten Sätze wecken bereits den Verdacht, dass Rosners Buch eine weitere Variante der verdeckt aneignenden Interpretation allegorischer Art liefert. Nathanael hat sicherlich den „Wunsch sich mitzuteilen"; kann ihm aber auch der Wunsch zugeschrieben werden, überhaupt „eine Stimme zu bekommen" (21)? Es verhält sich doch wohl eher so, dass er eine *Stimme*, verstanden als grundsätzliche Mitteilungsfähigkeit, bereits besitzt. Ebenso wird man kaum sagen können, Nathanael sei bislang nicht „von den anderen als Subjekt akzeptiert und anerkannt" (21) worden; dafür gibt es keinerlei Textindiz.

Sozialpsychologische Ausrichtung

Nathanaels „bizarre[s] Verhalten" wird von Rosner nicht in individualpsychologischen Kategorien gedacht, sondern soziologisch auf bestimmte „gesellschaftliche Mechanismen der diskursiven Ausgrenzung" (21) zurückgeführt. Er will darlegen, „daß der ‚Wahnsinn' Nathanaels nicht sein eigener, sondern Teil der ihn umgebenden Gesellschaft, oder präziser gefaßt: das Produkt eines im Text zutage tretenden gesellschaftlichen und familiären Diskursprozesses ist" (22). Option 1 wird – ähnlich wie bei Hayes – sozialpsychologisch gewendet und dann sozialtheoretisch ergänzt. Individualpsychologische Erklärungen und Schuldzuweisungen, wie sie in der Textwelt von Clara vorgetragen werden, sind demnach zu ersetzen durch eine Vorgehensweise, die sich in „Nähe zu Foucault" dem „Problem des Machtdiskurses"

---

[131] O. ROSNER: *Körper und Diskurs. Zur Thematisierung des Unbewußten in der Literatur anhand von E. T. A. Hoffmanns Der Sandmann.* Frankfurt a. M. 2006. (ERGÄNZUNG 9-23)

(22) stellt. Nathanael wird gedeutet als „Subjekt, das niemals war, das ausgeschlossen wurde von der Sprache der Gesellschaft, von den Positionen der diskursiven Macht" (23). Von daher wird die radikale Ablehnung der herkömmlichen psychoanalytischen *Sandmann*-Auslegungen verständlich: „Freud und seine Schüler wissen so einen furiosen Akt wie die Zergliederung und Wiederzusammensetzung des Knaben Nathanael nicht anders zu deuten als als ‚Äquivalent der Kastration' und führen somit das Geschehen auf einen ödipalen Konflikt, auf den Vatermord-Wunsch zurück. Tatsächlich zeichnet sich von einem solchen in der Erzählung aber nichts ab, sondern Konflikte ganz anderer Art werden sichtbar zwischen einem Subjekt einerseits, das immer wieder einen Ausbruch aus den ihm von seiner Familie vorgegebenen Identitätsmustern und Verhaltensweisen versucht, und einer sozialen Umwelt andererseits, die auf diese Versuche mit Irritation und Unwillen, zeitweilig sogar mit der Verbannung eben dieses Subjekts in das Irrenhaus reagiert" (23).

Orientierung am Anti-Ödipus

Während Rosner den Anspruch erhebt, unter Rückgriff auf noch zu diskutierende Autoren die individualpsychologische Fehlstellung der freudschen Psychoanalyse überwinden zu können, betrachten wir Rosners Ansatz als *neue Variante* des psychologisch-allegorischen Interpretierens, welche nur die Hintergrundtheorie austauscht. Diese ist vor allem dem *Anti-Ödipus* von Deleuze und Guattari verpflichtet. Diese Theorie wird in den Text projiziert und dann als dessen vermeintlich *eigentlicher* Sinn wieder aus ihm herausgelesen. Der Text verweist angeblich „auf eine *andere* Theorie des Unbewußten [...], als sie Freud (oder auch Lacan) artikulierbar gewesen wäre, sie verweisen auf ein *produktives, fließendes Unbewußtes*" (25). Die verdeckt aneignende allegorische Interpretation behandelt die vom Interpreten akzeptierte Theorie umstandslos, als sei sie textprägend; der Autor des Primärtextes wird in einen Vertreter, zumindest aber in einen Vorläufer der eigenen Theorie verwandelt, ohne ernsthaft nach den Prägeinstanzen gefragt zu haben. Wir meinen zwar mit Rosner, dass „das Problem, das die Hoffmannschen Figuren haben", nicht darin besteht, „daß sie den Inzest, den Beischlaf mit der Mutter wünschen", bestreiten aber auch, dass „die Irritation, die sie im sozialen Universum auslösen", nach dem von Deleuze und Guattari formulierten Muster darin besteht, „daß sie in ihrem Wünschen generell von den gesellschaftlich wohldefinierten Codes und Triebkanalisationen abweichen und darum mit den von der Gesellschaft vorgegebenen Konzeptionen von Subjektivität, von Identität in Konflikt geraten" (38).
Im Anschluss an Köhler nimmt Rosner ein „*reales* traumatisches Ereignis [an], das dem kleinen Nathanael tatsächlich einmal widerfahren ist" (75) und

das als versteckte Sinnebene erschlossen werden muss. „Es hat da irgendeine Bedrohung in der Familie gegeben, aber worin die genau bestanden hat, kann keiner sagen." (76f.). Nach Rosner ist der Satz in der Erzählung entscheidend, „in dem *Nathanaels Körper von Coppelius zerlegt wird*"; dieser beinhalte das „zentrale Trauma" (77). Seine Schlüsselfrage lautet: „Welches reale Trauma, welcher Vorfall könnte [...] damit chiffriert sein?" (77)
Der verdeckt aneignende allegorisch argumentierende Interpret setzt die kühne These, dass wir es in den Texten Hoffmanns „mit einer Geschichte des *Körpers*" (94) zu tun haben, einfach als gültig (und damit als hinlänglich *erwiesen*) voraus, macht sie also zum *Dogma* und verwendet seine Mühe dann darauf, die dazu passende Deutung zu entfalten. *Jeder* Interpret kann seine Lieblingsannahme auf vergleichbare Weise dogmatisieren. Die von Rosner vorgenommene spezielle Dogmatisierung stellt die Einlassstelle für die Theorie von Deleuze und Guattari dar, die ja von Körperströmen handelt. Der projektiv-aneignende Interpret findet sein eigenes, dieser oder jener Theorie verpflichtetes Denken beglückt im Text wieder. Rosner glaubt, sich ganz intensiv mit den Phänomenen des Textes zu beschäftigen und dadurch zu Ergebnissen zu gelangen, die mit der Theorie von Deleuze und Guattari im Einklang stehen. In Wahrheit aber fungiert die präferierte Theorie, allerdings unbemerkt, als Ausgangspunkt seiner *Sandmann*-Interpretation.
Die ersten Sätze von Nathanaels Brief werden von Rosner falsch gedeutet. Nathanael hat wegen des Nichtschreibens keine erkennbaren Schuldgefühle, kein „*schlechte[s] Gewissen der Familie gegenüber*" (108). Er hat vielmehr etwas Schreckliches erlebt, das ihn für einige Zeit in eine „zerrissene[ ] Stimmung des Geistes" [11] versetzt und am Schreiben gehindert hat. Daher kann ihm nicht zugeschrieben werden, es scheine für ihn am schlimmsten zu sein, „daß seine Angehörigen denken könnten, daß es ihm *gut* gehen könnte [...], *ohne* daß er bei der Familie weilt" (108). Das „Motiv der *Scham*" ist als ein für Nathanael relevantes Motiv keineswegs „schon in den *ersten beiden Sätzen* vorhanden" (108). Rosner schreibt Nathanael willkürlich zu, ihm gehe es im Kern um die Loslösung von der Familie. Aus dieser unberechtigten Unterstellung ergeben sich dann die weiteren Zuschreibungen: „Diese Loslösung ist geprägt von *Schuldgefühlen* und *Angst*. Sie erscheint aus irgendeinem Grund als das *Verbotene* bzw. als das das Subjekt *Bedrohende*" (108). Nathanael ist auch nicht der „*Bräutigam seiner Schwester*" (109). Die Liebe zur Tochter eines verstorbenen entfernten Verwandten, die, bedingt durch den genannten Umstand, in demselben Haushalt lebt, stellt keinen Inzest dar. Rosner suggeriert, dass es sich um eine asexuelle Beziehung zwischen Nathanael und Clara handelt, in der die Verlobten z. B. keine Zärtlichkeiten austauschen. Textbelege gibt es dafür nicht, ja, bei genauerer Betrachtung spricht deutlich mehr für die gegenteilige Vermutung. Dass beide „eine hef-

tige Zuneigung zu einander" [27] fassten, passt ebenso wenig ins Bild einer sterilen Beziehung wie die Schilderung von Nathanaels Reaktion nach der Verhinderung des Duells mit Lothar.

Dass Nathanael sich Olimpia zuwendet, um sich aus dem „*familiäre[n] Netz*" (109), zu dem auch Clara gehört, zu befreien, ist eine Behauptung, die nur diejenigen zu überzeugen vermag, die bereits überzeugt sind. Nathanael unternimmt keinen antifamilialen „Ausbruchversuch Richtung *Olimpia*" (109). Clara repräsentiert nicht die „strikten Richtlinien des Ödipalen", und Olimpia vermittelt nicht „die Ahnung des großen Anödipalen, der Familie Jenseitigen" (109). Rosner aber sieht in Nathanaels Liaison mit Olimpia die Existenzform des „Schizo" (117), wie Deleuze und Guattari sie denken, vorweggenommen.

Die „Episoden sehr tiefer Verlassenheit, Isolation und Dunkelheit" bei Nathanael hängen damit zusammen, dass er sich mit Coppelius konfrontiert sieht, den er als reale dämonische Macht begreift; sie sind nicht, wie Rosner suggeriert, die Folge davon, dass sein „Bedürfnis nach körperlicher Nähe" (131, Anm. 50) unbefriedigt bleibt. Der dogmatisch-allegorisch argumentierende Interpret glaubt, *eigentlich* gehe es im Text um das Drama eines Kindes, das in einer Familie aufwächst, die durch Beziehungs- und Kommunikationslosigkeit sowie durch fehlende Körperkontakte gekennzeichnet ist. Genau diese – für seine Hintergrundtheorie offenbar bedeutsamen – Elemente findet er dann im Text wieder.

Die allegorische Annahme, es gehe *eigentlich* um die kritische Darstellung bestimmter zeittypischer Erziehungspraktiken, führt bei Rosner zu der These, dass auch das Abschrauben der Gliedmaßen Nathanaels in diesen Kontext zu stellen sei, d.h., dass in ihm *eigentlich* eine (nicht näher bestimmte) handfeste Misshandlung Nathanaels dargestellt werde. Rosner spielt das projektiv-aneignende Deutungsspiel mit neuen Theorieinhalten durch; nicht mehr die Beobachtung des elterlichen Geschlechtsverkehrs soll, wie einige Interpreten meinen, dem Bericht über das Abschrauben der Arme und Beine zugrunde liegen, sondern eine konkrete Kindesmisshandlung.

Wenn Nathanael berichtet, was er in seiner Kindheit erlebt hat, so teilt er nicht nur Körpererlebnisse mit, sondern artikuliert auch die Auffassung, Coppelius sei „ein häßlicher gespenstischer Unhold, der überall, wo er einschreitet, Jammer – Not – zeitliches, ewiges Verderben bringt" [16], d.h., dass eine bösartige höhere Macht ihn bedroht. Das aber besagt, dass seine Mitteilungen weltanschauliche *Implikationen* haben; richtig an Rosners Sichtweise ist nur, dass er keine Weltanschauung *predigt*. Daher trifft es nicht zu, dass Clara „überhaupt erst die Kommunikation auf die Ebene einer *weltanschaulichen* oder *philosophischen Auseinandersetzung* hebt, *die Nathanael gar nicht im Sinne hatte*" (181). Es verhält sich vielmehr so, dass

Clara die weltanschaulichen Implikationen von Nathanaels Mitteilungen erkennt, aber aufgrund ihrer gegenteiligen Grundeinstellung deren Richtigkeit bestreitet und eine konkurrierende Deutung des Geschehens entwirft, die ihrer aufgeklärt-rationalen Sicht der Dinge entspricht. Dieser entscheidende Punkt wird von Rosner immer wieder verfehlt. Die behauptete „*Verschiebung des familiären Diskurses zu einer weltanschaulichen Diskussion* hin" (182) findet im Text gar nicht statt. Rosners Fehldeutung lässt sich auf seinen allegorischen Ansatz zurückführen: Hat man erst einmal unterstellt, dass es *eigentlich* um Körperprozesse gehe, so liegt es nahe anzunehmen, dass Nathanael zunächst reine Körpererfahrungen mitteilt und dass Clara dann später eine „Verschiebung des Diskurses vom Körper, vom Selbsterlebten weg, hin zur Abstraktion" (182) vornimmt.

Rosners naturalistisch-sozialpsychologische Deutung erweckt fälschlich den Eindruck, ihre Kategorien seien bruchlos auf den Text anwendbar. Der „zwischenmenschliche[] Mechanismus" wird dabei als „*das eigentliche Unbewußte* der Personen" (189) aufgefasst. Damit ist wieder die Verbindung zur Theorie von Deleuze und Guattari hergestellt, denn Rosner beansprucht, mit seinem Zugriff „den Text als *Prozeß*, als *Prozeß* von *Erregungen* und *Intensitäten*" (191) erfasst zu haben. Der projektiv-aneignende Interpret findet also das, was nach seiner Auffassung theoriemäßig gerade chic ist, im Text wieder. Dazu gehört bei Rosner auch die „Rhetorik der *différance* [...]. Sie zerbricht die Identitäten und die festen Gewißheiten immer wieder, löst sie zu einem Spuk auf und entzieht dem Leser immer wieder den festen Boden unter den Füßen" (214f.).

Die Textwelt mit übernatürlichen Komponenten wird in eine natürliche Textwelt transformiert, in der sich ein sozialpsychologisches Drama abspielt. Rosners sozialpsychologischer Blick reduziert alles auf eine naturalistisch gedachte Ausgrenzung durch „gesellschaftliche[] und familiäre[] Instanzen" (236). Mit Köhler sieht Rosner, wie bereits erwähnt, in Nathanaels Bericht „ein *reales* traumatisches Ereignis chiffriert, das dem kleinen Nathanael tatsächlich einmal widerfahren ist" (75). Sein Anspruch ist es, genauer als Köhler angeben zu können, um welche konkrete Bedrohung in der Familie es sich handelt. Es geht vor allem um den folgenden Satz: „Und damit faßte er mich gewaltig, daß die Gelenke knackten, und schrob mir die Hände ab und die Füße und setzte sie bald hier, bald dort wieder ein." [17f.] Während Vertreter von Option 1 häufig annehmen, dass nichts dergleichen stattgefunden hat, dass diese Szene also ein bloßes Phantasieprodukt darstellt, das aus Nathanaels Einbildungen oder Wahnvorstellungen erwachsen ist, läuft Rosners Variante von Option 4b darauf hinaus, dass tatsächlich ein „*reales* traumatisches Ereignis" stattgefunden hat, aber eben nicht so, wie Nathanael es darstellt. Demnach hat er tatsächlich etwas Schreckliches erlebt, eine negative

„körperliche Erfahrung" (251) gemacht; diese konnte er aber nur *in phantastischer Form* verarbeiten. Das Abschrauben und Wiederansetzen der Hände und Füße ist demnach eine phantastische „*Chiffre* für etwas, das er erlebt hat" (251).

Vermutung eines sexuellen Missbrauchs
Die Überschrift des letzten Unterkapitels *Der Mißbrauch* zeigt die Richtung an, in die Rosner geht: Nathanael ist auf näher zu bestimmende Weise körperlich missbraucht worden, und diese schreckliche emotionale und körperliche Erfahrung vermag er nur in phantastischer Form zu artikulieren, „weil die herkömmliche Sprache für die extreme Erfahrung [...] nicht mehr genügt" (251). „Alle diese diskursiven Merkmale, wie wir sie im Verlaufe der Arbeit gesammelt haben, verweisen schließlich auf eins: auf ein Trauma des *Mißbrauchs*. Ich will mich hier nicht unbedingt darauf festlegen, daß die nächtliche Begegnung mit Coppelius, von der uns Nathanael erzählt, Chiffre für einen *sexuellen Mißbrauch* darstellt, – obwohl es viele Indizien dafür gibt. [...] Was mir viel wichtiger ist, ist, daß, unabhängig davon, also auch wenn es in dieser Erzählung nicht unbedingt um ‚sexuellen' Mißbrauch im engeren Sinne geht, sich die *Struktur* des Mißbrauchs durch die ganze Erzählung zieht, und zwar in der Art, wie die Personen miteinander umgehen" (258). Dass die Erschaffung künstlicher Menschen angestrebt wird und dass Nathanaels Augen in diesem Zusammenhang benutzt werden sollen, wird von Rosner völlig vernachlässigt. Er glaubt, dass es *eigentlich* um eine sozialpsychologische Problematik geht und entwickelt eine dazu passende Konstruktion, die einen andersartigen Kindesmissbrauch, der möglicherweise sexueller Art ist, unterstellt. *Der Sandmann* erweist sich keineswegs „als eine Mustererzählung zum Thema *Übergriff* und *Mißbrauch*" (259) in dem von Rosner gemeinten Sinn.
An einer Stelle bringt Rosner die Intuition, auf der sein sozialpsychologisch-allegorisches Konzept beruht, klar zum Ausdruck: „Ein Bild taucht unwillkürlich vor meinem geistigen Auge auf [...]: Eine naive Mutter, die ihrem Kind sagt: ‚Was hast du denn Angst, du kleines Dummerchen, es will dir doch niemand etwas Böses, die Menschen sind doch eh alle lieb und nett zu dir. Nun hab doch keine Einbildungen!' Und dahinter ein Onkel, der das Kind heimlich sexuell mißbraucht, geschützt durch so eine Mutter, die freilich nie sehen wird, was sie nicht sehen will. Die naive Mutter ist hier durch Clara vertreten, das Kind durch Nathanael, der ‚liebe Onkel' durch Coppola." (267) Abgesehen davon, dass derartige Bezüge in keiner Weise von den Texttatsachen gestützt werden, stellt Rosner ständig eine „Analogie zu sexuell Mißbrauchten" her, ohne *definitiv* behaupten zu wollen, „daß Nathanael Opfer von sexuellem Mißbrauch geworden wäre" (268). Zwar lässt sich am

Text nicht zwingend nachweisen, dass Nathanael sexuell missbraucht worden ist, aber es gibt nach Rosner insgesamt so viele Parallelen zu Fällen von realem sexuellem Missbrauch, dass die These eine hohe Wahrscheinlichkeit gewinnt. „Es gibt noch viele andere Parallelen zu Nathanaels Geschichte zu Fällen von realem sexuellen Mißbrauch. Die *Scham* ist auch eine Grundempfindung mißbrauchter Kinder, sie steht mit den Mechanismen diskursiver Ausgrenzung in Zusammenhang." (273) „Auch die relative Isolation, in der sich die Familie des kleinen Nathanael zu befinden scheint, ist ein typisches Kennzeichen von Familien, in denen sexueller Mißbrauch stattfindet bzw. stattgefunden hat." (274) „Sexuell mißbrauchte Kinder sind manchmal nur mit Hilfe von Zeichnungen fähig, das Erlebte auszudrücken und mitzuteilen." (274) „Auch der *Selbstmord* am Schluß der Erzählung ist natürlich ein Ende, das reale Geschichten von sexuellem Mißbrauch natürlich oft nehmen." (274) Die von Rosner als Textfakten dargestellten Übereinstimmungen ergeben sich überhaupt erst, wenn man einen naturalistisch-sozialpsychologischen Textzugang als gültig *voraussetzt*, der annimmt, dass Nathanael in einer Art Familien-KZ aufgewachsen ist.

9.3 Varianten von Option 4

Auf der Basis sämtlicher Kommentare zu den allegorischen Ansätzen stellen wir nun die Varianten von Option 4 systematisch dar, ordnen ihnen die Interpreten zu und weisen auf die jeweils anzuwendende Kritik- bzw. Ausbaustrategie hin. Wo dies erforderlich ist, nehmen wir auch Mehrfachzuordnungen vor.

Option 4a

Eine allegorische Interpretation wird mit kognitiven Mitteln aufgebaut, d.h., es wird nachgewiesen, dass beim *Sandmann* eine versteckte zusätzliche Sinnebene vorliegt.

Vertreter: Werner; daneben Hartung (vgl. Kapitel 7), Tepe/Rauter/Semlow

Ausbaustrategie: Es lässt sich zeigen, dass der Text zunächst als verschleierte Dämonengeschichte angelegt ist, aber auch eine zusätzliche versteckte Sinnebene aufweist – die Dämonengeschichte *impliziert* nach unserer Deutung eine Kritik an areligiösen Formen des Materialismus und des mechanistischen Weltbilds, und sie artikuliert auch indirekt bestimmte gesellschaftskritische Überzeugungen des Autors. Darüber hinaus ist es im Rahmen der Aufbauarbeit denkbar, dass z.B. mithilfe einer tiefenpsychologischen Theorie höherstufige Erklärungsprobleme lösbar sind; diese Deutungen wären dann ebenfalls als kognitive Formen der allegorischen Interpretation einzuordnen.

Option 4b

Eine allegorische Interpretation wird mit verdeckt aneignenden Mitteln aufgebaut.

Vertreter: Freud, Werner, Prawer, Belgardt, Hayes, Weber, Mahlendorf, Kittler, Wawrzyn, Lehmann, Gendolla, Kaulbach, Ellis, Safranski, Sommerhage, Koebner, Cixous (siehe unter R. Schmidt), Rohrwasser, Würker, Mal'čukov, Vogel, Neumann, Rosner

Kritikstrategie: Die verdeckt aneignende allegorische Interpretation stellt keine kognitiv-wissenschaftliche Aktivität dar und ist daher aus der Textwissenschaft auszulagern. Verdeckt aneignende Deutungen können jedoch in unproblematische offen aneignende Interpretationen *transformiert* werden.

Im Folgenden werden, über die Unterscheidung zwischen Option 4a und 4b hinausgehend, mehrere *Modelle* unterschieden.

Modell a

Option 4b wird als psychologisch- bzw. psychoanalytisch-allegorische Interpretation realisiert. Dieser Ansatz ist mit Option 1 verwandt, denn auf der versteckten eigentlichen Sinnebene wird der Text ebenfalls als psychopathologische Fallgeschichte begriffen.

Vertreter: Da mehrere Ausformungen von Modell a zu unterscheiden sind, werden die Vertreter diesen Untervarianten zugeordnet, die nun ausdifferenziert werden:

- *Modell a_1:* Psychologisch-allegorische Interpretation nach der freudschen Psychoanalyse

Vertreter: Freud, Mahlendorf, Sommerhage, Würker, Neumann

- *Modell a_2:* Psychologisch-allegorische Interpretation nach der jungschen Tiefenpsychologie

Vertreter: Prawer

- *Modell a_3:* Psychologisch-allegorische Interpretation nach der Psychoanalyse Lacans

Vertreter: Weber, Kittler, Lehmann

- *Modell a_4:* Psychologisch-allegorische Interpretation nach der Theorie von Deleuze und Guattari

Vertreter: Rosner

Kritikstrategie: Die generelle Kritik an der verdeckt aneignenden allegorischen Interpretation trifft alle Varianten von Modell a.

Modell b

Option 4b wird als gesellschaftsbezogene, soziologisch-allegorische Interpretation realisiert. Dieses Modell tritt ebenfalls in verschiedenen Varianten auf, die nun ausdifferenziert werden:

- *Modell b_1:* Soziologisch-allegorische Interpretation nach marxistischer bzw. marxismusnaher Auffassung; hier wird die Erzählung als gesellschaftskritischer Text gelesen, der bestimmte Tendenzen der bürgerlich-kapitalistischen Gesellschaft aufs Korn nimmt. Die Variante b1 baut auf Option 1 insofern auf, als der Text weiterhin als psychopathologische Fallgeschichte gelesen wird; Option 1 erfährt jedoch eine sozialpsychologische Umakzentuierung. Die Ursachen des Wahnsinns werden in Rahmenbedingungen der bürgerlich-kapitalistischen Gesellschaft verortet.

Vertreter: Werner, Hayes, Wawrzyn, Gendolla, Ellis, Koebner

- *Modell b_2:* Soziologisch-allegorische Interpretation, die sich auf die gesellschaftliche Situation des Künstlers konzentriert; Modell b2 setzt dabei eine natürliche Textwelt voraus. Die Ursachen des Wahnsinns und des Suizids werden in der sozialen Situation des Dichters gesehen.

Vertreter: Belgardt

- *Modell b_3:* Politisch-allegorische Interpretation, die auf der eigentlichen Sinnebene politische Implikationen annimmt

Vertreter: Rohrwasser

Kritikstrategie: Die generelle Kritik an der verdeckt aneignenden allegorischen Interpretation trifft auch alle Varianten von Modell b.

Modell c

Option 4b wird als eine an eine bestimmte Philosophie oder Theorie gebundene Interpretation realisiert. Wiederum lassen sich mehrere Varianten ausdifferenzieren:

- *Modell c_1:* Philosophisch-allegorische Interpretation, die den Text für die Philosophie des Marxismus oder einen marxismusnahen Ansatz vereinnahmt

Vertreter: Werner, Hayes, Wawrzyn

- *Modell c_2:* Philosophisch-allegorische Interpretation, die den Text für eine Philosophie des Perspektivismus vereinnahmt

Vertreter: Kaulbach

- *Modell c_3:* Philosophisch-allegorische Interpretation, die den Text für poststrukturalistische Konzepte vereinnahmt

Vertreter: Kittler, Lehmann, Cixous (siehe unter R. Schmidt), Rosner

- *Modell c_4:* Theoretisch-allegorische Interpretation, die den Text für die Theorie Bachelards vereinnahmt

Vertreter: Mal'čukov

- *Modell c_5:* Theoretisch-allegorische Interpretation, die den Text für die Systemtheorie vereinnahmt

Vertreter: Vogel

- *Modell c_6:* Theoretisch-allegorische Interpretation, die den Text für die Dekonstruktion vereinnahmt

Vertreter: Vogel

- *Modell c_7:* Theoretisch-allegorische Interpretation, die den Text für eine Kritik neuzeitlicher Subjekttheorien vereinnahmt

Vertreter: Neumann

Kritikstrategie: Die generelle Kritik an der verdeckt aneignenden allegorischen Interpretation trifft ebenfalls alle Varianten von Modell c.

Hinzu kommen diejenigen Differenzierungen, die den in den Kapiteln 6–8 vorgenommenen entsprechen:

Modell d

Option 4b wird ohne Verbindung mit weiteren Ansätzen mehr oder weniger konsequent umgesetzt.

Vertreter: Belgardt, Ellis

Kritikstrategie: Die generelle Kritik an der verdeckt aneignenden allegorischen Interpretation trifft auch diese Variante.

Modell e

Option 4b wird mit der biographisch-psychologischen Forschung verbunden. Das betrifft zunächst Hypothesen über das textprägende Überzeugungssystem des Autors, dann aber vor allem die biographische Aufbauarbeit.

Vertreter: Freud, Werner, Belgardt

Kritikstrategie: Die Wahl des defizitären allegorischen Ansatzes führt zu Fehlern im Anschlussbereich. Die grundlegenden Fehleinschätzungen, die sich aus Option 4b ergeben, werden mit biographisch-psychologischen Denkmitteln ausgeformt. Die biographisch-psychologische Aufbauarbeit sollte konsequent auf der Grundlage des dämonologischen Ansatzes, der sich als überlegen erwiesen hat, betrieben werden.

Modell f

Option 4b wird mit Thesen verbunden, die bestimmten theoretischen Ansätzen verpflichtet sind.

Vertreter: Freud (rekurriert auf die von ihm entwickelte Psychoanalyse), Werner (argumentiert marxistisch), Prawer (greift auf die Tiefenpsychologie Jungs zurück), Hayes (geht marxistisch oder marxismusnah vor), Weber (argumentiert mit Lacan), Mahlendorf (stützt sich auf Freud, Erikson und Piaget), Kittler (knüpft an Lacan und Foucault an), Wawrzyn, Gendolla (argumentieren beide sowohl marxismusnah als auch psychoanalytisch), Lehmann (greift auf Lacan und Kristeva zurück), Kaulbach (arbeitet mit der von ihm entwickelten perspektivistischen Philosophie), Safranski (argumentiert mit einem nicht näher erläuterten Narzissmuskonzept), Sommerhage, Würker (rekurrieren beide auf Freuds Psychoanalyse), Cixous (siehe unter R. Schmidt – verwendet poststrukturalistische Theorieansätze), Mal'čukov (bedient sich der Philosophie Bachelards), Vogel (greift auf die Systemtheorie und die Dekonstruktion zurück), Neumann (nimmt Bezug auf Freuds Psychoanalyse und eine Kritik neuzeitlicher Subjektivitätstheorien), Rosner (stützt sich auf Deleuze und Guattari sowie auf Theweleit)

Kritikstrategie: Ist Option 4b verfehlt, so entfällt die Möglichkeit, diesen Ansatz mittels zusätzlicher Theorien auszugestalten bzw. zu präzisieren.

Modell g

Option 4b wird mit anderen Deutungsoptionen verbunden.

Vertreter: Freud (verbindet Option 4b mit Option 2), Werner (geht von Option 4a zu 4b über), Belgardt, Hayes, Lehmann, Kaulbach, Sommerhage, Koebner, Mal'čukov (kombinieren alle Option 4b mit Option 1), Rohrwasser (verbindet Option 4b mit Option 2 und geht am Ende zu Option 3a über), Vogel (verbindet Option 4b mit den Optionen 3b und 1)

Kritikstrategie: Ist Option 4b verfehlt, so ist auch jede Verbindung mit einer anderen Option – die wiederum einer gesonderten Prüfung bedarf – defizitär.

9.4 Methodologischer Kommentar zu Option 4

Ansätze zu einer Verbindung von Option 2b mit einer allegorischen Deutung kognitiver Art (Option 4a) finden wir bei Hartung; diese haben wir zum Ausbau unserer systematischen Interpretation verwendet. Die in Kapitel 9 untersuchten Deutungen, die sich in der Fachwelt vielfach großer Beliebtheit erfreuen, müssen hingegen *allesamt*, wenngleich in unterschiedlichem Ausmaß, Option 4b zugeordnet werden. Sie verfahren dogmatisch-allegorisch und damit projektiv-aneignend. Diese Interpretationen treten zu Unrecht mit einem wissenschaftlichen Erkenntnisanspruch auf. Sie tun etwas anderes, als sie zu tun vorgeben: Sie projizieren unbemerkt die Hintergrundtheorie des Interpreten in den Text und lesen sie dann wieder aus ihm heraus. Überzeugungssystemkonforme Auslegungen können, wenn man dieses Vorgehen zulässt, *nach Belieben* produziert werden. Die Einsicht in diesen Mechanismus ermöglicht es, die Entstehung und die Konjunktur variierender und jeweils zeitgeistkonformer Interpretationen von literarischen Texten und anderen Kunst- und Kulturphänomenen zu erklären.

Während die Vertreter der Optionen 1–3 über weite Strecken legitime Wissenschaft betreiben, gilt für die Vertreter von Option 4b, dass sie im Kern pseudowissenschaftlich vorgehen – was jedoch nicht ausschließt, dass sie zu *einzelnen* textwissenschaftlich relevanten Einsichten gelangen können. Es gibt zweifellos literarische Texte, die einem allegorischen künstlerischen Konzept folgen. Daher ist es in vielen Fällen lohnend, Option 4 auszuprobieren. Dies muss jedoch in einer kognitiv kontrollierten Form geschehen; ist man einmal zum verdeckt aneignenden allegorischen Arbeitsstil übergegangen, so gibt es kein Halten mehr. Die Untugenden, welche die traditionelle Textwissenschaft bei der Umsetzung der Optionen 1–3 zeigt, treten bei Option 4b gebündelt auf. Da – anders als in den drei anderen Fällen – bereits der *Grundansatz* defizitär ist, führt die Neigung, sich auf die gewählte Interpretationsstrategie zu fixieren, vollends in die Irre.

Der verdeckt aneignende allegorisch argumentierende Interpret entwickelt häufig ein unbegründetes Überlegenheitsbewusstsein, das aus der vermeintlichen Gewissheit erwächst, den *eigentlichen* Textsinn erkannt zu haben, der den anderen Interpreten aufgrund ihrer Prämissen verschlossen bleiben müsse. Die anderen Deutungsoptionen können daher, wenn man sich überhaupt zu einer Diskussion bereit findet, von oben herab abgekanzelt werden. Da die Unterstellung des theoriekonformen Tiefensinns als selbstverständliche *Voraussetzung* fungiert, wird allen Textelementen, mit denen man sich befasst, auf trickhafte Weise ein dazu passender Sinn zugeschrieben.

Während die traditionellen Vertreter der Optionen 1–3 sich meistens ernsthaft um die Lösung von Erkenntnisproblemen bemühen und nur an einzelnen Stellen – die allerdings häufig von entscheidender Bedeutung sind – dogmatisch verfahren, sind die Vertreter von Option 4b in dem *Selbstmissverständnis* befangen, sie würden echte Erkenntnisleistungen erbringen, während sie de facto handfeste theoriebezogene Aneignung betreiben. Bei den Optionen 1–3 zeigt sich die dogmatische Haltung darin, dass Textelemente, welche die jeweilige Option in Schwierigkeiten bringen könnten, entweder gar nicht thematisiert werden (als würden diese nicht existieren) oder auf eine Weise in die Interpretationsstrategie integriert werden, die in kognitiver Hinsicht unbefriedigend ist. Bei Option 4b entfällt diese Schwierigkeit in gewisser Hinsicht: Wer dogmatisch-allegorisch vorgeht, braucht vor keiner Texttatsache mehr Angst zu haben, da sich mittels bestimmter Tricks *alles* dogmenkonform deuten lässt. Dass die jeweilige Hintergrundtheorie auf den Text anwendbar ist, steht ja für den überzeugten Anhänger von vornherein fest.

Für verdeckt aneignende allegorische Auslegungen gilt in besonderem Maß, dass der jeweilige Interpret stark an *genau dieser* Deutung interessiert ist. Sie passt zu seinem Überzeugungssystem bzw. zu relevanten Teilen dieses Systems. Der Interpret ist (mit welchem Bewusstseinsgrad auch immer) *grundsätzlich* bestrebt, den Text als mit dem eigenen Überzeugungssystem im Einklang stehend zu erweisen. Aufgrund dieser Stützungsfunktion ist der Interpret auch in einem besonders hohem Maß psychisch und vor allem emotional an seine Option gebunden. Insgeheim ist die Deutungstätigkeit darauf programmiert, eine systemkonforme Interpretation des Textes hervorzubringen.

Die traditionelle Praxis des Interpreten stellt bei den Optionen 1–3 eine problematische *Mischung* aus einer kognitiven und einer projektiv-aneignenden und damit pseudowissenschaftlichen Vorgehensweise dar. Bei Option 4b, die in unendlicher Vielfalt ausgeformt werden kann, ist hingegen der *gesamte* Textzugriff projektiv-aneignend. Bei den Optionen 1–3 kommt es aus unserer Sicht darauf an, die traditionelle Praxis nach dem Modell der moderaten Optimierung allmählich nach erfahrungswissenschaftlichen Standards umzugestalten. Option 4b ist demgegenüber nicht reformierbar: Sie muss aus der Textwissenschaft ausgelagert werden. Für sie gilt in der Textwissenschaft: *null Toleranz*. Innerhalb des weltanschaulichen bzw. theoretischen Diskurses kommt ihr allerdings eine gewisse Relevanz zu.

Kehren wir noch einmal zur allegorischen Interpretation im Allgemeinen zurück, zu der ja auch die kognitive Variante (Option 4a) gehört. Es gibt sehr unterschiedliche Ausformungen des allegorischen Interpretierens. Wir unterscheiden unter anderm die folgenden: die religiös-allegorische Deutung (die von einer bestimmten Religion bzw. Theologie ausgeht), die philosophisch-allegorische Deutung (die eine bestimmte Philosophie zugrunde legt), die psychologisch-allegorische Deutung (die auf einer bestimmten Psychologie basiert), die soziologisch-allegorische Deutung (die von einer bestimmten Soziologie bzw. Gesellschaftstheorie ausgeht). Darüber hinaus können, wenn man die jeweilige konkrete Hintergrundtheorie berücksichtigt, Unterformen voneinander abgegrenzt werden, z.B. die christlich-allegorische Deutung (im religiös-theologischen Bereich), die existenzphilosophisch-allegorische Deutung (auf dem Gebiet der Philosophie), die psychoanalytisch-allegorische Deutung (im psychologischen Sektor), die marxistisch-allegorische Deutung (im soziologisch-gesellschaftstheoretischen Bereich). Alle aufgeführten Spielarten können im Prinzip erkenntnismäßig legitim sein. So ist z.B. eine religiös-allegorische Deutung berechtigt, wenn gezeigt werden kann, dass ein religiöses Überzeugungssystem textprägend gewirkt hat, zu dem ein Textkonzept gehört, welches eine versteckte Sinnebene einschließt. Im Einzugsbereich des verdeckt aneignenden allegorischen Interpretierens handelt es sich jedoch durchweg um kognitiv illegitime Vereinnahmungsversuche, welche die textprägenden Instanzen vernachlässigen und den Text an die Hintergrundannahmen des *Interpreten* anpassen. Da die Annahme eines versteckten Tiefensinns projektiv von jeder Theorie bzw. von jedem Überzeugungssystem ins Spiel gebracht werden kann, gibt es sehr viele Ausformungen des dogmatisch-allegorischen Interpretierens (Option 4b), von denen etliche auch auf den *Sandmann* angewandt worden sind.

Der Optionenkonflikt ist damit entschieden: Option 2b ist nicht nur den Optionen 1 und 3 überlegen, sondern auch allen Varianten von Option 4b. Unser Ansatz läuft darauf hinaus, den dämonologischen Ansatz mit einer allegorischen Komponente im Sinne von Option 4a zu verbinden. Das besagt: Beim *Sandmann* handelt es sich um eine verschleierte Dämonengeschichte, die auf einer versteckten tieferen Sinnebene den areligiösen Materialismus sowie bestimmte gesellschaftliche Entwicklungstendenzen kritisiert.

10. Kombinationen mehrerer Deutungsansätze und der radikale Interpretationspluralismus (Option 5)

In Kapitel 10 gehen wir auf Interpretationen ein, die bestrebt sind, mehrere Optionen miteinander zu kombinieren. Wir haben 10 Texte dieser Art einer kritischen Prüfung nach unserem Analyseprogramm unterzogen:

- ☞ ERGÄNZUNG 10-1: N. Hertz: *Freud und der Sandmann*
- ☞ ERGÄNZUNG 10-2: R. Drux: *Die Automate des Sandmanns*. In Verbindung mit R. Drux: *Nachwort* zu E.T.A. Hoffmanns *Der Sandmann*
- ☞ ERGÄNZUNG 10-3: P. Utz: *„Sköne Oke" – Wahrnehmung, Identität und Sprache in ‚Der Sandmann'*
- ☞ ERGÄNZUNG 10-4: L. Crescenzi: Schauer. *Una genealogia per la poetica del* Nachtstück
- ☞ ERGÄNZUNG 10-5: C. Liebrand: *Der Sandmann*
- ☞ ERGÄNZUNG 10-6: F. Loquai: *E.T.A. Hoffmanns „Der Sandmann". Forschungsgeschichte und Interpretation*
- ☞ ERGÄNZUNG 10-7: K. Oettinger: *Die Inszenierung des Unheimlichen. Zu E.T.A. Hoffmanns Erzählung „Der Sandmann"*
- ☞ ERGÄNZUNG 10-8: M. Bönnighausen: *E.T.A. Hoffmann: Der Sandmann*
- ☞ ERGÄNZUNG 10-9: M. Schmitz-Emans: *Selbstentfremdung des Ichs und Verrätselung der Welt: E.T.A. Hoffmann:* Der Sandmann *(1816/17)*
- ☞ ERGÄNZUNG 10-10: B. Lindner: *Freud liest den* Sandmann

Eine weitere Ergänzung weist auf andere von uns untersuchte Sekundärtexte hin, die ebenfalls Synthesen mehrerer Ansätze enthalten, welche aber im zugehörigen Interpretationsansatz nicht die dominierende Rolle spielen:

- ☞ ERGÄNZUNG 10-11: Synthesen mehrerer Ansätze in weiteren von uns kommentierten Sekundärtexten

Wir konzentrieren uns in der Hauptsache auf zwei Kombinationsvarianten: auf die Verbindung von zwei oder mehr Optionen, z.B. des Unentscheidbarkeitsansatzes (Option 3a) mit dem psychologischen Ansatz (Option 1), sowie auf das der Position des radikalen Interpretationspluralismus (Option 5) verpflichtete Bestreben, Elemente aus einer Vielfalt von vorliegenden Deutungen, die als gleichermaßen berechtigt gelten, in eine große, allumfassende Synthese einzufügen.

Im Folgenden geht es hauptsächlich darum, die wichtigsten kognitiven Defizite der synthetischen Interpretationen, die sich in der Textwissenschaft in letzter Zeit zunehmender Beliebtheit erfreuen, herauszuarbeiten und diese mit der Grundhaltung der traditionellen Textwissenschaft sowie insbesondere dem projektiv-aneignenden Interpretationsstil in Verbindung zu bringen.

10.1 Kommentarzusammenfassungen (Drux, Bönnighausen, Schmitz-Emans)

In Kapitel 10.1 fassen wir drei der insgesamt 10 Kommentare zusammen, die als besonders wichtig gelten können. Dabei konzentrieren wir uns auf die für die Diskussion der Synthesekonzepte zentralen Punkte.

R. DRUX: *Die Automate des Sandmanns*[132]

Verbindung von Option 3a mit Option 1

Drux konstatiert: „Zwei konträre Ansätze zum Verständnis der Sandmann-Figur, d. h. der Person des Coppelius/Coppola werden in der Erzählung formuliert, und zwar aus der Sicht der Beteiligten, durch deren divergierende Deutungen der Text unter zwei gegensätzlichen Perspektiven erscheint. [...] Hinter den Ansichten von Clara/Lothar auf der einen und Nathanael auf der anderen Seite stehen unterschiedliche Realitätsbegriffe. Beide Wirklichkeitsauffassungen können aber, auch wenn sie sich logisch ausschließen, zur Erklärung des Erzählgeschehens in Anspruch genommen werden; denn mit Absicht hält der Autor die Geschichte in der Schwebe zwischen Rationalität und Phantastik." (81) Das ist grundsätzlich richtig. Problematisch wird die Diagnose erst, wenn aus der Feststellung der Erzählstrategie des Offenhaltens von Deutungsmöglichkeiten direkt auf die Gültigkeit der Unentscheidbarkeitsposition (Option 3a) geschlossen wird, denn auch die anderen Optionen können diesem Befund zustimmen.

In seiner weiteren Argumentation interpretiert Drux jedoch vorrangig naturalistisch-psychologisch (Option 1). Nach Option 3a, wie sie vor allem Walter entwickelt hat, ist es verfehlt zu vereindeutigen, was aufgrund der perspektivischen Darstellung mehrdeutig ist; die psychologische Deutung stellt aber eine solche Vereindeutigung dar, weshalb sie abzulehnen ist. Man kann in diesem Fall nicht beides haben. Naturalistisch-psychologisch heißt es über Nathanaels Identifikation des Sandmanns mit Coppelius: „[E]r übersetzt also eine mythische Gestaltung in die Wirklichkeit" (82), er nimmt einen metaphorischen Ausdruck wörtlich. Hinsichtlich der Identität von Coppelius und Coppola wird eine dämonologische Deutung, die mit einem realen Gestaltwandel des Dämons rechnet, gar nicht erst erwogen. Es verhält sich keineswegs so, dass diese Zusammenhänge sich nur naturalistisch-psychologisch auffassen lassen.

---

[132] R. DRUX: *Die Automate des Sandmanns*. In: DERS.: *Marionette Mensch. Ein Metaphernkomplex und sein Kontext von Hoffmann bis Büchner*. München 1986, S. 80–100. (ERGÄNZUNG 10-2)

Dass Drux darauf ausgerichtet ist, natürliche Erklärungen zu geben, zeigt sich auch an der folgenden Stelle: „Während [...] im Kontext des Gedichtes das Attribut ‚blutig' eine fiktive Qualität bezeichnet, sind die ‚blutigen Augen', die Spalanzani dem Nathanael entgegenwirft, durchaus real vorstellbar: Nach des Physikers Sturz in die Phiolen und Retorten waren ihm ‚Kopf, Brust und Arme zerschnitten' und sein ‚wie aus Springquellen' fließendes Blut benetzte auch Olimpias ‚am Boden liegend[e]' Glasaugen." (84) Wiederum wird keine *Alternative* erwogen. Diese besteht in der Annahme, dass Olimpia auf magische Weise tatsächlich belebt und so in einen Menschen verwandelt worden ist; deshalb sind ihre Augen blutig, nicht weil sie mit Spalanzanis Blut beschmiert sind.

Drux fragt dann: Gibt es Indizien dafür, „daß Nathanaels Verdacht, er diene objektiv vorhandenen ‚dunklen Mächten zum grausamen Spiel', durch die Geschichte ebenfalls bestätigt wird? Daß ein auf die psychische Vernichtung Nathanaels zielendes Komplott Coppola und Spalanzani tatsächlich geschmiedet haben, deckt der Streit um Olimpia auf" (84 f.). Nathanael glaubt, es mit einem realen dämonischen Wesen zu tun zu haben. Drux bringt jedoch gar keine Deutung vor, die Nathanaels Perspektive folgt, sondern nur eine weitere Form rationaler Erklärung, die „ein auf die psychische Vernichtung Nathanaels zielendes Komplott" zweier dunkler Mächte *menschlicher* Art annimmt.

Für eine dämonologische Deutung anschlussfähige Elemente

Die folgende Passage fügt sich problemlos in die dämonologische Deutung ein, während sie mit dem psychologischen Ansatz nur unter der Bedingung vereinbar ist, dass es sich um (pathologische) Phantasiebildungen Nathanaels handelt: „In der Kooperation Spalanzanis und Coppolas wiederholt sich die gemeinsame Aktion zwischen dem Vater und Coppelius im nächtlichen Laboratorium. Der Beobachtung (oder dem Traum) des Knaben ist zu entnehmen, daß auch sie mit der Herstellung von Menschen befaßt sind. Während ihre Körperteile aus Erzen geschmiedet werden können, fehlen zur Vervollkommnung der Homunculi Augen, die Coppelius deshalb dem entdeckten Nathanael abverlangt. Nicht nur die Tatsache, daß er über Augen, d. h. das Sinnesorgan, das die Seele vertritt, nicht verfügt, verrät die wahre Gestalt des Coppelius gemäß Nathanaels Vorstellung, sondern mehr noch Sprache und äußere Erscheinung. Seine archaische ‚aschgraue' Kleidung, sein ‚erdgelbes Gesicht', die ‚großen roten Ohren' und ‚seine großen knotigen, haarigten Fäuste' erinnern an Teufelsdarstellungen des späten Mittelalters. Daß der vom Vater mit ‚Meister' Angeredete die Verkörperung der höllischen Macht ist, offenbaren schließlich seine Worte, mit denen er ‚den Mechanismus der Hände und Füße' kommentiert, wenn er als ‚anatomischer Satan'

des entsetzten Nathanael Extremitäten abmontiert und an andere Stellen des Körpers zu plazieren sucht." (85)
Dass er sich der dämonologischen Interpretationsrichtung nicht anschließt, begründet Drux mit Argumenten von Option 3a: „[D]aß Hoffmann eine derartige Festlegung vermeiden wollte, zeigen die Veränderungen, die er an der für den Druck bestimmten Fassung gegenüber der ersten Niederschrift anbrachte"; er wollte Coppelius nicht „als die in allen Episoden präsente Macht der Finsternis" (86f.) darstellen. Das Spannungsverhältnis zwischen den Optionen tritt also erneut zutage. Drux erkennt nicht, dass es hinsichtlich der von Hoffmann vorgenommenen Veränderungen weitere Deutungsmöglichkeiten gibt, nämlich die Optionen 1b und 2b. Im Anschluss argumentiert Drux wieder naturalistisch-psychologisch; so kommt ein magischer Sehkrafttransfer nicht in den Blick. Demnach ist die „Wendung von den gestohlenen Augen" nur ein anderer Ausdruck dafür, dass Nathanael „seine Seele einbringt; er projiziert sich in die innere Leere der Puppe" (90).

Einbeziehung von Freuds dogmatisch-allegorischer Interpretation

Drux bezieht sich dann auf Freuds Deutung; er scheint zumindest Teile davon zu akzeptieren. Freuds psychologisch-allegorische Auslegung läuft unter anderm darauf hinaus, die Figur des Vaters und die des Coppelius auf der Ebene des versteckten Tiefensinns als die beiden Aspekte des Vaters zu interpretieren. Nach unserer Auffassung handelt es sich dabei um eine Variante verdeckt aneignenden allegorischen Interpretierens. Es stellt daher in kognitiver Hinsicht keinen Gewinn dar, wenn Drux Elemente dieses Ansatzes in seine eigene Deutung integriert.

Probleme mit Olimpia

Nach Drux ist Nathanael auf dem Fest der Einzige, der Olimpias „Konstruiertheit nicht zu durchschauen" (93) vermag. Der gesamte gesellschaftssatirische Exkurs würde jedoch funktionslos, wenn Nathanael der Einzige wäre, der Olimpia für einen echten Menschen hält. Hat Olimpia denn nicht diverse Teezirkel besucht, ohne als Androide erkannt zu werden? Erstaunlicherweise räumt dies Drux etwas später selbst ein, wenn er über Olimpia sagt: „Im System der Gesellschaft funktioniert sie reibungslos" (96). Die Frage, wie eine als Automat erkannte Olimpia eine Figur zu sein vermag, die „ihre soziale Rolle perfekt ausfüllt" (96), stellt Drux nicht.

Einbeziehung soziologisch-gesellschaftskritischer Ansätze

Drux baut dann auch noch einen soziologisch-gesellschaftskritischen Ansatz, wie ihn vor allem Wawrzyn vertritt, in seine synthetische Interpretation ein:

„Die Hinwendung Nathanaels zu Olimpia [...] läßt sich vom Text her auch als Ergebnis einer gesellschaftlichen Manipulation begreifen [...]. Coppelius hindert Nathanael und seine Geschwister daran, elementare Bedürfnisse auszuleben." (97) Drux scheint sich auf Wawrzyns These zu stützen, dass Nathanaels Einbildungskraft unter sexuellen Entzugserscheinungen arbeite, und baut diese verdeckt aneignende Sichtweise aus. Wie unsere dämonologische Basis-Interpretation gezeigt hat, geht es in Hoffmanns Erzählung aber nicht darum, die „Verzögerung sexueller Befriedigung und de[n] Aufschub leiblicher Genüsse mit der Folge einer intensivierten Fixierung auf das Begehrte [als] sozialpsychologische Implikationen eines mit der Profilierung des Bürgertums einhergehenden Prozesses" (98) literarisch darzustellen.

Drux stützt sich dann auf Freud, Kittler, Wawrzyn und Gendolla, also auf Deutungsansätze psychologisch- und soziologisch-allegorischer Art, die wir bereits als grundsätzlich problematisch erwiesen haben. Eine synthetische Interpretation, die Ansätze dieser Art miteinander verbindet, stellt eine Fehlentwicklung dar. Aus dem Text geht z. B. nicht hervor, dass die Eltern Nathanaels ein „Verbot unmittelbarer sinnlicher Erfahrung" (99) ausgesprochen haben. Coppelius ist keine bürgerliche Erzieherfigur, die von den Eltern die Durchsetzung bürgerlicher Normen des Genussverzichts fordert; dass er erzieherische Absichten verfolgt, wenn er den Kindern auch die kleinste Freude verdirbt, ist nicht erkennbar. Daher fungiert er auch nicht als „personalisierte Norm" (99).

M. BÖNNIGHAUSEN: *E. T. A. Hoffmann: Der Sandmann*[133]

Zwischen radikalem Interpretationspluralismus und Unentscheidbarkeitsansatz

Bönnighausen tendiert zur Position des radikalen Interpretationspluralismus (Option 5), der zufolge die „unterschiedlichen Lesarten des *Sandmann* [...] alle ihre Berechtigung" (9) haben. Sie erkennt nicht, dass sowohl die möglichen Charakterisierungen der Textwelt als auch die denkbaren Optionen für eine Gesamtdeutung einander logisch ausschließen. Ferner sind einige in der Textwissenschaft verbreitete Interpretationsarten dogmatisch-allegorischer und damit pseudowissenschaftlicher Natur. Eine projektiv-aneignende Deutung unterwirft ja den Text einer Sinnbesetzung, die zum Überzeugungssystem des Interpreten passt, die aber nicht textkonform ist. Kurzum, der verbreitete radikale Interpretationspluralismus, der annimmt, dass alle oder fast alle mit wissenschaftlichem Anspruch auftretenden Interpretationen literarischer Texte auch wissenschaftlich legitim sind, ist abzulehnen.

---

[133] M. BÖNNIGHAUSEN: *E. T. A. Hoffmann: Der Sandmann*. In: DIES.: *E. T. A. Hoffmann: Der Sandmann/Das Fräulein von Scuderi*. München 1999, S. 9–67. (ERGÄNZUNG 10-8)

Auf der anderen Seite argumentiert Bönnighausen jedoch nach dem Unentscheidbarkeitsansatz, wenn sie behauptet, es bleibe „eine Unentschiedenheit zwischen Spuk und Wahnsinn, die der Text nicht auflöst und nicht auflösen will" (9). Dieser Sichtweise zufolge ist der Text so angelegt, dass unentscheidbar bleibt, ob das Geschehen dämonologisch oder psychologisch aufzufassen ist. Bönnighausen scheint nicht zu erkennen, dass diese Aussagen in Konflikt mit ihrem radikaleren Gleichberechtigungsmodell geraten. Folgt nämlich die Erzählung dem Unentscheidbarkeitskonzept, so bedeutet das eben, dass die vereindeutigenden Interpretationen psychologischer und dämonologischer Art *verfehlt* sind. Bönnighausens literaturtheoretisches Konzept scheint also in sich widersprüchlich zu sein.

Bönnighausen geht es hauptsächlich um eine große Interpretationssynthese, um „ein abgerundetes Bild" (9), in das die Teilergebnisse der verschiedenen Auslegungen einfließen. Ihre Interpretation strebt an, eine solche Synthese mehrerer Ansätze vorzulegen. Der Gleichberechtigungsansatz wird somit zu einem Synthesemodell ausgestaltet: Jede einzelne Interpretation ist zwar berechtigt und „im Text inhaltlich angelegt" (9), aber notwendigerweise einseitig; „[e]rst die Gesamtheit der Interpretationsmöglichkeiten" (10), ihre Synthese also, ergibt „ein abgerundetes Bild", das der „semantische[n] Offenheit" (9) des Textes gerecht wird. Die Annahme, durch Addition der einander ausschließenden Interpretationen könne ein der Vieldeutigkeit der Erzählung gerecht werdendes Gesamtbild erzeugt werden, beruht auf den für das Gleichberechtigungsmodell typischen Defiziten, die bereits genannt worden sind. Das Programm einer großen Interpretationssynthese additiver Art ist von vornherein zum Scheitern verurteilt.

Umsetzung des Gleichberechtigungsmodells

In die große Interpretationssynthese geht auch ein wissenschaftshistorischer Ansatz ein, wie ihn z.B. Auhuber vertritt. „Hoffmanns Belesenheit unter anderem auf psychologischem Gebiet ist bekannt. [...] Im Mittelpunkt des historischen Krankheitsbegriffs um 1800 stehen Benennungen wie Hypochondrie, Melancholie, partieller Wahnsinn, fixe Idee oder Manie. Indem Hoffmann diese Krankheitsbilder literarisch gestaltete, bewegte er sich im medizinischen und literarischen Kontext seiner Zeit." (13) Auhuber begeht den Fehler, Hoffmann vorschnell ein zu seiner eigenen Forschungsperspektive passendes Literaturprogramm und Textkonzept zuzuschreiben, welches darauf hinausläuft, dass Hoffmann das Ziel verfolgt haben soll, sein theoretisches Wissen in literarisch ausphantasierte Fallstudien naturalistisch-psychologischer Art umzusetzen. Diese Problematik bekommt Bönnighausen nicht in den Blick. Ein unmittelbarer Übergang von der kontextbezogenen Aufbauarbeit zur kognitiven Textinterpretation ist nicht zulässig.

Bönnighausen wendet sich dann der „romantische[n] Naturphilosophie" (15) zu. Sie stellt die Bedeutung Gotthilf Heinrich Schuberts für Hoffmann besonders heraus. „Dessen natur- und geschichtsphilosophische Spekulationen gehen auf die Identitätsphilosophie Friedrich Wilhelm Joseph Schellings und dessen Vorstellungen von einer Weltseele zurück. Die Überzeugung Schellings vom gemeinschaftlichen Einen, das allen Oppositionen zugrunde liegt, bildet die Hauptaussage von Schuberts Gedankengebäude, das Hoffmann in seinen wesentlichen Grundzügen übernimmt. Schuberts Interesse richtet sich auf ‚Zeugen', die Hinweise auf diese ursprüngliche Einheit von Materie und Geist geben können. Solche ‚Mittelwesen' meint er auf den Entwicklungsstufen zwischen Anorganischem und Organischem oder zwischen Pflanzen- und Tierreich gefunden zu haben. Das Streben nach der jeweils nächst höheren Stufe, das sich in diesen Zwischenbereichen ablesen lässt, deutet auf die ursprüngliche Einheit und ihre künftige Wiederkehr, die es zu erreichen gilt. Zugrunde liegt hier das romantische triadische, geschichtsphilosophische Modell eines Goldenen Zeitalters. Dieses geht von der Annahme einer Urzeit aus, in der der Mensch in Einklang mit sich und der Natur gestanden habe und das er wiederzugewinnen suche. In diesem Sinne vermeint der Mensch in Grenzerfahrungen ein höheres Sein zu erspüren und zu erahnen, das zugleich vergangen und zukünftig ist. [...] Solche Grenzerfahrungen liegen für Schubert im tierischen Mesmerismus; als Situationen nennt er den Schlaf und den Traum, den somnambulen Zustand, Wahnsinn, Epilepsie sowie heftige Gemütsbewegungen." (15 f.) Bönnighausen macht hier zutreffende Aussagen über Hoffmanns Überzeugungssystem: Sein weltanschaulicher Rahmen ist stark von der romantischen Naturphilosophie Schellings und Schuberts bestimmt und dem religiös-metaphysischen Spektrum zuzuordnen. Eine zentrale Rolle spielen bei Schubert die Überzeugungen, dass es eine Weltseele gibt, die „allen Oppositionen zugrunde liegt", dass es diverse „Hinweise auf diese ursprüngliche Einheit von Materie und Geist" gibt, dass die geschichtliche Entwicklung nach dem Dreistadienschema verläuft, welches mit einem Stadium der ursprünglichen Einheit, mit einem langen Stadium des Zerfalls und der Entfremdung sowie mit dem künftigen Stadium der Wiederkehr der Einheit rechnet, dass „der Mensch in Grenzerfahrungen ein höheres Sein zu erspüren" vermag.

„Hoffmann hat von Schubert diese natur- und geschichtsphilosophischen Einheitsvisionen übernommen und damit auch die Auffassung, daß das Unwillkürliche noch immer mit einer harmonischen Natur in Verbindung stehe. Schubert nennt die Instanz, die hinter der unwillkürlichen Rede steht, den versteckten Poeten in uns." (16) Hoffmann hat die frühromantischen „Visionen zwar übernommen, aber mit skeptischem Blick modalisiert und auch ironisiert. An die Wiederkehr des Goldenen Zeitalters vermochte er – wie Novalis es noch tat – wohl nicht mehr zu glauben. So steht nicht eine wiederzugewinnende Einheit im Mittelpunkt seines Interesses, sondern weiterhin der Dualismus als Gegensatz von Alltagsbewusstsein und Fantasie bzw. Poesie, die sich in psychischen Grenzerfahrungen offenbart." (16) Beim „Dualismus als Gegensatz von Alltagsbewusstsein und Fantasie bzw. Poesie" geht es immer auch darum, einen Zugang zu der Dimension des Übernatürlichen und ein angemessenes Verhältnis zu ihr zu finden – es geht nicht um den profan verstandenen Gegensatz von Alltagsbewusstsein und Phantasie. Bönnighausens Überlegungen zum hoffmannschen Überzeugungssystem sind geeignet, den dämonologischen Ansatz zu stützen. Geht man davon aus, dass Literaturprogramme und einzelne Textkonzepte entwickelt werden, die zum jeweiligen weltanschaulichen Rahmen (wenngleich nicht immer in perfekter Form) passen, so liegt es nahe anzunehmen, dass Hoffmann vorzugsweise Textkonzepte generiert hat, in denen das Alltagsbewusstsein auf diese oder jene Weise mit der übernatürlichen Dimension konfrontiert wird; genau das postuliert der dämonologische Ansatz in Bezug auf den *Sandmann*. Zu dem dargestellten Überzeugungssystem passen am besten solche Textkonzepte, die einen Einbruch des Übernatürlichen in das Alltagsbewusstsein inszenieren.

Bönnighausen geht im Weiteren zu Freuds tiefenpsychologischer Interpretation über, die ebenfalls als berechtigt angesehen wird. Eine Kritik an Freuds Vorgehensweise findet sich bei Bönnighausen nicht, deren kognitiven Defizite werden von ihr nicht gesehen. Danach wird eine Auslegung gemäß der romantischen Naturphilosophie skizziert: „Was nämlich von Freud als bedauernswerte Reproduktion einer traumatischen Situation gedeutet wird, stellt sich andererseits nach Gotthilf Heinrich Schubert als parapsychologisches Phänomen der Geisterseherei dar [...]. So weit voneinander entfernt die Deutungen dieser Phänomene als innere bzw. äußere Macht zunächst erscheinen mögen, sie sind in der Erzählung zusammengeführt. Hoffmann führt Indizien für beide Phänomene an. Fest steht zunächst, dass sich Nathanael in einem außergewöhnlichen Zustand befindet, der jedoch nur graduell vom Zustand der Normalität abweicht. In einem bestimmten, dunklen Stadium des Bewusstseins – Schubert zählt dazu unter anderem Schlaf, Traum, den somnambulen Zustand, Wahnsinn, die außergewöhnliche Begeisterung – können Kräfte und Mächte wahrgenommen werden, die von außen auf die Seele einwirken. [...] Schubert zufolge ist ein Mensch mit einer solchen Gabe dadurch in der Lage, in Kontakt zu kommen mit den alten ursprünglichen Kräften, mit den innersten Kräften der Natur, die noch in Zusammenhang mit einer ursprünglichen, harmonischen Zeit stehen." (22)

Nach dem Gleichberechtigungsmodell ist anzunehmen, dass die naturphilosophische Deutung (nach Schubert) für Bönnighausen genauso berechtigt ist wie die medizinhistorische (nach Auhuber), die tiefenpsychologische (nach Freud) und die Unentscheidbarkeitsdeutung (nach Walter). Schaut man genauer hin, werden weitere Vereinbarkeitsprobleme sichtbar. So führt es zu Konsistenzproblemen, wenn Hoffmann zugeschrieben wird, er habe nicht nur eine Strategie des Offenhaltens von zwei Deutungsmöglichkeiten des Geschehens verfolgt, sondern er habe den Text so gestaltet, dass die Ansätze Auhubers, Freuds und Schuberts *gültig* sind. Ein literarischer Text kann einem Unentscheidbarkeitskonzept folgen, sodass offenbleibt, wie das Geschehen zu erklären ist – natürlich oder übernatürlich. Es ist jedoch schwer vorstellbar, dass ein Autor eine Textwelt so konstruiert, dass das Geschehen tatsächlich *sowohl* natürlich *als auch* übernatürlich zu erklären ist. Denn ein Geschehen natürlich zu erklären heißt eben, eine übernatürliche Erklärung zurückzuweisen, und ein Geschehen übernatürlich zu erklären heißt, über eine natürliche Erklärung hinauszugehen. Die Vorstellung, man könne beides haben und eine additive Synthese von Auhuber, Freud, Schubert und Walter vollziehen, erweist sich bei genauerer Analyse als undurchführbar. Dort, wo Bönnighausen Walters Unentscheidbarkeitsansatz überschreitet, gilt ein Entweder-oder: *Entweder* hat Hoffmann ein naturalistisch-psychologisches *oder* ein supranaturalistisch-dämonologisches Textkonzept verfolgt.

Bönnighausen unterläuft also der Fehler, die Strategie der additiven Synthese in einem Bereich für anwendbar zu halten, in dem diese Anwendung unmöglich ist. Die defizitäre Strategie zeigt sich auch in der folgenden Passage: „So stellt sich zum einen der Sandmann Coppelius als Verkörperung infantiler Komplexe Nathanaels dar. Andererseits kann die Existenz schicksalhafter – vielleicht auch dämonischer – Kräfte nicht geleugnet werden, wenn sie sich im parapsychologischen Phänomen der Geisterseherei äußern." (23) Kann die Existenz schicksalhafter Mächte, die einer übernatürlichen Dimension zuzuordnen sind, nicht geleugnet werden, so hat Nathanael in dem entscheidenden Punkt Recht und Clara Unrecht, d. h., die naturalistisch-psychologische Erklärungsstrategie ist *verfehlt*.

Bönnighausen bezieht sich innerhalb des psychologischen Spektrums übrigens nicht nur auf die Ansätze Auhubers und Freuds, sie lässt auch den J. Schmidts anklingen, wenn es heißt, dass „im *Sandmann* in kritischer Selbstreflexion Gefährdungen einer romantischen Existenz- und Lebensweise thematisiert" (24) werden. Nathanael „verkörpert eine poetische Innerlichkeit, die in zerstörerischem Narzissmus endet" (25). Diese Aussage setzt die Richtigkeit des psychologischen Ansatzes voraus, während der Unentscheidbarkeitsansatz doch behaupten muss, dass sich nicht definitiv klären lässt, ob ein zerstörerischer Narzissmus im naturalistischen Sinn vorliegt. Die Strategie der additiven Synthese erweist sich also in der Praxis als ein Hin- und Herschwanken zwischen den einander ausschließenden Deutungsoptionen.

M. SCHMITZ-EMANS: *Selbstentfremdung des Ichs und Verrätselung der Welt: E.T.A. Hoffmann:* **Der Sandmann** *(1816/17)*[134]

Nähe zu den psychologischen Ansätzen

Schmitz-Emans stellt den *Sandmann* zu Beginn in den Kontext der zeitgenössischen „Psychologie als Entdeckung von Abgründen" (115). Sie macht hier zwar noch keine konkreten Aussagen über den Text; ihre Ausführungen zeigen aber eine Nähe zu den psychologischen bzw. psychoanalytischen Deutungen an. So heißt es, dass „der sensibilisierte Blick in die menschliche Psyche deren Beeinflussbarkeit, Labilität und Abhängigkeit von Faktoren [entdeckt], welche nicht der Kontrolle und Steuerung durch das Bewusstsein unterliegen" (115).

Annahme einer radikalen Unzuverlässigkeit

Schmitz-Emans ist offenbar der Meinung, dass der Erzähler völlig unzuverlässig ist. Da eine argumentative Begründung dafür fehlt, hängt einstweilen auch die angedeutete Erklärung für diese Unzuverlässigkeit in der Luft: Der Erzähler manipuliere den Leser, da er selbst an Clara interessiert sei. Einzuräumen ist, dass Clara dem Erzähler gut gefällt; es kann allerdings nicht gefolgert werden, dass er wegen einer solchen „Anteilnahme an Clara" (188) ein generell unzuverlässiger Erzähler ist.

Unstrittig ist, dass z.B. die ersten beiden Briefe aus unterschiedlichen Perspektiven – die sich auf divergierende Grundüberzeugungen zurückführen lassen – verfasst sind. Daraus kann jedoch nicht abgeleitet werden, dass „jeder Vorfall [...] in Sehweisen gebrochen" (118) ist, d.h., dass es überhaupt keine verlässlichen Informationen über Tatsachen (innerhalb der Textwelt) gibt. Der Streit zwischen beiden Perspektiven – und den damit korrespondierenden Perspektiven der Interpreten – bezieht sich, zumindest in den meisten Fällen, nicht auf die Frage, ob eine bestimmte Figur in der Textwelt überhaupt existiert oder nicht oder ob ein bestimmtes Ereignis in ihr stattgefunden hat oder nicht, sondern nur darauf, wie diese Person bzw. dieses Ereignis zu *deuten* ist. Dass z.B. der Advokat Coppelius wie auch der Wetterglashändler Coppola in der Textwelt existieren, wird sowohl von Nathanael als auch von Clara anerkannt. Uneinigkeit besteht hingegen darüber, ob Coppelius mit Coppola letztlich identisch ist oder nicht; hierüber sind beide, zumindest phasenweise, gegensätzlicher Auffassung.

Es trifft also gar nicht zu, dass in der Textwelt jede Tatsachenaussage perspektivisch gebrochen und damit unzuverlässig ist. Der Konflikt zwischen

---

[134] M. SCHMITZ-EMANS: *Selbstentfremdung des Ichs und Verrätselung der Welt: E.T.A. Hoffmann: Der Sandmann (1816/17).* In: DIES.: *Einführung in die Literatur der Romantik.* Darmstadt 2004, S. 115–128. (ERGÄNZUNG 10-9)

der Perspektive Nathanaels und der Claras betrifft nur einige, aber nicht alle Aspekte der im Text konstruierten Welt. Clara sieht die Dinge anders als Nathanael in seinem ersten Brief, aber das bezieht sich hauptsächlich auf die Deutung des Geschehenen, nicht aber auf das Geschehene selbst. Der Perspektivenkonflikt ist also keineswegs allumfassend, wie Schmitz-Emans nahelegt, er ist in der Hauptsache ein Interpretations- und kein Tatsachenfeststellungskonflikt.

Schmitz-Emans argumentiert dann gemäß der Unentscheidbarkeitsposition: „Dem Leser ist aber auch die Möglichkeit verwehrt, aus den perspektivischen Bruchstücken der Geschichte die ‚Wahrheit' selbst zu erschließen, deren Teile nicht recht zueinander passen. Er tappt wie die Figuren selbst hinsichtlich zentraler Rätsel im Dunklen." (118) Nach Schmitz-Emans erfährt der Leser „nicht, wie Clara *ist*, sondern wie sie *gesehen wird*: vom Erzähler, von Nathanael und sich selbst" (120). Es trifft indes nicht zu, dass sich im „Spiegelraum [...] kein wirkliches Objekt der Darstellung zeigt" (120). Man kann aus dem Text – insbesondere aus Claras Brief – erschließen, dass sie eine sympathische Philisterin ist. Entsprechendes gilt für Nathanael: Dass der Erzähler nicht explizit sagt, wie es sich mit Nathanael und insbesondere mit seiner Einbildungskraft verhält, schließt nicht aus, dass solche Aussagen auf der Basis einer genauen Textanalyse gemacht werden können.

Bezug zur neuzeitlichen Wissenschaft

Dass der „die neuzeitliche Wissenschaft leitende[] Gedanke[], man könne nur erkennen, was man selbst produziert habe" (121), für den *Sandmann* eine prägende Rolle spielt, bezweifeln wir; Schmitz-Emans scheint hier eine projektiv-aneignende Interpretation vorzunehmen, die ihr eigenes Hintergrundwissen über die neuzeitliche Wissenschaft mit dem Text verschmilzt. Aus dem Text geht in keiner Weise hervor, dass Spalanzani bestrebt ist, in der künstlichen Frau seinesgleichen im Sinne dieses Grundsatzes wiederzufinden.

Olimpia als Allegorie des künstlerischen Werks

Es ist denkbar, dass Olimpia auch „als Allegorie des künstlerischen Werkes" angelegt ist und der „sie schauend belebende Nathanael" als Allegorie des „imaginativ begabten Leser[s], den sich Hoffmann wünscht" (121). Eine befriedigende Begründung wird jedoch nicht gegeben. Letztlich handelt es sich um eine weitere Variante der verdeckt aneignenden allegorischen Deutung. Schmitz-Emans' These läuft darauf hinaus, Hoffmann eine mit der modernen Rezeptionsästhetik verwandte Sichtweise zuzuschreiben, der zufolge ein Kunstwerk stets durch imaginativ begabte Rezipienten ‚zum Leben erweckt' werden muss; „wo dies nicht erfolgt, bleibt das Werk tot" (121). Angenommen wird ferner, dass in der Textwelt nur der „von Olimpia faszinierte und sie schauend belebende Nathanael" (121) für diesen ‚belebenden' Kunstrezipienten steht. Die letztere Annahme gerät jedoch in Konflikt mit dem – auch von Schmitz-Emans eingeräumten – Tatbestand, dass auch andere Olimpia für einen echten Menschen halten, und zwar gerade solche, die als banausische Philister gelten müssen. Außerdem gilt: Ginge es *eigentlich* um die das Kunstwerk imaginativ ‚belebende' Rezeption, so wäre zu erwarten, dass diese allegorische Sinnzuweisung konsequent durchgehalten würde; Schmitz-Emans sagt aber nicht, wie die anderen Handlungselemente, z.B. die Entlebendigung der Androide durch Herausreißen der Augen, damit vereinbar sind. Auf der Grundlage der formulierten Kritik betrachten wir die diskutierte allegorische Deutung als eine typische Ausformung des verdeckt aneignenden Interpretierens, welches bestimmten Textelementen auf willkürliche Weise einen zum Überzeugungssystem des Interpreten – zu dem in diesem Fall bestimmte Ideen der Rezeptionsästhetik gehören – passenden Sinn unterlegt.

Ausformung von Option 3b

Wie das „Zentralmotiv der Augen" (123) genau zu deuten ist, hängt maßgeblich von der Entscheidung des Optionenkonflikts ab. Während Vertreter der radikalen Unentscheidbarkeitsposition (Option 3b) eine den gesamten Text durchziehende „semantische[] Polyvalenz" (124) postulieren, gelangt die überlegene Option 2b zu einer anderen Einschätzung: Das Augenmotiv ist als funktionaler Teil der verschleierten Dämonengeschichte aufzufassen. Wir betrachten den *Sandmann* also nur mit Einschränkungen als „auf komplexe Weise gebrochene Geschichte" (124).
Nathanaels Wahnsinn wird dadurch ausgelöst, dass er die geliebte Olimpia, die er gerade um ihr Jawort bitten will, in einem Zustand ohne Augen antrifft und als „leblose Puppe" [45] erkennt. Die Annahme, der Wahnsinn werde dadurch ausgelöst, dass er „zwischen verschiedenen Sichtweisen hin- und hergerissen ist" (124), stellt eine von der Unentscheidbarkeitsposition gesteuerte Erfindung dar – und damit ein projektiv-aneignendes Deutungselement.

Kritik am Konzept des autonomen Subjekts

Für die Hintergrundtheorie der Interpretin spielt – wohl auch von poststrukturalistischen Überlegungen z.B. Foucaults beeinflusst – die Kritik am cartesianischen Verständnis des „Subjekt[s], das in seiner auf Reflexivität gegründeten Selbstgewissheit der Welt gegenübertritt und sich reflektierend gegen diese ausdifferenziert" (124), eine zentrale Rolle. Diese Position findet Schmitz-Emans nun im Text wieder – Hoffmann wird zugeschrieben, die „Erschütterung der Selbstgewissheit dieses Subjekts [...] zum Ausdruck zu bringen" (124). Schmitz-Emans trägt damit eine weitere Variante allegorischen Interpretierens vor. *Eigentlich* geht es demnach im *Sandmann* um die Kritik am „Konzept eines selbstbewussten und autonomen Subjekts" (124), und zwar in einer Weise, die spätere theoretische Kritiken, etwa Foucaults, vorwegnimmt. Diese These wird jedoch nicht wirklich begründet, sondern als gültig vorausgesetzt, und der Text wird im Licht dieser These interpretiert. Über bloße Behauptungen gelangt Schmitz-Emans nicht hinaus.

Die dogmatisch-allegorische Deutungslinie wird dann weiter ausgeformt, ohne zusätzliche Stützungen hervorzubringen. Nach unserer systematischen Interpretation erscheint es wenig aussichtsreich, der Erzählung ein mit poststrukturalistischen Ideen verwandtes Konzept der Destabilisierung des „Projekt[s] reflexiver Selbstvergewisserung und cartesianischer Ausdifferenzierung eines stabilen Ichs gegen die Außenwelt" (125) zuzuschreiben.

Schmitz-Emans betont, wie auch wir es tun, Hoffmanns Nähe zur „romantischen Naturspekulation und Psychologie" (125), sie erwähnt aber mit keinem Wort den religiös-metaphysischen Charakter dieser Theorien. Unter diesen weltanschaulichen Rahmenbedingungen gilt, dass der „Blick in immer größere Tiefen der Natur wie der Seele" (125) den Menschen zur übernatürlichen Dimension (zurück-)führt, zu welcher das bloße Verstandesdenken keinen Zugang hat. „In der dunklen Tiefe der Seele" werden nach dieser religiös-metaphysischen Auffassung nicht nur unbewusste „seelische Zonen und Impulse [...] erspäht, welche dem Bedürfnis des Ichs nach Selbsttransparenz und Selbstkontrolle unerbittlich widerstehen" (125), es werde vielmehr eine seelische Tiefenschicht erreicht, die mit der übernatürlichen Dimension in direkter Verbindung steht.

10.2 Varianten der Synthesekonzepte

Auf der Grundlage sämtlicher Kommentare zu den Synthesekonzepten stellen wir nun die Varianten systematisch dar, ordnen ihnen die Interpreten zu und weisen auf die jeweils anzuwendende Kritikstrategie hin. In diesem Fall werden nur zwei Modelle unterschieden.

Modell a

Es werden zwei oder mehr Deutungsansätze miteinander verbunden, ohne weitergehende theoretische Überlegungen, z. B. gemäß Option 5, anzustellen.

Vertreter: Hertz (verbindet die freudsche Psychoanalyse mit einer dekonstruktivistischen Lesart sowie streckenweise mit den Optionen 1 und 3a), Drux (tendiert zu Option 3a, argumentiert indes über weite Strecken naturalistisch-psychologisch, greift auf Freud sowie auf soziologisch-gesellschaftskritische Ansätze (beide Option 4b) zurück), Utz (folgt vor allem Wawrzyns dogmatisch-allegorischer Deutung gesellschaftskritischer Art, damit werden der psychologische Ansatz Matts sowie die ebenfalls dogmatisch-allegorischen Interpretationen Lehmanns und Freuds kombiniert), Crescenzi (verquickt den psychologischen Ansatz mit einem dogmatisch-allegorischen Ansatz wissenschafts- und technikkritischer Art), Liebrand (stützt sich zunächst auf den psychologischen Ansatz, verbindet diesen dann mit Überlegungen aus dem Umkreis des Poststrukturalismus und fügt darüber hinaus auch Elemente psychoanalytischer Deutungen (Option 4b) in ihr Konzept ein), Oettinger (folgt zunächst Option 1, wechselt bei der Deutung des Schlusses jedoch zu Option 2 oder 3a, ohne sich klar zu entscheiden), Schmitz-Emans (zeigt eine Nähe zu den psychoanalytischen Deutungen, tendiert dann zur Unentscheidbarkeitsposition und geht schließlich zu einem allegorischen Deutungsverfahren (Option 4b) über), Lindner (geht von einer psychoanalytischen Sichtweise aus, orientiert sich dann an Prinzipien der Dekonstruktion, argumentiert streckenweise aber auch nach den Optionen 1 und 3a)

Kritikstrategie: Übersehen wird erstens, dass einige der miteinander kombinierten Ansätze einander logisch ausschließen, und zweitens, dass es projektiv-aneignende und somit pseudowissenschaftliche Interpretationen gibt.

Modell b

Es wird der radikale Interpretationspluralismus (Option 5) vertreten, der alle oder zumindest die meisten Deutungsansätze für gleichermaßen berechtigt erklärt.

Vertreter: Loquai (vertritt zunächst die Position des radikalen Interpretationspluralismus, argumentiert dann jedoch mit dem Unentscheidbarkeitsansatz sowie mit Option 1), Bönnighausen (tendiert streckenweise zu Walters Unentscheidbarkeitsposition, vertritt aber letztlich einen damit unvereinbaren radikalen Interpretationspluralismus)

Kritikstrategie: Siehe Modell a. – Nach unseren Ausführungen in Kapitel 3.1 steht der radikale Interpretationspluralismus im Rahmen des wissenschaftlichen Diskurses generell nicht ernsthaft zur Debatte, denn die willkürliche Kombination von Deutungsoptionen läuft darauf hinaus, Hoffmann ein in sich widersprüchliches Textkonzept zuzuschreiben, was aber angesichts unserer systematischen Interpretation nach Option 2b als verfehlt gelten muss.

10.3 Methodologischer Kommentar zu den Synthesekonzepten

Im Anschluss an die Kommentare lässt nun sich die Problematik derjenigen Interpretationen, die mehrere Deutungsansätze miteinander kombinieren, systematisch behandeln. Zur Vereinfachung der Debatte nehmen wir an, dass es sich um Interpretationstexte handelt, welche die Ansätze a und b miteinander verbinden. De facto werden manchmal noch weitere Konzepte (c, d usw.) zu integrieren versucht. Die grundsätzliche Problematik bleibt jedoch dieselbe, und sie lässt sich am Beispiel der Kombination zweier Ansätze studieren. Für die Buchstaben a, b usw. können beliebige Konzepte eingesetzt werden. Bönnighausen etwa verbindet (unter anderm) die Interpretationen von Auhuber (a) und Freud (b) mit dem Rückgriff auf die romantische Naturphilosophie (c).

Aus der Sicht der kognitiven Hermeneutik ist bei der Verbindung von Deutungsansätzen zwischen zwei Formen der Synthese zu unterscheiden: die eine stellt einen kognitiv-wissenschaftlichen Erkenntnisfortschritt dar (innovative Synthese, die zu einer neuartigen Gesamtinterpretation führt), die andere nicht (bloße additive Synthese). Beginnen wir mit Letzterer, bei der sich mehrere Varianten unterscheiden lassen.

Im ersten Fall handelt es sich um eine Synthese, welche die von anderen Textwissenschaftlern erarbeiteten Interpretationen a und b miteinander kombiniert, ohne sie kritisch zu prüfen oder an ihnen etwas zu verändern, d.h., der Textwissenschaftler fügt den einzelnen Deutungen inhaltlich nichts hinzu[135] bzw. entwickelt sie nicht weiter. Er hätte sich daher auch damit begnügen können, auf die jeweiligen Arbeiten z.B. in Fußnoten hinzuweisen. Dass die vorgelegte Verbindung der Ansätze a und b keinen Erkenntnisfortschritt darstellt, bedeutet jedoch nicht, dass sie in jeder Hinsicht wertlos ist. Sie kann z.B. didaktisch nützlich sein. Häufig erfolgt eine Zusammenstellung von vorliegenden Interpretationsergebnissen zu didaktischen Zwecken, um den Forschungsstand für den Unterricht an der Schule bzw. an der Universität aufzubereiten. Das ist auch bei Bönnighausen der Fall; ihr Buch ist in einem Schulbuchverlag erschienen und enthält „Unterrichtshilfen zu ‚Der Sandmann'" (111) sowie Materialien für den Unterricht.

Im zweiten Fall entwickelt der Textwissenschaftler den Ansatz a weiter und kombiniert ihn mit dem Ansatz b (oder umgekehrt). Hier besteht der Erkenntnisfortschritt eben in der *Weiterentwicklung* der Interpretation a bzw. b (wie diese Leistung dann zu bewerten ist, steht auf einem anderen Blatt), während die *Verbindung* mit der anderen Deutung genauso einzuschätzen ist

---

[135] Bei Bönnighausen lässt sich aus der Rahmentheorie der *formale* Zusatz ableiten, dass alle verwendeten Interpretationen zu haltbaren *Teilergebnissen* gelangen, welche durch andere Teilergebnisse oder -wahrheiten zu ergänzen sind.

wie im zuvor diskutierten Fall. Die Einbeziehung derjenigen Interpretation, an der nichts verändert wird, ist wiederum als erweiterte Fußnote zu betrachten; sie erfolgt ebenfalls häufig aus didaktischen Gründen. Ein spezielles Motiv ist die Vereinfachung des Arbeitsprozesses für den Leser: Dieser kann im günstigsten Fall darauf verzichten, sich den betreffenden Text zu besorgen und ihn ausführlich zu studieren, da sich alle wichtigen Elemente in der Synthese finden. Die Synthese selbst stellt keinen Erkenntnisfortschritt dar – sie greift nur ausführlich (d.h. nicht nur in Form des Literaturhinweises) auf bereits vorhandenes Wissen zurück (vgl. Fall 1).

Ähnlich ist ein dritter Fall einzuordnen: Der Textwissenschaftler entwickelt sowohl den Ansatz a als auch b weiter und fügt diese verbesserten Versionen dann zusammen; man stelle sich etwa einen Forscher vor, der *sowohl* im psychologischen *als auch* im ideengeschichtlichen Bereich arbeitet. Hier besteht die wissenschaftliche Leistung in der Weiterentwicklung der Interpretationen a *und* b, während die Synthese eine bloße Addition bleibt. Der Textwissenschaftler gelangt also in den einzelnen Bereichen zu neuen Erkenntnissen, bringt aber keine neue Gesamtinterpretation hervor.

Alle bislang behandelten additiven Synthesen beschränken sich auf die vorhandenen Ansätze (denen gegebenenfalls neue Aspekte hinzugefügt werden), sie führen nicht zu einer Modifikation der Stoßrichtung der einbezogenen Theorien; mithin zeitigen sie keinen wissenschaftlichen Erkenntnisfortschritt – auch dann nicht, wenn die in die Synthese einfließenden einzelnen Deutungen bedeutsame wissenschaftliche Leistungen darstellen. Wann liegt nun aber eine Synthese vor, die als Erkenntnisfortschritt einzuordnen ist? Das ist dann der Fall, wenn aus den Ansätzen a und b mittels zusätzlicher theoretischer Ideen eine *neue und komplexere Interpretation* erzeugt wird. In die neue synthetische Theorie geht die Deutung a nicht unverändert ein – es werden vielmehr nur einige Elemente integriert, andere hingegen ausgeschieden; ferner werden die aufgenommenen Elemente an die neue übergeordnete Theorie angepasst, also mehr oder weniger stark abgewandelt bzw. modifiziert; die Interpretation a wird in a_{mod} transformiert. Entsprechendes gilt für den Umgang mit dem Ansatz b. Die neue Theorie kann also nicht auf die Formel a + b gebracht werden. Angemessener, wenngleich nicht in jeder Hinsicht befriedigend, ist die Formel $a_{mod} + b_{mod}$, die anzeigt, dass die Ansätze a und b in *veränderter* Form in die neue Theorie einfließen. Der Unterschied zwischen der additiven Synthese vom Typ 3 und der innovativen Synthese besteht somit darin, dass die kombinierten Ansätze nicht jeder für sich weiterentwickelt und dann lediglich zusammengestellt werden, sondern dass Elemente der einzelnen Ansätze in eine neue Konzeption eingeflossen sind.

Diese abstrakten Ausführungen lassen sich am Beispiel unserer dämonologischen Interpretation verdeutlichen; damit ist unser Konzept freilich noch *nicht vollständig* dargestellt:

1. Ausgegangen wird vom dämonologischen Grundansatz.
2. Angereichert wird dieser Ansatz (a) durch ein Element der Unentscheidbarkeitsposition (b), die wir jedoch insgesamt verwerfen; b wird also in b_{mod} transformiert, d.h. in die Annahme, dass der Text *über weite Strecken*, aber nicht durchgängig dem Prinzip des Offenhaltens von Deutungsmöglichkeiten folgt. Dadurch wird zugleich a in a_{mod} transformiert, in die These, dass es sich um eine *verschleierte* Dämonengeschichte handelt.

Unsere neue Interpretation hat somit, wenn man nur die angeführten Komponenten berücksichtigt, die Struktur $a_{mod} + b_{mod}$. Der Erkenntnisfortschritt besteht hier in der Bildung einer *neuartigen Gesamttheorie bzw. Gesamtinterpretation*, die stets *verbunden* ist mit der Modifikation oder Überarbeitung der vorliegenden Interpretationen a und b; sie betrifft also beide Ebenen. Ob die neue Theorie dann auch der kritischen Prüfung standhält, ist gesondert zu untersuchen[136] – hier geht es ja nur darum, die Synthese von Deutungsansätzen als Bildung einer neuartigen Theorie von der z.B. didaktische Ziele verfolgenden Synthese (als additive Zusammenfügung vorliegender Deutungen) abzugrenzen.

Die Theoriebildung in anderen Wissenschaften kann nach demselben Muster analysiert werden. Vielfach ist es sinnvoll zu erproben, ob sich vorliegende Theorien, die miteinander in Konflikt stehen, nicht durch Bildung einer Synthese vereinbaren lassen. Angenommen, es gibt in der Physik, der Biologie, der Soziologie usw. zwei theoretische Positionen (a und b), die einander bekämpfen. Es ist nun folgende Situation denkbar: Theorie a erbringt kognitive Leistungen, die Theorie b nicht erbringt, und umgekehrt, d.h., beide Positionen besitzen ein kognitives Potenzial. In dieser Lage ist es attraktiv, den Konflikt zwischen a und b dadurch zu überwinden, dass man eine *neue* Theorie bildet, die Elemente beider Positionen dergestalt kombiniert, dass sie nun *sowohl* die kognitiven Leistungen von a *als auch* diejenigen von b (und eventuell noch weitere) zu erbringen vermag; diese Theorie ist dann als Synthese von a und b einzuschätzen, die einen Erkenntnisfortschritt darstellt.

Das Verlangen, den Konflikt mehrerer wissenschaftlicher Theorien durch Synthesenbildung zu überwinden, ist – wie gerade aus den letzten Überlegungen hervorgeht – nicht nur verständlich, sondern auch grundsätzlich positiv zu bewerten. Unter einer *guten* synthetischen Theorie, ob nun im Bereich der Interpretation oder in einem anderen Bereich, versteht die kognitive Hermeneutik – den Gesichtspunkt der kritischen Prüfung nun berücksichtigend – eine neuartige Theorie, die sich bewährt und von der man sagen kann, dass sie insgesamt größere kognitive Leistungen erbringt als ihre Konkurrenten. Das betrifft zum einen die Konformität der Aussagen mit den je-

---

[136] Unser Anspruch ist es, dass diese Synthese über ein höheres Maß an Textkonformität und an Erklärungskraft verfügt als alle konkurrierenden Ansätze.

weiligen Phänomenen und zum anderen die Erklärungskraft der theoretischen Hypothesen.
Die Interpretationssynthesen der textwissenschaftlichen Fachliteratur sind nach unserer Auffassung jedoch nur in wenigen Fällen als *gute* Synthesen zu bewerten; hier treten verschiedene Defizite zutage:
1. Einige Interpretationssynthesen treten zu Unrecht mit wissenschaftlichem Erkenntnisanspruch auf; bei Licht besehen, handelt es sich um additive Synthesen im vorhin erläuterten Sinn. Innerhalb des textwissenschaftlichen Diskurses sind solche additiven Zusammenfügungen vorhandener Interpretationen als *schlechte* Synthesen einzuordnen, mögen sie auch in einem anderen, z. B. im didaktischen Zusammenhang nützlich sein.
2. Darüber hinaus begehen Textwissenschaftler, wie wir an etlichen Beispielen sehen konnten, häufig den Fehler, die Vereinbarkeitsprobleme zwischen den jeweiligen Deutungsoptionen zu ignorieren. Man kann z. B. nicht in einigen Passagen psychologisch nach Option 1 argumentieren und in anderen dem Unentscheidbarkeitskonzept (Option 3a) folgen, denn beide schließen einander aus. Es ist zwar logisch möglich, eine komplexere Version von Option 1 (nämlich 1b) zu erzeugen, die – ähnlich wie unsere dämonologische Deutung – Elemente von Option 3a integriert; dazu bedarf es aber der theoretischen Arbeit an den Ausgangsthesen – und diese Mühe nehmen Textwissenschaftler nur selten auf sich. Die additive Verbindung einer Deutungsoption mit einer anderen, die mit ihr logisch unvereinbar ist, muss innerhalb der Textwissenschaft immer als *schlechte* Synthese bewertet werden.[137]
3. Ferner machen Textwissenschaftler, wie wir ebenfalls sehen konnten, häufig den Fehler, dass sie dogmatisch-allegorische und damit pseudowissenschaftliche Interpretationsverfahren als legitime wissenschaftliche Verfahren betrachten. Die additive Verbindung einer legitimen Deutungsoption mit einer projektiv-aneignenden muss innerhalb der Textwissenschaft ebenfalls stets als *schlechte* Synthese bewertet werden. Noch schlechter ist die Synthese, wenn zwei projektiv-aneignende Ansätze miteinander kombiniert werden.
4. Entsprechendes gilt für die Entwicklung einer neuartigen Interpretation, welche über vorliegende Deutungsansätze hinausgeht, sofern die Synthese von einem projektiv-aneignenden Deutungsverfahren gesteuert wird.

---

[137] Dies gilt analog für die Textweltcharakterisierungen: Eine Textwelt kann, insgesamt gesehen, erstens natürlicher Art sein, zweitens übernatürliche Komponenten enthalten (was naturalistische Teilelemente, wie sie in Claras Sichtweise zum Ausdruck kommen, nicht ausschließt), und drittens kann unbestimmbar sein, ob Typ 1 oder Typ 2 vorliegt. Diese drei Möglichkeiten schließen einander logisch aus. Daraus folgt, dass es grundsätzlich verfehlt ist, den Konflikt zwischen den drei Möglichkeiten der Textweltbestimmung durch Bildung einer Synthese zu überwinden. In jedem Einzelfall muss es vielmehr darum gehen zu erkennen, welche der drei Möglichkeiten im vorliegenden Text realisiert ist.

5. Im Rahmen der Aufbauarbeit kann eine bewährte Basis-Interpretation durch diverse kontextbezogene Forschungen, z.B. technik- und sozialhistorischer Art, sinnvoll ergänzt werden. Eine Synthese einer Basis- und einer Aufbau-Interpretation stellt jedoch in vielen Fällen keine Bildung einer neuartigen Theorie dar.

Bei Bönnighausen ist uns die weitverbreitete Position des radikalen Interpretationspluralismus begegnet, die darauf hinausläuft, dass alle oder nahezu alle mit wissenschaftlichem Anspruch auftretenden Textinterpretationen der Fachliteratur ihre Berechtigung haben, d.h. wissenschaftlich legitim sind. Postuliert wird, dass jede dieser Interpretationen einer besonderen Fragestellung folgt, die auf einen bestimmten Aspekt zugeschnitten ist, den der Primärtext tatsächlich aufweist (was nicht zwingend zutrifft); in diesem Sinn ist jede dieser Deutungen im Text angelegt. Die als Aspektinterpretationen gedachten unterschiedlichen Lesarten stehen demnach *gleichberechtigt* nebeneinander (vgl. Kapitel 3.1). Das zugehörige Toleranzprinzip besagt, dass jede der berechtigten Interpretationen darauf verzichten sollte, für den eigenen Ansatz einen Absolutheitsanspruch zu erheben, und die Legitimität der anderen Textzugänge grundsätzlich anzuerkennen hat.

Das Gleichberechtigungsmodell beruht, wie dargelegt, auf einer illusionären Leitvorstellung. Die Genese dieser Gleichberechtigungsillusion soll nun ansatzweise rekonstruiert werden. Wird man mit textwissenschaftlicher Sekundärliteratur konfrontiert – sei es nun als Schüler, Student, Wissenschaftler usw. –, liest man insbesondere mehrere Sekundärtexte, die sich auf denselben Primärtext beziehen, so kann man sich der Erfahrung nicht entziehen, dass die Argumentationsweise mehrerer dieser Arbeiten eine *Ausgangsplausibilität* besitzt; das schließt nicht aus, dass man auf einige Arbeiten sogleich ablehnend reagiert. Unter „Ausgangsplausibilität" ist zu verstehen, dass die Argumentation nachvollziehbar ist und im Großen und Ganzen als überzeugend empfunden wird. Man hält die im Sekundärtext entwickelte Deutung für aussichtsreich, ja, manchmal ist man schon bereit, sie nach der Lektüre als zutreffend oder berechtigt zu akzeptieren. Liest man nacheinander die Interpretationen a, b, c, d usw., so kann in allen Fällen die Argumentation als plausibel empfunden werden und die Bereitschaft groß sein, sie auch zu akzeptieren. Diese Erfahrung der Ausgangsplausibilität, welche ganz unterschiedliche und sogar logisch miteinander unvereinbare Interpretationen entfalten können, vermag nun die Neigung zum radikalen Interpretationspluralismus zumindest teilweise zu erklären. Macht man nämlich hintereinander bei mehreren Texten diese Erfahrung, so liegt es nahe, diese positiven Erfahrungen durch eine geeignete theoretische Konstruktion festhalten zu wollen, etwa so: „Alle (oder fast alle) von mir gelesenen Sekundärtexte kommen zu haltbaren Ergebnissen; diese Berechtigung gilt es anzuerkennen, und genau das leistet der radikale Interpretationspluralismus."

Die kognitive Hermeneutik vertritt demgegenüber die These, dass Leser Texten der Fachliteratur häufig einen viel zu großen Vertrauensvorschuss geben. Eine nachvollziehbare und plausibel erscheinende Argumentation ist oft in dieser oder jener Hinsicht nicht textkonform, und ihr kann es auch an Erklärungskraft für den Textbestand fehlen. Insbesondere können projektiv-aneignend vorgehende Interpretationen sehr überzeugend wirken, vor allem dann, wenn sie mit dem Überzeugungssystem und den konkreten Interessen des Rezipienten im Einklang stehen. Dass eine Argumentation plausibel erscheint, sagt ohne eine kritische Prüfung *überhaupt nichts* über deren kognitiven Wert. Daher betrachten wir es als folgenreichen Fehler, wenn die Erfahrung der Ausgangsplausibilität zum Anlass genommen wird, dem Sekundärtext – und letztlich sehr vielen Texten dieser Art – einen *wissenschaftlichen Vertrauensvorschuss* zu geben, d.h. seine wissenschaftliche Berechtigung einfach zu *unterstellen*.

Der kritischen Überprüfung der Aussagen des Sekundärtextes am Primärtext kommt – vor allem im Basisbereich – die zentrale Bedeutung zu. Dazu muss man den Primärtext sehr genau kennen, was zumeist nicht der Fall ist. Der kompetente Leser von Sekundärtexten weiß, dass die Plausibilitätserfahrung letztlich nur besagt, dass es sich so verhalten *könnte*, wie der Interpret behauptet, nicht mehr. Er weiß, dass ein begründetes Urteil über den kognitiven Wert einer Argumentation (im Ganzen und im Einzelnen) nur gefällt werden kann, wenn man sich auf den recht mühevollen Weg der kritischen Prüfung begibt. Erst dann werden die Optionenkonflikte und die Möglichkeiten ihrer Entscheidung deutlich, was zu einer Hierarchisierung der Sekundärtexte führt: Einige folgen Optionen, die insgesamt unterlegen sind; einige verfahren projektiv-aneignend und sind ganz aus der Textwissenschaft auszuscheiden usw.

Während es für ein Kleinkind ohne Frage gut ist, wenn es gegenüber den Eltern und der Welt ein *Grundvertrauen* entwickelt, ist es für angehende Textwissenschaftler schädlich, vorliegenden Sekundärtexten ein solches unreflektiertes Grundvertrauen entgegenzubringen, denn das hält sie von einer gründlichen Prüfung (eventuell mit negativem Resultat) ab und begünstigt die Zementierung eines unbefriedigenden Zustands der Textwissenschaft. Wir empfehlen deshalb eine gute Portion Skepsis im Umgang mit Sekundärtexten. Diese Haltung lässt sich folgendermaßen charakterisieren: „Auch wenn sich das alles sehr plausibel anhört, kann der Text doch erhebliche kognitive Defizite im Einzelnen und im Ganzen aufweisen; deshalb ist eine sorgfältige Prüfung erforderlich." Gibt man aber die Haltung des Grundvertrauens auf, weil man um die Fehleranfälligkeit der Textarbeit weiß, verliert auch die Position des radikalen Interpretationspluralismus an Überzeugungskraft, denn sie beruht ja gerade darauf, dass aus „Das hört sich ja alles ganz plausibel an" unmittelbar gefolgert wird: „Das ist im Kern richtig und wissenschaftlich berechtigt." Genau das trifft indes nicht zu. Kennt man den Primärtext nicht genau, und wird keine kritische Prüfung vorgenommen, so erscheinen sehr viele Textinterpretationen plausibel und tendenziell wissenschaftlich gleichberechtigt – gerade auch diejenigen, deren Textkonformität bei genauerer Untersuchung gegen null tendiert. Hinzu kommt, dass die Gleichberechtigungsillusion durch passende Literaturtheorien, die vor allem dem Sinn-Subjektivismus verpflichtet sind, verstärkt und gerechtfertigt wird. Deshalb ist es wichtig, die Fehler dieser Theorien aufzuweisen.[138] Im Hinblick auf projektiv-aneignende Interpretationen ist es besonders wichtig, den raschen Übergang von der *subjektiven* Plausibilitätserfahrung zum *objektiven* Geltungsanspruch zu blockieren. Der projektiv-aneignende Interpretations- wie auch Rezeptionsstil ist ja bestrebt, zentrale Elemente der eigenen Weltauffassungsstruktur im Text – sei dies nun der Primär- oder der Sekundärtext – wiederzufinden; vom Text wird erwartet, dass er das eigene Überzeugungssystem stützt.

Projektiv-aneignende und damit ideologische Anteile in Textinterpretationen sind oft nicht einfach zu erkennen. Achtet man nur auf die (subjektive) Plausibilität, die scheinbare interne Stimmigkeit der Argumentation, so unterscheiden sie sich nicht nennenswert von den Argumenten anderer Interpretationen. Um projektiv-aneignende Elemente aufzuspüren, muss man erstens den Primärtext genau kennen (sonst kann man problematische Ausblendungen und Verfälschungen wichtiger Texttatsachen nicht bemerken) und zweitens das jeweilige Deutungsangebot kritisch daraufhin prüfen, ob es mit dem gesamten Textbestand vereinbar ist und ihn konsistent zu erklären vermag.

Projektiv-aneignende Interpretationen entstehen häufig durch Anwendung charakteristischer Deutungsstrategien, die sich in Form von ‚Empfehlungen' formulieren lassen, denen man tunlichst *nicht* folgen sollte:

1. Stelle Interpretationsthesen auf, die perfekt zu deinem Überzeugungssystem passen, und behandle sie dann so, als seien sie bereits hinlänglich erwiesen. Begnüge dich also mit bloßen theoriekonformen Behauptungen und erwecke den Eindruck, dies genüge, um wissenschaftliche Ansprüche zu erfüllen.

2. Lass dich nicht in der Auffassung beirren, dass es eine genuin wissenschaftliche Tätigkeit ist, dem Text eine aktuelle Bedeutung für dein Überzeugungssystem abzugewinnen. Verrichte diese Tätigkeit immer mit gutem Gewissen.

---

[138] Vgl. TEPE: *Kognitive Hermeneutik*, Teil II.

11. Aspektinterpretationen

Alle bislang behandelten Formen der Textarbeit machen immer auch Aussagen über einzelne Elemente bzw. Aspekte des *Sandmanns*, z.B. über die Figur der Clara oder das Augenmotiv; daher sind alle oder nahezu alle Sekundärtexte stets auch Aspektinterpretationen im *weiteren* Sinn. Als Aspektinterpretationen im *engeren* Sinn bezeichnen wir demgegenüber Arbeiten, die sich von vornherein auf ausgewählte Textaspekte oder -elemente konzentrieren.[139] Eine Aspektinterpretation stellt eine wissenschaftliche Spezialisierung dar, die grundsätzlich berechtigt ist und zu einem Erkenntniszuwachs führen kann. In Kapitel 11 gehen wir auf Aspektinterpretationen im engeren Sinn ein. Wir haben 2 Texte dieser Art einer kritischen Prüfung nach unserem Analyseprogramm unterzogen:

☞ ERGÄNZUNG 11-1: B. Elling: *Die Zwischenrede des Autors in E.T.A. Hoffmanns „Sandmann"*

☞ ERGÄNZUNG 11-2: S. Vietta: *Das Automatenmotiv und die Technik der Motivschichtung im Erzählwerk E.T.A. Hoffmanns*

Viele andere Sekundärtexte könnten hier ebenfalls eingeordnet werden, z.B. Rohrwassers Aufsatz über die Figur des Zauberers bei E.T.A. Hoffmann.
Im Folgenden geht es hauptsächlich darum, die wichtigsten kognitiven Defizite bei Aspektinterpretationen herauszuarbeiten und diese mit der Grundhaltung der traditionellen Textwissenschaft in Verbindung zu bringen.

11.1 Kommentarzusammenfassung (Elling)

In Kapitel 11.1 fassen wir einen der beiden Kommentare zusammen. Dabei konzentrieren wir uns auf die für die Diskussion der Aspektinterpretationen zentralen Punkte.

B. ELLING: *Die Zwischenrede des Autors in E.T.A. Hoffmanns „Sandmann"*[140]

Schwanken zwischen den Optionen 3a und 1

Elling beginnt mit zutreffenden Ausführungen zum Perspektivenkonflikt zwischen Nathanael und Clara. Die Formulierung, dass „[d]urch diesen

---

[139] Wird der Ausdruck „Aspektinterpretation" ohne Zusatz verwendet, so ist stets die Aspektinterpretation im engeren Sinn gemeint.
[140] B. ELLING: *Die Zwischenrede des Autors in E.T.A. Hoffmanns „Sandmann"*. In: *Mitteilungen der E.T.A. Hoffmann-Gesellschaft e.V.* 18 (1972), S. 47–53. (ERGÄNZUNG 11-1)

Wechsel der Perspektive [...] eine Doppeldeutigkeit und somit eine Doppelwirklichkeit [entsteht], deren Zwang sich der Leser bis zum Schluß der Erzählung nicht mehr entziehen kann" (47), zeigt dann eine Nähe zur Unentscheidbarkeitsposition. Andere Wendungen legen demgegenüber nahe, Elling dem psychologischen Ansatz zuzuordnen: So spricht sie im Hinblick auf den ersten Brief von der „verzerrte[n] Perspektive Nathanaels" (48, Anm. 5).

Rückgriff auf Belgardts defizitäre künstlersoziologische Interpretation

Wir teilen Ellings Auffassung, dass dem Leser in der Zwischenrede „der ‚Gärungsprozeß' im Künstler" (48) suggeriert werde, nicht. Nach unserer Auffassung handelt es sich um ein allgemeines Phänomen im vorkünstlerischen Bereich: Der Erzähler will dem Leser vom schrecklichen Schicksal Nathanaels erzählen, das ihn seelisch aufgewühlt und erschüttert, ihn „ganz und gar erfüllt[ ]" hat, „Alles Andere daraus verdrängend" [25]. Er fragt dann den Leser, ob er ähnliche bewegende Erfahrungen gemacht habe. Für einen Leser, der Vergleichbares erfahren hat, gilt: „Es gärte und kochte in dir, zur siedenden Glut entzündet sprang das Blut durch die Adern und färbte höher deine Wangen." [25] Das bedeutet aber, dass der Erzähler hier nicht primär als *Künstler* auftritt, sondern als *bewegter Mensch*, der sich genötigt fühlt, anderen mitzuteilen, was ihn so tief berührt hat. Es handelt sich daher gar nicht vorrangig um eine Problematik künstlerischen Schaffens, sondern um die elementarere Problematik, dasjenige angemessen mitzuteilen, was den Erzähler erschüttert hat.

Elling baut die irrige Annahme, es gehe *primär* um einen künstlerischen Schaffensprozess, weiter aus, indem sie postuliert, auf den „‚Gärungsprozeß' im Künstler" folgten als „zweite Stufe im künstlerischen Schaffensprozess – die noch nicht zu Form gewordenen Schemen" und „[s]chließlich das Zustandekommen eines Kunstwerks" (48). Elling beruft sich hier auf Belgardts problematische künstlersoziologische Interpretation, mit der wir uns in ERGÄNZUNG 9-4 ausführlich befasst haben. „Doch ein Künstler muß ein Publikum haben, erst dann ist der Schaffensprozeß abgerundet." (49) Aus der von Elling zitierten Textstelle und der gesamten Leseranrede geht keineswegs hervor, dass das für den Erzähler der zentrale Punkt ist. Der Erzähler versteht sich nicht primär als *Künstler*. Er versteht sich insbesondere nicht als Künstler, der für sein *Werk* auf der Suche nach einem *Publikum* ist. Die Mitteilung tritt gar nicht primär als künstlerisches Schaffensprodukt auf.

Nathanaels Schicksal wird mit Belgardt erklärt: Nathanael bleibt (Belgardt zufolge) „am Ende ohne Zuhörer; er hat auch keine Leserschaft, in der er den Zuhörer voraussetzen könnte, wie das der Erzähler tut" (49, Anm. 11). Unsere Kritik an Belgardts Ansatz trifft auch Ellings Argumentation. Elling wandelt auf den Spuren der dogmatisch-allegorischen Interpretation künstlersoziologischen Typs, wie Belgardt sie entwickelt hat. Die Angst vor der Interesselosigkeit der Außenwelt ist nicht Gegenstand der Ausführungen des Erzählers.

Textwissenschaftliche Arbeiten, die sich auf einen bestimmten Aspekt bzw. auf bestimmte Elemente eines Textes konzentrieren – hier auf die Zwischenrede des Erzählers – sind prinzipiell legitim und können zur Vertiefung des Wissens führen. Eine solche Aspektinterpretation muss aber, sei es nun explizit oder implizit, im Optionenkonflikt Position beziehen. Häufig geschieht dies dergestalt, dass der Interpret sich auf eine oder mehrere Deutungen umfassenderer Art stützt, die er für richtig hält. Weisen diese nun kognitive Defizite auf, so wirken sich diese zwangsläufig auf die Aspektinterpretation aus. Genauso verfährt Elling: Sie stützt sich auf Belgardts Auslegung, die sie für zutreffend hält; tatsächlich ist diese jedoch in verschiedener Hinsicht fehlerhaft; diese Anlehnung an Belgardt macht auch Ellings Aspektinterpretation fehlerhaft. *Der Sandmann* ist keine Erzählung, in deren Zentrum die scheiternde Suche eines jungen Künstlers nach einem Publikum steht.

Weitere Fehleinschätzungen

Dass die erste „Einmischung des Erzählers" nicht die Aufgabe hat, „den Zustand eines Dichters (Erzähler/Nathanael), der einen Schaffensprozeß durchgeht, im Leser zu suggerieren" (52), haben wir bereits dargelegt. Dass die erste Leseranrede auch die Aufgabe hat, „dem Leser die distanzierte ‚vernünftige' Haltung Klaras zu ermöglichen" (52), fügt Elling neu hinzu; dabei entsteht der irreführende Eindruck, dies sei bereits gezeigt worden. Ellings These ist unbegründet und verfehlt: Von der ersten Leseranrede kann man nicht sagen, dass sie „die distanzierte ‚vernünftige' Haltung Klaras" eindeutig begünstigt.

Dass die Gesellschaft der Teezirkel kein „Verständnis für Nathanaels Dichtertum" (52) hat, geht aus dem Text nicht hervor, denn nirgendwo ist davon die Rede, dass Nathanael seine Hervorbringungen in diesen Kreisen vorträgt. Nathanael hat Olimpia als seine beste Zuhörerin empfunden, de facto kann aber einer künstlichen Frau kein echtes „Verständnis für Nathanaels Dichtertum und sein damit verbundenes Schicksal" (52) zugeschrieben werden.

Es ist problematisch, mit Allgemeingültigkeitsanspruch auftretende Aussagen über *den* Leser zu machen. Viele Interpreten neigen dazu, ihr eigenes Verständnis des Textes direkt *dem* Leser zuzuschreiben, ohne darüber nachzudenken, dass andere Leser vielleicht zu anderen Ergebnissen gelangen. Diesen Fehler begeht auch Elling, wenn sie – wiederum zu Option 1 tendierend – behauptet, „der Leser [habe] während der ersten Zwischenrede und den vorhergehenden drei Briefen [...] schließlich die Perspektive Klaras eingenommen, die der ‚vernünftigen' Distanzierung, und diese beibehalten"

(52). Übersehen wird, dass Leser auch den dämonologischen oder den Unentscheidbarkeitsansatz präferieren können und dann natürlich zu anderen Haltungen gelangen.

Dem Leser wird „in den Typen der Teegesellschaft" nicht primär „das Bild des ‚schlechten' Zuhörers und damit Lesers vorgehalten" (53), sondern es geht um Menschen, die eine künstliche Frau für einen echten Menschen angesehen haben. Der künstlersoziologischen Fehldeutung ist auch die These verpflichtet, derjenige Leser, der sich nicht mit dem „Bild des ‚schlechten' Zuhörers und damit Lesers" identifizieren wolle, werde nun „zum idealen Zuhörer-Leser" (53). Das ist eine freie Erfindung Ellings.

Der Schlussabsatz ist keineswegs „wie der Anfang erzählerlos" (53). Der *Erzähler* gibt wieder, was er – mangels eigener Erfahrung – von anderen über das weitere Schicksal Claras gehört hat.

11.2 Varianten bei Aspektinterpretationen

Auf der Grundlage der Kommentare zu den Aspektinterpretationen[141] stellen wir nun die Varianten systematisch dar, ordnen ihnen die Interpreten zu und weisen auf die gegebenenfalls anzuwendende Kritikstrategie hin. Wie in Kapitel 10.2 werden hier nur zwei Modelle unterschieden.

Modell a

Man wendet sich dem ausgewählten Textaspekt auf der Grundlage der am besten bewährten Deutungsoption zu; das ist hier der dämonologische Ansatz.

Vertreter: –

Modell b

Man wendet sich dem ausgewählten Textaspekt auf der Grundlage einer defizitären Deutungsoption zu oder kombiniert mehrere Optionen, von denen mindestens eine fehlerhaft ist.

Vertreter: Elling, Vietta

Kritikstrategie: Die Wahl einer defizitären Option bei der Gesamtinterpretation des Textes zieht Fehler bei der Aspektinterpretation nach sich; die Kritikstrategie richtet sich nach dem jeweils gewählten defizitären Ansatz.

---

[141] Die in anderen Kapiteln behandelten Deutungen bestimmter Textaspekte berücksichtigen wir hier nicht.

11.3 Methodologischer Kommentar zu den Aspektinterpretationen

Bei Aspektinterpretationen (im engeren Sinn) ist es wichtig, die Wahl des Gegenstands von der Wahl einer bestimmten Herangehensweise an diesen Gegenstand zu unterscheiden. Hinsichtlich der Wahl des Gegenstands gilt: Man kann sich im Prinzip auf *jeden* Aspekt eines literarischen Textes, z.B. auf bestimmte zentrale Motive, auf die Erzählhaltung, die Stilistik usw., konzentrieren und diesen Aspekt isoliert untersuchen. Die Untersuchung des Aspekts a kann, von der Gegenstandsseite her gesehen, mit der Untersuchung der Aspekte b, c usw. problemlos koexistieren. In dieser Hinsicht besteht also ein gleichberechtigtes Nebeneinander.

Anders sieht es hingegen aus, wenn man zusätzlich berücksichtigt, *wie* jeweils an den ausgewählten Aspekt herangegangen wird. Denn jede Untersuchung eines bestimmten Textaspekts nimmt explizit oder implizit Partei für (mindestens) eine der Deutungsoptionen. Anders ausgedrückt: Jede Aspektinterpretation setzt eine Strategie für eine Gesamtinterpretation, zumindest implizit, logisch voraus – auch wenn diese nicht ausgeführt wird. Daher bleiben auch die Aspektinterpretationen von den übergreifenden Interpretationskonflikten nicht unberührt. Daraus folgt, dass es in *methodologischer* Hinsicht auch bei Aspektinterpretationen *kein* gleichberechtigtes Nebeneinander gibt und geben kann. Bezogen auf den *Sandmann* bedeutet das konkret: Die dem dämonologischen Ansatz verpflichteten Aspektinterpretationen sind der Konkurrenz grundsätzlich überlegen.

Das Prinzip der Prägung des Textganzen durch die drei Instanzen impliziert, dass auch alle Textaspekte durch diese Instanzen geprägt sind. Aspektinterpretationen sollten daher immer in eine Basis-Interpretation eingebettet sein, wobei im Einzelfall auch eine Rohform ausreichend sein kann. Wer bestimmte Textaspekte nicht nur beschreibend erfassen und vergleichend analysieren, sondern auch verstehend erklären will, muss – wie bei einer Gesamtinterpretation – immer auch tragfähige, zu den Texttatsachen passende Hypothesen über die textprägenden Instanzen entwickeln; die Interpretation der ausgewählten Textaspekte sollte stets im Kontext solcher Hypothesen und im Einklang mit ihnen erfolgen. Der Verstoß gegen diese Regel begünstigt das Entstehen projektiv-aneignender Interpretationen.

Bei einer Aspektinterpretation können also leicht Fehler unterlaufen. Es besteht immer die Gefahr, dass der thematisierte Textaspekt nicht als Element eines durch die textprägenden Instanzen gewissermaßen programmierten Systems, sondern isoliert betrachtet wird. Das wiederum verführt zur Direktanwendung der vom Interpreten favorisierten Theorie auf den Text, wobei die Basisfragen übersprungen werden.

Was nun speziell den *Sandmann* anbelangt, so bietet der Text eine Reihe von Ansatzstellen für Aspektinterpretationen. Man kann sich auf einzelne Figuren (wie Clara oder Coppelius) konzentrieren, man kann sich näher mit der Androide Olimpia befassen, das von Nathanael erworbene Perspektiv betrachten usw. All das ist im Prinzip legitim. Ihren kognitiven Wert können die Aspektinterpretationen jedoch ganz oder teilweise einbüßen, wenn sie defizitären Deutungsoptionen folgen.

In Kapitel 5.3 sind die Vorgehensweisen des traditionellen und des empirisch ausgerichteten Textwissenschaftlers idealtypisch voneinander abgegrenzt worden. Die dort vorgetragenen Überlegungen sind auch auf Aspektinterpretationen anwendbar. Das traditionelle Verfahren weist bestimmte strukturelle Schwächen auf, die wir allgemein als *dogmatische* Tendenzen gekennzeichnet haben. Dies zeigt sich bei einer Aspektinterpretation dergestalt, dass diese sogleich – ohne Alternativen zu erwägen – im Licht derjenigen Deutungsoption erfolgt, die am besten zum Überzeugungssystem des Interpreten passt. Die so gepolten Aspektinterpreten suchen vorrangig nach Textelementen, welche geeignet sind oder zu sein scheinen, den gewählten Deutungsansatz zu stützen. Die anderen Deutungsoptionen bleiben entweder unbeachtet, oder sie werden von vornherein im Licht der eigenen Sichtweise abgewehrt. Wir meinen keineswegs, dass die einzelne Textaspekte fokussierenden traditionellen Interpreten sich nicht ernsthaft um die Lösung von Erkenntnisproblemen bemühen, sondern behaupten nur, dass sie ihre kognitive Ausrichtung nicht konsequent genug verfolgen, dass sie in entscheidenden Punkten dogmatisch verfahren und die einmal gewählte Interpretationsstrategie gegen Kritik abschotten, mit welchem Bewusstseinsgrad dies auch immer geschehen mag.

Das in früheren methodologischen Kommentaren über den Typ des dogmatischen Vertreters einer Deutungsoption Ausgeführte gilt auch für den Interpreten, der sich mit bestimmten Aspekten eines Textes befasst. Er untersucht nicht systematisch und konsequent, ob sich der *gesamte* Text zwanglos nach der gewählten Option deuten lässt, d.h. ob sich *alle* Textelemente diesem Zugriff fügen. Zudem setzt er sich nicht systematisch und konsequent mit den anderen Deutungsoptionen auseinander, um seinen eigenen Ansatz in einem textbezogenen Vergleichstest als überlegen zu erweisen.

Der Interpret traditionellen Typs ist (in mehr oder weniger starkem Maß) bestrebt, die gewählte Option vor Kritik zu schützen. Sie soll als die einzige ernstzunehmende Deutungsmöglichkeit erscheinen. Das wiederum hängt damit zusammen, dass der Interpret stark an *genau dieser* Deutung interessiert ist. Zum insgeheim verfolgten Ziel, eine mit seinem Überzeugungssystem im Einklang stehende Deutung zu gewinnen, passt es, wenn der Interpret zu der Auffassung gelangt, die von ihm präferierte Option sei *evident* und *alternativlos*, wenn er glaubt, nur diese sei ernsthaft zu erwägen.

Die traditionelle Praxis des Aspektinterpreten stellt somit eine problematische Mischung einer kognitiven mit einer projektiv-aneignenden und damit pseudowissenschaftlichen Vorgehensweise dar, die um jeden Preis eine Stützung des eigenen Überzeugungssystems erreichen will. Je nachdem welche Seite dominiert, ist der wissenschaftliche Wert des Sekundärtextes größer oder geringer. Durch den Übergang zu einer erfahrungswissenschaftlichen Vorgehensweise lassen sich die pseudowissenschaftlichen Komponenten auch im Bereich der Aspektinterpretation ausschalten; die Verwissenschaftlichung der Textinterpretation wird dadurch vorangetrieben.

12. Überwiegend deskriptiv-feststellende Textarbeit

Die Sekundärliteratur zum *Sandmann* macht hauptsächlich *Interpretationsangebote*, die mit den Ergebnissen unserer Basis-Interpretation teils übereinstimmen, teils mit ihnen mehr oder weniger stark in Konflikt geraten. Aus der Sicht der kognitiven Hermeneutik sind viele dieser Arbeiten problematisch, da sie dem projektiv-aneignenden Deutungsstil verpflichtet sind. Sekundärtexte hingegen, die sich im Rahmen unserer Systematik der vorinterpretatorischen Basis-Analyse zuordnen lassen, können grundsätzlich als weniger problematisch gelten, mögen die Thesen und Argumentationen auch im Einzelnen manchmal verfehlt sein. Eine Feststellung der Texteigenschaften, z. B. eine genaue Beschreibung der im literarischen Text verwendeten Erzählweise, die auf interpretatorische Aussagen über das Textkonzept, über den Sinn des Textes im Ganzen und im Einzelnen verzichtet, vermag Ergebnisse zu liefern, die für *mehrere* Interpretationsansätze akzeptabel sind – gerade auch für solche Ansätze, die sich logisch nicht miteinander vereinbaren lassen. In Kapitel 12 gehen wir auf Sekundärtexte ein, die durchgängig oder hauptsächlich deskriptiv-feststellende Textarbeit leisten. Wir haben 5 Texte dieser Art einer kritischen Prüfung nach unserem Analyseprogramm unterzogen:

- ☞ ERGÄNZUNG 12-1: L. Köhn: *‚Der Sandmann'*
- ☞ ERGÄNZUNG 12-2: E. Wright: *The Language of Omens in Hoffmann's* Der Sandmann *and* Tieck's *Liebeszauber*
- ☞ ERGÄNZUNG 12-3: G.-L. Fink: *Die narrativen Masken des romantischen Erzählers: Goethe, Novalis, Tieck, Hoffmann. Von der symbolischen zur phantastischen Erzählung*
- ☞ ERGÄNZUNG 12-4: D. Lohr: *Kausalität*
- ☞ ERGÄNZUNG 12-5: I. Schroeder: *Das innere Bild und seine Gestaltung. Die Erzählung* Der Sandmann *als Theorie und Praxis des Erzählens*

Im Folgenden geht es hauptsächlich darum, die wichtigsten kognitiven Defizite bei der deskriptiv-feststellenden Textarbeit herauszustellen und diese mit der Grundhaltung der traditionellen Textwissenschaft in Verbindung zu bringen.

12.1 Kommentarzusammenfassung (Lohr)

In Kapitel 12.1 fassen wir einen der 5 Kommentare zusammen. Dabei konzentrieren wir uns auf die für die Diskussion der deskriptiv-feststellenden Textarbeit zentralen Punkte.

D. LOHR: *Kausalität*[142]

Vorschnelle Spezialuntersuchung

Lohr orientiert sich stark an Literaturwissenschaftlern wie Emil Staiger, Günther Müller, Hermann Meyer, die der werkimmanenten Schule zugerechnet werden. Deren Forschungen zur „Zeitgestaltung in der Literatur" und zur „Raumgestaltung in der Literatur" werden fortgeführt und durch die „Kausalität als Interpretationsmittel" (12) ergänzt. Die Frage, „wie sich Kausalität in literarischen Texten manifestiert, wie sie als Stilmittel eingesetzt wird und welche Wirkung sie hat" (21), ordnen wir der deskriptiv-feststellenden Textarbeit zu. Man kann sich spezialistisch auf einen bestimmten Textaspekt konzentrieren, z.B. eben auf die kausalen Elemente, um diese genauer zu erforschen. Die kognitive Hermeneutik rät allerdings davon ab, mit solchen spezialistischen Untersuchungen zu *beginnen*. Sie empfiehlt, stets mit einer pointierten Textzusammenfassung (vgl. Regel 3.1) sowie einer Charakterisierung der Textwelt (vgl. Regel 3.2) anzufangen, um sich dann auf die Ermittlung des Textkonzepts und der anderen textprägenden Instanzen zu konzentrieren. Erst *danach* sollten Aspektuntersuchungen vorgenommen werden. Diese können dazu dienen, die bereits bewährten Hypothesen über die textprägenden Instanzen auszubauen und zu präzisieren. Ist hingegen der Aspektforschung keine Basis-Interpretation vorgeschaltet, so besteht die Gefahr, dass sich der Interpret an Deutungsoptionen bindet, die im Optionenkonflikt unterlegen sind. Die direkt betriebene Aspektuntersuchung ist in hohem Maß irrtumsanfällig.

Zur Basis-Interpretation gehört immer auch die Ermittlung des textprägenden Überzeugungssystems, und zu jedem Überzeugungssystem gehört eine „Ansicht bezüglich kausaler Zusammenhänge in der Welt" (21). Daher halten wir es für verfehlt, die Analyse der „kausalen Elemente im ‚Sandmann'" (21) völlig von der Frage nach Hoffmanns Kausalitätsverständnis abzukoppeln. Selbstverständlich kann man sich spezialistisch z.B. auf die Frage konzentrieren, welche „Kausalkonjunktionen wie ‚deshalb', ‚daher', ‚um', ‚so daß' etc." (21) wie häufig im Text vorkommen. Da Fragen dieser Art aber immer in Verbindung mit der Basis-Interpretation zu behandeln sind, darf das Problem, ob im konkreten Fall eine „unwiderstehliche Gewalt" (22) natürlicher oder übernatürlicher Art anzunehmen ist, nicht ausgeklammert werden. Lohrs Festlegung halten wir daher für zu eng und letztlich für methodologisch verfehlt. Die Suche z.B. nach kausalbehafteten und kausalitätsfreien

---

[142] D. LOHR: *Kausalität*. In: DERS.: *Stilanalyse als Interpretation. Kausalität, Raum und Zeit in E.T.A. Hoffmanns Erzählung* Der Sandmann. Osnabrück 2000, S. 14–64. (ERGÄNZUNG 12-4)

Verben ist zu *ergänzen* durch die Frage, ob in der Textwelt ein Wirken *übernatürlicher* Ursachen anzunehmen ist.
Man kann im Licht der begrifflichen Festsetzungen feststellen, wie viele Kausalkonstruktionen z. B. in Nathanaels erstem Brief enthalten sind, welche und wie viele kausale und nichtkausale Verben in ihm vorkommen. Zusätzlich kann man – wie Lohr das tut – den Schnitt pro Zeile des Textabschnitts ausrechnen. Ferner lassen sich die Ergebnisse zu Nathanaels Brief mit denen zu Claras Brief vergleichen usw. Lohr begnügt sich jedoch nicht mit der Auszählung und der vergleichenden Analyse kausaler Textelemente; er will auf dieser Grundlage zu Aussagen über „das ‚Kausalverhalten' der einzelnen Protagonisten" (25) gelangen. Dabei nimmt er an, dass vor allem die drei Briefe „die seelische Verfassung des [...] Schreibenden" (25) unverfälscht zu erkennen geben.

Nathanaels angebliche Unfähigkeit zum kausalen Denken

Lohr vertritt die These, dass Claras Argumentationsniveau hoch, dasjenige Nathanaels hingegen zu Beginn und bei den beiden Wahnsinnsanfällen „ausgesprochen niedrig" (191) ist. Dass „in seinem Inneren [...] die Akausalität" (191) vorherrscht, besagt, dass Nathanael in den entscheidenden Punkten zum kausalen Denken, zur kausal begründeten Argumentation *unfähig* ist. Nach Lohr ist es möglich und zulässig, von den in einem Brief festgestellten Kausalkonstruktionen und dem errechneten Kausalitätsdurchschnitt auf die „seelische Verfassung" (25) des Schreibenden zu schließen, und zwar insbesondere auf sein Argumentationsniveau. Er scheint diesen gedanklichen Übergang für völlig unproblematisch zu halten. Das ist er aber keineswegs: Lohrs These läuft darauf hinaus, Nathanael ein bestimmtes Krankheitsbild zuzuschreiben, zu welchem die Unfähigkeit zum kausalen Denken gehört. Lohr vertritt somit eine Variante des psychologischen Ansatzes. Er erkennt nicht, dass zur hinlänglichen Stützung einer der Deutungsoptionen auf der *Interpretationsebene* argumentiert werden muss. Ist man sich der unterschiedlichen Deutungsoptionen bewusst, so erkennt man sofort, dass eine Entscheidung zwischen ihnen nicht durch rein deskriptiv-feststellende Arbeitsschritte möglich ist. Lohr überschätzt also deutlich die Reichweite seiner Art von Text- oder Stilanalyse.
Da in unserem Optionenwettkampf der dämonologische Ansatz gewonnen hat, muss Lohrs Vorgehensweise auch unter diesem Blickwinkel als verfehlt gelten. Dass das zentrale Interpretationsproblem, ob in der Textwelt übernatürliche Ursachen wirksam sind, in seiner Untersuchung zur Kausalität im *Sandmann* überhaupt nicht auftaucht, ist auf die nicht näher thematisierte *Vorentscheidung* für den psychologischen Ansatz zurückzuführen; dieser steuert insgeheim die gesamte Analyse der kausalen Textelemente. Das aber

heißt: Die ganze Studie beruht erstens auf *nicht explizierten* und zweitens auf *verfehlten* Voraussetzungen. Sie ist von vornherein als Stützung des psychologischen Ansatzes angelegt, tritt jedoch als *neutrale* deskriptive Analyse auf, aus der sich angeblich wie von selbst Aussagen über die seelische Verfassung des Sprechenden ableiten lassen – bis hin zur Behauptung, dass eine bestimmte Art psychischer Erkrankung vorliege. Im Hinblick auf die anderen Deutungsoptionen bedeutet das, dass sie durch die Vorentscheidung auf trickhafte Weise ausgeschaltet werden; insbesondere wird Option 2 überhaupt nicht in Erwägung gezogen. Von Anfang an werden nur *natürliche* Ursachen sowie sprachliche Kausalkonstruktionen, die sich auf den Bereich der natürlichen Ursachen beziehen, einkalkuliert, in geradezu naiver Form wird einfach unterstellt, dass eine natürliche Textwelt vorliegt. Nach unserer Auffassung muss die deskriptiv-feststellende Textarbeit stets *optionenneutral* erfolgen, d.h., es ist durch geeignete Vorsichtsmaßnahmen zu verhindern, dass sie explizit, vor allem aber implizit durch eine der zur Debatte stehenden Optionen gesteuert wird.

Im Prinzip ist gegen eine exakte Arbeitsweise, die zu präzisen Ergebnissen führt, nichts einzuwenden. Auf der anderen Seite ist nicht jede Form von Genauigkeit wissenschaftlich ergiebig und sinnvoll. Muss der Versuch, durch „das Erstellen von Kausalitätsdurchschnitten für die jeweiligen Abschnitte" (25) den Nachweis zu erbringen, dass Nathanael psychisch krank ist, von vornherein als wenig aussichtsreich gelten, so ist die *zu diesem Zweck* eingesetzte Genauigkeit fehl am Platz. Sie ist nach der formulierten Kritik als von einer nicht explizierten und verfehlten Vorentscheidung gesteuerte *Hyperexaktheit* einzuschätzen. Da die Fragestellung defizitär ist, ist die Ermittlung der Kausalitätsdurchschnitte in der entscheidenden Hinsicht kognitiv wertlos.

Lohr behauptet, Nathanael schreibe, dass er nun „wieder Herr aller seiner Sinne sei" (26); damit ist unterstellt, er sei zuvor eben *nicht* „Herr aller seiner Sinne", also *geistig verwirrt* bzw. psychisch krank gewesen. Nathanael benutzt jedoch gar keine Wendung dieser Art, wie Lohr suggeriert. Der Interpret arbeitet also auf einer bestimmten Ebene sehr genau, aber auf einer anderen Ebene verfährt er unsauber und ungenau, indem er Kausalkonstruktionen, die auf eine übernatürliche Dimension verweisen, einfach übersieht und Nathanael generell den Gebrauch von „Verben ohne kausale Semantik" (25) zuschreibt. Das zeigt, wie wichtig unsere methodologische Regel ist, spezialistische deskriptiv-feststellende Untersuchungen immer erst vor dem Hintergrund einer bewährten Basis-Interpretation vorzunehmen. Eines ist es, einen „hohen Anteil [...] an den akausalen Verben" (28) festzustellen, etwas anderes zu behaupten, dass Nathanael und Olimpia *kausalitätsfeindlich* dargestellt werden, denn das hat interpretatorische Implikationen. Der Gebrauch dieses Ausdrucks stimmt den Leser auf den defizitären psychologischen Deutungsansatz ein, der Nathanael die Unfähigkeit zu rationaler und kausaler Argumentation zuschreibt. Tatsächlich denkt der dämonologisch eingestellte Nathanael jedoch durchaus rational und kausal, er tut dies nur im Rahmen von weltanschaulichen Prämissen, die von denen Claras – und Lohrs – deutlich abweichen.

Dass die Gesellschaft der Teezirkel sich „irrationaler oder auch dümmer verhält als der größte Phantast" (28), kann im Rahmen der Textwelt keineswegs als evident gelten: In einer Welt, in der es gelungen ist, eine künstliche Frau als echten Menschen auszugeben, liegt der Verdacht nahe, dass auch andere (weibliche) Gesellschaftsmitglieder Automaten sein könnten. Lohr unterstellt vorschnell eine natürliche Textwelt.

Die Behauptung, in Nathanaels Innerem herrsche, „wie die Entstehung des Gedichts zeigt, weiterhin die Akausalität" (30), ist keine stilanalytische Aussage, sondern eine *Deutung* der Figur, die von einem psychologischen Ansatz getragen wird, nach dem Muster „akausal = irrational = psychisch krank". Die Rede von „Nathanaels anfängliche[r] Kausalitätslosigkeit" (31) ist im Übrigen als psychologische Diagnose falsch, denn Nathanael glaubt ja an das Wirken übernatürlichen *Ursachen* – womit er, wie wir sehen konnten, auch richtig liegt.

Übergang zu Option 3a

Lohr geht auf einige Sekundärtexte zum *Sandmann* ein. Dabei tendiert er zur Unentscheidbarkeitsposition. „Die wenigsten modernen Autoren [...] halten, wie die Interpreten vergangener Jahrhunderte, die versucht haben unzweideutig Stellung zwischen den beiden Welten zu beziehen, an einer eindeutigen und damit einseitigen Sicht der Dinge fest, was denn auch nach Wolfgang Preisendanz der falsche Weg sei" (35). Lohr erkennt nicht, dass seine Befürwortung des Unentscheidbarkeitsansatzes nicht vereinbar ist mit der das kausale Untersuchungsprofil bestimmenden Präferenz von Option 1. Ferner fehlt jede argumentative Auseinandersetzung: Folgt man der Auffassung von X, so reicht es nicht aus, sie bloß zu referieren, man muss auch angeben, welche Gründe für sie sprechen, warum sie anderen Sichtweisen vorzuziehen ist usw. Lohr gibt in diesem Abschnitt nicht deutlich zu erkennen, welche Auffassungen der Sekundärliteratur er *ablehnt* und aus welchen Gründen er das tut; dies ist in kognitiver Hinsicht unbefriedigend. Er begnügt sich mit der bloßen Behauptung und Versicherung, Option 3a sei angemessen. Außerdem übersieht er, dass die von ihm vorgelegte Analyse der Kausalkonstruktionen gar nicht zu Option 3a passt und nicht geeignet ist, sie zu stützen.

12.2 Varianten bei der deskriptiv-feststellenden Textarbeit

Auf der Basis der Kommentare zu den überwiegend deskriptiv-feststellende Textarbeit betreibenden Ansätzen stellen wir nun die Varianten systematisch dar, ordnen ihnen die Interpreten zu und weisen auf die gegebenenfalls anzuwendende Kritikstrategie hin. Wir unterscheiden wiederum zwei Modelle:

Modell a

Die deskriptiv-feststellende Textarbeit wird optionenneutral erledigt und von der erklärenden Textinterpretation getrennt. Alle Formen der kognitiv ausgerichteten Textinterpretation können dann auf deren Ergebnisse, sofern sie korrekt sind, zurückgreifen.

Vertreter: –

Modell b

Die deskriptiv-feststellende Textarbeit wird – in variierendem Ausmaß – explizit oder implizit von einem bestimmten Interpretationsansatz, der auch aus einer Verbindung mehrerer Optionen bestehen kann, gesteuert.

Vertreter: Köhn, Wright, Fink, Lohr, Schroeder

Kritikstrategie: Die Vermengung deskriptiv-feststellender und erklärend-interpretierender Arbeitsschritte begünstigt eine projektiv-aneignende Vorgehensweise. Die Verwendung eines *defizitären* Deutungsansatzes führt zu Fehlern im deskriptiv-feststellenden Bereich.

12.3 Methodologischer Kommentar zur deskriptiv-feststellenden Textarbeit

Auch bei der deskriptiv-feststellenden Textarbeit können Fehler unterlaufen, aber sie ist doch insgesamt deutlich weniger fehleranfällig als die i.e.S. interpretatorische Tätigkeit. Viele Ergebnisse sind akzeptabel, wenngleich Präzisierungen in etlichen Fällen denkbar sind. Auf Möglichkeiten einer weitergehenden Verwissenschaftlichung im deskriptiv-feststellenden Bereich können wir in diesem Zusammenhang nicht näher eingehen.

In Kapitel 5.3 haben wir die Vorgehensweisen des traditionellen und des empirisch ausgerichteten Textwissenschaftlers idealtypisch voneinander abgegrenzt. Bezieht man diese Differenzierung auf das aktuelle Thema, so ergeben sich die folgenden Konsequenzen:

1. Der traditionelle Textwissenschaftler neigt häufig dazu, die deskriptiven und die erklärenden Arbeitsschritte zu vermengen bzw. ineinander überge-

hen zu lassen. Der empirisch ausgerichtete Textwissenschaftler legt Wert auf eine strikte Trennung der Aktivitäten: Die *Basis-Analyse* erschließt den *Bestand* des literarischen Textes: Sie rekonstruiert den Handlungszusammenhang, charakterisiert die Figuren, analysiert die ästhetische Beschaffenheit des Textes im Ganzen und im Einzelnen usw. Die *Basis-Interpretation erklärt* den festgestellten Textbestand: Sie führt ihn auf die textprägenden Autorinstanzen zurück, d. h., sie leitet ihn aus Hypothesen über das Textkonzept, das Literaturprogramm und das Überzeugungssystem des Autors ab. Die von der Texterklärung klar abgegrenzte Textbeschreibung zeigt einerseits auf, *was* zu erklären ist, andererseits dient sie zur *Überprüfung* der Hypothesen; hier zeigt sich, was die konkreten Hypothesen über die jeweiligen textprägenden Instanzen leisten, wie textkonform und erklärungskräftig sie sind.[143]

2. Vermengt der traditionelle Textwissenschaftler die beiden Ebenen, so erleichtert ihm das, seine Interpretationsstrategie als selbstverständlich, als evident und alternativlos erscheinen zu lassen. Unproblematische deskriptive Aussagen werden dann mit i. e. S. interpretierenden, die in den Optionenkonflikt verstrickt sind, so eng verbunden, dass der Eindruck erweckt wird, Letztere seien genauso unproblematisch wie Erstere. Die Vermengung führt zur Verstärkung der dogmatischen Tendenzen der traditionellen Textwissenschaft. Wer deskriptiv-feststellende und erklärend-interpretierende Arbeitsschritte ineinander übergehen lässt, tut dies – ohne darüber zu reflektieren – häufig deshalb, weil er projektiv-aneignend verfährt. Für diesen Deutungsstil ist es nützlich, wenn es gelingt, das kognitive Prestige deskriptiver Aussagen auf die riskanteren interpretatorischen Aussagen zu übertragen.

3. Der traditionelle Textwissenschaftler mit dogmatischen Zügen verfolgt auch im hier diskutierten Übergangsfeld die kognitive Ausrichtung nicht konsequent genug, er schottet die einmal gewählte Interpretationsstrategie durch eine unsaubere Verbindung mit deskriptiven Aussagen gegen Kritik ab, mit welchem Bewusstseinsgrad dies auch immer geschehen mag.

4. Der traditionelle Textwissenschaftler mit dogmatischen Zügen vermengt die beiden Arbeitsebenen; dies führt dazu, dass der Text als mit dem eigenen Überzeugungssystem im Einklang stehend erscheint. Der Interpret ist psychisch und insbesondere emotional stark an seine Option gebunden.

5. Die traditionelle Interpretationspraxis stellt auch dort, wo es um das Verhältnis der deskriptiven zur erklärenden Arbeit geht, eine problematische Mischung aus einer kognitiven und einer projektiv-aneignenden, also pseudowissenschaftlichen Vorgehensweise dar, die um jeden Preis eine Stützung des eigenen Überzeugungssystems erreichen will. Je nachdem welche Seite dominiert, ist der wissenschaftliche Wert des Sekundärtextes größer oder geringer.

---

[143] Vgl. TEPE: *Kognitive Hermeneutik*, [28]–[35].

13. Formen der Aufbauarbeit 1: Erforschung der Textgenese und der verschiedenen Textfassungen

Allgemeine Vorbemerkung zur Aufbauarbeit

Die kognitive Hermeneutik unterscheidet bekanntlich zwischen Basis- und Aufbauarbeit.[144] Als Basisarbeit bezeichnet sie die gründliche Untersuchung des einzelnen Textes (wobei zwischen Basis-Analyse und Basis-Interpretation differenziert wird), während die Aufbauarbeit darin besteht, den Text in einen bestimmten Kontext einzuordnen und kontextbezogen zu erforschen. Ein literarischer Text kann in mehrere Kontexte eingeordnet werden, unter anderm in einen biographischen, einen literarhistorischen, einen gattungspoetischen, einen sozial-, einen wirtschafts-, einen ideengeschichtlichen Kontext. Es sind also sehr verschiedene Formen der Aufbauarbeit möglich, die unterschiedliche Erkenntnisziele verfolgen und geeignete Methoden bzw. Problemlösungsstrategien anwenden, um diese Ziele zu erreichen.

Wir konzentrieren uns in den Kapiteln 13–18 auf diejenigen Spielarten der Aufbauarbeit, die uns bei der Sichtung der Sekundärliteratur zum *Sandmann* aufgefallen sind, um sie einer methodenkritischen Prüfung zu unterziehen. Weitere Formen der Aufbauarbeit können entsprechend behandelt werden, und die Analyseergebnisse sind weitgehend auf sie übertragbar.

Jede Form der Aufbauarbeit geht über den jeweiligen einzelnen Text hinaus und stellt eine Verbindung zu anderen Größen her, die – wie bereits angedeutet – sehr unterschiedlich sein können. Die erste Form stellt den Text in den Kontext seiner Entstehungsgeschichte, erforscht den gesamten Produktionsprozess und untersucht in diesem Zusammenhang die unterschiedlichen Textfassungen, sofern es solche gibt. In Kapitel 13 haben wir 3 Sekundärtexte dieser Art einer kritischen Prüfung nach unserem Analyseprogramm unterzogen:

☞ Ergänzung 13-1: U. Hohoff: *E. T. A. Hoffmann: „Der Sandmann" (Textsynopse)*
☞ Ergänzung 13-2: U. Hohoff: *Vom Manuskript zum Erstdruck – Hoffmanns Arbeitsweise*
☞ Ergänzung 13-3: U. Hohoff: *Zusammenfassend-gruppierender Kommentar*

Eine weitere Ergänzung weist auf andere von uns untersuchte Sekundärtexte hin, die sich ebenfalls mit der Textgenese bzw. den verschiedenen Textfassungen beschäftigen:

☞ Ergänzung 13-4: Erforschung der verschiedenen Textfassungen in weiteren von uns kommentierten Sekundärtexten

---

[144] Vgl. Tepe: *Kognitive Hermeneutik*, [23] und Kapitel 2.6.

13.1 Kommentarzusammenfassung (Hohoff)

In Kapitel 13.1 fassen wir die Kommentare zu Hohoff zusammen. Dabei konzentrieren wir uns auf die für die Diskussion dieser Art der Aufbauarbeit zentralen Punkte.

U. HOHOFF: *E.T.A. Hoffmann – Der Sandmann. Textkritik, Edition, Kommentar*[145]

Verlässliche Textgrundlagen

Hohoff sorgt im Editionsteil seiner Dissertation in vorbildlicher Weise für verlässliche Textgrundlagen. Die Textsynopse ermöglicht es insbesondere, Hoffmanns Arbeitsweise genauer zu erforschen. Hohoff gibt eine „Synopse der gesamten Textüberlieferung", die „möglichst vollständige Wiedergabe der Textverhältnisse, d.h. aller Korrekturvorgänge und Varianten, aus denen die Textentwicklung rekonstruierbar ist" (XVIII). Auf der Grundlage seiner Synopse der Textfassungen liefert Hohoff eine sorgfältige, detaillierte Analyse der hoffmannschen Arbeitsweise. Er stellt Textveränderungen fest und untersucht Hoffmanns Vorgehen bei der Überarbeitung. Eine solche vergleichende Textanalyse kann als Aufbauarbeit dazu beitragen, „den Stellenwert von Textveränderungen für die Textbedeutung erschließen zu helfen" (211).

Hoffmanns Arbeitsweise

Die Untersuchungen zu Hoffmanns Arbeitsweise – die mit denen Walters (vgl. ERGÄNZUNG 8-3) verwandt, aber umfassender und gründlicher sind – führen zum Teil zu Ergebnissen, die weitgehend unproblematisch und für alle Deutungsoptionen akzeptabel sind. Hohoff gelangt jedoch auch zu Ergebnissen, die für die Lösung der Interpretationsprobleme unmittelbar relevant sind: So zeigt er z.B. auf, dass Hoffmann bestrebt ist, „Claras Bewertung des Coppelius/Coppola, die Gegenposition zu Nathanaels Meinung also, stärker zu profilieren" (176). Damit wird die These gestützt, dass Hoffmann bei den Überarbeitungen einer Strategie des Offenhaltens von Deutungsmöglichkeiten gefolgt ist. Wenn Hoffmann Claras „Gegenposition zu Nathanaels Meinung" stärker profiliert hat, verfolgte er dabei offenbar das Ziel, eindeutige Signale dafür, dass Nathanael Recht hat, zurückzunehmen und, zumindest über weite Strecken, offenzulassen, ob Nathanaels Ansicht eine „Folge entzündeter Einbildungskraft und Schwärmerei" (176) ist oder nicht. Wir weisen erneut darauf hin, dass es kurzschlüssig ist, daraus direkt zu folgern, dass

---

[145] U. HOHOFF: *E.T.A. Hoffmann – Der Sandmann. Textkritik, Edition, Kommentar.* Berlin/New York 1988. (ERGÄNZUNG 13-1 bis 13-3)

Option 3a im Optionenwettkampf gewinnt. Hohoffs Ergebnis ist insofern für den Interpretationskonflikt relevant, als es alle Optionen in Schwierigkeiten bringt, die nicht explizit mit einer Strategie des Offenhaltens von Deutungsmöglichkeiten rechnen und eventuell Thesen formulieren, die mit deren Annahme unvereinbar sind, also die Optionen 1a und 2a.

Nach unserer Auffassung besteht die zentrale konzeptionelle Änderung darin, dass eine *offenkundige* in eine *verschleierte* Dämonengeschichte transformiert worden ist, welche über weite Strecken zwei Deutungsmöglichkeiten zulässt. Coppelius ist in Fassung H (nach Hohoffs Zählung) eine „Person mit übermenschlichen Kräften [...], die ein Kind nur anzufassen braucht, um es todkrank machen und sterben zu lassen" (216); das aber ist mit der Anlage einer verschleierten Dämonengeschichte, welche die Möglichkeit offenhält, dass Nathanael einer Wahnvorstellung erlegen ist, nicht vereinbar. Die erwähnte Szene schenkt „Coppelius eindeutig und unanfechtbar jene magisch-dämonischen Kräfte, die Clara zur bloßen Einbildung Nathanaels erklärt" (216); deshalb musste sie gestrichen werden.

Grenzverwischung zwischen Kommentar und erklärender Interpretation

Aus den Prinzipien der kognitiven Hermeneutik ergibt sich auch eine bestimmte Auffassung davon, welche Ziele bei der Kommentierung kritischer Textausgaben verfolgt werden sollten und welche nicht. Der Hauptpunkt ist: Ein solcher Kommentar sollte sich *im Vorfeld* der erklärenden Interpretation bewegen, also die eigentlichen Interpretationsprobleme aussparen. Während Hohoff sich im Kommentarteil *Vom Manuskript zum Erstdruck* konsequent auf den vorinterpretatorischen Raum beschränkt, überschreitet er im *[z]usammenfassend-gruppierende[n] Kommentar* immer wieder die Grenzen zur (erklärenden) Interpretation.

In den Passagen über Nathanaels Lebensgeschichte deuten einige Aussagen eine Präferenz für die psychologische Sichtweise an. Hohoff bestimmt Nathanaels Wahrnehmungsprozess dergestalt, dass er „ein vorhandenes *inneres Bild*, das stark emotional ‚besetzt' ist – im psychologischen Sinne des déjà vu –, an eine Figur seiner Außenwelt anlegt, in der es wiedererkannt wird" (280). „Schon in der Kindheit beeinflußt [...] die seelische Disposition Nathanaels Wahrnehmung: Er selbst macht durch *Projektion* die Märchenfigur des Sandmanns zu seiner persönlichen Wirklichkeit, zunächst als inneres Bild, dann – ab dem Alchemie-Erlebnis – als Figur der Außenwelt. Er verleiht einer ursprünglich nur in der Rede vorkommenden Entität reale Existenz." (280) „Das Bild des Sandmanns, das sich in Nathanael ausmalt, und sein Sehen des Coppelius als Sandmann sind seelisch gesteuerte Wahrnehmungen, die die wahrgenommene Wirklichkeit subjektiv verändern." (281)

Wird im Kommentar einer kritischen Textausgabe auch die vorliegende Forschungsliteratur ausgewertet, so sollte dies geschehen, ohne Partei für eine der miteinander konkurrierenden Deutungsoptionen zu nehmen – also in einer Haltung der *Neutralität*. Selbstverständlich kann der Kommentator zusätzlich auch als Interpret (in engeren Sinn) auftreten; diese beiden Rollen sollten jedoch nicht miteinander vermengt werden. Die Form des Kommentars darf nicht dazu genutzt werden, eine bestimmte Interpretationsstrategie durchzusetzen. Der Kommentator sollte sich ferner damit begnügen, relevante ideengeschichtliche Kontexte aufzuweisen und die daran anschließenden Interpretationskonflikte bewusst zu machen, ohne selbst Partei zu ergreifen.

Hohoffs Bevorzugung des psychologischen Ansatzes zeigt sich wieder in Aussagen wie den folgenden: „Wie schon bei der Identifikation des Sandmanns mit Coppelius und Coppola prägen Einbildungskraft und Phantasie den Wahrnehmungsprozeß entscheidend. Wenn visuelle Wahrnehmung und Imagination sich vermischen können, ohne daß das Individuum es bemerkt, entstehen Projektionen, die die Wahrnehmung der Außenwelt verzerren." (285) „In dieser *‚Zeugung' durch den Blick*, durch intensives Hinschauen auf eine unbelebte weibliche Figur, erreicht die Gefahr einer Wahrnehmung, die innerlich vorgeprägt ist, ihr größtes Ausmaß; denn es handelt sich um Schein-Zeugung und Schein-Belebung." (287) Magisch-mythische Zusammenhänge zieht Hohoff nicht ernsthaft in Erwägung. Er unterstellt in naturalistisch-psychologischer Manier, Olimpia erscheine nur Nathanael als belebte Figur. Hohoff fasst das Perspektiv als „Fortsetzung der psychischen Projektionen" auf, „die seit der Kindheit Nathanaels Wahrnehmungen mitprägen" (297).

Zusammenfassend ist zum Abschnitt *Die Augen und das Sehen* zu sagen, dass er zwar eine Reihe von beschreibend-feststellenden und vergleichenden Elementen enthält, streckenweise aber als Interpretation erscheint, die *als Kommentar getarnt* ist. Diese Verbindung sollte wieder aufgelöst werden. Die Bevorzugung der psychologischen Deutungsoption kommt auch in den weiteren Abschnitten zur Geltung. So heißt es, der Wahnsinn Nathanaels sei „Endprodukt eines in sich weitgehend stimmigen ‚*Wahnsystems*', das im Text allmählich aufgebaut wird" (300).

Allgemeines Konfliktmodell in Hoffmanns Texten

Die Herausarbeitung des Konfliktmodells, das in vielen Werken Hoffmanns durchgespielt wird, stellt eine wichtige analytische Leistung dar. Aus der Sicht der kognitiven Hermeneutik ist jedoch wieder die Vermengung von Analyse und Interpretation zu kritisieren, denn Hohoff deutet das freigelegte Modell von vornherein naturalistisch-psychologisch. Offenkundig wird die „[u]nbekannte äußere Macht" (303) als Metapher für eine natürlich erklärbare innere Bedrohung aufgefasst. Dass Hoffmann seine Überzeugung von der Existenz einer negativen höheren Dimension dergestalt ins Werk setzt, dass er eine *reale* „[u]nbekannte äußere Macht" auftreten lässt, wird a priori ausgeschlossen. Ansonsten könnte z.B. nicht einfach vom „Sieg der eigenen Kräfte des Individuums" (303) gesprochen werden, denn dann würden letztlich die positiven *höheren* Kräfte siegen.

Wie Auhuber verbindet auch Hohoff die sinnvolle medizin- bzw. psychiatriehistorische Aufbauarbeit vorschnell mit der psychologischen Deutungsoption. Er schreibt etwa Reils natürliche Erklärung des Wahnsinns, die sich z.B. im Konzept der fixen Idee zeigt, vorschnell auch Hoffmann zu. Daraus, dass ein Autor eine bestimmte wissenschaftliche Theorie nachweislich gekannt hat, darf jedoch nicht ohne zusätzliche Stützung gefolgert werden, dass er sie auch akzeptiert hat. Er kann z.B. die Fallbeschreibungen weitgehend übernehmen, aber, zumindest in einigen Fällen, eine andere Erklärungsstrategie favorisieren.

Hohoff lehnt eine dämonologische Deutung ausdrücklich ab: „Nur in Nathanaels Figurenperspektive trägt Coppelius teuflische Züge. Nur Nathanael sieht das Wirken der Instanz als Einfluß durch einen ‚Dämon' an [...]. Hoffmann reduzierte für den Druck die dämonischen Züge, die Coppelius im Manuskript besitzt; u.a. strich er die Passage mit dem Tod der Schwester durch geheime Kräfte des Coppelius [...]. Trotzdem trägt die Instanz übernatürliche Züge. Sie steht innerhalb des Konfliktmodells vieler Erzählungen aus Hoffmanns Werk auch für das Feindliche, für das die Person bedrohende äußere Prinzip." (322f.) Im Optionenkonflikt hat sich gezeigt, dass es in der Textwelt nicht mit rechten Dingen zugeht. Daher ist zu bestreiten, dass sich Nathanael „das Wirken der Instanz als Einfluß durch einen ‚Dämon'" einbildet. Perspektivenkonflikte der Figuren und der sie fortsetzende Streit der Interpreten machen einen Vergleichstest erforderlich. Dass Hoffmann Coppelius' dämonische Züge für die Druckfassung reduzierte, bedeutet nicht zwingend, dass er das anfängliche dämonologische Textkonzept durch ein *völlig anderes* ersetzt hat.

Hohoff bemerkt nicht, dass einige seiner Darstellungen viel besser zur dämonologischen als zur psychologischen Option passen: „Als völlig fremd sind Coppelius und Coppola charakterisiert"; diese Figuren haben „etwas Unheimliches, nicht Menschliches, Unnatürliches an sich"; Coppelius' Kleider sind „in der Gespensterfarbe grau gehalten"; „[d]ie Auftritte des Coppelius fügen sich in eine bei Hoffmann häufige Handlungskonstellation, bei der ein fremder unheimlicher Gast unerwartet in die häusliche Harmonie einbricht" (323).

Der naturalistisch-psychologische Deutungsansatz kann nur eine projektive Verlebendigung Olimpias *durch und für Nathanael* annehmen, nicht aber den im Text bezeugten Tatbestand erklären, dass auch andere Olimpia für einen echten Menschen gehalten haben. Deshalb ist es textkonformer, die Übertragung von Lebenskraft als magischen Akt zu deuten, durch den Nathanael seine Sehkraft als eine Art Verlebendigungsmotor auf Olimpia tatsächlich (und nicht nur metaphorisch) überträgt *und* zugleich behält. Zwischen Nathanael und Olimpia besteht in der Tat ein parasitäres Verhältnis, jedoch magisch-mythischer Art; zwar entzieht die Androide nur ihm „einen Teil der Lebenskraft" – aber eben nicht deshalb, weil er „zu übersteigerten Einbildungen disponiert ist" (338).

Hohoffs Interpretationsansatz können wir Option 1b zuordnen, der psychologischen Interpretation, welche die Erzählstrategie des Offenhaltens von Deutungsmöglichkeiten berücksichtigt. Wegen dieser Strategie erhält zwar der Leser „nicht die erwartete Sicherheit, Nathanaels phantastische Wahrnehmungen seien bloße Einbildungen" (355), aber *letztlich* bleibt nur diese Lösung übrig. Wie bereits mehrfach deutlich gemacht, bestreiten wir, dass eine Textkonzeption psychologischer Art vorliegt und nehmen eine andere Einordnung nach Option 2b vor. Während einige Phänomene sich durchaus mit Wahnvorstellungen Nathanaels erklären ließen, ist dies bei anderen nicht der Fall.

Dass in der Textwelt Dinge geschehen, „die im Rahmen der Naturgesetze nicht vorkommen dürften", führt Hohoff sogleich auf „Projektionen Nathanaels" (357) zurück. Daraus, dass die „wunderbare[n] Ereignisse" im *Sandmann* nicht im Text selbst (durch den Erzähler oder eine andere Figur) einer eindeutigen rationalen Erklärung nach den Prinzipien profaner Vernunft zugeführt werden, kann – wie unsere Entscheidung des Optionenkonflikts zeigt – nicht gefolgert werden, dass der Text überhaupt kein „übergeordnetes Koordinatensystem zur Verfügung [stellt], in dem der Leser die Geschichte schlüssig aufklären könnte" (359). Dass der Rezipient in gewisser Hinsicht zum „mitschaffenden Leser" (359) wird, weil ihm die Lösung nicht einfach mitgeteilt wird, schließt nicht aus, dass eine richtige Lösung gefunden werden kann.

13.2 Varianten bei der Erforschung der Textgenese und der verschiedenen Textfassungen

Auf der Grundlage der Kommentare zu Hohoff stellen wir nun die Varianten systematisch dar und weisen auf die gegebenenfalls anzuwendende Kritikstrategie hin. Auch hier unterscheiden wir zwei Modelle:

Modell a

Die kommentierende wird von der i.e.S. interpretierenden Tätigkeit konsequent getrennt.

Vertreter: –

Modell b

Der Kommentar wird dazu genutzt, für eine bestimmte Deutungsoption, die defizitär sein kann, zu plädieren.

Vertreter: Hohoff

Kritikstrategie: Die Vermengung von Kommentar und Interpretation ist grundsätzlich zu vermeiden, zumal die Verwendung einer defizitären Option zu Fehlern im Kommentarteil führt.

13.3 Methodologischer Kommentar zur Erforschung der Textgenese und der verschiedenen Textfassungen

Die Erforschung des Entstehungsprozesses eines literarischen Textes, die vergleichende Untersuchung der verschiedenen Textfassungen und die Analyse der Arbeitsweise eines Autors sind wichtige philologische Aufgaben. Dort, wo mehrere Deutungsoptionen zur Debatte stehen, ist aus kognitivistischer Sicht zu vermeiden, dass die Form des *Kommentars* dazu genutzt wird, für eine bestimmte Interpretationsstrategie zu plädieren. Der Kommentar sollte sich konsequent im vorinterpretatorischen Bereich – im Sinne der erklärenden Interpretation – bewegen; er sollte die Interpretationskonflikte bewusst machen, ohne selbst Partei zu ergreifen.

14. Formen der Aufbauarbeit 2: Der Text im Kontext anderer Werke desselben Autors

Die zweite Form der Aufbauarbeit stellt den Text in den Kontext anderer Texte desselben Autors und letztlich in den Kontext seines Gesamtwerks, um z. B. sich durchhaltende Strukturen herauszufinden. In Kapitel 14 haben wir 2 Sekundärtexte dieser Art einer kritischen Prüfung nach unserem Analyseprogramm unterzogen:

☞ ERGÄNZUNG 14-1: W. Nehring: *E. T. A. Hoffmanns Erzählwerk: Ein Modell und seine Variationen*

☞ ERGÄNZUNG 14-2: R. Schmidt: *Der Dichter als Fledermaus bei der Schau des Wunderbaren. Die Poetologie des rechten dichterischen Sehens in Hoffmanns „Der Sandmann" und „Das öde Haus"*

Eine weitere Ergänzung weist auf andere von uns untersuchte Sekundärtexte hin, die ebenfalls Bezüge zu anderen Werken Hoffmanns thematisieren:

☞ ERGÄNZUNG 14-3: Bezüge zu anderen Werken Hoffmanns in weiteren von uns kommentierten Sekundärtexten

14.1 Kommentarzusammenfassung (Nehring)

In Kapitel 14.1 fassen wir einen der beiden Kommentare zusammen. Dabei konzentrieren wir uns auf die für die Diskussion dieser Art der Aufbauarbeit zentralen Punkte.

W. NEHRING: *E. T. A. Hoffmanns Erzählwerk: Ein Modell und seine Variationen*[146]

Das Zweiweltenmodell

Nehrings Anfangssätze lassen sich auf die Frage nach dem Charakter der Textwelten beziehen, die in den Erzählungen Hoffmanns aufgebaut werden. In vielen (aber nicht in allen) Erzählungen stoßen wir auf zwei Realitätsebenen bzw. Welten, die wir als Welt a und Welt b bezeichnet haben (vgl. Kapitel 3.2). Welt a ist bei Hoffmann eine natürlich organisierte Alltagswelt, die deutliche Bezüge zur räumlichen und zeitlichen, sozialen und geistigen Gegenwart des Autors aufweist, Welt b hingegen eine höhere Dimension, ein phantastischer Bereich, zu dem übernatürliche Wesen gehören. Wir sprechen hier auch von zweidimensionalen Textwelten. Nehring will offenbar dieses

---

[146] W. NEHRING: *E. T. A. Hoffmanns Erzählwerk: Ein Modell und seine Variationen*. In: *Zeitschrift für deutsche Philologie* 95 (1976), S. 3–24. (ERGÄNZUNG 14-1)

Zweiweltenmodell möglichst scharf herausarbeiten und zeigen, dass und wie es in einzelnen Texten Hoffmanns variiert wird. Das ist ein sinnvolles kognitives Ziel für diejenige Form der Aufbauarbeit, die einzelne Texte eines Autors in den Kontext des Gesamtwerks stellt und z. B. nach sich durchhaltenden Strukturen fragt.
„Jede Entscheidung der Figuren für nur einen Bereich ist einseitig und bedeutet eine Verengung der Gesamtwirklichkeit. Der Autor tritt für beide Seiten ein und macht sich über beide lustig. Er ist weder weltfremder Schwärmer noch Realist; er lebt und dichtet aus der doppelten Perspektive" (3 f.). Nehring bringt das Spannungsverhältnis zwischen Welt a und Welt b hier ansatzweise mit dem Überzeugungssystem des Autors in Verbindung. Aus der Sicht der kognitiven Hermeneutik sind präzisierte Hypothesen möglich: Bei Hoffmann liegt ein weltanschaulicher Rahmen vor, der ebenfalls zwei Dimensionen kennt – eine alltäglich-realistische und eine höhere, die mythisch-religiöse Züge trägt. Zu diesem Überzeugungssystem gehört die Lebenshaltung, dass die beiden Extreme – der reine Alltagsrealismus, der nur Welt a kennt, und das weltfremde Schwärmertum, das in Welt b aufzugehen versucht – zu vermeiden sind und dass gemäß der „doppelten Perspektive" zu *leben* ist; die „Verengung der Gesamtwirklichkeit" gilt es zu vermeiden. Die „„Zweischichtigkeit des Daseins" (4) ist anzuerkennen. Aus dieser Grundeinstellung ergibt sich ferner das Literaturprogramm, dass „aus der doppelten Perspektive" auch zu *dichten* ist.
Nehring weist ebenfalls auf das Passungsverhältnis zwischen Weltsicht bzw. „Deutung der Wirklichkeit" (4) und Erzählstrukturen hin. Es ist mit einer Grundtendenz zu rechnen, dass ein Autor solche Erzählstrukturen entwickelt, die zu seinem „Modell der Wirklichkeit" (4) passen. „In der Tat läßt sich beobachten, daß gewisse Handlungsabläufe, Konfigurationen, Personentypen und Situationen wiederkehren und in verschiedensten Variationen das Erzählwerk durchziehen. Erzählungen, die in ihrem Gesamtcharakter diametral entgegengesetzt erscheinen, lassen sich manchmal auf ein und dasselbe Grundmodell zurückführen." (4)

Fehlende Beweiskraft

Im *Goldenen Topf* liegt fraglos eine Textwelt mit übernatürlichen Komponenten vor. Der entscheidende Schritt ist die nun folgende These, „daß die Erzählungen ‚Der goldne Topf' und ‚Der Sandmann' bis in Einzelheiten gleich angelegt sind. Beiden liegt ein und dasselbe Schema zugrunde" (5). *Der Sandmann* ist nach Nehring „eine genaue Umkehrung und Umwertung des Märchens ins Negative. Das Wunderbare erscheint als Verhängnis. Die Erhöhung des Lebens zum Ideal und das Verfallen an das Dämonische sind zwei konträre Möglichkeiten desselben Vorgangs." (5 f.) Die Thesen über den *Sandmann* haben bislang den Status einer bloßen Behauptung, die für sich allein nicht ausreicht, die Optionen 1 und 3 zu entkräften. Nehring hat keineswegs *nachgewiesen*, dass die beiden Erzählungen „bis in Einzelheiten gleich angelegt sind".

Legt man unsere dämonologische Basis-Interpretation und die zugehörige Entkräftung der Optionen 1 und 3 zugrunde, so kann sich die Aufbauarbeit des von Nehring betriebenen Typs auf ihre Ergebnisse stützen. Da unstritig sein dürfte, dass in *Der goldene Topf* eine zweidimensionale Textwelt vorliegt, gilt in der Tat, dass beide Erzählungen auf demselben Grundmodell (nämlich dem Zweiweltenmodell) fußen. Im einen Fall (Anselmus) nimmt der Kontakt des Protagonisten mit Welt b eine positive Wendung, im anderen Fall (Nathanael) eine negative. Auf diese Weise lässt sich *demonstrieren*, dass dem positiven Wunderbaren hier das Verhängnis dort korrespondiert. Das Erzählmodell und das ihm zugrundeliegende Literaturprogramm lässt „zwei konträre Möglichkeiten" des Kontakts mit Welt b zu: „[d]ie Erhöhung des Lebens zum Ideal und das Verfallen an das Dämonische". Kurzum, Nehrings Argumentation ist in der vorliegenden Form unzulänglich, aber sie lässt sich verteidigen, wenn man sie in der vorgeschlagenen Weise ausbaut.

Entsprechendes gilt auch für Nehrings nächsten Schritt: „Der Archivarius Lindhorst und der Advokat Coppelius gehören beide zu Hoffmanns berühmten Doppelcharakteren. Ihre bürgerliche Außenseite erscheint nur als Tarnung für eine geheimnisvolle, fremdartige Existenz. Überblickt man die Erzählungen als ganze, so besteht kein Zweifel, daß die alltägliche Fassade dieser Charaktere magische Beziehungen verbirgt, im einzelnen desillusioniert der Dichter den Leser jedoch so oft, daß sich nie mit Sicherheit ausmachen läßt, ob nicht die Zeichen des geisterhaften Daseins nur in der Einbildung des phantastisch-erregten Helden bestehen." (6) Wiederum begnügt sich Nehring mit dem Aufstellen einer Behauptung, für die keine hinlängliche textbezogene Stützung erbracht wird. Die Argumentation bedarf also der Ergänzung durch einen Beweis, der belegt, dass der Text tatsächlich dem besagten Erzählmodell folgt. Es reicht nicht aus, dies *vorauszusetzen* und dann den Text im Licht dieser Voraussetzung zu deuten. So kann z.B. ein psychologisch argumentierender Interpret einfach bestreiten, dass Coppelius ein zwei Welten zugehöriger Doppelcharakter ist. Kombiniert man Nehrings Überlegungen jedoch mit unserer Basis-Interpretation, so entfallen diese Bedenken.

Ist die kognitive Überlegenheit von Option 2b einmal nachgewiesen, so können auch die folgenden Ausführungen akzeptiert werden: „Das wundersame Wesen des Archivarius wird aus der Tatsache erklärt, daß er eigentlich ein Salamander ist und einer Geistersphäre angehört. [...] Wie der Zentralmythos die Gestalt des Archivarius Lindhorst erklärt und den Ausgangspunkt für das

Schicksal des Anselmus bezeichnet, so erhellt das Ammenmärchen vom Sandmann das Wesen des Coppelius und ist der Ursprung von Nathanaels Verhängnis. Funktional haben beide Geschichten dieselbe Bedeutung. Aber während im ‚Goldnen Topf' eine ideale mythische Welt angenommen wird, erzählt das Ammenmärchen von den Schrecken eines scheußlichen Dämons. Coppelius ist dieser Sandmann im gleichen Maße, wie der Archivarius Lindhorst der Salamander ist. [...] Der Archivarius Lindhorst wirkt, wenn er seine bürgerliche Gestalt abstreift, wie ein majestätischer Geisterfürst, Coppelius erscheint wie der Teufel." (6f.)

Nathanael erfüllt die Bedingungen, um den künstlerisch tätigen Figuren Hoffmanns zugeordnet zu werden. Er hat „zahlreiche Dichtungen verfaßt", und er ist mit einem poetischen Gemüt begabt, das offen „für die Welt des Wunderbaren" (8) ist. Wie bei Lindhorst/Coppelius handelt es sich auch bei Anselmus/Nathanael um *Varianten eines Figurentyps*. Nach unserer Auffassung gründet allerdings die Offenheit „für die Welt des Wunderbaren" nicht auf Nathanaels Künstlertum, sondern sie ist die *Voraussetzung* für ein *mögliches* Künstlertum. Die besondere Ausrichtung von Nathanaels Phantasie führen wir auf den Kontakt mit dem bösartigen höheren Wesen Coppelius zurück, auf das bereits das Ammenmärchen zu beziehen ist. Dadurch entwickelt Nathanael „eine Neigung für ‚schauerliche Geschichten'" (8).

Unnötige Konzessionen an Option 1

„Was ist aber die entscheidende Voraussetzung für den Übergang in die poetische bzw. dämonische Welt? Es ist in beiden Erzählungen dasselbe: der Glaube an das Wunderbare. Das Wunderbare versteht sich nicht aus sich selbst. Ohne den Glauben existiert die phantastische Sphäre nicht, oder sie bleibt machtlos." (8). Das trifft so nicht zu. Für die zweidimensionalen Textwelten Hoffmanns gilt vielmehr: Welt b, „die phantastische Sphäre", existiert, und zwar unabhängig davon, ob die in Welt a lebenden Figuren an sie glauben oder nicht. Der Glaube an Welt b oder besser: die Sensibilität für Welt b (das poetische Gemüt) ist nur die Voraussetzung dafür, dass eine Figur mit Welt b in Kontakt treten kann. Denjenigen, die über diese Sensibilität nicht verfügen, bleibt Welt b verschlossen, und sie sind in der Regel – wie etwa Clara – von deren Nichtexistenz überzeugt.

Nehring macht streckenweise unnötige Konzessionen an Option 1. Clara räumt zwar die „Existenz von verhängnisvollen Kräften" (9) ein, aber sie ist doch so prosaisch, die Existenz von *übernatürlichen* verhängnisvollen Kräften zu bestreiten. Nur aus Claras aufgeklärter, d.h. allein die Existenz von Welt a einräumender Sicht ist „Nathanaels Glaube eine ausgesprochene Untugend" (9). Der Sache nach ist der Begriff der Untugend hier nicht anwendbar, denn Coppelius ist tatsächlich – wie Nehring selbst zuvor betont hat – ein dämonisches Wesen, und Nathanael erkennt dies auch, zumindest phasenweise. Der Kontakt mit diesem Element der Welt b wird ihm jedoch aufgrund der Überlegenheit des höheren Wesens zum Verhängnis. Nehrings Fehleinschätzung zieht auch einige schiefe Folgesätze nach sich: So spricht er beispielsweise davon, „daß Nathanael im Grunde an die fremden Mächte glauben will" (9). Dem ist nicht so; Nathanael erkennt vielmehr dank seiner Sensibilität für Welt b, dass Coppelius ein dämonisches Wesen *ist*.

Nehring behauptet, Nathanael sei – im Kontrast zu Anselmus – als ein solcher romantischer Mensch angelegt, der die Zerstörung suche, dessen „Drang [...] nach der Transzendenz" also von vornherein „ins Verderbliche" (9) tendiere. Aus unserer Basis-Interpretation ergibt sich hingegen, dass Nathanael ein Mensch ist, dem aufgrund seiner Sensibilität durchaus ein mit Anselmus vergleichbares Entwicklungspotenzial zugeschrieben werden kann. Erst durch die Konfrontation mit einer höheren Macht wird er in eine für ihn verderbliche und verhängnisvolle Richtung gelenkt. Er sucht keineswegs von Anfang an (infolge einer vorgegebenen seelischen Anlage) „die Zerstörung" (9).

Tendenzen zur ‚systemfremden' psychologischen Deutung zeigen sich auch in den folgenden Ausführungen: „Im ‚Sandmann' steht gerade die Gefahr der Innerlichkeit zur Debatte. Nathanael wird zerstört, weil er die Außenwelt nicht sieht und sich ausschließlich in sich selbst vertieft. Das Symbol dafür ist die Olimpia-Episode. Olimpia, der Automat, lebt nicht aus sich selbst, sondern aus Nathanaels Seele. Sie ist kalt, starr, ohne Sehkraft, ohne Leben, bis sie durch Nathanaels Blick, Nathanaels Wärme erweckt wird. Erst wenn er sie intensiv ansieht, meist durch das die Wirklichkeit verkehrende Perspektiv, belebt sich ihr Blick." (9f.) Die Auskünfte über die Belebung Olimpias sind zweideutig, da unklar bleibt, ob eine *magische* Belebung (Option 2) oder eine naturalistisch-psychologische *Schein*belebung (Option 1) gemeint ist. Außerdem charakterisiert Nehring Nathanael als einen von vornherein auf Selbstzerstörung angelegten Menschen. Diese verderbliche Grundtendenz bestimmt er dann näher als Neigung, „sich ausschließlich in sich selbst" zu vertiefen und die Außenwelt nicht adäquat wahrzunehmen. Unsere Gegenführung sieht den Defekt nicht primär in Nathanael selbst verankert, d.h. in einer narzisstischen Disposition psychologischer Art, sondern führt ihn, Option 2b konsequent anwendend, auf das bösartige höhere Wesen Coppelius zurück. Die Olimpia-Episode ist von dem Dämon inszeniert, um Nathanael in den Wahnsinn zu treiben; das gilt insbesondere für die magische Belebung Olimpias. Es ist daher *verfehlt*, „die Gefahr der Innerlichkeit" und damit den psychologisch und nicht magisch-mythisch verstandenen Narzissmus als Zentralthema anzusetzen und Olimpia als dessen Symbol zu deuten.

An einer anderen Stelle erkennt Nehring jedoch sehr wohl, dass es Coppelius/Coppola ist, der – als Herr der Puppe Olimpia – „Nathanael seiner Umwelt entfremdet" (7). Nehrings falsche Weichenstellung besteht hier darin, dass er, trotz der richtigen Textweltbestimmung (Typ 2) und der richtigen Entscheidung für eine dämonologische Interpretation (Option 2), doch bestrebt ist, Elemente einer psychologischen Deutung (Option 1) in sein Konzept einzubauen. Dies geschieht durch das Postulat eines solchen poetischen Gemüts, das von vornherein im Sinne eines zerstörerischen Narzissmus programmiert ist; die Erzählung erscheint so als ein Text, der primär „von den Gefahren der romantischen Innerlichkeit" (10) handelt; damit wird – ähnlich wie bei J. Schmidt – Option 1 mit Option 4 verbunden. Es gibt zudem keine Hinweise darauf, dass Nathanael bereits *vor* der Begegnung mit Coppelius – das Ammenmärchen ordnen wir dabei als indirekte Begegnung ein – düstere Tendenzen zeigt.

Da Nehring selbst einräumt, dass Coppelius ein Doppelcharakter ist, der beiden Welten angehört, hätte er die Möglichkeit erwägen sollen, dass Nathanael erst durch Coppelius ins Verderben stürzt und nicht bereits aufgrund einer negativen Disposition. Nathanael geht nicht „zugrunde, weil er die Augen für die Wirklichkeit verliert" (7), er verliert „die Augen für die Wirklichkeit" vielmehr, weil das höhere Wesen negativ auf ihn einwirkt und ihn dazu bringt, „ungestört in seinem Ich" (10) zu leben. Kurzum, aus der dämonologischen Interpretation ist die ‚systemfremde' psychologische Hypothese vom zerstörerischen Narzissmus wieder auszuscheiden.

Nehring beansprucht, durch einen detaillierten Vergleich „eins von Hoffmanns ‚Nachtstücken' als die spiegelbildliche Verkehrung eines Märchens aus den ‚Fantasiestücken'" (10) identifiziert zu haben. Da Nehring die konkurrierenden Textweltzuordnungen und Deutungsoptionen nicht entkräftet, kann von einem *Nachweis* der „spiegelbildliche[n] Verkehrung" nicht die Rede sein. Verbindet man seine Argumentation hingegen mit unserer vorgelegten Basis-Interpretation, so gewinnt sie deutlich an Überzeugungskraft und wird bis auf einige Punkte von untergeordneter Bedeutung akzeptabel. Außerdem darf nicht übersehen werden, dass die im Prinzip richtige Spiegelbildthese mit der verfehlten psychologischen Behauptung eines von Anfang an bestehenden zerstörerischen Narzissmus kombiniert wird, die eine Konzession an Option 1 darstellt.

„Hinter der äußeren Buntheit und Vielfältigkeit von Hoffmanns Erzählungen steht eine große Einheitlichkeit seiner Erzählprinzipien." (23) Die meisten Erzählungen erscheinen „wie Variationen ein und desselben Denkmodells [...], das seine archetypische Ausprägung am ehesten im ‚Goldnen Topf' gefunden hat. Jeweils wird einem Menschen überraschend der Boden seiner normalen Erfahrungen unsicher, er tritt in den Bann einer Sphäre, die fremdartig und unerklärlich ist, und schwankt zwischen den Bereichen unentschieden hin und her." (23) Das hat Nehring, wenn man von einigen Einwänden absieht, insgesamt eindrucksvoll gezeigt.

14.2 Varianten bei der Untersuchung des Textes im Kontext anderer Werke desselben Autors

Auf der Grundlage der Kommentare stellen wir nun die Varianten systematisch dar und weisen auf die gegebenenfalls anzuwendende Kritikstrategie hin. Wiederum lassen sich zwei Modelle unterscheiden:

Modell a

Die Untersuchung des Textes im Kontext anderer Werke desselben Autors orientiert sich strikt an demjenigen Deutungsansatz, der im Optionenwettkampf gewonnen hat.

Vertreter: –

Modell b

Die Untersuchung des Textes im Kontext anderer Werke desselben Autors orientiert sich ganz oder teilweise an defizitären Deutungsansätzen.

Vertreter: Nehring, R. Schmidt

Kritikstrategie: Die Verwendung einer defizitären Option führt zu Fehlern bei der Verortung des Textes im Kontext anderer Werke desselben Autors.

14.3 Methodologischer Kommentar zur Untersuchung des Textes im Kontext anderer Werke desselben Autors

Zweifellos ist es lohnend, einen Text in den Kontext anderer Werke desselben Autors und letztlich in den Kontext seines Gesamtwerks zu stellen. Fehleranfällig wird diese Art der Forschung insbesondere dann, wenn man sich nicht auf eine bereits bewährte Basis-Interpretationen des einzelnen Textes stützt, sondern sich an defizitären Deutungsoptionen orientiert.

15. Formen der Aufbauarbeit 3: Biographisch-psychologische Forschung

Die dritte Form der Aufbauarbeit stellt den Text wiederum in den Kontext seiner Entstehungsgeschichte, setzt dabei aber biographisch-psychologische Akzente. In Kapitel 15 haben wir 4 Sekundärtexte dieser Art einer kritischen Prüfung nach unserem Analyseprogramm unterzogen:

☞ ERGÄNZUNG 15-1: W. Harich: *„Der Sandmann"*
☞ ERGÄNZUNG 15-2: H.-G. Werner: *Hoffmanns widerspruchsvolle Deutung magnetischer Erscheinungen*
☞ ERGÄNZUNG 15-3: W. Obermeit: *Hoffmanns Erzählung*
☞ ERGÄNZUNG 15-4: H.-G. Gassen/S. Minol: *„Der Sandmann": Eine gar schauerliche Geschichte von E.T.A. Hoffmann*

Eine weitere Ergänzung weist auf biographisch-psychologische Ansätze in weiteren von uns untersuchten Sekundärtexten hin:

☞ ERGÄNZUNG 15-5: Biographisch-psychologische Ansätze in weiteren von uns kommentierten Sekundärtexten

15.1 Kommentarzusammenfassung (Werner)

In Kapitel 15.1 fassen wir einen der 4 Kommentare zusammen. Dabei konzentrieren wir uns auf die für die Diskussion dieser Art der Aufbauarbeit zentralen Punkte.

H.-G. WERNER: *Hoffmanns widerspruchsvolle Deutung magnetischer Erscheinungen*[147]

Biographisch-psychologischer Zugriff

Werner formuliert eine biographisch-psychologische Hypothese, die den Zusammenhang Text – Autor ins Auge fasst, genauer: die den Text auf Lebensprobleme des Autors bezieht und ihn als Versuch zu deren Bewältigung erscheinen lässt. „Der Dichter versuchte, Erlebnisse und Gefühle, die ihn im Innersten bedrängten, weltanschaulich zu verarbeiten und künstlerisch zu objektivieren." (110) Aus der Sicht der kognitiven Hermeneutik ist ein biographisch-psychologischer Zugriff legitim. Sie ordnet ihn der Aufbauarbeit zu,

---

[147] H.-G. WERNER: *Hoffmanns widerspruchsvolle Deutung magnetischer Erscheinungen*. In: DERS.: *E.T.A. Hoffmann. Darstellung und Deutung der Wirklichkeit im dichterischen Werk*. Berlin/Weimar ²1971, S. 106–120. (ERGÄNZUNG 15-2)

da es für seine Durchführung nicht genügt, sich auf den Text zu konzentrieren und, wie es in der Basis-Interpretation geschieht, Hypothesen über die textprägenden Instanzen zu bilden. Man benötigt zusätzliche Informationen über den *Menschen* Hoffmann, die z.B. aus Gesprächen, Briefen, Tagebüchern stammen können und die es erlauben, begründete Aussagen zu machen etwa über „Erlebnisse und Gefühle, die ihn im Innersten bedrängten". Bei der biographisch-psychologischen Aufbauarbeit erscheint dann z.B. das in der Basis-Interpretation herausgefundene Textkonzept selbst wieder als Mittel zur Bewältigung einer wie auch immer gearteten Lebensproblematik.
Während psychoanalytisch vorgehende Interpreten zu ihren biographischen Hypothesen häufig auf dem problematischen Weg der Direktinterpretation gelangen, also die Frage nach den textprägenden Instanzen einfach überspringen, hat Werners Vorgehensweise den Vorteil, dass sie den textprägenden weltanschaulichen Rahmen Hoffmanns im Blick behält. So ist im Kontext des Buches klar, dass mit besagten Erlebnissen und Gefühlen solche gemeint sind, die im Kontext eines religiös-metaphysisch geprägten Überzeugungssystems auftreten. Hoffmanns Konstruktion einer Textwelt, in der dämonische Kräfte wirksam sind, könnte mit seiner Lebensproblematik zusammenhängen.
Hoffmann stellte laut Werner „die Frage, ob die Kräfte, die das menschliche Schicksal bestimmen, rational verständlich und somit letztlich vom Menschen beherrschbar seien" (110). Im *Sandmann* wird „ihre Beantwortung davon abhängig gemacht, ob das direkte Eingreifen dämonischer Kräfte in das menschliche Leben und ihre Verkörperung in menschlichen Gestalten möglich sei. Damit rückte das Problem der Abhängigkeit des Menschen von einem unerkennbaren und unbeeinflußbaren Schicksal in den Bereich der Magnetismus-Diskussion; denn gerade die magnetischen Erscheinungen dienten damals als Beweis für die Wirksamkeit dämonischer Kräfte, und spiritistische Deutungsversuche der magnetischen Erscheinungen waren keine Seltenheit" (110). Das sind nützliche Hinweise, denen in der Aufbauarbeit näher nachzugehen wäre. Der Nachweis, dass z.B. im Umkreis romantischer Naturphilosophie die „magnetischen Erscheinungen [...] als Beweis für die Wirksamkeit dämonischer Kräfte" dienten, wäre ein textexterner Beleg, der den dämonologischen Ansatz stärken würde.

Das Zwei-Seelen-in-einer-Brust-Modell

„E.T.A. Hoffmann hat in Nathanael eine Seite seines eigenen Wesens objektiviert: die ihn selbst so oft heimsuchende Furcht vor fremden, gespenstischen Mächten, das ihn selbst immer wieder bedrängende Gefühl, dämonischen Gewalten ausgesetzt zu sein." (111) Anhand des vorliegenden Materials ist zu untersuchen, ob Hoffmann die „Furcht vor fremden, gespenstischen Mächten", das „Gefühl, dämonischen Gewalten ausgesetzt zu sein", zugeschrieben werden kann. Wäre das der Fall, so wäre in einem zweiten Schritt zu prüfen, ob sich die Figur des Nathanael biographisch-psychologisch *auch* als Objektivation dieser Furcht und dieses Gefühls auffassen lässt oder ob alternative Deutungen mit dem verfügbaren Material besser zu vereinbaren sind.

Werner neigt bei seiner biographisch-psychologischen Hypothesenbildung zu einem Zwei-Seelen-in-einer-Brust-Modell: Die eine „Seite seines eigenen Wesens", nämlich die „Furcht vor fremden, gespenstischen Mächten", objektiviert Hoffmann in der Nathanael-Figur, die andere Seite, die Überzeugung von der „Selbständigkeit und Selbstverantwortlichkeit des Menschen" (111), hingegen in Clara. Die Positionen Nathanaels und Claras schließen einander in den entscheidenden Punkten logisch aus: Entweder ist das Dämonische real, oder es ist „Ausgeburt eines krankhaften Seelenzustandes" (111 f.). Werners Konstruktion läuft somit darauf hinaus, Hoffmann eine in sich widersprüchliche Weltauffassung zuzuschreiben. Eine solche Konstellation ist *denkbar*; ehe man sie jedoch als vorliegend behauptet, sollte man, den Wohlwollensprinzipien[148] folgend, die Alternativen geprüft haben, was bei Werner nicht geschieht.

Wir halten die folgende Sichtweise für plausibler: Hoffmanns Überzeugungssystem beruht auf religiös-metaphysischen Grundlagen. In diesem Rahmen kann die von Clara und ihrem Bruder bezogene Position naturalistisch-psychologischer Erklärung als Objektivation der hoffmannschen Ablehnung der areligiösen Aufklärung eingeordnet werden: Der sympathischen Philisterin fehlt es an Sensibilität für die übernatürliche Welt. Das religiös grundierte Überzeugungssystem Hoffmanns lässt sich hingegen so auffassen, dass sowohl das „Gefühl, dämonischen Gewalten ausgesetzt zu sein", als auch die Überzeugung einer – zumindest relativen – „Selbständigkeit und Selbstverantwortlichkeit des Menschen" darin einen Platz haben, etwa so: „Es gibt zwar negative höhere Mächte, die Menschen vernichten können, es gibt aber auch positive höhere Mächte, die sie schützen und fördern können; für die erste Komponente steht Nathanael, für die zweite z.B. Anselmus aus *Der goldene Topf.*" Es ist also möglich, Hoffmann ein Überzeugungssystem zuzuschreiben, das nicht widersprüchlich ist, in dem sowohl die „Furcht vor fremden, gespenstischen Mächten" als auch die Überzeugung von der „Selbständigkeit und Selbstverantwortlichkeit des Menschen" ihren Ort hat. Das ist plausibler, als direkt und ohne Not ein widersprüchliches Überzeugungssystem zu postulieren.

---

[148] Vgl. TEPE: *Kognitive Hermeneutik*, Kapitel 1.9.

15.2 Varianten der biographisch-psychologischen Forschung

Auf der Grundlage der Kommentare stellen wir nun die Varianten systematisch dar und weisen auf die gegebenenfalls anzuwendende Kritikstrategie hin. Auch bei dieser Form der Aufbauarbeit lassen sich zwei Modelle unterscheiden:

Modell a

Die biographisch-psychologische Aufbauarbeit orientiert sich strikt an demjenigen Deutungsansatz, der im Optionenwettkampf gewonnen hat.
Vertreter: –

Modell b

Die biographisch-psychologische Aufbauarbeit orientiert sich ganz oder teilweise an defizitären Deutungsansätzen oder überspringt die Basisarbeit mit dem Text, nimmt also eine Direktanwendung der eigenen Hintergrundtheorie vor.
Vertreter: Harich, Werner, Obermeit, Gassen/Minol.
Kritikstrategie: Die Verwendung einer defizitären Option führt zu Fehlern in der biographisch-psychologischen Aufbauarbeit, und die Direktanwendung der eigenen Hintergrundtheorie bringt eine projektiv-aneignende Deutung hervor.

15.3 Methodologischer Kommentar zur biographisch-psychologischen Forschung

Es ist legitim, einen literarischen Text in den biographischen Kontext zu stellen und zu biographisch-psychologischen Hypothesen zu gelangen. Fehleranfällig wird diese Art der Forschung dann, wenn man sich nicht auf bereits bewährte Basis-Interpretationen der einzelnen Texte stützt, sondern sich an defizitären Deutungsansätzen orientiert oder eine Direktanwendung der eigenen Hintergrundtheorie vornimmt.
Die kognitive Hermeneutik ordnet die biographisch-psychologischen Aussagen über einen Text als Versuche ein, höherstufige Erklärungsprobleme zu lösen. Hat man z.B. das Textkonzept herausgefunden, so kann man dann überlegen, ob die Wahl dieses Konzepts dem Autor dazu gedient hat, ein bestimmtes Lebensproblem zu bewältigen. So kann dem Autor das Schreiben eines Textes etwa dazu dienen, der Neigung entgegenzuwirken, in einer Lebenskrise Suizid zu verüben.

16. Formen der Aufbauarbeit 4: Vergleich des Textes mit Werken anderer Autoren

Die vierte Form der Aufbauarbeit vergleicht den Text mit einem Werk eines anderen Autors (oder auch mit mehreren Werken unterschiedlicher Autoren). Dabei geht es generell darum, Gemeinsamkeiten und Unterschiede zu erfassen. Eine besondere Forschungsmöglichkeit besteht darin, den Text in den Kontext seiner Entstehungsgeschichte zu stellen und zu fragen, ob sich der Autor beim Schreiben an einem bestimmten Text bzw. an mehreren Texten orientiert hat. In Kapitel 16 haben wir 2 Sekundärtexte dieser Art einer kritischen Prüfung nach unserem Analyseprogramm unterzogen:

☞ ERGÄNZUNG 16-1: U. Stadler: *Der Sandmann*
☞ ERGÄNZUNG 16-2: A. Küpper: *Aufbruch und Sturz des heilen Textes. Ludwig Tiecks* Liebeszauber *und E. T. A. Hoffmanns* Sandmann*: zwei „Märchen aus der neuen Zeit"*

16.1 Kommentarzusammenfassung (Küpper)

In Kapitel 16.1 fassen wir einen der beiden Kommentare zusammen. Dabei konzentrieren wir uns auf die für die Diskussion dieser Art der Aufbauarbeit zentralen Punkte.

A. KÜPPER: *Aufbruch und Sturz des heilen Textes.* **Ludwig Tiecks** Liebeszauber *und E. T. A.* **Hoffmanns** Sandmann*: zwei „Märchen aus der neuen Zeit"*[149]

Psychoanalytisch-allegorische Interpretationsstrategie

Küpper vergleicht Hoffmanns Erzählung mit Tiecks *Liebeszauber*. Es gehört zu den legitimen Formen der Aufbauarbeit, einen bestimmten literarischen Text mit Werken anderer Autoren zu vergleichen, z. B. anhand der Leitfrage, ob der Autor des Textes b sich an dem Text a eines anderen Autors orientiert hat. Darüber hinaus ist es ein sinnvolles Untersuchungsziel zu zeigen, dass Autor X für Autor Y „zu einer Art literarischem Maßstab" geworden ist, dass also z. B. Tieck „für Hoffmann zu den Größten" (7) zählt.
Küpper ist daran interessiert, Ambivalenzen im Text herauszuarbeiten; eine solche Ambivalenz liegt z. B. vor, wenn man den Aussagen des Erzählers, zumindest in einigen Fällen, keinen Glauben schenken kann. Nach Küpper hat Nathanael nämlich bei seiner ersten Wahrnehmung Olimpias „von ihr

---

[149] A. KÜPPER: *Aufbruch und Sturz des heilen Textes. Ludwig Tiecks* Liebeszauber *und E. T. A. Hoffmanns* Sandmann*: zwei „Märchen aus der neuen Zeit".* In: *E. T. A. Hoffmann-Jahrbuch* 13 (2005), S. 7–28. (ERGÄNZUNG 16-2)

geschwärmt" (9, Anm. 8) und sich – erotisch interessiert – nach ihr erkundigt; so erscheint es nicht glaubwürdig, wenn über ihn gesagt wird: „[E]ben so wenig schien es ihm etwas besonderes, als er bemerkte, daß er aus seinem Fenster gerade hinein in das Zimmer blickte, wo oft Olimpia einsam saß, so, daß er ihre Figur deutlich erkennen konnte" [34]. Küpper stellt die erste Begegnung Nathanaels mit Olimpia allerdings unvollständig dar: *Zunächst* ist Nathanael offenbar sehr angetan von der gutgewachsenen, herrlich gekleideten Frau mit schönem Gesicht, *dann* aber wird er von ihren starren Augen abgestoßen und schleicht sich fort. Dass Nathanael beim Anblick ihrer Augen unheimlich wird, bleibt bei Küpper unerwähnt. Er stellt es fälschlich so dar, als sei Nathanael uneingeschränkt fasziniert von Olimpia, als habe „er schon vor seinem Umzug von ihr geschwärmt" (9, Anm. 8). Olimpia ist ihm als Frau zunächst ganz gleichgültig, sein Interesse beschränkt sich darauf, Genaueres darüber zu erfahren, weshalb Spalanzani seine Tochter „sonderbarer und schlechter Weise einsperrt" [25]: „Am Ende hat es eine Bewandtnis mit ihr, sie ist vielleicht blödsinnig oder sonst." [25] Diese Äußerung ist alles andere als eine Artikulation erotischer Faszination. Daher ist anzunehmen, dass Nathanael bei der zweiten Wahrnehmung Olimpias auf dieselbe Weise an ihr als Frau desinteressiert ist. Aufgrund der dargelegten Zusammenhänge gilt daher, dass „man den Aussagen des Erzählers hier Glauben schenken kann" (9, Anm. 8). Küppers Behauptung einer Ambivalenz im Text beruht auf einer Fehldeutung der ersten Begegnung mit Nathanael.

Küpper baut seine Fehldeutung dann aus. Die Behauptung, die Geschichte weise eine „zentrale Sexualsemantik" (7) auf, legt eine psychoanalytisch-allegorische Interpretationsstrategie nahe. Dass Nathanael sich in Olimpia verliebt und ihr verfällt, ist unbestritten; aus der vorgetragenen Kritik ergibt sich jedoch, dass es sich nicht um die *Steigerung* eines bereits vorhandenen Begehrens handelt. Es ist denkbar, dass „ein Bezug zur Bedeutungsebene sexueller Konnotate" (9) besteht. Um eine solche Vermutung zu erhärten, ist jedoch mehr erforderlich als die bloße Behauptung, die feuchten Mondesstrahlen, die Nathanael zu erblicken glaubt, hätten eine „sexuelle Nebenbedeutung" (9). Eine solche Nebendeutung kann, aber muss nicht gegeben sein; alternative Möglichkeiten werden aber gar nicht erst erwogen. Küpper setzt das Adjektiv „feucht" kursiv, er scheint assoziativ eine Verbindung zur Feuchtigkeit der Sexualorgane herzustellen; ob diese subjektive Assoziation eines Interpreten, der möglicherweise durch die Psychoanalyse beeinflusst ist, auch in den textprägenden Autorinstanzen verankert ist, wird nicht untersucht. Küppers Interpretationsstrategie, so ist aufgrund seiner Deutungsintervention zu vermuten, steht der dogmatisch-allegorischen Deutung psychoanalytischen Typs nahe. Vertreter dieser Richtung postulieren einen versteckten eigentlichen Sinn: Im Text heißt es zwar, dass es Nathanael ist, „als gingen in Olimpia's Augen feuchte Mondesstrahlen auf" [36], aber *eigentlich* geht es nach Küppers Auffassung dabei um Nathanaels sexuelles Begehren und den Wunsch, Olimpia möge an anderer Stelle feucht werden. Die Annahme einer versteckten eigentlichen Sinnebene ist hier jedoch gar nicht erforderlich, da es primär um die Sehfähigkeit bzw. die Augen geht und das Wort „feucht" in diesem Kontext auf problemlose Weise sinnvoll ist.[150] Küppers erste interpretatorische Aussagen stehen also auf sehr wackligen Füßen.

Parallelen zwischen Tiecks Liebeszauber *und Hoffmanns* Sandmann

Küpper weist auf der deskriptiv-feststellenden Ebene auf deutliche Parallelen zwischen dem *Sandmann* und Tiecks *Liebeszauber* hin, welche die Hypothese stützen, dass Hoffmann einige Elemente aus Tiecks Erzählung übernommen und in sein eigenes Textkonzept eingefügt hat. In methodologischer Hinsicht ist es jedoch problematisch, dass er die *Feststellung* einer „erstaunlich ähnliche[n] Situation" (10) sogleich mit seiner sexualsymbolischen *Interpretation* verbindet, die in keiner Weise gestützt ist: „In die mögliche sexuelle Nebenbedeutung der weiblichen ‚Spalte' braucht wohl hier an dieser Stelle vermutlich nicht tiefer eingedrungen zu werden." (10) Ist in einem literarischen Text davon die Rede, dass eine männliche Figur durch eine Spalte eine schöne weibliche Figur beobachtet, so kann der Ausdruck „Spalte" hier natürlich eine „sexuelle Nebenbedeutung" haben und auf die „weibliche[],Spalte'" anspielen; es ist aber verfehlt anzunehmen, dass eine solche Nebenbedeutung immer und zwangsläufig gegeben ist.

Küpper bringt weitere Belege dafür, dass Hoffmann sich beim Schreiben des *Sandmanns* an Tiecks *Liebeszauber* orientiert hat. Wenn die Handlungs- und Personenkonstellation in beiden Texten eine ganze Reihe von Parallelen aufweist und wenn Hoffmann den *Liebeszauber* nachweislich gekannt und geschätzt hat, so ist es wahrscheinlich, dass Hoffmann sich in mehreren Punkten, also z. B. auch beim Einbau einer Ballszene, am *Liebeszauber* orientiert hat, mit welchem Bewusstseinsgrad auch immer. Die Feststellung einer solchen Gemeinsamkeit muss nicht mit der Behauptung verbunden sein, dass es in beiden Texten ebenfalls hinsichtlich der inhaltlichen Details um vergleichbare Probleme geht. Emil muss z. B. „in seiner insgeheim Geliebten anscheinend eine Kindsmörderin erkennen" (10) – dazu gibt es im *Sandmann* keine Parallele.

Dass sich Hoffmann am *Liebeszauber* orientiert hat, hat Küpper durch den Hinweis auf mehrere auffällige Ähnlichkeiten plausibel gemacht. Sein Ver-

---

[150] Dass Hoffmann zur Beschreibung von Augen mehrfach den Ausdruck „feuchte Mondesstrahlen" heranzieht (vgl. z. B. *Das Majorat, Meister Floh, Doge und Dogaresse* oder *Prinzessin Brambilla*), erhärtet unsere These.

gleich erlaubt aus der Sicht der kognitiven Hermeneutik folgende These: Hoffmann hat Tiecks *Liebeszauber* als Vorlage benutzt und einige Textelemente und -strukturen daraus übernommen. Insgesamt ist er mit seiner Vorlage jedoch sehr frei umgegangen; er hat eine kreativ-aneignende Sinnbesetzung im Licht seines Literaturprogramms und Überzeugungssystems vollzogen und die übernommenen Elemente bzw. Strukturen seinen Zielen dienstbar gemacht. Er hat somit nicht einfach nur epigonal eine neue Variante des *Liebeszaubers* erzeugt, sondern aus dem Material etwas Neuartiges gemacht. Wir halten es, Küpper folgend, für wahrscheinlich, dass Hoffmann in Tieck generell den Vertreter „eines ähnlichen Welt- wie auch Literaturverständnisses" erblickte und dass er insbesondere im *Liebeszauber* eine verwandte Sichtweise artikuliert sah, die „sich auf die Abgründe und Nachtseiten der Welt und des Menschen richtete": „Das ist der Grund, warum Hoffmann den Bezug zum *Liebeszauber* aufgenommen hat." (13)

Fehldeutungen

Es gilt allerdings, einer suggestiven Übertragung vorzubeugen: Hat sich Hoffmann an Tiecks Text orientiert, in dem „eine eigenartige Verbindung von Gewalt/Verbrechen und sexueller Anziehung" herrscht, so besagt das nicht zwangsläufig, dass auch im *Sandmann* eine solche Verbindung besteht, sodass hier ebenfalls, wenngleich auf versteckter Weise, mit „Bilder[n] von pornographischer Anschaulichkeit" bzw. einer „sehr bildhafte[n] Erotik" (13) zu rechnen ist. Das ist wiederum nur eine Möglichkeit unter mehreren.
Nach Küpper verkörpert Clara für Nathanael „weitgehende Asexualität" (14). Daraus, dass keine erotischen Szenen zwischen Nathanael und Clara *dargestellt* werden, kann indes nicht ohne Weiteres gefolgert werden, dass es sich um eine „durchgehend ‚unerotische[] Beziehung'" handelt. Gegen diese Annahme spricht etwa der folgende Satz: „Clara und Nathanael faßten eine heftige Zuneigung zu einander" [27]. Dass „eine heftige Zuneigung" vorliegt, ist ja nur eine andere Ausdrucksweise dafür, dass eine erotische Beziehung besteht.
Ferner trifft nicht zu, „dass Nathanael sich ausgerechnet in die leblosen Augen der Automatenpuppe Olimpia verliebt" (14). Die zugehörige Textstelle zeigt doch gerade, dass es die lebendig flammenden Blicke Olimpias – oder zumindest die ihm lebendig erscheinenden Blicke – sind, die Nathanael in Liebe zu Olimpia entbrennen lassen. Da die Prämisse fehlerhaft ist, wird auch die darauf gestützte Folgerung hinfällig, dass sich darin „sein heimlichster Wunsch [spiegelt], bei dem eigenen Schauen nicht gesehen zu werden" (14). Küpper scheint hinsichtlich Nathanaels Befürchtung, „hart gestraft zu werden" [16], gleich einen versteckten tieferen Sinn psychoanalytischer Art anzunehmen. Wahrscheinlicher ist aber die einfache Lösung, dass

der Vater ein striktes Verbot ausgesprochen hat, sein Zimmer ohne Erlaubnis zu betreten, und dass Nathanael deshalb erwartet, bei Zuwiderhandlung „hart gestraft zu werden".

Küpper hat überzeugend nachgewiesen, dass Hoffmann sich beim Schreiben des *Sandmanns* stark an Tiecks *Liebeszauber* orientiert hat. Er verbindet die richtige Orientierungs- bzw. Einflussthese jedoch von Anfang an mit einer verfehlten psychoanalytisch-allegorischen Deutungsstrategie. Diese Verbindung verführt Küpper dazu, eine *zu* enge Anlehnung zu behaupten. In Tiecks Text verbindet sich „erotische[ ] Schaulust zugleich mit einem grausamen Verbrechen" (13), und diese Verbindung sieht Küpper ohne hinlängliche Stützung auch im *Sandmann* am Werk.

Rückgriff auf den Unentscheidbarkeitsansatz

Küppers Behauptung, dass Hoffmann „(bewusst) Unklarheiten und Ungereimtheiten" (16) aufbaut, verweist auf die Unentscheidbarkeitsposition. Nachdem er bisher in seinen interpretatorischen Aussagen psychoanalytisch-allegorisch (Option 4b) argumentiert hat, scheint Küpper nun dem Unentscheidbarkeitsansatz (Option 3a) zu folgen, der ja „die bewusst multiperspektivisch gestaltete Erzählschau" und die Unmöglichkeit „einer eindeutigen Leserhaltung" (19) behauptet. Dass beide Vorgehensweisen nicht ohne Weiteres miteinander vereinbar sind, wird nicht erkannt und thematisiert.

Es ist unzulässig, aus der richtigen Anfangsdiagnose, dass angesichts einer bestimmten Textstelle zwei (oder auch mehr) Deutungen denkbar sind, sogleich darauf zu schließen, dass diese Worte *tatsächlich* „sehr zweideutig" (19) sind. Zunächst einmal sollte stets versucht werden, den Deutungskonflikt, der bei einem bestimmten Text besteht, zu entschärfen; das betrifft vor allem die Frage nach dem Textkonzept. Hat sich eine bestimmte Deutungsoption als überlegen erwiesen, so ist auszuprobieren, *alle* Textstellen in diesem Sinn zu interpretieren. Die ersten Worte der ersten Leseranrede bieten zwar *zunächst* zwei (oder auch mehr) Auslegungsmöglichkeiten an, sie erweisen sich bei genauerer Betrachtung aber keineswegs als „sehr zweideutig". Die Interpretation der Passage „als selbstzufriedenes Eigenlob eines phantasiereichen Erzählers" (20) wird auch durch die weiteren Ausführungen in der Leseranrede nicht gestützt.

Option 2b konzediert bekanntlich, dass der *Sandmann* dem Erzählprinzip des Offenhaltens von (zwei) Deutungsmöglichkeiten folgt; insofern ist er „schon von der Erzählhaltung her bewusst in ein zweifelhaftes Licht getaucht" (20). Im Unterschied zu Option 3a behauptet dieser dämonologische Ansatz jedoch, dass der Text diesem Prinzip nicht durchgängig und konsequent folgt, sodass er als verschleierte Dämonengeschichte entschlüsselbar ist. „We can be certain of nothing" (20) gilt somit nicht uneingeschränkt.

Übergang zu 3b

Wenn Küpper schreibt, es sei „klar, dass der Turm ‚zur Mittagsstunde' keinen ‚Riesenschatten' haben kann" (20), so setzt er, ohne die Alternativen zu erwägen, voraus, dass es sich um eine natürliche Textwelt handelt. Im Optionenwettkampf hat sich indes gezeigt, dass eine Textwelt mit übernatürlichen Komponenten anzusetzen ist. In einer märchenhaft-phantastischen Textwelt aber ist im Prinzip alles möglich, eben auch, dass ein Turm zur Mittagsstunde einen Riesenschatten wirft; dadurch kann z. B. ein dämonisches Wesen sein unheilvolles Kommen ankündigen. Die behauptete „große textuelle Unsicherheit im Erzählfluss" (20) liegt somit gar nicht vor. Da Küppers spezielle Prämisse falsch ist, sind auch die aus ihr gezogenen Folgerungen verfehlt. Weil er vorschnell unterstellt, ein Turm könne auch in einer fiktiven Textwelt zur Mittagsstunde keinen Riesenschatten werfen, sieht er sich mit dem Problem konfrontiert, diese „textuelle Unsicherheit" – die gar keine ist – einzuordnen, und ihm fallen hierzu zwei Möglichkeiten ein: Es könnte sich „um eine Täuschung handel[n], von der der Erzähler [...] befangen ist", aber auch „lediglich um einen Scherz des Autors Hoffmann" (20). Dieses Problem ist als Scheinproblem einzustufen: Da eine Textwelt mit übernatürlichen Komponenten vorliegt, gilt, dass der Erzähler sich keineswegs täuscht, sondern den tatsächlichen Zusammenhang erkennt.

Küpper erweckt den Eindruck, Olimpia sei „eine Uhrwerkpuppe" (20), die tatsächlich – wie ein Blechspielzeug – immer wieder in dem Sinn aufgezogen wird, dass z. B. an einer Kurbel gedreht wird. Der Text enthält jedoch keinerlei Hinweis darauf, dass es sich bei Olimpia um einen derartigen Automaten handelt. Sie ist vielmehr eine auf magische Weise *verlebendigte* Androide, die nicht immer wieder neu aufgezogen werden muss.

Die im Text hinsichtlich der verschlossenen Turmtüren existierenden Informationslücken lassen sich zwanglos derart schließen, dass der Rückgriff auf die problematische Hypothese, „dass Nathanael schon vorher, d. h. vor oder bei dem Gang hinauf, einen gezielten Plan verfolgte und die Türen zu diesem Zweck hinter sich verriegelte" (21), nicht erforderlich ist. „Innerhalb des Berichteten lässt sich [...] für die verschlossenen Türen" sehr wohl eine „passende Erklärung finden" (21). Somit liegt auch in diesem Fall keine echte Zweideutigkeit oder Rätselhaftigkeit vor.

Es verhält sich wahrscheinlich so, dass die „seit langer Zeit als Waise in Nathanaels Familie aufgenommene [...] Clara" (21 f.) zu Anfang *überhaupt nicht* gewusst hat, auf welche Weise Nathanaels Vater gestorben ist; daher ist anzunehmen, dass ihr auch das Problem, ob die tödliche Explosion ein Unfall oder Mord war, ganz unbekannt war. Vermutlich wurde über die Art des Todes nie mit ihr gesprochen, und sie ist von einem natürlichen Tod ausgegangen. Clara und Lothar sind erst *nach* dem Tod von Nathanaels Vater als Waisen in die Familie aufgenommen worden, und da der Vater ein Dämonenbündner war, hatte die Mutter ein Interesse daran, alles zu verschweigen, was an dieses anrüchige Bündnis erinnern könnte. Nathanael aber hat die Ereignisse bis zur Begegnung mit Coppola offenbar – in einem allgemeinen Sinn – verdrängt. Folglich kann nicht von einer „mit den Familienverhältnissen wohl bestens bekannte[n] Clara" (22) gesprochen werden. Und erst *nachdem* Nathanael von der Art des Todes berichtet und seine Deutung „Es war Mord" vorgetragen hat, entwickelt Clara die konkurrierende Interpretation des Geschehens als Unfall bei einem alchemistischen Experiment.

Küpper folgt dann wieder der Unentscheidbarkeitsposition. Dieser Ansatz rechnet mit „einer bewussten Textstrategie, die Hoffmann bei dem Erstellen seiner Erzählung verfolgt und die darauf zielt, innerhalb des Textes für Unsicherheit und Unklarheit zu sorgen" (22). Von entscheidender Bedeutung für die Einordnung und Bewertung von Küppers Argumentation ist nun, dass er in der zitierten Passage zwar den Eindruck erweckt, er stimme Walters „Vergleich zwischen der heute vorliegenden Druckfassung des Textes und der früheren Manuskriptfassung" (22) voll zu, während er de facto, ohne dies hinlänglich zu klären, eine deutlich andere Version von Option 3 vertritt, nämlich 3b, d. h. den radikalisierten Unentscheidbarkeitsansatz mit poststrukturalistischer Ausrichtung. Für diese Einordnung sprechen auch die zuvor diskutierten Ausführungen über ambivalente Elemente, Widersprüche und Brüche im *Sandmann*. Nach Walter lässt sich der Text gleichermaßen gut psychologisch und dämonologisch deuten, sodass er zweimal aufgeht. Küpper hingegen vertritt eine deutlich andere Auffassung; so fällt etwa auf, dass er, anders als Option 3a, die dämonologische Perspektive überhaupt nicht ins Spiel bringt. Er betont – poststrukturalistische Denkmuster anwendend – die grundsätzliche Ambivalenz bzw. Widersprüchlichkeit vieler Textstellen und löst sich dabei von den Perspektiven Nathanaels und Claras, die für Walters Konzept bestimmend bleiben. Daher bedeutet es letztlich etwas anderes als bei Walter, wenn Küpper Hoffmann eine Erzählstrategie zuschreibt, die anstrebt, „sehr gezielt und bewusst für Ambivalenz im Handlungsverlauf" (22) zu sorgen.

Hoffmann einen Willen zum Offenhalten von *zwei* miteinander unvereinbaren Deutungsmöglichkeiten zuzuschreiben unterscheidet sich deutlich davon, ihm einen *generellen* Willen „zur Schaffung von Ambivalenz" zuzuschreiben, zur „Dekonstruktion des Textes" im poststrukturalistischen Sinn: „Zeichen und Bezeichnetes treten auseinander, es finden Verschiebungen statt, die Schrift selbst wird ‚fehlerhaft' und uneindeutig." (23) Keines der von Küpper angeführten Textbeispiele ist jedoch beweiskräftig. Dass im Text ein falsch adressierter Brief vorkommt, kann nicht unmittelbar als Beleg für poststrukturalistische Thesen verbucht werden.

Religiöse Bezüge

Daraus, dass der Autor dem Protagonisten den Namen Nathanael gegeben hat, folgt nicht ohne Weiteres, dass dieser „wirklich der ‚Gottgegebene' in der Geschichte ist" (26). Das ist nur eine von mehreren Möglichkeiten, diese Figur zu konzipieren. Ferner gibt es im *Sandmann*, anders als Küpper behauptet, keine echte Parallele zur „Versuchung Jesu durch den Teufel" (26): Nathanael wird weder auf die Probe gestellt, noch erwartet er Rettung nach dem Sprung vom Turm. Überdies kann gegen Küppers Vorgehen eingewandt werden, dass dieses es erlauben würde, jeden vergleichbaren Sprung einer Figur namens Nathanael oder Theodor, vielleicht aber auch Gottfried, Gotthold usw., in beliebigen Texten mit dieser Bibelepisode in Verbindung zu bringen, ohne das jeweilige Textkonzept zu berücksichtigen. Küppers These läuft darauf hinaus, dem Text – und dem Autor – eine areligiöse bzw. atheistische Ausrichtung zuzuschreiben. Demnach bezieht sich Hoffmann auf die Bibelepisode, um im Kontrast zu ihr zu zeigen, dass – um Nietzsches Wendung zu benutzen – Gott tot ist. Er „zeigt, dass der Gott, der ihn [Nathanael] behüten soll, nicht mehr da ist. Nathanael stirbt bei dem Sturz; keine göttliche Macht kommt ihm mehr zu Hilfe. Der Mensch ist allein, – und das ist die wohl erschreckendste Erkenntnis der Geschichte." (27) Wir schreiben Hoffmann eine religiös-metaphysische Position zu. Demnach existiert zwar eine positive höhere Macht (nennen wir sie Gott), aber sie kann sich in einigen Fällen vom Menschen zurückziehen bzw. abwesend sein (vor allem wenn man wie Nathanael nicht auf sie vertraut). Während eine solche Macht in einigen Textwelten Hoffmanns aktiv wirksam ist, ist sie anderen scheinbar abwesend – aber deswegen nicht *tot*.

Störung der Aufbauarbeit durch die Verbindung mit verfehlten Ansätzen

Küpper weist nach, dass Hoffmann sich beim Schreiben des *Sandmanns* mit hoher Wahrscheinlichkeit an Tiecks *Liebeszauber* orientiert hat, und er gibt auch einige Gründe für diese Orientierung an. Bei Küpper kann sich diese Form der Aufbauarbeit jedoch nicht ungehindert entfalten, sie wird vielmehr verbunden mit dem Bestreben, eine ganz bestimmte *Interpretation* des *Sandmanns* zu etablieren. Der von Küpper vertretene psychoanalytisch-allegorische Ansatz hat sich ebenso wie die später befürwortete radikalisierte Unentscheidbarkeitsposition im Optionenwettkampf als defizitär erwiesen. Die saubere textvergleichende Arbeit wird systematisch gestört durch verfehlte Interpretationsansätze. Dazu gehört auch, dass in deren Licht zu enge Verbindungen zwischen beiden Texten postuliert werden: Aus dem ersten Text gewonnene Erkenntnisse werden auf den zweiten projiziert.

16.2 Varianten beim Vergleich des Textes mit Werken anderer Autoren

Auf der Grundlage der Kommentare stellen wir nun die Varianten systematisch dar und weisen auf die gegebenenfalls anzuwendende Kritikstrategie hin. Wie schon bei den vorigen Formen der Aufbauarbeit unterscheiden wir zwei Modelle:

Modell a

Der Vergleich des Textes mit Werken anderer Autoren orientiert sich strikt an demjenigen Deutungsansatz, der im Optionenwettkampf gewonnen hat.

Vertreter: –

Modell b

Der Vergleich des Textes mit Werken anderer Autoren orientiert sich ganz oder teilweise an defizitären Deutungsansätzen.

Vertreter: Stadler, Küpper

Kritikstrategie: Die Verwendung einer defizitären Option führt zu Fehlern beim Vergleich des Textes mit Werken anderer Autoren.

16.3 Methodologischer Kommentar zum Vergleich des Textes mit Werken anderer Autoren

Es ist ohne Frage sinnvoll, einen literarischen Text unter bestimmten Gesichtspunkten mit einem Text eines anderen Autors (oder auch mit mehreren Texten unterschiedlicher Autoren) zu vergleichen. Fehleranfällig wird diese Form der Aufbauarbeit dann, wenn man sich nicht auf eine bereits bewährte Basis-Interpretation des Ausgangstextes stützt, sondern sich an defizitären Deutungsoptionen orientiert. Geht man mit einer fehlerhaften oder sogar mit einer projektiv-aneignenden Interpretation des einzelnen Textes an die vergleichende Untersuchung heran, so wirken sich diese kognitiven Defizite auch auf den Vergleich aus.

Ein Text kann bei der Aufbauarbeit in den Kontext seiner Entstehungsgeschichte gestellt werden, und dabei kann man fragen, ob sich der Autor beim Schreiben an einem bestimmten Text bzw. an mehreren Texten orientiert hat. Die kognitive Hermeneutik unterscheidet hier wiederum eine deskriptive von einer erklärenden Ebene. Auf der ersten Ebene geht es darum festzustellen, um welchen Text bzw. welche Texte es sich handelt, auf der zweiten hingegen darum, die Art des Einflusses näher zu bestimmen.

Da die künstlerischen Produktionsprozesse sehr vielgestaltig sein können,[151] darf nicht einfach vorausgesetzt werden, dass ein Autor sich beim Schreiben eines Textes an einem ganz bestimmten Text oder auch an mehreren Texten orientiert hat – er kann auch ohne ein konkretes Vorbild dieser Art gearbeitet haben. Die deskriptiv-feststellende Einflussforschung muss daher in jedem Einzelfall nachweisen, dass ein Einfluss der genannten Art überhaupt vorliegt. Ferner muss strikt unterschieden werden zwischen der bloßen *Vermutung*, dieses oder jenes Werk könne den Autor beim Schreiben seines Textes beeinflusst haben, und dem *Nachweis* eines solchen Zusammenhangs. Für einen solchen Nachweis ist zweierlei erforderlich: Erstens ist zu zeigen, dass der Autor den fraglichen Text tatsächlich gekannt hat, und zweitens sind konkrete Belege für die Einflussthese vorzubringen. Diese können wiederum unterschiedlicher Art sein: Es kann sein, dass sich der Autor in der Schaffensphase nachweislich intensiv mit dem fraglichen Text beschäftigt hat; ferner kann der Textvergleich so viele auffällige Übereinstimmungen ergeben, dass die Annahme einer Orientierung an diesem Text als wahrscheinlich gelten muss. Bei der erklärenden Einflussforschung ist es sinnvoll, sich auf eine bereits bewährte Basis-Interpretation zu stützen. Im Rahmen seines Literaturprogramms findet der Autor solche Texte attraktiv, welche Elemente enthalten, die mit dieser Programmatik kompatibel sind; er setzt sich, mit welchem Bewusstseinsgrad auch immer, mit diesen Texten auseinander, löst die zu seinen künstlerischen Zielen passenden Elemente heraus und fügt sie in das Konzept für seinen neuen Text ein.

---

[151] Vgl. TEPE: *Kognitive Hermeneutik*, [47]–[51].

17. Formen der Aufbauarbeit 5: Einbettung des Textes in einen historischen Kontext

Die fünfte Form der Aufbauarbeit stellt den Text in diesen oder jenen historischen Kontext, z.B. in einen ideengeschichtlichen oder einen sozialgeschichtlichen. In Kapitel 17 haben wir 4 Sekundärtexte dieser Art einer kritischen Prüfung nach unserem Analyseprogramm unterzogen:

- ☞ ERGÄNZUNG 17-1: L. Wawrzyn: *Zur Geschichte des Automaten-Menschen*
- ☞ ERGÄNZUNG 17-2: F. Auhuber: *Der partielle Wahnsinn Nathanaels im Geflecht gesellschaftlicher Reaktionen*
- ☞ ERGÄNZUNG 17-3: U. Hohoff: *Coppelius/Coppola, der Automat und Nathanael*
- ☞ ERGÄNZUNG 17-4: H. Lindner: *Der Sandmann*

Eine weitere Ergänzung weist auf historische Einbettungen des Textes in weiteren von uns untersuchten Sekundärtexten hin.

- ☞ ERGÄNZUNG 17-5: Einbettung des Textes in historische Kontexte in weiteren von uns kommentierten Sekundärtexten

17.1 Kommentarzusammenfassung (Auhuber)

In Kapitel 17.1 fassen wir einen der 4 Kommentare zusammen. Dabei konzentrieren wir uns auf die für die Diskussion dieser Art der Aufbauarbeit zentralen Punkte.

F. AUHUBER: *Der partielle Wahnsinn Nathanaels im Geflecht gesellschaftlicher Reaktionen*[152]

Direktanwendung des medizinhistorischen Hintergrundwissens

Auhubers Ansatz ordnen wir der medizinhistorischen Aufbauarbeit zu, welche Hoffmanns Texte in bestimmte zeitgenössische Wissens- und Wissenschaftskontexte einordnet und kontextbezogen erforscht. Hier sind Hypothesen darüber zu bilden, wie Hoffmann mit dem medizinisch-psychologischen Wissen seiner Zeit künstlerisch umgegangen ist. Dabei gibt es mehrere Möglichkeiten. Es ist denkbar, dass Hoffmann sich direkt an dem medizinischen Wissen orientiert hat; möglich ist aber auch, dass dies eine untergeordnete

---

[152] F. AUHUBER: *Der partielle Wahnsinn Nathanaels im Geflecht gesellschaftlicher Reaktionen.* In: DERS.: *In einem fernen dunklen Spiegel. E.T.A. Hoffmanns Poetisierung der Medizin.* Opladen 1986, S. 55–75. Zusätzlich wird die Einleitung (S. 1–12) benutzt. (ERGÄNZUNG 17-2)

Rolle spielt. Es könnte sein, dass er bestimmte Theorien direkt künstlerisch umgesetzt hat, es ist aber ebenfalls vorstellbar, dass er sie stark umgeformt hat. Nach Auhuber hat sich Hoffmann in Texten, in denen Krankheiten thematisiert werden, an der medizinischen Fachliteratur orientiert und deren Befunde literarisch umgesetzt – in Form von poetisch ausgestalteten Fallstudien. Es mag sein, dass es sich so verhält; zu kritisieren ist jedoch, dass Auhuber andere denkbare Konstellationen nicht ernsthaft in Erwägung zieht.

Beim Textzugriff eines Medizin- oder allgemeiner: eines Wissenschaftshistorikers unterscheiden wir zwischen einer *schwachen* und einer *starken* Variante: Die schwache Variante stellt in einem ersten Schritt fest, welche Formen der Krankheit und der Therapie in Texten Hoffmanns auftreten. In einem zweiten Schritt wird dann zu klären versucht, *ob* sich Hoffmann bei der Gestaltung dieser Krankheitsbilder auf zeitgenössische medizinische und andere Fachliteratur gestützt hat und *in welcher Form* er dies getan hat. Dieser Textzugriff schließt keine Deutungsoption von vornherein aus. Die starke Variante leitet hingegen aus dem medizinhistorischen Hintergrund unmittelbar eine Annahme über das ab, was die kognitive Hermeneutik als Textkonzept und als Literaturprogramm bezeichnet, nämlich die Annahme, dass es Hoffmanns künstlerisches Ziel oder zumindest eines von seinen Zielen war, die ihm aus der Fachliteratur bekannten Krankheitsbilder in theoriekonformer Weise literarisch auszugestalten. Dieser Textzugang ist indes problematisch. Zu bemängeln ist, dass die Basisarbeit übersprungen und nicht zunächst unvoreingenommen nach den textprägenden Instanzen gefragt wird. Die Hypothese über das Textkonzept und Literaturprogramm Hoffmanns wird vielmehr sogleich aus der Sicht der speziellen Aufbauarbeit, die wiederum nur eine von vielen möglichen ist, beantwortet.

Dieser Fehlertyp tritt häufiger auf. Textwissenschaftler, die sich auf diese oder jene Form der Aufbauarbeit festgelegt haben, neigen in vielen Fällen dazu, ihr Spezialgebiet für das allerwichtigste zu halten und ihre spezielle Perspektive zu verabsolutieren. Betten sie den jeweiligen Text z.B. in den medizinhistorischen Kontext ein, so tendieren sie aufgrund ihrer spezialistischen Sichtweise dazu, die vom Autor rezipierte medizinische Fachliteratur für den entscheidenden Einflussfaktor zu halten. Auhuber nimmt in diesem Sinn an, „daß die Voraussetzung für die Interpretation von Hoffmanns Prosa die Berücksichtigung des historisch-medizinischen Kontextes sein muß" (2). Solche Interpreten können sich dann häufig nur *eine* künstlerische Programmatik vorstellen, nämlich das allgemeine Ziel, das der Fachliteratur entnommene Wissen poetisch umzusetzen. Dort, wo diese Zielsetzung zufälligerweise wirksam ist, führt dieses Vorgehen tatsächlich zu Erkenntnissen; in den anderen Fällen werden jedoch die künstlerischen Ziele verkannt. Die kognitive Hermeneutik arbeitet dieser Fehlerquelle entgegen, indem sie jeder

Form der textwissenschaftlichen Aufbauarbeit die elementare Basisarbeit mit dem Text vorschaltet, wobei die verschiedenen Deutungsoptionen einem textbezogenen Vergleichstest zu unterziehen sind. In weiteren Schritten können dann diejenigen Formen der Aufbauarbeit angeschlossen werden, die im vorliegenden Fall besonders ergiebig erscheinen. Wer hingegen mit einer Variante der Aufbauarbeit *beginnt*, kann sehr leicht einer besonderen Variante projektiv-aneignenden Interpretierens verfallen: Man projiziert dann die eigene spezialistische Sichtweise in den Text und liest sie aus ihm als die vermeintlich entscheidende Prägungsinstanz wieder heraus.

Der Sandmann *als psychopathologische Fallgeschichte*

Für Auhuber ist von vornherein klar, dass der Text vom „Verlauf einer Geisteskrankheit" (55) erzählt. „Nathanael, den der Text ja wahnsinnig nennt, leidet offensichtlich an einer ‚partiellen Verkehrtheit des Vorstellungsvermögens' [wie zeitgenössische medizinische Lehrbücher sie bestimmen]; er ist sich der Existenz des Coppelius/Coppola als einer ihn bedrohenden Macht gewiß. Das ist seine fixe Idee." (55) Auhuber nimmt eine Direktanwendung seines medizinhistorischen Hintergrundwissens vor, was dazu führt, dass er sich nur *ein* Literaturprogramm ernsthaft vorstellen kann, sprich die Zielsetzung, das aus der medizinischen Fachliteratur gewonnene Wissen im Rahmen einer psychologischen Perspektive literarisch umzusetzen. Beim *Sandmann* wäre das z. B. die zeitgenössische Lehre von den fixen Ideen.

Ein Schriftsteller, der über medizinhistorisches Wissen verfügt, kann zu einem solchen Literaturprogramm gelangen, aber er muss es nicht. Er kann sein Wissen z. B. auch verwenden, um etwas ganz anderes zu tun, nämlich um eine Textwelt mit übernatürlichen Komponenten aufzubauen, in der ein dämonisches Geschehen stattfindet. Es darf nicht einfach unterstellt werden, dass Hoffmann, *weil* er über breites medizinhistorisches Wissen verfügte, nur das Ziel verfolgt haben kann, Fallgeschichten innerhalb einer psychologischen Perspektive dieses oder jenes Typs literarisch auszuphantasieren. Auhuber vertritt somit die starke Version des medizinhistorischen Ansatzes, die automatisch zu einer psychologischen Deutung führt. Unsere Basis-Interpretation hat demgegenüber gezeigt, dass der Annahme eines dämonischen Geschehens die größte Wahrscheinlichkeit zukommt. Demnach liegt bei Nathanael gar keine fixe Idee vor, und Clara ist unfähig, die Wirksamkeit einer höheren Macht zu erkennen. Dass Nathanael sich in eine künstliche Frau verliebt, ist mithin nicht auf seinen partiellen Wahnsinn zurückzuführen, sondern auf einen Plan der höheren Macht.

Möglicherweise hat Hoffmann während der Arbeit am *Sandmann* oder in einem früheren Stadium medizinische Fachbücher gelesen, aber er hat das, was darin über die Verkehrtheit des Vorstellungsvermögens zu finden ist,

nicht einfach zur fiktiven Geschichte vom Verlauf einer Geisteskrankheit ausgestaltet. Er hat sein medizinisches Wissen, wenn es denn eine größere Rolle gespielt hat, vielmehr radikal umgeformt und für eine Dämonengeschichte genutzt, in welcher sich die vermeintliche fixe Idee als *Wahrheit* entpuppt. Auhubers Interpretationsstrategie ist daher grundsätzlich abzulehnen.
„Die Krankheitsfolge verläuft in Etappen, deren vorzügliches Kennzeichen ein wachsender Realitätsverlust ist [...]. Einem solchen Ablauf folgt das Schicksal Nathanaels" (56). Aus dämonologischer Sicht trifft das nicht zu. Der von einem bösartigen höheren Wesen mit magischen Mitteln herbeigeführte Realitätsverlust ist zu unterscheiden von einem Realitätsverlust, der natürliche Ursachen hat. Auhuber erblickt überall nur fixe Ideen, die nach Vorgaben der medizinischen Fachliteratur gestaltet sind: „‚Der Kranke hält die Spiele seiner Phantasie für Realitäten, übersieht die Wirklichkeit und schwärmt in einer Bilderwelt, die er sich selbst geschaffen hat.'" (57) Es kann keine Rede davon sein, dass sich im „deskriptiven Bereich von Diagnose und Krankheitsverlauf [...] die Befunde von Psychologie und Poesie" (58) decken. Hoffmann nimmt – wenn wir eine Inspiration durch die Medizin unterstellen dürfen – eine radikale Umgestaltung vor, die Prämissen einer religiös-metaphysischen Weltauffassung folgt, wie sie für die Romantik charakteristisch ist.
Hoffmanns „Poetisierung der Medizin" (58) folgt nach Auhuber zwar inhaltlich dem zeitgenössischen Forschungsstand, geht aber dadurch über ihn hinaus, dass er „aus der Sicht des Wahnsinnigen selbst" (59) schreibt und dessen Erlebnisweise damit nachvollziehbar macht. Wir bestreiten, dass Hoffmann „aus der Sicht des Wahnsinnigen" schreibt. Wäre es ein – intuitiv oder mit hohem Bewusstseinsgrad verfolgtes – künstlerisches Ziel Hoffmanns gewesen, aus der Perspektive eines Wahnsinnigen zu schreiben, um dessen Erleben nachvollziehbar zu machen, so wäre zu erwarten, dass er z.B. relativierende Formulierungen in den Text einfügt, etwa „Nathanael schien es, als ob ...". Solche Relativierungen enthält der *Sandmann* nicht. Die Darstellungsweise des Erzählers ist vielmehr *objektiv*. „Da trat aber Coppola vollends in die Stube und sprach mit heiserem Ton [...]. [...] Und damit holte er immer mehr und mehr Brillen heraus, so, daß es auf dem ganzen Tisch seltsam zu flimmern und zu funkeln begann." [35] Diese Diktion passt deutlich besser zu einem objektiven numinosen Geschehen als zur Fallgeschichte eines partiell Wahnsinnigen. Entsprechendes gilt für die Schlussszene, die ebenfalls objektiv erzählt ist: „Zur Mittagsstunde gingen sie durch die Straßen der Stadt. Sie hatten manches eingekauft, der hohe Ratsturm warf seinen Riesenschatten über den Markt." [48]
Die positive Darstellung Claras liegt für Option 1 nahe; sie entwickelt ja selbst schon eine naturalistisch-psychologische Erklärung und unternimmt

im vormedizinischen Bereich einen Therapieversuch. „Klara setzt sich nahezu vollkommen in die Lage Nathanaels; sie stellt sich ihr Gegenüber und seine Reaktionen exakt vor und beweist so ein hohes Maß an Einfühlungsvermögen" (61 f.). Ihre „Sätze haben die analytische Schärfe eines diagnostizierenden Arztes" (65). Es macht aber einen erheblichen Unterschied, ob der Autor den Text so angelegt hat, dass Clara eine *positiv bewertete* therapeutische Funktion übernimmt, die den Vorstellungen der zeitgenössischen Medizin weitgehend entspricht, oder aber so, dass Clara eine *negativ bewertete* therapeutische Funktion übernimmt, die, einseitig verstandesmäßig orientiert, das Wirken der dämonischen Macht verkennt.

Auhuber hat nicht überzeugend *nachgewiesen*, dass sich Hoffmann bei der Gestaltung von Claras Therapieversuch an Kant orientiert hat – er hat nur eine gewisse Ähnlichkeit aufgezeigt. Entscheidend jedoch ist, dass Auhuber das dämonologische Textkonzept nicht erkennt. Er konstatiert eine „gewisse Wiederherstellung des seelischen Gleichgewichts" (68) bei Nathanael durch Claras Intervention, ohne zu bemerken, dass Nathanael, indem er Claras Sicht der Dinge zeitweilig akzeptiert, selbst blind für das numinose Geschehen etwa bei Coppolas Besuch wird. Was Auhuber für „die rechtzeitige Besinnung auf das eigene Vermögen" (68) im Sinne Kants hält, ist gerade die *Verkennung* dessen, was in der Textwelt geschieht. Hoffmann führt nicht am Beispiel von Clara ein neuartiges, von ihm befürwortetes Therapieverfahren vor; die naturalistisch-psychologische Vorgehensweise Claras wird vielmehr als verfehlt dargestellt, da sie blind für das übernatürliche Geschehen ist.

Sozialpsychologischer Ausbau von Option 1

Auhuber baut Option 1 dann sozialpsychologisch aus: Handelt es sich um die poetisch ausgestaltete Fallgeschichte eines Menschen, welcher einer fixen Idee verfällt, so liegt es nahe zu fragen, ob die Ursachen des partiellen und dann des totalen Wahnsinns nicht in der Familienkonstellation zu finden sind. Liegt dem Text aber ein dämonologisches Konzept zugrunde, dann erscheint diese naturalistisch-sozialpsychologische Stoßrichtung verfehlt. Entscheidend für die Familienkonstellation in Nathanaels Kindheit ist das Bündnis, das der Vater mit dem Dämon Coppelius zwecks Herstellung künstlicher Menschen geschlossen hat, nicht aber eine unspezifische „Kommunikation durch Halbwahrheiten" (72). Dass der Mutter bestimmte Zusammenhänge verschwiegen wurden, trifft zwar zu, kann aber innerhalb einer Dämonengeschichte nicht als Indiz für eine den Wahnsinn begünstigende Familiensituation begriffen werden.

Dass Nathanaels Vater tot ist, muss Clara bekannt gewesen sein; sie hat ja längere Zeit im vaterlosen Haushalt gelebt. Durch Nathanaels Brief erfährt sie jedoch zum ersten Mal etwas über die *genauen Umstände* beim Tod des

Vaters: „Erst jetzt vernahm ich, wie Dein guter alter Vater solch' entsetzlichen, gewaltsamen Todes starb." [21] Dass ihr diese Umstände bislang verschwiegen worden sind, erklärt sich daraus, dass der Tod des Vaters mit dem Dämonenbündnis zusammenhängt. Die Familie ist verständlicherweise bestrebt, diese Hintergründe nicht an die Öffentlichkeit dringen zu lassen; deswegen werden auch die neuen Familienmitglieder nicht darüber informiert. Es ist abwegig anzunehmen, Nathanael habe nicht gewusst, dass der Vater von Clara und Lothar gestorben ist „und sie verwaist nachgelassen" hat; das ist ja schließlich der Grund dafür, dass sie „von Nathanaels Mutter ins Haus genommen wurden" [27]. Daraus, dass der Erzähler die Vorgeschichte erst nach den drei Briefen mitteilt, kann nicht gefolgert werden, dass die Kinder zuvor gar nichts vom Tod des jeweils anderen Vaters gewusst hätten.

Lernt man eine solche Familie kennen, ohne genauere Informationen zu haben, kann der Eindruck entstehen, dass es sich um Geschwister handelt; dann aber wäre die „heftige Zuneigung" (72) zwischen Clara und Nathanael inzestuös und anstößig. Ist aber bekannt, dass Clara und Lothar „Kinder eines weitläufigen Verwandten" (72) sind, so gibt es gegen eine Verbindung zwischen Clara und Nathanael keine Einwände. Weshalb soll die Verbindung zweifelhaft sein?

Auhuber legt nahe, Lothars Liebe zu seiner Schwester gehe über die brüderliche Liebe hinaus und er sei auch in erotischer Hinsicht „Rivale Nathanaels" (72). Diese Vermutung wird jedoch durch die Texttatsachen nicht gestützt. Es gibt kein Indiz für diese zusätzliche Liebeskomponente. Lothars engagiertes Eingreifen lässt sich problemlos wie folgt erklären: Erstens liebt er als Bruder „seine Schwester mit ganzer Seele" (72), zweitens teilt er Claras aufgeklärt-rationale Sichtweise, was aufgrund von Nathanaels Verhalten zum steigenden „Unmut [...] wider den träumerischen Nathanael" (72) geführt hat, drittens hat Nathanael seine Schwester beleidigt, indem er sie als „lebloses, verdammtes Automat" bezeichnet: „[B]ittre Tränen vergoß die tief verletzte Clara" [32]. Daher ist es in keiner Weise erstaunlich, dass Lothar, als Clara ihm das Vorgefallene erzählt, wütend wird und mit Nathanael in Streit gerät. Auhubers Behauptung, bis zuletzt blieben „ihre Rollen und auch die Verwandtschaftsverhältnisse unklar" (72), ist daher unhaltbar.

Die fehlerhafte Annahme, Hoffmann habe eine poetisierte Fallgeschichte geschrieben, die inhaltlich auf die zeitgenössischen medizinischen Erkenntnisse rekurriert, führt zu der speziellen These, er folge auch hinsichtlich der Tollhaus-Episode „exakt der medizinischen Praxis um 1815" (73). Tatsächlich hat Hoffmann jedoch eine Dämonengeschichte verfasst, die nur phasenweise den Eindruck erweckt, es könne sich um eine psychopathologische Fallgeschichte handeln. Der erneute Ausbruch des Wahnsinns ist bei Nathanael auf die Intervention des Dämons Coppelius zurückzuführen, nicht aber naturalistisch-psychologisch auf eine weiterhin wirksame „Familienkonstellation mit ihren versteckten Rivalitäten" (73). Auhubers Versuche, eine problematische Konstellation nachzuweisen, halten der kritischen Prüfung nicht stand. Es sind nicht „die immer wieder auftauchenden Bilder aus Kindertagen mit den heimlichen Unheimlichkeiten zwischen dem Vater, der Mutter und den Geschwistern" (73), die Nathanaels Tod verursachen.

Handelt es sich, wie Auhuber postuliert, beim *Sandmann* um die poetisierte Fallgeschichte eines Wahnsinnigen, so liegt es nahe, die Texttatsache, dass „die gesamte Gesellschaft" (74) auf die Puppe hereingefallen ist, dahin gehend zu interpretieren, dass die klare Unterscheidung zwischen Gesundheit und Krankheit verschwimmt und problematisiert wird, denn die Reaktionen der Teezirkelbesucher weisen dann ja selbst krankhafte Züge auf. Handelt es sich jedoch um eine Dämonengeschichte, ist diese Deutung nicht zulässig. Die Androide wird mithilfe übernatürlicher Kräfte zum Leben erweckt und erscheint den Beteiligten bereits auf dem Fest als echter, wenngleich recht mechanisch wirkender Mensch. Dass die gesamte Gesellschaft auf die Androide hereinfällt (und Nathanael in spezieller Form), ist überhaupt nicht als Zeichen der Krankhaftigkeit aufzufassen, denn unter den gegebenen Umständen sind die Beteiligten nicht in der Lage, den künstlichen Menschen als solchen zu erkennen. Ist Auhubers Deutung verfehlt, so kann Hoffmann auch nicht *aufgrund des Berichts über die Teezirkel* eine Kritik am medizinischen Umgang mit Verrückten zugeschrieben werden. Daraus, dass Nathanael nach seinem Wahnsinnsausbruch zwar „nach dem Tollhause gebracht" [45], aus diesem aber auch wieder entlassen wird, darf nicht direkt auf Hoffmanns Bewertung der zeitgenössischen Internierungspraktiken geschlossen werden.

17.2 Varianten bei der Einbettung des Textes in einen historischen Kontext

Auf der Grundlage der Kommentare stellen wir nun die Varianten systematisch dar und weisen auf die gegebenenfalls anzuwendende Kritikstrategie hin. Wiederum lassen sich zwei Modelle unterscheiden:

Modell a

Die Einbettung des Textes in einen historischen Kontext orientiert sich strikt an demjenigen Deutungsansatz, der im Optionenwettkampf gewonnen hat.

Vertreter: –

Modell b

Die Einbettung des Textes in einen historischen Kontext orientiert sich ganz oder teilweise an defizitären Deutungsansätzen.

Vertreter: Wawrzyn, Auhuber, Hohoff, Lindner

Kritikstrategie: Die Verwendung einer defizitären Option führt zu Fehlern bei der Einbettung des Textes in einen historischen Kontext.

17.3 Methodologischer Kommentar zur Einbettung des Textes in einen historischen Kontext

Einen Text unter bestimmten Leitgesichtspunkten in diesen oder jenen historischen Kontext zu stellen kann zweifellos zu Erkenntnisgewinnen führen. Fehleranfällig wird auch diese Art der Forschung dann, wenn man sich nicht auf eine bereits bewährte Basis-Interpretation des Textes stützt, sondern *direkt* Aufbauarbeit betreibt. Geht man mit einer fehlerhaften oder sogar mit einer projektiv-aneignenden Interpretation des einzelnen Textes an die historisch-kontextualisierende Untersuchung heran, so wirken sich diese kognitiven Defizite unmittelbar aus. Direktanwendungen des medizinhistorischen oder eines anderen historischen Wissens sind zu vermeiden.

17.4 Abgrenzung von der Einbettung des Textes in den Kontext der vom *Interpreten* vertretenen Theorie

Literarische Texte können mit Theorien in Verbindung gebracht und in deren Licht untersucht werden. Die kognitive Hermeneutik unterscheidet hierbei zwei Grundformen: Die Theorie ist dem historischen Kontext zuzuordnen oder wird vom Interpreten selbst vertreten. Beides kann auch miteinander verbunden sein, was aber eher selten vorkommt. Der erste Fall liegt vor, wenn der Interpret den *Sandmann* – und Entsprechendes gilt für alle anderen literarischen Texte – mit einer Theorie im weiteren Sinn[153], die zur *Entstehungszeit des Textes* vertreten und diskutiert worden ist, in Verbindung bringt. Der zweite Fall liegt vor, wenn der Interpret den literarischen Text mit einer bestimmten Theorie in Verbindung bringt, die zur *Entstehungszeit der Interpretation* diskutiert und die *vom Interpreten selbst* vertreten wird. Den ersten Fall betrachten wir als Variante der Einbettung des Textes in bestimmte *historische* Kontexte, wie wir sie in diesem Kapitel behandelt ha-

---

[153] Das kann eine mit wissenschaftlichem Anspruch auftretende Theorie sein, aber auch eine Philosophie, eine Religion bzw. Theologie usw.

ben: Der literarische Text wird auf einen historischen Kontext *theoretischer Art* bezogen, wie es z. B. bei Auhuber und Lindner geschieht.

Im Folgenden konzentrieren wir uns auf den zweiten Fall, d. h. auf die Verwendung der vom Interpreten vertretenen Theorie (im weiteren Sinn) zur Deutung des literarischen Textes, welche dann mit einem textwissenschaftlichen Erkenntnisanspruch auftritt. Mit der Problematik dieses Vorgehens haben wir uns bereits in Kapitel 9 anhand vielfältiger Beispiele ausführlich beschäftigt. Außerdem enthalten auch viele Sekundärtexte, die wir anderen Kapiteln zugeordnet haben, solche Deutungselemente. Eine weitere Ergänzung weist zusammenfassend auf *alle* von uns kommentierten Sekundärtexte dieser Art hin.

☞ ERGÄNZUNG 17-6: Verwendung der vom Interpreten vertretenen Theorie zur Interpretation

Die Verwendung der vom Interpreten vertretenen Theorie zur Interpretation läuft, wie die kritischen Kommentare gezeigt haben, in der Regel auf eine verdeckt aneignende Deutung allegorischer Art hinaus. Nur dort, wo die Hintergrundtheorie des *Interpreten* zufällig ganz oder weitgehend mit derjenigen des *Autors* übereinstimmt, kommt keine gewaltsame Sinnbesetzung heraus. Diese Konstellation ist aber dem oben behandelten ersten Fall zuzuordnen, und zwar auf die folgende Weise: Der literarische Text wird mit einer Theorie, die zur *Entstehungszeit des Textes* vertreten und diskutiert worden ist, in Verbindung gebracht; bei genauerer Untersuchung stellt sich heraus, dass diese Theorie, sei es nun ganz oder teilweise, auch zum Überzeugungssystem des Autors gehört. Hinzu kommt, dass der Interpret selbst dieser Sichtweise nahesteht. Davon hängt die Gültigkeit der Zuschreibung jedoch nicht ab, denn auch ein Interpret, der selbst ganz anderen Hintergrundannahmen folgt, ist prinzipiell in der Lage, den fraglichen Zusammenhang zu erkennen.[154]

Die nicht durch historische Kontextualisierung gebrochene *Direktanwendung* der vom Interpreten akzeptierten Theorie auf einen literarischen Text zu textwissenschaftlichen Erkenntniszwecken ist demgegenüber grundsätzlich problematisch und als pseudowissenschaftlich einzustufen. Wir verweisen insbesondere auf den methodologischen Kommentar in Kapitel 9.4, der alle wesentlichen Kritikpunkte formuliert.

---

[154] Vgl. TEPE: *Kognitive Hermeneutik*, [53] sowie Kapitel 1.6.

18. Formen der Aufbauarbeit 6: Erforschung der Rezeption des Textes

Die sechste Form der Aufbauarbeit befasst sich mit der Rezeption bzw. Wirkung des Textes, z.B. mit zeitgenössischen Rezensionen oder mit Auswirkungen auf die literarische Produktion anderer Autoren. In Kapitel 18 haben wir einen Sekundärtext dieser Art einer kritischen Prüfung nach unserem Analyseprogramm unterzogen:

☞ ERGÄNZUNG 18-1: R. Drux: *Dokumente zur Wirkungsgeschichte. Zeitgenössische Kritik*

18.1 Kommentarzusammenfassung (Drux)

In Kapitel 18.1 fassen wir den Kommentar zusammen. Dabei konzentrieren wir uns auf die für die Diskussion dieser Art der Aufbauarbeit zentralen Punkte.

R. DRUX: *Dokumente zur Wirkungsgeschichte. Zeitgenössische Kritik*[155]

Pathologisierung des künstlerischen Gegners

Drux beschäftigt sich mit einigen Rezeptionsdokumenten. Dass ein Rezensent zu einer bestimmten Bewertung eines Textes gelangt, ergibt sich nach der kognitiven Hermeneutik daraus, welchem Überzeugungs- und insbesondere welchem ästhetischen Wertsystem er folgt.[156] Diese Voraussetzungen sind prinzipiell rekonstruierbar, wenngleich im Einzelfall manchmal nur schwer.

Walter Scotts negatives Urteil über den *Sandmann* wird verständlich, wenn man berücksichtigt, dass er einem ganz anderen, nämlich im weiten Sinn realistischen Literaturprogramm verpflichtet ist und dass er vor dem Hintergrund eines aufklärerischen Überzeugungssystems argumentiert. In einem Diskurs, der bestrebt ist, diese Programmatik durchzusetzen, erscheint das, was Hoffmann künstlerisch tut, nicht *neutral* als von einem andersartigen Literaturprogramm und von andersartigen weltanschaulichen Prämissen getragen, sondern *negativ* als krankhaft.

Die *Pathologisierung* des künstlerischen (und weltanschaulichen) Gegners ist ein verbreiteter Spielzug im Kampf der literarischen Richtungen. Die Werke des Gegners gelten dann als warnende Beispiele.

---

[155] R. DRUX: *Dokumente zur Wirkungsgeschichte. Zeitgenössische Kritik*. In: DERS.: *Erläuterungen und Dokumente: E.T.A. Hoffmann – Der Sandmann*, S. 67–78. (ERGÄNZUNG 18-1)

[156] Vgl. P. TEPE: *Rezensionen mythoshaltiger Literatur*.

18.2 Varianten bei der Erforschung der Rezeption eines Textes

Auf der Grundlage des Kommentars stellen wir nun die Varianten systematisch dar und weisen auf die gegebenenfalls anzuwendende Kritik- bzw. Ausbaustrategie hin. Auch bei dieser Form der Aufbauarbeit können zwei Modelle unterschieden werden:

Modell a

Die Erforschung der Rezeption eines Textes orientiert sich an den Prinzipien der kognitiven Hermeneutik.
Vertreter: –

Modell b

Die Erforschung der Rezeption eines Textes orientiert sich an anderen Ansätzen.
Vertreter: Drux

Kritikstrategie: Die Aufbauarbeit beschränkt sich weitgehend auf den deskriptiv-feststellenden Bereich.

Ausbaustrategie: Die Anwendung der Prinzipien der kognitiven Hermeneutik führt zu einer vertieften Erklärung.

18.3 Methodologischer Kommentar zur Erforschung der Rezeption eines Textes

Die Erforschung der Rezeptions- und Wirkungsgeschichte eines Textes ist eine wichtige Aufgabe der Literaturwissenschaft. Die kognitive Hermeneutik unterscheidet strikt zwischen Textwissenschaft und Rezeptionsforschung. Beide können jedoch nach allgemeinen erfahrungswissenschaftlichen Prinzipien gestaltet werden. Zu den Aufgaben der Rezeptionsforschung gehört es, zeitgenössische Rezensionen und andere Dokumente, die zeigen, wie *Der Sandmann* nach der Erstveröffentlichung aufgenommen worden ist, erstens ausfindig zu machen und zweitens zu analysieren. Wir plädieren dafür, auch in der Rezeptionsforschung den Prinzipien der kognitiven Hermeneutik zu folgen,[157] d. h., die Reaktion muss erstens richtig erfasst und eingeordnet sowie zweitens aus dem Überzeugungssystem des Urteilenden erklärt werden. Projektiv-aneignende Vorgehensweisen gilt es auch in der Rezeptionsforschung zu vermeiden.

---

[157] Vgl. TEPE: *Kognitive Hermeneutik*, Kapitel 2.7.

19. Nutzen der Kommentare für die Weiterentwicklung der Basis-Analyse und Basis-Interpretation

Mit unseren vielfältigen Kommentaren verfolgen wir, wie in Kapitel 5 dargelegt, sowohl kritische als auch konstruktive Ziele. Während über weite Strecken die Feststellung der kognitiven Defizite im Vordergrund stand, konzentrieren wir uns in Kapitel 19 und den zugehörigen Ergänzungen auf die positiven Erträge und stellen diese zusammenfassend dar. Dabei stützen wir uns auf die Punkte *Zum Ausbau der Basis-Analyse und Basis-Interpretation verwendbare Einsichten* und *Im Kontext des Kommentars gewonnene eigene Präzisierungen* aus den Fazits. Alle Ausführungen dieser Art sind in einer Ergänzung zusammengestellt.

☞ ERGÄNZUNG 19-1: Nutzen der Kommentare für die Weiterentwicklung der Basis-Analyse und Basis-Interpretation

Basis-Analyse

In Teil I sind wir nach einem knappen deskriptiven Teil, der aus einer Textzusammenfassung besteht und sich mit dem Problem der Textweltcharakterisierung befasst, zur Basis-Interpretation übergegangen, die in Kapitel 4 systematisch ausgeformt worden ist. Daher war von vornherein zu erwarten, dass wir zum Ausbau unserer schmalen Basis-Analyse von einigen Sekundärtexten würden profitieren können.

Eine weitere Ergänzung verweist auf diejenigen Autoren, die in diesem Bereich gute Arbeit geleistet haben. Dabei sind wir natürlich an solchen Formen der deskriptiv-feststellenden Textarbeit besonders interessiert, die geeignet sind, unseren dämonologischen Deutungsansatz direkt oder indirekt zu stützen.

☞ ERGÄNZUNG 19-2: Anschlussfähige deskriptiv-feststellende Untersuchungen

Basis-Interpretation

Unsere dämonologische Deutung des *Sandmanns* gemäß Option 2b in Verbindung mit einer allegorischen Komponente im Sinne von Option 4a ist über mehrere Jahre Schritt für Schritt entwickelt worden. Wichtige Orientierungspunkte waren für uns die Arbeiten von Wührl (ERGÄNZUNG 7-2), Hartung (ERGÄNZUNG 7-4), Walter (ERGÄNZUNG 8-3) und Nehring (ERGÄNZUNG 14-1). Eine weitere Ergänzung verweist auf Sekundärtextautoren, die interpretatorisch zu Ergebnissen gelangt sind, die sich mit denen unserer Basis-Interpretation berühren.

☞ ERGÄNZUNG 19-3: Anschlussfähige interpretatorische Ergebnisse

Aufbauarbeit

Da wir uns in Teil I auf die Basisarbeit mit dem Text konzentriert haben, war von Anfang an zu erwarten, dass wir im Bereich der Aufbauarbeit von vielen Sekundärtexten würden profitieren können. In einer Ergänzung verweisen wir auf diejenigen Autoren, die für uns anschlussfähige Formen der Aufbauarbeit praktiziert haben.

☞ ERGÄNZUNG 19-4: Anschlussfähige Formen der Aufbauarbeit

Im Kontext der Kommentare gewonnene eigene Präzisierungen

In vielen Kommentaren haben wir das jeweilige Thesen- und Argumentationsangebot genutzt, um unsere eigene Position ins Spiel zu bringen und wenn möglich auch zu präzisieren bzw. auszudifferenzieren. Das betrifft einerseits unsere Überlegungen zu den textprägenden Instanzen des *Sandmanns* sowie zur anschließenden Aufbauarbeit, zum anderen aber den Gesamtkomplex der kognitiven Hermeneutik. Entsprechend vielfältig fallen die Ausführungen in diesem Fazitteil aus. Wir verweisen den interessierten Leser direkt auf ERGÄNZUNG 19-1.

20. Zur Krise der Textwissenschaft und der Möglichkeit ihrer Überwindung

Wir haben uns in diesem Buch auf die Sekundärliteratur zu einem der am meisten und am vielfältigsten gedeuteten Texte der deutschen Literatur konzentriert. Bereits im Vorwort haben wir darauf hingewiesen, dass wir unsere Arbeit als Pilotprojekt begreifen und vergleichbare Studien zu weiteren Sekundärliteraturkomplexen anregen wollen. Da derartige Studien noch nicht vorliegen, entsteht die Frage, ob man bereits auf der Grundlage unserer Forschungen *allgemeine* Aussagen über die Situation in der Textwissenschaft machen und verantworten kann.

Unsere Zielsetzung war von vornherein nicht spezialistisch darauf reduziert, die *Sandmann*-Forschung kritisch zu sichten, ohne über den Tellerrand hinauszuschauen. Wir wollten vielmehr *exemplarisch* vorgehen und eine Studie vorlegen, deren Ergebnisse zu einem erheblichen Teil auf andere Sekundärliteraturkomplexe übertragbar sind. Wie aber kann eine solche Übertragung vorgenommen und legitimiert werden? Während wir den Anspruch erheben, im Hinblick auf die *Sandmann*-Forschung zu gesicherten Erkenntnissen vorgedrungen zu sein, müssen wir selbstverständlich in Bezug auf andere Sekundärliteraturkomplexe Vorsicht walten lassen und uns damit begnügen, einige allgemeine Hypothesen zu formulieren, die noch der Stützung durch mehrere vergleichbare Untersuchungen bedürfen. Auf der anderen Seite sehen wir jedoch keinen Grund zu der Vermutung, dass die Situation in den anderen Fällen *völlig* anders ist. Diese Annahme stützt sich auf eigene Studien zu mehreren Sekundärliteraturkomplexen, die nur weniger umfangreich und intensiv ausgefallen sind, sowie auf jahre- und jahrzehntelange kritische Auseinandersetzung mit Interpretationstexten in Lehrveranstaltungen.

These 1: Wie die Konstellation der Sekundärtexte zu einem bestimmten literarischen Text beschaffen ist, hängt auch von der Beschaffenheit der Primärtexte, von deren Machart ab.

Texte, die eine bestimmte Gestaltung aufweisen, laden Vertreter unterschiedlicher Literaturtheorien und Methoden der Textarbeit gewissermaßen dazu ein, sich ihnen intensiv wissenschaftlich zuzuwenden, während von anderen Texten keine solche Wirkung ausgeht. So werden literarische Texte, die eine eindeutige Botschaft politischer bzw. weltanschaulicher Art enthalten, in der Regel deutlich weniger häufig interpretiert als Texte, bei denen es umstritten ist, worum es genau geht. Wir vermuten daher, dass es bei den Sekundärliteraturkomplexen deutliche Unterschiede gibt, und halten es deshalb für erforderlich, *mehrere* Konstellationen exemplarisch zu untersuchen – also die Situation bei besonders häufig gedeuteten Texten, aber auch die bei denjenigen Texten, die nur eine sehr beschränkte Anzahl von Interpretationen erfahren haben. Auf dieser Ebene muss davor gewarnt werden, die Ergebnisse unserer *Sandmann*-Studien vorschnell zu generalisieren. Nimmt man jedoch eine bestimmte Abstraktion vor, d.h. geht man vom speziellen Zugriff auf den *Sandmann* zurück zum zugrundeliegenden allgemeinen Verfahren der Textarbeit, so sind allgemeine Diagnosen möglich:

These 2: Der jeweilige spezifische Zugriff auf den *Sandmann* stellt eine Variante einer allgemeinen Herangehensweise an literarische Texte dar, der viele, wenn nicht sogar alle literarischen Texte unterzogen werden können. Sind nun auf dieser allgemeinen Ebene Defizite zu konstatieren, so betreffen diese sehr viele, wenn nicht sogar alle Sekundärliteraturkomplexe.

Nehmen wir die klassische psychoanalytische Literaturinterpretation, wie Freud sie entwickelt hat, als Beispiel. Die Aussagen Freuds über den *Sandmann* sind auf die besondere Beschaffenheit dieses Textes bezogen, und es wird speziell die Lehre vom Kastrationskomplex ins Spiel gebracht. Die *allgemeinen* Annahmen der freudschen Psychoanalyse lassen sich demgegenüber auf viele, wenn nicht sogar auf die Mehrzahl der literarischen Texte beziehen, was natürlich zu unterschiedlichen Ergebnissen führt. Da aber das Vorgehen der klassischen psychoanalytischen Textarbeit eine Form der unzulässigen Direktinterpretation darstellt, trifft die zugehörige grundsätzliche Kritik alle ihre Varianten. Von der Kritik an einzelnen psychoanalytischen *Sandmann*-Deutungen gelangen wir so zu einer generellen Kritik der klassischen psychoanalytischen Textinterpretation, die prinzipiell für *alle* Sekundärliteraturkomplexe relevant ist – denn auch bei Texten, die bislang noch nicht in diesem Sinn psychoanalytisch ausgelegt worden sind, ist eine solche Deutung prinzipiell denkbar. Entsprechend kann bei mehreren anderen Methoden der Textarbeit argumentiert werden, die aus der Sicht der kognitiven Hermeneutik ebenfalls grundsätzlich fehlerhaft sind.

Ohne zu bestreiten, dass es deutliche Unterschiede zwischen den verschiedenen Sekundärliteraturkomplexen und den zugehörigen Primärtexten gibt, konzentrieren wir uns nun auf die Ebene, auf der allgemeine Aussagen, vor allem solche kritischer Art, möglich und zulässig sind.

These 3: Die Textwissenschaft und insbesondere die Sekundärliteratur zu einzelnen literarischen Texten befindet sich seit langer Zeit in einer Grundlagenkrise. Das betrifft in der Hauptsache zwei Punkte: Erstens lassen sich viele Methoden der Textarbeit dem traditionellen Arbeitsstil zuordnen, der zwar kognitive Leistungen zu erbringen vermag, aber mehr oder weniger starke dogmatische Komponenten aufweist, die mit dem projektiv-aneignenden Vorgehen zusammenhängen. Zweitens haben sich in der Textwissenschaft *einige* Methoden der Textarbeit etablieren können, die auf verdeckt aneignende Weise allegorisch verfahren und gänzlich dem projektiv-aneignenden Arbeitsstil zuzuordnen sind. Hier wird im Gewand der Wissenschaft aneignend interpretiert. Diese verdeckt aneignende Form der allegorischen

Interpretation muss aus der Textwissenschaft ausgelagert und in den weltanschaulichen bzw. theoretischen Diskurs verwiesen werden.

Unsere *methodologischen Kommentare* beziehen sich in der Hauptsache nicht auf den jeweils speziellen Umgang mit dem *Sandmann*, sondern vor allem auf den generellen Unterschied zwischen der traditionellen und einer erfahrungswissenschaftlich orientierten Arbeitsweise in der Textwissenschaft. Die traditionelle Arbeitsweise – die, abhängig von der im Einzelfall zugrundeliegenden Literaturtheorie und Methode, unterschiedliche Ausformungen erfährt – weist strukturelle Schwächen auf, die wir als *dogmatische* Tendenzen gekennzeichnet haben. Die traditionelle Praxis des Interpreten stellt eine problematische Mischung aus einer kognitiven und einer projektiv-aneignenden und damit pseudowissenschaftlichen Vorgehensweise dar, die unbewusst auf die Stützung des eigenen Überzeugungssystems hinausläuft. Je nachdem welche Seite dominiert, ist der wissenschaftliche Wert des Sekundärtextes größer oder geringer.

These 4: Der krisenhafte Zustand in der Textwissenschaft wird von den meisten Literaturwissenschaftlern nicht klar erkannt.

In aller Regel herrscht die Meinung vor, in der Textwissenschaft sei im Prinzip alles in Ordnung, wenngleich häufig eingeräumt wird, dass es einzelne Fehlentwicklungen gebe. Insbesondere gilt die aktuelle Form des Methodenpluralismus vielen, die dem radikalen Interpretationspluralismus zuneigen, als Errungenschaft, die nicht wieder verspielt werden dürfe. Um die Krise der Textwissenschaft überwinden zu können, ist es zunächst einmal erforderlich, den Literaturwissenschaftlern auf breiter Front die Erkenntnis zu vermitteln, *dass* eine Grundlagenkrise vorliegt und welches ihre *Ursachen* sind. Die Bücher *Kognitive Hermeneutik* und *Interpretationskonflikte* verfolgen genau dieses Ziel. *Kognitive Hermeneutik* tut dies auf theoretischer Ebene: Die grundlegende Unterscheidung zwischen einem wissenschaftlichen (kognitiven), einem nichtwissenschaftlichen (aneignenden) und einem pseudowissenschaftlichen (projektiv-aneignenden) Textzugang wird etabliert, und es wird gezeigt, dass die Interpretation literarischer Texte (und letztlich die Interpretation generell) nach allgemeinen erfahrungswissenschaftlichen Prinzipien (re-)organisiert werden kann. Im Buch *Interpretationskonflikte* hingegen wird dasselbe Ziel auf praktischer, anwendungsbezogener Ebene verfolgt: Das Kritikpotenzial der kognitiven Hermeneutik wird für die Analyse der Sekundärliteratur zum *Sandmann* nutzbar gemacht, um eine Fülle von Fachtexten auf ihre konkreten wissenschaftlichen Leistungen und ihre kognitiven Defizite hin zu sichten.

These 5: Die konstatierte Grundlagenkrise in der Textwissenschaft lässt sich durch den konsequenten Übergang zu einem erfahrungswissenschaftlichen Denkstil überwinden.

Von entscheidender Bedeutung ist hier das Methodenangebot der Basis-Interpretation, das strikt erfahrungswissenschaftlich ausgerichtet ist. Um ein Umdenken in der Textwissenschaft zu initiieren, ist es sinnvoll zu demonstrieren, wie man es besser als bisher machen kann. Das geschieht durch die beispielhafte Anwendung der neuen Methode auf Hoffmanns Erzählung in Teil I dieses Buches. Darüber hinaus gewinnt die kritische Auseinandersetzung mit der Sekundärliteratur deutlich an Schärfe, wenn sie sich auf eine bewährte eigene Basis-Interpretation stützen kann.

Wir lehnen die Textwissenschaft traditionellen Typs keineswegs völlig ab. Wir wollen die so verfahrenden Textwissenschaftler, welcher speziellen Methode sie auch folgen mögen, aber zu der Einsicht bringen, dass ihre Vorgehensweise kognitive Defizite aufweist, die sich durch den Übergang zu einem erfahrungswissenschaftlich ausgerichteten Arbeitsstil überwinden lassen. Dabei sieht das Programm der moderaten Optimierung vor, dass die Textwissenschaftler dort abgeholt werden, wo sie sich befinden. Ihnen wird gezeigt, dass sie ihre zentralen Erkenntnisziele besser erreichen können, wenn sie ihr Vorgehen in diesem und jenem Punkt verändern und sich vor allem von dem leitenden Interesse verabschieden, eine mit ihrem eigenen Überzeugungssystem konforme Textdeutung hervorzubringen.

These 6: Die scharfe Kritik an projektiv-aneignenden Interpretationsverfahren, die zu deren Ausscheidung aus der *Textwissenschaft* führt, schließt nicht aus, dass diese Verfahren und deren Ergebnisse sich in *anderen* Bereichen der Wissenschaft als nützlich und kognitiv relevant erweisen können.

Diese Behauptung, die auf den ersten Blick befremdlich erscheinen mag, gilt es nun zu erläutern und zu stützen. Wie bereits in Kapitel 1.1 ausgeführt, liegt ein aneignender Textzugang vor, wenn die Beschäftigung mit dem jeweiligen Text explizit oder implizit der Leitfrage „Was sagt mir oder uns dieser Text?" bzw. „Welchen Nutzen bringt mir oder uns dieser Text?" folgt. Häufig geht es beim aneignenden Textzugang darum, aus dem Text Nutzen zu ziehen für die Bewältigung lebenspraktischer Orientierungsprobleme unterschiedlicher Art. Beim aneignenden Textzugang kann ein Text – dies kann auch ein philosophischer oder wissenschaftlicher Text sein – jedoch ebenso für die Weiterentwicklung der vom Interpreten vertretenen Theorie benutzt werden. In diesem Fall dient der aneignende Textzugang der Erreichung von Erkenntniszielen, hier der Entfaltung oder Verbesserung einer bestimmten Theorie.

In diesem Zusammenhang geht es uns nicht darum, Aussagen über den kognitiv-wissenschaftlichen Wert der jeweiligen Theorie zu machen; wir wollen nur einen bestimmten Umgang mit Texten angemessener als zuvor *einordnen*. Nehmen wir zu diesem Zweck wieder Freuds *Sandmann*-Interpretation als Beispiel. Für diesen Fall – und für alle entsprechenden Fälle – gilt:

- Ist nachgewiesen worden, dass es sich um eine dogmatisch-allegorische Interpretation handelt, so bedeutet dies, dass sie aus dem textwissenschaftlichen Diskurs auszulagern ist.
- Dass es sich nicht um eine textwissenschaftlich relevante Interpretation handelt, bedeutet nicht, dass sie *generell* wertlos ist. Es ist daher zu überlegen, ob sie innerhalb eines anderen Diskurses eine sinnvolle Funktion übernehmen kann.
- Dies ist nach unserer Auffassung grundsätzlich möglich, und zwar auf folgende Weise: Im Bereich der durch Freud begründeten Psychoanalyse – oder einer beliebigen anderen Theorie, die mit wissenschaftlichem Anspruch auftritt – *kann* die Interpretation eines literarischen Textes zur Entfaltung oder Weiterentwicklung dieser Theorie beitragen. Es ist z.B. denkbar, dass Freud bei der Ausarbeitung seiner theoriegeleiteten Textdeutung auf neue Ideen gekommen ist, die zur Weiterentwicklung der Psychoanalyse geführt haben. So könnte ihm das Theorem vom Kastrationskomplex in diesem Kontext erst in den Sinn gekommen sein oder aber eine Idee, die dazu dienen kann, Argumente der Kritiker abzuwehren.
- Entsprechend kann die Interpretation eines literarischen Textes im Kontext einer – religiösen oder areligiösen – Weltanschauung zur Entfaltung oder Weiterentwicklung des zugehörigen Überzeugungssystems dienen.
- Der Befund lässt sich folgendermaßen zusammenfassen: Eine bestimmte Deutung eines literarischen Textes, die innerhalb des *textwissenschaftlichen* Diskurses nach kognitiven Standards als verfehlt und wertlos anzusehen ist, kann innerhalb des jeweiligen *theoretischen* oder *weltanschaulichen* Diskurses durchaus relevant und nützlich sein.
- Bei jeder Textinterpretation, die als dogmatisch-allegorisch erwiesen worden ist, ist daher wohlwollend[158] zu prüfen, ob sie sich teilweise retten lässt, wenn man sie als Beitrag zum theoretischen bzw. weltanschaulichen Diskurs *reformuliert*. Berücksichtigt man die von uns analysierten Fälle, so ergibt sich folgende Einschätzung: Während ein *großer* Nutzen für diesen Diskurs – als Beispiel kann die Entstehung einer neuen theoretischen Konzeption fungieren – nur in sehr wenigen Fällen besteht, kann ein *kleiner* Nutzen generell konzediert werden. Jede Textinterpretation dieser Art stellt ja eine *praktische Anwendung* der jeweiligen Hintergrundtheorie dar, die zur besseren Einübung der theoretischen Grundlagen führt und die Rezipienten dazu bewegen kann, diese Theorie ebenfalls zu akzeptieren.
- Aus der kognitiven Hermeneutik ergibt sich mithin das Ziel, die Vertreter dogmatisch-allegorischer bzw. projektiv-aneignender Deutungsstrategien

---

[158] Das ist eine weitere Anwendung der Prinzipien der wohlwollenden Interpretation; vgl. TEPE: *Kognitive Hermeneutik*, Kapitel 1.9.

von ihrem fundamentalen *Selbstmissverständnis* zu befreien, sie würden sich im textwissenschaftlichen Diskurs bewegen und dort eine relevante Leistung erbringen. In Wahrheit bewegen sie sich, *ohne dies zu durchschauen,* in einem bestimmten theoretischen bzw. weltanschaulichen Diskurs, in dem sie auch eine relevante Leistung kleinerer oder größerer Art erbringen. Wir wollen diesen Interpreten also zu einem angemessenen *Diskursbewusstsein* verhelfen.

- Der Interpret dieses Typs soll erkennen, dass ihm der jeweilige literarische Text nur als Anlass dient, um seine theoretische Sichtweise anzuwenden und einzuüben. Er soll sich bewusst werden, dass er in den meisten Fällen einen aneignenden Textumgang praktiziert, der dem Text zwar Gewalt antut, der aber innerhalb des theoretischen Diskurses legitim ist. Er erhebt somit nicht mehr generell einen textwissenschaftlichen Erkenntnisanspruch. In Sonderfällen kann ein solcher Anspruch jedoch durchaus berechtigt sein, z. B. dann, wenn sich bei der Basisarbeit mit dem Text herausgestellt hat, dass das textprägende Überzeugungssystem des Autors stark durch die Psychoanalyse Freuds beeinflusst worden ist.[159]
- Die *Transformation* einiger Interpretationen, die zunächst mit textwissenschaftlichem Erkenntnisanspruch aufgetreten sind, in Beiträge zum jeweiligen theoretischen oder weltanschaulichen Diskurs erleichtert die *unproblematische Koexistenz* der unterschiedlichen Diskurse. Der Direktanwender einer bestimmten Hintergrundtheorie weiß nun, was er tut; er hat erkannt, dass es sein Selbstmissverständnis ist, das zum Konflikt mit der kognitiv ausgerichteten Textwissenschaft geführt hat. Der Übergang zu einem angemessenen Selbstverständnis hat zur Folge, dass der kognitivistische Textwissenschaftler keinen Grund mehr hat, gegen den de facto aneignenden Textumgang, der ja in einem bestimmten Bereich durchaus seine Berechtigung besitzt, zu intervenieren.

---

[159] Vgl. TEPE: *Kognitive Hermeneutik,* [140].

21. Die *Sandmann*-Forschung aus informationswissenschaftlicher Sicht

21.1 Zum Konzept der zitationsanalytischen Studie

Ein von Jürgen Rauter geleitetes informationswissenschaftliches Seminar am Institut für Sprache und Information an der Heinrich-Heine-Universität Düsseldorf verfolgte die Leitfrage: Wie kann man verlässlich herausfinden, welche Sekundärtexte und welche Sekundärtextautoren in der *Sandmann*-Forschung besonders wichtig sind? Hierfür wurden aus der Vielfalt der Sekundärtexte 23 Arbeiten ausgewählt (vgl. ERGÄNZUNG 21-1), und zwar nach den folgenden Kriterien: Erstens sollten die Arbeiten unterschiedliche Aspekte und Phasen[160] der *Sandmann*-Forschung möglichst breit abdecken, und zweitens sollten sie möglichst viele Verweise auf andere Texte (nämlich jeweils mindestens 30 Fußnoten) enthalten. Die Studierenden[161] hatten die Aufgabe, diese Fußnoten auf spezifische Weise auszuwerten. Durch bestimmte Fragestellungen, die in Kapitel 21.2 detailliert beschrieben werden, sollte vor allem herausgefunden werden, welche Sekundärtexte und Sekundärtextautoren besonders häufig zitiert werden. Dabei wird von der Annahme ausgegangen, dass sich aus der Zitationshäufigkeit erschließen lässt, welche Texte und Autoren in der *Sandmann*-Forschung im Zentrum der Diskussion stehen.[162]

Die Studierenden sollten sich auf diejenigen Fußnoten der ausgewählten Aufsätze und Bücher konzentrieren, die auf andere *wissenschaftliche* Arbeiten verweisen.[163] Werden also in einem Sekundärtext Passagen aus dem *Sand-*

---

[160] Der chronologische Aspekt darf nicht unterschätzt werden, da die aktuelle Forschungsliteratur wesentlich umfangreicheres bibliographisches Datenmaterial liefert als beispielsweise Freuds *Das Unheimliche*; je aktueller ein Artikel ist, desto umfangreicher kann die dort enthaltene Literaturliste sein.

[161] Für die Auswertung der Daten danken wir Alem Becic, Zoran Beljo, Melanie Bühnemann, Nreka' Egbuonu, Sabrina Fiebich, Annabell Gutzmer, Stefanie Haustein, Dominik Hübler, Josephine Ihde, Sarah-Maria Jacoby, Anna Kalita, Nina Krauße, Marc Lamik, Laura Lange, Shkurta Meziu, Grazyna Marzena Nagajek, Katrin Paukstat, Isabella Peters, Tanya Pfahl, Daniel Pigou, Michael Pilger, Robert Plawetzki, Alexandra Przybyl, Vera Samonte, Nino Sanikidze, Jens Schleife, Dennis Schramm, Stephanie Schulz, Tobias Siebenlist, Dorota Switala, Sevinc Tozluk, Guido Üffing, Sonja Weber, Yue Xing.

[162] Für unser Buchprojekt hat diese Untersuchung unter anderm den Nutzen, dass wir auf der Grundlage der Auszählungen überprüfen können, ob wir die am meisten zitierten Sekundärtexte auch tatsächlich berücksichtigt, d. h. in Kommentaren kritisch diskutiert haben.

[163] Vorab musste jedoch geklärt werden, inwieweit sich Bücher und Aufsätze vergleichen lassen, da Bücher ein wesentlich größeres Seitenvolumen aufweisen. In diesem Zusammenhang empfiehlt es sich, Bücher kapitelweise auszuwerten. Nach dieser Festlegung enthält ein Buch so viele Aufsätze, wie es Kapitel, verstanden als Großunterteilungen, aufweist.

mann oder anderen Werken Hoffmanns zitiert, so konnten derartige Verweise vernachlässigt werden; berücksichtigt wurden dagegen Anführungen wissenschaftlicher Arbeiten, z. B. von Freud oder Hohoff.[164] Diese Verweise auf andere Fachtexte wurden erstens in einer Datenbank gesammelt, zweitens wurden sie ausgewertet, und drittens wurden auf der Grundlage der Auszählungen Sortierreihenfolgen, sogenannte Rankings[165], erstellt.[166]

Nun kann eine häufige Erwähnung aber auch darauf zurückzuführen sein, dass ein bestimmter Sekundärtext von vielen Interpreten *abgelehnt* wird. Die Relevanz kann also sowohl positiver als auch negativer Art sein. Der hauptsächliche Nutzen der Studie besteht somit darin, dass man durch sie erfährt, welche Sekundärtexte von den beteiligten Textwissenschaftlern insgesamt als *besonders wichtig* angesehen werden, sei es nun in positiver oder in negativer Hinsicht. Daraus lässt sich für diejenigen, die sich in die *Sandmann*-Forschung einarbeiten und die eventuell auch einen Beitrag zu ihr leisten wollen, die Empfehlung ableiten, diese Texte vorrangig zu studieren.

---

[164] Aus informationswissenschaftlicher Perspektive ergab sich hier ein Problem, auf das bereits Eugene Garfield, der Vater der Zitationsanalyse, hingewiesen hat: Manuelles Auszählen und die Zuordnung einzelner Fußnoten zum wissenschaftlichen Diskurs (bzw. intellektuelles Indexieren, wie Garfield es nennt) erfordert eine gewisse Sachkenntnis der Materie. Es genügt also nicht, alles zu zählen, sondern es muss vorher entschieden werden, was als Referenz auf wissenschaftliche Arbeiten und was als Referenz auf literarische Texte zu werten ist. Für die Studierenden der Informationswissenschaft ergab sich mehrfach die Situation, dass ein Text zunächst nicht eindeutig zuzuordnen war. Derartige Probleme mussten gemeinsam besprochen werden, um dann eine befriedigende Zuordnung vornehmen zu können.

[165] Die verwendeten Parameter werden detailliert erläutert in J. RAUTER: *Zitationsanalyse und Intertextualität. Intertextuelle Zitationsanalyse und zitatenanalytische Intertextualität.* Hamburg 2006. Sie gestatten es, die ausgewertete Sekundärliteratur mittels der errechneten Werte zu gewichten.

[166] Im informationswissenschaftlichen Kontext stellt sich hier die grundsätzliche Frage, ob die auf wissenschaftliche Literatur verweisenden *Fußnoten* oder die *Bibliographien* der ausgewählten Texte auszuwerten sind. Im Unterschied zu einzelnen Fußnoten vermag es die Bibliographie nicht, die argumentative Relevanz eines Textes erkennbar zu machen. Wird ein Text a in einem wissenschaftlichen Aufsatz zehnmal zitiert, dann ist er für diesen Text (und dessen Autor) offenbar relevanter, also z. B. aussagekräftiger oder anschlussfähiger als ein anderer Text b, der nur einmal erwähnt wird. So kann der Fall auftreten, dass Text a als paradigmatisch angesehen wird, d. h. als ein Text, dem es unbedingt zu folgen gilt, oder auch als ein Text, dem es zu widersprechen gilt. In beiden Fällen spiegelt sich in der Summe der Zitate, dass sich der Autor mit Text a intensiv auseinandergesetzt hat bzw. dass dieser für ihn eine hohe Relevanz besitzt. Das gilt nicht für einen Text b, der nur als Exempel oder in Bezug auf eine spezielle gelungene Formulierung herangezogen wird. Während die Texte a und b in der Bibliographie gleichberechtigt nebeneinanderstehen – sie werden ja nur einmal aufgeführt –, ergibt die Auszählung der Fußnoten ein völlig anderes Bild: Text a = 10; Text b = 1. Auf diese Weise wird eine Gewichtung der Zitate erreicht: Text a ist für die Argumentation relevanter als Text b. Deshalb ist es wesentlich ergiebiger, statt der Bibliographie die Fußnoten auszuwerten.

21.2 Ergebnisse der zitationsanalytischen Studie

Es entstand eine aus 1 759 Fußnoten bestehende Datenbank, welche die Basis der folgenden Ausarbeitungen bildete. In der graphischen Darstellung wurden aus Platzgründen nur die jeweils 10 Bestplatzierten berücksichtigt.

☞ ERGÄNZUNG 21-1: Datengrundlage der zitationsanalytischen Auswertung

Bei der Fußnotenauswertung wurden fünf Fragestellungen verfolgt, die nun zu erläutern sind. Auf jede Erläuterung folgt die Wiedergabe der Ergebnisse.

1. Welches ist der meistzitierte Text? In der Informationswissenschaft wird angenommen, dass häufig zitierte wissenschaftliche Arbeiten innerhalb einer Disziplin (hier der Textwissenschaft und speziell der *Sandmann*-Forschung) als besonders relevant angesehen werden: Mit der Anzahl der Zitationen nimmt die Relevanz für die Disziplin zu, d.h., die Relevanz spiegelt sich in der Zitationsrate. Das Ranking liefert einen Überblick über die meistzitierten Arbeiten in den ausgewählten Sekundärtexten zum *Sandmann*. Aus informationswissenschaftlicher Sicht ergibt sich daraus die Empfehlung, sich vorrangig mit den meistzitierten Texten zu beschäftigen, da sie im Zentrum der Fachdiskussion stehen.[167]

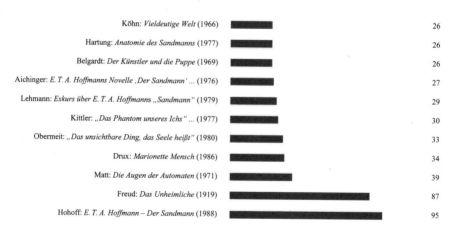

Abb. 1: *Meistzitierter Text*

Der meistzitierte Text innerhalb der 1 759 Fußnoten ist Hohoffs Buch *E. T. A. Hoffmann – Der Sandmann* (1988) mit 95 Referenzen, gefolgt von Freuds *Das Unheimliche* (1919) mit 87 und Matts *Die Augen der Automaten* (1971) mit 39 Referenzen.

---

[167] Da sich drei Texte Platz 9 teilen, wird hier auf die Angabe des Zehntplatzierten verzichtet.

In diesem Zusammenhang verweisen wir darauf, dass Texte, die neueren Datums sind, insgesamt weniger Chancen haben, zitiert zu werden, als beispielsweise Freuds *Das Unheimliche*, weil wissenschaftliche Artikel eine bestimmte Anlaufzeit brauchen, ehe sie in breiterem Rahmen zitiert werden.

2. Welches ist der meistzitierte Autor? Informationswissenschaftlich ausgedrückt: Wer wird als *authority* im jeweiligen Themenbereich angesehen? In der Informationswissenschaft wird angenommen, dass Werke von häufig zitierten Wissenschaftlern als relevante Dokumente der jeweiligen Disziplin und die entsprechenden Autoren als anerkannte Koryphäen, als wissenschaftliche Autoritäten wahrgenommen werden. Derjenige Autor, der die meisten Zitate auf sich vereint, wird daher als *authority* bezeichnet. Mit der Anzahl der Zitationen nimmt die Autorität für die Disziplin zu, d.h., diese spiegelt sich in der Zitationsrate. Durch eine vergleichende Analyse kann so herausgefunden werden, welche Wissenschaftler in einer bestimmten Disziplin den höchsten Autoritätsstatus besitzen. Das Ranking liefert einen Überblick über die meistzitierten Autoren[168] in den ausgewählten Sekundärtexten zum *Sandmann*. Aus informationswissenschaftlicher Sicht ergibt sich daraus die Empfehlung, sich beim Einstieg in diesen Themenbereich vorrangig mit besagten Autoren zu beschäftigen, weil sie in der Disziplin als Koryphäen gelten.

Abb. 2: *Meistzitierter Autor*

---

[168] Dabei handelt es sich nicht nur um Verfasser von Sekundärtexten zum *Sandmann*. Berücksichtigt wurden auch Autoren wie Lacan, die nicht über den *Sandmann* gearbeitet haben. Dass Sekundärtexte jüngeren Datums häufig auf Lacan verweisen, ist darauf zurückzuführen, dass mehrere Interpreten sich auf dessen Version der Psychoanalyse stützen. Entsprechendes gilt für alle anderen Theorien, die für die *Sandmann*-Deutung benutzt werden. Zu erwähnen ist, dass Textwissenschaftler z.B. auch auf solche Texte Freuds verweisen, die keine Ausführungen über den *Sandmann* enthalten.

Freud erscheint innerhalb unserer Datenbank als der meistzitierte Autor (115 Referenzen), gefolgt von Hohoff (95 Verweise) und Drux (55 Referenzen).

3. Welcher Aufsatz (im Sinne der zuvor genannten Zählweise, wonach ein Buch aus so vielen Aufsätzen besteht, wie es Kapitel aufweist) enthält in den Fußnoten die meisten Verweise auf Sekundärliteratur zum Sandmann*?* Informationswissenschaftlich ausgedrückt: Welcher Text bildet den *hub*, d.h. den umfangreichsten (meistzitierenden) Informationsverteiler? Dies sind immer Texte jüngeren Datums. Aufgrund ihrer Aktualität können sie ein umfangreicheres bibliographisches Material enthalten. Aus informationswissenschaftlicher Sicht liefert dieser Parameter einen schnellen Überblick über die Forschungslage zum *Sandmann*, sodass mittels weniger Sekundärtexte der Großteil der Fachliteratur mit geringem Rechercheaufwand erschließbar wird. Für die praktische wissenschaftliche Arbeit kann dieses Verfahren durch folgende Faustregel erläutert werden: Gesucht wird jener wissenschaftliche Text, der die umfangreichste Bibliographie zum *Sandmann* aufweist, da dieser den besten Einstieg in den Forschungsdiskurs bietet. Durch die eingangs erwähnte Kapiteleinteilung ergibt sich folgende Aufstellung:

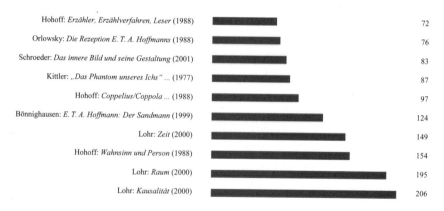

Abb. 3: *Meistzitierende Texte (*hub*)*

Lohrs Buchkapitel *Kausalität* weist die höchste Anzahl an Zitaten (206) auf, gefolgt vom Kapitel *Raum* (195); Rang 3 nimmt Hohoff mit dem Kapitel *Wahnsinn und Person* (154) ein.

4. Welcher Text wird in den meisten Aufsätzen mindestens einmal zitiert? Informationswissenschaftlich ausgedrückt: Welcher Text fungiert als *Text-Archetypus* ($Arch_T$)? Hier wird die Breitenwirkung des besagten *Werks* – nicht des Autors – ermittelt. Aus informationswissenschaftlicher Sicht ergibt sich daraus die Empfehlung, diejenigen Sekundärtexte, welche die größte Breitenwirkung erzielen, vorrangig zu studieren.

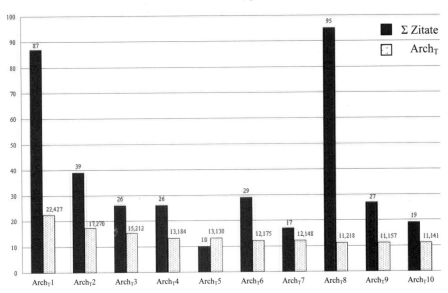

Abb. 4: *Text-Archetypus (sortiert nach Arch$_T$)*

Arch$_T$1: Freud: *Das Unheimliche* (1919)
Arch$_T$2: Matt: *Die Augen der Automaten* (1971)
Arch$_T$3: Köhn: *Vieldeutige Welt* (1966)
Arch$_T$4: Hartung: *Anatomie des Sandmanns* (1977)
Arch$_T$5: Stadler: *Der Sandmann* (1986)
Arch$_T$6: Lehmann: *Exkurs über E. T. A. Hoffmanns „Sandmann"* (1979)
Arch$_T$7: Prawer: *Hoffmann's Uncanny Guest: A Reading of* Der Sandmann (1964/65)
Arch$_T$8: Hohoff: *E. T. A. Hoffmann – Der Sandmann* (1988)
Arch$_T$9: Aichinger: *E. T. A. Hoffmanns Novelle ‚Der Sandmann' und die Interpretation Sigmund Freuds* (1976)
Arch$_T$10: Hoffmann: *Zu E. T. A. Hoffmanns „Sandmann"* (1962)

Bemerkenswert ist, dass Freuds Aufsatz *Das Unheimliche* (1919) nicht nur einer der meistzitierten Texte (87 Zitate) ist, sondern dass er auch die größte Breitenwirkung (22,427) erzielt hat, gefolgt von Matt (17,270) und Köhn (15,212). In Bezug auf Hohoffs Text verdeutlicht obige Graphik, dass dieser eine geringere Breitenwirkung erreicht. Das ist darauf zurückzuführen, dass Hohoffs Buch zwar häufig in Fußnoten zitiert wird (95 Zitate), aber nur in wenigen Texten (11,218), anders gesagt: Wird Hohoff in einem der wenigen Texte zitiert, dann sofort mehrere Male. Wissenschaftliche Texte, die neueren Datums sind, entfalten häufig eine geringere Breitenwirkung als ältere.

5. *Welcher Autor wird in den meisten Aufsätzen mindestens einmal zitiert?* Informationswissenschaftlich ausgedrückt: Welcher Text fungiert als *Autor-Archetypus* (Arch$_A$)? Im Unterschied zum Text-Archetypus wird hier die Breitenwirkung des *Autors* – nicht des Textes – zum entscheidenden Kriterium.[169] Aus informationswissenschaftlicher Sicht ergibt sich daraus die Empfehlung, diejenigen Autoren, welche die größte Breitenwirkung erzielen, vorrangig zu studieren.

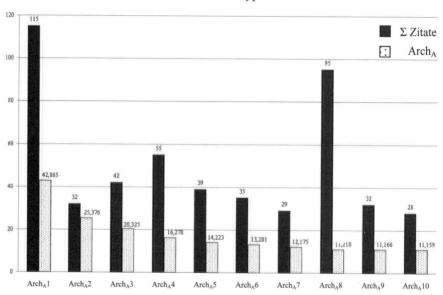

Abb. 5: *Autor-Archetypus (sortiert nach Arch$_A$)*

Arch$_A$1: Sigmund Freud
Arch$_A$2: Jacques Lacan
Arch$_A$3: Peter von Matt
Arch$_A$4: Rudolf Drux
Arch$_A$5: Werner Obermeit
Arch$_A$6: Jochen Schmidt
Arch$_A$7: Hans-Thies Lehmann
Arch$_A$8: Ulrich Hohoff
Arch$_A$9: Friedrich A. Kittler
Arch$_A$10: Wolfgang Kayser

Die Auswertung verdeutlicht, dass Freud jener Autor ist, der die größte Breitenwirkung erzielt (42,865), gefolgt von Lacan (25,376) und Matt (20,325).

---

[169] Ein Autor kann mehrere Texte bzw. Kapitel auf sich vereinen, während der Text-Archetypus sich nur auf *einen* spezifischen Text bzw. *ein* Kapitel bezieht.

Auch hier zeigt sich, dass der Autor Hohoff zwar häufig, aber nur in wenigen Texten zitiert wird, während sich bei Lacan eine umgekehrte Konstellation findet.

Die aufgeführten informationswissenschaftlichen Parameter sind untereinander kombinierbar: Beispielsweise kann ein *hub*, also ein Informationsverteiler, in Bezug auf die meistzitierten Autoren auf Vollständigkeit hin abgeglichen werden. Dies spiegelt sich in den nachfolgenden Fragestellungen: Wurden alle Texte, die aufgrund der informationswissenschaftlichen Analyse als besonders relevant gelten können, berücksichtigt? Sind die als Koryphäen wahrgenommenen Autoren auch alle behandelt worden? Stimmen die Zitationshäufigkeit und die entsprechende Breitenwirkung der Autoren überein, oder zeigt sich hier eine Diskrepanz?
Im Rückgriff auf die ermittelten Werte kann aus informationswissenschaftlicher Sicht z.B. folgende These aufgestellt werden: Da Freuds Texte zu den meistzitierten Arbeiten in der *Sandmann*-Forschung gehören, *Das Unheimliche* als Text-Archetypus und er selbst als Autor-Archetypus wahrgenommen wird, ist zu fordern, dass sich ein *Sandmann*-Interpret auch mit Freud und seiner *Sandmann*-Deutung auseinandersetzt. Sekundärtexte, die auf Freud überhaupt nicht eingehen, sind daher als unvollständig zu betrachten, da sie einen zentralen Text und Autor der Forschung entweder nicht kennen oder ignorieren.
Wie eben skizziert, erlaubt eine informationswissenschaftliche Studie, die Fußnoten auswertet, Rückschlüsse hinsichtlich der Vollständigkeit der Bibliographie und gestattet es, wissenschaftliche Bezüge aufzuzeigen und graphisch darzustellen.[170] Es ist jedoch derzeit aufgrund der gängigen Zitierweisen und Zitationsstile unmöglich, eindeutige Aussagen hinsichtlich der Beschaffenheit der Text- und Autorbezüge zu treffen.[171] Anders gesagt: Man weiß, über was geredet wird bzw. was im Zentrum der wissenschaftlichen Diskussion steht; allerdings fehlen Kenntnisse darüber, ob der vielfach zitierte Aufsatz wohlwollend bzw. zustimmend zitiert oder ob er verrissen wird.

---

[170] Derartige Verfahren werden seit mehreren Jahren verstärkt von Internetsuchmaschinen bzw. im Information-Retrieval genutzt: Webseiten, die von vielen Nutzern angesteuert werden, gelten als relevanter und werden entsprechend früh ausgeworfen; Webseiten, die isoliert bzw. kaum verlinkt sind, fallen durch das Raster.
[171] Jürgen Rauter schlägt vor, die Zitate mittels der Parameter a für Ablehnung, n für neutrale Zitierweise oder p für Zustimmung zu kennzeichnen. Eine derartige Vorgehensweise würde Rückschlüsse auf die *qualitativen* Textbezüge erlauben, die zudem automatisch erfassbar wären; vgl. RAUTER: *Zitationsanalyse und Intertextualität*, Kapitel 6.10.

21.3 Umakzentuierungen aus der Sicht der kognitiven Hermeneutik

Die dargestellte zitationsanalytische Studie folgt der in der Informationswissenschaft üblichen Sichtweise und gelangt zu Empfehlungen, die diesen Standards entsprechen. Eine Problematisierung ist in den Kapiteln 21.1 und 21.2 nicht erfolgt; diese wird nun hinzugefügt. Zunächst ist festzuhalten, dass die kognitive Hermeneutik – als erfahrungswissenschaftlich ausgerichtete Interpretationstheorie – bestrebt ist, mit der ebenfalls empirisch orientierten Zitationsanalyse zu kooperieren. Aus den kritischen Kommentaren zu den Sekundärtexten und der daraus abgeleiteten Diagnose, dass sich die Textwissenschaft in einer Dauerkrise befindet, ergeben sich jedoch Einschränkungen und Differenzierungen der vorgestellten Sichtweise. Dabei ist unbestritten, dass es für diejenigen, die sich mit der *Sandmann*-Forschung – oder der Forschungslage zu beliebigen anderen literarischen Texten – vertraut machen wollen, nützlich ist, verlässliche Informationen darüber zu haben, welche Texte und Autoren in der Fachliteratur am meisten bzw. am breitesten rezipiert und diskutiert werden. Es ist zweifellos sinnvoll, diese Texte und Autoren in der Einarbeitungsphase vorrangig zu studieren, d.h. entlegene Sekundärtexte erst einmal zurückzustellen.

Die Einschränkungen und Differenzierungen hängen mit einem grundsätzlichen Problem zusammen, das am Beispiel der Frage nach dem meistzitierten Text diskutiert werden soll. Eines ist es festzustellen, ob ein Sekundärtext zum *Sandmann* in anderen Sekundärtexten besonders häufig zitiert und somit in der zugehörigen Disziplin *als relevant angesehen* wird; etwas anderes ist es zu klären, welchen *wissenschaftlichen Erkenntniswert* dieser Sekundärtext *tatsächlich* besitzt. In unserer methodenkritischen Studie haben wir das aus der kognitiven Hermeneutik abgeleitete kritische Analysemodell auf Sekundärtexte angewendet, um zu einem begründeten Urteil über deren wissenschaftliche Leistungen und kognitive Defizite zu gelangen. Dem zitationsanalytisch verstandenen Relevanzproblem haben wir dabei keine größere Beachtung geschenkt; wir haben jedoch mehrfach darauf hingewiesen, dass *Sandmann*-Interpretationen, die in der Fachwelt ein hohes Maß an Anerkennung genießen, in vielen Fällen, wenn man strengere kognitive Maßstäbe anlegt, als wissenschaftlich völlig oder weitgehend wertlos anzusehen sind.

Diese Diskrepanz steht nun im Mittelpunkt der folgenden Überlegungen: Texte und Autoren, die in einer wissenschaftlichen Disziplin zu einer bestimmten Zeit ein hohes Maß an Anerkennung finden, haben diese Anerkennung aus kognitivistischer Sicht keineswegs immer verdient. Dieser Sachverhalt ist auf die krisenhafte Situation der Textwissenschaft zurückzuführen. Stellen wir uns eine Disziplin vor, die strikt nach erfahrungswissenschaftlichen Kriterien organisiert ist; nehmen wir ferner an, dass nur solche

Sekundärtexte als Bücher oder Aufsätze publiziert werden, die zuvor von ausgewiesenen Fachleuten nach strengen Kriterien geprüft worden sind. In diesem Fall ist zu erwarten, dass diejenigen Sekundärtexte, die am häufigsten *positiv* zitiert werden, zumeist auch diejenigen sind, welche tatsächlich den größten wissenschaftlichen Wert besitzen – von relativ wenigen Ausnahmen einmal abgesehen, die z. B. in Phasen einer größeren wissenschaftlichen Umorientierung auftreten.

Die gegenwärtige Textwissenschaft stellt offenkundig keine Disziplin dieser Art dar, nicht einmal annäherungsweise. Deshalb ist in diesem Kontext mit starken Diskrepanzen zu rechnen: Viele der meistzitierten Sekundärtexte können, nach kognitivistischen Kriterien bewertet, sehr schlecht sein, während vielleicht mehrere von der Fachwelt weitgehend ignorierte Arbeiten sehr gut sind. Daher sollte in der Textwissenschaft strikt unterschieden werden zwischen dem *Ansehen*, das z. B. ein bestimmter Sekundärtext genießt, und seinem *objektiven wissenschaftlichen Wert*. Das faktische Renommee eines Textes kann sachlich völlig unbegründet sein. Aus dieser Diskrepanz, die für wissenschaftliche Disziplinen typisch ist, die nicht den sicheren Gang einer Erfahrungswissenschaft gehen, ergibt sich der nun zu erläuternde Differenzierungsbedarf hinsichtlich der informationswissenschaftlichen Ergebnisse und Empfehlungen. Wir folgen dabei der in Kapitel 21.2 vorgenommenen Gliederung.

1. Welches ist der meistzitierte Text? Die informationswissenschaftliche Studie zeigt, welche Sekundärtexte in einer bestimmten Zeitspanne das *höchste Ansehen* in der Fachwelt genießen – das lässt sich aus der Zitationshäufigkeit erschließen. Vergleicht man nun die informationswissenschaftliche Auswertung mit den Ergebnissen unserer inhaltsbezogenen Forschungen, so gibt es wenige Übereinstimmungen, aber viele Abweichungen. Hohoffs Buch wird einerseits am meisten zitiert, andererseits leistet es nach kognitivistischen Kriterien auch tatsächlich in vielen Punkten solide wissenschaftliche Arbeit. Die Arbeiten von Freud, Matt, Drux, Obermeit, Kittler, Lehmann und anderen, welche die nächsten Plätze einnehmen, weisen demgegenüber erhebliche kognitive Defizite auf, mehr noch, sie sind in einigen Fällen dem projektiv-aneignenden Interpretationsstil zuzuordnen. Sie werden daher *zu Unrecht* als wissenschaftlich besonders relevant angesehen. Aus der Sicht der kognitiven Hermeneutik ist daher eine differenzierte Empfehlung zu erteilen:

> *Regel 1:* Wenn du den Erkenntnisstand zu einem bestimmten literarischen Text aufarbeiten willst (um z. B. dann selbst einen eigenen Beitrag zu dessen Erforschung zu leisten), so solltest du denjenigen Sekundärtexten, die in der Textwissenschaft besonders angesehen sind und die im Zentrum der Diskussion stehen, eine Priorität gegenüber den randständigen Sekundärtexten einräumen.

Regel 2: Auf der anderen Seite solltest du den besonders angesehenen Sekundärtexten aber keinen *zu großen* Kredit gewähren. Mindestens ebenso wichtig wie die Kenntnis dieser Arbeiten ist die Kenntnis derjenigen Texte, die nach kognitivistischen Kriterien *tatsächlich* einen hohen wissenschaftlichen Wert besitzen. Für den wissenschaftlichen Erkenntnisfortschritt sind diese letztlich wichtiger als die besonders populären Sekundärtexte.

Regel 3: Wie kann man aber die Sekundärtexte mit dem höchsten objektiven wissenschaftlichen Wert herausfinden? Im Hinblick auf die *Sandmann*-Forschung lautet die Antwort: Lies unsere kritischen Kommentare, prüfe die vorgebrachten Argumente, und bilde dir dann eine eigene Meinung über den Wert des jeweiligen Textes. In Bezug auf andere Forschungsbereiche ist zu empfehlen: Übe das von uns entwickelte kritische Analyseverfahren ein, und wende es auf die vorliegenden Sekundärtexte an, insbesondere auf diejenigen, die in der Fachwelt besonders angesehen sind.

Regel 4: Verfehlt ist daher die folgende Einschätzung: „Wenn ich die besonders angesehenen Sekundärtexte zu einem bestimmten Primärtext aufgearbeitet habe, bin ich mit dem Forschungsstand hinlänglich vertraut." Nach unserer Auffassung ist die *Art und Weise* der Aufarbeitung entscheidend, nämlich die Aufarbeitung nach kognitivistischen Prinzipien. Wir warnen ausdrücklich vor dem *Fehlschluss* „Hohe Zitationsrate, also qualitativ gute Arbeit". Dass z.B. Freuds Aufsatz so häufig zitiert wird, führen wir darauf zurück, dass viele Textwissenschaftler die von Freud begründete Richtung der dogmatisch-allegorischen *Sandmann*-Deutung psychoanalytischen Typs weiterführen, die eine Variante der projektiv-aneignenden Interpretation darstellt.

2. Welches ist der meistzitierte Autor? Die Ausführungen zum meistzitierten Text lassen sich leicht so reformulieren, dass sie auch für den meistzitierten Autor gültig sind. Der am meisten zitierte Autor ist keineswegs automatisch derjenige, welcher die größten Erkenntnisleistungen erbringt. Auch den Koryphäen einer Disziplin sollte kein uneingeschränkter Vertrauensvorschuss gegeben werden.

3. Welcher Aufsatz enthält in den Fußnoten die meisten Verweise auf Sekundärliteratur zum Sandmann? Das ist ein unproblematischer Punkt, da hier das *Ansehen* der aufgeführten Arbeiten keine Rolle spielt.[172]

---

[172] Eines unserer Nebenziele ist es, die Sekundärliteratur zum *Sandmann* möglichst vollständig zu erfassen. Unsere beiden Literaturlisten können gegenwärtig als *hub*, als umfangreichster Informationsverteiler angesehen werden; es gibt nach unserem Erkenntnisstand keine Bibliographie, die mehr Forschungstexte erfasst.

4. Welcher Text wird in den meisten Aufsätzen mindestens einmal zitiert? Welcher Text fungiert als Text-Archetypus (Arch$_T$)? Hier lässt sich wiederum das zum meistzitierten Text Ausgeführte in angepasster Form anwenden: Das Werk mit der größten Breitenwirkung ist keineswegs zwangsläufig auch dasjenige, welches die größte Erkenntnisleistung zeitigt.[173]

5. Welcher Autor wird in den meisten Aufsätzen mindestens einmal zitiert? Welcher Text fungiert als Autor-Archetypus (Arch$_A$)? Hier gilt Entsprechendes: Der Autor, der die größte Breitenwirkung erzielt, ist mitnichten automatisch derjenige, welcher die größten Erkenntnisleistungen erbringt. Wenn die Tradition projektiv-aneignenden Interpretierens in immer neuer Gestalt fortgesetzt wird, so führt dies dazu, dass die Leitfiguren dieser Richtung ein besonderes Ansehen genießen, das sachlich unberechtigt ist. Die führenden Vertreter einer bestimmten Interpretationsrichtung sind nicht unbedingt auch in kognitiv-wissenschaftlicher Hinsicht führend.[174]

Kurzum, die anfangs formulierte Leitfrage „Wie kann man verlässlich herausfinden, welche Sekundärtexte und welche Sekundärtextautoren in der *Sandmann*-Forschung besonders wichtig sind?" bedarf der Ausdifferenzierung in zwei Fragen:

1. Wie kann man verlässlich herausfinden, welche Sekundärtexte und welche Sekundärtextautoren in der *Sandmann*-Forschung als besonders wichtig *angesehen* werden?

2. Wie kann man verlässlich herausfinden, welche Sekundärtexte und welche Sekundärtextautoren in der *Sandmann*-Forschung in kognitiv-wissenschaftlicher Hinsicht besonders wichtig *sind*?

Der zitationsanalytische Zugriff ist daher in seiner Bedeutung zu relativieren. Vor allem darf man den Zahlen nicht blindlings trauen. „Hohe Zitationsrate, also qualitativ gute Arbeit" – das ist, wie die Kommentare gezeigt haben, ein Fehlschluss. Zu unseren Zielen gehört es, die Kritikfähigkeit der Textwissenschaftler zu erhöhen, sodass sie aus eigener Kraft fähig sind, den wissenschaftlichen Wert von Sekundärtexten einzuschätzen.[175] Ein reflektierter Literaturwissenschaftler wird aber auch die durch die Zitationsanalyse

---

[173] Umgekehrt gilt: Dass ein Sekundärtext von vielen Textwissenschaftlern kritisiert wird, besagt nicht automatisch, dass die gegen ihn vorgebrachten Argumente auch triftig sind.

[174] Aus der Sicht der mit der kognitiven Hermeneutik verbundenen erkenntniskritischen Ideologienlehre bedarf eine Argumentation einer besonders strengen kritischen Prüfung, wenn der Autor massiv Formulierungen verwendet wie z.B. „Wie Freud nachgewiesen hat ...", „Niemand wird daran zweifeln, dass die Psychoanalyse ...". Der Verweis auf einen bestimmten Autor bzw. Text kann dazu verwendet werden, die eigene Interpretation dogmatisch abzuschirmen.

[175] Dazu gehört auch die Fähigkeit, Traditionslinien des dogmatisch-allegorischen Interpretierens zu erkennen. Dadurch wird es möglich, das immer neue Variieren derselben Grundfehler zu identifizieren.

erarbeiteten Kenntnisse zu schätzen wissen. Darüber hinaus strebt die kognitive Hermeneutik an, die kognitive *Interpretationsfähigkeit* der Textwissenschaftler zu erhöhen, sodass sie aus eigener Kraft imstande sind, eine textkonforme Basis-Interpretation eines literarischen Textes zu entwickeln, was wiederum die kritische Prüfung vorliegender Sekundärtexte erleichtert.

Abschließend gehen wir noch auf einen weiteren Punkt der informationswissenschaftlichen Studie ein. Dort heißt es: Da Freuds *Das Unheimliche* als Text-Archetypus und er selbst als Autor-Archetypus wahrgenommen wird, ist zu fordern, dass sich ein *Sandmann*-Interpret auch mit Freud und seiner *Sandmann*-Deutung auseinandersetzt. Entsprechendes kann dann für die anderen häufig zitierten Sekundärtexte und Sekundärtextautoren gefordert werden. Nach Auffassung der kognitiven Hermeneutik ist hier zu differenzieren:

1. Unstrittig ist die Forderung, dass ein Textwissenschaftler, der in der *Sandmann*-Forschung mitwirken will, sich darum bemühen sollte, insbesondere die im Zentrum der Diskussion stehenden Sekundärtexte und Autoren zu rezipieren und sich inhaltlich mit ihnen auseinanderzusetzen. Zu diesen Texten gehört zweifellos auch Freuds *Das Unheimliche*.

2. In einigen Fällen, vor allem bei Aufsätzen mit beschränkter Seitenzahl, ist es jedoch nicht sinnvoll zu verlangen, dass der Textwissenschaftler sämtliche Auseinandersetzungen dieser Art, die über einen längeren Zeitraum stattgefunden haben, auch im Text bzw. in den Fußnoten *dokumentiert*, insbesondere dann nicht, wenn diese Auseinandersetzung hinsichtlich der Zielsetzung des Aufsatzes irrelevant oder nebensächlich ist. Zu fordern ist in der Regel nur, dass die für die *konkrete* Argumentation relevanten Sekundärtexte und Autoren zur Sprache kommen, zumindest in Form des Literaturhinweises. Ein Sekundärtext ist nicht schon deshalb als unvollständig zu betrachten, weil er z.B. auf Freuds Deutung nicht eingeht, denn aus dem Nichteingehen kann nicht ohne Weiteres gefolgert werden, dass der Textwissenschaftler Freuds Interpretation nicht kennt und keine Auseinandersetzung mit ihr geführt hat – er bezieht sich eben nur in *diesem* Text nicht auf Freud.

2. Darüber hinaus ist auch die Forderung abzulehnen, dass sich ein Textwissenschaftler *sehr intensiv* z.B. mit Freuds Interpretation und seiner gesamten Theorie auseinandersetzen müsse, *weil* Freud in der Fachwelt besonders angesehen ist. Nach Auffassung der kognitiven Hermeneutik sollte eine besonders intensive Auseinandersetzung vorrangig bei denjenigen Sekundärtexten erfolgen, die nach kognitivistischen Kriterien die größten Erkenntnisleistungen erbringen. Darüber hinaus lohnt sich die Mühe (die auch wir auf uns genommen haben), die in dieser oder jener Hinsicht problematischen Fachtexte detailliert zu *kritisieren*. Forderungen des Typs „Du musst erst einmal monate- oder gar jahrelang Freud, Lacan usw. studieren, ehe du in der *Sandmann*-Forschung mitreden kannst" sind hingegen grundsätzlich verfehlt, da sie die

Krise der Textwissenschaft weiter verschärfen; sie führen dazu, dass die Textwissenschaftler ihre Energien hauptsächlich darauf verwenden, problematische Forschungslinien fortzusetzen, anstatt einen erfahrungswissenschaftlichen Arbeitsstil zu praktizieren.

4. Die kognitive Hermeneutik vertritt schließlich die Auffassung, dass es auch legitim sein kann, sich in einer textwissenschaftlichen Arbeit *überhaupt nicht* auf Sekundärliteratur zu beziehen. Das ist insbesondere dann der Fall, wenn man sich ganz auf die erste Phase der Basisarbeit mit dem Text konzentriert, in der man ‚experimentell' ausprobiert, wie weit man aus eigener Kraft bei der Basis-Analyse und Basis-Interpretation kommt.[176]

---

[176] Vgl. TEPE: *Kognitive Hermeneutik*, [57].

Literatur

Das im Buch enthaltene Literaturverzeichnis weist erstens auf die theoretischen Grundlagen unserer Arbeit hin, führt zweitens im Teil über den *Sandmann* zunächst die verwendete Ausgabe des Primärtextes und dann die von uns kommentierten Sekundärtexte auf, ehe drittens die ansonsten in diesem Buch benutzte Literatur aufgelistet wird.

Theoretische Grundlagen

TEPE, Peter: *Kognitive Hermeneutik. Textinterpretation ist als Erfahrungswissenschaft möglich. Mit einem Ergänzungsband auf CD.* Würzburg 2007.

In der auf der CD befindlichen ergänzenden Literaturliste ist das umfangreiche Literaturverzeichnis von *Kognitive Hermeneutik* erneut greifbar, sodass hier keine weitere Fachliteratur zu literaturtheoretischen und methodologischen Fragen aufgeführt zu werden braucht.

Für die zitationsanalytische Studie in Kapitel 21:
RAUTER, Jürgen: *Zitationsanalyse und Intertextualität. Intertextuelle Zitationsanalyse und zitatenanalytische Intertextualität.* Hamburg 2006.

Zu E.T.A. Hoffmanns *Der Sandmann*

Textausgabe

HOFFMANN, E.T.A.: *Der Sandmann.* In: DERS.: *Sämtliche Werke in sechs Bänden*, Bd. 3: *Nachtstücke – Klein Zaches – Prinzessin Brambilla. Werke 1816–1820.* Hg. von H. Steinecke unter Mitarbeit von G. Allroggen. Frankfurt a.M. 1985, S. 11–49.

Kommentierte Sekundärliteratur

Die auf der CD befindliche ergänzende Literaturliste führt alle weiteren von uns gefundenen Sekundärtexte zum *Sandmann* auf, die wir *nicht* kommentiert haben. Ein Anspruch auf Vollständigkeit wird nicht erhoben.

AICHINGER, Ingrid: *E.T.A. Hoffmanns Novelle ‚Der Sandmann' und die Interpretation Sigmund Freuds.* In: *Zeitschrift für deutsche Philologie* 95 (1976), S. 113–132.

AUHUBER, Friedhelm: *Der partielle Wahnsinn Nathanaels im Geflecht gesellschaftlicher Reaktionen.* In: DERS.: *In einem fernen dunklen Spiegel. E.T.A. Hoffmanns Poetisierung der Medizin.* Opladen 1986, S. 55–75.

BELGARDT, Raimund: *Der Künstler und die Puppe. Zur Interpretation von Hoffmanns „Der Sandmann".* In: *The German Quarterly* XLII (1969), S. 686–700.

BÖNNIGHAUSEN, Marion: *E.T.A. Hoffmann – Der Sandmann.* In: DIES.: *E.T.A. Hoffmann – Der Sandmann/Das Fräulein von Scuderi.* München 1999, S. 9–67.

BRAUN, Peter: *Der Ruhm.* In: DERS.: *E.T.A. Hoffmann. Dichter, Zeichner, Musiker.* Düsseldorf/Zürich 2004, S. 149–190.

CALIAN, Nicole: *„Bild – Bildlichkeit, Auge – Perspektiv" in E.T.A. Hoffmanns Der Sandmann. Der Prozess des Erzählens als Kunstwerdung des inneren Bildes.* In: *E.T.A. Hoffmann-Jahrbuch* 12 (2004), S. 37–51.

CRESCENZI, Luca: Schauer. *Una genealogia per la poetica del* Nachtstück. In: DERS.: *Il vortice furioso del tempo. E.T.A. Hoffmann e la crisi dell'utopia romantica.* Lavinio 1992, S. 77–104.

CRONIN, J.D.: *Die Verurteilung der Künstlerliebe als Liebe zum Wunschbild des eigenen Ich – „Der Sandmann".* In: DERS.: *Die Gestalt der Geliebten in den poetischen Werken E.T.A. Hoffmanns.* Bonn 1967, S. 73–82.

DRUX, Rudolf: *Die Automate des Sandmanns.* In: DERS.: *Marionette Mensch. Ein Metaphernkomplex und sein Kontext von Hoffmann bis Büchner.* München 1986, S. 80–100.

DRUX, Rudolf: *Erläuterungen und Dokumente: E.T.A. Hoffmann – Der Sandmann.* Stuttgart ²2003.

DRUX, Rudolf: *Nachwort.* In: HOFFMANN, E.T.A.: *Der Sandmann.* Hg. von R. Drux. Stuttgart ²2003, S. 59–74.

ELLING, Barbara: *Die Zwischenrede des Autors in E.T.A. Hoffmanns „Sandmann".* In: *Mitteilungen der E.T.A. Hoffmann-Gesellschaft e.V.* 18 (1972) S. 47–53.

ELLIS, John M.: *Clara, Nathanael and the Narrator: Interpreting Hoffmann's* Der Sandmann. In: *The German Quarterly* 54 (1981), S. 1–18.

FINK, Gonthier-Louis: *Die narrativen Masken des romantischen Erzählers: Goethe, Novalis, Tieck, Hoffmann. Von der symbolischen zur phantastischen Erzählung.* In: PAUL (Hg.): *Dimensionen des Phantastischen* (a.a.O.), S. 71–131.

FRANK, Manfred: *Steinherz und Geldseele. Ein Symbol im Kontext.* In: DERS.: *Das kalte Herz und andere Texte der Romantik.* Frankfurt a.M. 1978, S. 233–357.

FREUD, Sigmund: *Das Unheimliche.* In: *Imago* 5 (1919), S. 297–324.

GASSEN, Hans-Günther/MINOL, Sabine: *„Der Sandmann": Eine gar schauerliche Geschichte von E.T.A. Hoffmann.* In: DIES.: *Die MenschenMacher. Sehnsucht nach Unsterblichkeit.* Weinheim 2006, S. 112–121.

GENDOLLA, Peter: *Der tödliche Blick des Automaten. Künstliche Gestalten bei E.T.A. Hoffmann.* In: DERS.: *Die lebenden Maschinen. Zur Geschichte der Maschinenmenschen bei Jean Paul, E.T.A. Hoffmann und Villiers de L'Isle-Adam.* Marburg (Lahn) 1980, S. 140–197.

HARICH, Walther: *„Der Sandmann".* In: DERS.: *E.T.A. Hoffmann. Das Leben eines Künstlers*, Bd. 2. Berlin 1920, S. 89–97.

HARTUNG, Günter: *Anatomie des Sandmanns.* In: *Weimarer Beiträge* 23/9 (1977), S. 45–65.

HAYES, Charles: *Phantasie und Wirklichkeit im Werke E.T.A. Hoffmanns, mit einer Interpretation der Erzählung „Der Sandmann".* In: PETER, Klaus/GRATHOFF, Dirk/HAYES, Charles N./LOOSE, Gerhard (Hg.): *Ideologiekritische Studien zur Literatur. Essays I.* Frankfurt a.M. 1972, S. 169–214.

HERDING, Klaus/GEHRIG, Gerlinde (Hg.): *Orte des Unheimlichen. Die Faszination verborgenen Grauens in Literatur und bildender Kunst.* Göttingen 2006.

HERTZ, Neil: *Freud und der Sandmann.* In: DERS.: *Das Ende des Weges. Die Psychoanalyse und das Erhabene.* Frankfurt a.M. 2001, S. 127–156.

HOFFMANN, Ernst Fedor: *Zu E.T.A. Hoffmanns „Sandmann".* In: *Monatshefte* 54 (1962), S. 244–252.

HOHOFF, Ulrich: *E.T.A. Hoffmann – Der Sandmann. Textkritik, Edition, Kommentar.* Berlin/New York 1988.

KAHANE, Claire (Hg.): *Psychoanalyse und das Unheimliche. Essays aus der amerikanischen Literaturkritik.* Bonn 1981.

KAISER, Gerhard R.: *„Nachtstücke"*. In: DERS.: *E.T.A. Hoffmann*. Stuttgart 1988, S. 51–60.

KAULBACH, Friedrich: *Das perspektivische Wirklichkeitsprinzip in E.T.A. Hoffmanns Erzählung „Der Sandmann"*. In: *Perspektiven der Philosophie* 6 (1980), S. 187–211.

KAYSER, Wolfgang: *Die Nachtgeschichte*. In: DERS.: *Das Groteske. Seine Darstellung in Malerei und Dichtung*. Oldenburg/Hamburg 1957, S. 72–81.

KITTLER, Friedrich A.: *„Das Phantom unseres Ichs" und die Literaturpsychologie: E.T.A. Hoffmann – Freud – Lacan*. In: DERS./TURK, Horst (Hg.): *Urszenen. Literaturwissenschaft als Diskursanalyse und Diskurskritik*. Frankfurt a.M. 1977, S. 139–166.

KLEIN, J.: *Aus den unheimlichen Geschichten*. In: DERS.: *Geschichte der deutschen Novelle von Goethe bis zur Gegenwart*. Wiesbaden 1954, S. 95–105.

KLEßMANN, Eckart: *Ansichten von der Nachtseite*. In: DERS.: *E.T.A. Hoffmann*. Frankfurt a.M. 1995, S. 356–367.

KOEBNER, Thomas: *Fragmentarische Nachricht vom unbegreiflichen Unglück eines jungen Mannes. E.T.A. Hoffmann: Der Sandmann*. In: DERS.: *Zurück zur Natur. Ideen der Aufklärung und ihre Nachwirkung*. Heidelberg 1993, S. 292–327.

KÖHN, Lothar: *‚Der Sandmann'*. In: DERS.: *Vieldeutige Welt. Studien zur Struktur der Erzählungen E.T.A. Hoffmanns und zur Entwicklung seines Werkes*. Tübingen 1966, S. 91–108.

KREMER, Detlef: *Die Zirkel des Begehrens und der Wahrnehmung: Der Sandmann*. In: DERS.: *E.T.A. Hoffmann. Erzählungen und Romane*. Berlin 1999, S. 64–86.

KREMER, Detlef: *E.T.A. Hoffmanns Der Sandmann: „Ein tausendäugiger Argus"*. In: DERS.: *Romantische Metamorphosen. E.T.A. Hoffmanns Erzählungen*. Stuttgart/Weimar 1993, S. 143–209.

KÜPPER, Achim: *Aufbruch und Sturz des heilen Textes. Ludwig Tiecks Liebeszauber und E.T.A. Hoffmanns Sandmann: zwei „Märchen aus der neuen Zeit"*. In: *E.T.A. Hoffmann-Jahrbuch* 13 (2005), S. 7–28.

KUTTNER, Margot: *Der Andere. (Beispiel: „Der Sandmann")*. In: DIES.: *Die Gestaltung des Individualitätsproblems bei E.T.A. Hoffmann*. Düsseldorf 1936, S. 35–44.

LEHMANN, Hans-Thies: *Exkurs über E.T.A. Hoffmanns „Sandmann". Eine texttheoretische Lektüre*. In: DISCHNER, Gisela/FABER, Richard (Hg.): *Romantische Utopie – Utopische Romantik*. Hildesheim 1979, S. 301–323.

LIEBRAND, Claudia: *Der Sandmann*. In: DIES.: *Aporie des Kunstmythos: Die Texte E.T.A. Hoffmanns*. Freiburg i.Br. 1996, S. 85–107.

LINDNER, Burkhardt: *Freud liest den* Sandmann. In: HERDING/GEHRIG (Hg.): *Orte des Unheimlichen* (a.a.O.), S. 17–36.

LINDNER, Henriett: *Der Sandmann*. In: DIES.: *„Schnöde Kunststücke gefallener Geister". E.T.A. Hoffmanns Werk im Kontext der zeitgenössischen Seelenkunde*. Würzburg 2001, S. 204–234.

LOHR, Dieter: *Kausalität*. In: DERS.: *Stilanalyse als Interpretation. Kausalität, Raum und Zeit in E.T.A. Hoffmanns Erzählung* Der Sandmann. Osnabrück 2000, S. 14–64.

LOQUAI, Franz: *E.T.A. Hoffmanns „Der Sandmann". Forschungsgeschichte und Interpretation*. In: *Das Wort. Germanistisches Jahrbuch* (1996), S. 11–23.

MAHLENDORF, Ursula: *E.T.A. Hoffmanns „Sandmann": Die fiktive Psycho-Biographie eines romantischen Dichters*. In: KAHANE (Hg.): *Psychoanalyse und das Unheimliche* (a.a.O.), S. 200–227.

MAL'ČUKOV, Lev I.: *Vom „fühlenden Auge" zum instrumentalen Sehen. Hoffmanns Auseinandersetzung mit Goethe als Aspekt seiner Bewältigung der Wirklichkeit im* Sandmann. In: *Das Wort. Germanistisches Jahrbuch* (1996), S. 50–63.

MATT, Peter von: *Die Augen der Olimpia*. In: DERS.: *Die Augen der Automaten. E.T.A. Hoffmanns Imaginationslehre als Prinzip seiner Erzählkunst*. Tübingen 1971, S. 76–116.

MÜLLER, Dieter: *Zeit der Automate. Zum Automatenproblem bei Hoffmann*. In: *Mitteilungen der E.T.A. Hoffmann-Gesellschaft* 12 (1966), S. 1–10.

NEHRING, Wolfgang: *E.T.A. Hoffmanns Erzählwerk: Ein Modell und seine Variationen*. In: *Zeitschrift für deutsche Philologie* 95 (1976), S. 3–24.

NEUMANN, Gerhard: *E.T.A. Hoffmann, Der Sandmann*. In: BRANDT, Reinhard (Hg.): *Meisterwerke der Literatur. Von Homer bis Musil*. Leipzig 2001, S. 185–226.

NEYMEYR, Barbara: *Aporien des Subjektivismus. Aspekte einer impliziten Romantikkritik bei Tieck und E.T.A. Hoffmann*. In: *Germanisch-Romanische Monatsschrift* 55 (2005), S. 61–70.

NEYMEYR, Barbara: *Narzisstische Destruktion. Zum Stellenwert von Realitätsverlust und Selbstentfremdung in E.T.A. Hoffmanns Nachtstück* Der Sandmann. In: *Poetica* 29 (1997), S. 499–531.

OBERMEIT, Werner: *„Das unsichtbare Ding, das Seele heißt".* Die Entdeckung der Psyche im bürgerlichen Zeitalter. Frankfurt a.M. 1980.

OETTINGER, Klaus: *Die Inszenierung des Unheimlichen. Zu E.T.A. Hoffmanns Erzählung „Der Sandmann".* In: *Das Wort. Germanistisches Jahrbuch* (1996), 24–35.

PABST, Rainer: *Exogene und endogene Schicksalsauffassung: „Der Sandmann".* In: DERS.: *Schicksal bei E.T.A. Hoffmann. Zur Erscheinungsform, Funktion und Entwicklung eines Interpretationsmusters.* Köln/Wien 1989, S. 155–165.

PAUL, Jean-Marie (Hg.): *Dimensionen des Phantastischen. Studien zu E.T.A. Hoffmann.* St. Ingbert 1998.

PONNAU, Gwenhael: *Erzählen als Inszenieren in Hoffmanns Sandmann.* In: PAUL (Hg.): *Dimensionen des Phantastischen* (a.a.O.), S. 153–162.

PRAWER, Siegbert S.: *Hoffmann's Uncanny Guest: A Reading of Der Sandmann.* In: *German Life and Letters* 18 (1964/65), S. 297–308.

PREISENDANZ, Wolfgang: *Eines matt geschliffnen Spiegels dunkler Widerschein. E.T.A. Hoffmanns Erzählkunst.* In: PRANG, Helmut (Hg.): *E.T.A. Hoffmann.* Darmstadt 1976, S. 270–291.

RINGEL, Stefan: *Realität und Einbildungskraft in „Der Sandmann".* In: DERS.: *Realität und Einbildungskraft im Werk E.T.A. Hoffmanns.* Köln/Weimar u.a. 1997, S. 198–226.

ROHRWASSER, Michael: *Coppelius, Cagliostro und Napoleon. Der verborgene politische Blick E.T.A. Hoffmanns. Ein Essay.* Frankfurt a.M. 1991.

ROHRWASSER, Michael: *Optik und Politik. Die Figur des Zauberers bei E.T.A. Hoffmann.* In: *Text und Kritik,* Sonderband: *E.T.A. Hoffmann* (1992), S. 32–44.

ROSNER, Ortwin: *Körper und Diskurs. Zur Thematisierung des Unbewußten in der Literatur anhand von E.T.A. Hoffmanns* Der Sandmann. Frankfurt a.M. 2006.

SAFRANSKI, Rüdiger: *Die Imagination auf der Suche nach Leben.* In: DERS.: *E.T.A. Hoffmann. Das Leben eines skeptischen Phantasten.* Frankfurt a.M. [4]2007, S. 408–424.

SCHENCK, Ernst von: *Olimpia. Der Automat als Gegenbild des Menschen.* In: DERS.: *E.T.A. Hoffmann. Ein Kampf um das Bild des Menschen.* Berlin 1939, S. 303–325.

SCHMIDT, Jochen: *Die Krise der romantischen Subjektivität: E.Th.A. Hoffmanns Künstlernovelle ‚Der Sandmann' in historischer Perspektive.* In: BRUMMACK, Jürgen/GRAEVENITZ, Gerhart von/HACKERT, Fritz/BRINKMANN, Richard (Hg.): *Literaturwissenschaft und Geistesgeschichte. Festschrift für R. Brinkmann.* Tübingen 1981, S. 348–370.

SCHMIDT, Ricarda: *Der Dichter als Fledermaus bei der Schau des Wunderbaren. Die Poetologie des rechten dichterischen Sehens in Hoffmanns „Der Sandmann" und „Das öde Haus".* In: KAVANAGH, R.J. (Hg.): *Mutual exchanges. Sheffield-Münster Colloquium I.* Frankfurt a.M./New York 1999, S. 180–192.

SCHMIDT, Ricarda: *E.T.A. Hoffmanns Erzählung* Der Sandmann *– ein Beispiel für „écriture féminine"?* In: PELZ, Annegret/SCHULLER, Marianne/ STEPHAN, Inge/WEIGEL, Sigrid/WILHELMS, Kerstin (Hg.): *Frauen – Literatur – Politik.* Hamburg 1988, S. 75–93.

SCHMITZ-EMANS, Monika: *Selbstentfremdung des Ichs und Verrätselung der Welt: E.T.A. Hoffmann:* Der Sandmann *(1816/17).* In: DIES.: *Einführung in die Literatur der Romantik.* Darmstadt 2004, S. 115–128.

SCHROEDER, Irene: *Das innere Bild und seine Gestaltung. Die Erzählung* Der Sandmann *als Theorie und Praxis des Erzählens.* In: *E.T.A. Hoffmann-Jahrbuch* 9 (2001), S. 22–33.

SOMMERHAGE, Claus: *Hoffmanns Erzähler. Über Poetik und Psychologie in E.T.A. Hoffmanns Nachtstück* Der Sandmann. In: *Zeitschrift für deutsche Philologie* 106 (1987), S. 513–534.

STADLER, Ulrich: *Der Sandmann.* In: FELDGES, Brigitte/STADLER, Ulrich: *E.T.A. Hoffmann. Epoche – Werk – Wirkung.* München 1986, S. 135–152.

STEINECKE, Hartmut: *Der Sandmann.* In: DERS.: *E.T.A. Hoffmann.* Stuttgart 1997, S. 103–108.

STEINECKE, Hartmut: *Der Sandmann.* In: DERS.: *Die Kunst der Fantasie. E.T.A. Hoffmanns Leben und Werk.* Frankfurt a.M./Leipzig 2004, S. 287–293.

TUNNER, Erika: *Das Phantastische ist nur eine Dimension des Wirklichen.* In: PAUL (Hg.): *Dimensionen des Phantastischen* (a.a.O.), S. 59–70.

UTZ, Peter: *„Sköne Oke" – Wahrnehmung, Identität und Sprache in ‚Der Sandmann'.* In: DERS.: *Das Auge und das Ohr im Text: Literarische Sinneswahrnehmung in der Goethezeit.* München 1990, S. 272–280.

VIETTA, Silvio: *Das Automatenmotiv und die Technik der Motivschichtung im Erzählwerk E.T.A. Hoffmanns.* In: *Mitteilungen der E.T.A. Hoffmann-Gesellschaft e.V.* 26 (1980), S. 25–33.

VOGEL, Nikolai: *E.T.A. Hoffmanns Erzählung* Der Sandmann *als Interpretation der Interpretation.* Frankfurt a.M./Bern u.a. 1998.

WALTER, Jürgen: *Das Unheimliche als Wirkungsfunktion. Eine rezeptionsästhetische Analyse von E.T.A. Hoffmanns Erzählung* Der Sandmann. In: *Mitteilungen der E.T.A. Hoffmann-Gesellschaft* 30 (1984), S. 15–33.

WAWRZYN, Lienhard: *Der Automaten-Mensch. E.T.A. Hoffmanns Erzählung vom ‚Sandmann'. Mit Bildern aus Alltag & Wahnsinn.* Berlin ²1994.

WEBER, Samuel M.: *Das Unheimliche als dichterische Struktur: Freud, Hoffmann, Villiers de l'Isle-Adam.* In: KAHANE (Hg.): *Psychoanalyse und das Unheimliche* (a.a.O.), S. 122–147.

WERNER, Hans-Georg: *E.T.A. Hoffmann. Darstellung und Deutung der Wirklichkeit im dichterischen Werk.* Berlin/Weimar ²1971.

WILLIMCZIK, Kurt: *Der Sandmann.* In: DERS.: *E.T.A. Hoffmann. Die drei Reiche seiner Gestaltenwelt.* Berlin 1939, S. 133–142.

WRIGHT, Elizabeth: *The Language of Omens in Hoffmann's* Der Sandmann *and Tieck's* Liebeszauber. In: DIES.: *E.T.A. Hoffmann and the Rhetoric of Terror. Aspects of language used for the evocation of fear.* London 1978, S. 75–113.

WÜHRL, Paul-Wolfgang: *Die Struktur einer tragischen Märchenwelt.* Der Sandmann: *Die tödliche Bedrohung des Menschen durch eine dämonische Macht.* In:. DERS.: *Die poetische Wirklichkeit in E.T.A. Hoffmanns Kunstmärchen. Untersuchungen zu den Gestaltungsprinzipien.* München 1963, S. 209–235.

WÜRKER, Achim: *Tiefenhermeneutische Interpretation von E.T.A. Hoffmanns Erzählung „Der Sandmann".* In: DERS.: *Das Verhängnis der Wünsche. Unbewußte Lebensentwürfe in Erzählungen E.T.A. Hoffmanns. Mit Überlegungen zu einer Erneuerung der psychoanalytischen Literaturinterpretation.* Frankfurt a.M. 1993, S. 87–128.

Weitere benutzte Literatur

ANDRINGA, Els: *Wandel der Interpretation. Kafkas ‚Vor dem Gesetz' im Spiegel der Literaturwissenschaft.* Opladen 1994.

BOGDAL, Klaus-Michael (Hg.): *Neue Literaturtheorien. Eine Einführung.* Opladen ²1997.

BOGDAL, Klaus-Michael (Hg.): *Neue Literaturtheorien in der Praxis. Textanalysen von Kafkas ‚Vor dem Gesetz'.* Opladen 1993.

BÜHLER, Axel/TEPE, Peter: *Kognitive und aneignende Interpretation in der Hermeneutik.* In: A. LABISCH (Hg.): *Jahrbuch der Heinrich-Heine-Universität Düsseldorf 2007/2008.* Düsseldorf 2008, S. 315–328.

GREWENDORF, Günther: *Argumentation und Interpretation. Wissenschaftstheoretische Untersuchungen am Beispiel germanistischer Lyrikinterpretationen.* Kronberg (Ts.) 1975.

HÜBNER, Kurt: *Die Wahrheit des Mythos.* München 1985.

JAHRAUS, Oliver/NEUHAUS, Stefan (Hg.): *Kafkas „Urteil" und die Literaturtheorie. Zehn Modellanalysen.* Stuttgart 2002.

KINDT, Walther/SCHMIDT, Siegfried J. (Hg.): *Interpretationsanalysen. Argumentationsstrukturen in literaturwissenschaftlichen Interpretationen.* München 1976.

KUHN, Thomas S.: *Die Struktur wissenschaftlicher Revolutionen.* Frankfurt a.M. ²1976.

MEGGLE, Georg/BEETZ, Manfred: *Interpretationstheorie und Interpretationspraxis.* Kronberg (Ts.) 1976.

RANKE, F.: *Kinderschreck, Popanz.* In: BÄCHTOLD-STÄUBLI, Hanns/HOFFMANN-KRAYER, Eduard (Hg.): *Handwörterbuch des deutschen Aberglaubens,* Bd. 4: *hieb- u. stichfest – knistern.* Berlin/Leipzig 1931/32, Sp. 1366–1374.

SAVIGNY, Eike von: *Argumentation in der Literaturwissenschaft. Wissenschaftstheoretische Untersuchungen zu Lyrikinterpretationen.* München 1976.

TEPE, Peter: *Illusionskritischer Versuch über den historischen Materialismus.* Essen 1989.

TEPE, Peter: *Mythos & Literatur. Aufbau einer literaturwissenschaftlichen Mythosforschung.* Würzburg 2001.

TEPE, Peter: *Rezensionen mythoshaltiger Literatur. Eine exemplarische Studie zu 10 Besprechungen von Christa Wolfs „Medea. Stimmen".* In: *Mythos* 1 (2004), S. 248–264.

TEPE, Peter: *Theorie der Illusionen.* Essen 1988.

TEPE, Peter: *Zweimal Amphitryon: Molière und Kleist.* Online unter http://www.mythos-magazin.de/mythosforschung/pt_amphitryon.htm (Stand 14.2.2009).

TEPE, Peter/SEMLOW, Tanja u.a. (Hg.): *Mythos. Fächerübergreifendes Forum für Mythosforschung*. Bislang 2 Bände, Würzburg 2004 und 2006. Band 3 erscheint 2009.

TEPE, Peter (Hg.): *Mythos-Magazin*. Online unter http://www.mythosmagazin.de.

WELLBERY, David E. (Hg.): *Positionen der Literaturwissenschaft. Acht Modellanalysen am Beispiel von Kleists* Das Erdbeben in Chili. München ²1987.

WINKO, Simone: *Autor-Funktionen. Zur argumentativen Verwendung von Autorkonzepten in der gegenwärtigen literaturwissenschaftlichen Interpretationspraxis*. In: DETERING, Heinrich (Hg.): *Autorschaft. Positionen und Revisionen*. Stuttgart/Weimar 2002, S. 334-354.

Verzeichnis der Ergänzungen[177]

Zu Kapitel 4: Vollständige systematische Interpretation
    4-1: Regeln und Empfehlungen für die kognitive Textarbeit

Zu Kapitel 5: Konzept der Untersuchung
    5-1: Vorbemerkung zu den Kommentaren
    5-2: Kritische Analyse der Sekundärliteratur: Zum Stand der Forschung
    5-3: Umsetzung des Optimierungsprogramms in der universitären Lehre

Zu Kapitel 6: Psychologische Ansätze (Option 1)
    6-1: E. von Schenck: *Olimpia. Der Automat als Gegenbild des Menschen*
    6-2: K. Willimczik: *Der Sandmann*
    6-3: J. Klein: *Aus den unheimlichen Geschichten*
  * 6-4: E.F. Hoffmann: *Zu E.T.A. Hoffmanns „Sandmann"*
    6-5: J.D. Cronin: *Die Verurteilung der Künstlerliebe als Liebe zum Wunschbild des eigenen Ich – „Der Sandmann"*
    6-6: P. von Matt: *Die Augen der Olimpia*
    6-7: M. Frank: *Steinherz und Geldseele. Ein Symbol im Kontext*
  * 6-8: J. Schmidt: *Die Krise der romantischen Subjektivität: E.Th.A. Hoffmanns Künstlernovelle ‚Der Sandmann' in historischer Perspektive*
    6-9: U. Stadler: *Der Sandmann*
  * 6-10: D. Kremer: *E.T.A. Hoffmanns Der Sandmann: „Ein tausendäugiger Argus"*. In Verbindung mit D. Kremer: *Die Zirkel des Begehrens und der Wahrnehmung: Der Sandmann*
    6-11: E. Kleßmann: *Ansichten von der Nachtseite*
    6-12: B. Neymeyr: *Narzisstische Destruktion. Zum Stellenwert von Realitätsverlust und Selbstentfremdung in E.T.A. Hoffmanns Nachtstück Der Sandmann*. In Verbindung mit B. Neymeyr: *Aporien des Subjektivismus. Aspekte einer impliziten Romantikkritik bei Tieck und E.T.A. Hoffmann*
    6-13: E. Tunner: *Das Phantastische ist nur eine Dimension des Wirklichen*
    6-14: N. Caljan: *„Bild – Bildlichkeit, Auge – Perspektiv" in E.T.A. Hoffmanns Der Sandmann. Der Prozess des Erzählens als Kunstwerdung des inneren Bildes*
    6-15: Psychologische Elemente in weiteren von uns kommentierten Sekundärtexten

Zu Kapitel 7: Dämonologische Ansätze (Option 2)
    7-1: M. Kuttner: *Der Andere. (Beispiel: „Der Sandmann")*
  * 7-2: P.-W. Wührl: *Die Struktur einer tragischen Märchenwelt. Der Sandmann: Die tödliche Bedrohung des Menschen durch eine dämonische Macht*
    7-3: D. Müller: *Zeit der Automate. Zum Automatenproblem bei Hoffmann*

---

[177] Die Kommentare zu den mit * gekennzeichneten Sekundärtexten sind im Buch zusammengefasst.

* 7-4: G. Hartung: *Anatomie des Sandmanns*
  7-5: S. Ringel: *Realität und Einbildungskraft in „Der Sandmann"*
  7-6: Dämonologische Elemente in weiteren von uns kommentierten Sekundärtexten

Zu Kapitel 8: Unentscheidbarkeitsansätze (Option 3)

  8-1: W. Kayser: *Die Nachtgeschichte*
* 8-2: W. Preisendanz: *Eines matt geschliffnen Spiegels dunkler Widerschein. E.T.A. Hoffmanns Erzählkunst*
* 8-3: J. Walter: *Das Unheimliche als Wirkungsfunktion. Eine rezeptionsästhetische Analyse von E.T.A. Hoffmanns Erzählung* Der Sandmann
  8-4: G.R. Kaiser: *„Nachtstücke"*
  8-5: R. Pabst: *Exogene und endogene Schicksalsauffassung: „Der Sandmann"*
  8-6: H. Steinecke: *Der Sandmann*. Mit Ergänzungen zum *Sandmann*-Kapitel aus einem späteren Buch Steineckes
  8-7: G. Ponnau: *Erzählen als Inszenieren in Hoffmanns* Sandmann
  8-8: P. Braun: *Der Ruhm*
  8-9: Unentscheidbarkeitselemente in weiteren von uns kommentierten Sekundärtexten

Zu Kapitel 9: Allegorische Ansätze (Option 4)

* 9-1: S. Freud: *Das Unheimliche*. In Verbindung mit I. Aichinger: *E.T.A. Hoffmanns Novelle ‚Der Sandmann' und die Interpretation Sigmund Freuds*
  9-2: H.-G. Werner: *Sandmann-Passagen aus E.T.A. Hoffmann. Darstellung und Deutung der Wirklichkeit im dichterischen Werk*
  9-3: S.S. Prawer: *Hoffmann's Uncanny Guest: A Reading of* Der Sandmann
  9-4: R. Belgardt: *Der Künstler und die Puppe. Zur Interpretation von Hoffmanns „Der Sandmann"*
* 9-5: C. Hayes: *Phantasie und Wirklichkeit im Werke E.T.A. Hoffmanns, mit einer Interpretation der Erzählung „Der Sandmann"*
  9-6: S. Weber: *Das Unheimliche als Struktur: Freud, Hoffmann, Villiers de l'Isle-Adam*
  9-7: U. Mahlendorf: *E.T.A. Hoffmanns „Sandmann": Die fiktive Psycho-Biographie eines romantischen Dichters*
* 9-8: F.A. Kittler: *„Das Phantom unseres Ichs" und die Literaturpsychologie: E.T.A. Hoffmann – Freud – Lacan*
  9-9: L. Wawrzyn: *Zwei Kapitel aus* Der Automaten-Mensch
  9-10: H.T. Lehmann: *Exkurs über E.T.A. Hoffmanns „Sandmann". Eine texttheoretische Lektüre*
  9-11: P. Gendolla: *Der tödliche Blick des Automaten. Künstliche Gestalten bei E.T.A. Hoffmann*
  9-12: F. Kaulbach: *Das perspektivische Wirklichkeitsprinzip in E.T.A. Hoffmanns Erzählung „Der Sandmann"*
  9-13: J.M. Ellis: *Clara, Nathanael and the Narrator: Interpreting Hoffmann's* Der Sandmann
  9-14: R. Safranski: *Die Imagination auf der Suche nach Leben*

9-15: C. Sommerhage: *Hoffmanns Erzähler. Über Poetik und Psychologie in E. T. A. Hoffmanns Nachtstück* Der Sandmann

9-16: T. Koebner: *Fragmentarische Nachricht vom unbegreiflichen Unglück eines jungen Mannes. E. T. A. Hoffmann:* Der Sandmann

9-17: R. Schmidt: *E. T. A. Hoffmanns Erzählung* Der Sandmann *– ein Beispiel für „écriture féminine"*?

* 9-18: M. Rohrwasser: *Optik und Politik. Die Figur des Zauberers bei E. T. A. Hoffmann*. In Verbindung mit M. Rohrwasser: *Coppelius, Cagliostro und Napoleon. Der verborgene politische Blick E. T. A. Hoffmanns. Ein Essay*

9-19: A. Würker: *Tiefenhermeneutische Interpretation von E. T. A. Hoffmanns Erzählung „Der Sandmann"*

9-20: L. I. Mal'čukov: *Vom „fühlenden Auge" zum instrumentalen Sehen: Hoffmanns Auseinandersetzung mit Goethe als Aspekt seiner Bewältigung der Wirklichkeit im* Sandmann

9-21: N. Vogel: *E. T. A. Hoffmanns Erzählung* Der Sandmann *als Interpretation der Interpretation*

9-22: G. Neumann: *E. T. A. Hoffmann,* Der Sandmann

* 9-23: O. Rosner: *Körper und Diskurs. Zur Thematisierung des Unbewußten in der Literatur anhand von E. T. A. Hoffmanns* Der Sandmann

9-24: Allegorische Elemente in weiteren von uns kommentierten Sekundärtexten

Zu Kapitel 10: Kombinationen mehrerer Deutungsansätze und der radikale Interpretationspluralismus (Option 5)

10-1: N. Hertz: *Freud und der Sandmann*

* 10-2: R. Drux: *Die Automate des Sandmanns*. In Verbindung mit R. Drux: *Nachwort* zu E. T. A. Hoffmanns *Der Sandmann*

10-3: P. Utz: *„Sköne Oke" – Wahrnehmung, Identität und Sprache in ‚Der Sandmann'*

10-4: L. Crescenzi: Schauer. *Una genealogia per la poetica del* Nachtstück

10-5: C. Liebrand: *Der Sandmann*

10-6: F. Loquai: *E. T. A. Hoffmanns „Der Sandmann". Forschungsgeschichte und Interpretation*

10-7: K. Oettinger: *Die Inszenierung des Unheimlichen. Zu E. T. A. Hoffmanns Erzählung „Der Sandmann"*

* 10-8: M. Bönnighausen: *E. T. A. Hoffmann: Der Sandmann*

* 10-9: M. Schmitz-Emans: *Selbstentfremdung des Ichs und Verrätselung der Welt: E. T. A. Hoffmann:* Der Sandmann *(1816/17)*

10-10: B. Lindner: *Freud liest den* Sandmann

10-11: Synthesen mehrerer Ansätze in weiteren von uns kommentierten Sekundärtexten

Zu Kapitel 11: Aspektinterpretationen

* 11-1: B. Elling: *Die Zwischenrede des Autors in E. T. A. Hoffmanns „Sandmann"*

11-2: S. Vietta: *Das Automatenmotiv und die Technik der Motivschichtung im Erzählwerk E. T. A. Hoffmanns*

Zu Kapitel 12: Überwiegend deskriptiv-feststellende Textarbeit

12-1: L. Köhn: *Der Sandmann'*

12-2: E. Wright: The Language of Omens in Hoffmann's Der Sandmann *and Tieck's* Liebeszauber

12-3: G.-L. Fink: *Die narrativen Masken des romantischen Erzählers: Goethe, Novalis, Tieck, Hoffmann. Von der symbolischen zur phantastischen Erzählung*

* 12-4: D. Lohr: *Kausalität*

12-5: I. Schroeder: *Das innere Bild und seine Gestaltung. Die Erzählung* Der Sandmann *als Theorie und Praxis des Erzählens*

Zu Kapitel 13: Formen der Aufbauarbeit 1: Erforschung der Textgenese und der verschiedenen Textfassungen

* 13-1: U. Hohoff: *E. T. A. Hoffmann: „Der Sandmann" (Textsynopse)*
* 13-2: U. Hohoff: *Vom Manuskript zum Erstdruck – Hoffmanns Arbeitsweise*
* 13-3: U. Hohoff: *Zusammenfassend-gruppierender Kommentar*

13-4: Erforschung der verschiedenen Textfassungen in weiteren von uns kommentierten Sekundärtexten

Zu Kapitel 14: Formen der Aufbauarbeit 2: Der Text im Kontext anderer Werke desselben Autors

* 14-1: W. Nehring: *E. T. A. Hoffmanns Erzählwerk: Ein Modell und seine Variationen*

14-2: R. Schmidt: *Der Dichter als Fledermaus bei der Schau des Wunderbaren. Die Poetologie des rechten dichterischen Sehens in Hoffmanns „Der Sandmann" und „Das öde Haus"*

14-3: Bezüge zu anderen Werken Hoffmanns in weiteren von uns kommentierten Sekundärtexten

Zu Kapitel 15: Formen der Aufbauarbeit 3: Biographisch-psychologische Forschung

15-1: W. Harich: *„Der Sandmann"*

* 15-2: H.-G. Werner: *Hoffmanns widerspruchsvolle Deutung magnetischer Erscheinungen*

15-3: W. Obermeit: *Hoffmanns Erzählung*

15-4: H.-G. Gassen/S. Minol: *„Der Sandmann": Eine gar schauerliche Geschichte von E. T. A. Hoffmann*

15-5: Biographisch-psychologische Ansätze in weiteren von uns kommentierten Sekundärtexten

Zu Kapitel 16: Formen der Aufbauarbeit 4: Vergleich des Textes mit Werken anderer Autoren

16-1: U. Stadler: *Der Sandmann*

* 16-2: A. Küpper: *Aufbruch und Sturz des heilen Textes. Ludwig Tiecks* Liebeszauber *und E. T. A. Hoffmanns* Sandmann*: zwei „Märchen aus der neuen Zeit"*

Zu Kapitel 17: Formen der Aufbauarbeit 5: Einbettung des Textes in einen historischen Kontext

17-1: L. Wawrzyn: *Zur Geschichte des Automaten-Menschen*

* 17-2: F. Auhuber: *Der partielle Wahnsinn Nathanaels im Geflecht gesellschaftlicher Reaktionen*

17-3: U. Hohoff: *Coppelius/Coppola, der Automat und Nathanael*

17-4: H. Lindner: *Der Sandmann*

17-5: Einbettung des Textes in historische Kontexte in weiteren von uns kommentierten Sekundärtexten

17-6: Verwendung der vom Interpreten vertretenen Theorie zur Interpretation

Zu Kapitel 18: Formen der Aufbauarbeit 6: Erforschung der Rezeption des Textes

* 18-1: R. Drux: *Dokumente zur Wirkungsgeschichte. Zeitgenössische Kritik*

Zu Kapitel 19: Nutzen der Kommentare für die Weiterentwicklung der Basis-Analyse und Basis-Interpretation

19-1: Nutzen der Kommentare für die Weiterentwicklung der Basis-Analyse und Basis-Interpretation

19-2: Anschlussfähige deskriptiv-feststellende Untersuchungen

19-3: Anschlussfähige interpretatorische Ergebnisse

19-4: Anschlussfähige Formen der Aufbauarbeit

Zu Kapitel 21: Die *Sandmann*-Forschung aus informationswissenschaftlicher Sicht

21-1: Datengrundlage der zitationsanalytischen Auswertung

Ergänzende Literaturliste

Kognitive Hermeneutik

384 Seiten, Broschur mit Fadenheftung
Format 15,5 x 23,5 cm
Mit einem Ergänzungsband auf CD
ISBN 978-3-8260-3709-2

Peter Tepe
Kognitive Hermeneutik

Das Buch entfaltet eine neuartige Literatur- und Interpretationstheorie, die aber auch viele Elemente aus traditionellen Hermeneutiken integriert. Gezeigt wird, dass die Interpretation literarischer Texte (und letztlich die Interpretation generell) nach allgemeinen erfahrungswissenschaftlichen Prinzipien organisiert und als besondere Form wissenschaftlicher Erklärung begriffen werden kann. Das leistet die Methode der Basis-Interpretation, welche den jeweiligen Textbestand auf die textprägenden Autorinstanzen Textkonzept, Literaturprogramm und Überzeugungssystem zurückführt. Autorbezogene Formen der Textarbeit werden grundsätzlich rehabilitiert. Eine zentrale Rolle spielt die Unterscheidung zwischen einem wissenschaftlichen (kognitiven), einem nichtwissenschaftlichen (aneignenden) und einem pseudowissenschaftlichen (projektiv-aneignenden) Textzugang, aus dem sich vielfältige kritische Konsequenzen ergeben.

Dieser theoretische Ansatz steht in Konflikt mit den vorherrschenden Literaturtheorien und Methoden der Textarbeit, insbesondere mit der subjektivistischen Hermeneutik, der szientifischen Antihermeneutik und der poststrukturalistischen Antihermeneutik.

Aufgrund des innovativen Theoriekonzepts der kognitiven Hermeneutik und des hohen Konfliktpotenzials ist eine breitere und heftige öffentliche Diskussion zu erwarten.

Der Ergänzungsband auf CD, der rund 600 Seiten umfasst, enthält zwei aus Umfangsgründen ausgelagerte Buchteile sowie ergänzende Texte zum Buch: zusätzliche Anmerkungen zu den systematischen Ausführungen und kritische Kommentare zu Texten der Fachliteratur, die für die Hermeneutikdebatte relevant sind..

Der Autor
Peter Tepe lehrt Neuere Germanistik und Philosophie an der Heinrich-Heine-Universität Düsseldorf.

Verlag Königshausen & Neumann GmbH
Postfach 6007 – D-97010 Würzburg
Tel. (09 31) 78 40–70 0 · Fax (09 31) 83620
www.koenigshausen-neumann.de

Fächerübergreifendes Forum für Mythosforschung

346 Seiten, Broschur mit Fadenheftung
Format 15,5 x 23,5 cm

ISBN 978-3-8260-2576-1

Peter Tepe / Thorsten Bachmann /
Birgit zur Nieden / Tanja Semlow /
Karin Wemhöner (Hrsg.)

Mythos No. 1
Mythen in der Kunst

372 Seiten, Broschur mit Fadenheftung
Format 15,5 x 23,5 cm

ISBN 978-3-8260-3242-4

Peter Tepe / Thorsten Bachmann /
Birgit zur Nieden / Tanja Semlow /
Karin Wemhöner (Hrsg.)

Mythos No. 2
Politische Mythen

Verlag Königshausen & Neumann GmbH
Postfach 6007 – D-97010 Würzburg · Tel. (09 31) 78 40–70 0 · Fax (09 31) 83620
www.koenigshausen-neumann.de

Mythologica

Düsseldorfer Jahrbuch für interdisziplinäre Mythosforschung.
Hg. von Prof. Dr. Peter Tepe, Dr. Thorsten Bachmann,
Dr. Yoshiro Nakamura und Dr. Birgit zur Nieden

Mythologica **1** (erschienen als Band 4 der Schriftenreihe *Illusionstheorie – Ideologiekritik – Mythosforschung*)
Essen 1993, 340 Seiten, 33,00 EUR [D]   ISBN 3-89206-554-3

Mythologica **2**
Essen 1994, 268 Seiten, 33,00 EUR [D]   ISBN 3-89206-628-0

Mythologica **3**
Essen 1995, 296 Seiten, 33,00 EUR [D]   ISBN 3-89206-679-5

Mythologica **4**
Essen 1996, 336 Seiten, 35,00 EUR [D]   ISBN 3-89206-750-3

Mythologica **5**
Essen 1997, 348 Seiten, 35,00 EUR [D]   ISBN 3-89206-838-0

Mythologica **6**
Essen 1998, 352 Seiten, 40,00 EUR [D]   ISBN 3-89206-888-7

Mythologica **7**
Essen 2000, 262 Seiten, 30,50 EUR [D]   ISBN 3-89206-937-9

Mythologica **8**
Essen 2002, 274 Seiten, 36,00 EUR [D]   ISBN 3-89206-027-4

Verlag DIE BLAUE EULE
Annastraße 74 • D – 45130 Essen
Tel. 0201/877 69 63 • Fax 877 69 64
http://www.die-blaue-eule.de